MUSÉE IMPÉRIAL

DU LOUVRE.

PRIX : 1 fr. 50 c.

NOTICE
DES TABLEAUX

EXPOSÉS DANS LES GALERIES

DU

MUSÉE IMPÉRIAL
DU LOUVRE,

PAR

FRÉDÉRIC VILLOT,

CONSERVATEUR DES PEINTURES.

3e PARTIE.
ÉCOLE FRANÇAISE.

—

2e ÉDITION.

PARIS,

VINCHON ET CHARLES DE MOURGUES,
IMPRIMEURS DES MUSÉES IMPÉRIAUX,
RUE J.-J. ROUSSEAU, 8.

—

1855

Monsieur le Directeur général,

J'ai l'honneur de soumettre à votre approbation les épreuves de la troisième partie de la Notice des tableaux exposés dans les galeries du Louvre. Ce volume, consacré exclusivement aux maîtres de l'école française, devait être précédé d'une histoire abrégée de notre art national; mais, malgré tous mes efforts, il m'a été impossible de terminer à temps cette introduction qui trouvera sa place dans une édition prochaine. Conformément au désir que vous m'en avez témoigné, Monsieur le Directeur général, j'ai tenu avant tout à livrer immédiatement au public un guide qu'il attendait depuis longtemps et à profiter du concours d'étrangers que l'exposition universelle attirera en France, pour donner sur nos peintres et sur leurs ouvrages des détails aussi intéressants que peu connus.

Ainsi se trouve accomplie en quelques années une tâche plus difficile qu'on ne saurait l'imaginer d'abord. Les trois volumes renferment 600 biographies principales, des renseignements souvent assez étendus sur 1,600 artistes, et la description, accompagnée de notes nombreuses et de documents historiques, de 1,836 tableaux. Enfin, dans l'espace de trois ans, j'ai revu, corrigé et sensiblement amélioré dix éditions des écoles italiennes, et cinq des écoles allemande, flamande et hollandaise. Cette dernière partie, je l'espère, recevra également par la suite d'heureuses modifications. En attendant je publie, tel qu'il est, un travail que mes recherches et mes forces ne me permettent pas de rendre maintenant moins imparfait.

Recevez, Monsieur le Directeur général, l'assurance de ma haute considération et de mon dévouement.

Le Conservateur des Peintures des Musées impériaux,

F. VILLOT.

6 Avril 1855.

Monsieur le Conservateur,

J'ai un grand plaisir à vous témoigner toute ma satisfaction du talent, de l'érudition et du zèle actif que vous avez montrés dans votre beau travail du Catalogue de la Peinture.

Ce troisième volume, qui a rapport à l'école française et qui complète votre œuvre, sera accueilli du public avec la même faveur que les deux premiers. Je vous autorise à le faire imprimer, au plus tôt, à 3,000 exemplaires.

Recevez, Monsieur le Conservateur, l'assurance de mes sentiments les plus distingués.

Le Directeur général des Musées impériaux,

COMTE DE NIEUWERKERKE.

7 Avril 1855.

AVERTISSEMENT.

Les peintres italiens ont trouvé de nombreux biographes, et l'on formerait une bibliothèque considérable des auteurs qui racontent leurs vies, qui décrivent leurs travaux. Après Vasari, ce Plutarque des grands artistes qui brillèrent depuis Cimabue, c'est-à-dire depuis le XIIIe siècle jusqu'en 1560, parurent, dans chaque province, des historiens qui consacrèrent leur existence à des investigations laborieuses, afin de réunir sur leurs célébrités municipales des renseignements curieux et authentiques. Raphaël, Corrège, Michel-Ange, Titien, etc., furent les héros de plusieurs monographies, et des artistes d'un faible mérite trouvèrent même des admirateurs assez fervents pour recueillir les faits insignifiants de leur pâle existence et cataloguer des ouvrages peu dignes d'occuper la postérité. Enfin, un grand nombre d'érudits fouillèrent les archives, publièrent d'immenses séries de documents dont les dates irrécusables permettent de rétablir les faits dénaturés et de combattre victorieusement des erreurs depuis trop longtemps accréditées.

Il faut le reconnaître, l'Italie a devancé les autres nations dans ce genre d'étude. Les Allemands, les Flamands, les Hollandais, les Français, n'entreprirent que plus tard de reconstruire, à l'aide d'actes épars, de traditions soigneusement contrôlées, des existences vénérables et oubliées. Dès le principe, les Allemands et les Flamands remontèrent à des sources plus éloignées que nous. Van Eyck, Memling, Albert Durer, etc., excitèrent la sollicitude de leurs savants. Des pièces intéressantes furent exhumées, et si elles ne sont pas toujours assez nombreuses pour qu'il soit possible de suivre ces grands hommes pas à pas dans leurs travaux, elles permettent très souvent de leur restituer des œuvres attribuées à d'autres artistes ou de prouver qu'ils n'ont pu exécuter tel tableau que l'on croyait sorti de leurs mains. La critique des faits est une science toute moderne; naguère encore on se contentait d'à peu près, de probabilités, d'anecdotes surtout qui ne seraient plus admises dans un livre sérieux. On veut maintenant la vérité absolue, et l'on applique, en quelque sorte, la logique inflexible des mathématiques à l'histoire.

Jusqu'à ce jour, les peintres français n'avaient éveillé, même parmi leurs compatriotes, que fort peu de sympathie. Félibien, d'Argenville, leur concédèrent chacun *un* volume, et, dans leur admiration pour les artistes italiens attirés à la cour de France sous les règnes qui se succédèrent depuis François Ier jusqu'à Henri IV, ils crurent inutile de s'occuper sérieusement des Clouet, de Jean Cousin et de tant d'autres peintres qui, grâce à leur coupable indifférence, restèrent si longtemps ignorés. Les écrivains qui vinrent après ces deux auteurs ne firent que les copier sans redresser leurs erreurs, sans réparer leurs omissions, et personne ne pensa à réunir les rares notices disséminées dans des recueils inconnus où une main amie consacrait quelques lignes à la mémoire d'un peintre qui venait de terminer sa carrière.

Depuis quelques années de nobles cœurs se sont justement indignés d'un pareil silence. Après avoir payé un large tribut aux illustrations étrangères, ils ont pensé qu'il était temps de songer à nos gloires nationales. Une école qui peut vanter des noms tels que ceux de Clouet, de Poussin, de le Sueur, de le Brun, de Claude le Lorrain, de Rigaud, de Desportes, de Watteau, de Chardin, etc.; une école qui, dans ses compositions, l'emporte sur les écoles voisines par l'esprit, la sagesse ou la profondeur des pensées; une école qui, dans son inépuisable fécondité, loin de s'éteindre après avoir jeté d'éblouissantes lueurs, se modifie incessamment sans disparaître tout à coup, et aborde tous les genres avec une égale supériorité; une pareille école, disons-nous, méritait bien de trouver ses investigateurs dévoués. Il s'en est présenté enfin. Leur nombre, l'importance de leurs travaux s'accroît de jour en jour, et d'ici à quelques années nous n'aurons plus à déplorer, dans l'histoire de l'art français, de si tristes lacunes. L'abondance des matériaux arrachés aux profondeurs des archives par ces patients mineurs permettront d'élever à nos peintres un monument digne d'eux. Les documents éminemment curieux publiés par MM. de la Borde, de Chennevières, de Montaiglon, Dussieux; ceux que M. Jal a déjà recueillis après vingt années de recherches, et qui paraîtront prochainement; des pièces, que découvrent fréquemment en province et à Paris des écrivains dont nous ne pouvons citer ici tous les noms, ouvriront à l'histoire des routes nouvelles et sûres.

Quant à nous, dans cette dernière partie de la Notice des tableaux exposés au Louvre, partie qui à elle seule nous a coûté plus de peines que les deux précédentes réunies, nous n'avons négligé aucun soin pour ne pas rester trop au-dessous d'une tâche aussi difficile. Aux recherches des autres nous avons joint les nôtres, et nous osons espérer qu'on trouverait difficilement ailleurs autant de faits certains accumulés dans un espace aussi restreint. Ce n'est pas notre dernier mot toutefois, et nous comptons que chaque édition nouvelle, ainsi que cela a eu lieu pour les

AVERTISSEMENT.

Notices italiennes et allemandes, s'améliorera sensiblement et s'enrichira de faits nouveaux. D'ici à quelque temps nous placerons en tête de ce troisième volume, comme préambule naturel, un abrégé de l'histoire de l'art français, divisé en deux parties. La première traitera des différentes phases de l'art national depuis les temps anciens jusqu'à nos jours, de l'influence exercée à différentes époques par les écoles étrangères, des travaux exécutés par des peintres dont les archives seules ont conservé les noms. La deuxième partie sera consacrée aux corporations, aux maîtrises, à l'Académie de Saint-Luc, à celle fondée par Louis XIV, à l'école de Rome, à l'Institut, aux premiers peintres des souverains français, enfin à toutes les institutions qui ont exercé une influence plus ou moins immédiate sur la direction de l'art. On le voit, le cadre est vaste, le sujet nouveau et plein d'intérêt. Nous ferons tous nos efforts pour le traiter le moins mal possible.

23 Avril 1855.

ÉCOLE FRANÇAISE.

EXPLICATION DES ABRÉVIATIONS

EMPLOYÉES DANS CETTE NOTICE.

H. — Hauteur.
L. — Largeur.
T. — Toile.
B. — Bois.
C. — Cuivre.
Fig. — Figure.
Gr. nat. — Grandeur naturelle.
Pet. nat. — Petite nature.
Calc. imp. — Calcographie impériale.

NOTA. On a imprimé en lettres capitales les noms des artistes dont les tableaux sont exposés dans la galerie ; en italique, les surnoms ; en caractères plus gros que les autres, les noms des peintres cités seulement, mais dont le Louvre ne possède pas encore d'ouvrages.

Les numéros *rouges* placés sur les bordures des tableaux indiquent qu'ils appartiennent aux écoles d'Italie et d'Espagne.

Les numéros *bleus* désignent les peintures des écoles allemande, flamande et hollandaise.

Les numéros *noirs* celles de l'école française.

Chacune de ces trois séries a donc un numérotage particulier et correspondant avec celui de la Notice qui lui est consacrée.

L'*astérisque* placé à côté des numéros, dans cette 3e partie, indique que momentanément, à cause des travaux exécutés dans plusieurs salles, ces tableaux n'ont pu être exposés.

ÉCOLE FRANÇAISE.

ALLEGRAIN (ÉTIENNE), *peintre, graveur, né à Paris en 1653, mort dans la même ville le 1er avril 1736.*

Il fut reçu à l'Académie le 30 octobre 1677, et donna pour sa réception un paysage représentant une Fuite en Egypte. Sa manière a quelque analogie avec celle de **Francisque Millet**. Il eut pour fils et pour élève **Gabriel Allegrain**, né à Paris en 1670, mort le 24 février 1748, reçu à l'Académie le 26 septembre 1716, sur un paysage représentant aussi une Fuite en Egypte. Il exposa aux salons de 1737, 1738, 1739, 1740, 1745 et de 1747. Il était père de **Gabriel-Christophe Allegrain**, sculpteur du roi, mort en 1795, que la plupart des auteurs disent à tort être fils d'Etienne.

1. *Paysage.*

H. 0, 58. — L. 0, 72. — T. — Fig. de 0, 08.

Au premier plan, au milieu, deux femmes et un enfant tenant un vase sont assis au bord d'un chemin ombragé par un massif d'arbres. Plus loin, une rivière traverse le paysage, et au-delà, un autre chemin, qui descend vers la rivière, passe sous une porte de ville. A l'horizon, des fabriques et de hautes montagnes.

Ancienne collection.

2. *Paysage.*

H. 0, 58. — L. 0, 72. — T. — Fig. de 0, 08.

A gauche, un chemin sinueux au pied d'une montagne où s'élève une tour, un ruisseau traversé par un petit pont à une seule arche, et, près du pont, une femme portant un panier sur la tête. Plus loin, des fabriques, et, à l'horizon, de hautes montagnes.

Ancienne collection. — Ce tableau est porté sur l'inventaire de l'Empire à **Francisque Millet**, et sur celui de la Restauration à Allegrain (sans désignation de prénom).

AVED (JACQUES-ANDRÉ-JOSEPH), *né à Douai le 12 janvier 1702, mort le 4 mars 1766.*

Il était encore enfant lorsqu'il perdit son père, docteur de la Faculté de médecine de Louvain. Son beau-frère, capitaine des gardes hollandaises, le prit chez lui, à Amsterdam, et le destina d'abord à la carrière militaire; mais Aved l'abandonna bientôt pour se livrer entièrement à l'étude du dessin. Il se mit sous la direction de **Bernard Picart**, parcourut la Flandre et la Hollande en étudiant les maîtres, vint à Paris en 1721, et entra chez M. **Le Bel**, de l'Académie royale. Il eut pour amis et pour condisciples Carle van Loo, Boucher, Chardin et **Dumont le Romain**, qui le devancèrent et l'attirèrent à l'Académie. Il y fut agréé en 1729, reçu le 27 novembre 1734, sur les portraits de Cazes et de De Troy fils (tous deux actuellement à l'Ecole des beaux-arts), et nommé conseiller en 1744. Un portrait de Mehemet-Effendi, ambassadeur de la Porte, établit sa réputation. Appelé peu de temps après à la cour, il peignit Louis XV, et reçut le titre de peintre du roi. Aved a exécuté les portraits de beaucoup de personnages célèbres, parmi lesquels on cite celui de Jean-Baptiste Rousseau, avec lequel il était intimement lié, et à qui il donna asile en 1738. Il a exposé pendant les années 1737, 1743, 1745, 1748, 1750, 1753, 1755, 1757 et de 1759. La plupart de ses ouvrages ont été gravés par Balechou, Lépicié, Mellini, Daulé.

3. *Portrait du marquis de Mirabeau, né en 1715, mort en 1789.*

H. 1, 48. — L. 1, 12. — T. — Fig. à mi-corps de gr. nat.

Il est représenté au milieu de sa bibliothèque, debout, la tête nue, de trois quarts, tournée à gauche, et vêtu d'un habit de soie violet. Il pose la main gauche sur un grand volume et semble montrer de l'autre des papiers placés sur son bureau.

Cette peinture fut exposée au salon de 1743; le livret de cette année le désigne ainsi : « Portrait de M. le marquis de Mirabeau, dans son cabinet, appuyé sur le *Polybe* de M. Follard. » — Acquis de Mme de Villeneuve, en 1850, pour la somme de 800 fr.

BACHELIER (Jean-Jacques), *né en 1724, mort le 13 avril 1806.*

Il fut agréé à l'Académie en 1751, reçu le 2 septembre 1752 comme peintre de fleurs, et le 24 septembre 1763 comme peintre d'histoire, sur le tableau de la Mort d'Abel, qu'on l'autorisa, le 27 octobre 1764, à remplacer par une Charité romaine. Elu le 29 novembre de la même année adjoint à professeur, il devint professeur le 7 juillet 1770, et adjoint à recteur le 7 juillet 1792. En 1765, Bachelier employa une somme de 60,000 fr. à fonder une école gratuite de dessin pour les artisans, et cet établissement, autorisé en 1766 par lettres-patentes du roi Louis XV, subsiste encore. Le comte de Caylus s'étant livré à la recherche des procédés de la peinture à la cire ou encautisque, Bachelier fit, dans le même but, un grand nombre d'expériences, et exposa à différents salons le résultat de ses essais. Il fut directeur de la Manufacture de porcelaine de Sèvres, directeur perpétuel de l'Académie de peinture, sculpture et architecture navale de Marseille, et continua jusqu'à sa mort à diriger l'établissement dont il avait été le fondateur. Il a exposé aux salons de 1751, 1753, 1755, 1757, 1759, 1761, 1763, 1765 et de 1767.

4. *Cimon, dans sa prison, allaité par sa fille.*

H. 1, 35. — L. 1, 10. — T. — Fig. à mi-corps de gr. nat.

Cimon, dans sa prison, enchaîné, les mains jointes et vu de dos, a la tête posée sur les genoux de sa fille qui lui présente le sein.

Musée Napoléon. — Cette peinture, exposée au salon de 1765 sous le titre de la Charité romaine, avait remplacé le 27 octobre 1764, dans les salles de l'ancienne Académie de peinture au Louvre, le tableau de réception de Bachelier représentant la Mort d'Abel, qu'il avait été autorisé à retirer. (Registres de l'Académie et Archives du Musée.)

BAPTISTE. — *Voir* Monnoyer.

BARBIER, *dit* l'Aîné (Jean-Jacques-François le), *peintre, écrivain, né à Rouen en 1738, mort le 7 juin 1826.*

Il remporta à Rouen, en 1756 et en 1758, les premiers prix de dessin de l'Académie de cette ville, et vint à Paris où il fut élève de Pierre, premier peintre du roi. En 1776, le gouvernement le chargea d'aller faire les dessins pour l'ouvrage de Zurlauben, intitulé *Tableau topographique de la Suisse;* c'est alors qu'il se lia intimement avec Gessner. Il se rendit ensuite à Rome, et à son retour fut reçu à l'Académie, le 28 mai 1785. Il fit partie de la classe des beaux-arts lors de la création de l'Institut en 1795. Le Barbier a exécuté pour les écoles de dessin une série considérable d'études qui préparèrent la révolution commencée par Vien et achevée par David. Il illustra d'un grand nombre de compositions des éditions d'Ovide, de Racine, de Rousseau, de Delille, etc., et exposa aux salons de 1781, 1783, 1785, 1787, 1789, 1791, 1795, 1797, 1798, 1801, 1804, 1806, 1808, 1810, 1812, 1814 et de 1817.

5.* *Courage des femmes de Sparte.*

H. 3, 21. — L. 3, 23. — T. — Fig. de gr. nat.

« Aristomène, chef des Messéniens, apprenant que quelques femmes de Sparte étaient assemblées dans un lieu de la Laconie, nommé Égile, pour y célébrer la fête de Cérès, résolut de les enlever, et dans ce dessein, il se mit en marche avec sa troupe. Mais ces femmes, appelant Cérès à leur secours, se défendirent courageusement, les unes avec des couteaux, les autres avec des broches dont on se servait pour rôtir les victimes, d'autres avec des torches préparées pour le sacrifice, et forcèrent les Messéniens à se retirer. Aristomène lui-même, terrassé à coup de torches, auroit perdu la vie si la prêtresse Archidamie n'en eût eu pitié; elle le délivra de la fureur de ses compagnes. » (PLUTARQUE et PAUSANIAS.) — Ce tableau est signé : *Lebarbier l'ainé* P. 1787.

Collection de Louis XVI. — Ce tableau, commandé par le roi pour la Manufacture des Gobelins, fut exposé au salon de 1787.

BAR (BONAVENTURE DE), *né en 1700, mort le 1ᵉʳ septembre 1729.*

Il fut reçu à l'Académie, comme peintre de genre, le 25 septembre 1728, ou le 25 décembre 1727 suivant une autre version des registres des archives. On n'a, du reste, aucun renseignement biographique sur cet artiste, mort fort jeune, et que l'on qualifie de *peintre dans le goût des modes du temps.* Quelques auteurs l'appellent à tort *Desbarres.*

6. *Fête champêtre.*

H. 0, 93. — L. 1, 30. — T. — Fig. de 0, 18.

Un groupe de personnes, les unes assises, les autres debout, regardent danser un paysan qui tient d'une main une bouteille et de l'autre un verre. A droite, deux paysans jouent de la musette et de la guitare, à l'ombre d'un massif d'arbres élevés. Dans le fond, à gauche, une grande plaine où l'on voit des cavaliers et quelques tentes de marchands ambulants. Plus loin, une rivière sur un bras de laquelle est jeté un petit pont de bois.

Musée Napoléon. — Ce tableau a été peint par l'artiste pour sa réception à l'Académie, le 25 décembre 1727. D'Argenville (Description des ouvrages exposés dans les salles de l'Académie) dit qu'il représente la *Foire de Bezon*. Suivant un ancien état manuscrit des archives du Musée, c'est une *Fête flamande dans la campagne*.

BAUGIN (LUBIN) *vivait dans le XVIIe siècle. On ignore la date de sa naissance et celle de sa mort.*

Après avoir fait partie de la corporation des maîtres-peintres, où il avait été admis en 1645, il fut reçu à l'Académie royale de peinture le 4 août 1651, nommé ancien le 24 août de la même année, à la place de van Opstal, et destitué le 2 janvier 1655. Baugin exécuta un grand nombre de dessins destinés à être reproduits en tapisserie. Il avait étudié les maîtres italiens, particulièrement le Parmesan, le Guide et les autres peintres gracieux, dont il chercha à imiter la manière. Ses contemporains l'avaient surnommé le *petit Guide*.

7. La Sainte-Famille.

H. 0, 36. — L. 0, 26. — B. — Fig. de 0, 25.

L'Enfant-Jésus endormi est couché sur un coussin dans son berceau; la Vierge, à genoux, tient un linge dont elle va le couvrir. A droite, sainte Elisabeth et le jeune saint Jean, qui joint les mains, sont en adoration; derrière eux, saint Joseph est debout, la tête baissée. Deux anges, l'un à genoux près du berceau, l'autre debout derrière la Vierge, adorent le Sauveur.

Gravé par F. de Poilly.

Ancienne collection.

BENOIST (Marie-Guilhelmine), *née* Laville-Leroulx, *à Paris en 1768, morte dans la même ville le 7 octobre 1826.*

Elle fut élève de Mme le Brun et de David, et obtint une médaille de première classe en 1804. Elle peignit un grand nombre de portraits, entre autres une partie de ceux de Napoléon qui furent envoyés dans les chefs-lieux de département. Ce fut à elle, sous le pseudonyme d'Emilie, que Demoustier adressa ses *Lettres sur la Mythologie.* Elle eut pour élève M. Apparicio, artiste espagnol. Elle exposa des portraits aux salons de 1802, 1804, 1806, 1810 et de 1812.

8. *Portrait d'une négresse.*

H. 0, 81. — L. 0, 65. — T. — Fig. à mi-corps de gr. nat.

Elle est représentée nue jusqu'à la ceinture, assise, tournée à droite, la tête vue de trois quarts et couverte d'un mouchoir blanc. Une draperie bleue est jetée sur le dossier de son fauteuil. — Signé : *Laville-Leroulx F. Benoist.*

Collection de Louis XVIII. — Acquis en 1818.

BERGE (Auguste-Charles de la), *né à Paris le 17 mai 1807, mort dans la même ville le 25 janvier 1842.*

Il entra d'abord à l'atelier de M. Bertin, peintre de paysages, en 1824; puis dans celui de M. Picot, peintre d'histoire, en 1827. Il exposa pour la première fois en 1831. Son tableau, qui obtint une mention honorable, fut acheté par le roi. On vit encore de ses ouvrages aux salons de 1832, 1837, 1838 et de 1841.

9. *Paysage.*

H. 0, 59. — L. 0, 92. — B. — Fig. de 0, 08.

A gauche, un massif de chênes à travers lesquels percent les derniers rayons du soleil. Au premier plan, des ronces ; au milieu, à côté d'un berceau, une femme assise par terre donnant le sein à un enfant emmailloté, une petite fille debout et mangeant, un cheval gris dételé près d'une charrette, et un homme agenouillé vu de dos. A droite, des montagnes et, dans une gorge profonde, le village de Virieu-le-Grand, près de Belley. Effet de soleil couchant en été.

<small>Collection de Napoléon III. — Donné par la famille de M. de la Berge en 1853. Ce tableau, commencé en 1837 et fini en 1839, a été entièrement fait d'après nature et au moment du jour que l'artiste a voulu représenter.</small>

BERTIN (Nicolas), *né à Paris en 1667, mort dans la même ville le 11 avril 1736.*

<small>Il n'avait que 4 ans lorsqu'il perdit son père, qui était sculpteur. Son frère, également sculpteur du roi Louis XIV et valet de chambre du prince de Condé, voyant ses heureuses dispositions pour le dessin, lui enseigna les premiers éléments de l'art; puis, lorsqu'il eut atteint l'âge de 10 ans et demi, le plaça chez **Vernansalle**, peintre de l'Académie. Il entra ensuite à l'atelier de Jouvenet, et enfin dans celui de Boulogne. Il fit des progrès si rapides sous la direction de ce maître, qu'à 18 ans il remporta le premier prix de peinture, consistant en une médaille d'or d'une valeur de 1,200 liv.; sa composition représentait la Construction de l'arche de Noé. M. de Louvois, alors surintendant des bâtiments, l'envoya comme pensionnaire du roi à Rome. Il y resta quatre ans, et revint en France après avoir étudié quelque temps les maîtres de l'école lombarde. Il s'arrêta à Lyon, peignit pour quelques amateurs, et arriva à Paris en 1689. Il fut agréé à l'Académie royale de peinture et sculpture le 30 décembre 1702, et reçu académicien le 28 avril 1703, sur un tableau représentant Hercule qui délivre Prométhée. On l'élut adjoint à professeur le 30 juin 1705, professeur le 26 octobre 1715, et adjoint à recteur le 30 mai 1733. Après la mort de Louvois, le duc d'Antin, qui lui succéda comme surintendant des bâtiments, fit nommer Bertin directeur de l'Académie de Rome; mais il refusa cette dignité. Il travailla beaucoup pour la ménagerie de Versailles, à Trianon, à Meudon. Il a peint aussi pour plusieurs églises, et ses ouvrages furent très recherchés par les électeurs de Mayence et de Bavière. Parmi ses élèves on distingue surtout Toqué. Ses ouvrages ont été gravés par Chereau le jeune, N. Tardieu, Duchange, Duflos, B. Picart, Horthemels et N. Cochin. Il a exposé au salon de 1704.</small>

10. *Saint Philippe baptisant l'eunuque de la reine Candace, sur le chemin de Jérusalem à Gaza.*

<small>H. 0,92. — L. 0,74. — T. — Fig. de 0,44.</small>

A gauche, saint Philippe debout, les yeux levés au ciel, donne le baptême à l'Ethiopien, dont les mains sont croisées sur la poitrine. A droite, un guerrier avec un bouclier, parlant à un vieillard, et un autre soldat armé d'un arc. Plus loin, auprès d'un groupe de palmiers, un serviteur portant un parasol, et monté sur un chameau.

BERTIN (NICOLAS).

Près de lui, un chariot. Dans le fond, des cavaliers et d'autres chameaux chargés passent au milieu de hautes montagnes.

Gravé par Madeleine Cochin (dit d'Argenville).

Musée Napoléon. — Esquisse terminée du tableau que N. Bertin avait exécuté pour Saint-Germain-des-Prés, où il est encore. Cette petite peinture se voyait dans la sacristie de l'église, ornée autrefois des esquisses terminées des grands tableaux de la nef. L'inventaire de l'Empire dit que cette toile provient de l'église Notre-Dame de Paris; mais il y a évidemment erreur.

BERTIN (JEAN-VICTOR), *né à Paris le 20 mars 1775, mort à Paris le 11 juin 1842.*

Il fut élève de Valenciennes, obtint une médaille d'or de première classe au salon de 1808, et fut nommé, en 1817, membre de la Légion-d'Honneur. Il eut pour élèves MM. Michalon, **Coignet**, **Boisselier**, **Enfantin**, **Corot**, **Roqueplan**, etc. Ses travaux, le succès de son école, attirèrent l'attention du gouvernement, et la création d'un nouveau prix permit à ses disciples de concourir pour la pension de Rome. Depuis Michalon, le premier des lauréats paysagistes, deux fois seulement ses élèves ne l'emportèrent pas sur leurs rivaux. Bertin a exposé aux salons de 1793 et à tous ceux qui se sont succédé à partir de 1796 jusqu'en 1842.

11. *Vue de la ville de Phænos et du temple de Minerve Cæphies.*

H. 1,42. — L. 1,95. — T. — Fig. de 0,15.

Au second plan, une rivière traverse et partage le tableau en deux parties. Au premier plan, à droite, deux hommes passent sur un petit pont et semblent se diriger vers quatre autres personnages sortant d'une barque; de l'autre côté de la rive, un temple dominé par de hautes montagnes.—Signé à droite : *Bertin an* 9.

Musée Napoléon. — Ce tableau, qui obtint un prix d'encouragement, fut exposé au salon de l'an IX.

BERTRY (NICOLAS-HENRI-JEAURAT DE), *vivait encore en 1793.*

On sait qu'il fut reçu académicien le 31 janvier 1756; mais on n'a, du reste, aucun renseignement sur cet artiste qui exposa au salon de 1757.

12. *Ustensiles de cuisine.*

H. 1, 30. — L. 1, 60. — T.

Au milieu d'ustensiles de cuisine placés sur une table, on remarque une espèce de poêlon en cuivre, posé sur un fourneau de terre, marqué d'une fleur de lis surmontée des lettres F B; un autre poêlon également en cuivre, contenant des œufs; un grand chaudron et un morceau de morue.

<small>Musée Napoléon. — Ce tableau fut peint par Jeaurat de Bertry pour sa réception à l'Académie royale de peinture, le 31 janvier 1756.</small>

BIDAULD (Jean-Joseph-Xavier), *né à Carpentras le 15 avril 1758, mort à Montmorency le 20 octobre 1846.*

<small>Il était élève de son frère, **Jean-Pierre-Xavier Bidauld**, peintre de paysages et d'histoire naturelle. Il obtint une médaille au salon de 1812, fut nommé membre de l'Institut le 12 avril 1823 en remplacement de Prud'hon, et reçut la croix de la Légion-d'Honneur. Il a fait un grand nombre de vues d'Italie, et exposa aux salons de 1791, 1793, 1798, 1799, 1801, 1802, 1804, 1806, 1808, 1810, 1812, 1814, 1817, 1819, 1822, 1824, 1827, 1831, 1833, 1834, 1835, 1836, 1837, 1839, 1840, 1842, 1843 et de 1844.</small>

13.* *Paysage.*

H. 1, 13. — L. 1, 44. — T. — Fig. de 0, 15.

Sur un chemin qui passe, à droite, au pied d'arbres élevés, un berger conduit son troupeau en jouant de la musette; un homme, deux femmes et un enfant marchent derrière un mulet chargé de bagages. Plus loin, une rivière traversant le paysage; au-delà, des fabriques, une chute d'eau; à l'horizon, de hautes montagnes. — Signé : *J. Bidault* 1793.

<small>Musée Napoléon. — Ce tableau obtint un prix d'encouragement.</small>

BLAIN DE FONTENAY. — *Voir* Fontenay.

BLANCHARD (Jacques), *né à Paris dans le mois de septembre* 1600, *mort dans la même ville en* 1638.

Il fut d'abord élève de **Nicolas Bollery**, son oncle maternel, peintre du roi. A l'âge de 20 ans il prit la résolution d'aller en Italie; mais arrivé à Lyon, il s'arrêta pendant quatre ans dans cette ville, et travailla sous la direction d'un peintre nommé **Horace le Blanc**. Blanchard quitta la France, vint à Rome à la fin d'octobre 1624 ; puis, au bout de dix-huit mois environ, passa à Venise, où il fit une étude particulière des tableaux de Titien. Après deux ans de travaux, il quitta Venise, et s'arrêta quelque temps à Turin et à Lyon avant de se fixer à Paris. De retour dans sa patrie, il exécuta, pour sa réception à l'académie de Saint-Luc, un saint Jean dans l'île de Patmos, qui établit sa réputation. Il peignit en 1634 une Pentecôte (gravée par Regnesson), tableau votif offert, suivant l'usage, au 1er mai, par la confrérie des orfèvres à l'église de Notre-Dame ; décora la galerie de la maison du président Perrault, puis celle plus considérable de l'hôtel de Bullion. Blanchard travaillait avec une extrême facilité, et l'on recherchait particulièrement ses Saintes-Familles et ses Vierges à mi-corps. Ses contemporains lui donnèrent le surnom de *Titien français*, surnom qu'il ne méritait pas et qui ne lui a pas survécu. La plupart de ses ouvrages ont été détruits, mais il en existe un assez grand nombre de gravés. — **Gabriel Blanchard**, fils de Jacques, né à Paris en 1630, mort le 30 avril 1704, élève de son oncle, **Jean-Baptiste Blanchard**, fut connu sous le nom de *Blanchard le neveu*. Reçu académicien le 26 mai 1663 (et de nous au le 4 janvier 1665), sur un tableau représentant allégoriquement la naissance de Louis XIV, placé maintenant à Versailles, il fut successivement adjoint à professeur le 25 octobre 1670, professeur en 1672, et trésorier en 1699. Il a exposé en 1699. — **Jean-Baptiste Blanchard**, dit *l'oncle*, frère aîné de Jacques, peintre d'histoire, né à Paris en 1595, accompagna son frère en Italie, fut reçu académicien le 30 juin 1663, et mourut le 5 avril 1665, sans avoir laissé d'ouvrages remarquables.

14. *La Sainte-Famille.*

H. 0, 76. — L. 1, 09. — T. — Fig. à mi-corps pet. nat.

La Vierge, assise et vue de dos, tient l'Enfant-Jésus qui donne une croix au petit saint Jean présenté par sainte Anne. Saint Joseph est placé à gauche de la Vierge qui tourne la tête vers lui.

Landon, . 4, pl. 2.

Musée Napoléon.

15. *La Vierge, l'Enfant-Jésus et sainte Anne.*

H. 0,82. — L. 1,15. — T. — Fig. à mi-corps pet. nat.

La Vierge assise tient l'Enfant-Jésus sur ses genoux; à gauche, sainte Anne, également assise, lui présente un fruit.

Landon, t. 1, pl. 2.

Musée Napoléon.

16. *La Charité.*

H. 1,10. — L. 1,36. — T. — Fig. de gr. nat.

Elle est représentée sous les traits d'une jeune femme assise par terre, s'appuyant d'une main sur la base d'une colonne et donnant le sein à un enfant, tandis qu'un second enfant qu'elle tient sur ses genoux paraît jouer avec deux autres qui sont à ses pieds. Derrière elle, à gauche, sur la base de la colonne, un enfant se penche en la tenant par les épaules.

Gravé par Garnier. — Landon, É. F. M., t. 1, pl. 1.

Collection de Louis XIV. — Ce tableau, en 1709-1710, était placé à Versailles dans le cabinet de tableaux; il fut mis dans les appartements du roi, salle de Mercure, en 1741. Un inventaire l'attribue seulement à Jacques Blanchard.

17. *Saint Paul en méditation.*

H. 1,28. — L. 0,96. — T. — Demi-fig. de gr. nat.

L'apôtre est représenté de trois quarts, tourné à gauche, portant une grande barbe, enveloppé d'un manteau rouge et assis devant une table. Il appuie la tête sur sa main droite, et tient un livre de la main gauche. Près de lui, son épée.

Musée Napoléon. — Ce tableau provient de l'ancienne Académie de peinture, dit l'inventaire. Celui de l'Empire le donne à Jean-Baptiste Blanchard. Serait-ce le tableau de réception de ce dernier artiste?

BLOND (JEAN LE), *né à Paris en 1648, mort dans la même ville le 13 août 1719.*

Il fut reçu à l'Académie le 1er août 1681. On sait que le peintre hollandais **Guillaume de Gheyn** l'aida dans ses travaux; mais on n'a, du reste, aucun renseignement biographique sur cet artiste.

18.* *Jupiter foudroyant les Géants.*

H. 1, 48. — L. 2, 00. — T. — Fig. demi-nat.

Jupiter, la foudre en main, est accompagné de Minerve, armée de sa lance et de son égide, et d'Hercule, qui assomme avec sa massue un des géants terrassé. D'autres géants sont renversés ou cherchent à escalader les rochers.

Musée Napoléon. — Ce tableau fut exécuté par le Blond pour sa réception à l'Académie royale de peinture, le 1er août 1681.

BOILLY (LOUIS-LÉOPOLD), *né dans la petite ville de La Bassée, près de Lille, le 5 juillet 1761, mort à Paris le 5 janvier 1845.*

Boilly n'eut pour maître que son père, Arnould Boilly, sculpteur en bois, qui le destinait à être peintre en bâtiments. Dès l'âge de 11 ans et demi, il entreprit de peindre, pour une chapelle de la confrérie de Saint-Roch, un tableau représentant le saint guérissant des pestiférés. Cet ouvrage, fort au-dessus de l'âge de son auteur, plut singulièrement aux confrères, qui, l'année suivante, lui commandèrent un enterrement où assistait la confrérie, le clergé en tête. Chaque figure était un portrait, et déjà il montrait une grande aptitude à saisir parfaitement la ressemblance. Ces deux tableaux existent encore dans sa ville natale. A 13 ans et demi il quitta ses parents, vint à Douai chez un prieur des Augustins, fit dans le couvent quelques portraits, et, pour plusieurs personnes, des fixés et des tableaux de genre. En 1777, ayant eu occasion de connaître M. de Couzié, évêque d'Arras, il se rendit dans cette ville, et en deux ans peignit plus de trois cents petits portraits, qu'il terminait en deux heures. Boilly, âgé d'environ 25 ans, arriva enfin à Paris, s'y établit, et à partir de cette époque, exécuta un nombre infini de tableaux de genre qui eurent le plus grand succès et furent reproduits par la gravure. Il fit cinq mille portraits, composa une quantité incroyable de dessins, peignit pendant soixante-douze ans et mourut pour ainsi dire le pinceau à la main. Il obtint, comme peintre de genre, une récompense décernée par le jury des arts pour les meilleurs ouvrages exposés de l'an II à l'an VI. Le 1er floréal an VII (20 avril

1799) il remporta un prix de 2,000 fr.; la même année, en messidor, il reçut un nouvel encouragement du gouvernement, et enfin en 1832 ou 1833, sur la demande de l'Académie, il fut décoré de l'ordre de la Légion-d'Honneur. Il eut d'un deuxième mariage trois fils qui suivirent la carrière des beaux-arts: M. **Jules Boilly**, peintre et lithographe ; M. Édouard Boilly, compositeur de musique, grand prix de l'école de Rome ; M. Alphonse Boilly, graveur. Il a exposé en 1793, 1795, 1798, 1799, 1800, 1804, 1808, 1812, 1814, 1819, 1822 et en 1824.

19. *L'arrivée d'une diligence dans la cour des messageries.*

H. 0, 62. — L. 1, 06. — B. — Fig. de 0, 18.

Au milieu d'un groupe de différentes personnes descendant d'une diligence, une femme, entourée de ses enfants, se jette au cou d'un voyageur. Plus loin, un autre voyageur charge ses paquets sur les crochets d'un commissionnaire. Au premier plan, à gauche, un mendiant tend son chapeau à un militaire et un garde national cherche à embrasser une bouquetière. A droite, un homme, le chapeau à la main, parle à une femme tenant un enfant ; près de ce groupe, deux chiens qui se battent. — Signé : *L. Boilly* 1803.

Collection de Louis-Philippe. — Ce tableau fut exposé au salon de 1804, et acquis, en 1845, des héritiers Boilly pour la somme de 2,000 fr.

BOISSELIER L'AÎNÉ (FÉLIX), *né à Damphal (Haute-Marne) en 1776, mort à Rome le 12 janvier 1811.*

Il vint à Paris à l'âge de 14 ans, eut pour premier maître un peintre décorateur italien nommé Sieti ou Cieti, attaché à la manufacture de papiers peints de Réveillon. A l'époque de la Révolution, Boisselier succéda à son maître comme dessinateur en chef de la fabrique, fut incarcéré à la Bourbe, sous prétexte d'opinions aristocratiques, en sortit le 18 thermidor, et entra à l'atelier de Regnault. Il remporta en 1805 le grand prix de peinture, qui ne donnait droit cette année qu'à une somme de 1,200 fr., la pension de Rome ne s'accordant alors que tous les deux ans ; le sujet de concours était la Mort de Démosthènes. En 1806, il concourut de nouveau, et obtint encore le grand prix sur un tableau représentant le Retour de l'Enfant prodigue. Il partit le 6 décembre de la même année pour l'Italie, fit de sérieuses études, et mourut des suites d'un violent accès de fièvre.

20.* *Mort d'Adonis.*

H. 2, 15. — L. 1, 60. — T. — Fig. de gr. nat.

Adonis est étendu au bord d'une fontaine, le visage tourné contre la terre, et tenant encore ses javelots. Derrière lui, à gauche, un chien noir.

Collection de Louis XVIII. — Ce tableau, envoi de Rome de troisième année et exposé au salon de 1812, après la mort de l'artiste, fut acquis en 1821, du frère de l'auteur, **M. Félix Boisselier**, peintre paysagiste, pour la somme de 1,000 fr.

BOISSIEU (JEAN-JACQUES), *peintre, graveur, né à Lyon en 1736, mort dans la même ville le 1er mars 1810.*

Il était d'une famille noble, originaire d'Auvergne, et eut pour aïeul paternel Jean de Boissieu, secrétaire des commandements de Marguerite de Valois. Quoiqu'il montrât de bonne heure des dispositions pour le dessin, ses parents ne voulurent pas d'abord encourager ses essais et le destinaient à la magistrature. Cédant à regret à ses instances, ils lui permirent cependant de fréquenter l'atelier de **Lombard**, puis celui de **Frontier**, peintre d'histoire qui vint se fixer à Lyon. L'étude qu'il eut occasion de faire des ouvrages flamands et hollandais, possédés par M. Vialis, son oncle maternel, lui fut un enseignement plus profitable que les leçons de son maître. A l'époque de la vente de la collection de M. Bathéon de Verrieux, on paya 1,000 écus un de ses dessins, exécuté d'après un tableau de Wouwerman. Ce succès acheva de vaincre les répugnances que ses parents témoignaient pour la carrière d'artiste que Boissieu persévérait à vouloir suivre. Il arriva à Paris à l'âge de 24 ans, continua à étudier l'école hollandaise, qu'il préférait à toute autre, et devint l'ami de Joseph Vernet, de Watelet, de Greuze et de Soufflot. Accueilli d'abord avec bienveillance par M. de Larochefoucault, il fut bientôt admis dans la familiarité de ce grand seigneur qui avait apprécié son extrême modestie et son talent. Boissieu, pendant son séjour à Paris, allait souvent travailler d'après nature à Fontainebleau, à Marly et à Saint-Germain, et retourna à Lyon avec la promesse de M. de Larochefoucault de le prendre comme compagnon de voyage dans une excursion qu'il comptait faire en Italie. En attendant la réalisation de cette promesse, il s'occupa à dessiner des vues des environs de Lyon, et se mit, d'après l'instigation d'un marchand de tableaux de cette ville, nommé Parizet, à faire des essais de gravures à l'eau-forte. Cependant, M. de Larochefoucault, fidèle à sa parole, arriva à Lyon à l'époque fixée par lui, et emmena Boissieu en Italie en 1765. Il fit de nombreuses études à Florence, à Rome, où il se lia avec Winkelman, puis à Naples. De retour à Lyon, il peignit quelques tableaux; mais sa santé, fort délicate, l'obligea à renoncer à la peinture à l'huile. Il se livra alors exclusivement au dessin. Il exécutait des portraits à la sanguine avec une grande finesse, et des paysages à la mine de plomb ou au lavis qui étaient extrêmement recherchés, même à l'étranger. Après son mariage, en

1772, il se retira à la campagne et s'occupa plus particulièrement de gravure. En vain des amis puissants cherchèrent à l'attirer à Paris; laborieux autant que modeste, il ne voulut pas quitter sa ville natale.

21. *Paysage.*

H. 0, 45. — L. 0, 58. — T. — Fig. de 0, 06.

A droite, deux femmes lavent du linge sur le bord d'une rivière près de laquelle on voit une chapelle et un arbre isolé. Plus loin, des paysans avec un cheval passent l'eau dans une barque. Au dernier plan s'élèvent de hautes montagnes. — Signé, à droite, dans l'eau : *B.*

Collection de Louis XVIII. — Acquis, en 1819, de M. Sallé pour la somme de 2,000 fr.

BONNINGTON (RICHARD-PARKES), *né au village d'Arnold, près de Nottingham, le 25 octobre 1801, mort à Londres le 23 septembre 1828.*

Bonnington témoigna dès son enfance de grandes dispositions pour le dessin, et son père, peintre de paysages et de portraits, fut son premier maître. A peine âgé de 15 ans, il vint à Paris, fréquenta l'École des beaux-arts, étudia à l'atelier de M. Gros, et surtout dans les galeries du Louvre. Son esprit indépendant ne pouvant se ployer aux doctrines académiques, ce fut surtout au Musée qu'il s'efforça de dérober aux maîtres vénitiens et flamands les secrets du clair-obscur et de la couleur qui le séduisaient particulièrement. Bonnington fit des progrès rapides et son talent fut bientôt apprécié à sa valeur. Le deuxième ouvrage qu'il exposa obtint une médaille d'or. A la suite de ce salon (1824), ses compatriotes **Constable** et **Fielding** recevaient des distinctions semblables, et Sir **Thomas Lawrence** était nommé chevalier de la Légion-d'Honneur. Bonnington résolut à cette époque de voyager en Italie, et s'arrêta particulièrement à Venise, dont il retraça les monuments d'une manière si pittoresque. En 1827, il fit une excursion à Londres, revint à Paris, où le grand succès de ses tableaux et de ses aquarelles lui valut de nombreuses commandes, dont il ne put exécuter qu'une faible partie. Une consomption soudaine s'empara de lui; il voulut revoir l'Angleterre, et mourut quelques jours après son arrivée. Bonnington a peint des marines, des paysages, des tableaux de figures de petites dimensions, où il s'est efforcé de réunir la fidélité des Hollandais à la vigueur des Vénitiens. Ses nombreuses aquarelles et ses lithographies sont également très recherchées. Quoique Anglais de naissance, Bonnington ayant étudié, travaillé et vécu en France, nous l'avons classé exceptionnellement parmi les artistes français. Il a exposé en 1822, 1824 et en 1827. Plusieurs de ses ouvrages ont été reproduits par le graveur anglais Reynolds.

22. *François Ier et la duchesse d'Étampes.*

H. 0,35. — L. 0,27. — T. — Fig. de 0, 22.

A gauche, la duchesse, assise dans un fauteuil, caresse un chien qui est devant elle. A droite, François Ier et Charles-Quint debout, ce dernier vu de dos.

Acquis en 1849 à la vente de M. A. Mosselman pour la somme de 6,700 fr.

BOUCHER (FRANÇOIS), *peintre, graveur, né à Paris en 1704, mort dans la même ville le 30 mai 1770.*

Boucher était fils d'un dessinateur de broderies et n'eut en quelque sorte point de maître, car il ne resta chez le Moine que trois mois. Après avoir quitté son atelier, il vint demeurer chez le père de L. Cars, le graveur, qui faisait commerce de thèses, et l'occupa à dessiner des compositions pour des planches qu'il donnait ensuite à graver. Il lui accordait, pour ce travail, le logement, la table et 60 livres par mois, ce que Boucher estimait une fortune. En 1721, il exécuta des dessins et des vignettes pour l'*Histoire de France* de Daniel, qui parut en 1722. M. de Julienne, dont il fit la connaissance, voulant reproduire par la gravure les dessins de Watteau, en confia un assez grand nombre à sa pointe légère et spirituelle. Il le payait à raison de 24 livres par jour. Boucher remporta le premier prix à l'Académie en 1723. Le sujet du concours était Evilme Rodack, fils et successeur de Nabuchodonosor, délivrant des chaines Joachim, que son père tenait captif depuis dix-sept ans; mais il ne put obtenir le brevet de pensionnaire du roi pour aller à Rome, brevet qui, à cette époque, n'était guère accordé qu'aux protégés du duc d'Antin. Il fit néanmoins le voyage d'Italie à ses frais et en compagnie de Carle van Loo. Après une absence de dix-huit mois, il revint à Paris en 1731, fut agréé à l'Académie la même année et reçu académicien le 30 janvier 1734, sur un tableau représentant Renaud aux pieds d'Armide (n° 23). On le nomma adjoint à professeur le 2 juillet 1735, professeur le 2 juillet 1737, adjoint à recteur le 29 juillet 1752, recteur le 1er août 1761, et directeur le 23 août 1765. A la mort de Carle van Loo, il lui succéda comme premier peintre du roi, aux appointements de 6,000 fr., et fut attaché à la Manufacture de tapisseries de Beauvais. Enumérer la quantité de tableaux de toutes dimensions exécutés pendant sa longue carrière serait impossible; il a abordé tous les genres: sujets religieux, mythologiques et de fantaisie, paysages, animaux, décorations pour le théâtre de l'Opéra, dessus de porte, trumeaux, plafonds, panneaux de voiture et modèles pour des tentures de tapisserie. Quoique homme de plaisirs, il consacra tous les jours, jusqu'à la fin de sa vie, dix heures au travail, et secondé par une imagination brillante, par une incroyable facilicité d'exécution dont il abusa, il laissa une œuvre immense où les dessins, suivant sa propre estimation, s'élèvent à plus de dix mille. Ses ouvrages, qui eurent une vogue prodigieuse, furent, pour la plupart, gravés par les habiles artistes du XVIIIe siècle. A la suite d'une de ces révolutions de la mode, trop fréquentes dans les beaux-arts, ils tombèrent bientôt, après sa mort, dans un discrédit complet. Les noms de Boucher et de van Loo devinrent, en quelque sorte, un terme de mépris, une appellation injurieuse que la critique appliquait aux artistes dont les œuvres n'exhalaient pas une admiration plus fervente que judicieuse des statues antiques. David avait beau répéter aux fanatiques de son école : « n'est pas Boucher qui veut, » on ne le croyait pas. Les détracteurs d'alors ont disparu à leur tour, et Boucher, malgré ses défauts, son afféterie, son manque de naturel, son dessin et sa couleur trop souvent facticés, a repris un rang honorable qu'il méritait, parce qu'il était né vraiment peintre et créateur. Boucher a exposé aux salons de 1737, 1738, 1739, 1740, 1742, 1743, 1745, 1746, 1747, 1748, 1750, 1753, 1757, 1761, 1763, 1765 et de 1769. Parmi ses nombreux élèves on cite **Challe**, Fragonard, **Juliard**, **Baudoin** et **Deshays**. Ces deux derniers ont été ses gendres. Il eut aussi un fils, **Juste-François Boucher**, né en 1740, mort en 1781, qui fut dessinateur d'ornements, de meubles, et architecte.

23. *Renaud et Armide.*

H. 1, 20. — L. 1, 65. — T. — Fig. demi-nat.

Devant un péristyle circulaire d'ordre ionique, Renaud est étendu aux pieds d'Armide, qui tient des fleurs dans sa robe ; elle se contemple dans un miroir que soutient un amour placé à gauche.

Musée Napoléon. — C'est sur ce tableau, qui provient des salles de l'ancienne Académie de peinture, que Boucher fut reçu dans ce corps le 30 janvier 1734.

24. *Diane sortant du bain, avec une de ses compagnes.*

H. 0, 56. — L. 0, 73. — T. — Fig. de 0, 55.

A droite, Diane entièrement nue, assise sur un tertre recouvert de draperies de différentes couleurs, la tête penchée, vue de profil et ornée d'un croissant, tient dans ses mains un collier de perles ; sa jambe gauche est croisée sur la droite et le bout de son pied trempe dans l'eau d'un petit ruisseau. Une nymphe également nue est assise par terre près d'elle. Dans l'angle à droite, un arc, deux perdrix, un lapin. A gauche, un carquois ; plus loin, deux chiens, dont l'un se désaltère à un cours d'eau entouré de roseaux et d'arbres. — Signé : 1742 *F. Boucher.*

Ce tableau, exposé au salon de 1742, a été acquis en 1852, de M. van Cuyck, pour la somme de 3,200 fr. Il a fait partie de la collection de M. de Narbonne et fut payé à sa vente, le 24 mars 1850, 3,595 fr. avec les frais.

25. *Vénus commandant à Vulcain des armes pour Énée.*

H. 2,05. — L. 1,70. — T. — Fig. gr. nat.

Au premier plan, à gauche, Vulcain assis sur un rocher, tenant une épée dont il touche la pointe, lève la tête vers Vénus portée sur des nuages, ainsi qu'un amour tenant un casque d'or. Au milieu, dans les airs, le char de la déesse et les cygnes. A gauche, également sur des nuages, un groupe de trois figures de femmes (les trois Grâces sans doute), dont l'une tient deux colombes. Aux pieds de Vulcain, un carquois, des pièces d'armures; derrière lui, un cyclope, et à droite, dans le fond, deux autres cyclopes vus à mi-corps près de la forge. — Signé : *F. Boucher* **1732**.

Ancienne collection.

26. *Sujet pastoral.*

H. 0,88. — L. 1,15. — T. — Fig. demi-nat.

Une bergère, couchée par terre, s'est endormie à l'ombre d'un bouquet d'arbres. A gauche, près d'elle, un jeune berger, la houlette à la main, la regarde. A droite, quatre moutons. — Signé : *F. Boucher* **1743**.

Ancienne collection.

27. *Sujet pastoral.*

H. 0,88. — L. 1,15. — T. — Fig. demi-nat.

Dans une campagne où l'on remarque, à gauche, un groupe d'arbres, une bergère, assise par terre, avec un mouton à ses pieds, noue des rubans à la musette d'un berger couché auprès d'elle. Derrière le berger, un chien au repos. — Signé : *F. Boucher* **1753**.

Ancienne collection.

BOUILLON.

28. *Sujet pastoral.*

H. 0, 98. — L. 1, 46. — T. — Fig. de 0, 50.

A droite, au bord d'une rivière et près d'une fontaine, un jeune berger donne à deux jeunes bergères un nid d'oiseaux, et une jeune fille s'apprête à tondre des brebis. Dans le fond, à gauche, de l'autre côté de l'eau, une habitation rustique et des montagnes à l'horizon. — Signé : *F. Boucher.*

Ancienne collection.

29. *Sujet pastoral.*

H. 0, 98. — L. 1, 47. — T. — Fig. de 0, 50.

A gauche, au pied d'une fontaine ornée d'un bas-relief, deux bergères et un berger sont assis par terre ; l'une tient un agneau attaché par un ruban, l'autre a des fleurs que le jeune homme paraît vouloir lui prendre. A droite, des moutons et une chèvre au bord d'une rivière. Au-delà, des arbres, un pont avec une tour et des montagnes. — Signé : *F. Boucher.*

Ancienne collection.

BOUILLON (PIERRE), *peintre, graveur, né à Thiviers (Dordogne) en 1776, mort à Paris en octobre 1831.*

Il fut élève de **Monsiau**, remporta le grand prix de peinture en 1797; le sujet du concours était la mort de Caton d'Utique. Cet artiste a peu peint. Il consacra une partie de sa vie à dessiner et à graver les statues et tous les autres monuments antiques du Musée royal du Louvre, tel qu'il se trouvait avant 1815. Il a exposé aux salons de 1804, 1819, 1822 et de 1824.

30.* *Jésus-Christ ressuscite le fils de la veuve de Naïm.*

H. 1, 25. — L. 1, 62. — T. — Fig. de 0, 65.

Au milieu du tableau, Jésus-Christ étend la main vers le jeune homme qui se relève dans son cercueil.

Au premier plan, sa mère à genoux, vue de dos. Derrière le Christ, à droite, ses disciples ; de l'autre côté, différentes personnes dans l'attitude de l'étonnement. Au fond de la composition, la ville, dont on voit les portes.

Collection de Louis XVIII. — Commandé en 1817 et payé la somme de 5,000 fr.

BOULOGNE (Bon) *ou* **DE BOULLONGNE**, *dit* L'AÎNÉ, *peintre, graveur, né à Paris en* 1649, *mort dans la même ville le* 16 *mai* 1717.

On trouve ce nom écrit de plusieurs manières. Louis de Boulogne, le père, prend celui de *Boullogne, de Boulogne*, et le plus souvent *de Boullongne*. Bon Boulogne a toujours signé *Boulogne l'aîné*; enfin, Louis de Boulogne, dit *le jeune*, qui fut anobli, est inscrit dans l'armorial d'Hozier sous le nom de *Boullongne*. Bon Boulogne fut élève de son père Louis Boulogne. Celui-ci, profitant un jour d'une visite que faisait Colbert à l'Académie, présenta une demi-figure de saint Jean exécutée par son fils, au ministre qui en fut charmé, et accorda la pension de Rome au jeune peintre, quoiqu'il n'eût pas fait de tableau pour le concours des grands prix de l'Académie. Il passa cinq ans à Rome, copiant les grands maîtres, s'efforçant de s'approprier leur exécution ; puis il alla en Lombardie et revint en France. Il fut reçu à l'Académie le 27 novembre 1677; son tableau de réception (n° 33) représentait Hercule combattant les Centaures. On le nomma adjoint à professeur le 8 janvier 1684, et professeur le 6 décembre 1692. Il travailla à l'escalier de Versailles, sous la direction de le Brun ; peignit à fresque, en 1702, la chapelle de Saint-Jérôme dans l'église des Invalides ; puis celle de Saint-Ambroise, mal commencée par **Charles-François Poërson**, à qui on donna en dédommagement la direction de l'école de Rome. Il peignit à Trianon, à la ménagerie, au palais et dans la chapelle de Versailles. Il a fait souvent des pastiches ou imitations trompeuses des grands maîtres. Il était extrêmement laborieux, travaillait habituellement à la lampe et se faisait beaucoup aider par ses élèves, qui furent J.-B. Santerre, **Louis Silvestre**, Jean Raoux, Claude Verdot, Nicolas Bertin, **Christophe**, Dulin, Tournières, **Langlois**, Cazes et le Clerc. Ses ouvrages ont été gravés par Audran, Boquet, Langlois, Moyreau, C.-N. Cochin. Il fut enterré à Saint-Roch, sa paroisse. Il a exposé aux salons de 1699 et de 1704. — **Louis de Boulogne**, dit *le jeune*, frère du précédent, né à Paris en 1654, mort dans la même ville le 20 novembre 1733, et enterré à Saint-Eustache, sa paroisse, remporta à 18 ans le prix de peinture (le sujet du concours était le Passage du Rhin), et fut envoyé à Rome en 1675, époque à laquelle son frère en revenait. Il fit, sous les yeux d'**Errard**, alors directeur de l'Académie de Rome, des copies de l'Ecole d'Athènes et de la Dispute du Saint-Sacrement, copies de la grandeur des originaux et destinées à être reproduites en tapisserie dans les ateliers de la Manufacture des Gobelins. Après cinq ans de séjour à Rome, il parcourut la Lombardie, visita Venise, et revint en France en 1680. Ses ouvrages furent très-recherchés, et il peignit deux tableaux votifs offerts le 1er mai par la coufrérie des orfèvres à l'église de Notre-Dame : le premier, exécuté en 1680, représente le Centenier demandant à Jésus-Christ de sauver son serviteur; le sujet du second, fait en 1695, est Jésus-Christ s'entretenant avec la Samaritaine. Il peignit la chapelle Saint-Augustin aux Invalides, exécuta beaucoup de tableaux d'église, et décora de ses ouvrages un grand nombre d'hôtels. Il fut nommé académicien le 1er août 1681 (son tableau de réception représentait Auguste faisant fermer le temple de Janus), professeur le 30 octobre 1693, adjoint à recteur le 26 octobre 1715, recteur le 24 avril 1717, directeur le 10 janvier 1722; la même année, il entra à l'Académie des inscriptions pour dessiner les médailles et les devises, et reçut le cordon de chevalier de l'ordre de Saint-Michel. Au mois de novembre 1724 il fut anobli, lui et sa postérité mâle et femelle, par lettres-patentes données à Fontainebleau, et d'Hozier nous apprend que ses armes portaient : de gueules à une tour d'argent et au chef d'azur chargé de trois étoiles d'or, le casque de profil. Enfin, il succéda à Antoine Coypel, en 1725, comme premier peintre du roi. Il a exposé aux salons de 1699 et de 1704. — **Geneviève** et **Madeleine Boulogne**, les deux sœurs des précédents, furent reçues à l'Académie royale de peinture et de sculpture le 7 décembre 1669. Elles peignirent pour leur réception un tableau représentant un groupe de figures et de dessins faits d'après le modèle, avec un fond d'architecture et des trophées d'instruments de musique. Geneviève mourut à Aix le 5 août 1708, à l'âge de 63 ans ; Madeleine mourut à Paris le 30 janvier 1710, à 64 ans. Elles exposèrent l'une et l'autre au salon de 1704. — **Louis Boulogne**, père des précédents, né en 1609, mort à Paris le 13 juin 1674, était élève de Blanchard, le père. Le président Boulanger, prévôt des marchands, lui ayant commandé, pour une salle de l'Hôtel-de-Ville, un Christ en croix, fut tellement satisfait de cet ouvrage, qu'il lui fit obtenir des échevins une pension pour se rendre en Italie. Il partit en compagnie de **Mauperché**, paysagiste, s'établit à Rome, étudia assidûment les maîtres et les antiques, et se lia avec Bourdon. De retour à Paris, les échevins lui donnèrent un logement à l'Hôtel-de-Ville et continuèrent à lui accorder leur protection. En 1646, le corps des orfèvres lui confia l'exécution du tableau votif qu'ils offraient à l'église de Notre-Dame le 1er jour de mai. Il représente les Enfants de Scéva, prince des prêtres, qui, voyant saint Paul invoquer le nom de Jésus pour conjurer les démons, suivent son exemple et forcent l'esprit malin à leur répondre. En 1648 il peignit un second tableau votif, le Martyre de saint Simon. Dans la même année, lorsque douze habiles artistes eurent fondé l'Académie royale de peinture et de sculpture, et pris le titre d'*anciens*, il fut des dix autres qui s'adjoignirent à ceux-ci avec le nom d'*académiciens*. On le nomma professeur le 7 octobre 1656, et quand on décida que chaque membre donnerait un ouvrage de sa main à l'Académie, il offrit un tableau représentant la Charité romaine. Il copia avec beaucoup de soin, pour les grands seigneurs et pour le célèbre banquier Jabach, des tableaux que ce dernier avait achetés en Angleterre après la mort de Charles Ier. Parmi ces copies, on remarqua particulièrement quatre des Travaux d'Hercule, d'après le Guide; le Marquis del Vasto et les Pèlerins d'Emmaüs, d'après Titien; une Nativité, d'après Carrache; le Parnasse, d'après Perino del Vaga. En 1657 il eut occasion de faire pour l'église de Notre-Dame un troisième *mai* représentant la Décollation de saint Paul. Boulogne exécuta un grand nombre de peintures pour les églises et pour la décoration des hôtels de plusieurs personnages. Colbert l'employa, dans la grande galerie du Louvre, à refaire la partie commencée par Poussin, qui avait été brûlée. Il se conforma, dans cette partie, aux dessins du grand artiste, et continua d'après ses propres compositions, aidé de ses deux fils. Enfin, il travailla aussi au palais de Versailles dans l'attique du midi, qui fut ensuite démoli. — A ces noms il faut encore joindre les suivants, fournis par les registres de naissances de Saint-Sulpice : « Mardy, 16 février 1712, a été baptisé François, né ledit jour, fils de **Nicolas Boulogne**, peintre, et de Anne Poly, son épouse. »

31. *L'annonciation de la Vierge.*

H. 0, 89. — L. 0, 68. — T. — Fig. de 0, 50.

A droite, la Vierge à genoux devant un prie-Dieu ; à gauche, l'ange Gabriel, porté sur un nuage, lui présente une branche de lis. Dans la partie supérieure, le Père-Éternel assis sur des nuages, accompagné d'anges, et le Saint-Esprit sous la forme d'une colombe.

Ancienne collection.

32. *Saint Benoît ressuscitant un enfant.*

H. 1, 08. — L. 2, 35. — T. — Fig. de 0, 75.

Au milieu de la composition, saint Benoît, suivi de deux religieux, est à genoux, les bras et les yeux levés vers le ciel, implorant le Seigneur en faveur d'un enfant mort, couché par terre devant lui. A droite, le père et la mère de l'enfant, une jeune fille, tous agenouillés et dans l'attitude de la prière.

Landon, t. 1, pl. 5. — Filhol, t. 3, pl. 188.

Ancienne collection.

33.* *Hercule combat les centaures.*

H. 1, 56. — L. 1, 84. — T. — Fig. de 0, 55.

« Ce héros allant à la poursuite du sanglier d'Erimanthe, le centaure Pholus le reçut chez lui, le régala, et pendant le repas une troupe d'autres centaures vinrent en troubler la fête et y causèrent un désordre affreux. Hercule, obligé de se mettre en défense, la massue à la main, la décharge sur le premier qui se présente, et lui arrache une nappe et une peau de bouc pleine de vin, en tient un autre sous ses pieds, et se prépare en même temps à s'opposer à la violence des deux autres qui viennent contre lui, l'un armé d'un arbre de pin, et l'autre avec un flambeau, pendant que Pholus, d'un autre côté, est aux prises avec un de ses adversaires, qu'il veut égorger avec un couteau de table. La Nuée qui fut supposée à Ixion en la place de Junon, et d'où naquirent tous ces centaures, vient être de la partie en faveur d'Hercule et de Pholus, sous la figure d'une jeune femme, qui emploie, pour faire finir le combat, la pluie, le vent et la foudre. » (*Description de l'Académie* par GUÉRIN.)

Gravé par J.-J. Flippart. — Landon, t. 1, pl. 6.

Ancienne collection. — Ce tableau fut exécuté par Bon Boulogne pour sa réception à l'Académie le 27 novembre 1677.

BOURDON (SÉBASTIEN), *peintre, graveur, né à Montpellier en 1616, mort à Paris le 8 mai 1671.*

Il n'avait que 7 ans lorsqu'il vint à Paris, où un de ses oncles le fit entrer dans l'atelier d'un peintre nommé **Barthélemy**. Il y demeura sept années, partit à 14 ans de Paris, se rendit à Bordeaux, et peignit avec succès, dans un château voisin, une voûte à fresque. De là, il passa à Toulouse ; mais n'y trouvant pas à exercer son talent, il s'engagea. L'officier sous les ordres duquel il servait, reconnaissant qu'il avait trop de talent pour rester soldat, lui donna son congé. Bourdon alla alors en Italie, et arriva à Rome n'ayant plus de ressources. Il en fut réduit à travailler pour un marchand de tableaux et à contrefaire la manière de plusieurs artistes en réputation. C'est ainsi qu'il fit des pastiches de Claude le Lorrain, d'Andrea Sacchi, de Michel-Ange des Batailles, de Pierre de Laar, de Benedette Castiglione, de Poussin, de Louis Carrache, du Parmesan. S'étant pris de querelle avec un peintre nommé **de Rieux**, qui le menaça de le dénoncer à l'inquisition comme hérétique (Bourdon était calviniste), il se réfugia chez M. Hesselin, maître de la chambre aux deniers, qui se trouvait alors à Rome et l'emmena avec lui à Paris, où il fit la connaissance de Vouet. Après avoir travaillé pour M. Hesselin, il se mit à peindre des petits tableaux de batailles, de chasses et de paysages, qui furent fort recherchés. En 1643 il fit le tableau votif que le corps des orfèvres offrait le 1er mai à l'église de Notre-Dame ; il représentait le Crucifiement de saint Pierre. En 1648, il fut un des douze artistes qui fondèrent l'Académie royale de peinture et de sculpture, prirent le titre d'*anciens* et exercèrent les fonctions de professeurs pour la première fois. Ces occupations ayant été interrompues par les guerres civiles qui éclatèrent en 1649, il se décida, en 1652, à passer en Suède. La reine Christine le nomma son premier peintre et il fit pour elle plusieurs portraits. Lorsqu'elle eut abdiqué et embrassé la religion catholique, Bourdon revint à Paris et vit ses ouvrages fort estimés. C'est alors qu'il peignit le Christ mort et la Femme adultère pour la troisième chambre des requêtes, ainsi qu'un autre Christ mort pour l'église de Saint-Benoît. Il fut nommé recteur le 6 juillet 1655 ; quelque temps après il alla à Montpellier, où il travailla pour plusieurs amateurs et différentes églises. De retour à Paris, il reçut de nombreuses commandes, et en 1663, M. de Bretonvilliers, président de la chambre des comptes, lui donna à peindre, dans sa maison de l'île Notre-Dame, une galerie de vingt toises de longueur, où il traita l'Histoire de Phaéton, galerie que plusieurs auteurs ont faussement attribuée à le Brun. Cette vaste entreprise, dans laquelle il employa l'aide de **Charmeton** pour les ornements d'architecture, de Baptiste Monnoyer pour les festons de fleurs, lui fut payée 10,000 fr. et lui fit le plus grand honneur. Sa dernière peinture fut le plafond d'un appartement du rez-de-chaussée des Tuileries, qui représentait la Déification d'Hercule. A l'époque où l'Académie tenait des conférences pour l'instruction des élèves, Bourdon prononça quatre discours : le premier, au mois de décembre 1667, sur le tableau des Aveugles de Jéricho, par Poussin; le second, en 1668, sur le Saint Étienne du Carrache; le troisième, en 1669, sur les six parties du jour pour la distribution de la lumière dans un tableau ; enfin le quatrième, en 1671, sur l'étude des antiques. On cite parmi ses élèves **Nicolas Loir, Paillet, Monier,** Friquet de Vaurose, **Guillerot,** paysagiste. Il a été gravé par van Schuppen, Hainzelman, Pitau, Boulanger, Poilly, Natalis, Samuel Bernard, Nanteuil, Convay, Prou, Friquet de Vaurose et Coëlemans.

34. *Le sacrifice de Noé à la sortie de l'arche.*

H. 1, 71. — L. 2, 27. — T. — Fig. de 0,80.

A droite, au pied d'un autel formé de deux pierres, Noé prosterné; derrière lui, trois femmes agenouillées dans l'attitude de la prière. A gauche, une femme, deux patriarches debout et un jeune homme tenant un bélier par une corne. Au premier plan, du même côté, un lion, une lionne; plus loin d'autres animaux. Dans le fond, l'arche d'où sortent des animaux.

Landon, t. 1, pl. 8.

Ancienne collection.

35. *Salomon sacrifiant aux idoles.*

H. 1, 53. — L. 1, 43. — T. — Fig. de 0, 80.

Salomon, la couronne sur la tête, est agenouillé au pied d'une idole placée à gauche. Devant l'idole, un trépied où brûle de l'encens. Des femmes entourent le roi; plusieurs d'entre elles, à gauche, regardent des parfums renfermés dans des vases. A droite, une femme tient un coffret, et une autre des cymbales.

Ancienne collection.

36. L'adoration des bergers.

H. 1, 36. — L. 1, 02. — T. — Fig. de 0, 70.

A droite, la Vierge assise tenant sur ses genoux l'Enfant-Jésus ; derrière elle, saint Joseph debout. A gauche, des bergers en adoration ; l'un d'eux dépose à ses pieds un chevreau. Dans le haut du tableau, un groupe de quatre anges, dont deux tiennent une banderole sur laquelle on lit : *Gloria in excelsis Deo.*

Musée Napoléon.

37. *Le repos de la Sainte-Famille.*

H. 1, 10. — L. 1, 40. — T. — Fig. de 0, 50.

A gauche, au bord d'une fontaine, la Vierge est assise sur les ruines d'un ancien aqueduc, avec l'Enfant-Jésus auprès d'elle. Derrière la Vierge, d'un côté le petit saint Jean qui lui met une couronne sur la tête, et de l'autre sainte Anne agenouillée, les mains jointes, regardant le Sauveur. Presqu'au milieu du tableau, à l'ombre d'un arbre, saint Joseph debout, appuyé sur un bâton. A droite, deux jeunes filles lavant du linge. Tout à fait au premier plan, des fragments de statues antiques et quatre petits anges, dont deux assis. Dans le fond, un fleuve sur lequel naviguent quelques barques, des fabriques, des arbres, des montagnes.

Filhol, t. 8, pl. 512.

Ancienne collection.

38. *La Vierge, l'Enfant-Jésus et saint Jean.*

H. 0, 33. — L. 0, 25. — T. — Fig. de 0, 30.

La Vierge, assise et le bras gauche appuyé sur un socle, tient sur ses genoux l'Enfant-Jésus à qui le jeune saint Jean apporte une colombe. Dans les airs, un ange avec une couronne de fleurs.

Gravé par Avril père dans le Musée français.

Ancienne collection.

39. *Le Christ et les enfants.*

H. 0, 50. — L. 0, 61. — T. — Fig. de 0, 18.

Au second plan et presqu'au centre de la composition, le Christ, assis sur les degrés d'un édifice, montre des enfants que cinq femmes lui amènent, à ses disciples placés à droite en face de lui. Trois d'entre eux sont assis ou couchés sur les degrés, et quatre se tiennent debout. Dans le fond, un pont, des édifices et un palmier à droite.

Landon, t. 1, pl. 2. — Filhol, t. 8, pl. 523.

Musée Napoléon. — Acquis pour la somme de 1,705 fr., en 1801, à la vente de Claude Tolozan.

40. *La descente de croix.*

H. 3, 03. — L. 1, 57. — T. — Fig. de gr. nat.

Au pied de la croix, le Christ étendu sur son linceul est soutenu à droite par Joseph d'Arimathie. A gauche, deux petits anges et la Madeleine agenouillée, en pleurs; la Vierge et saint Jean debout.

Gravé par Boulanger. — Landon, t. 1, pl. 12.

Musée Napoléon. — Ce tableau fut exécuté pour l'autel de l'église collégiale de Saint-Benoit à Paris, et passa pour un des meilleurs de l'artiste.

41.* *Décollation de saint Protais.*

H. 3, 58. — L. 6, 77. — T. — Fig. de gr. nat.

A droite, au deuxième plan, à côté d'une statue de Jupiter élevée sur un piédestal, le consul Astasius assis sur son char; et, au premier plan, des soldats contre une barrière, au pied de laquelle se presse un groupe de femmes et d'enfants. Debout sur des marches, vers la gauche, un bourreau tenant la tête du saint dont le corps décapité est à ses pieds. Dans le fond, la foule, la ville; dans les airs, un petit ange et un ange plus grand portant une palme et une couronne.

Landon, t. 1, pl. 14.

Musée Napoléon. — Ce tableau faisait suite à cinq autres dont les sujets étaient également tirés de l'histoire du martyre de saint Gervais et de saint Protais, tableaux que le Sueur et Philippe de Champaigne furent chargés d'exécuter pour servir de modèles à des tapisseries dont on décorait l'église mise sous l'invocation de ces deux saints.

42. *Le martyre de saint Pierre.*

H. 3, 60. — L. 2, 60. — T. — Fig. de gr. nat.

Suivant sa demande, le saint, qui se jugeait indigne de mourir de la même manière que son divin maître, est crucifié la tête en bas. A droite, des bourreaux soulèvent l'extrémité de la croix, tandis qu'à gauche un autre bourreau la tire avec des cordes. Au premier plan, à l'angle de droite, une femme, vue de dos et en buste, tient un enfant dans ses bras. Dans le fond, la statue d'une divinité du paganisme. Dans les airs, un petit ange avec un flambeau, et un ange plus grand apportant au saint la palme et la couronne du martyre.

Gravé par Nicolas Tardieu. — *Landon, t. 1, pl. 13.*

Musée Napoléon. — Ce tableau fut offert, le 1er mai 1643, au chapitre de Notre-Dame par Pasquier Charpentier et Honoré du Melin, au nom des marchands orfèvres de la ville de Paris, confrères de Sainte-Anne et Saint-Marcel. Il faisait partie de la collection des *mais*, qui comprenait les tableaux donnés à Notre-Dame le 1er mai de chaque année par la confrérie des orfèvres, depuis 1630 jusqu'en 1708.

43. *Jules-César devant le tombeau d'Alexandre.*

H. 1, 05. — L. 1, 39. — T. — Fig. de 0, 50.

Vers le milieu de la composition, Jules-César, debout, accompagné de deux prêtres et de quelques guerriers portant l'aigle et des enseignes romaines, vient de descendre de son char et de poser une couronne sur le tombeau d'Alexandre, dont la matière transparente laisse entrevoir les dépouilles du héros. A gauche, près du sarcophage, une femme, un enfant, un soldat, un licteur; au premier plan, un homme assis par terre. Vers le milieu, un groupe d'hommes, de femmes et d'enfants du peuple considérant cette scène. Dans le fond, le char d'Alexandre et son conducteur, un arc de triomphe, un cirque, un obélisque et divers monuments.

Gravé par Masquelier le jeune dans le Musée français. — Landon, t. 1, pl. 15.

Ancienne collection.

44. *Une halte de bohémiens.*

H. 0, 43. — L. 0, 58. — B. — Fig. de 0, 18.

A droite, au pied d'un monument en ruines et près d'un ruisseau, une femme assise allaite son enfant. A ses côtés dort une jeune fille, et par derrière un petit garçon se tient debout, le chapeau à la main. Plus loin, sous une tente, un vieillard assis par terre tire les cartes à un des soldats qui l'entourent; un autre soldat porte un tambour sur le dos. Vers la gauche et en avant, un militaire monté sur un vieux cheval se retourne et se penche vers ce groupe. Au premier plan, à droite, une armure appuyée contre un tonneau, une marmite, un poêlon; à gauche, deux troncs d'arbres et un chien qui se désaltère dans un ruisseau.

Gravé par H. Laurent dans le Musée français. — Filhol, t. 5, pl. 290. — Landon, t. 1, pl. 17.

Ancienne collection.

45. *Halte de bohémiens.*

H. 0, 74. — L. 0, 88. — T. — Fig. de 0, 15.

A gauche, près de monuments ruinés, des femmes et des enfants rassemblés autour d'un feu sur lequel est suspendu un grand chaudron. A droite, sur un monticule, au pied d'un tronc d'arbre mort, quelques figures. Au premier plan, un homme à côté d'un cheval se baissant pour rattacher sa chaussure, et auprès de lui un autre homme avec un fusil sur l'épaule.

Ancienne collection.

46. *Les mendiants.*

H. 0, 49. — L. 0, 63. — B. — Fig. de 0,18.

Une femme debout, portant un enfant sur son dos, compte de l'argent dans sa main; auprès d'elle, une jeune fille en haillons tient un pot de terre. Plus à gauche, un cavalier, couvert d'un manteau noir, passe devant d'autres mendiants placés à côté d'une barrière. Au premier plan, à droite, une voiture dont on n'aperçoit qu'une roue; plus loin, le chevet d'une église.

Ancienne collection.

47. *Portrait de René Descartes,* né en 1596, *mort en* 1650.

H. 0, 87. — L. 0, 69. — T. — Fig. en buste de gr. nat.

Il est vu presque de face, la tête nue, enveloppé d'un manteau noir, la main droite posée sur une espèce d'appui en pierre, et tenant dans la gauche son chapeau.

Acquis en 1848, à la vente de M. Letronne, pour la somme de 400 fr.

48. *Portrait de Sébastien Bourdon.*

H. 1, 30. — L. 0, 97. — T. — Fig. à mi-corps de gr. nat.

Il est représenté assis, le haut du corps vêtu seulement d'une chemise, et les jambes croisées l'une sur l'autre, recouvertes d'un manteau. Il a la tête vue de trois quarts, tournée à droite, les cheveux longs et tombant sur les épaules; il tient de la main gauche, sur ses genoux, une tête de Caracalla moulée sur l'antique. Derrière lui, un rideau et une échappée de ciel et de paysage.

Filhol, t. 8, pl. 559.

Musée Napoléon. — M. Denon avait acquis ce portrait pour la somme de 295 fr.; il le céda pour la même somme au Musée central en 1803. (Archives du Musée.)

49. *Portrait de Sébastien Bourdon.*

H. 0, 70. — L. 0, 56. — Forme ovale. — B. — Fig. en buste de gr. nat.

Il est représenté la tête nue, vue de trois quarts, tournée à droite, avec de longs cheveux tombant sur les épaules. Il porte un manteau brun par-dessus un vêtement noir.

Musée Napoléon. — Ce portrait, dont Sébastien Bourdon peignit la tête, Hyacinthe Rigaud les vêtements, fut donné par ce dernier à l'Académie royale de peinture le 26 juillet 1734.

50. *Portrait présumé de Michel de Chamillart, marquis de Cany, ministre secrétaire d'Etat au département de la guerre en 1700, né en 1652, mort en 1721.*

H. 1, 40. — L. 1, 15. — T. — Fig. à mi-corps de gr. nat.

Il a la tête nue, de trois quarts, tournée à droite, et porte une robe noire avec un rabat blanc; il est assis dans une espèce de péristyle, le bras gauche appuyé sur une table, et tient un livre à la main.

Collection de **Louis XVIII**. — Compris dans les 20,000 fr. de tableaux acquis de M. de Langeac en 1822.

BRENET (Nicolas-Guy), *né à Paris en 1728, mort le 21 février 1792.*

Il fut agréé à l'Académie de peinture en 1763, reçu académicien le 25 février 1769 sur le tableau inscrit ci-dessous, nommé adjoint à professeur le 31 décembre 1773, et professeur le 4 juillet 1778. Il a été un des premiers maîtres de François Gérard. Il exposa, comme agréé, aux salons de 1763, 1765, 1767; puis, comme académicien, à ceux de 1769, 1771, 1773, 1775, 1777, 1779, 1781, 1783, 1785, 1787 et de 1789.

51.* *Le jeune Thésée retrouvant les armes d'Égée, son père.*

H. 1, 25. — L. 1, 50. — T. — Fig. de 0, 80.

Ethra, mère de Thésée, lui révèle le secret de sa naissance, et le conduit à l'endroit où son père avait caché son épée et sa chaussure. Le jeune homme vient de déplacer le bloc de pierre qui les recouvrait. Il est à genoux, tient l'épée dans ses mains en regardant sa mère, qui, debout à gauche, lui indique la route d'Athènes où il doit se faire reconnaître.

Ancienne collection. — Tableau fait par l'artiste pour sa réception à l'Académie, le 25 février 1769, et exposé au salon de cette même année.

52.* *Courtoisie de Bayard.*

H. 3, 20. — L. 2, 25. — T. — Fig. de gr. nat.

« A la prise de Brescia, Bayard, étant blessé, fut porté dans la maison d'un gentilhomme. A la prière de la dame, il préserva la maison de tout pillage, protégea le père et l'honneur de ses deux filles. Quand il fut rétabli, la mère, entrant dans sa chambre, fit déposer sur une table un coffre-fort d'acier qui contenoit deux mille cinq cents ducats. Le chevalier ne voulut pas accepter cette offrande, dota les deux jeunes filles et fit donner cinq cents ducats au couvent des religieuses qui avait le plus souffert. » (*Livret de* 1783.) — Bayard debout présente une bourse aux deux jeunes filles, dont l'une est agenouillée à droite. Derrière le chevalier, à gauche, deux personnes de sa suite, regardant sur la table le coffre ouvert renfermant de l'or.

Collection de Louis XVI. — Ce tableau, exécuté pour la Manufacture des Gobelins, fut exposé au salon de 1783.

BRUANDET. *On ignore la date de sa naissance. Il est mort en* 1803.

Cet artiste, sur lequel on n'a pas de renseignements biographiques, a peint souvent des vues de Paris et a cherché à imiter Ruisdael.

53. *Vue prise dans la forêt de Fontainebleau; étude d'après nature.*

H. 1, 00. — L. 1, 15. — T. — Fig. de 0, 08.

A gauche, des moutons paissent et une femme assise sur un tronc d'arbre s'entretient avec un voyageur. A droite, de l'autre côté et au bord du chemin, un bûcheron qui se repose. Dans le fond, un homme, monté sur un âne, causant avec une femme qui marche près de lui. — Signé : *L. Bruandet* 1785.

Collection de Louis-Philippe. — Acquis en 1846 de M. Fouquet, pour la somme de 1,500 fr.

BRUN (CHARLES LE), *peintre, graveur, architecte, né à Paris le* 24 *février* 1619, *mort aux Gobelins dans la même ville, le* 12 *février* 1690.

Dès sa plus tendre enfance, il donna des preuves de ses dispositions extraordinaires pour le dessin. Son père, qui était sculpteur, le mit d'abord sous la direction de Perrier, surnommé le Bourguignon. Lorsqu'il eut 11 ans, le chancelier Pierre Séguier, qui fut toujours pour lui un protecteur, le logea dans son hôtel et l'envoya à l'école de Vouet. Il alla ensuite à Fontainebleau étudier les belles peintures appartenant à la couronne, et, à l'âge de 15 ans, exécuta pour le cardinal de Richelieu plusieurs compositions remarquables, qui reçurent l'approbation de Poussin, alors à Paris. Vers la même époque, il fit cadeau à la communauté des maîtres peintres et sculpteurs de Saint-Luc, pour leur église du Saint-Sépulcre de la rue Saint-Denis, d'un tableau représentant saint Jean l'évangéliste plongé dans une chaudière d'huile bouillante. Doué d'une activité infatigable, il peignait sans cesse, composait des dessins de thèses, gravait à l'eau-forte et modelait en cire. Le chancelier Séguier, charmé des progrès de son protégé, le mit à même de faire le voyage de Rome. Il lui accorda une pension de 200 écus, le confia à Poussin qui retournait en Italie et donna au jeune artiste des conseils dictés par une science profonde. Le Brun arriva à Rome le 5 novembre 1642 ; accueilli par le cardinal Barberini, à qui il était recommandé, il fut présenté au pape Urbain VIII, et admis chez tous les grands seigneurs. Il étudia l'antique, les maîtres, et peignit plusieurs tableaux qu'on voulut attribuer à Poussin lui-même. Après un séjour de plus de quatre ans à Rome, il partit pour la France sans visiter Venise, passa par Lyon, où il laissa quelques ouvrages, et revint à Paris précédé d'une réputation méritée. A partir de cette époque, le nombre de travaux de tous genres exécutés par le Brun devient si considérable que, dans l'impossibilité de les signaler, nous ne citerons que ceux qui fixent par des dates les principaux événements de sa vie. En 1647, il fit un tableau votif représentant le Martyre de saint André, offert par la corporation des orfèvres à l'église de Notre-Dame, le 1ᵉʳ mai. En 1648, il prit une part des plus actives à l'établissement de l'Académie royale de peinture et de sculpture, institution importante dont nous avons raconté sommairement l'histoire dans l'introduction placée en tête de ce volume. Il occupa successivement tous les grades dans cette compagnie célèbre. En sa qualité de l'un des douze anciens fondateurs de l'Académie, il fit les fonctions de professeur ; mais, comme à cette époque les charges de professeur, de chancelier, de recteur, étaient mobiles selon les décisions du sort, il les exerça alternativement, en fut souvent démis, et y fut souvent réintégré. Ainsi, il cessa les fonctions de professeur le 2 septembre 1651, les reprit le 2 mars 1652, fut nommé recteur et chancelier le 6 septembre 1655, réélu recteur le 4 janvier 1659, chancelier à vie le 4 mars 1663 ; en 1668, les charges de recteur et de chancelier ayant été réunies et rendues immuables, elles lui furent déférées ; enfin, il devint directeur le 18 septembre 1683. En 1649, il travailla, en concurrence avec le Sueur, à l'hôtel du président Lambert ; le surintendant Fouquet lui fit une pension de 12,000 livres et lui confia les peintures de son château de Vaux. Ce fut chez le ministre que le Brun connut le cardinal Mazarin, qui le présenta à Louis XIV. Quelque temps après, la reine-mère lui commanda un tableau pour son oratoire (le Christ aux Anges, n° 62), tableau qui contribua beaucoup à ses succès à la cour. En 1651, le Brun fut choisi de nouveau par la corporation des orfèvres pour peindre un deuxième tableau votif du mois de mai à Notre-Dame ; il représenta le Martyre de saint Étienne (n° 65). Lors du mariage de Louis XIV avec l'infante Marie-Thérèse d'Autriche, les décorations qu'il fit, place Dauphine, pour l'entrée du roi et de la reine à Paris, le 3 août 1660, par ordre des échevins, méritèrent une approbation universelle. Dans la même année, Colbert le nomma directeur des Gobelins, où étaient établis les ateliers de tapisseries, de meubles, de pièces d'orfèvrerie, de mosaïque et de marqueterie de la couronne. Le Brun donnait les dessins de tous ces objets et en surveillait l'exécution. En 1660, le roi, se trouvant à Fontainebleau, lui commanda de peindre des sujets tirés de l'histoire d'Alexandre. Le tableau de la Famille de Darius, fait sous les yeux du monarque, fut le premier de cette suite remarquable et le fondement de la fortune de l'artiste auprès du souverain. Les quatre autres compositions, destinées également à être reproduites en tapisserie, furent peintes les années suivantes aux Gobelins. Louis XIV témoigna à le Brun sa satisfaction du tableau de Darius en lui donnant son portrait enrichi de diamants, en le nommant, au mois de juillet 1662, son premier peintre, avec des appointements de 12,000 livres, en l'anoblissant par des lettres de grâces au mois de décembre 1662 ; enfin en lui confiant la direction et la garde générale des tableaux et des dessins de son cabinet, avec mission d'acheter tous les ouvrages de peinture et de sculpture qu'il jugerait dignes d'enrichir la collection royale. Après le fatal incendie qui détruisit, le 6 février 1661, la petite galerie, dite galerie des Peintures, au Louvre, on chargea le Brun de présenter un plan complet de restauration : l'histoire du dieu qu'il y traita allégoriquement et par allusion à la devise du roi, valut à cette galerie le nom de *galerie d'Apollon*, qu'elle a conservé depuis. Aucune entreprise ne fut plus souvent entravée, interrompue. Le Brun fit tous les dessins des peintures, sculptures et ornements ; mais il ne peignit que quatre tableaux de sa main. Enfin la création de Versailles, qui préoccupa bientôt le roi exclusivement, porta un coup funeste à cette galerie, qui resta inachevée. En 1666, le Brun profita de son immense faveur auprès de Louis XIV pour obtenir la fondation d'une école française à Rome. En 1677, il accompagna le roi pendant les campagnes de Flandre, et, au retour de Lille, il peignit plusieurs compositions pour le château de Saint-Germain, où, en 1668, il conduisit tous les travaux de décoration qui s'exécutèrent dans la cour, le 24 mars, à l'occasion du baptême du Dauphin. En 1672, le chancelier Séguier étant mort, l'Académie, dont il avait été le protecteur, ordonna un service magnifique dans l'église des Pères de l'Oratoire de la rue Saint-Honoré, et choisit le Brun pour présider à tous les détails d'art de cette cérémonie. En 1676, l'Académie de Saint-Luc, à Rome, l'élut prince, c'est-à-dire directeur, quoique absent, et contrairement à ses statuts. Les travaux que le Brun exécutait et dirigeait à cette époque étaient gigantesques ; non content de peindre le château et les pavillons de Sceaux, appartenant à Colbert, de donner les dessins des fontaines et des statues du parc, de faire des tableaux pour le roi, de décorer l'escalier de Versailles, de peindre les façades des pavillons de Marly, il entreprit, en 1679, la peinture et l'ornementation de la grande galerie de Versailles, qui a plus de 80 mètres de longueur sur 12 mètres de largeur : il y travailla pendant quatre ans, et représenta, dans vingt-un grands tableaux et six bas-reliefs feints, des sujets tirés de l'histoire de la vie du roi ; puis il peignit les salons de la Paix et de la Guerre, qui terminent chaque extrémité de la galerie. Le marquis de Louvois succéda à Colbert, mort le 6 septembre 1683, dans la surintendance des bâtiments ; mais jaloux de son prédécesseur pendant sa vie, il se trouva naturellement disposé d'une manière très peu favorable à l'égard de ceux qu'il avait protégés. Aussi opposa-t-il Mignard à le Brun, dont il critiquait les ouvrages, et à qui il suscitait des entraves cachées et sans cesse renaissantes. Bien que le roi témoignât toujours à son premier peintre une faveur marquée, lui accordât de nouvelles gratifications, le grand artiste ne put résister à ces tracasseries, cessa d'aller à la cour, et tomba dans une maladie de langueur. On le ramena expirant de sa maison de Montmorency aux Gobelins, où il mourut. Il fut enterré à l'église de Saint-Nicolas-du-Chardonneret, dans la chapelle de Saint-Charles qu'il avait décorée. Pendant tout le temps où il jouit de la faveur royale, le Brun exerça un pouvoir despotique sur l'art. Peintres, sculpteurs, décorateurs, quel que fût leur talent, devaient se résoudre à ne travailler que sur ses dessins ou d'après ses avis. Aussi toutes les œuvres de cette époque offrent-elles un caractère uniforme de style, privé peut-être de cette finesse et de cette grâce qui caractérisent l'âge d'or de la renaissance, mais auquel on ne peut refuser la science et la grandeur. Malgré la faiblesse de son coloris rouge et sombre, la lourdeur de son dessin, la mollesse de son exécution, le Brun n'en doit pas moins être considéré comme un artiste éminent par son inépuisable fécondité et la noblesse de ses conceptions. Ses principaux élèves ont été : son frère Gabriel, Claude Audran, Verdier, **Houasse, Vernansal, Viviant,** le Fevre, **Joseph Vivien et Charles** de la Fosse. Presque tous ses ouvrages ont été gravés par d'habiles artistes, parmi lesquels on distingue surtout G. et C. Rousselet, F. et N. Poilly, F. Chauveau, G. et B. Audran, G. Edelinck, E. et B. Picart, A. Masson, S. le Clerc, L. de Châtillon, C. et J. Simonneau, M. Lasne. — **Gabriel le Brun**, peintre-graveur, frère et élève du précédent, naquit en 1625; on ignore la date de sa mort, et l'on n'a pas de renseignements sur sa vie. — **Nicolas le Brun**, peintre paysagiste, frère de Charles, né en 1615, mourut en 1660.

54. *L'adoration des bergers.*

H. 0, 91. — L. 1, 18. — T. — Fig. de 0,50.

A gauche, la Vierge, assise près d'un feu de chaume, tient sur ses genoux l'Enfant-Jésus enveloppé dans ses langes; derrière elle, saint Joseph debout, les mains jointes, lève les yeux vers le ciel. Deux bergers agenouillés adorent le Sauveur; d'autres sont à l'entrée de l'étable, à droite. Effet de nuit.

Collection de Louis XIV. — Cette peinture était placée en 1709-1710 à Versailles, dans le cabinet des tableaux.

55. *L'adoration des bergers.*

H. 1, 51. — L. 2, 13. — T. — Fig. de gr. nat.

Même composition, mais beaucoup plus étendue que celle du tableau précédent, qui ne rappelle que les principaux groupes de celui-ci. On voit dans la partie supérieure un chœur d'anges et des chérubins.

Collection de Louis XIV. — Ce tableau fut exécuté en 1688 pour le roi. Il était placé en 1709-1710 à Versailles, dans le cabinet des tableaux.

56. *Le sommeil de l'Enfant-Jésus.*

H. 0,87. — L. 1, 18. — T. — Fig. de 0,65.

La Vierge, assise près de saint Joseph, tient sur ses genoux l'Enfant-Jésus endormi. Le jeune saint Jean, appuyé sur un petit lit et soutenu par sainte Élisabeth, avance la main vers le Sauveur; la Vierge lui fait signe de ne pas troubler son sommeil. Sainte

Anne tient un linge pour envelopper l'Enfant-Jésus, et saint Joachim est plus loin derrière la Vierge. On voit à droite, au premier plan, un chat auprès d'une espèce de poêle. — Ce tableau porte, dans l'angle inférieur à droite, le monogramme de le Brun, formé d'un C, d'un L et d'un B entrelacés, et la date de 1655.

Gravé par Poilly; gravé dans le Musée français. — Landon, t. 1, pl. 49.

Collection de Louis XIV. — Ce tableau, connu sous le nom du *Silence*, appartint d'abord au comte d'Armagnac, grand écuyer du roi et gouverneur d'Anjou, qui le donna à Louis XIV le 17 août 1696. En 1709-1710, il était placé à Versailles, dans le petit cabinet proche la petite galerie du roi.

57. *Sainte-Famille, dite le* Benedicite.

H. 1, 39. — L. 0, 89. — T. — Fig. demi-nat.

A droite, l'Enfant-Jésus, assis et les mains jointes devant une table couverte d'une nappe, d'un pain et d'une jatte de fruits, récite la prière qui précède le repas; la sainte Vierge, assise derrière lui, et saint Joseph debout à gauche, appuyé sur un bâton, semblent l'écouter. Un grand vase et quelques instruments de charpentier sont placés à terre sur le devant du tableau.

Gravé par G. Édelinck, dont l'estampe a été copiée par Bazin, Crepy et Schenck; par Gandolfi dans le Musée français. — Landon, t. 1, pl. 50. — Filhol, t. 6, pl. 428.

Musée Napoléon. — Le Brun peignit ce tableau après son retour d'Italie et avant 1661, année où il commença de grands travaux pour le roi. Il avait été commandé par les compagnons charpentiers de la confrérie de Saint-Joseph, qui l'avaient placé dans la chapelle érigée par eux dans l'église Saint-Paul, et il y resta jusqu'à la démolition de cette église.

58. *Le Christ servi dans le désert par les anges.*

H. 3, 90. — L. 2, 51. — T. — Fig. gr. nat.

Le Christ, tourné à gauche, est assis au pied d'un grand arbre; quatre anges sont devant lui dans l'attitude de l'adoration, et l'un d'eux lui baise les pieds. A droite, un ange dépose près du Christ un grand vase et un plat, et un autre en arrière, placé entre les arbres, semble considérer le Sauveur avec attendrissement. Dans les airs, un ange, accompagné de chérubins, apporte une corbeille de fruits.

Gravé par Drevet; par Nicolas Tardieu; par J. Mariette. — Landon, t. 1, pl. 53.

Musée Napoléon. — « Le Brun fit ce tableau pour l'église du monastère des religieuses carmélites de la rue Saint-Jacques, dans le temps que messire Edouard Le Camus, bienfaiteur de ce couvent, y employa de très habiles peintres pour les tableaux qu'on y voit. » (Guillet de Saint-Georges, *Mémoires inédits sur la vie et les ouvrages des membres de l'Académie*, tome I, page 11.)

59. *Entrée de Jésus-Christ dans Jérusalem.*

H. 1, 52. — L. 2, 14. — T. — Fig. de 0, 65.

Jésus-Christ, monté sur une ânesse, est entouré d'un peuple nombreux. Les uns étendent leurs manteaux sur son passage, d'autres y répandent des branches de palmier et des fleurs. Au premier plan, à droite, près d'une fontaine, un homme, vu de dos, assis par terre ; à côté de lui, une femme, tenant un enfant dans ses bras, cause avec une vieille femme placée derrière elle, tandis qu'un autre enfant, couché par terre, joue avec un chien. Dans le fond, la porte de la ville.

Gravé par Simonneau. — Landon, t. 1, pl. 54.

Collection de Louis XIV. — « M. le Brun porta au roi le tableau de l'Entrée en Jérusalem, le 13 avril 1689, qui fut reçu avec un plaisir singulier du roi, qui lui en fit un si grand accueil et qui prenait un si grand plaisir de le faire voir à toute sa cour, que ce même tableau ayant été la semaine ensuite apporté à Paris, je n'ai point marqué que toutes les personnes de qualité et de lettres aient eu un si grand empressement de venir voir ses autres ouvrages que celui-ci. » (Guillet de Saint-Georges, *Mémoires inédits sur la vie et les ouvrages des membres de l'Académie*, tome I, page 72.) Cette peinture, en 1709-1710, était placée à Versailles, dans le cabinet des tableaux.

60. *Jésus portant sa croix.*

H. 1, 53. — L. 2, 14. — T. — Fig. de 0, 50.

Le Christ, allant au supplice et succombant sous le poids de la croix, est rencontré par sa mère et par saint

Jean. Au premier plan, à gauche, deux soldats montrant du doigt le Christ à un homme assis par terre, et à droite, un soldat à cheval vu de dos. Dans le fond, une des portes de Jérusalem, et plus loin la montagne du Calvaire.

Landon, t. 1, pl. 55.

Collection de Louis XIV. — Cette peinture, exécutée par le Brun en 1687, fut présentée par lui au roi en 1688, pendant la semaine-sainte. En 1709-1710, elle était placée à Versailles, dans le cabinet des tableaux.

61. *Jésus élevé en croix.*

H. 1, 56. — L. 2, 00. — T. Fig. de 0, 55.

A gauche, la Vierge, saint Jean et la Madeleine contemplent, dans le plus profond abattement, cette scène de douleur. Au premier plan, du même côté, des soldats jouent aux dés les vêtements du Sauveur.

Gravé par Benoît Audran en 1706. — *Landon, t. 1, pl. 56.*

Collection de Louis XIV. — « C'est le 27 juin 1685 que M. le Brun présenta au roi le tableau de l'Élévation en croix, qu'il avait fait de la grandeur du Portement de croix de M. Mignard. M. Mignard ayant fait ce tableau du Portement de croix pour M. de Seignelay, ledit seigneur de Seignelay en fit présent au roi. L'on croit que cela était fait de concert avec MM. de Lorraine, amis de M. Mignard, et même de M. de Louvois, pour produire M. Mignard auprès du roi. Ce tableau n'eut pas sitôt paru en cour, que, par la brigue, il fut prôné comme le meilleur tableau qui eût jamais paru. Il semblait même que la galerie de Versailles, qui venait d'être achevée, ne devait pas être regardée après ce tableau. Le roi, qui n'a jamais cessé d'honorer M. le Brun de sa protection, et qui voyait bien la plaisanterie de cette cabale, parlant un jour à M. le Brun auprès d'une des fenêtres de la galerie, lui dit de faire un tableau pour opposer à ce tableau et clore la bouche à ces cabalistes, et lui laissa le choix du sujet. M. le Brun aurait, s'il l'avait voulu, choisi un sujet agréable, mais il voulut en choisir un qui fût de même caractère, et prit celui de l'Élévation en croix. Il en fit le tableau en moins de trois mois de temps avec ses autres affaires, et le présenta au roi qui l'attendait avec impatience. On le porta dans la chambre du roi le matin, et quoique le roi fût au conseil, comme il avait donné l'ordre qu'on l'avertît aussitôt qu'il fût arrivé, il sortit du conseil pour le voir, et, après en avoir reçu toute la satisfaction qu'il en espérait, dit à M. le Brun cent choses obligeantes. Il rentra dans le conseil, et dit à M. le chancelier et à tous ceux qui y étaient qu'on lui venait d'apporter un tableau qui méritait bien qu'ils se levassent et vinssent le voir. Tout le conseil y vint et l'applaudit, et le roi, devant tous, en marqua une joie extraordinaire. C'est une chose bien extraordinaire pour marquer ce que peut la cabale en cour, qu'il semblait que l'on eût ignoré ce que valait M. Mignard jusqu'alors ; qu'il était le premier peintre qui eût jamais paru, et que l'on s'était trompé en rendant à M. le Brun ce que son mérite lui avait acquis. Quand on sut que M. le Brun faisait un tableau pour opposer à celui de M. Mignard, on attendait ce tableau avec une impatience sans égale; tout le monde croyant s'être trompé dans le jugement qu'il avait fait de M. le Brun, et ayant tellement les yeux attachés sur celui de M. Mignard, qui est un tableau qui peut se faire en deux mois, qu'on ne comptait pour rien tous les grands et fameux ouvrages de M. le Brun, que l'on semblait avoir oubliés. » (Guillet de Saint-Georges, *Mémoires inédits sur la vie et les ouvrages des membres de l'Académie royale*, t. I, p. 65.) On trouve dans le *Mercure de France* du mois de septembre 1685 une description de ce tableau, placé en 1709-1710 dans le petit appartement du roi à Versailles.

62. *Le crucifix aux anges.*

D. 1,74. — L. 1,28. — T. — Fig. de 0,70.

Des anges soutenus par leurs ailes dans les airs, et d'autres agenouillés sur la terre, sont en adoration devant le Christ crucifié et expirant. Au pied de la croix, la couronne de France posée sur un coussin de velours bleu fleurdelisé.

Gravé par Gérard Édelinck et par Pierre Drevet.

Collection de Louis XIV. — On lit dans la biographie de le Brun, par Guillet de Saint-Georges (*Mémoires inédits sur la vie et les ouvrages des membres de l'Académie*, t. I, p. 21) : « La reine-mère, Anne d'Autriche, s'étant un soir appliquée à une dévote méditation, se forma l'idée d'un Christ élevé à la croix, où les anges le viennent adorer, et comme elle en eut fait un récit, M. le Brun, qui s'y trouva présent, alla travailler en secret sur cette pensée, et fit le tableau qu'on appelle le Crucifix aux anges. Quand il l'eut fini, il vint le présenter à la reine, qui, satisfaite de voir ses idées si bien exprimées, donna son portrait dans une boîte de diamants à M. le Brun, et voulut bien le lui attacher elle-même. Ce tableau, qui est aujourd'hui à Versailles, fut mis d'abord au Louvre, en l'oratoire de la reine, dans l'appartement des bains. » Plus loin, dans un autre mémoire, Guillet de Saint-Georges reparle de ce tableau et dit, page 64 : « Le même jour, 4 avril 1686, M. le Brun fit encore porter à Versailles le tableau du Crucifix des anges qu'il avait autrefois fait pour la reine-mère, mais qu'il avait agrandi pour le rendre de mesure propre à mettre dans le lieu où il étoit destiné, et même y avoit raccommodé quelque chose qui étoit gâté, et retouché quelques têtes, en sorte même que, comme il n'a fait ce que je viens de dire qu'après que la planche a été gravée, il se trouve quelque chose de dissemblable entre l'estampe et le tableau. Ce tableau fut admiré autant que l'autre, et regardé comme quelque chose de nouveau, quoiqu'il y eût trente ans et plus qu'il avait été fait. Sur quoi, M. le Brun prit encore le sujet de combattre ce sentiment, que l'on vouloit insinuer, que la jalousie de M. Mignard lui faisait faire de plus beaux ouvrages, puisque dans le temps qu'il avoit fait ce tableau il n'avoit point cette prétendue jalousie. » Cette peinture, en 1709-1710, était placée à Versailles, dans le cabinet des tableaux.

63. *Le Christ mort sur les genoux de la Vierge.*

H. 1, 46. — L. 2, 22. — T. — Fig. de gr. nat.

La Vierge, assise au bord du tombeau, soutient sur ses genoux le Christ étendu sur la pierre qui fermait le sépulcre, et soulève un coin de son linceul.

Gravé par Rousselet. — Landon, t. 1, pl. 57.

Ancienne collection. — Guillet de Saint-Georges (dans les *Mémoires inédits sur la vie et les ouvrages des membres de l'Académie*, t. 1, p. 7) dit que le Brun fit à Rome, pour le chancelier Séguier, un Christ sur les genoux de la Vierge, au pied de la croix; et, dans un autre endroit, qu'en revenant de Rome, il peignit à Lyon un Christ au sépulcre, gravé par M. Lasne. Enfin, dans le catalogue des tableaux remis au Muséum, en 1792, par A. Lenoir, on trouve cette note : « De l'église de Sainte-Elisabeth, Jésus mort sur les genoux de sa mère, par le Brun. »

64. *La descente du Saint-Esprit.*

H. 3, 17. — L. 2, 65. — T. — Fig. de gr. nat.

Le Saint-Esprit plane au-dessus de la Vierge, à genoux sur une estrade et entourée des saintes femmes; des langues de feu descendent sur les apôtres et sur les disciples placés au bas de l'estrade.

Gravé par Girard Audran (Calc. imp.). — Landon, t. 1, pl. 58.

Musée Napoléon. — « M. le Brun y peignit au premier coup (dans la chapelle du séminaire de Saint-Sulpice) une Descente du Saint-Esprit; mais lui-même en a fait une copie très recherchée pour les religieuses carmélites du faubourg Saint-Jacques, et ce tableau ne leur a été donné qu'après sa mort. » (Guillet de Saint-Georges, *Mémoires inédits sur la vie et les ouvrages des membres de l'Académie*, t. 1, p. 10.) Le Brun s'est représenté dans ce tableau sous la figure de l'un des disciples, vêtu d'un manteau bleu et placé dans l'angle à gauche.

65. *Le martyre de saint Étienne.*

H. 4, 00. — L. 3, 12. — T. — Fig. de gr. nat.

Au milieu de la composition, saint Étienne, étendu par terre, les bras ouverts, les yeux levés vers le ciel, est lapidé par les Juifs en dehors des murs de la ville que l'on voit à gauche. Un Juif tient le saint d'une main par sa tunique, et de l'autre s'apprête à le frapper d'une pierre. Dans le ciel, Dieu le père, Jésus-Christ avec sa croix, et des anges apportant la couronne et la palme du martyre. — Signé : *Car. Le Brun 1651.*

Gravé par G. Édelinck, E. Picart, Girard Audran (Calc. imp.), Brissart, Duflos, Bazin, Gantrel et Tardieu. — Landon, t. 1, pl. 59.

Musée Napoléon. — Ce tableau votif fut exécuté par le Brun à l'âge de 32 ans, pour la confrérie des orfèvres, qui l'offrit le 1er mai 1651 au chapitre de l'église de Notre-Dame.

66. *Sainte Madeleine repentante renonce à toutes les vanités de la vie.*

H. 2, 52. — L. 1, 71. — T. — Fig. de gr. nat.

La sainte est représentée de face, assise devant un meuble sur lequel est placé un miroir, déchirant ses vêtements et levant vers le ciel des yeux pleins de larmes. Un nuage lumineux brille au-dessus de sa tête, et à ses pieds on voit un coffret renversé rempli de bijoux et d'objets précieux. Dans le fond de l'appartement, une fenêtre ouverte qui laisse apercevoir une tour.

Gravé par Édelinck. — Landon, t. 1, pl. 51.

Musée Napoléon. — Ce tableau avait été commandé à le Brun par M. le Camus pour l'église du couvent des Carmélites déchaussées de la rue Saint-Jacques, à Paris, dont il fut le bienfaiteur. Cette peinture jouit d'une célébrité en quelque sorte historique, parce qu'on voulait reconnaître les traits de madame de la Vallière dans ceux de la sainte repentante.

67. *La chute des anges rebelles.*

H. 1, 60. — L. 1, 30. — T. — Fig. de 0, 50.

Saint Michel foudroie les anges rebelles et le monstre à sept têtes.

Collection de Louis XIV. — Le Brun devait peindre, dans le plafond d'une chapelle du château de Versailles, un tableau représentant la Chute des anges, dont toutes les études étaient faites; mais cette chapelle ayant été abattue pour faire place à l'escalier de la reine, ce projet ne put recevoir d'exécution. Il fit alors une esquisse de la forme que devait avoir ce plafond, ensuite il peignit un tableau représentant le principal groupe de cette grande composition, et c'est sur ce tableau que Loir a gravé ses deux planches, qui lui furent payées par le Brun, avec 50 épreuves, 1,500 livres. Guillet de Saint-Georges, qui donne ces détails (*Mémoires inédits sur la vie et les ouvrages des membres de l'Académie*, t. 1, p. 49), ajoute : « Le grand dessin n'ayant pas été exécuté dans la chapelle de Versailles, il s'était présenté une occasion de le mettre au jour, et M. le Brun avait proposé à M. de Louvois, après la mort de Mgr Colbert, de le faire peindre dans le dôme de la chapelle du collége des Quatre-Nations, par M. Houasse et par M. Verdier, et pour cet effet, il a été fait par M. Houasse un modèle du dit dôme, dans lequel il a dessiné le même dessin de la Chute des anges, disposé selon que le demandoit la forme de ce dôme; mais ce projet n'a point encore réussi. » Plus loin, le même auteur complète l'histoire de ce tableau de la manière suivante (page 70) : « Au commencement du mois de janvier 1687, M. le Brun fut saluer Mgr de Louvois pour lui souhaiter une bonne année. Comme Mgr de Louvois étoit à Paris, les principaux de l'Académie étaient avec M. le Brun, qui se servirent de cette occasion pour faire leurs compliments au nom de la Compagnie. Mais M. le Brun y avait fait porter un peu devant le tableau du groupe de la Chute des anges, qu'il avait fait pour servir à l'exécution qu'il en croyoit faire en grand dans la chapelle de Versailles. Il croyoit que ce tableau seroit agréable à Mgr de Louvois, à cause qu'il y représente un saint Michel qui précipite ce groupe, et qu'il lui avait dédié l'estampe que M. Loir en a gravée. Mais, comme il se fut approché de Mgr de Louvois pour le prier de l'avoir pour agréable, il le refusa. Le tableau ne laissa pas de demeurer un peu de temps dans la salle de Mgr de Louvois, jusqu'à ce que M. le Brun se présenta de nouveau à la tête de l'Académie, et la compagnie s'en retournant, Mgr de Louvois dit à M. le Brun que le roi seroit bien aise de voir ce tableau; qu'il étoit très bien, et qu'il lui conseilloit de le porter au roi. M. le Brun connut bien ce que cela vouloit dire, et vit bien qu'il n'y avoit guère d'apparence d'être bien auprès de ce ministre, d'autant que M. de C....... (de la Chapelle) lui rendoit tous les mauvais offices imaginables et empoisonnoit tout. C'est ce qui confirma M. le Brun dans le dégoût qu'il commençoit à avoir pour la cour, et j'ai remarqué que depuis ce temps-là il n'alloit en cour qu'avec chagrin, quoiqu'assurément il ne reçût du roi que des marques d'une très grande bonté pour lui et de beaucoup d'estime. » — Cette peinture, en 1709-1710, était placée à Versailles, dans le cabinet des tableaux.

68. *Mutius Scévola devant Porsenna.*

H. 0,96. — L. 1,34. — T. — Fig. de 0,50.

Au milieu de la composition, Mutius Scévola, le poing sur le brasier, se retourne vers Porsenna, assis à gauche sur un trône élevé et entouré de ses gardes. A droite, un groupe d'hommes se disposent à placer sur un bûcher le secrétaire de Porsenna, que Mutius vient d'assassiner. Dans le fond, au-dessus de ce groupe, un sphinx et un grand vase.

<small>Landon, t. 1, pl. 73. — Filhol, t. 10, pl. 663.</small>

<small>Ancienne collection. — Le Brun peignit ce tableau à l'âge de 20 ans, pendant son séjour à Rome.</small>

69. *La mort de Caton.*

<small>H. 0, 96. — L. 1, 30. — T. — Demi-fig. de gr. nat.</small>

Caton, qui vient d'expirer, est étendu sur son lit, tenant encore de la main droite le dialogue de Platon, qu'il lut avant de se donner la mort. Près de lui, l'épée dont il s'est frappé. Dans le fond, les têtes d'un homme en pleurs et d'un soldat.

<small>Landon, t. 1, pl. 72.</small>

<small>Musée Napoléon. — On lit dans la notice de le Brun, par Guillet de Saint-Georges (*Mémoires inédits sur la vie et les ouvrages des membres de l'Académie*, t. 1, p. 7) : « En revenant de Rome il séjourna quelque temps à Lyon, où il fit un Caton d'Utique expirant des coups qu'il s'est donnés lui-même. Ce Caton d'Utique se voit présentement à Paris, dans le cabinet d'un curieux logé au faubourg de Saint-Germain. » Ce curieux était M. Lalive de Jully, introducteur des ambassadeurs, qui en fit don à l'Académie royale de peinture et de sculpture.</small>

70. *Le passage du Granique.*

<small>H. 4, 70. — L. 10, 29. — T. — Fig. de gr. nat.</small>

Alexandre traversant le Granique à la tête de son armée, en vue des milliers d'hommes de cavalerie et d'infanterie qui couvraient le rivage opposé, parut le premier à l'autre bord. Les ennemis se précipitèrent sur lui et sur ceux qui l'avaient suivi, sans leur laisser le loisir de se mettre en bataille. Alexandre fut d'abord frappé d'un javelot qui ne traversa pas sa cuirasse. Deux capitaines perses, Rœsaces et Spithridates, l'attaquèrent à la fois, tandis que Spithridates, le prenant en flanc, s'apprêtait à lui fendre la tête d'un coup de hache, lorsque Clytus détourna le coup fatal et le tua. Alexandre à cheval, l'épée à la main, vient de frapper Rœsaces; derrière lui Clytus, armé d'une hache, pare le coup que Spithridates va asséner sur le casque d'Alexandre. On aperçoit dans le fond l'armée macédonienne qui passe le fleuve à gué.

Gravé par Girard Audran en 1672 (Calc. imp.). — *Filhol, t. 1, pl. 7.* — *Landon, t. 1, pl. 60.*

Collection de Louis XIV. — Ce tableau et ceux inscrits sous les n°ˢ 71, 72, 73 et 74, ont été peints aux Gobelins, par le Brun, de 1661 à 1668 environ, pour être reproduits en tapisserie; une sixième composition, ayant pour sujet Porus combattant, a été gravée également par G. Audran d'après le Brun, mais le tableau n'a pas été exécuté. Florent Lecomte (t. III, p. 102) dit que Claude Audran travailla à l'ébauche du passage du Granique. Cette peinture, ainsi que la bataille d'Arbelles, l'Alexandre et Porus, l'Entrée à Babylone, sont portés sur le livret de l'exposition de 1673, exposition qui se fit dans la cour du palais Brion (dépendant alors du Palais-Royal), où étaient logées les Académies de peinture et de sculpture. Bailly, dans son inventaire dressé en 1709-1710, les indique comme placées dans le cabinet des tableaux, à Paris. Elles passèrent ensuite dans la galerie d'Apollon, et en 1774 elles s'y trouvaient déjà depuis longtemps, ainsi qu'on le voit par un mémoire sur les embellissements à faire aux Tuileries, publié dans les Archives de l'art français, t. I, p. 256-259. Enfin, en 1800, une lettre du ministre de l'intérieur L. Bonaparte, conservée dans les archives du Musée, nous apprend qu'on les destinait à orner la grande galerie des Consuls aux Tuileries.

71. *La bataille d'Arbelles.*

H. 4, 70. — L. 12, 65. — T. — Fig. de gr. nat.

« Darius était sur un char, Alexandre à cheval; tous deux étaient environnés de gens d'élite. Chacun d'eux était résolu à mourir sous les yeux de son roi; cependant, les plus exposés étaient ceux qui le serraient de plus près, car chacun briguait l'honneur de tuer le roi ennemi de sa main. Au reste, soit illusion, soit réalité, ceux qui étaient près d'Alexandre crurent avoir vu, un peu au-dessus de la tête de ce prince, un aigle voler paisiblement, sans être effrayé ni du bruit des armes ni des gémissements des mourants; du moins, dans le fort de l'action, le devin Aristandre, revêtu de sa robe blanche et montrant une branche de laurier, montra-t-il cet oiseau aux soldats comme un augure infaillible de leur victoire. L'ardeur et la confiance la plus grande renaît alors; elle redoubla surtout quand le conducteur de Darius ayant été percé d'une javeline, ni Perses ni Macédoniens ne doutèrent que ce ne fût le roi lui-même qui avait été tué...... Ce n'était déjà plus un combat, mais une boucherie, lorsque Darius tourna aussi son char pour prendre la fuite. » (Quinte-Curce, liv. iv.)

Gravé par Girard Audran en 1674 (Calc. imp.). — Filhol, t. 3, pl. 151.

Collection de Louis XIV. — Florent Lecomte (t. iii, p. 102) dit que Claude Audran travailla à l'ébauche de ce tableau. (Voir la note du numéro précédent.)

72.* *La tente de Darius.*

H. 2,98. — L. 4,53. — T. — Fig. de gr. nat.

Alexandre, vainqueur et maître du camp des Perses après la bataille d'Issus, visite, accompagné seulement d'Ephestion, les princesses demeurées prisonnières. La reine, épouse de Darius, lui présente son fils. Statira et sa jeune sœur se jettent à ses pieds. Sysigambis, mère du monarque vaincu, confuse d'avoir pris Ephestion pour Alexandre, reçoit du héros cette réponse : *Non, ma mère, vous ne vous êtes pas trompée, celui-ci est un autre Alexandre.* Une suite nombreuse de femmes, de prêtres, d'eunuques, expriment, par leurs gestes et par l'altération de leurs traits, les sentiments de crainte, d'espoir ou d'admiration dont ils sont pénétrés.

Gravé par Gérard Édelinck (Calc. imp.); par G. Audran. — Filhol, t. 4, pl. 55. — Landon, t. 1, pl. 61.

Collection de Louis XIV. — « La même année 1660, le roi étant à Fontainebleau, commanda à M. le Brun de travailler sur quelque sujet tiré de l'histoire d'Alexandre, et Sa Majesté voulut bien se faire un plaisir de donner quelques moments de ses heures de relâche pour le voir peindre; ainsi elle le fit loger dans le château, et si proche de son appartement qu'elle le venait voir dans des moments inopinés lorsqu'il tenait le pinceau à la main, et daignait même s'entretenir avec lui sur les plus grandes actions de ce héros. M. le Brun y fit le tableau de la Famille de Darius, et y représenta Alexandre qui, sortant victorieux de la bataille d'Issus, vient rendre visite aux princesses de la maison royale de Perse, que cette victoire avait fait captives. Ce tableau jeta les fondements de la fortune que M. le Brun fit auprès du roi. » (Guillet de Saint-Georges, *Mémoires inédits sur la vie et les ouvrages des membres de l'Académie royale*, t. 1, p. 24, 25, 26.) — « Le roi voulut voir jusqu'où pouvait aller la force du génie de ce peintre et l'obligea de peindre, sur-le-champ, la tête de Parysatis, ce qu'il fit au premier coup et avec succès. » (Florent Lecomte, t. III, p. 132.) Félibien dit que cette peinture fut placée à Versailles, dans le salon de Mars, et ensuite aux Tuileries, sur la cheminée du grand cabinet du roi, en face du tableau des Pèlerins d'Emmaüs de Paul Véronèse. (Voir la note du n° 70.)

73. *Alexandre et Porus.*

H. 4,70. — L. 12,64. — T. — Fig. de gr. nat.

Porus, roi des Indiens limitrophes, ayant tenté d'arrêter l'armée des Macédoniens au bord de l'Hydaspe, fut vaincu et fait prisonnier, après avoir perdu ses deux fils, ses généraux, douze mille Indiens et quatre-vingts éléphants. Couvert de blessures, mais respirant encore, il fut amené devant Alexandre, qui « luy demanda comment il le traiteroit. Porus lui respondit qu'il le traittast royalement. Alexandre luy redemanda s'il vouloit rien dire davantage, et il respondit de rechef que le toust se comprenoit soubs ce mot *royalement*. Par quoy Alexandre ne luy laissa pas seulement les provinces dont il estoit roy auparavant, mais aussi luy adjousta encore beaucoup de païs. » (PLUTARQUE, traduction d'Amyot.) — Alexandre, à cheval et suivi des principaux chefs de son armée, étend la main vers Porus, que soutiennent trois soldats ; plus loin, un cavalier macédonien traîne un prisonnier attaché à la queue de son cheval, et d'autres captifs sont maltraités par des soldats. On aperçoit dans le fond le champ de bataille couvert des débris de l'armée indienne.

Gravé par Girard Audran en 1678 (Calc. imp.). — Landon, t. 1, pl. 65, 66, 67. — Filhol, t. 4, pl. 265.

Collection de Louis XIV. — (Voir la note du n° 70.)

74. Entrée d'Alexandre dans Babylone.

H. 4,80. — L. 7,07. — T. — Fig. de gr. nat.

« La plupart des Babyloniens s'étoient placés sur les murailles, dans l'impatience de connoître leur nouveau roi. Plusieurs étoient allés au-devant de lui, et de ce nombre était Bagophanes, gouverneur de la forteresse et garde du trésor royal, qui avoit fait joncher toute la route de fleurs et de couronnes, et disposer des deux côtés des autels d'argent, chargés non seulement d'encens, mais de toutes sortes de parfums : après lui suivoient ses présents, qui consistoient en troupeaux et en chevaux. Venoient ensuite les mages, chantant des vers sur le mode du pays ; ils étoient suivis des Chaldéens, puis des devins de Babylone et même des musiciens, chacun avec les instruments de sa profession. La cavalerie babylonienne marchoit la dernière, hommes et chevaux dans un appareil plutôt de luxe que de magnificence. Le roi, au milieu de ses gardes, fit marcher le peuple à la suite de son infanterie ; il entra sur un char dans la ville et se rendit de suite au palais. » (QUINTE-CURCE, liv. V.) — Alexandre est debout sur un char enrichi d'or et d'ivoire, traîné par deux éléphants richement caparaçonnés ; il tient d'une main un sceptre d'or surmonté de la figure de la Victoire, et de l'autre son épée. Sur le devant, un cavalier donne des ordres à deux esclaves qui portent sur un brancard un vase d'or ciselé.

Gravé par Girard Audran en 1675 (Calc. imp.). — Landon, t. 1, pl. 68. — Filhol, t. 2, pl. 916.

Collection de Louis XIV. — (Voir la note du n° 70.)

75. La chasse de Méléagre et d'Atalante.

H. 3,10. — L. 8,11. — T. — Fig. de gr. nat.

Atalante, l'arc à la main, vient de blesser, la première, le sanglier de Calydon. Près d'elle, Méléagre, à la tête des princes grecs, va percer de son javelot le monstre, sur lequel les chiens se sont jetés. Derrière ces personnages un des chasseurs à cheval lève son cimeterre pour en frapper l'animal.

Collection de Louis XVIII. — D'après d'anciennes notes manuscrites, on serait autorisé à croire que cette peinture et la suivante proviennent d'une suite de six tableaux, représentant l'histoire de Méléagre, que le Brun avait peints, en 1658, pour M. de Valdor. Ces tableaux, qui devaient être exécutés en tapisserie, passèrent ensuite chez Jabach, et devinrent plus tard la propriété d'**Alexis-Simon Belle**, un des peintres attachés à la Manufacture des Gobelins. En 1792, portés par erreur sur l'inventaire des tableaux appartenant à la Manufacture, et envoyés au Musée central par Audran, alors administrateur des Gobelins, ils furent exposés dans les galeries du Louvre jusqu'en 1804. Réclamés à cette époque par **Clément-Louis-Marie-Anne Belle**, fils du précédent, comme faisant partie de la succession de son père, ces deux tableaux lui furent rendus, et il les vendit, en 1817, au roi Louis XVIII pour la somme de 16,000 fr. (Archives du Musée, an XI.)

76. *La mort de Méléagre.*

H. 3,05. — L. 4,85. — T. — Fig. de gr. nat.

Dans l'intérieur d'un palais, Méléagre, étendu sur un lit au chevet duquel Atalante en pleurs est assise, lève les yeux au ciel qu'il semble implorer, tandis qu'un vieillard lui prend la main et lui touche la poitrine. Au premier plan, une suivante apporte sur un plateau un vase de verre et une coupe. A droite, des chiens et une table couverte des armes du mourant; au fond, des chasseurs et des femmes dans l'attitude de la douleur.

Collection de Louis XVIII. — (Voir la note du tableau précédent.)

77. *Mars et Vénus.*

H. 1,60. — L. 2,15. — T. — Fig. demi-nat.

Vénus, debout sur son char, montre à Mars, vu de profil et placé à côté d'elle, des armes que portent des amours. Au premier plan, à droite, la figure d'un fleuve appuyé sur son urne.

Ancienne collection.

78. *Portrait de Charles le Brun dans sa jeunesse.*

H. 1,04. — L. 0,85. — T. — Forme ovale. — Fig. de gr. nat.

Il est représenté de trois quarts, le corps tourné à droite, vêtu de noir et tenant devant lui le portrait d'un militaire dont la toile est entourée d'un cadre octogone.

Ancienne collection.

79. *Portrait de Charles-Alphonse du Fresnoy, peintre d'histoire et poëte, né en 1611, mort en 1665.*

H. 0,76. — L. 0,59. — T. — Fig. en buste de gr. nat.

Il est représenté la tête vue de trois quarts, tournée à droite, les cheveux retombant sur les épaules, et enveloppé d'un manteau garni de fourrures.

Gravé par de Piles. — Filhol. t. 8, pl. 574.

Musée Napoléon. — Ce tableau provient de l'ancienne Académie de peinture, bien que du Fresnoy n'en ait pas fait partie, et était placé dans la salle d'assemblée.

BRUN (*École de* LE).

80. *Allégorie à Louis XIV.*

H. 1,40. — L. 1,80. — T. — Fig. demi-nat.

A gauche, Minerve dans les airs tient le portrait de Louis XIV; du côté opposé, le Temps découvre la Peinture et la Sculpture, représentées sous la figure de deux femmes assises par terre avec les attributs de leur art.

Ancienne collection.

BRUN (ÉLISABETH-LOUISE VIGÉE LE), *née à Paris le 16 avril 1755, morte dans la même ville le 30 mars 1842.*

Elle n'avait que 12 ans lorsqu'elle perdit son père, peintre de portraits. **Briard**, artiste médiocre, lui donna quelques leçons, et elle reçut d'excellents conseils de Doyen, de Greuze et de Joseph Vernet. Ses progrès furent rapides, et à 15 ans elle peignait des portraits avec talent. Mlle Vigée épousa fort jeune le Brun, qui faisait un commerce immense de tableaux, et étudia avec fruit les peintures remarquables dont elle était entourée. Admise à l'Académie royale de peinture le 31 mai 1783, elle donna pour sa réception le tableau inscrit sous le n° 81. Effrayée par les événements qui précédèrent la Révolution, Mme le Brun se rendit en Italie, où ses succès furent aussi brillants qu'en France. Elle séjourna à plusieurs reprises à Rome et à Naples, visita Venise et Milan, s'établit à Vienne pendant près de trois ans, partit pour Prague au mois d'avril 1795, passa par Dresde et Berlin, arriva à Saint-Pétersbourg au mois de juillet de la même année, et ne revint en France qu'en 1801. Quelque temps après, elle fit un voyage en Angleterre, où elle resta près de trois années; puis elle traversa la Hollande, parcourut deux fois la Suisse, en 1808 et en 1809, et rentra en France pour ne plus la quitter. Mme le Brun, suivant la note laissée par elle-même, a peint 662 portraits, 15 tableaux et près de 200 paysages, tant en Suisse qu'en Angleterre. Elle a fait aussi beaucoup de pastels. Dans tous ses voyages, elle fut accueillie avec distinction par les personnages les plus éminents, et considérée comme un artiste d'un grand talent. Elle était membre des Académies de Rome, d'Arcadie, de Parme, de Bologne, de Saint-Pétersbourg, de Berlin, de Genève, de Rouen et d'Avignon. Elle a exposé aux salons de 1783, 1785, 1787, 1789, 1791, 1798 et de 1824. Plusieurs de ses portraits ont été reproduits par la gravure.

81. *La Paix ramenant l'Abondance.*

H. 1, 05. — L. 1, 30. — T. — Fig. à mi-corps de gr. nat.

L'Abondance, vue de profil, tournée à droite, porte dans ses cheveux blonds des épis et des fleurs; son sein est découvert. Elle tient de la main droite une corne d'abondance, de la gauche des épis et des fleurs des champs. Derrière elle, la Paix, aux cheveux noirs, coiffée avec une légère couronne de lauriers, la tête de trois quarts, tournée à gauche, supporte de la main gauche le bras de l'Abondance, et pose la droite, tenant une petite branche de lauriers, sur l'épaule de sa compagne. — Signé : *M^{de} Le Brun. f.* 1780.

Gravé par Bartolozzi. — Landon, E. F. M., t. 2, pl. 13.

Musée Napoléon. — Ce tableau fut donné par Mme le Brun à l'Académie pour sa réception, le 31 mai 1783, et exposé au salon de la même année.

Elle a représenté sous les traits de l'Abondance Lucie Hall, et sous ceux de la Paix Adèle Hall, toutes deux filles du célèbre miniaturiste suédois, fixé en France et lié intimement avec Mme le Brun.

82. *Portrait de Mme le Brun et de sa fille.*

H. 1, 30. — L. 0, 94. — B. — Fig. jusqu'aux genoux de gr. nat.

Elle s'est peinte la tête vue presque de face, avec une bandelette rouge dans les cheveux, et la partie supérieure du corps nue. Elle porte une robe de mousseline blanche, une écharpe rouge nouée à la ceinture, et un manteau vert qui couvre la jambe droite. Elle tient dans ses bras sa jeune fille, vêtue d'une robe bleue ; celle-ci a la tête tournée de trois quarts vers la gauche et entoure de ses bras le cou de sa mère.

Musée Napoléon. — Ce portrait, qui avait été fait pour M. d'Angiviller, passa au ministère de l'intérieur à l'époque de l'émigration. (*Souvenirs de Mme le Brun*, t. I, p. 198.)

83. *Portrait de Mme le Brun et de sa fille.*

H. 1, 03. — L. 0, 85. — B. — Fig. jusqu'aux genoux de gr. nat.

Elle s'est représentée de face avec une écharpe de mousseline blanche roulée dans ses cheveux, un corsage et des manches violets, un jupon de satin jaune. Elle est assise sur un canapé de damas vert, et tient sur les genoux sa jeune fille, qui a la tête vue de trois quarts, tournée à droite, et qui porte une robe blanche.

Collection de Louis-Philippe. — Ce tableau fut exposé au salon de 1787, et légué au Musée du Louvre par l'auteur, en 1842. Mme le Brun, avant d'émigrer, à l'époque de la première Révolution, avait vendu ce portrait et celui de Hubert Robert (n° 85) à M. de Laborde, moyennant la somme de 18,000 fr. ; mais à son retour en France, le marché ayant été rompu, ces deux peintures furent rendues à leur auteur. (*Souvenirs de Mme le Brun*, t. II, p. 67.)

84. *Portrait de Jean Paisiello, compositeur de musique, né à Tarente en 1741, mort à Naples en 1816.*

H. 1, 30. — L. 1, 00. — T. — Fig. jusqu'aux genoux de gr. nat.

Il est représenté la tête nue, vue presque de face, avec les cheveux poudrés et frisés, les yeux levés vers le ciel et la bouche entr'ouverte. Il porte une redingote brune, une culotte noire, et est assis, tourné à gauche, jouant du piano. Sur l'instrument sont posés plusieurs partitions et morceaux manuscrits de l'artiste. — On lit sur une feuille déroulée : *Te Deum misso in musica in occasione del felice viaggio delle loro maesta delle Sicile.* 1791.

Collection de Louis-Philippe. — Ce portrait, légué au Musée du Louvre par l'auteur, en 1842, fut fait à Naples et envoyé à Paris au salon de 1791. « Tout en me donnant séance, dit Mme le Brun dans ses *Souvenirs* (t. II, p. 119), il composait un morceau de musique qu'on devait exécuter pour le retour de la reine, et j'étais charmée de cette circonstance qui me faisait saisir les traits du grand musicien au moment de l'inspiration. »

85. *Portrait d'Hubert Robert, peintre de paysages et d'architecture, né à Paris en 1733, mort en 1808.*

H. 1, 05. — L. 0, 85. — B. — Fig. en buste de gr. nat.

Il est représenté la tête de trois quarts, tournée à droite et découverte ; il porte une cravate blanche nouée négligemment, un habit violet à collet de velours rouge et un gilet jaune. Il tient sa palette de la main gauche et pose la droite sur un appui en pierre placé devant lui. — Signé à droite : *E. Vigée Le Brun* 1788.

Collection de Louis-Philippe. — Ce portrait, exposé au salon de 1789, fut légué, en 1842, au Musée du Louvre par Mme le Brun. (Voir la note du n° 83.)

CALLET.

86. *Portrait de Joseph Vernet, peintre de paysages et de marines, né à Avignon en 1712, mort en 1789.*

H. 0,92. — L. 0,72. — T. — Fig. jusqu'aux genoux de gr. nat.

Il a la tête nue, poudrée et frisée, vue de trois quarts et tournée à droite. Il porte un habit de velours violet, tient de la main gauche sa palette, et un pinceau de la main droite, posée sur son genou. — Signé à droite : M^{de} Le Brun f. 1778.

Collection de Louis XVIII. — Acquis en 1817 de M. Aubert pour la somme de 2,400 fr.

CALLET (ANTOINE-FRANÇOIS), *né en* **1741**, *mort en* **1823**.

Il remporta le grand prix de peinture à l'Académie en 1764. On avait donné pour sujet de concours, Cléobis et Biton conduisant leur mère au temple de Junon. Il fut agréé à l'Académie en 1779, et reçu le 25 novembre 1780. Il peignit, pour sa réception, un plafond représentant le Printemps, destiné à décorer la galerie d'Apollon, où il se trouve encore maintenant. Il a peint aussi des portraits et fait des pastels. Callet a exposé aux salons de 1779, 1780, 1781, 1783, 1785, 1787, 1789, 1791, 1795, 1799, 1801, 1804, 1808, 1810, 1812 et de 1817.

87.* *Les Saturnales ou l'Hiver.*

H. 3,20. — L. 3,22. — T. — Fig. de gr. nat.

Au pied d'un grand escalier, sous un portique, des convives se pressent autour d'une table. Au premier plan, à gauche et à l'angle de cette table, un homme debout verse à boire à une jeune fille ; un jeune homme, assis près d'elle, pose une main sur son épaule et de l'autre tend une coupe. Plus à droite, un musicien vu de dos. De l'autre côté de la table, une femme couchée sur un jeune homme endormi, et un autre personnage offrant une corbeille remplie de pâtisseries à une jeune fille. Au second plan, en haut de l'escalier, des hommes et des femmes au pied de la statue de Saturne, à qui on va immoler un taureau. Tout à fait au premier plan, à droite, un chien, la tête plongée dans un grand vase renversé par terre.

Collection de Louis XVI. — Ce tableau, exposé au salon de 1783, avait été commandé par le roi pour la Manufacture des Gobelins. Il fut payé 4,000 liv.

88.* *Le Printemps. Hommage des dames romaines à Junon Lucine.*

H. 3, 23. — L. 3, 23. — T. — Fig. de gr. nat.

A droite, la statue de Junon, qu'une femme, ayant près d'elle son enfant, implore à genoux. Vers le milieu, une femme prend des fleurs d'une corbeille que lui présente une jeune fille, et les offre à la déesse. A gauche, deux époux, accompagnés d'un jeune enfant, lui apportent des présents. — Signé, à gauche : *Callet f^t*. 1791.

Collection de Louis XVI. — Ce tableau, exposé au salon de 1791, avait été commandé par le roi pour les Gobelins.

89.* *L'Été ou les fêtes de Cérès.*

H. 3, 20. — L. 3, 20. — T. — Fig. de gr. nat.

« Cette déesse avoit enseigné aux hommes la manière de faire venir le bled et d'en former du pain ; au milieu des sacrifices qu'on lui offroit, les femmes, vêtues de blanc, couroient avec des flambeaux allumés en ressouvenir de Cérès qui, à la clarté des torches enflammées, avoit parcouru la Sicile pour chercher sa fille Proserpine enlevée par Pluton. On lui offroit des porcs pour victimes. » (*Livret du salon de* 1789.)

Collection de Louis XVI. — Ce tableau, exposé au salon de 1789, avait été commandé par le roi pour la Manufacture des Gobelins.

90. *L'Automne ou les fêtes de Bacchus, que les Romains célébraient au mois de septembre.*

H. 3, 23. — L. 3, 23. — T. — Fig. de gr. nat.

Un homme, tenant des femmes par la main, danse devant un autel sur lequel un prêtre fait un sacrifice. A droite, au premier plan, un sacrificateur égorge les victimes. A gauche, une bacchante succombe à l'ivresse. Dans le fond, des groupes d'hommes et de femmes ; à droite, un temple circulaire.

Collection de Louis XVI. — Ce tableau, exposé au salon de 1787, avait été commandé par le roi pour la Manufacture des Gobelins.

CASANOVA (François), *peintre, graveur, né à Londres en* 1730, *mort à Brühl, près de Vienne* (*Autriche*), *au mois de mars* 1805.

Sa famille était d'origine vénitienne, et l'on a prétendu qu'il était fils naturel de Georges II, roi d'Angleterre. Il alla à Venise avant l'âge de 6 ans, reçut une éducation distinguée et montra beaucoup de dispositions pour le dessin. Guardi fut son premier maître ; il étudia ensuite sous la direction de **Simonelli**, dit *le Parmesan*, peintre de paysages et de batailles. Il vint à Paris vers 1751, n'y resta guère qu'une année, voyagea en Allemagne et s'arrêta quatre ans à Dresde à copier les tableaux de Wouwerman et de batailles qui se trouvaient dans la galerie de l'électeur. Il connut Dieterich dans cette ville et profita de ses conseils. Revenu à Paris, il exposa au Luxembourg un tableau de bataille qui lui fit beaucoup de réputation, et à partir de cette époque il produisit un grand nombre de tableaux chèrement payés, mais dont le produit ne pouvait suffire à son luxe et à ses prodigalités. Il fut reçu à l'Académie le 28 mai 1763, sur un tableau représentant un combat de cavalerie, placé maintenant à Vincennes. L'impératrice de Russie, Catherine II, lui ayant demandé de peindre les victoires que son armée avait remportées sur les Turcs, il saisit avec empressement cette occasion de quitter la France et d'échapper à ses nombreux créanciers. Il se fixa à Vienne et ne sortit plus de l'Allemagne. Outre les batailles, il a peint des paysages, des animaux et des scènes familières à l'imitation des maîtres hollandais. Cet artiste eut pour frère puîné **Jean Casanova**, peintre médiocre d'histoire et de portraits, qui travailla pendant quatorze ans, à Rome, dans l'atelier de Raphaël Mengs. Il était érudit et a fait des dessins pour des ouvrages de Winkelman sur les antiquités. Il devint directeur et professeur à l'Académie des beaux-arts de Dresde, voyagea aux frais de l'électeur de Saxe pour négocier l'acquisition de tableaux, et principalement de la riche galerie du duc de Modène. Il mourut à Venise en 1795. François Casanova était aussi frère de Jacques Casanova, surnommé *de Seingalt*, célèbre aventurier qui a laissé des mémoires fort curieux. François a exposé aux salons de 1763, 1765, 1767, 1769, 1771, 1775, 1779, 1781 et de 1783.

91. *Le premier des trois combats de Fribourg, donné le 3 août 1644, de sept à huit heures du soir, entre l'armée de France commandée par le duc d'Enghien, depuis prince de Condé (le grand Condé), et l'armée des Bavarois sous les ordres du général comte de Mercy.*

H. 3, 90. — L. 4, 56. — T. — Fig. de 0, 65.

« Sur le devant du tableau, à gauche, on voit le débris d'un combat qui a été livré pour vaincre l'obstacle d'un abattis d'arbres qu'avait fait faire en cet endroit le général ennemi. Un peu plus haut et vers le milieu du tableau, on aperçoit le duc d'Enghien qui, voyant ses troupes, après avoir forcé les abattis, rester immobiles sous le feu des redoutes qu'elles ont encore à surmonter, est descendu de cheval, et, après avoir jeté son bâton de commandement dans les retranchements des ennemis, environné de plusieurs généraux, se met à la tête du régiment de Conti, qui est soutenu par celui de Mazarin, commandé par M. le comte de Tournon. Il enfonce les Bavarois, dont il ne se sauve qu'une très-petite partie à la faveur du bois qui est au milieu de la montagne. Au-delà de cette montagne, on découvre dans la plaine l'armée du général Mercy en bataille. » (*Livret du salon de 1771.*)

Collection de Louis-Philippe. — (Voir la note du numéro suivant.)

92. *Bataille de Lens livrée dans la matinée du 20 août 1648, par le prince de Condé (le grand Condé), contre l'armée espagnole commandée par l'archiduc Léopold.*

H. 3, 90. — L. 4, 56. — T. — Fig. de 0, 65.

« Au milieu de ce tableau, on voit le prince de Condé, devant lequel l'épais bataillon de l'infanterie ennemie tombe à genoux et rend les armes, abandonné de la cavalerie rompue et mise en fuite par M. de Chatillon, qu'on aperçoit un peu plus haut sur la gauche. Cette infanterie implore la clémence du jeune héros, qui donne ordre à M. des Roches, lieutenant de ses gardes, de lui sauver la vie. Plus haut, dans le centre du tableau, on voit le fameux général Beek pris prisonnier. A la hauteur de Lens, on voit le camp des ennemis, et l'archiduc qui se sauve avec les débris de son armée. La droite du second plan représente la cavalerie française victorieuse à la poursuite des ennemis. » (*Livret du salon de* 1771.)

Collection de Louis-Philippe. — Ces deux peintures, qui furent exposées au salon de 1771, proviennent de la galerie du petit palais Bourbon, où le prince de Condé (mort en 1818) avait réuni une suite de tableaux rappelant les exploits militaires du grand Condé. C'est le roi Louis-Philippe qui les donna au Musée en 1835.

93. *Paysage avec animaux.*

H. 0, 30. — L. 0, 48. — B. — Fig. de 0, 10.

A gauche, une paysanne, assise auprès d'un homme qui joue de la cornemuse, garde son troupeau de moutons. Dans le fond, à droite, un paysan conduisant un âne par la bride.

Ancienne collection.

94. *Paysage avec animaux.*

H. 0, 30. — L. 0, 48. — B. — Fig. de 0, 09.

A droite, un berger armé d'une pique conduit un troupeau de vaches et de moutons. Dans le fond, à gauche, un paysan sur un cheval, et près de lui une femme qui marche.

Ancienne collection.

CAZES (Pierre-Jacques), *né à Paris en 1676, mort dans la même ville le 25 juin 1754.*

Son père, pour seconder ses dispositions, le mit chez Féron, concierge de l'Académie de peinture, qui lui donnait à copier les dessins des professeurs. Il passa ensuite trois années à l'école de **René-Antoine Houasse** le père, puis reçut des leçons de Bon Boulogne. Il étudia pendant six ans à l'Académie, remporta le deuxième prix en 1698 (le sujet du concours était la Coupe de Pharaon retrouvée dans le sac de Benjamin), le premier en 1699 (Vision de Jacob en Égypte), et obtint la pension du roi à Rome; mais un changement de ministère fut cause qu'il ne put jouir de cette faveur. Il renonça à voir l'Italie et se fit recevoir à l'Académie le 28 juillet 1703. Son tableau de réception représente le Triomphe d'Hercule sur Acheloüs. On le nomma ensuite adjoint à professeur le 28 septembre 1715, professeur le 30 avril 1718, adjoint à recteur le 2 juillet 1737, recteur le 6 juillet 1743, directeur le 28 mars 1744, et chancelier le 26 mars 1746. Il a peint beaucoup de tableaux pour les églises de province et de Paris. En 1706, il fit le tableau votif que la confrérie des orfèvres offrait le 1er mai à l'église de Notre-Dame : il représente l'Hémorrhoïsse. Il eut pour élèves ses deux fils, **Pierre-Antoine Robert**, **Charles Parrocel**, **Hungberk**, Suédois, qui a fait des pastels, et Chardin. Nicolas Cochin le père, Desplaces, Vallée, Tardieu le fils, Alexandre ont gravé plusieurs de ses ouvrages. Il a exposé aux salons de 1704, 1737, 1747 et de 1748.

95. *Saint Pierre ressuscitant Tabithe.*

H. 0,92. — L. 0,72. — T. — Fig. de 0,45.

A gauche, Tabithe dans son lit, entourée de plusieurs femmes, se soulève à la voix de saint Pierre, qui la prend par la main. Au-dessus du saint plane un ange les bras ouverts. Sur le devant, à gauche, deux femmes assises au pied du lit. A droite, un apôtre à genoux, une femme portant un enfant dans ses bras, et d'autres personnages dans l'attitude de l'admiration. Dans le fond, à droite, une arcade ouverte qui laisse apercevoir le ciel.

Musée Napoléon. — Esquisse terminée du tableau de Cazes, exécuté pour Saint-Germain-des-Prés : provient de la sacristie de cette église, ornée autrefois des esquisses terminées des grands tableaux de la nef.

CHARDIN (Jean-Baptiste-Siméon), *né à Paris le 2 novembre 1699, mort dans la même ville le 6 décembre 1779.*

Son père, menuisier habile et fabricant des billards du roi, le plaça d'abord chez Cazes. Il fit peu de progrès dans cette école, où l'on ne peignait pas d'après le modèle, le maître se contentant de donner ses propres ouvrages à copier à ses élèves. Noël-Nicolas Coypel le prit ensuite comme aide, et le premier objet qu'il lui fit faire fut un fusil dans un portrait de chasseur. Le soin que le maître habile prit à éclairer et à placer cet accessoire de la manière la plus convenable à l'effet du tableau, la difficulté que lui-même éprouva à le bien rendre, révéla tout à coup au jeune Chardin l'importance de l'imitation directe de la nature, de la justesse des plans, de la couleur et du clair-obscur. Ce fut dans sa première jeunesse qu'i peignit pour un chirurgien, ami de son père, un plafond ou enseigne destinée à orner le dessus de sa boutique. Au lieu de la représentation d'instruments de son art que le chirurgien demandait, Chardin eut l'idée de peindre un homme blessé d'un coup d'épée, apporté dans la boutique d'un chirurgien qui pansait sa plaie, et était entouré d'une foule de curieux. Cette enseigne eut beaucoup de succès et fit connaître son auteur avantageusement. Jean-Baptiste van Loo ayant été chargé de restaurer une galerie du château de Fontainebleau, prit pour l'aider dans ce travail les meilleurs élèves de l'Académie, et Chardin fut du nombre. Quelque temps après, il lui acheta un tableau imitant un bas-relief qu'il avait exposé à la place Dauphine, le jour de l'octave de la Fête-Dieu, exposition en plein air qui ne durait que deux heures, et où s'empressaient d'envoyer des ouvrages les artistes qui, n'étant pas académiciens, n'avaient pas droit aux honneurs du salon. Une de ses premières études d'après la nature morte fut un lapin. La vérité d'imitation, à laquelle il parvint par suite de nombreuses observations que lui fit faire un sujet si simple en apparence, l'entraîna à peindre toutes sortes d'objets immobiles d'abord, auxquels il joignit plus tard les animaux vivants. Il fut reçu dans la corporation des maîtres peintres de l'Académie de Saint-Luc; puis, encouragé par les éloges des artistes, il envoya à l'Académie royale une dizaine de tableaux, placés comme au hasard dans une première salle. Ces ouvrages furent pris par Largillière, Louis de Boulogne et Cazes pour des tableaux de maîtres flamands. Chardin s'étant fait connaître comme l'auteur de ces peintures, fut agréé et reçu le même jour, 25 septembre 1728. Il donna pour sa réception les deux tableaux inscrits sous les n°ˢ 96 et 97. Jusqu'en 1737, il se borna à peindre des objets inanimés. Ce fut à la suite d'une espèce de défi qu'il se mit à faire des figures, genre qu'il avait abandonné depuis son essai dans l'enseigne du chirurgien. Il débuta par un petit tableau représentant une femme qui tire de l'eau à une fontaine. L'Académie le nomma conseiller le 28 septembre 1743 et trésorier le 22 mars 1755. Il conserva cette place jusqu'en 1774, et présida pendant vingt ans à l'arrangement des tableaux aux époques d'exposition. Il obtint en 1757 un logement au Louvre, et recevait du roi, dès 1752, une pension de 800 livres, portée ensuite à 1,200. Le 31 janvier 1765, il remplaça à l'Académie royale des sciences, belles-lettres et arts de Rouen, Michel-Ange Slodtz, qui venait de mourir. Chardin travailla jusque dans son extrême vieillesse, et quelques années seulement avant sa fin, essaya du pastel; mais il n'exécuta de cette façon que des études de tête de grandeur naturelle. Les ouvrages de Chardin, remarquables par la vérité du geste et de l'expression, par l'harmonie de la couleur et l'entente du clair-obscur, par le moelleux et la fermeté de la touche, après avoir joui d'un grand succès, ainsi que d'autres productions du XVIIIe siècle, étaient tombés dans un oubli complet au commencement de celui-ci. Ils ont reconquis maintenant l'estime que méritent les tableaux où brillent à un haut degré des qualités essentiellement pittoresques. Les tableaux de Chardin ont été gravés par Lépicié, Cochin, Surrugue, Le Bas, Filleul, Flippart, L. Cars, J. Simon. Il a exposé aux salons de 1737, 1738, 1739, 1740, 1741, 1743, 1746, 1747, 1748, 1751, 1753, 1755, 1757, 1759, 1761, 1763, 1765, 1767, 1769, 1771, 1773, 1775, 1777 et de 1779. Chardin eut un fils qui obtint le grand prix de peinture à l'Académie en 1754, et mourut jeune.

96. *Intérieur de cuisine.*

H. 1, 15. — L. 1, 40. — T. — Gr. nat.

Sur une table de cuisine, au-dessus de laquelle est accrochée une raie ouverte, on remarque, à gauche, un chat, des huîtres, deux poissons. A droite, sur une nappe, un grand pot en terre vernissée, un couteau, un bassin de cuivre, une bouteille en grès, une écumoire appuyée sur un chaudron.

Musée Napoléon. — Ce tableau, ainsi que le suivant, fut donné par Chardin pour sa réception à l'Académie, le 25 septembre 1728.

97. *Fruits sur une table de pierre, et animaux.*

H. 1, 90. — L. 1, 28. — T. — Gr. nat.

Sur une table de pierre ornée d'un bas-relief et recouverte d'une nappe, sont placés un grand plat où des pêches, des poires, des prunes, etc., s'élèvent en pyramide ; en avant, des huîtres dans une assiette ; à côté, un citron, deux carafes contenant de l'eau et du vin, des tasses ; à gauche, deux verres, dont un rempli de vin, un grand pot en argent. Dans le fond, un perroquet perché sur un grand vase. Au premier plan, un chien épagneul brun levant la tête, un vase à rafraîchir avec deux bouteilles. — Signé : *J. Chardin F.* 1728.

Musée Napoléon. — Voir le numéro précédent.

98. *La mère laborieuse.*

H. 0, 48. — L. 0, 38. — T. — Fig. de 0, 30.

Une femme, tournée à droite et assise devant un dévidoir, montre un ouvrage en tapisserie à une petite fille qui se tient debout devant elle. Au premier plan, à gauche, un chien carlin couché sur un carreau.

Gravé par Lépicié.

Collection de Louis XV. — Ce tableau fut exposé au salon de 1740.

99. *Le* Benedicite.

H. 0, 49. — L. 0, 39. — T. — Fig. de 0, 30.

Une femme, debout devant une table sur laquelle est servi un repas, fait réciter une prière à deux petites filles assises, les mains jointes.

Gravé par Lépicié.

Collection de Louis XV. — Ce tableau a été exposé au salon de 1740. Chardin a fait deux autres répétitions de cette composition, mais avec quelques changements : l'une, exposée en 1746, était destinée à faire pendant à une peinture de Teniers, appartenant à un amateur ; l'autre, où se trouvent également des changements, figura au salon de 1761, et fut peinte pour M. Fortier, notaire.

100. *Lapin mort et ustensiles de chasse.*

H. 0, 82. — L. 0, 65. — T. — Gr. nat.

Un lapin mort suspendu à un clou, une poire à poudre et une gibecière. — Signé : *Chardin.*

Acquis, en 1852, de M. Jules Boilly pour la somme de 700 fr. Dans le livret du salon de 1757, on trouve un tableau de Chardin représentant « une pièce de gibier avec une gibecière et une poire à poudre (du cabinet de M. Damery) ». Il y a tout lieu de penser que ce tableau est le même que celui inscrit sous le présent numéro.

101. *Ustensiles de cuisine.*

H. 0, 33. — L. 0, 41. — C.

Au milieu d'ustensiles de cuisine posés sur une table, on remarque un chaudron en cuivre jaune, un gril, un fourneau, des œufs, etc. Trois harengs sont suspendus à la muraille. — Signé, sur l'épaisseur de la table : *Chardin 1731.*

Acquis, en 1852, de M. Laneuville, avec le pendant de ce tableau (numéro suivant), et le Singe antiquaire (n° 103), pour la somme de 3,000 fr.

102. *Ustensiles de cuisine.*

H. 0,33. — L. 0,41. — C.

Un chaudron en cuivre rouge, un pot de terre, deux bouteilles, dont une renversée, un étui de pipe, etc., sont placés sur une table de cuisine. Une pièce de viande est accrochée à la muraille. — Signé, sur l'épaisseur de la table : *Chardin* 1731.

Voir le numéro précédent.

103. *Le singe antiquaire.*

H. 0,80. — L. 0,64. — T.

Il est assis, tourné vers la gauche, vêtu d'une robe de chambre, et examine des médailles avec une loupe. Au premier plan, un tabouret sur lequel sont posés des livres.

Acquis, en 1852, de M. Laneuville, avec deux petits tableaux de nature morte du même maître (n°s 101 et 102), pour la somme de 3,000 fr. Ces trois tableaux ont fait partie de la collection de M. Barhoillet.

104. *Les attributs des arts.*

H. 0,92. — L. 1,46. — T.

Parmi différents objets placés sur une espèce de console en bois, on remarque, au milieu, une statuette de femme assise, contre laquelle est appuyée une équerre; à gauche, des médailles, une boîte à couleurs, une palette et des pinceaux; à droite, une masse de sculpteur, un vase, des livres. — Signé, à droite : *Chardin* 1765.

Collection de Louis XV. — Ce tableau, exposé au salon de 1765 et destiné aux appartements du château de Choisy, était placé en dessus de porte dans un des salons de cette résidence. Il avait pour pendants deux autres compositions représentant les attributs des sciences et ceux de la musique.

CHAVANNES (Pierre-Domachin, sieur de), *peintre, graveur, né à Paris vers 1672, mort aux Gobelins le 23 décembre 1744, âgé de 72 ans.*

On n'a pas de renseignements biographiques sur ce peintre de paysages; on sait seulement qu'il fut reçu à l'Académie le 23 août 1709, sur le tableau inscrit sous le présent numéro. Il a exposé aux salons de 1737 et de 1738.

105. *Les pasteurs.*

H. 1, 50. — L. 1, 90. — T. — Fig. de 0, 15.

Au milieu de la composition, un berger et deux bergères sont assis sur un tertre, tandis que leurs troupeaux paissent au bord d'une rivière. A droite, sur l'autre rive, un grand édifice avec une tour, élevé au pied d'une montagne, et dans l'éloignement une vallée agreste.

Ancienne collection. — Tableau donné par l'artiste pour sa réception à l'Académie, le 23 août 1709.

CLERC (Sébastien le), *né à Paris en 1677, mort aux Gobelins, le 29 juin 1763.*

Il était le fils aîné du célèbre graveur Sébastien le Clerc, et élève de Bon Boulogne. Il fut reçu à l'Académie royale le 23 août 1704, et donna pour sa réception un tableau représentant la Purification d'Enée, préparatoire à sa déification (maintenant à Trianon). Dans la notice du salon de 1737, il est indiqué comme ancien professeur, quoique les registres de l'Académie ne parlent pas de sa nomination à ce grade. Il a exposé aux salons de 1737, 1747 et de 1751. — **Jacques-Sébastien le Clerc**, frère puîné du précédent, né en 1734, mort aux Gobelins le 17 mai 1785, fut nommé, le 5 février 1758, adjoint à professeur, en reconnaissance des services rendus par son père, quoiqu'il n'eût pas été nommé d'abord académicien. Il fut ensuite adjoint au professeur de perspective, sans voix délibérative à cause de son âge, puis titulaire à la place de **Challes**, décédé le 31 janvier 1778.

106. *La mort de Saphire, femme d'Ananie.*

H. 0, 92. — L. 0, 74. — T. — Fig. de 0, 44.

Saphire tombe morte aux pieds de saint Pierre, qui debout, à droite, sur les degrés d'un temple, semble invoquer le Seigneur. — Signé, à droite : LE CLERC.

Musée Napoléon. — Esquisse terminée du tableau de Sébastien le Clerc qui avait été exécuté pour Saint-Germain-des-Prés. Elle provient de la sacristie de cette église, ornée autrefois des esquisses terminées des grands tableaux de la nef. Les inventaires donnent à tort ce tableau à **Jean le Clerc**, né à Nancy en 1587, mort en 1633, élève de **Carlo Saraceno**.

CLOUET ou **CLOET** (FRANÇOIS), *dit* JEHANNET, *né à Tours vers 1500, mort vers 1572.*

On n'a que très peu de renseignements authentiques sur la famille des Clouet. Tout ce qu'on sait de certain jusqu'à ce jour nous est fourni par quelques actes et des documents tirés des registres de dépenses des rois de France. François Clouet, fils de Jean Clouet, deuxième du nom, reçut du roi François Ier des lettres de naturalisation, données à Fontainebleau au mois de novembre 1541, en considération des services rendus par feu son père, peintre et valet de chambre du monarque. Cet acte important nous apprend en outre que Jean était *étranger non natif du royaume* et qu'il mourut sans avoir obtenu du roi régnant (François Ier), *ni de ses prédécesseurs*, des lettres de naturalisation. François Clouet hérita du surnom de *Jehannet* donné à son père, et, à la fin de 1541, de sa charge de peintre ordinaire et de valet de chambre du roi. On voit, par les comptes royaux, qu'en 1547 il fut chargé de mouler le visage et les mains de François Ier, au moment de sa mort, pour l'effigie peinte et vêtue qui devait, suivant l'usage, figurer à la cérémonie des funérailles. Il exécuta également la peinture de décoration de l'église, des bannières, des enseignes, etc. On sait, par une quittance en date du 10 février 1547 (1548 nouveau style), qu'il touchait 600 livres par trimestre pour ses gages. Dans les comptes de 1551 à 1554, on le retrouve occupé à peindre des devises et des *croissants lacés* de Henri II et de Diane de Poitiers sur des *chariots* du roi. En 1559, à la mort de Henri II, il moule, reproduit en cire, colorie le visage du prince et exécute des travaux analogues à ceux qu'il avait faits pour les obsèques de François Ier. En 1570, il figure pour la dernière fois sur l'état des officiers domestiques du roi. Il recevait alors, comme peintre et valet de chambre de Charles IX, la somme de 123 livres, dues pour différents travaux. On ne peut fixer la date de la mort de François Clouet d'une manière bien précise; mais comme en 1572, au moment de sa plus grande réputation, **Jehan de Court** apparaît sur les états avec la qualité de peintre en titre d'office, il est à supposer que François Clouet était mort. On ne connaît de cet artiste que des portraits. Cependant Bailly, dans son inventaire des tableaux du roi dressé en 1709-1710, signale de lui des tableaux de 5 pieds et demi sur 7 à 9 pieds de large, représentant des sujets relatifs à l'histoire des Médicis et surtout à celle de Catherine. Les tableaux placés alors au Luxembourg ayant disparu, nous ne pouvons juger de la justesse de cette attribution. La peinture de François Clouet révèle une origine flamande, entièrement opposée à cette recherche du grand style, mis à la mode par les artistes italiens venus en France à son époque, recherche de style qui les a fait tomber trop souvent dans une manière pleine d'affectation et de mépris pour la nature. Comme les van Eyck, comme Memling, il poursuit le vrai, la naïveté, la précision, le rendu de tous les détails; mais s'il est Flamand par ce côté matériel seulement, il est bien Français par le style, l'élégance et ce goût délicat qui le porte, sans s'écarter de la vérité à laquelle les Flamands et les Allemands s'attachent exclusivement, à modifier dans une juste proportion et à interpréter son modèle de la façon la plus avantageuse. Dans ses œuvres, tout est clair, étudié; point de sacrifice apparent, point de prétention à la touche, et cependant, plus on les examine, plus on pénètre dans le caractère moral et physique de la personne représentée, plus on découvre de finesse de modelé sous cet aspect blanchâtre et cette absence des ressources du clair-obscur, plus on voit que tous les détails sont exécutés avec une légèreté, une sûreté de main dont aucun des partisans de la touche facile n'a pu approcher. — **Jean Clouet**, deuxième du nom, très probablement fils de Jean Clouet (premier du nom) de Bruxelles, était Flamand d'origine, vint s'établir en France avant l'avénement de François Ier au trône, mais n'obtint pas de lettres de naturalisation : ces faits sont démontrés par le texte même de celles concédées à François Clouet, dont nous avons cité des passages plus haut. Une quittance de lui, datée du 22 décembre 1518 (la plus ancienne connue jusqu'à présent), nous apprend qu'il était peintre ordinaire du roi et qu'il touchait annuellement 1,800 livres de pension. Il avait probablement succédé dans cette charge à **Jean Bourdichon**, qui occupait encore cette place en 1513. On suit Jean Clouet dans les comptes royaux, du 6 juin 1522, époque où il a déjà obtenu du roi la faveur d'acheter une charge de valet de chambre, jusqu'en 1536. Il y est appelé *Jehan, Jehannot* ou *Jehannet* Clouet; puis, supprimant son nom patronymique, on le nomma simplement maistre *Jehannet, Jennet, Jainet,* suivant la coutume, très fréquente au moyen âge, de donner au fils le prénom du père, en les distinguant seulement par un diminutif. Mariette possédait une médaille à son effigie et avec cette inscription : JEHANNET CLOVET PICTOR FRANC. REGIS. Un acte de vente, passé à Tours le 6 juin 1522, prouve qu'il était déjà marié et avait épousé Jehanne Boucault, fille de Gatien Boucault, orfèvre et bourgeois de Tours. Enfin on doit conclure, d'après une épitre de Marot, dont la plus ancienne édition porte la date de 1541, qu'il vivait encore à cette époque; mais il mourut dans la même année, puisque les lettres de naturalisation concédées à son fils François en novembre 1541 le désignent comme décédé. On ne connait aucun ouvrage authentique de Jean Clouet, dit *Jehannet*. — **Jean Clouet** (premier du nom), père du précédent, était peintre à Bruxelles en 1475, ainsi que le prouve une quittance de paiement de travaux exécutés par lui pour le duc de Bourgogne. Il ne vint pas s'établir à Tours entre les années 1475-1485, comme on l'a prétendu, puisque dans les lettres de naturalisation concédées à François, il est dit que Jehannet Clouet, son fils, était étranger *non natif* du royaume. — Le Louvre ne possède que deux portraits authentiques de François Clouet. Nous avons réuni sous le titre commun d'école des Clouet tout ce qui nous a paru appartenir à des artistes procédant à la manière de ces maîtres, en distinguant toutefois les œuvres qui nous semblent originales de celles qui ne sont que de ces nombreuses copies exécutées au XVe siècle.

107. *Portrait de Charles IX, roi de France, né en 1550, mort en 1574.*

H. 0,32. — L. 0,18. — B. — Fig. de 0,26.

Le roi est représenté debout, la tête, tournée de trois quarts vers la gauche, couverte d'une toque ornée de boutons de pierreries et d'une touffe de petites plumes blanches. Son justaucorps est noir, montant, boutonné jusqu'à la fraise, brodé d'entrelacs d'or; les manches à petits crevés ainsi que le haut-de-chausse et les souliers sont blancs. La main droite, tenant des gants, est appuyée sur le dossier d'un fauteuil de velours rouge, enrichi de perles et de galons d'argent ; la gauche serre la poignée de son épée. Dans le fond, deux rideaux de soie verte ; celui de gauche est relevé.

Ancienne collection. —Ce délicieux portrait ainsi que celui d'Elisabeth (n° 108) nous semblent devoir servir de types lorsqu'il s'agira d'apprécier les nombreux ouvrages attribués à François Clouet, dont les peintures authentiques sont rares. Quoique le portrait de Charles IX ait fait indubitablement partie de la collection des rois de France, on ne le retrouve pas sur l'inventaire dressé par Bailly en 1709-1710. Il fut apporté de Vienne après les conquêtes de 1809 et est décrit dans le catalogue de Meckel, n° 64, p. 218. On en connaît des copies ou des répétitions en plus petit et en miniature sur vélin ; l'une d'elles a paru dans la vente de M. Auguste, au mois de mai 1850. Une copie ou répétition à l'huile se trouvait chez M. Denon, n° 146 du catalogue de la vente. Enfin, on conserve, dans la galerie impériale de Vienne, un portrait identique à celui du Louvre, mais de grandeur naturelle, portant l'inscription suivante : CHALES VIIII, TRÈS CHRÉTIEN, ROY DE FRANCE, EN L'AAGE DE XX ANS PEINCT AU VIF PAR JANNET, 1563.

108. *Portrait d'Élisabeth d'Autriche, reine de France, femme de Charles IX, née en 1554, morte en 1592.*

H. 0, 36. — L. 0, 27. — B. — Fig. en buste demi-nat.

Tête vue de trois quarts, tournée à gauche ; cheveux relevés sur le front, roulés, ornés de perles et pierreries serties dans de l'or émaillé ; fraise montante, gaudronnée ; cercle d'or enrichi de pierreries et de perles autour du cou ; fichu bouillonné avec un quadrille de perles ayant à chaque angle un petit bouton d'or émaillé ; robe coupée carrément sur la poitrine, en drap d'or damassé d'argent, avec une bordure de pierreries à laquelle se rattache une pendeloque de rubis, d'émeraudes et de perles ; manches à crevés, des perles entre chaque bouillon. Les deux mains reposent l'une sur l'autre ; la gauche a une bague au petit doigt, la droite une à l'index.

Ancienne collection. — Ce portrait, d'une admirable finesse de dessin, de modelé et d'exécution, ainsi que celui de Charles IX (n° 107), peut servir de type pour apprécier les œuvres de François Clouet et empêcher qu'on ne le confonde avec ses imitateurs ou ses copistes.

CLOUET (*Attribué à*).

109. *Portrait de François Ier, roi de France, né en 1491, mort en 1547.*

H. 0,96. — L. 0,74. — B. — Fig. en buste de gr. nat.

Tête vue de trois quarts, tournée à droite, petite moustache, barbe courte et frisée, cheveux demi-longs cachant l'oreille. Toque noire garnie de perles, de pierreries, d'aiguillettes d'or et d'une plume blanche frisée. Le cou est nu. Justaucorps coupé carrément, laissant déborder l'extrémité de la chemise froncée et bordée d'une ganse noire; ainsi que le vêtement de dessus, il est de satin blanc à bandes de velours noir, brodé d'ornements et d'entrelacs d'or; manches larges à crevés; collier d'or émaillé avec des perles, auquel est suspendue la médaille de l'ordre de Saint-Michel. Le roi a la main droite sur le pommeau de son épée; la gauche, posée sur un appui de velours vert, tient des gants. Fond de damas rouge, peint probablement sur une préparation dorée ou argentée.

Ancienne collection. — Le père Dan (*Trésor des merveilles de Fontainebleau*, p. 138) dit que ce portrait se trouvait de son temps (1642) à Fontainebleau dans le *pavillon* et *cabinet des peintures*. L'abbé Guilbert, qui fit après le père Dan *une Description historique* du château, publiée en 1731, le cite également (t. I, p. 159), ainsi que Félibien. Tous ces auteurs donnent ce portrait à Jeannet, sans ajouter de prénom. L'inventaire des tableaux du roi, dressé par Bailly en 1709-1710, l'indique aussi comme se trouvant à Fontainebleau dans le Cabinet doré; mais sur cet inventaire, l'attribution de Jeannet est supprimée et le tableau porté aux *inconnus*. Enfin, il figure toujours aux *inconnus* dans l'inventaire de la surintendance de Versailles, fait par Louis-Jacques du Rameau en 1784. Sous l'Empire, M. Denon, directeur-général des Musées, lui donna Mabuse pour auteur. Lors de la création du Musée de Versailles, il sortit des magasins du Louvre, où il avait été relégué, pour prendre place dans la salle des Rois, et fut simplement désigné comme portrait du temps. Il n'est revenu au Louvre qu'après 1848, lors de notre réorganisation de la galerie. — Cette peinture, précieuse à bien des titres, dont l'extrême naïveté et la finesse sont les sûrs garants d'une parfaite ressemblance, est certainement originale et d'un maître français. Mais appartient-elle à l'un des Clouet? Et si elle est leur œuvre, faut-il l'attribuer à Jean Clouet, deuxième du nom, ou à François Clouet, son fils? C'est une question que nous n'osons pas trancher. Nous ne connaissons pas de portraits authentiques de Jean Clouet qui puissent nous servir de point de comparaison. Les portraits d'Elisabeth, femme de Charles IX, et de ce roi (n°s 108 et 107),

CLOUET (École des).

peints par François, sont d'un art bien plus parfait. En tout cas, si le portrait de François Ier est de ce peintre, il faut évidemment le regarder comme un ouvrage de sa jeunesse.

CLOUET (*École des*).

110. *Portrait de François Ier, roi de France, né en 1491, mort en 1547.*

H. 0, 83. — L. 0, 58. — T. — Fig. en buste de gr. nat.

Tête vue de trois quarts, tournée à gauche, moustaches et barbe courtes. Toque de velours noir ornée de perles, de petites ganses en soie et en or, d'une plume blanche frisée et d'un médaillon de forme allongée représentant un buste de femme ou une Vierge avec un entourage ciselé et émaillé. Cou nu ; justaucorps coupé carrément sur la poitrine, laissant dépasser le bord d'une chemise froncée et plissée. Le justaucorps est rouge, rayé perpendiculairement de ganses alternées d'or et d'argent, semé d'anneaux formés des mêmes ganses et rattachés par des aiguillettes ; de grosses perles sont fixées entre les anneaux. Vêtement de dessus noir, bordé de fourrures, brodé d'entrelacs d'or et couvert de perles. La main gauche repose sur la garde de l'épée, l'index placé sur le pommeau ; le petit doigt porte une bague. La main droite est ouverte, vue par la paume et presque de face.

Collection de Charles X. — Ce portrait, qui provient de la collection Révoil, cédée au Musée royal en 1828, fut enlevé du panneau de bois de noyer sur lequel il avait été peint et porté sur toile. Il était alors attribué à Holbein et on l'inscrivit sous le nom de ce maître sur les inventaires depuis la Restauration. Il existe en Angleterre, dans la collection de lord Ward, un portrait analogue à celui-ci et attribué à Léonard de Vinci.

111. *Portrait en pied de Henri II, roi de France, né en 1518, mort en 1559.*

H. 0, 35. — L. 0, 20. — B. — Fig. de 0, 30.

Il est représenté debout, la tête de trois quarts, tournée à gauche. Moustaches et barbe grisonnantes ; une perle à l'oreille gauche. Toque noire ornée de perles et d'une petite plume blanche retombant à droite. Col de chemise rabattu, brodé d'or; justaucorps, manteau, escarcelle pendue à la ceinture, noirs, rayés d'or; haut-de-chausse et souliers à crevés blancs. La main gauche est appuyée sur la hanche, au-dessus du pommeau de l'épée; la droite tient des gants. Dans le fond, de chaque côté, un rideau de velours vert; celui de droite est relevé.

Filhol, t. 9, pl. 599.

Collection de Louis XIV. — Le costume d'Henri II n'est que de deux couleurs, blanc et noir, avec des rayures d'or. C'était la livrée ordinaire du roi, « à cause de la belle veuve qu'il servait, » dit Brantôme. — Ce portrait, qui, du temps de Bailly (1709-1710), était placé dans la petite galerie du Roi à Versailles, est donné à Clouet dans les inventaires et dans la notice de 1841. Cette peinture sèche, manquant de légèreté et d'un ton sombre, ne nous semble pas devoir être attribuée, malgré son habileté, à François Clouet, toujours fin, léger et clair. En la comparant aux deux magnifiques portraits de Charles IX (n° 107) et d'Elisabeth (n° 108), on acquerra la certitude que ces ouvrages ne sont pas de la même main. En résumé, nous croyons que c'est une copie et une réduction d'un portrait beaucoup plus grand, probablement peint par François Clouet.

112. *Portrait de Henri II, roi de France, né en 1518, mort en 1559.*

H. 0,38. — L. 0,29. — B. — Fig. en buste demi-nat.

Tête vue de trois quarts, tournée à gauche, moustaches et barbe courtes. Toque noire avec des perles et une plume blanche retombant sur le côté droit; col de chemise rabattu, brodé d'entrelacs noirs et or; vêtements noirs à raies d'or; collier auquel est suspendu le médaillon de l'ordre de Saint-Michel. — On lit au bas du tableau : HENRY.II.ROY.DE.FRANCE.

Ancienne collection. — Porté aux inconnus de l'école française sur les inventaires de la Restauration, et dans la notice de 1841 attribué à Jeanet. C'est évidemment une copie exécutée d'après un grand portrait en pied d'Henri II par François Jeannet, dont le numéro précédent nous offre une copie réduite.

CLOUET (École des).

113. *Portrait de François de Lorraine, duc de Guise, né en 1519, tué au siége d'Orléans en 1563.*

H. 0, 23. — L. 0, 16. — B. — Fig. en pied de 0, 19.

Il est debout, tourné vers la gauche, a ses gants dans la main droite, qu'il appuie sur le piédestal d'une colonne, et tient de la gauche son épée. Sa tête, vue de trois quarts, tournée à gauche, est coiffée d'une toque noire ornée d'une plume blanche. Ses vêtements sont blancs, à l'exception d'un petit manteau noir bordé d'or. Dans le fond, un grand rideau vert.

Ancienne collection. — Porté à Clouet sur l'inventaire et au livret de 1841.

114. *Portrait de François de Lorraine, duc de Guise, né en 1519, tué au siége d'Orléans en 1563.*

H. 0, 32. — L. 0, 24. — B. — Fig. en buste demi-nat.

Tête vue de trois quarts, tournée à gauche; moustaches et barbe fourchue; une perle à l'oreille gauche. Toque noire ornée de ganses d'or et d'une plume blanche retombant à droite; petit col plissé; vêtements de velours noir. Autour du cou une ganse brune nouée, à laquelle pend le médaillon de l'ordre de Saint-Michel.

Ancienne collection. — Porté aux Inconnus de l'école française sur l'inventaire et attribué à Jeanet dans la notice de 1841. Ce portrait n'est point une œuvre originale, mais une ancienne copie.

115. *Portrait de François Ier, roi de France, né en 1491, mort en 1547.*

H. 0, 15. — L. 0, 15. — B. — Fig. en buste.

Tête vue de trois quarts, tournée à droite; moustaches légères, barbe bifurquée. Toque noire, plate, avec une plume blanche retombant sur l'oreille droite; petit

CLOUET (École des). 71

col de chemise liséré de noir; vêtement noir semé de petites perles d'or, bordé, ainsi que les crevés, d'une ganse de même métal; chaîne d'or à laquelle est suspendu un médaillon, probablement celui de l'ordre de Saint-Michel. Fond vert clair bleuâtre. — On lit au bas de ce portrait : FRANÇOIS I ROY DE FR.

<small>Ancienne collection. — Ce portrait, très fin d'exécution et original, est porté aux inconnus de l'école française sur l'inventaire, puis *attribué* à Jeanet dans la notice de 1841. Malgré l'inscription de ce tableau, qui paraît ancienne, il nous est impossible d'y reconnaître aucun des traits de François 1er.</small>

116. *Portrait de Charles de Cossé, Ier du nom, comte de Brissac, maréchal de France, né en 1505, mort en 1563.*

<small>H. 0,17. — L. 0,13. — B. — Fig. en buste.</small>

Tête vue de trois quarts, tournée à gauche; moustaches et grande barbe. Toque noire avec ornements d'or et plume blanche retombant à gauche; justaucorps noir bordé d'une tresse grise; manches d'un gris verdâtre sombre, à petites raies plus claires. Fond vert clair bleuâtre.—On lit en haut de ce portrait, à droite : M. DE BRISSAC, ESTANT DVC.

<small>Ancienne collection. — Porté aux inconnus de l'école française sur l'inventaire et *attribué* à Clouet dans la notice de 1841, ce portrait, certainement original, nous semble de la même main que le précédent.</small>

117. *Portrait de Jacques Bertaut, contrôleur de la maison du roi, qui vivait vers 1560.*

<small>H. 0,20. — L. 0,15. — B. — Fig. en buste.</small>

Tête vue de trois quarts, tournée à droite; moustaches et petite barbe. Toque noire; vêtement de même couleur. Il tient des gants dans la main droite.—On lit sur ce tableau l'inscription suivante, qui semble rajoutée et moderne : IAQ. BERTAVT. CONT^{EVR} DE. LA. M̃N. DV. ROY.

<small>Ancienne collection. — Derrière le panneau se trouve un cachet en cire rouge aux armes de Colbert. Cette peinture, portée aux inconnus de l'école française sur l'inventaire, est certainement originale et rappelle l'exécution et la touche des maîtres flamands.</small>

118. *Portrait de Louis de Saint-Gelais, dit de Lezignem, baron de La Mothe-Saint-Héraye, seigneur de Lanssac, etc., chevalier d'honneur de la reine Catherine de Médicis, surintendant de sa maison, puis capitaine de la 2e compagnie des cent gentilshommes de la maison du roi, en 1568, sous Charles IX, né en 1513, mort en 1589.*

<small>H. 0,32. — L. 0, 23. — B. — Fig. en buste demi-nat.</small>

La tête, de trois quarts, tournée à droite, avec barbe et moustaches, est couverte d'une toque noire. Vêtement de velours noir à raies de même couleur ; petite fraise. Le collier de Saint-Michel en perles et en pierreries.— On lit dans la partie supérieure du panneau : ÆT. 48 ; 1564? et en bas : LOVIS. DE. S. GELAIS. S. DE. LANSAC.

<small>Ancienne collection. — Cette peinture, qui est certainement originale, est portée aux inconnus de l'école française sur l'inventaire.</small>

119. *Portrait de Diane de France, duchesse d'Angoulême, née en 1538, morte en 1619, fille naturelle et légitimée de Henri II, roi de France, et de Philippe Duc, demoiselle piémontaise.*

<small>H. 0,32. — L. 0, 23. — B. — Fig. en buste demi-nat.</small>

Tête vue de trois quarts, tournée à droite. Coiffe noire retombant sur les épaules, doublée de blanc, bordée

CLOUET (École des).

d'un velours noir; fichu blanc ouvragé, terminé par une fraise; robe de velours noir et soie échancrée carrément sur la poitrine; chaîne à anneaux noirs. — On lit à droite, dans la partie supérieure du panneau : EN OCT. 1568; et plus bas : DIANE DE FRANCE DUCH^{SSE} D'ANGOULÊME.

<small>Ancienne collection. — Cette princesse fut mariée : 1° en 1552, à Horace Farnèse, duc de Castro; 2° en 1557, à François, duc de Montmorency, grand-maître et maréchal de France. — On trouve derrière le panneau un cachet en cire rouge aux armes de Colbert. Ce portrait est une peinture originale.</small>

120. *Portrait de Michel de l'Hôpital, chancelier de France, né en 1505, mort en 1573.*

H. 0,32. — L. 0,23. — B. — Fig. en buste demi-nat.

Tête chauve sur le sommet, vue de trois quarts et tournée à gauche; moustaches et longue barbe blanches. Petit col rabattu; vêtement de velours noir à revers de damas de même couleur. — On lit sur ce tableau : MICHEL DE L'HOSPITAL CHANC. DE FR.

<small>Ancienne collection. — Ce portrait, porté aux inconnus sur l'inventaire et donné à Jeanet dans la notice de 1841, est une copie ancienne.</small>

121. *Portrait de Jean Babou, seigneur de la Bourdaisière, etc., maréchal-général de l'artillerie en 1567, mort en 1569.*

H. 0,31. — L. 0,23. — B. — Fig. en buste demi-nat.

Tête vue de trois quarts, tournée à droite, avec barbe et moustaches. Vêtement noir, brodé d'or. — On lit au bas de ce portrait : JEAN. BABOV. S.^{VR} DE. LA. BOVRDAISIERE.

<small>Ancienne collection. — Ce portrait, copie ancienne, est porté aux inconnus de l'école française sur l'inventaire.</small>

CLOUET (École des),

122. *Portrait de Nicolas de Neuville, IVe du nom, seigneur de Villeroy, secrétaire d'État sous les rois Charles IX, Henri III, Henri IV et Louis XIII, né en 1543, mort en 1617.*

H. 0, 32. — L. 0, 23. — B. — Fig. en buste demi-nat.

Tête vue de trois quarts, tournée à droite, moustaches et petite barbe. Petite fraise, toque noire, vêtement de velours noir rayé de bandes de satin de la même couleur. — On lit dans la partie supérieure du panneau : M. DE VILLEROY ; et en bas : NIC. DE. NEVVILLE. S. DE. VILEROY. SEC. DES.

Ancienne collection. — Ce portrait, qui est une copie ancienne, est porté aux inconnus de l'école française sur l'inventaire de la Restauration, et donné à Clouet sur celui de 1832.

123. *Portrait d'homme inconnu.*

H. 0, 30. — L. 0, 24. — B. — Fig. en buste demi-nat.

Tête vue de trois quarts, tournée à gauche, couverte d'une toque noire ornée d'une petite plume blanche retombant sur le côté gauche. Justaucorps noir montant, col rabattu.

Ancienne collection. — Ce portrait, qui n'est pas un ouvrage original, mais une copie, était porté aux inconnus de l'école française sur l'inventaire de la Restauration. Il fut placé depuis dans les galeries de Versailles, où il figura à tort, jusqu'en 1848, sous le nom de l'amiral de Coligny.

124. *Portrait de Catherine de Médicis, reine de France, femme de Henri II, née en 1519, morte en 1589.*

H. 0, 30. — L. 0, 25. — B. — Fig. en buste demi-nat.

La tête, vue de trois quarts, est tournée à gauche. Chapeau noir, vêtement de même couleur et grand col blanc rabattu.

Ancienne collection. — Cette peinture, qui est une copie ancienne, est portée aux inconnus de l'école française sur l'inventaire, et *attribuée* à Clouet dans la notice de 1841.

125. *Portrait de Claude de Beaune, dame de Châteaubrun, duchesse de Rouennois, morte en 1571.*

H. 0, 31. — L. 0, 23. — B. — Fig. en buste demi-nat.

Tête vue de trois quarts, tournée à gauche. Coiffure noire, retombant sur les épaules, doublée de blanc, bordée d'un velours noir ; fichu semé de perles, ouvert sur le cou, terminé par une petite fraise ; robe noire avec des passepoils en fourrure, manches blanches. — Daté de 1563 dans la partie supérieure du panneau, à droite.

Collection de Charles X. — On lit derrière ce portrait la note suivante, dont l'écriture paraît être de l'époque de Louis XIV : « Mad[e] de Roanois, de la maison des Blançay, dite auant Mlle de Chastaubrion, elle auoit espousé en 1[eres] nopces Louis Burgensis, 1er médecin du roy, et depuis fut quatriesme femme de Claude Gouffier duc de Roanois, grand escuyer de France. Elle s'appelloit en son nom propre Claude de Beaune. Original de Jannet. » — Cette peinture, qui fait partie de la collection Révoil cédée au Musée royal en 1828, est portée sur l'inventaire à Jeanet, et dans la notice de 1841 lui est *attribuée* seulement ; c'est une copie ancienne.

126. *Portrait de Silvie Pic de la Mirandole, mariée en 1552 à François III, comte de La Rochefoucault, née en 1530, morte en 1556.*

H. 0, 30. — L. 0, 23. — B. — Fig. en buste demi-nat.

La tête est vue de trois quarts, tournée à gauche ; cheveux blonds, crêpés. Toque noire, ornée de perles d'or et d'une plume blanche ; petit col plissé ; robe de velours noir, garnie de plumes et d'aiguillettes d'or ; autour du cou, un cercle d'or ciselé avec des pierreries. — On lit dans le haut du tableau : M. DE LA ROCHEFOVCAVLT.

Ancienne collection. — Copie ancienne, portée aux inconnus de l'école française sur l'inventaire.

COCHEREAU (MATHIEU), *né à Montigny, près Châteaudun, en 1793, mort à la hauteur de Bizerte, sur la côte d'Afrique, le 10 août 1817.*

Il fut élève de David, et succomba à l'âge de 24 ans en accompagnant son oncle, M. **Prévost**, auteur de plusieurs panoramas, qui allait en Palestine dessiner une vue générale de Jérusalem.

127. *Intérieur de l'atelier de David.*

H. 0, 90. — L. 1, 00. — T. — Fig. de 0, 30.

Les élèves sont occupés à dessiner et à peindre d'après un modèle nommé Polonais, célèbre dans les ateliers; on remarque parmi les personnages représentés : MM. Schnetz, Dubois, Pagnest, etc.

Filhol, t. 11, pl. 27.

Collection de Louis XVIII. — Acquis en 1815 pour la somme de 3,600 fr.

COLOMBEL (NICOLAS), *né à Sotteville, près Rouen, en 1646, mort à Paris le 27 mai 1717.*

Les biographes l'ont dit à tort élève d'Eustache le Sueur, car il n'avait que 9 ans lorsque cet artiste célèbre mourut en 1655. Colombel alla en Italie, séjourna longtemps à Rome, étudiant assidûment les ouvrages de Raphaël et de Poussin, dont il resta toujours un froid imitateur. Quelques-uns de ses tableaux ayant eu du succès à Rome, il fut reçu à l'Académie de Saint-Luc en 1686. En 1682, il avait envoyé quatre tableaux à Paris afin de se faire connaître, et il arriva lui-même dans cette ville en 1694. Pierre Mignard, alors premier peintre du roi et directeur de l'Académie royale de peinture et de sculpture, le fit recevoir académicien le 6 mars 1694. Il donna pour sa réception un tableau représentant les Amours de Mars et de Rhéa (n° 129). On le nomma adjoint à professeur le 27 août 1701, professeur le 30 juin 1705, et le roi l'employa à divers travaux à la ménagerie de Versailles et à Meudon. Il a fait aussi plusieurs tableaux pour des églises et des portraits. Colombel, à l'imitation de Poussin qu'il avait pris pour modèle, mourut sans avoir voulu ni former d'élèves, ni avoir personne pour le servir. Claude Duflos, Michel Dossier ont gravé plusieurs de ses compositions. Il a exposé aux salons de 1699 et de 1704.

128. *Saint Hyacinthe sauvant la statue de la Sainte-Vierge des ennemis du nom chrétien.*

H. 2, 39. — L. 1, 74. — T. — Fig. de gr. nat.

Ce religieux, de l'ordre des frères-prêcheurs, fuyait, en habits pontificaux, les Tartares qui faisaient le siége de Kiovie, et emportait avec lui, selon les légendaires, le Saint-Sacrement et une statue de la Sainte-Vierge, devenue, par un effet miraculeux, fort légère entre ses mains. Ne trouvant ni pont ni bateau pour passer le Borysthène, il étendit sa chape sur les eaux, et ayant exhorté ses frères à s'y placer sans crainte, ils traversèrent le fleuve, lui à pied sur les eaux, les religieux sur sa chape.

Landon, t. 1, pl. 19.

Musée Napoléon. — Ce tableau était placé dans l'église des Jacobins de la rue Saint-Honoré. D'Argenville dit que les têtes des religieux furent peintes d'après nature dans ce couvent.

129. *Mars et Rhéa Sylvia.*

H. 1, 46. — L. 1, 76. — T. — Fig. de 0, 75.

A gauche, dans un paysage et près d'une fontaine, Rhéa Sylvia est endormie; un amour soulève le voile qui la couvre et la montre au dieu Mars. Sur le devant, à droite, le Tibre couché au bord de l'eau, et la louve qui devait allaiter les deux fils du dieu. Dans le fond, à gauche, un temple et des fabriques.

Landon, t. 1, pl. 20.

Musée Napoléon. — Ce tableau, exécuté par Colombel pour sa réception à l'Académie royale de peinture, le 6 mars 1694, fut donné l'année suivante à M. de Villacerf.

CORNEILLE (Michel).

CORNEILLE (Michel), *dit l'Aîné, peintre, graveur, né à Paris en 1642, mort aux Gobelins le 16 août 1708.*

Il était fils de **Michel Corneille,** un des douze anciens de l'Académie de peinture. Son père lui enseigna de bonne heure à copier avec intelligence les dessins des grands maîtres. Il remporta un prix de peinture, fut nommé pensionnaire à l'école de Rome ; mais il quitta bientôt l'Académie pour se livrer sans contrainte à l'étude de l'antique et des tableaux qui lui plaisaient davantage. Les Carrache étaient surtout ses maîtres de prédilection. A son retour d'Italie, il fut reçu à l'Académie le 19 septembre 1663, et donna pour tableau de réception l'Apparition de Jésus-Christ après sa résurrection à saint Pierre, sur le bord de la mer Tibériade, actuellement au musée de Rennes. En 1672, il exécuta la peinture votive que la corporation des orfèvres offrait le 1er mai à l'église de Notre-Dame ; elle représente la Vocation de saint Pierre et de saint André. Il copia en grisaille pour Mignard, dont il avait espéré épouser la fille, la coupole de cet artiste au Val-de-Grâce. Enfin, il travailla pour le roi à Versailles, à Trianon, à Meudon et à Fontainebleau. Il eut toute sa vie la passion de copier les dessins et les tableaux des grands maîtres. Le célèbre amateur Jabach l'occupa longtemps, ainsi que son frère Jean-Baptiste et d'autres jeunes gens, à reproduire aussi exactement que possible une partie des dessins de son admirable collection, copies que, suivant Mariette, il vendait ensuite comme des œuvres originales. Il décora plusieurs églises de Paris, et peignit à fresque la chapelle de Saint-Grégoire des Invalides, qui a été gravée par Cochin. Dans les dernières années de sa vie, le roi lui donna un logement à la Manufacture des Gobelins, d'où lui est venu le surnom de *Corneille des Gobelins,* par lequel plusieurs auteurs l'ont désigné. On le nomma adjoint à professeur le 27 octobre 1673, professeur le 1er juillet 1690, en remplacement de Paillet passé adjoint à recteur, et conseiller ancien professeur le 2 décembre 1691. Il n'eut qu'un élève, nommé **Desormeaux,** qui ne lui fit pas grand honneur. Ses ouvrages ont été gravés par Charles Simonneau, Tardieu, Sarrabat, Jean Mariette, Jean Audran. Il a exposé aux salons de 1699 et de 1704. — **Michel Corneille,** père du précédent, peintre, graveur, naquit à Orléans en 1603, mourut à Paris le 16 juillet 1664. Attiré à Paris par la réputation de Simon Vouet, alors premier peintre du roi, il se mit sous sa direction, devint un de ses meilleurs disciples et épousa une de ses nièces. Il fut un des douze artistes qui, en 1648, fondèrent l'Académie royale de peinture et de sculpture, et prirent le titre d'anciens. Après huit ans d'exercice, on le nomma recteur. Un de ses meilleurs tableaux est celui où il a représenté saint Paul et saint Barnabé à qui l'on veut offrir un sacrifice dans la ville de Lystre, composition gravée par François Poilly. Michel Corneille a gravé lui-même plusieurs dessins de Raphaël et a signé ses planches des lettres M. C. Il peignit, en 1658, saint Pierre venu de Joppé à Césarée pour baptiser un centenier, tableau votif offert le 1er mai par la corporation des orfèvres à l'église de Notre-Dame.

130. *Le repos en Égypte.*

H. 0,45. — L. 0,62. — C. — Fig. de 0,22.

A droite, dans un paysage, la Vierge, assise au pied d'un arbre, tient par la main l'Enfant-Jésus debout, qui s'appuie sur les genoux de sa mère et lui montre le ciel. Près de lui, le jeune saint Jean en adoration; à ses pieds, un mouton, et à gauche, saint Joseph appuyé sur l'âne. Dans le ciel, un rayon lumineux, des chérubins, des anges; deux d'entre eux apportent une corbeille de fruits. Plus loin, à droite, un berger joue de la musette en gardant ses moutons.

Ancienne collection.

CORNEILLE (Jean-Baptiste), *dit* LE JEUNE, *peintre, graveur, né à Paris en 1646, mort dans la même ville le 12 avril 1695.*

Il était frère de Michel Corneille et élève comme lui de son père **Michel Corneille**, l'un des douze anciens de l'Académie. En 1664, il obtint le deuxième prix à l'Académie, consistant en une médaille d'or de 100 livres; le sujet du concours était la Fable des Danaïdes. En 1668, il remporta, conjointement avec Verdier, le premier prix sur un dessin et un tableau représentant l'Achat de la ville de Dunkerque. Il fut reçu à l'Académie le 5 janvier 1675, et donna pour tableau de réception celui inscrit au numéro suivant. La corporation des orfèvres le chargea, en 1679, de l'exécution du tableau votif qu'elle offrait chaque année à l'église de Notre-Dame; il peignit saint Pierre délivré de prison par l'ange. Corneille s'établit pendant quelque temps à Rome, et à son retour fut nommé à l'Académie adjoint à professeur, le 30 décembre 1690, et professeur le 26 janvier 1692. Ses principaux ouvrages se voyaient autrefois dans les églises de Paris. Il eut pour élève **Claude Gillot** et Jean Mariette le graveur, père du célèbre amateur Pierre-Jean Mariette, dont il avait épousé une des sœurs.

131. *Hercule punissant Busiris.*

H. 1, 45. — L. 1, 80. — T. — Fig. de 0, 80.

Ce roi d'Egypte, violant l'hospitalité, sacrifiait à Jupiter les étrangers qui abordaient en ses états. Hercule étant venu en Egypte, le tua. Le demi-dieu, tenant sa massue de la main gauche, traîne Busiris devant l'autel de Jupiter, après avoir tué son fils Amphidomus. Sur le devant du tableau, une hache posée par terre.

Gravé par Jean Mariette.

Musée Napoléon. — Ce tableau fut peint par Jean-Baptiste Corneille pour sa réception à l'Académie royale de peinture, le 5 janvier 1675.

COURTOIS (Jacques), *dit* Le Bourguignon, *peintre, graveur, né à Saint-Hippolyte (Franche-Comté) en* 1621, *mort à Rome le* 14 *novembre* 1676.

Son père, qui s'appelait **Jean Courtois**, était peintre et lui enseigna les premiers éléments de l'art. A l'âge de 15 ans, Courtois passa en Italie, se lia à Milan avec le baron Vatteville, Bourguignon comme lui, mestre-de-camp du roi, suivit l'armée pendant trois années, et dessina les combats, les marches, les siéges auxquels il prit part. Il passa ensuite à Bologne, entra à l'atelier d'un peintre lorrain nommé **Jérôme**, et connut le Guide, qui, charmé de ses ouvrages, le prit avec lui et lui donna des conseils. Il se lia également avec l'Albane, et, au bout de quelque temps, il alla à Florence, à Sienne, puis à Rome. Les pères de Citeaux le reçurent dans leur couvent de Sainte-Croix-en-Jérusalem, et il y peignit, dans l'espace d'une année, plusieurs tableaux d'histoire qui lui valurent les éloges ainsi que l'amitié de Pietre de Cortone et de Pierre de Laar. Après avoir amassé quelque argent, Courtois s'établit dans une maison à lui. Jusque-là, peignant des tableaux d'histoire, et plus encore des paysages, il ne s'était arrêté à aucun genre particulièrement, lorsque la vue de la bataille de Constantin, au Vatican, lui révéla sa véritable vocation. Cercozzi, qui appréciait ses ouvrages, prôna son mérite et lui fit avoir des commandes du comte Carpigna. Il travailla pour le prince Mattias de Médicis, gouverneur de Sienne, qui l'appela dans cette ville et à Florence. Il revint faire une excursion dans sa patrie en passant par la Suisse, et rentra en Italie par Venise, où il s'arrêta une année en attendant que la peste qui affligeait Rome eût cessé. Après sept ans de mariage, il perdit sa femme, fille d'**Oratio Vajani**, peintre florentin, et fut soupçonné de l'avoir empoisonnée. Vers 1655, il se retira chez les Jésuites, prit l'habit de frère laïque, et peignit plusieurs tableaux de sujets sacrés pour leur couvent. C'est à cause de cette circonstance de sa vie que Courtois fut nommé par les auteurs italiens *il padre Jacopo Cortesi*. D'après l'ordre du grand-duc Côme III, il vint à sa maison de campagne di Castello, à deux milles de Florence, et peignit pour sa galerie son propre portrait. Enfin il retourna à Rome, fit des compositions pour la tribune du couvent des Jésuites; mais la mort l'empêcha de les exécuter. Courtois avait une imagination vive, une exécution prompte et pittoresque; souvent il attaquait son sujet sans en avoir fait préalablement l'esquisse ou un dessin; il traçait sa pensée sur la toile avec le manche aiguisé de son pinceau et peignait sans désemparer. Il a signé fréquemment son nom en italien : *Giacomo Cortese*. On ne lui connaît pour élève que Parrocel le père. Audran a gravé d'après lui, ainsi que Zocchi, J. Blondeau et Vorsterman. — **Guillaume Courtois**, peintre-graveur, frère du précédent, né à Saint-Hippolyte en 1628, mort à Rome en 1679, fut aussi élève de son père, qui lui fit faire, ainsi qu'à son frère, deux fois le tour de l'Italie. A Rome, il étudia sous Pietre de Cortone, travailla pour les églises de cette ville et aida souvent son frère. Il peignit pour l'ambassadeur de Venise, à qui Cortone, surchargé de travaux, le recommanda pour terminer des travaux qu'il ne pouvait achever à temps; puis il travailla dans une chapelle de Saint-Jean-de-Latran, dans la galerie de Monte-Cavallo, pour le prince Borghèse et pour les Jésuites. Il a été gravé par Vallet, Picart le Romain, Gérard et Audran. — Outre Guillaume, Jacques Courtois eut encore un frère, qui fut capucin et bon peintre; ses prénoms **sont** ignorés, et l'on n'a sur lui aucun renseignement biographique; on sait seulement qu'il peignit plusieurs tableaux pour les maisons de son ordre.

132. *Combat de cavalerie près d'un pont.*

H. 0, 34. — L. 0, 97. — T. — Fig. de 0, 12.

A droite, une troupe de cavaliers, guidons en tête, commandée par un général couvert d'un manteau rouge et monté sur un cheval blanc, s'avance sur le bord d'un fleuve ; plus loin, des cavaliers sont aux prises avec l'ennemi. On aperçoit à quelque distance un pont couvert de cavaliers combattant, et dans l'éloignement des monticules boisés.

Ancienne collection.

133. *Marche de troupes.*

H. 0, 34. — L. 0, 97. — T. — Fig. de 0, 12.

Un corps de cavalerie, précédé d'un trompette et d'un timbalier, se met en marche ; il est commandé par deux chefs, portant tous deux une écharpe rouge ; l'un indique le lieu du combat, l'autre se retourne pour donner un ordre. A gauche, un chariot chargé de bagages est placé à l'arrière-garde. On aperçoit dans l'éloignement les tours d'un château et un combat de cavalerie.

Ancienne collection.

134. *Combat de cavalerie.*

H. 0, 36. — L. 0, 80. — T. — Fig. de 0, 12.

Sur le devant, un homme portant une cuirasse renversé avec son cheval ; auprès de lui, un cavalier tombant en arrière frappé par un coup de feu qu'il reçoit à bout portant. Plus loin, dans la plaine, une grande bataille, et à droite, un château-fort sur une haute montagne.

Ancienne collection.

135. *Choc de cavalerie.*

H. 0, 60. — L. 0, 90. — T. — Fig. de 0, 16.

On remarque en avant des combattants, un cavalier renversé sous son cheval, et plus loin, à gauche, un cavalier qui sonne de la trompette. Au fond, une vaste plaine, où se livre aussi un combat, est bornée par des montagnes ; à droite une tour.

<small>Ancienne collection.</small>

136. *Des cuirassiers aux prises avec un gros de cavalerie turque.*

H. 0, 57. — L. 0, 87. — T. — Fig. de 0, 16.

Au premier plan, un soldat portant une cuirasse est renversé avec son cheval, et un cavalier vêtu d'une casaque rouge va le percer de sa pique. Plus loin, un cuirassier, vu de dos, tire un coup de pistolet sur un autre cavalier. Dans le fond, à droite, une vaste plaine où se livre un combat ; à l'horizon, de hautes montagnes.

<small>Ancienne collection.</small>

COUSIN (JEAN), *peintre, sculpteur, architecte, mathématicien, écrivain, né à Soucy, près de Sens, vers* 1500, *mort vers* 1589.

<small>On n'a malheureusement trouvé jusqu'ici que fort peu de documents authentiques concernant ce grand artiste. Sa biographie, tant que de nouvelles recherches ou le hasard n'auront pas mis sur la trace de renseignements encore inconnus, sera bien pauvre de faits, et nous aurons à déplorer la rareté des œuvres certaines d'un homme qui, pendant sa longue carrière, a dû produire tant de chefs-d'œuvre dans des genres différents. Nous ne discuterons pas les dates de 1460, de 1530, années de sa naissance, ni celles de 1550, 1601, époques de sa mort, selon différents écrivains. Les faits attestent leur inexactitude ; le millésime de 1523 inscrit sur un tableau à l'huile représentant une Descente de croix, conservé au musée de Mayence, et qui passe pour être de Jean Cousin ; celui de 1530, qu'on lit sur les grands vitraux de la cathédrale de Sens, certainement de sa main ; enfin, le *troisième mariage* qu'il contracta en 1537</small>

avec Marie Bowyer, ainsi que l'attestent des papiers de famille, nous portent à croire que la date approximative que nous donnons de sa naissance ne doit pas s'écarter beaucoup de la vérité. Jean Cousin, qui avait épousé en premières noces Marie Richer, fille de Christophe Richer, secrétaire de François Ier, depuis son ambassadeur en Danemark, ne naquit point au château de Monthard, comme plusieurs écrivains l'ont prétendu, et quelques détails puisés dans les archives de la famille Bowyer, par M. Deligant, avocat à Sens, tout en indiquant la source de cette erreur, permettront de la rectifier. Le château de Monthard appartenait en 1500 à Henri Bowyer, fils de Jean Bowyer, Anglais d'origine, établi en France sous le règne de Charles VII, mort en 1470. Henri mourut en 1527, laissant une fille nommée Marie, qui épousa en troisièmes noces Jean Cousin, et un fils nommé Etienne (premier du nom), qui hérita du domaine de Monthard. En 1545, ce domaine passa dans les mains de Simon, fils d'Etienne. Simon fut tué au siège de Sens, sous Henri IV, et le fief de Monthard échut à Etienne (deuxième du nom), frère de Simon, qui épousa, en 1552, Marie Cousin, fille unique de Jean Cousin, issue de son deuxième mariage avec Christine Rousseau, fille de Lubin Rousseau, lieutenant-général du bailliage de Sens, compromis dans l'émeute du jeu de Taquemain, en 1573. La double alliance de Jean Cousin avec la famille Bowyer, le séjour qu'il dut faire, à plusieurs reprises, dans le château de Monthard, dont sa fille était devenue châtelaine, les vitraux qu'il y peignit, la découverte qu'on y fit, du temps de Félibien, dans un charbonnier, d'une peinture de sa main représentant une femme nue couchée par terre sur une draperie, près d'une grotte et accoudée sur une tête de mort, tableau portant cette inscription : *Eva prima Pandora*, toutes ces circonstances rapprochées confusément, furent cause, sans aucun doute, de l'erreur où sont tombés les écrivains sur le lieu de la naissance de Jean Cousin. Pour terminer ce qui concerne la famille Bowyer, nous ajouterons, d'après des renseignements inédits fournis par M. Hesme, ancien notaire à Sens, qu'après la mort d'Etienne Bowyer, le domaine de Monthard fut divisé; les derniers débris en furent adjugés, le 21 août 1626, par un arrêt du parlement de Paris, à Christophe-Guillaume de Richebourg, que, par suite de ventes successives, représente aujourd'hui la famille Fauvelet Debonnaire. Une lettre d'un M. Bowyer, descendant de Jean Cousin, écrite de Tours le 31 mai 1825, nous apprend qu'à cette époque ce descendant possédait, de la main du grand artiste, un portrait de Jean Bowyer, son beau-frère ; un portrait d'Etienne Bowyer, son gendre ; un de Marie Bowyer, sa fille ; un autre de Jean Bowyer, leur fils et petit-fils, et enfin, un de Savinienne de Bornes, femme de Jean Bowyer, petite-fille de Jean Cousin. D'Argenville parle de plusieurs de ces portraits ; mais que sont devenues ces peintures ? Puissent ces renseignements mettre les amateurs jaloux de nos gloires nationales, sur les traces de précieuses découvertes. Il paraît que Jean Cousin se livra d'abord à la peinture sur verre, et qu'il eut pour maître dans ce genre Jacques Hympe et Tassin Grassot, peintres-verriers, qui exécutèrent les beaux vitraux du portail du midi de la cathédrale de Sens, de 1512 à 1515, ainsi que le prouvent les comptes du chapitre, déposés aux archives du département de l'Yonne. Jean Cousin surpassa ces maîtres habiles. Les vitraux de la cathédrale de Sens, datés de 1530, représentant la Légende de saint Eutrope, le Jugement dernier de la chapelle de Vincennes, les quatre compositions du chœur de l'église de Saint-Gervais, à Paris, datées de 1551, le Jugement dernier de l'église de Notre-Dame de Villeneuve-sur-Yonne, pour ne point parler des autres verrières que l'on voit dans l'église de Moret et dans la chapelle du château de Fleurigny, près de Sens, qui lui sont attribuées, prouvent sa grande expérience dans cet art difficile, et donnent une haute idée de son style. Il peignit aussi (de 1552 à 1560) dans le château d'Anet, appartenant à Diane de Poitiers, cinq vitraux en grisaille ; fit, pour l'église des Cordeliers, à Sens, un Christ en croix et le Serpent d'airain, gravé par Etienne Delaune; enfin, il travailla pour les églises de

Saint-Romain de la même ville, de Saint-Patrice à Rome; mais ces œuvres furent détruites en 1794 et dispersées. Comme peinture à l'huile, on ne connaît plus de lui que le Jugement dernier, possédé par le Louvre, le tableau portant l'inscription d'*Eva prima Pandora*, et une Descente de croix, avec la date de 1521, qui lui est *attribuée*, et qui fut donnée, lors de la création des musées provinciaux, en l'an XI, à la ville de Mayence. Jean Cousin, comme sculpteur, occupe un des premiers rangs dans l'histoire de l'art. La statue du mausolée de Philippe de Chabot, fait prisonnier avec François Ier à la bataille de Pavie, suffit pour prouver que dans cet art il marche l'égal des plus grands génies de la Renaissance. Le superbe monument de Louis de Brezé, mort en 1531, placé dans la chapelle de la cathédrale de Rouen, passe aussi pour être de sa main. En 1560 il publia un livre de perspective; en 1571, un livre de *pourtraicture*, dont une réimpression de Jean Leclerc, du 10 mars 1595, nous offre un renseignement utile. Dans le privilége, daté 13 juillet 1593, l'éditeur parle des œuvres de *feu M. Cousin*, et ces termes prouvent que la mort de l'artiste était assez récente. Félibien, qui la fixe vers 1589, ne doit pas s'éloigner beaucoup de la vérité. Le livre de *pourtraicture*, où il est traité des proportions du corps humain et de la manière d'en exprimer les raccourcis par des procédés géométriques, atteste le profond savoir de son auteur et eut un nombre considérable d'éditions.

137. *Le jugement dernier*.

H. 1, 46. — L. 1, 40. — T. — Fig. de 0, 20.

Au premier plan, à gauche, des morts sortant de la terre et des anges tenant des faucilles. Au milieu, des ressuscités se précipitant dans une caverne; on remarque parmi ces figures un homme nu avec une couronne royale sur la tête. A droite, des démons entraînant des pécheurs. Au deuxième plan, à gauche, un temple circulaire vers lequel se dirigent les élus accueillis par des anges; au milieu, des bandes de ressuscités courant en sens opposés. A droite, une tour au bord d'un fossé plein d'eau, un pont conduisant à un édifice ruiné, terminé par un gibet. Dans le fond, une ville détruite. Au ciel, le Christ dans sa gloire, les pieds posés sur le globe du monde et tenant une faucille; autour de lui, les évangélistes, des anges, des élus, etc.

Gravé par Pierre de Jode (dit le Vieux). — Landon, t. 1, pl. 21, 22, 23 et 24.

Musée Napoléon. — Ce tableau était d'abord placé dans l'église des Minimes du bois de Vincennes, et passa ensuite dans la sacristie parce qu'on avait tenté de le voler en coupant la toile tout autour de la bordure.

COYPEL (Noël), *peintre, graveur, né à Paris le 25 décembre 1628, mort dans la même ville le 24 décembre 1707.*

Il étudia d'abord à Orléans chez un peintre nommé **Poncet**, élève de Vouet, qu'il quitta à l'âge de 14 ans pour se rendre à Paris et entrer à l'atelier de **Quillerier** (ou **Guillerié**). Ses progrès furent rapides, et quoiqu'il n'eût que 18 ans, on l'employa en 1646 aux décorations qu'on préparait pour l'opéra d'Orphée. **Charles Errard**, chargé des travaux de peinture qui s'exécutaient au Louvre, se servit de l'aide de Coypel, et depuis lors il eut toujours sa part dans les commandes faites par le roi. C'est ainsi qu'en 1655 il peignit plusieurs tableaux pour les appartements du roi, au Louvre, du Cardinal de Mazarin, et lors du mariage de Louis XIV, les plafonds de l'appartement de la reine, ceux de la salle des machines (l'opéra) aux Tuileries, et d'autres compositions à Fontainebleau. Il s'était présenté dès le 6 septembre 1659 à l'Académie de peinture; mais, très occupé alors, il différa sa réception jusqu'au 3 mars 1663, et ne donna même son tableau du Meurtre de Caïn et d'Abel que longtemps après son entrée dans cette compagnie. En 1660, il fit décorer sur ses dessins l'appartement du roi aux Tuileries. En 1661, il peignit le tableau votif que la corporation des orfèvres offrait, au mois de mai, à l'église de Notre-Dame; cet ouvrage représentait saint Jacques conduit au supplice et faisant un miracle sur un paralytique. On le nomma adjoint à professeur en 1664, et professeur le 1er mars de la même année. Il travailla pour le Palais-Royal, pour la grande chambre d'audience du parlement de Bretagne, obtint en 1672 un logement au Louvre, et fut nommé, sous la surintendance de Colbert, directeur de l'Académie de Rome. Il emmena avec lui son fils Antoine et **Charles Herault**, frère de sa femme, peintre de paysages. Noël administra avec beaucoup de talent cet établissement, dont Errard, son prédécesseur, avait été le premier chef, obtint pour l'école un logement dans un palais, fit mouler les plus belles statues de Rome pour l'instruction des élèves, et dessinait avec eux tous les soirs, les encourageant par son exemple et ses conseils. Le 13 avril 1673, il fut admis à l'Académie de Saint-Luc. Pendant son directorat il peignit en outre cinq tableaux qui ornèrent la salle des gardes de la reine à Versailles. Après trois ans de séjour à Rome, où il s'était lié avec Carle Maratte, le cavalier Bernin, etc., il revint en France, ainsi que son fils, et reprit les travaux qu'il avait commencés pour le roi. MM. de Louvois et de Villacerf, ayant succédé, comme surintendants des bâtiments, à Colbert, le chargèrent de faire des cartons pour plusieurs tapisseries des Gobelins. Il fut élu adjoint à recteur le 2 juillet 1689, recteur le 1er juillet 1690, directeur de l'Académie le 13 août 1695, à la place de Pierre Mignard décédé, et de nouveau recteur en 1702. Enfin, à l'âge de 77 ans, il entreprit les peintures à fresque qui sont au-dessus du maître-autel de l'église des Invalides et représentent une Assomption de la Vierge. Ce pénible ouvrage lui causa une longue maladie, dont il mourut la veille de Noël, jour même de sa naissance. Il fut enterré à Saint-Germain-l'Auxerrois. Outre ses deux fils, Antoine et **Noël-Nicolas**, il eut pour élève **Charles Pocrion**, son parent. Ses compositions ont été gravées par Poilly, Boulanger, Regnesson, Château, Picart le Romain, Dupuis, Duchange et Cochin. Il a exposé aux salons de 1699 et de 1704. — **Noël-Nicolas Coypel**, peintre graveur, né à Paris en 1692, mourut le 14 décembre 1734. Il était fils du deuxième lit de Noël Coypel et frère consanguin d'Antoine, qui avait déjà 31 ans lorsqu'il vint au monde. Il apprit les éléments de la peinture de son père, remporta plusieurs fois le prix à l'Académie, mais des cabales l'empêchèrent d'obtenir d'être envoyé comme pensionnaire à Rome. Il fut reçu à l'Académie le 29 novembre 1720, pendant le rectorat de son frère, et donna pour tableau de réception l'Enlèvement d'Amymone par Neptune. En 1727, le roi ayant ordonné un concours entre les peintres de l'Académie, douze artistes y prirent part. Le triomphe d'Amphitrite de Noël-Nicolas Coypel parut au public le meilleur ouvrage, mais n'obtint pas le prix de 5,000 liv., partagé par Lemoine et de Troy; il n'eut que les 1,500 liv. promises à l'auteur du tableau gagnant, que lui fit donner le comte de Morville, secrétaire d'État. Coypel peignit la chapelle de la Vierge dans l'église de Saint-Sauveur, exécuta des tableaux pour les Minimes de la place Royale et l'église de la Sorbonne, fut nommé adjoint à professeur le 27 octobre 1731, et professeur le 31 décembre 1733. Il fut enterré dans l'église de Saint-Germain-l'Auxerrois. Outre des tableaux d'histoire, il a peint aussi des portraits à l'huile et au pastel, et, bien que de l'Académie, il n'envoya aucun tableau aux expositions. J.-B. le Bas, Tronchon et Beaumont ont gravé plusieurs de ses ouvrages.

138. *Solon soutenant la justice de ses lois contre les objections des Athéniens.*

H. 0,49. — L. 0, 88. — T. — Fig. de 0, 27.

Sous le vestibule d'un palais, Solon, tourné à droite, assis devant une table, explique le sens de ses lois à des groupes d'Athéniens qui l'entourent et l'interrogent.

Gravé par G. Duchange, en 1717 (Calc. imp.). — *Landon, t. 1, pl. 27.*

Collection de Louis XIV. — Ce tableau et les trois suivants, peints à Rome par Coypel vers 1675, pour le cabinet du conseil à Versailles, furent ensuite exposés aux salons de 1699 et de 1704, et exécutés en grand pour la décoration de la salle des gardes de la reine à Versailles, où ils sont encore.

139. *Ptolémée Philadelphe donne la liberté aux Juifs en reconnaissance de la traduction des livres saints par les septantes.*

H. 0, 49. — L. 0, 88. — T. — Fig. de 0, 28.

Au premier plan, de chaque côté, des hommes, des femmes et des enfants à genoux rendent grâce au souverain qui vient de leur rendre la liberté. Au second plan, le roi, assis sur un trône élevé, entouré de plusieurs personnes de sa suite. Derrière les colonnes, au fond, un temple, un obélisque et différents monuments.

Gravé par C. Dupuis (Calc. imp.). — *Landon, t. 1, pl. 28.*

Collection de Louis XIV. — (Voir la note du n° 138.)

COYPEL (NOEL).

140. *Trajan donnant des audiences publiques.*

H. 0, 49. — L. 0, 88. — T. — Fig. de 0, 25.

Sous un portique décoré de colonnes d'ordre ionique, Trajan, suivi de ses conseillers, reçoit un placet que lui remet une femme. A gauche, au premier plan, deux hommes agenouillés : l'un d'eux se prosterne devant l'empereur.

Gravé par C. Dupuis (Calc. imp.). — *Landon, t. 1, pl. 29.*

Collection de Louis XIV. — (Voir la note du n° 138.)

141. *Prévoyance d'Alexandre Sévère, faisant distribuer du blé au peuple de Rome dans un temps de disette.*

H. 0, 49. — L. 0, 88. — T. — Fig. de 0, 25.

Au premier plan, un serviteur verse une mesure de blé dans un sac que tient ouvert devant lui un homme du peuple, tandis qu'une femme, portant un vase sur la tête, paraît attendre son tour. A droite, un vieillard surveille cette distribution ; derrière lui, une femme tenant un enfant par la main, emporte un sac rempli sur son épaule. Vers la gauche, deux femmes et un enfant couchés sur des sacs ; plus loin, l'empereur assis sous le péristyle de son palais et donnant des ordres.

Gravé par C. Dupuis (Calc. imp.). — *Landon, t. 1, pl. 30.*

Collection de Louis XIV. — (Voir la note du n° 138.)

142.* *La réprobation de Caïn après la mort d'Abel.*

H. 0, 97. — L. 0, 97. — Forme ronde. — T. — Fig. de 0, 60.

Le Père-Éternel porté sur des nuages, accompagné de deux chérubins, reproche à Caïn le meurtre qu'il vient de commettre et lui montre Abel renversé, la face contre terre, au pied de l'autel. Caïn, agenouillé, les bras élevés, détourne les yeux de ce spectacle, et paraît déjà agité par les remords.

Filhol, t. 8, pl. 569.

Ancienne collection. — Ce tableau fut peint par Coypel pour sa réception à l'Académie royale de peinture, le 8 mars 1663, mais ne fut donné par l'auteur que beaucoup plus tard.

COYPEL (ANTOINE), *peintre, graveur, né à Paris le 11 avril 1661, mort dans la même ville le 7 janvier 1722.*

Il était fils et élève de Noël Coypel, qui, nommé directeur de l'Académie de Rome, l'emmena avec lui, quoiqu'il n'eût alors que 11 ans. Antoine avait dès son jeune âge montré d'heureuses dispositions; il s'attacha à étudier particulièrement les ouvrages de Raphaël, de Michel-Ange, d'Annibal Carrache, et remporta un prix à l'Académie de Saint-Luc. Ce succès lui valut l'amitié du chevalier Bernin et de Carle Maratte. Après trois ans de séjour à Rome il visita la Lombardie et revint en France. En 1676 il obtint un deuxième prix à l'Académie; le sujet du concours était le Bannissement du paradis terrestre. A 18 ans, il peignit deux tableaux pour l'ancienne paroisse de Versailles. En 1680, à 19 ans, il fut chargé par la corporation des orfèvres d'exécuter le tableau votif qu'elle offrait le 1er mai à l'église de Notre-Dame; ce tableau représente une Assomption de la Vierge. Les travaux qu'il exécuta ensuite pour des églises et au château de Choisy, lui acquirent une si grande réputation, que Monsieur, frère de Louis XIV, le nomma son premier peintre. Il fut reçu à l'Académie le 25 octobre 1681, n'étant âgé que de 20 ans; son tableau de réception a pour sujet Louis XIV se reposant dans le sein de la gloire après la paix de Nimègue. En 1709, il peignit la voûte de la chapelle de Versailles, des groupes d'anges, des imitations de bas-reliefs et plusieurs grands tableaux destinés à être reproduits en tapisserie. Le roi lui donna, en 1710, la place de directeur des tableaux et des dessins de la couronne, vacante par la mort de Houasse. L'Académie l'avait nommé adjoint à professeur le 9 décembre 1684, professeur le 20 décembre 1692, adjoint à recteur le 31 décembre 1707. Coypel était sur le point d'accepter les propositions avantageuses qu'on lui faisait en Angleterre, lorsque le duc de Chartres, qui estimait singulièrement son talent, obtint de lui qu'il ne quitterait pas la France. Il fut nommé directeur de l'Académie le 7 juillet 1714. Il reçut, en 1716, la charge de premier peintre du roi, et en avril 1717 le titre d'écuyer et des lettres de noblesse. Après la mort de Monsieur, le duc de Chartres, devenu duc d'Orléans et régent du royaume, le nomma son premier peintre et le chargea de décorer la nouvelle galerie du Palais-Royal, où il peignit quatorze sujets tirés de l'Enéide. Comme marque de satisfaction de ces travaux, le duc d'Orléans fit présent à Coypel, en 1719, d'un carrosse et d'une pension de 1,500 livres pour l'entretenir. Il voulut en outre être son élève. Coypel fit les dessins des médailles de Louis XIV dont l'Académie des inscriptions était chargée, et composa sur la peinture un ouvrage en forme de conférence, avec une épître en vers adressée à son fils. La mort l'empêcha de terminer une suite de compositions pour l'Iliade, et de sujets tirés de l'Écriture sainte destinés à être exécutés en tapisserie. Il fut enterré à Saint-Germain-l'Auxerrois. Antoine Coypel a produit un nombre considérable d'ouvrages pour les églises et les palais

COYPEL (Antoine). 89

royaux; ils ont été gravés en partie par Poilly, Tardieu, Desplaces, B. Picart, Duchange, Edelinck, Audran, Simonneau et Drevet. Il a exposé aux salons de 1699 et de 1704. On retrouve encore son nom aux salons de 1745 et de 1746, où figurent des morceaux peints par lui, à l'âge de 20 ans, sur plâtre, dans une voûte du château de Choisy, et reportés sur toile. — **Charles-Antoine Coypel**, peintre-graveur, fils et élève du précédent, né à Paris en 1694, mort dans la même ville le 14 juin 1752, fut élu académicien le 31 août 1715. Il donna pour sa réception un tableau représentant Médée s'élevant dans les airs après avoir égorgé ses deux fils, et poursuivie par Jason, tableau qu'il changea, le 1er octobre 1746, contre un Sacrifice d'Abraham et son propre portrait. On le nomma adjoint à professeur le 26 octobre 1720, professeur le 10 janvier 1730, adjoint à recteur et recteur le même jour 26 mars 1746, peintre du roi en 1747, directeur le 23 juin de la même année. Charles-Antoine s'est occupé de poésie, fit des tragédies, des comédies, et ce goût pour le théâtre l'entraîna, dans sa peinture, à donner à ses personnages des attitudes forcées et des expressions factices. Il peignit un grand tableau pour l'église de l'Oratoire, rue Saint-Honoré, qui n'eut pas tout le succès qu'il en attendait. La suite de ses tableaux du roman de Don Quichotte, destinés à être reproduits en tapisserie, fut remarquée; elle est actuellement au château de Compiègne. Il fit beaucoup de portraits à l'huile et au pastel, et fut premier peintre du duc d'Orléans, fils du régent, et garde des tableaux et des dessins du roi. Il a exposé aux salons de 1734, 1738, 1741, 1742, 1743 et de 1746. Drevet fils a gravé d'après lui un portrait d'Adrienne Lecouvreur.

143. *Athalie chassée du temple.*

H. 1, 57. — L. 2, 13. — T. — Fig. de 0, 65.

Joas vient d'être placé sur le trône de Juda et reconnu pour roi par l'armée et par le peuple; à gauche, Athalie, qui était accourue au bruit du couronnement, est entraînée par les soldats et chassée du temple.

Gravé par J. Audran (Calc. imp.).

Collection de Louis XIV. — Ce tableau fut exposé au salon de 1704. « En 1710, il lui fut ordonné de mettre en grand, pour une suite de tapisseries, les sujets d'Athalie, Jephté, Suzanne, Esther, Salomon, Tobie, Laban, qu'il avait peints en petit quelques années avant et offerts aux regards du public à l'exposition que fit l'Académie de peinture en 1705, dans la grande galerie du Louvre, à l'occasion de la naissance du premier duc de Bourgogne. » (*Vie des premiers peintres du roi*, t. II, p. 31.)

144.* *Athalie chassée du temple.*

H. 3, 45. — L. 7, 00. — T. — Fig. de gr. nat.

Collection de Louis XIV. — Ce tableau, qui est une répétition du tableau précédent, fut exécuté par Coypel pour être reproduit en tapisserie à la Manufacture des Gobelins. (Voir le numéro précédent.)

145. *Suzanne accusée par les vieillards.*

H. 3, 57. — L. 5, 82. — T. — Fig. gr. nat.

Au milieu de la composition, Suzanne, entourée d'hommes et de femmes, lève les yeux au ciel et semble protester de son innocence. Un des deux vieillards lui pose la main sur la tête. Au premier plan, à gauche, une femme en pleurs, assise par terre et tenant son enfant sur ses genoux.

Collection de Louis XIV. — Le même sujet, mais en plus petit, fut exposé aux salons de 1699 et de 1704. (Voir la note du n° 143.)

146. *Esther en présence d'Assuérus.*

H. 1, 05. — L. 1, 37. — T. — Fig. de 0, 42.

Assuérus, descendu de son trône, retient par un bras la reine qui s'évanouit et que soutiennent trois de ses suivantes. Sur le premier plan, à droite, un vieillard avec un papier à la main.

Collection de Louis XIV. — Ce tableau fut exposé en 1704. (Voir la note du n° 143.)

147. *Rébecca et Eliézer.*

H. 1, 25. — L. 1, 06. — T. — Fig. de 0, 54.

Rébecca, appuyée sur la margelle du puits, reçoit les pendants d'oreilles et les bracelets que lui présente Éliézer. Au premier plan, à gauche, une de ses compagnes se baisse pour prendre un vase. Plus loin, à droite, derrière Eliézer, un serviteur faisant boire ses chameaux à la fontaine.

Collection de Louis XIV. — Ce tableau était placé autrefois dans le cabinet du billard à Versailles.

DAVID (JACQUES-LOUIS), *né à Paris le* 31 *août* 1748, *mort à Bruxelles le* 29 *décembre* 1825.

David témoigna de bonne heure des dispositions pour la peinture, et finit par décider sa mère à le placer chez Boucher, qui était son parent un peu éloigné. Boucher, déjà âgé, ne voulut pas se charger de son éducation pittoresque, et l'engagea à prendre Vien pour maître. Deux ans après son admission à l'atelier de Vien, il concourut pour le prix de Rome, en 1771. Le sujet était le Combat de Minerve contre Mars et Vénus. L'Académie lui décerna le premier prix ; mais Vien, piqué de ce que son élève s'était mis sur les rangs sans l'avertir, fit réformer le jugement, et il n'eut que le deuxième prix. En 1772, il concourut pour la deuxième fois ; le sujet proposé était les Enfants de Niobé percés de flèches par Diane et Apollon. David, qui n'obtint même pas une mention honorable, fut si abattu de cette défaite, qu'on prétend que, sans l'intervention amicale de Sedaine et de Doyen, il se serait laissé mourir de faim. En 1773, à un troisième concours, ayant pour sujet la Mort de Sénèque, David ne fut pas plus heureux. L'année suivante, en 1774, il concourut de nouveau, exécuta les Amours d'Antiochus et de Stratonice, et obtint le prix objet de tant d'efforts. Ce fut avant son départ pour Rome qu'il termina le plafond de la maison de la célèbre danseuse Mlle Guimard, plafond commencé par Fragonard. En 1775, Vien, qui venait d'être nommé directeur de l'école de Rome, emmena avec lui son élève, âgé de 27 ans. L'étude de l'antique l'absorba tout entier, et jusqu'à son départ de l'Italie, en 1780, il dessina beaucoup plus qu'il ne peignit ; néanmoins, le petit nombre de tableaux qu'il produisit pendant cette époque lui firent une grande réputation. On remarqua surtout la Peste de saint Roch, exposée à Rome en 1779, et placée maintenant à *la Santé* du lazaret de Marseille. A son retour à Paris, il fut agréé à l'Académie royale sur son tableau de Bélisaire, et reçu académicien le 23 août 1783, sur le tableau de la Mort d'Hector. Quelque temps après sa réception, il partit pour l'Italie, où il exécuta pour le roi le tableau des Horaces, qu'il rapporta en France en 1786. En 1787, il visita la Flandre, et, revenu à Paris, il fit les Horaces, Brutus, et les Amours de Pâris et d'Hélène pour le comte d'Artois. Le 7 juillet 1792 on le nomma adjoint à professeur. La Révolution éclata ; entraîné par le mouvement révolutionnaire, David abandonna pour ainsi dire son art, et, s'unissant au parti de Robespierre, joua un rôle politique que nous n'avons pas à apprécier ici. Incarcéré le 15 thermidor au Luxembourg, il y resta quatre mois, et, le 9 prairial an III, arrêté et conduit de nouveau au Luxembourg, il y demeura trois autres mois. Rendu à la liberté le 4 brumaire an IV (26 octobre 1795), il renonça à la politique et reprit les pinceaux pour ne plus les quitter. Le Directoire, en créant l'Institut, nomma dans chaque classe deux membres chargés de choisir les quatre autres. David et van Spendonck, désignés pour la classe des beaux-arts, durent accomplir cette mission délicate. A cette époque il connut le général Bonaparte, qui devint son collègue à l'Institut, apprécia aussitôt son mérite, et voulut l'emmener avec lui en Égypte. Il refusa, occupé alors de son tableau des Sabines. Napoléon, ayant été proclamé empereur, nomma David son premier peintre, et lui commanda quatre grands tableaux : le Couronnement, la Distribution des Aigles, tous deux à Versailles, l'Entrée de Napoléon à l'Hôtel de Ville et son Intronisation dans l'église Notre-Dame. Ces deux derniers ne furent pas exécutés. A la Restauration, lorsque la loi du 16 janvier 1816 fut rendue, David dut quitter la France, et l'autorisation de se rendre à Rome ne lui ayant pas été accordée, il se fixa à Bruxelles. Il avait alors 68 ans et ne devait plus rentrer en France. Il reçut de l'Empire la croix d'officier ; puis, au retour de l'île d'Elbe, celle de commandeur de la Légion-d'Honneur. L'école de David fut nombreuse, féconde en élèves devenus depuis peintres célèbres, tels que : Girodet, Drouais, Gros, Gérard, **Isabey**, Ingres, Léopold Robert, Granet, etc. Il a exposé aux salons de 1781, 1783, 1785, 1787, 1789, 1791, 1795, 1808 et de 1810.

148. *Léonidas aux Thermopyles.*

H. 3, 92. — L. 5, 33. — T. — Fig. de gr. nat.

Au milieu de la composition, Léonidas, tenant ses armes, est assis sur un rocher près de l'autel d'Hercule, devant lequel brûlent des parfums; à côté de lui, à droite, Agis, frère de la femme de Léonidas, dépose la couronne de fleurs qu'il portait pendant le sacrifice, va mettre son casque, et deux jeunes Spartiates saisissent leurs armes suspendues aux branches d'un arbre; plus loin, un jeune homme embrasse son père. De l'autre côté, un soldat rattache son cothurne, et l'aveugle Euritus, conduit par un ilote, brandit une lance. Une troupe de Spartiates s'avance au son des trompettes, précédée de son chef et du devin Mégitias; devant eux, quatre jeunes gens se tiennent embrassés et élèvent des couronnes. Un guerrier, monté sur un rocher, grave, avec le pommeau de son épée, ces paroles :

Ὦ ξεῖν', ἀγγέλλειν Λακεδαιμονίοις ὅτι τῇδε κείμεθα,
τοῖς κείνων ῥήμασι πειθόμενοι.

« Étranger, va dire aux Lacédémoniens que nous sommes morts ici
en obéissant à leurs ordres. »

Des esclaves, qui retournent à Sparte avec un mulet chargé de bagages, gravissent un sentier escarpé ; une sentinelle, placée sur les marches d'un temple, signale l'approche de l'armée de Xercès. — Signé : L. **DAVID**, 1814.

Landon, E. F. M., t. 4, pl. 27 et 28.

Collection de Louis XVIII. — Ce tableau, le dernier que David exécuta en France, fut acquis en 1819 de M. de La Haye, avec celui des **Sabines**, pour la somme de 100,000 fr.

149. *Les Sabines.*

H. 3, 86. — L. 5, 20. — T. — Fig. de gr. nat.

A droite, Romulus va lancer son javelot sur Tatius, qui, à demi incliné, attend le coup pour le parer. Hersilie, femme de Romulus, se précipite les cheveux épars entre les deux combattants. Plus loin, une mère présente son enfant aux traits des soldats. Sur le devant, une Sabine à genoux dépose aux pieds des combattants ses trois enfants. On aperçoit plus loin les remparts du Capitole occupés par les Sabins. — Signé : DAVID F^{BAT} ANNO 1799.

Gravé par R.-U. Massard. — Landon, E. F. M., t. 1, pl. 25 et 26.

Collection de Louis XVIII. — La pensée de ce sujet, que David conçut pendant sa détention au Luxembourg, lui fut inspirée par un médaillon de Faustine l'ancienne. David fit de son tableau une exposition publique, qui commença au mois de nivôse de l'an VIII, au Palais national des Sciences et des Arts, salle de la ci-devant Académie d'architecture (maintenant salle des pastels) au Louvre, et dura jusqu'au mois de prairial an XIII (plus de cinq ans), c'est-à-dire jusqu'au moment où David fut obligé, ainsi que les autres artistes, de quitter, pour les besoins du Musée national, les logements qu'ils occupaient dans ce palais. Cette exhibition rapporta à David 65,627 fr. Ce tableau figura au salon de 1808, obtint la première mention lors du concours décennal en 1810, et fut acquis en 1819 de M. de La Haye, avec le tableau des Thermopyles, pour 100,000 fr.

150. *Le serment des Horaces.*

H. 3, 30. — L. 4, 27. — T. — Fig. de gr. nat.

A droite, les trois frères, les bras étendus devant leur père, reçoivent leurs armes de ses mains. Camille, leur sœur, promise à l'un des Curiaces, s'appuie avec douleur sur Sabine, femme de l'aîné des Horaces, et la mère des Horaces tient embrassés ses deux petits-enfants. — Ce tableau est signé : *L. David Faciebat, Romæ, anno* MDCCLXXXIV.

Gravé par Morel. — Landon, É. M. F., t. 1, pl. 21.

Collection de Louis XVI. — David avait conçu le projet de ce tableau à Paris; mais il ne l'exécuta qu'à son deuxième voyage à Rome, où il se rendit avec Drouais, qui venait d'obtenir le premier prix, et qu'il associa à ses travaux. Drouais dessina les draperies mannequinées par David, peignit le bras du troisième Horace, dans le fond, et le manteau jaune de Sabine. Le pied gauche d'Horace père arrêta longtemps l'artiste, qui le recommença plus de vingt fois. Le tableau fut exécuté en onze mois, et exposé au public dans l'atelier de David au mois d'août 1785. Une foule immense alla l'admirer. Le pape désira qu'on le lui portât au Vatican; mais l'ordre de l'envoyer immédiatement à Paris empêcha David de se rendre au désir du Saint-Père. Le vieux Pompeo Battoni, chef de l'Académie de peinture, ne pouvait se lasser de contempler cette composition, et proposa à David de se fixer à Rome pour lui succéder comme chef de l'Académie. Le tableau eut en France un succès colossal. M. d'Angiviller, directeur-général des bâtiments, à qui cette peinture déplut, fit d'abord quelques difficultés sur l'achat de cette toile, par le motif que sa dimension dépassait celle des autres tableaux avec lesquels elle devait être acquise; enfin, les Horaces furent admis et payés 6,000 fr. : c'était le prix ordinaire des tableaux commandés aux académiciens. Le tableau parut au salon de 1785.

151. *Les licteurs rapportent à Brutus les corps de ses fils.*

H. 3, 25. — L. 4, 23. — T. — Fig. de gr. nat.

Brutus, rentré dans ses foyers après le supplice de ses fils, est assis à gauche, au pied de la statue de Rome, qui le couvre de son ombre. Il tient à la main une lettre adressée par ses fils à Tarquin. A droite, sa femme et ses filles expriment leur douleur à la vue des licteurs qui rapportent les corps des fils de Brutus. — Signé : *L. David f^{bat} Parisiis, anno* 1789.

Landon, E. F. M., t. 1, pl. 24.

Collection de Louis XVI. — Ce tableau, commandé par le roi Louis XVI, fut envoyé au salon de 1789, mais ne parut que vers la fin de l'exposition. David avait d'abord peint les têtes séparées du corps et portées par des licteurs; des considérations politiques décidèrent ensuite l'artiste à les cacher.

152. *Bélisaire demandant l'aumône.*

H. 1, 01. — L. 1, 15. — T. Fig. de 0, 50.

Le général romain, aveugle, réduit à recevoir l'aumône, assis à droite à l'entrée d'un temple, est reconnu par un soldat qui avait servi sous ses ordres, au moment où une femme dépose une obole dans le casque que tend le jeune compagnon de Bélisaire. A droite, auprès de lui, sur une pierre contre laquelle est appuyé son bâton, on lit : DATE OBOLUM BELISARIO. — Signé : *L. David facicbat anno* MDCCLXXXIV, *Lutetiæ.*

<small>Gravé par Morel, sous la direction de David (*l'estampe est plus conforme à la répétition en petit qu'au grand tableau*). — *Filhol, t. 11, pl.* 20. — Landon, *E. M. F., t. 1. pl.* 20.</small>

<small>Collection de Louis XVI. — Ce tableau parut au salon de 1785 : c'est une réduction, avec quelques changements, faite par Fabre et Girodet, retouchée et signée par David, de la même composition exécutée avec des figures de grandeur naturelle (la toile avait 10 pieds carrés) en 1780, peu de temps après son retour de Rome ; il l'exposa en 1781, et elle fut son titre d'admission à l'Académie royale comme agréé. L'électeur de Trèves acheta cet ouvrage ; il fut pris pendant les premières guerres de la conquête et servit à couvrir un caisson de transport. Un amateur reconnut le tableau de David, l'acquit du fournisseur, le fit restaurer et le vendit à Lucien Bonaparte. David a peint aussi séparément les têtes d'étude de Bélisaire et de son guide.</small>

153. *Combat de Minerve contre Mars.*

<small>H. 1, 14. — L. 1, 40. — T. — Fig. de 0, 60.</small>

Au premier plan, le dieu Mars, couvert de son armure, renversé par terre et blessé par le javelot de Diomède que Minerve a dirigé. La déesse est debout devant lui, le casque en tête, le regard menaçant. Près d'elle, Vénus affligée, couchée sur des nuages. Plus loin, un char, et dans le fond les deux armées qui combattent.

<small>Musée Napoléon. — Ce tableau obtint, en 1771, le second prix de peinture au concours de l'Académie.</small>

154. *Les amours de Pâris et d'Hélène.*

<small>H. 1, 47. — L. 1, 80. — T. — Fig. de 0, 80.</small>

Au milieu d'une salle de son palais, Pâris assis, une lyre à la main, se retourne vers Hélène qui s'appuie sur lui. Derrière ces deux figures, un lit de repos, des tentures, et dans le fond la célèbre tribune de Jean Goujon, qu'on croit imitée de l'antique. — Signé en bas, à gauche : *L. David faciebat Parisiis anno* MDCCLXXXVIII.

<small>Filhol, t. 11, pl. 44. — Landon, E. F. M., t. 1, pl. 22.</small>

<small>Collection de Charles X. — Ce tableau, exposé au salon de 1789, fut commandé à l'artiste par le comte d'Artois, depuis Charles X. David s'est inspiré, dans cette composition, d'un bas-relief de la villa Borghèse représentant le même sujet.</small>

155. *Figure académique.*

<small>H. 1, 21. — L. 1, 71. — T. — Gr. nat.</small>

Au milieu des rochers, le corps d'un homme mort, étendu par terre sur le dos, le bras gauche ployé sous la tête.

<small>Collection de Louis-Philippe. — Cette étude, ainsi qu'une autre d'un homme vu de dos, fut exécutée en 1779 par David, pendant son pensionnat à Rome. Elles servirent longtemps de modèles à ses élèves, et figurèrent en 1824 dans le salon qui précédait la salle où l'on exposa le tableau de Mars désarmé par Vénus et les Grâces. Après la mort de David, elles parurent sous les n°s 13 et 14 dans le catalogue de vente qui se fit à Paris le 17 avril 1826. Elles ne trouvèrent pas d'acquéreurs, car on les revit sous les n°s 9 et 10 du catalogue d'une deuxième vente qui eut lieu le 11 mars 1835. La figure du n° 9 fut achetée, au prix de 201 fr., par M. Berthon, qui la céda en 1839 au roi Louis-Philippe pour la somme de 800 fr. La deuxième figure, celle de l'homme vu de dos, fut acquise pour 180 fr. par M. le marquis de Montcalm, qui la cite dans la description de ses tableaux (Montpellier, 1836). Elle était connue dans l'atelier de David sous le nom d'*Hector*, et celle du Louvre sous celui de *Patrocle*. Il est probable que ces deux peintures ont été exposées au salon de 1784, lorsque David n'était encore qu'agréé à l'Académie. On trouve au n° 315, trois figures académiques, dont l'une présente (*sic*) un saint Jérôme. Cette dernière appartient à son séjour de Rome comme pensionnaire.</small>

156.* *Portrait de David dans sa jeunesse.*

<small>H. 0, 81. — L. 0, 64. — T. — Fig. à mi-corps de gr. nat.</small>

Il s'est représenté assis dans un fauteuil, la tête vue de face, avec une cravate blanche et une redingote grise à large collet et revers rouges. Il tient sa palette de la main droite et un pinceau de la gauche, ainsi qu'il se voyait dans la glace où il se regardait.

<small>Ce portrait, ébauché seulement, fut donné en 1852 au Musée du Louvre par M. Eugène Isabey. David en avait fait présent à M. Isabey père.</small>

DAVID.

157. *Portrait de M. Pécoul, entrepreneur des bâtiments du roi Louis XV, beau-père de David.*

H. 0,95. — L. 0,73. — T. — Fig. à mi-corps de gr. nat.

Il est représenté de trois quarts, tourné à droite, la tête nue, les cheveux poudrés, vêtu d'un habit brun, assis dans un fauteuil, le bras gauche appuyé sur une table couverte d'un tapis, et tenant dans la main une tabatière.

Collection de Louis-Philippe. — Ce portrait, ainsi que le suivant, a été exécuté en 1783. Acquis, en 1844, de M. Dequevauvilliers pour la somme de 600 fr.

158. *Portrait de Mme Pécoul, femme du précédent.*

H. 0,92. — L. 0,72. — Fig. à mi-corps de gr. nat.

Elle est représentée de trois quarts, la tête tournée à gauche, les cheveux poudrés, coiffée d'un bonnet, assise, le bras droit appuyé sur une petite table à ouvrage. Elle porte une robe violette, un mantelet noir et une collerette avec un nœud de soie brune.

Collection de Louis-Philippe. — Acquis, en 1844, de M. Dequevauvilliers pour la somme de 600 fr. (Voir le numéro précédent.)

159. *Portrait du pape Pie VII, mort en 1823.*

H. 0,86. — L. 0,72. — T. — Fig. en buste de gr. nat.

Il est représenté de trois quarts, tourné à gauche, assis dans un fauteuil, tenant à la main une lettre sur laquelle on lit : *Pio VII, Bonarum artium patroni.* — Signé : LUD DAVID. PARISIIS 1805.

Musée Napoléon. — Ce portrait fut exécuté aux Tuileries, dans l'appartement que le pape occupait, et David en fit deux répétitions. En 1806, M. Daru, intendant-général de la maison de l'empereur, écrivait à M. Denon pour lui demander, de la part de S. M., en vertu de quel ordre trois portraits avaient été commandés à M. David. (Archives du Musée.)

98 DAVID.

160.* *Portrait de M*^{me} *Récamier.*

<small>H. 1, 70. — L. 2, 40. — Fig. en pied de gr. nat.</small>

Elle est représentée la tête vue de trois quarts, tournée à droite, coiffée en cheveux, vêtue d'une robe blanche, étendue sur un lit de repos de forme antique. Sur le devant, à gauche, un grand candélabre en bronze posé à terre. — Ébauche.

<small>Collection de Charles X. — Acquis pour la somme de 6,180 fr. à la vente qui se fit à Paris des tableaux, dessins, études, etc., de Louis David, le 17 avril 1826.</small>

DE BAR. — *Voir* BAR (DE).

DE LA BERGE. — *Voir* BERGE (DE LA).

DE LA FOSSE. — *Voir* FOSSE (DE LA).

DE LA HYRE. — *Voir* HIRE (DE LA).

DE MACHY. — *Voir* MACHY (DE).

DE MARNE. — *Voir* MARNE (DE).

DESCAMPS (JEAN-BAPTISTE), *peintre, écrivain, né à Dunkerque en 1711, mort à Rouen le 14 août 1791.*

<small>Les dates que nous donnons ci-dessus sont celles fournies par les registres de l'Académie. Mariette le dit né en 1717, d'autres biographes le font naître en 1714 et mourir le 30 juillet 1791. Il reçut, dit-on, les premières leçons de **Louis Coypel**, son oncle maternel, quoique jusqu'à présent nous n'ayons pu trouver l'indication d'aucun Coypel portant le prénom de Louis. Il vint ensuite à Paris, entra à l'atelier de Largillière, et travailla aux tableaux exécutés pour le sacre de Louis XV. Il se disposait à passer en Angleterre, afin d'aider van Loo dans les travaux</small>

DESPORTES (François).

que cet artiste avait entrepris pour la cour; mais quelques amis l'ayant attiré à Rouen, il renonça à ce voyage, s'établit dans cette ville, y ouvrit une école de dessin, et obtint, quelque temps après, de fonder une école gratuite dont il fut nommé directeur et professeur. Lorsque Louis XV vint au Havre, Descamps dessina les principales circonstances de l'arrivée du roi et des fêtes célébrées à cette occasion. Ces dessins ont été gravés par Le Bas. Il fut reçu à l'Académie royale de peinture de Paris, le 7 avril 1764, comme peintre de sujets populaires, et donna pour tableau de réception la peinture inscrite sous le numéro suivant. Il dirigea à Rouen plusieurs travaux de décoration appliqués à des monuments publics. Descamps est beaucoup plus connu comme écrivain que comme peintre; il a publié en 1755-1763, les *Vies des peintres flamands, allemands et hollandais* (4 v. in-8°), qui pendant longtemps furent l'unique guide pour la partie bibliographique des artistes et des amateurs. Cet ouvrage, qui n'est qu'une traduction des livres de van Mander et d'Houbraken, doit être cependant consulté avec précaution, car les notices sont souvent fort incomplètes, et contiennent des erreurs de faits et de dates. Son *Voyage pittoresque de la Flandre et du Brabant* (Paris, 1769, in-8°) manque entièrement de critique et d'exactitude. Il a exposé au salon de 1765.

161. *Une mère dans sa cuisine avec deux de ses enfants.*

H. 0,56. — L. 0,46. — T. — Fig. de 0,50.

Une femme, en costume de Cauchoise, est assise dans une cuisine auprès d'une grande cheminée. A sa droite, un petit garçon, qui pleure, porte sous son bras une cage vide. De l'autre côté, une petite fille tient un oiseau dans la main.

Musée Napoléon. — Tableau donné par l'artiste pour sa réception à l'Académie le 7 avril 1764.

DESPORTES (François), *né le 24 février 1661 au village de Champigneul (en Champagne), mort à Paris le 15 avril 1743.*

Il était fils d'un riche laboureur, qui l'envoya, à l'âge de 12 ans, chez un de ses oncles à Paris. Ayant témoigné des dispositions pour le dessin, on le plaça chez Nicasius, artiste flamand, qui avait eu de la réputation comme peintre d'animaux, mais qui, vieux, infirme, ivrogne, ne put guère donner de bons conseils à son unique élève, réduit à copier des gravures d'après Pierre Testa. Nicasius étant mort le 16 septembre 1678, Desportes résolut de ne plus prendre pour guide que la nature et les figures antiques qu'il allait assidûment copier à l'Académie. Afin de subvenir à ses modestes dépenses, il dut d'abord se mettre à la solde d'autres peintres, les aider dans

DESPORTES (François).

leurs travaux, faire des plafonds et des décorations de théâtre. N'étant point encore parvenu, malgré l'habileté dont il avait fait preuve dans la peinture de portraits, à être occupé convenablement, il passa, en 1695, en Pologne, où il avait des amis, après avoir obtenu du roi un congé de deux ans. Arrivé à Varsovie, il peignit le roi Sobieski, la reine et les seigneurs de la cour. Il continuait avec succès ses travaux quand Sobieski mourut. Louis XIV le fit alors rappeler, et il revint en France vers la fin de 1696. A cette époque il renonça presque entièrement à la peinture de portraits pour ne plus représenter que des chasses et des animaux. Il fut reçu à l'Académie royale de peinture le 1er août 1699, et donna pour tableau de réception son portrait en costume de chasseur, avec des chiens et du gibier (n° 162). Le roi lui accorda une pension, un logement au Louvre, et le 17 mars 1704 on le nomma conseiller de l'Académie à la place de Parrocel. Il travailla longtemps au château d'Anet pour le duc de Vendôme, à Clichy pour le grand-prieur, son frère, à l'hôtel de Bouillon, à la ménagerie de Versailles. En 1702, il commença à peindre les plus belles chiennes de la meute de Louis XIV, qu'il accompagnait habituellement dans ses parties de chasse, afin de mieux rendre les attitudes des animaux. Les tableaux de ce genre étaient placés à Marly. Le 17 mars 1704, Desportes fut élu conseiller. Dans la même année et en 1705, Monseigneur, fils du roi, lui fit faire pour Meudon un grand nombre de travaux; puis, le prince de Condé, le duc du Maine, les autres princes l'occupèrent successivement. Ce fut vers ce temps qu'il se mit à peindre des fleurs, des fruits, des vases d'or et d'argent, et qu'il représenta les quatre saisons caractérisées par les différentes productions de la nature; ces peintures étaient destinées à lord Stanhope, et Louis XIV voulut en avoir de semblables. En 1712, il obtint du roi un congé de six mois, passa en Angleterre, emportant un grand nombre de tableaux qui furent achetés avec empressement. Revenu à Paris, il reprit ses travaux et peignit fréquemment les animaux rares dont le roi faisait acquisition pour la ménagerie. Après la mort de Louis XIV, Desportes jouit également près du régent d'une grande faveur, fit des tableaux pour le Palais-Royal et le château de la Muette, composa des dessins coloriés pour des paravents et des meubles, exécutés à la Manufacture royale des tapis de Turquie, à Chaillot. Louis XV et tous les grands seigneurs de la cour occupèrent tour à tour son pinceau. Assidu au travail, doué d'une grande facilité, il a énormément produit, quoiqu'il terminât ses tableaux avec beaucoup de soin, toujours d'après nature, jusqu'aux plantes et aux fleurs de ses paysages, qu'il imitait le plus scrupuleusement possible. En 1735, il fut chargé de renouveler aux Gobelins les tentures des tapisseries des Indes peintes dans le pays par des artistes hollandais, compositions qu'il avait déjà retouchées auparavant. Il fit ensuite, dans le même goût, huit tableaux très remarqués aux expositions de 1738, 1739, 1740 et de 1741. En 1741, le roi lui accorda une nouvelle pension, et vers la fin de 1742 il exécuta pour le château de Choisy une grande chasse au cerf et des dessus de porte qui furent ses derniers ouvrages. Joullain a gravé son portrait et deux tableaux de chasse. Il a exposé aux salons de 1699, 1704, 1737, 1738, 1739, 1740, 1741 et de 1742. Desportes a peint les animaux, le paysage, avec une grande supériorité. Ses œuvres, qui se distinguent par un dessin aussi vrai que savant, une couleur vive et harmonieuse, une exécution ferme et moelleuse, peuvent soutenir, sans désavantage, la comparaison avec les meilleures peintures flamandes de ce genre. Il ne lui manque quelquefois qu'un peu de finesse, surtout dans la représentation des oiseaux. Il eut pour élève son fils Claude-François Desportes, et son neveu **Nicolas Desportes**, né en 1718, mort le 26 septembre 1787, qui, s'étant consacré au portrait exclusivement, devint le disciple de Rigaud. Il fut reçu à l'Académie le 30 juillet 1757, et donna pour sa réception un tableau de Chiens poursuivant un sanglier. Il a exposé aux salons de 1755, 1757, 1759, 1761, 1763, 1765, 1769 et de 1771.

DESPORTES (François).

162. *Portrait d'Alexandre-François Desportes, membre de l'Académie royale de peinture.*

H. 1, 97. — L. 1, 63. — T. — Fig. en pied de gr. nat.

Il s'est représenté la tête nue, vue de trois quarts, tournée à droite, avec un costume de chasse et des guêtres. Il est assis au pied d'un arbre et tient son fusil de la main droite; de la gauche, il caresse son chien qui le regarde. Par terre, à droite, un lièvre, trois perdrix, un canard, une gibecière; à gauche, un lévrier. Dans le fond, la campagne.

Gravé par François Joullain en 1733 *(Calc. imp.).*

Musée Napoléon. — Ce portrait fut peint par Desportes pour sa réception à l'Académie royale de peinture, le 1er août 1699, et exposé au salon de la même année.

163. *Portrait d'un chasseur.*

H. 1, 48. — L. 1, 14. — T. — Fig. presqu'en pied de gr. nat.

Il est représenté la tête nue, vue de face, vêtu d'un habit violâtre avec de grandes guêtres grises. Assis sur un tertre, il tient son fusil sur ses genoux. A gauche on voit la tête de son chien, et à droite, par terre, un lièvre et un canard.

Collection de Louis-Philippe. — Acquis en 1838 de M. le baron d'Epremesnil, dans un lot de dix-huit tableaux payé 3,000 fr. Ce portrait fut porté alors sans nom d'auteur sur l'inventaire. Desportes avait exposé au salon de 1704 : un *Chasseur qui se repose.*

164.* *La chasse au loup.*

H. 2, 65. — L. 3, 43. — T. — Gr. nat.

Sept chiens serrent de près un loup; l'un d'eux, accroché à son dos, le tient par l'oreille, et un autre lui mord la patte. Dans le fond, à droite, Louis XIV accompagné d'autres chasseurs sort d'un bois et poursuit l'animal avec d'autres chiens. A gauche, une rivière, des coteaux boisés et une haute montagne à l'horizon. — Signé : *Desportes* 1702.

Ancienne collection.

165. *La chasse au sanglier.*

H. 3, 35. — L. 3, 50. — T. — Gr. nat.

Le sanglier, vu de profil, s'élance vers la gauche; un chien lui mord les reins; huit chiens, dont un protégé par une couverture épaisse, le poursuivent; deux autres chiens, sur le devant, sont renversés et blessés.

Gravé par Joullain. — *On lit au bas de l'estampe :* Snyders inv. F. Desportes pinx.

Ancienne collection. — Au salon de 1704, Desportes exposa une Chasse au sanglier. Ce tableau, porté à Desportes sur l'inventaire de l'Empire, fut attribué ensuite à Oudry sur celui de la Restauration et dans la notice de 1841. La dédicace, inscrite par Joullain sur son estampe, est adressée à un sieur Glucq, conseiller au Parlement, qui avait placé la peinture dans son château de Virginie.

166. *La chasse au cerf.*

H. 2, 70. — L. 3, 55. — Gr. nat.

Le cerf, vu de profil, tourné à droite, sort du bois pour gagner la plaine. Un chien s'est élancé sur son dos et le mord; à ses pieds, un chien blessé à la poitrine; derrière lui, à sa poursuite, quatre chiens de poils différents débuchent du bois. — Signé, sur une pierre à gauche : *Desportes* 1719.

Ancienne collection.

167.* *La chasse aux renards.*

H. 2, 65. — L. 2, 00. — T. — Fig. de 0, 60.

Dans l'intérieur d'une forêt, au premier plan, cinq bassets poursuivent trois renards; sur le devant, l'un d'eux est pris dans un filet, un autre plonge dans son terrier, le troisième est en partie caché dans des broussailles. A droite, un homme fouille la terre avec une pioche. Dans le fond, du même côté, un renard pris dans un piége, poursuivi par un basset dont on ne voit que la tête.

Ancienne collection.

168. Diane *et* Blonde, *chiennes de la meute du roi Louis XIV, chassant le faisan.*

H. 1, 62. — L. 2, 00. — T. — Gr. nat.

Deux chiennes, l'une noire et blanche, l'autre blanche et musc, arrêtent deux faisans cachés à gauche par des plantes, tandis qu'un troisième faisan s'envole. Fond de paysage; sur une colline, une église. — Signé: *Desportes* 1702.

Collection de Louis XIV. — Ce tableau était placé autrefois à Marly, dans l'appartement du roi.

169. Bonne, Nonne *et* Ponne, *chiennes de la meute de Louis XIV.*

H. 1, 62. — L. 2, 00. — T. — Gr. nat.

Trois chiennes noires et blanches arrêtent trois perdrix rouges cachées à droite par des plantes. Fond de paysage traversé par une rivière; à l'horizon, des coteaux boisés.

Collection de Louis XIV. — Ce tableau était placé autrefois à Marly, dans l'appartement du roi.

170. Folle *et* Mite, *chiennes de Louis XIV.*

H. 1, 63. — L. 2, 60. — T. — Gr. nat.

A droite, deux chiennes blanches arrêtent deux faisans cachés à gauche par de grandes plantes. Au fond, une rivière, une petite chapelle au pied d'un coteau. A droite, cinq perdrix qui s'envolent.

Collection de Louis XIV. — Ce tableau était placé autrefois à Marly, dans l'appartement du roi.

171. Tane, *chienne de Louis XIV, arrêtant deux perdrix.*

H. 1, 62. — L. 1, 32. — T. — Gr. nat.

Une chienne blanche, vue de profil, arrête deux perdrix cachées à droite par des plantes. Dans le fond, une rivière; plus loin, des coteaux boisés.

Collection de Louis XIV. — Ce tableau était placé autrefois à Marly, dans l'appartement du roi.

172. Zette, *chienne de la meute de Louis XIV.*

H. 1, 69. — L. 1, 76. — T. — Gr. nat.

Elle est debout, le corps tourné à gauche, et la tête, vue de profil, dirigée vers la droite. Dans l'angle de ce côté, deux perdrix au milieu de bruyères. Dans le fond, à gauche, un massif d'arbres, une mare. Au milieu, une montagne élevée, isolée, dont la base est entourée d'arbres. — Signé : *Desportes* 1714.

Collection de Louis XIV.

173. *Une chienne et deux perdrix.*

H. 1, 15. — L. 1, 30. — T. — Gr. nat.

A gauche, une chienne blanche mouchetée de noir tourne la tête vers la droite. Derrière elle, un peu plus loin à droite, deux perdrix rouges près de touffes de bouillon blanc. Dans le fond, de l'eau, des arbres, et à l'horizon, une montagne. — Signé : *Desportes* 1720.

Collection de Louis XV.

DESPORTES (François).

174. Pompée *et* Florissant, *chiens de la meute de Louis XV*.

H. 1, 71. — L. 1, 41. — T. — Gr. nat.

Pompée, à gauche, est accroupi; Florissant est debout et vu de profil. A droite, un chêne sur lequel perchent un faisan et deux autres oiseaux. Dans le fond, une rivière et des collines. — Signé : *Desportes.* **1739**.

Collection de Louis XV.

175.* *Chiens, lapins, cochons d'Inde et fruits.*

H. 1, 76. — L. 1, 68. — T. — Gr. nat.

Dans un parc, au fond duquel s'élève un pavillon, trois petits chiens épagneuls s'élancent vers la droite sur des lapins et des cochons d'Inde; du même côté, des corbeilles de raisins, des pêches, des prunes et un melon posés par terre au pied d'un arbre.

Collection de Louis XIV.

176. *Volaille, gibier et légumes, serrés dans une cuisine*.

H. 0, 98. — L. 1, 31. — T. — Gr. nat.

Au milieu, un canard et un lièvre, suspendus à un anneau, reposent sur un panier, ainsi qu'une bécasse et une perdrix. A droite, une manne, des grenades, des pommes, des poires. Par derrière, une poule plumée sur une table de cuisine. Au premier plan, par terre, un chou, des cardons, des oignons, des betteraves. — Signé en haut à droite, sur la table de cuisine : *Desportes* **1707**.

Collection de Louis XIV.

177. *Gibier gardé par des chiens.*

H. 1, 20. — L. 1, 60. — Gr. nat.

A un arbre, un lièvre suspendu par une patte. Par terre, un fusil, une poire à poudre, quatre perdrix. A gauche, un chien blanc debout; à droite, un chien brun accroupi, léchant la blessure du lièvre. — Signé : *Desportes* 1709.

Collection de Louis XIV.

178. *Gibier gardé par des chiens.*

H. 1, 20. — L. 1, 65. — T. — Gr. nat.

Un lièvre, un canard, des perdrix, des bécasses, etc., sont déposés au pied d'un arbre et gardés par deux chiens. A gauche, un lévrier debout; à droite, un épagneul couché. — Signé : *Desportes*, 1709.

Collection de Louis XIV.

179. *Gibier gardé par un chien barbet.*

H. 1, 18. — L. 1, 45. — T. — Gr. nat.

A gauche, deux canards sur un tertre; par terre, une bécasse; au milieu, une outarde, un héron et quatre petits oiseaux de différentes espèces sont gardés par un chien barbet de poil grisâtre. Fond de paysage.

Ancienne collection.

180. *Gibier, fleurs et fruits.*

H. 1, 65. — L. 1, 35. — T. — Gr. nat.

Un lièvre mort est accroché à un fusil posé sur un tronc d'arbre entouré d'un cep de vigne. A droite, un

DESPORTES (François).

chien noir et blanc lèche le sang qui sort de sa bouche ; à gauche, un autre chien blanc et brun, prêt à s'élancer sur lui. Du même côté, par terre, plusieurs pièces de gibier, un faisan, un canard, deux perdrix rouges, une bécasse, des artichauts, des cardons, des choux frisés. A droite, dans un panier d'osier, des pêches, des brugnons et des prunes. — Signé : *Desportes*, 1712.

Collection de Louis XIV. — Cette peinture était placée à Versailles dans le cabinet des tableaux.

181. *Gibier, fleurs et fruits.*

H. 1, 65. — L. 1, 35. — T. — Gr. nat.

Un lièvre mort est accroché à un fusil, près d'une fontaine sur laquelle sont posées des pêches, des prunes, et plus haut une corbeille de fleurs. A droite, sur un banc de pierre, un rosier, une jatte de porcelaine de Chine remplie d'abricots, et deux perdrix. Par terre, trois autres perdrix, deux cailles, un melon et une gibecière. A gauche, un chien blanc et noir couché au pied de la fontaine. — Signé : *Desportes*, 1712.

Collection de Louis XIV. — Cette peinture était placée à Versailles dans le cabinet des tableaux.

182. *Fleurs, fruits et raisins, sur un banc de pierre dans un paysage.*

H. 1, 27. — L. 1, 00. — T. — Gr. nat.

Des raisins blancs et noirs, des pêches, des poires, des tranches de melon, des prunes, sont posés sur un banc de pierre au pied d'un arbre. Par terre, des figues, des pommes et des fleurs.

Ancienne collection.

183. *Oie, coq, poules et paon, dans un paysage.*

H. 1, 06. — L. 1, 44. — T. — Gr. nat.

A gauche, un coq picorant ; au milieu, une oie couchée ; par derrière, deux poules, un paon sur une branche d'arbre ; plus loin, une poule dont on ne voit que la tête et le cou. Fond de paysage.

Ancienne collection.

DESPORTES (CLAUDE-FRANÇOIS), *né à Paris en 1695, mort dans la même ville le 31 mai 1774.*

Fils et élève de François Desportes ; il peignit, comme son père, des animaux, mais ne l'égala pas en talent. Il fut reçu à l'Académie le 25 septembre 1723, donna pour sa réception le tableau inscrit sous le numéro suivant, et devint conseiller. Il a exposé aux salons de 1737 et de 1739.

184. *Gibier, animaux et fruits.*

H. 1, 30. — L. 1, 00. — T. — Gr. nat.

Un lièvre mort, pendu par les pattes, a la partie supérieure du corps posée sur une console de marbre ornée d'un bas-relief. A droite, près du lièvre, un chat cherchant à le saisir, et un panier de grosses prunes violettes, sur lequel est perché un perroquet. A gauche, deux perdrix, des pêches dans une jatte d'argent et d'autres fruits sur la console.

Ancienne collection. — Cette peinture, portée à Desportes sur l'inventaire, est désignée, à juste raison, dans un état des tableaux de réception de divers académiciens remis au Musée en 1816, comme étant de *Desportes fils*.

DE TROY. — *Voir* TROY (DE).

DOYEN (Gabriel-François), *né à Paris en 1726, mort à Saint-Pétersbourg le 5 juin 1806.*

Doyen entra à l'école de Carle van Loo avant d'avoir atteint sa douzième année, et obtint le prix de Rome à 20 ans. En 1748, il se rendit dans cette ville, où les ouvrages d'Annibal Carrache fixèrent surtout son attention. Il fit un grand nombre de dessins et de peintures d'après les compositions de la galerie Farnèse, copia les plus belles coupoles de Lanfranc, du **Bachiche** et de Piètre de Cortone qu'il affectionnait beaucoup. A Naples, il étudia Solimène, et visita ensuite Venise, Bologne, Parme, Plaisance et Turin. De retour en France, à l'âge de 29 ans, Doyen voulut fonder sa réputation par un tableau exécuté avec tout le talent dont il était capable. Il choisit pour sujet la Mort de Virginie, qui eut beaucoup de succès et le fit agréer à l'Académie en 1758. On le reçut, le 23 août 1759, sur un tableau représentant Jupiter servi par Hébé; puis il obtint le grade d'adjoint à professeur le 29 août, et celui de professeur le 27 juillet 1776. Il peignit pour l'église Saint-Roch la Peste des Ardents, tableau qui jouit d'une grande réputation, et après la mort de son maître van Loo, il fut choisi pour décorer la chapelle de Saint-Grégoire aux Invalides. En 1777, les comtes de Provence et d'Artois le nommèrent leur premier peintre. Doyen fit un voyage en Russie, fut accueilli avec distinction par Catherine II, qui lui donna une pension de 1,200 roubles, un logement dans son palais impérial, et le nomma professeur de l'Académie de peinture. Après la mort de l'impératrice, son successeur Paul Ier augmenta encore ses pensions, et le chargea de peindre plusieurs plafonds dans son palais et à l'Ermitage. Doyen passa plus de seize ans en Russie, et travailla presque jusqu'à l'âge de 80 ans. Il a exposé aux salons de 1759, 1761, 1763, 1767, 1773, 1777, 1779, 1781 et de 1787.

185. *Triomphe d'Amphitrite.*

H. 2, 90. — L. 2, 41. — T. — Fig. pet. nat.

La déesse, tournée vers la gauche, est assise sur un char; derrière elle, Neptune debout tient son trident, auquel un petit amour attache une guirlande de fleurs. A gauche, une néréide s'appuie sur le char, tandis qu'une autre reçoit des fleurs que Flore lui jette du haut d'un nuage. Au premier plan, des tritons et des néréides se jouent dans l'eau et prennent des poissons dans un grand filet.

Ancienne collection.

DROLLING (MARTIN), *né à Oberbergheim, près Colmar, en 1752, mort à Paris en* 1817.

On sait que cet artiste n'eut pas de maître, mais on ne possède sur lui aucun détail biographique. Il s'est formé par l'étude des ouvrages hollandais, et a exposé aux salons de 1793, 1795, 1798, 1800, 1801, 1802, 1804, 1808, 1810, 1812, 1814 et de 1817.

186. *Intérieur d'une cuisine.*

H. 0, 66. — L. 0, 81. — T. — Fig. de 0, 30.

Dans une cuisine, éclairée au fond par une fenêtre ouverte qui donne sur un jardin et à côté de laquelle travaille une jeune fille, une femme assise, son ouvrage à la main et vue de dos, se retourne vers le spectateur. A ses pieds, un enfant jouant avec un chat ; une poupée et un panier sont à terre auprès d'elle. — Signé, à gauche, sur la porte : *Drolling p^t*. 1815.

Filhol, t. 2, pl. 63.

Collection de Louis XVIII. — Ce tableau, exposé au salon de 1817, fut acquis, la même année, de M. Drolling fils pour la somme de 4,000 fr.

DROUAIS (FRANÇOIS-HUBERT), *né à Paris le 14 décembre 1727, mort dans la même ville le 21 octobre 1775.*

Les premiers éléments de la peinture lui furent donnés par son père Hubert Drouais. Il étudia ensuite successivement sous **Nonotte**, Carle van Loo, Natoire et Boucher. Il se présenta à l'Académie, fut agréé à l'âge de 27 ans, et reçu le 25 novembre 1758, sur les portraits de MM. Coustou et Bouchardon (le premier est à Versailles, le deuxième à l'École des beaux-arts). Le succès qu'obtinrent ses portraits le fit appeler à Versailles. Il débuta à la cour, en 1757, par ceux du duc de Berry et du comte de Provence, peignit ensuite toute la famille royale, et dès lors il n'y eut pas de personnages célèbres, de femmes remarquables par leur beauté, dont il ne représenta les traits. Il fut peintre du roi, peintre de Monsieur et de Madame, et élevé par ses confrères au grade de conseiller de l'Académie, le 2 juillet 1774. Il a exposé aux salons de 1755, 1757, 1759, 1761, 1763, 1765, 1767, 1769, 1771, 1773 et de 1775.—**Hubert Drouais**, père du précédent, né à la Roque, petite ville de Normandie, près de Pont-Audemer, en 1699, mort à Paris le 9 février 1767, était fils d'un peintre, étudia d'abord à Rouen, sous un artiste médiocre, puis vint à Paris à l'atelier de de Troy, qui lui fit faire beaucoup de copies à son profit. A la mort de de Troy, Jean-

DROUAIS (JEAN-GERMAIN).

Baptiste van Loo, **Alexis-Simon Belle**, Oudry et Nattier l'employèrent. Il fut reçu à l'Académie royale, le 29 novembre 1730, sur les portraits de **Christophe**, peintre, et de le Lorrain, sculpteur (le premier est à l'Ecole des beaux-arts et le deuxième à Versailles). Non content des succès qu'il obtenait par ses nombreux portraits à l'huile, il en rechercha d'autres encore en exécutant des miniatures qui lui valurent une célébrité que ce genre procure rarement. Il a fait aussi des pastels. Il exposa aux salons de 1737, 1738, 1739, 1740, 1741, 1745, 1746, 1747, 1753 et de 1755.

187.* *Portraits de Charles-Philippe de France, comte d'Artois (depuis Charles X, né en 1757, mort en 1836), et de Marie-Adélaïde-Clotilde-Xavière de France (Madame Clotilde, depuis reine de Sardaigne, née en 1759, morte en 1802); le prince à l'âge de 6 ans, la princesse à 4 ans.*

H. 1, 28. — L. 0, 96. — T. — Fig. de gr. nat.

A droite, la jeune princesse, vue de face, vêtue de blanc, tenant de la main gauche une corbeille où sont deux pêches et du raisin, est montée sur une chèvre blanche, tournée de profil, à gauche, et portant au cou un ruban rose. Derrière la chèvre, le prince, représenté aussi presque de face, la tête nue, les cheveux poudrés et frisés, vêtu d'un costume gris, portant le cordon du Saint-Esprit, tient une poignée d'herbes de la main droite et pose la gauche sur l'épaule de la petite princesse. Au deuxième plan, à gauche, deux moutons couchés ; à droite, un chêne. Dans le fond, des arbres. — Signé : *Drouais le fils* 1763.

Gravé par Beauvarlet.

Collection de Louis XV. — Ce tableau fut exposé au salon de 1763.

DROUAIS (JEAN-GERMAIN), *né à Paris le 25 novembre 1763, mort à Rome le 13 février 1788.*

Plusieurs biographes le disent fils d'un Henri Drouais, peintre de portraits, sur lequel ils ne peuvent donner aucun renseignement et qui aurait eu pour père, ou Hubert Drouais, ou François-Hubert Drouais, car ils ne sont pas non plus d'accord sur ce point. M. Chaussard, qui a publié une notice sur Jean-Germain Drouais, et qui tenait tous les faits qu'elle renferme de David, dont l'attachement pour son élève fut vraiment paternel, le dit fils de François-Hubert Drouais. Le jeune Germain, dès son enfance, mania le crayon, et à 10 ans ses essais parurent déjà très remarquables. Son père, après lui avoir enseigné les premiers éléments, le plaça chez Brenet, d'où il passa à l'école de David. Il concourut au prix de l'Académie en 1783; mais, peu satisfait de son ouvrage, il le déchira et en montra des fragments à son maître, qui, jugeant d'après le morceau du mérite de la composition, le blâma d'avoir volontairement renoncé à une victoire qu'il eût certainement remportée. Cette année il n'y eut pas de premier prix; mais au concours suivant, en 1784, il étonna toute l'Académie par son tableau de la Cananéenne aux pieds de Jésus-Christ, et obtint à l'unanimité le grand prix de peinture. Jamais un ouvrage de cette force n'avait jusque là paru au concours; aussi excita-t-il un véritable enthousiasme. Le jeune Drouais partit, en 1785, pour Rome, et David, qui, suivant son expression, ne pouvait plus se passer de son élève, l'accompagna et resta un an avec lui. Arrivé en Italie, Drouais étudia l'antique et Raphaël, envoya comme étude un Gladiateur blessé, et peignit un Marius à Minturnes, qui eut le plus grand succès à Rome et à Paris; enfin, un Philoctète exhalant ses imprécations contre les dieux fut son dernier ouvrage. Une fièvre inflammatoire saisit le jeune artiste au moment où il retraçait sur la toile Gracchus sortant de sa maison pour apaiser la sédition dans laquelle il périt. Drouais succomba à 25 ans, pleuré comme un frère par ses camarades, qui le firent enterrer dans l'église de Sainte-Marie *in via lata*, et lui érigèrent un monument en marbre dont la sculpture fut confiée, à la suite d'un concours, à son ami Claude Michallon, pensionnaire de Rome.

188.* *Le Christ et la Cananéenne.*

H. 1, 14. — L. 1, 46. — T. — Fig. de 0, 57.

A gauche, la Cananéenne agenouillée, les mains jointes, implore le Christ qui, le bras droit étendu vers elle, paraît repousser sa prière. A droite, trois apôtres intercédant pour la pécheresse. Plus loin, à gauche, près d'un temple, un groupe de trois figures. Au fond, à droite, deux femmes, dont l'une tient par la main un enfant; deux palmiers, les murs d'une ville et quelques monuments.

Gravé par Duval et J.-B.-R.-U. Massard dans le Musée français. — Filhol, t. 8, pl. 544. — Landon, E. F. M., t. 4, pl. 34.

Musée Napoléon. — Ce tableau obtint en 1784 le grand prix de peinture.

189. *Marius à Minturnes.*

H. 2, 72. — L. 3, 65. — T. — Fig. de gr. nat.

A droite, Marius dans sa prison, assis, le bras appuyé sur une table, se retourne vers le soldat cimbre envoyé pour l'assassiner. Celui-ci, l'épée nue à la main, se cache la figure avec son manteau et recule à l'aspect imposant du guerrier vaincu.

Filhol, t. 11, pl. 37. — Landon, E. F. M., t. 1, pl. 35.

Collection de Louis XVIII. — Acquis en 1816, moyennant 1,000 fr. de pension viagère, sur les fonds de la Liste civile, faite à Mlle Doré, proche parente de Drouais. Déjà, en 1795, la mère de Drouais avait offert ce tableau au Muséum ; elle demandait que cet ouvrage fût apprécié et que du prix il lui en fût fait une rente viagère. (Archives du Musée.)

DUBOIS (AMBROISE), *né à Anvers en 1543, mort à Fontainebleau le 29 janvier 1614 selon les registres de la paroisse d'Avon, le 27 décembre 1615 suivant l'inscription de sa pierre tumulaire.*

On ne connaît pas le nom de son maître, mais on sait qu'il était déjà fort habile lorsqu'en 1568 il vint à Paris, âgé de 25 ans. Ses ouvrages lui ayant acquis bientôt une grande réputation, il fut employé à Fontainebleau ainsi qu'au Louvre, et obtint d'Henri IV les places de peintre ordinaire et de valet de chambre du roi. Naturalisé en 1601, nommé peintre de la reine Marie de Médicis en 1606, il travailla ensuite sous la régence de cette princesse. Ambroise Dubois fut enterré dans l'église d'Avon, village situé au bout du parc du château de Fontainebleau, et on y voit encore sa pierre tumulaire. Il forma une école de peintres habitant Fontainebleau. Parmi ses élèves les plus estimés, furent, outre ses deux fils, **Jean** et **Louis Dubois**; **Paul Dubois**, son neveu; **Ninet**, Flamand, et **Mogras**, de Fontainebleau. Des nombreux ouvrages qu'Ambroise exécuta à Fontainebleau, il ne reste plus que quelques peintures dans la chapelle haute de Saint-Saturnin, la suite des tableaux de l'histoire de Théagène et de Chariclée, et quelques-unes des peintures de l'histoire de Tancrède et de Clorinde, qui avaient été faits pour les appartements de la reine Marie de Médicis. La galerie de Diane, entièrement décorée par cet artiste, fut détruite sous l'Empire ; mais quelques fragments de ses peintures, mises sur toile et repeintes sous Louis-Philippe, ont été replacés au château en 1840. Au milieu du XVIIIe siècle, le petit-fils de Freminet s'allia au petit-fils d'Ambroise, et cette alliance devint l'origine d'une famille qui prit le nom de Dubois de Fréminet. — **Jean Dubois** (premier du nom), peintre du roi, obtint en survivance de sa mère, veuve d'Ambroise, l'entretien des peintures faites par son père au château de Fontainebleau, charge qui lui rapportait 1,200 livres. Le 26 décembre 1635, Louis XIII, acceptant la démission de son peintre **Claude de Hoëy**, qui avait l'entretien des peintures et des *vieux tableaux* des chambres, salles, galeries et cabinets de Fontainebleau, donna cette nouvelle charge en survivance et aux appointements de 1,200 livres à Jean Dubois, son *neveu*, sans préjudice des premières fonctions qu'il conserva. Un brevet du 26 octobre 1644 restreignit les fonctions de Jean à l'entretien des seules peintures d'Ambroise, son père, et réduisit ses appointements à 1,000 livres. Le 14 juillet 1651, un nouveau brevet le remit en possession des charges et des appointements qui lui avaient été concédés antérieurement au 26 octobre 1644, en y joignant l'entretien, moyennant 200 livres de gages, de la chapelle de la Trinité, peinte par Fréminet, confié depuis le 26 octobre 1644 à son frère Louis. Enfin, il eut aussi la conciergerie des écuries de la reine au même château. Il mourut à Fontainebleau en 1679, à l'âge de 77 ans. — **Louis Dubois**, autre fils d'Ambroise, fut chargé, par le brevet du 26 octobre 1644, de l'entretien des ouvrages de Fréminet dans la chapelle de la Trinité à Fontainebleau. Il avait pour ces fonctions 200 livres; mais ayant été gratifié, le 14 juillet 1651, de la pension de 2,000 livres dont jouissait **Fréminet fils**, son *frère de mère*, qui venait de mourir, il se démit de sa charge en faveur de son frère Jean. — **Jean Dubois** (deuxième du nom), fils de Jean (premier), fut aussi concierge des écuries de la reine sous Louis XV, et se trouve compris, dans l'état des officiers du château de Fontainebleau (brevet du 21 février 1674), pour la survivance de la charge possédée par son père de l'entretien de toutes les peintures du château et des dépendances. Il paraît que les appointements avaient été diminués dans les derniers temps, ainsi qu'on peut le voir par le passage suivant des Comptes des bâtiments royaux, année 1673 : « A *Jean Dubois* peintre ayant le soin et nettoyement des peintures tant à fresque qu'à huile anciennes et modernes des salles, galeries, chambres et cabinets du château de Fontainebleau, la somme de 600 liv. pour ses appointemens de l'année 1673, à la charge de rétablir ceux qui sont gâtés et nettoyer les bordures des tableaux et de fournir de bois, charbon et fagots pour brûler es dites salles galeries chambres et cabinets où sont lesdits tableaux pour la conservation d'iceux. » Il mourut à Fontainebleau en 1694, à l'âge de 49 ans. — **Louis Dubois**, frère de ce dernier, fut aussi peintre ordinaire du roi en son château de Fontainebleau, et concierge de la maison des Fontaines. Il mourut au dit château, le 12 avril 1702, à l'âge de 56 ans.

190. *Chariclée subit l'épreuve du feu ; elle est reconnue par le roi Hydaspe et la reine Persina dont elle est la fille.*

H. 1, 90. — L. 1, 40. — T. — Fig. pet. nat.

A gauche, Chariclée montée sur l'autel ; par derrière, son père assis sur son trône ; à droite, sa mère s'élançant vers la jeune fille. Au premier plan, deux sacrificateurs vus à mi-corps ; l'un d'eux, à gauche, tient un bœuf par les cornes. Dans le fond, un temple et de nombreux spectateurs.

Collection de Henri IV. — Cette peinture, qui provient du château de Fontainebleau, fait partie d'une suite de quinze tableaux représentant les principaux faits de l'histoire de Théagène et Chariclée, peints sous Henri IV par Ambroise Dubois, pour la décoration de la chambre à coucher de Marie de M'dicis. De ces quinze tableaux, quatre avaient été supprimés sous Louis XV, lorsqu'on fit de nouvelles portes dans cette pièce. Sous Louis-Philippe on en replaça trois dans un des salons à la suite, et celui-ci resta dans les magasins du Louvre.

DU FRESNOY. — *Voir* FRESNOY (DU).

DULIN (PIERRE) *ou* **D'ULIN**, *né à Paris en* 1669, *mort dans la même ville le 28 janvier 1748.*

Il fut élève de Bon Boulogne, remporta le premier prix à l'Académie en 1696. Le sujet du concours était Pharaon donnant son anneau à Joseph après l'explication des songes. En 1697, son tableau représentant les Frères de Joseph retenus comme espions à la cour de Pharaon, lui fit obtenir une deuxième fois le premier prix. Il fut reçu à l'Académie le 30 avril 1707, et donna pour sa réception la peinture inscrite sous le numéro suivant. On le nomma adjoint à professeur le 26 octobre 1726. Les principaux ouvrages de Dulin sont un Saint Claude ressuscitant un enfant mort que sa mère lui apporte, exécuté à l'âge de 70 ans ; les Miracles de Notre Seigneur, et une composition pour l'hôpital de la Charité. Il a exposé en 1737, 1738 et en 1747.

191. *Laomédon puni par Apollon et par Neptune.*

H. 1, 61. — L. 2, 00. — T. — Fig. de 0, 60.

Laomédon ayant manqué aux conditions qui lui avaient été imposées par Apollon et par Neptune pour la construction des murailles de Troie, Neptune soulève les flots contre le rivage de cette ville en présence d'Apollon. Laomédon ne put arrêter ce déluge qu'en exposant sa fille Hésione à la fureur d'un monstre marin. A droite, Neptune, son trident à la main, et dans la partie supérieure, Apollon, tous deux sur leurs chars, excitent la tempête. A gauche, sur le rivage, Laomédon en proie à la plus grande terreur, ainsi que sa fille agenouillée auprès de lui.

Musée Napoléon. — Ce tableau fut peint par Dulin pour sa réception à l'Académie, le 30 avril 1707.

FABRE (François-Xavier), *né à Montpellier le 1er avril 1766, mort dans la même ville le 16 mars 1837.*

Il fut élève de Jean Coustou, puis de David, remporta le grand prix à l'Académie en 1787 (le sujet du concours était Nabuchodonosor faisant tuer les enfants de Sédécias), et se trouvait à Rome en 1793, lorsque éclatèrent des discussions entre la Convention française et le gouvernement pontifical. Basseville, alors ambassadeur à Rome, craignant pour la sûreté des élèves, les fit partir pour Naples sous la conduite de leur camarade Fabre. Après un an de séjour à Naples, les élèves rentrèrent en France et Fabre retourna rejoindre son frère à Florence. Il fit de nombreuses études dans cette ville, fut nommé professeur à l'École des beaux-arts, exécuta peu de compositions historiques, mais plusieurs paysages et des portraits estimés. Ce fut à Florence que Fabre se lia avec le célèbre poëte Alfieri et avec la comtesse Albani, qui mourut en 1824 et l'institua son légataire universel. Il éleva un monument à la mémoire de sa bienfaitrice, laissa à la ville de Florence les manuscrits qu'Alfieri avait légués à la comtesse Albani, et revint à Montpellier en 1826, emportant avec lui les belles collections qu'il avait formées pendant son long séjour en Italie. Il en fit présent à sa ville natale, se réservant le titre de conservateur du musée auquel la ville donna son nom, et fonda une école des beaux-arts qu'il dota de ses propres fonds. Fabre avait obtenu une médaille d'or au salon de 1808 ; il fut nommé chevalier de la Légion-d'Honneur en 1827, puis officier, et enfin créé baron par lettres-patentes du roi Charles X le 18 mai 1830. Le grand-duc de Toscane lui avait conféré, en 1824, l'ordre de Saint-Joseph. En mourant, il légua à sa ville les tableaux, gravures, camées et livres qu'il avait acquis depuis sa première donation, ainsi qu'une somme de 30,000 fr. pour construire au musée une nouvelle galerie devenue nécessaire. Il exposa aux salons de 1791, 1793, 1806, 1808, 1810, 1812 et de 1827.

192. *Néoptolème et Ulysse enlèvent à Philoctète les flèches d'Hercule.*

H. 2, 90. — L. 4, 55. — T. — Fig. gr. nat.

Au premier plan, à droite, Philoctète, les deux bras étendus, supplie Néoptolème de lui rendre l'arc et les flèches d'Hercule qu'il vient de lui ravir, et sans lesquels Troie ne peut être prise. A gauche, Ulysse entraîne son compagnon dans la crainte qu'il ne se laisse fléchir. Dans le fond, un vaisseau à l'ancre.

Collection de Charles X. — Acquis en 1826 de M. Scitivaux, pour 4,000 fr.

FAVRAY ou **FAURAY** (LE CHEVALIER ANTOINE DE), né le 8 septembre 1706, *vivait encore en* 1789.

Il fut élève de Jean-François de Troy le fils, qui, nommé directeur de l'Académie à Rome, l'emmena avec lui dans cette ville et lui fit avoir une place de pensionnaire. Favray ayant fait la connaissance de chevaliers de Malte, ceux-ci l'engagèrent à passer dans leur île ; il les y suivit. Ses ouvrages plurent au grand-maître, qui le nomma chevalier magistral. En cette qualité, il fit ses caravanes sur le vaisseau que le chevalier de Breteuil, ambassadeur de la Religion à Rome, avait équipé pour faire les siennes. Favray peignit des portraits et beaucoup de petits tableaux représentant des costumes et des scènes de mœurs maltaises. Le 21 septembre 1751, suivant Varoquier, il fut reçu chapelain servant d'armes de la langue de France. Il se présenta à l'Académie royale de Paris, envoya pour sa réception, qui eut lieu le 30 octobre 1762, outre plusieurs petites peintures (voir le numéro suivant), un tableau dont le sujet était la Cérémonie qui se célébrait annuellement dans l'église de Saint-Jean de Malte, pour remercier Dieu de la délivrance de l'île et de la levée du siége que les Turcs avaient mis devant la ville. Dans la même année, Favray, protégé par le chevalier de Vergennes, ambassadeur de France à Constantinople, obtint d'aller habiter cette ville, dont il comptait retracer les usages et les modes. La guerre qui éclata entre la Porte ottomane et la Russie le détermina à renoncer à ce projet. Il quitta Constantinople, vint à Marseille en 1771, et se décida à retourner à Malte. A partir de cette époque, on n'a plus de détails biographiques sur cet artiste. Millin, dans ses *Antiquités nationales* (t. III, p. 29), dit, à l'article de la Commanderie de Saint-Jean-en-l'Isle, département de Seine-et-Oise, district de Corbeil : « Parmi les personnages remarquables dont les portraits sont répandus dans les appartements, est le grand-maître actuel de l'ordre, F.-Emmanuel de Rohan, et il y est représenté d'après le tableau original du chevalier Favray, commandeur de Valcanville, près Valognes. » Suit la description de ce tableau, dans lequel le portrait est entouré de sujets représentant les principaux faits du magistère d'Emmanuel de Rohan, fait dont le plus récent se rapporte à un aqueduc achevé en 1783. Ainsi, non-seulement Favray vivait encore en 1783, mais même en 1789, époque de la publication de la liste de Varoquier, et peut-être en 1791, date du livre de Millin. Un livret du musée de Toulouse, de 1805, le fait mourir à Malte vers l'époque où les Français arrivèrent dans cette île; mais on ne peut guère s'en rapporter à ce catalogue, qui commet l'erreur de donner à Favray le prénom de Pierre. Il a exposé aux salons de 1763, 1771 et de 1779.

193. *Dames de Malte se rendant visite.*

H. 0, 49. — L. 0, 65. — T. — Fig. de 0, 32.

Dans l'intérieur d'un appartement, une Maltaise, debout et richement vêtue, prend la main que lui présente une dame enveloppée d'une grande mante noire. Derrière elle, à droite, une négresse offre un fruit à un enfant que tient une nourrice. Plus loin, à gauche, sont cinq autres dames, dont trois couvertes de mantes noires. — Signé, à droite, sur le berceau de l'enfant : *A favray A Malte 1751.*

Musée Napoléon. — Ce tableau fut exposé au salon de 1763, comme tableau de réception de l'auteur à l'Académie.

FERDINAND FILS (LOUIS ELLE), *peintre, graveur, né à Paris en 1648, mort à Rennes le 5 septembre 1717.*

Son véritable nom est *Louis-Ferdinand Elle*; mais son grand-père, **Ferdinand Elle**, ayant adopté son prénom de préférence à son nom de famille, ses enfants, qui avaient embrassé la peinture, crurent qu'il leur serait avantageux de profiter de la réputation que leur père s'était acquise, comme portraitiste, sous le nom de Ferdinand. De *Elle*, soit par corruption, soit par suite d'une erreur orthographique, la plupart des biographes ont ensuite fait *Élie*, appelant l'artiste dont il est ici question Louis-Elie Ferdinand fils. Il fut reçu à l'Académie le 28 juin 1681, et donna pour tableaux de réception le portrait de **Samuel Bernard** (n° 194), et celui de Regnaudin, adjoint à recteur (actuellement à l'École des beaux-arts). Exclu comme protestant le 10 octobre de la même année, il ne put rentrer à l'Académie que le 30 mars 1686, après abjuration. — **Louis-Elle Fer-**

dinand, peintre graveur, père du précédent et fils de **Ferdinand Elle**, naquit à Paris en 1612, et y mourut le 12 décembre 1689. Il fut un des quatorze académiciens qui se réunirent aux douze *anciens* fondateurs de l'Académie royale de peinture et de sculpture, en 1648. On le nomma professeur en 1657, puis le 5 juillet 1659. Obligé, comme protestant, de se retirer de l'Académie en même temps que son fils, le 10 octobre 1681, il ne rentra dans ce corps qu'après son abjuration, le 26 janvier 1686. — **Pierre-Ferdinand Elle**, frère puîné du précédent, était aussi peintre, et avait le fonds des planches gravées par Louis. On n'a pas de renseignements sur sa vie. — **Ferdinand Elle**, père de Louis et de Pierre, excellent portraitiste, était originaire de Malines, et vint s'établir en France, où il quitta son nom de famille pour adopter celui de Ferdinand, son prénom, sous lequel lui et ses descendants sont connus.

194. *Portrait de* **Samuel Bernard**, *peintre en miniature, membre de l'Académie de peinture en 1655, mort en 1687. Il fut le père du fameux banquier Samuel Bernard.*

H. 1, 22. — L. 1, 12. — T. — Fig. jusqu'aux genoux de gr. nat.

Il est représenté de trois quarts, tourné à gauche, avec une grande perruque, vêtu d'une robe de chambre jaunâtre à larges dessins, assis devant une table sur laquelle il travaille. Il regarde le spectateur et tient sa main gauche ouverte près de son genou.

Musée Napoléon. — Ce portrait et celui de Regnaudin, adjoint à recteur, maintenant à l'École des beaux-arts, furent peints par l'artiste pour sa réception à l'Académie le 28 juin 1681.

FÈVRE, FEBVRE ou FEBURE (CLAUDE LE), *peintre, graveur, né à Fontainebleau en 1633; mort à Londres, suivant d'Argenville, le 26 avril 1675; à Paris le 5 avril, selon Guérin.*

Il commença par étudier les chefs-d'œuvre rassemblés alors dans le château de Fontainebleau; puis, étant venu à Paris, il se mit successivement sous la direction de le Sueur et de le Brun, qui, ayant vu quelques-uns de ses portraits, lui conseilla de s'attacher particulièrement à ce genre, pour lequel il témoignait de grandes dispositions. Bien que le Fèvre ait exécuté des tableaux d'histoire, il doit surtout sa réputation à sa grande habileté comme portraitiste. Il peignit le roi, la reine, les principaux personnages de la cour, fut reçu à l'Académie le 31 mars 1663, et donna pour son tableau de réception le portrait de Colbert. Guérin (*Histoire de l'Académie*, p. 42) dit qu'il mourut dans la charge de professeur; cependant les registres de l'Académie ne l'inscrivent ni parmi les professeurs, ni même au nombre des professeurs adjoints. Le Fèvre alla en

FÈVRE (Claude le).

Angleterre, où ses portraits étaient estimés presque à l'égal de ceux de van Dyck. Il eut pour élève ses deux fils, artistes médiocres, et François de Troy. Ses ouvrages ont été gravés par Pitau, Poilly, Boulanger, Lombard, Lenfant, Sarrabat, L. Cossin, van Schuppen, Coelemans et B. Picart. — Il ne faut pas confondre Claude le Fèvre avec **Valentin Lefebre**, né à Bruxelles en 1642, mort vers 1700 à Venise, où il a séjourné longtemps, qui a peint des tableaux dans la manière de Paul Véronèse, et a gravé d'une manière extrêmement habile des tableaux de Titien, de Paul Véronèse et de Tintoret; ni avec **Roland le Fèvre**, dit de Venise, né en Anjou en 1608, qui a peint aussi des portraits et dessiné des caricatures. Ce dernier vécut longtemps à Venise, à Paris, et passa en Angleterre, où il mourut en 1677.

195. *Portraits d'un maître et de son élève.*

H. 1, 34. — L. 1, 10. — T. — Fig. jusqu'aux genoux de gr. nat.

Le maître, ecclésiastique âgé, est représenté debout près d'une table, la tête de trois quarts, tournée à gauche, couverte d'une petite calotte noire. Il porte une robe de même couleur, un rabat blanc uni, et baisse les yeux vers le jeune homme, à qui il parle en désignant de la main un objet qu'on n'aperçoit pas. A gauche, l'élève, vu de profil, vêtu de noir, avec un col de guipure, se penche en regardant attentivement à droite; il tient son chapeau d'une main, appuie l'autre sur sa poitrine. Sur un pilastre placé derrière ces deux figures, à droite, un écusson écartelé au premier et au quatrième de trois cors, au second et au troisième de trois roses.

Collection de Louis XIV. — Ce tableau fut acquis, en 1782, à la vente du cabinet Sainte-Foix, pour 900 livres. Il provenait du cabinet la Live de Jully, à la vente duquel, en 1770, il avait été payé 602 livres.

196. *Portrait d'homme.*

H. 0, 74. — L. 0, 60. — T. — Fig. en buste de gr. nat.

La tête, vue de trois quarts, tournée à gauche, est couverte d'une petite calotte noire. Il porte une robe de même couleur et un rabat blanc. — On lit au bas de ce portrait, sur une espèce d'appui en pierre : A°, 1667.

Ancienne collection.

FÈVRE ou **FEBVRE** (ROBERT LE), *né à Bayeux le 18 avril 1756, mort à Paris au mois de janvier 1831.*

Son père le plaça d'abord chez un procureur. A 18 ans, il fit le voyage de Paris à pied pour contempler les œuvres d'art rassemblées dans la capitale. Revenu à Caen, il abandonna l'étude des lois pour la peinture. Des portraits et des décorations qu'il exécuta au château d'Airel, près de Saint-Lô, lui procurèrent le moyen de retourner à Paris et d'entrer à l'école de Regnault. Les nombreux portraits de Robert le Fèvre jouirent pendant longtemps d'une grande réputation. Il peignit Napoléon, l'impératrice Joséphine, le pape Pie VII, tous les personnages de l'Empire et ceux de la Restauration. En 1814, il fut chargé du portrait de Louis XVIII pour la Chambre des pairs, obtint le titre de premier peintre du cabinet et de la chambre du roi, et la décoration de la Légion-d'Honneur. Il a exposé aux salons de 1791, 1795, 1796, 1798, 1799, 1801, 1802, 1804, 1806, 1808, 1810, 1812, 1814, 1817, 1819, 1822 et de 1827.

197. *L'Amour désarmé par Vénus.*

H. 1, 84. — L. 1, 30. — T. — Fig. de gr. nat.

La déesse est assise sur un tertre, vue de profil et tournée vers la droite. Elle retient par un bras, sur ses genoux, l'Amour, dont elle a enlevé l'arc et qui cherche à le reprendre. Dans le fond, une plaine et des collines. — Signé, à gauche : *Robert le Févre jnv.^{t} et p.^{xit}*.

Gravé par M. Desnoyers. — Landon, E. F. M., t. 2, pl. 14.

Ce tableau, exposé au salon de 1795, n'est porté sur aucun inventaire. On ignore comment il est entré au Louvre.

FONTENAY (JEAN-BAPTISTE BLAIN DE), *né à Caen en 1654, mort à Paris le 12 février 1715.*

Son père, qui fut son premier maître, se détermina à l'envoyer de bonne heure à Paris. Il entra à l'atelier de Monnoyer, et ne tarda pas à acquérir de l'habileté dans la représentation des fleurs et des fruits. En 1685, il abjura la religion protestante, afin d'obtenir la main de la fille de son maître et de se faire recevoir à l'Académie de peinture, dont les statuts écartaient les artistes qui n'étaient point catholiques. Il fut agréé en 1687, nommé académicien le 30 août de la même année, et conseiller le 7 mars 1699. Son tableau de réception représente une grande jatte remplie de fleurs et de fruits, posée sur une table couverte d'un tapis de Perse, des armures, un buste de Louis XIV en bronze placé sur un escabeau. Devenu le gendre de Monnoyer, celui-ci l'associa à tous ses travaux pour les résidences royales, chez les ministres, et ne négligea aucune occasion de mettre son talent en évidence. Louis XIV, qui l'affectionnait, l'employa à Versailles, à Marly, à Compiègne, à Fontainebleau, et lui faisait peindre des buffets et des dessus de porte de salles à manger. Il lui donna un logement au Louvre, une pension de 400 livres, et lui commanda des tableaux destinés à être exécutés aux Gobelins ainsi qu'à la manufacture de la Savonnerie à Chaillot. Bien qu'il fût presque toujours occupé à travailler pour les maisons royales, il y eut peu d'hôtels de Paris qu'il ne décorât. Il eut pour élèves un fils, peintre du roi pour les fleurs, qui mourut jeune, en 1730; **Covins** et **Jean-Marc Ladey**, peintre de fleurs et de fruits, né à Paris vers 1700, reçu académicien le 26 août 1741, mort aux Gobelins, où il était logé, le 18 mai 1749.

198. *Vase d'or et guirlandes de fleurs.*

H. 1, 17. — L. 1, 82. — T.

Un vase d'or, décoré de têtes de béliers et portant son couvercle, est placé sur une table de porphyre ornée de ciselures en or. Une guirlande de fleurs, composée de roses, de pavots, d'anémones, d'œillets, de primevères, etc., passe sur le vase et retombe de chaque côté. Par derrière, un rideau jaune à ramages; à droite et à gauche, le ciel.

Ancienne collection.

199. *Trophée d'armes et corbeille de fleurs.*

H. 1, 20. — L. 1, 20. — T.

A droite, un casque et une cuirasse entourée d'une écharpe avec des ornements d'or, un glaive doré enrichi de pierreries, une hache et différentes pièces d'armure, sont placés sur un piédestal de pierre, près d'une corbeille de jonc contenant des lis blancs et jaunes, des narcisses, des pavots, des belles de nuit.

Ancienne collection.

FORBIN (Louis-Nicolas-Philippe-Auguste, comte de), *peintre, écrivain, né à La Roque-d'Antheron (Bouches-du-Rhône) le* 19 *août* 1777, *mort à Paris le* 23 *février* 1841.

Réfugié à Lyon à l'époque du siége de cette ville, le jeune de Forbin eut la douleur de voir périr sous ses yeux son père et son oncle. Ruiné, resté seul et sans appui, il dut à M. de Boissieu, habile artiste lyonnais, qui lui enseigna les éléments de l'art, une ressource contre la misère. Forcé de s'enrôler dans un bataillon dirigé sur Nice et sur Toulon, il contracta dans cette dernière ville avec M. Granet une liaison qui dura jusqu'à la fin de sa vie. Après cette campagne, il vint à Paris, étudia à l'atelier de David, où il resta jusqu'à ce qu'il eût atteint l'âge de la conscription. Obligé de nouveau d'abandonner les pinceaux, il entra, en 1799, dans le 21e de chasseurs, et deux ans après dans le 9e de dragons. Enfin, ayant obtenu son congé, il partit pour l'Italie et y reçut de la famille Bonaparte un accueil plein de bienveillance. Revenu à Paris à l'époque du couronnement, M. de Forbin, en 1803, fut nommé chambellan de la princesse Pauline ; il reprit ensuite du service, fit la première campagne de Portugal, où il reçut la croix de la Légion-d'Honneur pour action d'éclat ; puis celle d'Autriche, sous les ordres du maréchal duc d'Istrie. A la paix de Schœnbrunn, il donna sa démission, quitta l'armée et la cour, retourna à Rome, et s'y livra en artiste à la peinture. En 1814, quelques mois après la rentrée des Bourbons, il revint à Paris, fut nommé en 1816 membre de l'Institut, et directeur général des Musées royaux le 1er juin de la même année. En 1817, il entreprit un voyage en Syrie, en Grèce, en Egypte, dont il publia la relation par livraisons ; puis un autre voyage en Sicile, pour lequel il fit de nombreux dessins. En 1821, M. de Forbin fut chargé de l'inspection générale des beaux-arts et des monuments dans tous les départements de la France. Le Musée du Louvre dut beaucoup à l'administration éclairée de M. de Forbin, qui obtint l'établissement du Musée du Luxembourg, consacré aux œuvres des artistes vivants. M. de Forbin parvint au grade de lieutenant-colonel, fut chevalier de l'ordre de Saint-Michel, commandeur de la Légion-d'Honneur, gentilhomme honoraire de la chambre du roi, et membre d'un grand nombre d'Académies. Il a exposé aux salons de 1796, 1799, 1800, 1801, 1806, 1817, 1819, 1822, 1824, 1831, 1833, 1834, 1835, 1839 et de 1840.

200. *Intérieur du péristyle d'un monastère.*

H. 1, 80. — L. 1, 53. — T. — Fig. de 0, 30.

Ce monument, construit dans le XIIIe ou XIVe siècle, sur le bord de la mer Méditerranée, à quelques lieues de Carrare, a été envahi par le courant de la mer, qui l'entoure aujourd'hui et en fait une île distante d'une demi-lieue du rivage. Une communauté nombreuse l'a quitté ; deux moines grecs réfugiés habitent seuls ce lieu et donnent des soins aux naufragés qui sont jetés sur cette côte dangereuse. — A gauche, de grosses vagues se brisent au pied d'une longue galerie à arcades ouvertes du côté de la mer. Une barque vient d'y échouer. Au premier plan, un des moines, tenant un verre avec du vin et une bouteille de terre, donne des soins à un homme nu, accroupi, et à une femme étendue sur les dalles devant lui. Dans le fond, un noyé emporté sur une civière. — Signé, à gauche : FORBIN F^{BT} PARISIIS 1830.

Collection de Charles X. — Donné au roi par l'auteur en 1830.

201.* *Chapelle dans le Colisée à Rome.*

H. 1, 06. — L. 1, 36. — B. — Fig. de 0, 22.

Au milieu de la composition, devant un petit autel adossé à un pilier, un prêtre donne l'absolution à une paysanne italienne agenouillée auprès de lui. A gauche, un homme remet une pièce de monnaie à un moine ; à droite, un mendiant assis par terre. — Les figures sont de M. Granet. — Signé à droite : M. GRANET. A. FORBIN F A^{BANT} PARISIIS 1834.

Collection de Louis-Philippe. — Ce tableau fut exposé au salon de 1835, et acquis la même année au prix de 3,000 fr.

FOSSE (CHARLES DE LA), *né à Paris en 1636, mort dans la même ville le 13 décembre 1716.*

Son père, qui était orfèvre, lui fit enseigner les éléments du dessin par Chauveau, dessinateur et graveur. Le jeune de la Fosse entra ensuite chez le Brun, où il resta jusqu'à l'âge de 22 ans; puis il partit pour l'Italie, s'arrêta à Rome, étudia l'antique, les peintures de Raphaël, copia le Sacrifice de la messe du Vatican, qu'il envoya au célèbre amateur Jabach, et fit plusieurs dessins que son père montra à Colbert, alors surintendant des bâtiments. Ce ministre en fut si satisfait qu'il lui obtint la pension du roi pour continuer ses études en Italie. De la Fosse, après avoir passé deux ans à Rome, se rendit à Venise, où pendant trois années il étudia les œuvres des grands coloristes. Un de ses premiers ouvrages, à son retour d'Italie, fut, dans l'église Saint-Eustache, la peinture à fresque de la chapelle des mariages, détruite, ainsi que celle des fonts baptismaux, exécutée par P. Mignard, lorsqu'on construisit le portail. Il peignit ensuite la voûte du chœur et du dôme de l'église des religieuses de l'Assomption de la rue Saint-Honoré, et travailla pour les châteaux de Versailles et de Meudon, pour la maison de Choisy à Mlle de Montpensier, et pour différentes églises de Paris et de la province. Il fut reçu à l'Académie le 23 juin 1673; son tableau de réception, représentant l'Enlèvement de Proserpine par Pluton (n° 205), parut si remarquable qu'on le nomma adjoint à professeur le 2 septembre de la même année. Il devint professeur le 6 octobre 1674, conseiller ancien professeur le 26 janvier 1692, directeur le 7 avril 1699, adjoint à recteur le 2 juillet 1701, recteur le 24 juillet 1702, chancelier le 28 septembre 1715. Lord Montaigu, qui avait connu de la Fosse pendant son ambassade en France, l'engagea à venir peindre son palais à Londres. De la Fosse fit deux voyages dans cette ville; le premier eut lieu le 4 août 1689, mais il n'y resta que quatre mois pour prendre ses mesures et faire ses préparatifs. Il revint achever ses études à Paris, et l'année suivante il retourna chez lord Montaigu avec **Rousseau** et Baptiste Monnoyer, qui l'aidèrent pour l'architecture et les fleurs dans cette vaste entreprise. En vingt-huit mois, il décora le palais, et Georges III, qui était venu deux fois le visiter, fut si satisfait de ce travail, qu'il proposa à l'artiste de décorer également Hampton-Court. N'ayant obtenu la permission d'aller en Angleterre qu'à condition de revenir promptement, il ne put accepter les offres généreuses de ce souverain. D'ailleurs, Mignard, qui avait succédé à le Brun comme premier peintre du roi, était trop âgé pour pouvoir entreprendre la peinture de la coupole des Invalides, et Mansard, surintendant des bâtiments, protecteur de de la Fosse, lui faisait espérer la concession de cette œuvre colossale. De la Fosse hâta donc son retour, logea, en arrivant à Paris, en 1692, chez Mansard, fit les esquisses de tous les sujets destinés à orner cet édifice, mais ne peignit (à fresque) que le dôme et les quatre angles qui le soutiennent. Cette coupole a 56 pieds de diamètre, renferme 38 figures formant 3 groupes, dont le principal représente saint Louis déposant sa couronne et son épée dans les mains du Christ qui apparaît dans sa gloire, accompagné de la Vierge et d'anges tenant les instruments de la Passion. Dans les quatre pendentifs, l'artiste a peint les quatre évangélistes avec des anges. Cet immense ouvrage, terminé en 1705, fait le plus grand honneur à de la Fosse. Doué d'une grande facilité d'exécution, il peignit, en quatre mois, une Résurrection du Christ dans la voûte au-dessus du maître-autel de la chapelle de Versailles, et exécuta un nombre considérable de travaux importants dans les églises, les palais et les hôtels d'amateurs célèbres. Il était lié intimement avec Crozat, chez lequel il logea, dont il décora les maisons de ville et de campagne, et avec de Piles, qui lui soumit ses ouvrages sur la peinture. Ses ouvrages ont été reproduits par Thomassin, Châtillon, Ch. Simonneau, Audran, P. Picart et Ch.-N. Cochin, qui a gravé les peintures du dôme des Invalides. Il a exposé aux salons de 1699 et de 1704.

202. *Moïse sauvé des eaux.*

H. 1, 23. — L. 1, 10. — T. — Fig. de 0, 55.

La fille de Pharaon, debout au bord du Nil, s'appuie sur une de ses compagnes, tandis que par derrière un serviteur tient au-dessus de sa tête un parasol. Devant la princesse, une femme retirant du fleuve le jeune Moïse couché dans un panier de jonc. Dans le fond, à gauche, un temple, une pyramide et divers monuments.

Ancienne collection. — Ce tableau était placé autrefois dans le cabinet du billard à Versailles.

203.* L'Annonciation de la Vierge.

H. 1, 10. — L. 1, 25. — T. — Fig. de 0, 35.

A droite, la Vierge à genoux, retenant son manteau d'une main, posant l'autre sur sa poitrine, écoute la parole de l'ange placé en face d'elle sur un nuage. D'autres petits anges et des chérubins planent au-dessus de la tête de la Vierge. — Cette composition est entourée d'une couronne de fleurs peinte par Jean-Baptiste Monnoyer.

Landon, t. 1, pl. 32.

Ancienne collection. — Ce tableau, en 1709-1710, était placé à Marly dans l'appartement haut.

204. Le mariage de la Vierge.

H. 1, 17. — L. 0, 83. — T. — Fig. de 0, 30.

Marie et Joseph, à genoux, reçoivent la bénédiction du grand prêtre Zacharie; sainte Elisabeth soutient la main de la Vierge. A gauche, un des prétendants de Marie descend les degrés du temple et brise sa baguette. Sur le devant, une femme et un enfant couchés par terre.

Landon, t. 1, pl. 31.

Ancienne collection. — Au salon de 1699, de la Fosse exposa un Mariage de la Vierge qui pourrait être ce tableau.

205. L'enlèvement de Proserpine.

H. 1, 46. — L. 1, 81. — T. — Fig. de 0, 55.

Vers la gauche, Pluton, monté sur un char dont les chevaux sont guidés par des amours, s'enfuit, tenant dans ses bras Proserpine qu'il vient de ravir à ses compagnes. Au premier plan, l'une d'elles, la nymphe Cyane, vue de dos, tente d'arrêter le char en portant la main sur une de ses roues. A droite, une nymphe couchée, appuyée sur une urne ; une autre tenant une corne d'abondance ; une troisième, debout, les bras étendus vers le ravisseur. Dans le fond, un antre du mont Etna où est situé le palais du dieu.

Gravé par L.-S. Lempereur en 1778 (Calc. imp.). — Landon, t. 1, pl. 33.

Musée Napoléon. — Ce tableau fut exécuté par de la Fosse pour sa réception à l'Académie royale de peinture, le 23 juin 1673.

206. *Le triomphe de Bacchus.*

H. 1, 87. — L. 1, 35. — T. — Fig. de 0, 75.

Bacchus, le thyrse à la main, est assis sur un trône porté par un éléphant blanc. Des satyres, des bacchantes et des enfants l'accompagnent en dansant et en jouant de divers instruments. Au premier plan, à droite, un satyre renversé le visage contre terre.

Ancienne collection.

207.★ *Sacrifice d'Iphigénie.*

H. 2, 24. — L. 2, 12. — T. — Fig. de gr. nat.

Iphigénie, vue de face, est assise au pied de l'autel où tout est disposé pour le sacrifice. Elle paraît, ainsi que le grand prêtre, implorer Diane que l'on voit portée sur des nuages, et qui, apaisée par la soumission d'Agamemnon, vient de mettre une biche à la place de la fille du roi.

Collection de Louis XIV. — Ce tableau, inscrit à tort sur l'inventaire de l'Empire sous le nom de François Perrier, était placé, en 1709-1710, dans la salle de billard du grand appartement du roi à Versailles.

FRAGONARD (Jean-Honoré), *peintre, graveur, né à Grasse en 1732, mort à Paris le 22 août 1806.*

Fragonard, à l'âge de 18 ans, quitta la Provence avec sa famille, appelée à Paris pour suivre un procès qui la ruina. D'abord clerc de notaire, il montra si peu de goût pour cette profession et tant de dispositions pour le dessin, que sa mère consentit à le présenter à Boucher, qui ne voulut pas alors le recevoir dans son atelier et lui conseilla d'entrer à celui de Chardin. Ce maître mit immédiatement la palette aux mains du jeune élève, qui, au bout de six mois, se représenta chez Boucher. Celui-ci, étonné des progrès de Fragonard, l'admit enfin au nombre de ses élèves. Avant même d'être reçu à l'école du modèle à l'Académie, il concourut pour le prix de Rome, et le remporta en 1752. Le sujet du concours était Jéroboam sacrifiant aux idoles. Arrivé à Rome, il se lia particulièrement avec Hubert Robert, et se mit à dessiner avec ardeur les tableaux les plus célèbres de toutes les écoles. Malgré les nombreuses études qu'il fit d'après les grands peintres de la Renaissance, une prédilection marquée l'entraînait vers les maîtres du XVIIe siècle. Baroche, Solimène, Cortone, et surtout Tiepolo, eurent une grande influence sur la nature de son talent. Jean-Claude Richard, abbé de Saint-Non, amateur distingué, étant venu en Italie en 1759, se lia avec Fragonard et H. Robert. Il les emmena à Naples, et ils visitèrent ensemble la Sicile, dessinant tous les monuments, les antiquités et les vues des pays qu'ils parcouraient. Saint-Non, trois ans après, revint en France, et publia le fruit de cette excursion, ouvrage immense, connu sous le titre de : *Voyages de Naples et de Sicile*, dont il grava lui-même une grande partie à la manière du lavis et à l'eau-forte. Le premier tableau que Fragonard exécuta, à son retour de Rome, fut la Callirrhoé, exposé au salon de 1765, sur lequel il fut, le 30 mars de la même année, agréé à l'Académie. Il se contenta de ce titre, et ne chercha pas à obtenir le grade d'académicien. Le salon de 1767 fut le deuxième et dernier où Fragonard envoya ses ouvrages. Dégoûté des travaux officiels par les difficultés qu'il avait éprouvées de la part de M. de Marigny, surintendant des beaux-arts, pour le payement de son tableau de la Callirrhoé, il ne travailla plus que pour les amateurs, qui se disputaient ses moindres compositions. Fragonard entreprit, avec un financier de ses amis, un deuxième voyage en Italie, fut présenté au pape Ganganelli, en reçut un accueil plein de bienveillance, et exécuta, d'après les peintures et les antiquités, une suite immense de dessins que son compagnon de voyage, de retour à Paris, ne voulut pas lui restituer. On plaida. Le fermier-général fut condamné à rendre les dessins ou à payer une somme de 30,000 fr., ce qu'il préféra. En 1772, il représenta, dans un salon de l'ancien appartement de Mme Dubarry, les *Amours des Bergers*, et en 1773 Mlle Guimard le choisit pour décorer une pièce de son hôtel ; mais l'artiste et la danseuse se brouillèrent, et David fut chargé de terminer le plafond resté inachevé. L'hôtel et ces peintures devinrent la propriété de M. Perregaux, et ont été vendus il y a quelques années. Fragonard avait un logement au Louvre, où il s'était disposé un atelier en harmonie avec les sujets qu'il aimait à traiter ; il y avait peint des espèces de décorations, on y voyait des guirlandes de fleurs, des arbustes, un jet d'eau, une balançoire et de riches draperies. Un jour fantastique l'aidait à reproduire les effets et les scènes qu'il affectionnait. Travaillant sans relâche, il produisit un nombre énorme de tableaux et de dessins, qui se payaient fort cher. Le duc de Luynes donna une somme considérable d'une galerie de tableaux entièrement de sa main. Il essaya tous les genres : portraits, scènes familières, paysages, qu'il traita d'une manière supérieure ; pastiches de grands maîtres, où il montra une extrême habileté ; miniatures, qu'il exécuta avec une grâce et une légèreté toutes particulières ; pastels, gouaches, aquarelles, gravures à l'eau-forte charmantes. La Révolution le ruina, et la vogue, qui s'était attachée à l'école de David, l'abandonna. Fragonard laissa un fils, **Alexandre-Évariste**, peintre d'histoire et statuaire, né à Grasse en octobre 1780, mort à Paris le 10 novembre 1850, qui fut père de M. **Théophile Fragonard**, attaché maintenant à la Manufacture de Sèvres. Mlle **Marguerite Gérard**, belle-sœur de Fragonard, née à Grasse en 1761, fut son élève de prédilection, et travailla fréquemment avec son maître dans les mêmes tableaux. Fragonard a signé ses ouvrages tantôt de son nom entier, souvent de celui de *Frago*. Il a été gravé par Danzel, Flipart, Saint-Non, Beauvarlet, Halbou, de Launay, Macret, Mathieu, Miger, Vidal, Ponce, etc.

208. *Le grand prêtre Corésus se sacrifie pour sauver Callirrhoé.*

H. 3, 09. — L. 4, 00. — T. — Fig. de gr. nat.

Au pied d'un autel dressé entre deux colonnes, sur les degrés d'un temple recouverts d'un tapis rouge, Callirrhoé est tombée évanouie, tandis que près d'elle le grand prêtre Corésus, debout, se frappe lui-même à la place de la victime. Dans le fond, à gauche, quatre prêtres et de jeunes acolytes assistent au sacrifice. Au premier plan, du même côté, deux hommes, deux femmes et un enfant, effrayés, détournent la tête pour ne pas voir cette scène sanglante. Dans des nuages, au-dessus de l'autel, planent l'Amour et la Vengeance.

Landon, E. F. M., t. 1, pl. 43.

Collection de Louis XV. — Ce tableau, fait en 1765 et exposé au salon de cette même année, avait été commandé par le roi pour être exécuté en tapisserie à la Manufacture des Gobelins. On trouve dans le registre des ordonnances de paiement, année 1773, qu'il fut payé à son auteur 2,400 fr.

209. *Paysage.*

H. 0, 91. — L. 0, 73. — T. — Fig. de 0, 05.

A droite, sur le devant, quatre femmes lavent du linge dans une mare sur le bord de laquelle un âne est arrêté. A gauche, des roches, des troncs d'arbres coupés; plus loin, des moutons, un vallon avec des chaumières au milieu d'arbres, et une grande meule derrière un chêne.

Collection de Louis XVIII. — Compris dans les 20,000 fr. de tableaux acquis en 1822 de M. de Langeac.

210. *La leçon de musique.*

H. 1, 10. — L. 1, 20. — T. — Fig. à mi-corps de gr. nat.

Une jeune fille, vue de profil, tournée à droite, vêtue d'une robe de satin blanc, est assise devant un clavecin; à sa gauche, un jeune homme debout, une toque sur la tête, s'appuie d'une main sur le dos du fauteuil de la jeune fille, et de l'autre tient son cahier de musique posé sur le clavecin. En avant, à droite, un chat couché sur une chaise; à côté de lui, une mandoline et des papiers.

Ce tableau, qui n'est qu'une esquisse, a été donné au Musée par M. Walferdin en 1849.

FRÉMINET (Martin) *ou* **FRÉMINEL**, *né à Paris le 24 septembre* 1567, *mort dans la même ville le* 18 *juin* 1619.

Il était élève de son père, peintre médiocre, qui fit surtout des modèles pour des tapisseries. Après avoir exécuté plusieurs tableaux à Paris, il partit, à l'âge de 25 ans, pour l'Italie, où il arriva au moment de la grande querelle qui s'était élevée entre les partisans de Michel-Ange de Caravage et ceux du Josépin. Il se lia intimement avec le dernier, tout en préférant pourtant la manière de son rival. Le Parmesan et surtout le Buonarroti furent les maîtres qu'il étudia le plus. Après un séjour d'environ seize ans en Italie, il revint en France, en passant par Venise, la Lombardie, la Savoie, où il s'arrêta quelque temps, occupé par le duc à peindre dans son palais plusieurs compositions importantes. En 1603, Henri IV, après la mort de Pierre du Monstier l'aîné, le nomma son premier peintre, lui permit d'acheter une charge de valet de chambre aux gages de 100 livres tournois, et le chargea de la décoration de la chapelle du château de Fontainebleau, travail important commencé en 1608, interrompu par l'assassinat de Henri IV, continué sous Louis XIII, et pour lequel il reçut en 1615, de Marie de Médicis, le cordon de chevalier de Saint-Michel. Ami de Régnier, ce poète lui adressa sa dixième satire. La manière de travailler de Fréminet était singulière, et, soit qu'il fit un portrait ou une figure entière, il peignait partie par partie sans dessiner ou ébaucher l'ensemble. De tous ses grands travaux, il ne reste plus que la décoration de la chapelle de la Sainte-Trinité au château de Fontainebleau, exécutée à l'huile sur plâtre. Le comte de Brienne a prétendu, à tort, que la peinture de la voûte de la galerie des Rois (maintenant d'Apollon) avait été faite par cet artiste. Cette décoration, détruite par l'incendie du 6 février 1661, était de **Dubreuil** et de **Bunel**. Le 9 juillet 1619, Fréminet fut enterré, suivant son désir, dans l'église de l'abbaye de Barbeaux, près de Fontainebleau, mais sur la rive droite de la Seine. Il avait peint plusieurs tableaux pour cette église, détruite en 1793. Philippe Thomassin et Crispin de Passe ont gravé d'après lui des sujets de l'histoire sainte. Fréminet laissa un fils, assez bon peintre, dit le *Supplément* de Moréri, le seul ouvrage où il soit question de lui. Les registres de la paroisse d'Avon nous apprennent qu'il se nommait **Louis de Fréminet** et avait le titre de gentilhomme suivant la cour. Un brevet du 14 juillet 1651, qui accorde à **Louis Dubois** (fils d'Ambroise) 2,000 liv. de pension dont jouissait Fréminet fils, son *frère de mère*, nous donne la date de sa mort, car il y est désigné comme *naguères décédé*. Vers 1750, un des descendants de Martin Fréminet s'allia aux Dubois et forma la nouvelle famille des Dubois de Fréminet.

211. *Mercure ordonne à Énée d'abandonner Didon.*

H. 2, 49. — L. 1, 78. — T. — Fig. de gr. nat.

Au premier plan, à gauche, Énée est assis près d'un lit sur lequel Didon repose ; un amour lui attache son cothurne. A droite, dans les airs, Mercure montre Didon et deux amours soulèvent une draperie. Dans le fond, deux femmes.

Ancienne collection.

FRESNOY (CHARLES-ALPHONSE DU), *peintre, écrivain, né à Paris en* 1611, *mort au village de Villiers-le-Bel, près Paris, en* 1665.

Son père, qui était apothicaire, voulait d'abord faire de lui un médecin ; mais le jeune du Fresnoy abandonna bientôt une carrière pour laquelle il n'avait pas de vocation, et se livra tout entier à l'étude des langues anciennes, des mathématiques et de la peinture. Perrier et Vouët furent ses guides pendant deux années. Il partit pour l'Italie en 1633, et, privé de toutes ressources, il peignit à Rome, pour subsister, des ruines et des tableaux d'architecture. Mignard, son camarade d'atelier chez Vouët, vint le rejoindre dans cette ville, où il séjournait déjà depuis deux ans. Les deux amis, charmés de se retrouver, logèrent ensemble et vécurent en commun. Le cardinal de Lyon leur fit copier tous les beaux tableaux de la galerie Farnèse, et le temps qu'ils ne donnaient pas à ce travail ils l'employaient à étudier Raphaël, l'antique et la nature. Du Fresnoy, moins habile praticien que Mignard et plus érudit, s'occupait aussi de poésie, et commença son poëme latin sur la peinture intitulé : *De arte graphica*, qu'il n'acheva que quelques années après. Ce poëme didactique, qui a plus contribué à la réputation de du Fresnoy que ses tableaux, a été traduit en français par de Piles, son ami, et dans plusieurs autres langues. Obligé de quitter Rome en 1653, il alla à Venise, où il resta dix-huit mois, et y appela Mignard. Les deux amis travaillèrent ensemble pendant sept à huit mois, puis Mignard retourna à Rome, et du Fresnoy à Paris. Lors de son arrivée dans cette ville, en 1656, il s'établit chez un ami, M. Potel, dont il peignit le cabinet. Il exécuta ensuite quelques tableaux d'autel, décora un salon au château du Raincy, et fit quatre paysages dans le plafond de l'hôtel d'Hervart, depuis hôtel des Postes. A l'époque du retour de Mignard à Paris, en 1658, du Fresnoy quitta M. Potel pour aller demeurer avec son ancien camarade, qu'il n'abandonna que pour se retirer chez son frère quelque temps avant sa mort. Absorbé par la composition de son poème, du Fresnoy n'a guère fait qu'une cinquantaine de tableaux, en y comprenant les copies exécutées d'après Titien et les autres maîtres. Il n'a pas eu d'élève, et l'on ne connaît qu'une estampe, gravée par François Poilly, d'après un de ses dessins, représentant Léandre traversant l'Hellespont à la nage.

212. *Sainte Marguerite, vierge et martyre sous le règne de l'empereur Aurélien.*

H. 2, 30. — L. 1, 70. — T. — Fig. de gr. nat.

Elle est représentée debout, la tête tournée à gauche et les yeux levés au ciel, foulant aux pieds le dragon qui, au rapport des légendaires, l'avait engloutie vivante, et dont elle sortit sans blessures en faisant le signe de la croix.

Landon, t. 1, pl. 38.

Musée Napoléon. — Ce tableau provient de l'église Sainte-Marguerite de Paris.

213. *Les naïades.*

H. 2, 36. — L. 1, 45. — T. — Fig. de 0, 80.

Au premier plan, à droite, une naïade, vue de dos, assise au bord d'un ruisseau et appuyée sur son urne; plus loin, à gauche, deux autres naïades également avec des urnes, une nymphe au milieu des roseaux, et une de ses compagnes qui suspend une guirlande de fleurs à un arbre. Sur l'autre rive, dans le fond, deux naïades se reposant au pied de rochers élevés.

Landon, t. 1, pl. 39.

Ancienne collection.

FRIQUET (JACQUES-CLAUDE), *dit* DE VAUX-ROSE ou VAUROZE, *né en 1648, mort à Paris le 25 juin 1716.*

On ne sait presque rien sur cet artiste, élève de Bourdon, qui peignit vers 1663, d'après les dessins de son maître, dans la galerie de l'hôtel de M. de Bretonvilliers, président de la Chambre des comptes. Il fit un tableau allégorique sur la campagne du roi en Flandre l'année 1667 et sur la première conquête de la Franche-Comté au commencement de l'année suivante. Suivant les registres de l'Académie, il fut reçu comme professeur d'anatomie le 5 juillet 1670, et comme peintre d'histoire le 16 octobre de la même année. Guérin, secrétaire de l'Académie, dans sa *Description* (p. 181), donne des dates différentes; il le dit reçu académicien le 20 juillet 1670, agréé pour faire la fonction de professeur en anatomie le 5 novembre 1672, et élu adjoint à professeur le 24 juillet 1702. Enfin, une copie manuscrite des registres le fait mourir conseiller le 25 juin 1715, à 78 ans et demi. Il a exposé aux salons de 1699 et de 1704.

214. *La paix d'Aix-la-Chapelle.*

H. 1, 88. — L. 1, 88. — T. — Fig. de 0, 72.

Le roi, descendu du char qui lui avait servi à sa conquête, tient la Paix par la main et la présente à l'Europe, sous les traits d'une femme appuyée sur deux cornes d'abondance, et ayant à ses pieds les fleuves des États qui ont eu part à la paix. La Valeur et la Victoire, figurées par un Hercule et une femme couronnée de feuilles d'olivier, sont encore dans le char, attelé de quatre chevaux. On lit sur des boucliers les noms des principales conquêtes du roi, *Lisle, Oudenarde*.

Musée Napoléon. — Ce tableau, dont le sujet avait été désigné par l'Académie royale de peinture, fut peint par Friquet de Vaurose pour sa réception le 5 juillet 1670.

FRONTIER (JEAN-CHARLES), *né à Paris en* 1701, *mort à Lyon le* 2 *septembre* 1763.

Il était élève de Claude-Guy Hallé, et obtint le premier prix à l'Académie en 1728; le sujet du concours était Ezéchias extirpant l'idolâtrie de son royaume et rétablissant le culte du vrai Dieu. Il fut reçu académicien, le 30 juillet 1744, sur le tableau suivant, se retira à Lyon, et obtint la place de directeur de l'Académie de cette ville. Il a exposé aux salons de 1743, 1745, 1746, 1747, 1750 et de 1751.

215. *Prométhée attaché sur le Caucase.*

H. 2, 00. — L. 1, 53. — T. — Fig. de gr. nat.

Vulcain, ayant un marteau à sa ceinture et des tenailles à ses pieds, enchaîne Prométhée à un rocher.

Dans la partie supérieure, Jupiter, appuyé sur son aigle, donne des ordres à Vulcain.

Musée Napoléon. — Ce tableau fut peint par Frontier pour sa réception à l'Académie de peinture, le 30 juillet 1744.

GALLOCHE (Louis), *né à Paris le 24 août 1670, mort le 21 juillet 1761.*

Son père, mouleur de bois, le destinait à l'état ecclésiastique, et à l'âge de 13 ans il reçut la tonsure. A force de sollicitations il obtint de prendre des leçons de dessin, de quitter l'étude de la théologie, et enfin d'entrer à l'école de Louis de Boulogne. En 1695, il remporta le premier prix de peinture ; le sujet du concours était les Fils de Jacob apportant à leur père la robe de Joseph. Malgré ce succès, il n'obtint pas la pension, et il fit à ses frais le voyage d'Italie ; mais il ne put séjourner à Rome que deux ans. De retour à Paris, il ouvrit une école, et l'un de ses premiers élèves fut François le Moine, qu'il garda chez lui pendant douze années. Il fut agréé à l'Académie sur deux tableaux placés autrefois dans le réfectoire de Saint-Martin-des-Champs ; l'un représente saint Benoît faisant revenir miraculeusement une coignée sur l'eau ; l'autre, sainte Scholastique obtenant du ciel un orage pour empêcher saint Benoît de partir et de la quitter. Huit ans s'écoulèrent entre son agrément et sa réception à l'Académie, qui eut lieu le 31 janvier 1711, sur le tableau décrit au numéro suivant. Il obtint la place d'adjoint à professeur le 30 avril 1718, celle de professeur le 26 octobre 1720, celle d'adjoint à recteur le 31 janvier 1744 ; enfin, nommé recteur le 26 mars 1746, il fut fait chancelier le 6 juillet 1754. En 1705, il peignit pour la confrérie des orfèvres le tableau votif qu'ils offraient à l'église de Notre-Dame le 1er mai ; il représente saint Paul recevant les adieux des prêtres éphésiens lors de son départ de la ville de Milet. Galloche a exécuté des tableaux d'église, des sujets mythologiques et des paysages. Il obtint une pension du roi et un logement au Louvre. A l'âge de 80 ans, sa main tremblante se refusant à l'exécution des tableaux qu'il espérait pouvoir entreprendre, il abandonna la peinture, et composa cinq discours, qui furent lus aux conférences de l'Académie ; ils avaient pour objet le dessin, la couleur, et des remarques sur les tableaux des grands maîtres. Galloche eut un fils qui voulut d'abord suivre la carrière des beaux-arts, mais qui abandonna la peinture après dix ans d'études. Il a exposé aux salons de 1737, 1738, 1739, 1740, 1743, 1745, 1746, 1747, 1750 et de 1751.

216. *Hercule rendant Alceste à Admète.*

H. 1, 61. — L. 1, 93. — T. — Fig. demi-nat.

A droite, le roi Admète, accompagné de plusieurs personnages, vient recevoir à la porte de son palais sa femme Alceste, et s'avance vers elle les bras ouverts. Hercule, vainqueur d'Acaste qui la retenait captive, la ramène à son époux. Le héros s'appuie d'une main sur sa massue, et de l'autre soulève le voile qui couvre la fille de Pélias.

Musée Napoléon. — Ce tableau fut peint par Galloche pour sa réception à l'Académie, le 31 janvier 1711.

GAUFFIER (Louis), *né à La Rochelle en* 1761, *mort à Florence le* 20 *octobre* 1801.

Il fut élève de Hugues Taraval, et remporta le grand prix de peinture en 1784, la même année que Drouais; le sujet du concours était la Cananéenne. Il exposa comme agréé à l'Académie en 1789, mais la faiblesse de sa santé ne lui permit pas de revenir en France. Il avait épousé à Rome **Pauline Chatillon**, peintre de genre, élève de Drouais, dont plusieurs tableaux ont été gravés en Angleterre par Bartolozzi. Gauffier a exposé aux salons de 1789 et de 1791, et sa femme à celui de 1798.

217. *Cornélie, mère des Gracques, sollicitée par les dames romaines de donner ses bijoux à la patrie.*

H. 0, 84. — L. 1, 16. — T. — Fig. de 0, 48.

A gauche, deux femmes assises. La plus jeune tient un petit enfant sur ses genoux; l'autre s'appuie sur l'épaule d'un enfant plus grand placé entre elles. A droite, un groupe de dames romaines, debout, s'adressant aux deux femmes. — Signé, à gauche : *L. Gauffier, Romæ,* 1792.

Musée Napoléon. — L'artiste avait déjà exposé au salon de 1791 un tableau représentant la Générosité des dames romaines.

218. *Trois jeunes hommes apparaissent à Abraham dans la vallée de Mambré, et lui prédisent que sa femme concevra un fils.*

H. 0, 84. — L. 1, 16. — T. — Fig. de 0, 46.

Trois jeunes hommes, dont un est assis, se reposent à l'ombre d'un grand arbre et parlent à Abraham, qui se tient debout, à gauche, devant eux. Plus loin, à droite et à la porte de sa tente, Sara riant de la prédiction du Seigneur. Dans le fond, la campagne. — Signé, à droite : *L. Gauffier, fa^{bat} Romæ* 1793.

Musée Napoléon.

GELLÉE ou **GILLÉE** (CLAUDE), *dit* LE LORRAIN, *peintre, graveur, né en* 1600 *au château de Chamagne* (*sur les bords de la Moselle, dans le diocèse de Toul*), *mort à Rome le* 21 *novembre* 1682.

La plupart des historiens rapportent que Claude n'ayant rien pu apprendre à l'école où ses parents l'avaient envoyé, fut mis en apprentissage chez un pâtissier. Baldinucci, qui a écrit la vie du célèbre artiste d'après des notes fournies par son neveu Joseph Gellée, ne mentionne nullement ce fait, dont l'exactitude est aussi contestable que celle de tant d'anecdotes recueillies trop légèrement par les biographes. Nous nous en tiendrons donc au récit de Baldinucci. Suivant cet auteur, Claude, le troisième des cinq fils de Jean Gellée, ayant perdu son père et sa mère à l'âge de 12 ans, alla retrouver à Fribourg (en Brisgau) son frère aîné, habile graveur sur bois, qui, pendant une année environ, l'occupa à dessiner des ornements et des arabesques. Il accompagna ensuite à Rome un de ses parents, commerçant en dentelles, et se livra à l'étude avec ardeur. Bientôt les faibles ressources qu'il recevait de sa famille lui ayant manqué, par suite des guerres avec la Suisse, il passa à Naples et y resta deux ans sous la direction de **Geoffroy Walls**, peintre de Cologne, qui lui enseigna l'architecture, la perspective, et lui apprit à peindre le paysage. Il retourna ensuite à Rome, entra chez **Agostino Tassi**, élève de Paul Bril, et vécut jusqu'à la fin d'avril 1625 dans la maison de cet artiste habile, qui le prit en amitié et lui donna d'excellents conseils. Ayant quitté Tassi, il passa par Lorette, Venise, le Tyrol, la Bavière, arriva dans sa patrie, puis se rendit à Nancy. Un de ses parents lui fit connaître **Charles Dervent**, peintre du duc Henri de Lorraine, qui, occupé à décorer la voûte de l'église des Carmes, l'employa pendant plus d'une année à peindre l'architecture dans ses compositions. L'accident arrivé à un doreur qui tomba de l'échafaud où se trouvait Claude, le dégoûta de ce genre de travail, et il prit la résolution de retourner en Italie. Il passa par Lyon, et rencontra à Marseille **Charles Errard**, peintre du roi, qui se rendait à Rome avec son père et son frère. Ils arrivèrent dans cette ville en 1627, le jour de la fête de saint Luc. Claude s'y établit, et deux paysages exécutés par lui pour le cardinal Bentivoglio eurent un tel succès, que non seulement le cardinal, mais le pape Urbain VIII, à qui il fut présenté, se déclarèrent ses protecteurs. A partir de cette époque, les ouvrages de Claude étaient si recherchés, que plusieurs peintres qui fréquentaient son atelier lui prenaient ses compositions à peine ébauchées, imitaient sa manière et vendaient ces pastiches comme des œuvres du grand paysagiste, avant même que celui-ci eût terminé ses tableaux. On a prétendu que, pour déjouer leurs manœuvres et éviter de se répéter, il prit le parti de faire un dessin exact de chacune de ses peintures, en ayant soin d'y ajouter le nom du possesseur et souvent la date. Ce précieux recueil, qui ne doit certainement pas son origine, comme on l'a dit, à la crainte d'un plagiat ou d'un manque de mémoire, mais qu'il entreprit pour garder un souvenir de ses compositions, ce précieux recueil, disons-nous, connu sous le nom de *libro di verità* ou *d'invenzioni*, commencé lorsqu'il travaillait aux tableaux commandés par le roi d'Espagne, composé de 200 dessins lavés au bistre, devait, suivant le testament de Claude, rester toujours la propriété de la famille. Le cardinal d'Estrées désira l'acheter à ses petits-fils, qui ne voulurent s'en dessaisir à aucun prix; mais d'autres héritiers moins scrupuleux le cédèrent pour 200 écus à un joaillier qui le revendit en Hollande. Enfin, vers 1770, il fut acquis par un des ducs de Devonshire, et depuis cette époque les descendants du duc le conservent comme un trésor inestimable. Il a été gravé à l'aquatinte par Earlon et publié par Boydell en 1774. Les mêmes éditeurs joignirent aux deux premiers volumes un troisième renfermant 100 planches gravées d'après des dessins appartenant à différents amateurs. Comblé d'honneurs et de richesses, Claude Lorrain, quoique souffrant depuis 40 ans de la goutte, travailla pour ainsi dire jusqu'à sa dernière heure (la reine d'Angleterre possède un dessin de lui daté de 1682), mourut à 82 ans, et fut enterré d'abord à l'église de la Trinité-du-Mont. Au mois de juillet 1840, ses restes furent transportés à l'église de Saint-Louis-des-Français. L'application de Claude au travail était extrême; on voit par *le Livre de vérité* que, dans la seule année de 1644, il fit dix-sept tableaux. Le nombre de ses peintures est considérable, et ses eaux-fortes, dont la plus ancienne porte la date de 1630, se vendent à des prix très élevés. Les figures qu'il plaçait dans ses paysages lui coûtaient beaucoup de peine à exécuter, aussi en chargeait-il souvent Filippo Lauri, Jacques Courtois, Jan Miel, **Francesco Allegrini**, etc. On ne peut guère regarder comme élève de Claude que **Giovanni-Domenico Romano**, qu'il prit d'abord comme domestique, et à qui il enseigna ensuite à peindre. La calomnie, qui s'attache à tous les grands hommes, attribua pendant un certain temps à ce jeune homme des tableaux du maître. Ces succès, dus à l'ignorance ou à l'envie, lui inspirèrent un tel orgueil, qu'après un séjour de vingt-cinq années chez Claude, qui le traitait comme un fils, il le quitta, et se préparait à intenter un procès à son bienfaiteur pour le contraindre à lui payer des gages, qu'il prétendait lui devoir pour le temps passé dans sa maison, lorsque Claude, ennemi de toute contestation, lui fit payer ce qu'il demandait. Domenico mourut quelque temps après, et depuis cette époque, bien qu'il ne refusât jamais ses conseils à ceux qui le consultaient, Claude ne voulut plus prendre d'élève chez lui. Claude le Lorrain a rendu les effets si variés de la lumière avec une perfection inimitable; nul artiste n'a su donner à ses lignes plus de grandeur, à ses ombres autant de fraîcheur, au soleil un pareil éclat, à ses eaux plus de limpidité. Les différentes heures du jour sont représentées avec une vérité d'imitation et une poésie élevée qu'il n'a été accordé à personne de surpasser. La magie de ses dessins égale celle de ses tableaux; avec quelques traits de plume, avec quelques touches de pinceau, il crée des horizons sans bornes, fait naître l'aurore et resplendir le jour. Il a été gravé par D. Barrière, Morin, Moyreau, Vivarès, Major, Arth. Pond.

219. *Vue d'un port; effet de soleil levant.*

H. 0, 56. — L. 0, 72. — T. — Fig. de 0, 11.

A droite, une grande porte cintrée d'architecture dorique, portant sur le tympan s. p. q. r.; plus loin, un riche édifice, décoré de statues, auquel on monte par un vaste escalier, et dans le fond, les tours d'une ville et un phare. A gauche, un vaisseau dont les pavillons portent les armes de France, et sur la plage des voyageurs debout, qui semblent prêts à s'embarquer. Au premier plan, une femme assise sur un grand coffre et ayant devant elle des poteries de diverses espèces. — Signé à droite, sur un coffre : CLAVDIO IN ROMA.

Gravé par Duparc dans le Musée français; dans le Cabinet Poullain. — Filhol, t. 7, pl. 466. — Landon, t. 1, pl. 18.

Musée Napoléon. — Ce tableau, dont les figures sont attribuées à Jean Miel, porte le n° 9 dans *le Livre de vérité*, et fait pendant du Campo Vaccino. (Voir le numéro suivant.)

220. *Vue du Campo Vaccino, à Rome.*

H. 0, 56. — L. 0, 72. — T. — Fig. de 0, 10.

On remarque à gauche l'arc de triomphe de Septime Sévère, les restes du temple d'Antonin et de Faustin, et ceux du temple de la Paix ; dans le fond, le Colisée et l'arc de Titus. A droite, sur le devant, le temple de la Concorde, les trois colonnes de Jupiter Stator et les ruines du palais des empereurs. Au premier plan, à droite, un paysan tenant un long bâton s'entretient avec un homme du peuple couché sur le gazon, et un autre homme assis sur une pierre à côté de lui.

Gravé par Bovinet dans le Musée français; à l'eau-forte, par Claude Lorrain lui-même, mais dans le sens opposé au tableau; dans le Cabinet Poullain. — Filhol, t. 6, pl. 430.

Musée Napoléon. — Ce tableau, dont les figures sont attribuées à Jean Miel, porte le n° 10 dans *le Livre de vérité*, et fut fait, ainsi que le précédent, pour M. de Béthune, ambassadeur à Rome. Ils passèrent ensuite tous deux dans le cabinet de la comtesse de Verrue, à la vente duquel on les adjugea ensemble à 3,500 livres ; puis ils furent achetés 6,200 à la vente de Gaignat en 1768 ; 11,904 à la vente de Blondel de Gagny en 1776 ; 11,003 à la vente de Poullain en 1780, par le duc de Brissac, leur dernier possesseur avant leur entrée au Louvre.

221. *La fête villageoise.*

H. 1, 03. — L. 1, 35. — T. — Fig. de 0, 15.

A gauche, plusieurs chasseurs, deux hommes et une femme à cheval, un homme à pied près d'une mule. En avant d'un groupe de figures assises sur un tertre, un cavalier, tête nue, tenant par la main une villageoise qu'il conduit à la danse. Au milieu, une paysanne et un berger dansant. A droite, cinq pâtres appuyés sur de longs bâtons, d'autres assis par terre. Au premier plan, un homme jouant de la flûte et une femme du tambour de basque, assis sur un tronc d'arbre. Entre eux, un homme debout jouant de la musette. Tout à fait à gauche, des vaches, des chiens, un homme chassant devant lui un troupeau de chèvres. Dans le fond, un pont de pierre à cinq arches, une rivière. A gauche, une colline et des fabriques. — Signé, sur un tronc d'arbre, par terre : CLAVDIO INV. ROMÆ 1639.

Gravé par C. Haldenvang dans le Musée royal; par J.-P. Lebas, Parboni, Wilson, Lowry en 1784; par Chatelain, par Vivares. — Filhol, t. 10, pl. 682.

Collection de Louis XIV. — Ce tableau, connu aussi sous le nom de la *Fête* ou *danse de village*, et le suivant portent dans *le Livre de vérité* les n°ˢ 13 et 14, et furent exécutés pour le pape Urbain VIII ; ils passèrent ensuite dans la collection de Louis XIV.

222. *Un port de mer au soleil couchant.*

H. 1, 03. — L. 1, 37. — T. — Fig. de 0, 15.

A gauche, au deuxième plan, sous un avant-corps soutenu par deux colonnes d'ordre dorique, la porte d'un palais élevé sur des marches circulaires ; plus loin, un vaste et riche édifice orné aux quatre angles de tours carrées, à l'entrée d'un port défendu à droite par une forteresse où l'on voit une tour ronde. Le port est rempli de vaisseaux et de barques, éclairé par le soleil dont on aperçoit le disque très près de l'horizon. Au milieu et au premier plan, sur la plage couverte de ballots, de tonneaux, de planches, un groupe de sept figures parmi lesquelles on remarque deux matelots se battant, et près d'eux un homme tirant son épée pour venir au secours de celui qui est renversé. A gauche, un homme, assis sur une grande caisse, joue de la guitare auprès de deux femmes, dont une tient un petit garçon. — Signé, sur un des tonneaux qui sont sur la plage : CLAVDIO INV. ROMÆ 1639.

<small>Gravé par Lebas. — Filhol, t. 7, pl. 490.</small>

<small>Collection de Louis XIV. — Ce tableau, qui porte le n° 14 dans *le Livre de vérité*, fut peint pour le pape Urbain VIII. On le paya en 1768, à la vente de M. de Gaignat, 5,000 fr.; en 1793, à celle de M. de Praslin, 15,000 fr. (Voir le numéro précédent.)</small>

223. *Le débarquement de Cléopâtre à Tarse.*

<small>H. 1, 19. — L. 1, 70. — T. — Fig. de 0, 28.</small>

A droite, Cléopâtre, accompagnée de six femmes, appuyée sur Dellius, officier d'Antoine, vient de débarquer devant un palais dont la mer baigne les marches. Antoine, suivi de ses officiers, s'avance à sa rencontre. A gauche, deux navires richement décorés, à l'ancre, et plusieurs barques : dans l'une d'elles, cinq matelots occupés à transporter de la vaisselle d'or et d'argent. Dans le fond, au milieu de la mer, une tour et des bâtiments amarrés. Le soleil brille à peu de distance de l'horizon et se reflète sur les vagues.

<small>Collection de Louis XIV.—Ce tableau a été fait pour le cardinal Giorio; il passa ensuite dans la collection du roi. Il porte le n° 63 dans *le Livre de vérité*. Sir John Reynolds possédait dans sa collection une peinture de Claude, représentant aussi le Débarquement de Cléopâtre ; elle fut vendue, en 1795, 250 guinées. (Voir le numéro suivant.)</small>

224. *David sacré roi par Samuel.*

<small>H. 1, 19. — L. 1, 50. — T. — Fig. de 0, 30.</small>

A gauche, au deuxième plan, Samuel debout, sous le péristyle d'un temple d'ordre dorique surmonté de statues, sacre le jeune David appuyé sur un bâton de pasteur. Devant le temple, dont un homme accompagné de deux chiens accouplés monte les degrés, des sacrificateurs s'apprêtent à immoler un bélier sur un petit autel. Au premier plan, à droite, à l'ombre d'arbres élevés, trois femmes assises, dont l'une a un enfant sur ses genoux; un jeune homme debout, tenant un bâton et adossé à un arbre. Dans l'éloignement, un large pont jeté sur un fleuve; à droite, un troupeau de moutons et à l'horizon de hautes montagnes. — Au premier plan, à gauche, sur un bas-relief qui est à terre, on aperçoit les traces d'une signature à peine visible aujourd'hui; cependant, on peut encore y distinguer le mot de ROMÆ et la date de 1647.

Filhol, t. 10, pl. 718.

Collection de Louis XIV. — Ce tableau, qui porte le n° 69 dans *le Livre de vérité* et dont les figures paraissent être de Filippo Lauri, fut fait, ainsi que le précédent, à Rome, vers 1647, pour le cardinal Angelo Giorio; tous deux passèrent ensuite dans la collection de Louis XIV.

225. *Ulysse remet Chryséis à son père.*

H. 1, 19. — L. 1, 50. — T. — Fig. de 0, 17.

Le vaisseau sur lequel Ulysse a amené Chryséis est arrêté dans le port, à quelque distance du temple d'Apollon. A gauche, au deuxième plan, sur le péristyle du temple d'ordre ionique, auquel conduit un large escalier, le grand prêtre Chryséis reçoit sa fille des mains d'Ulysse en présence d'une foule nombreuse qui se presse pour assister au sacrifice. En avant du temple, des sacrificateurs dans une barque conduisent des bœufs ornés de bandelettes. Au premier plan, sur la plage, des matelots déposent des fardeaux, et un nègre présente un coffret à des voyageurs. Vers le centre de la composition, entre une tour à pans coupés et le navire qui a amené Ulysse, on aperçoit le disque du soleil dont les rayons éclairent le sommet des vagues.

Gravé en 1664 par Dominique Barrière.

Collection de Louis XIV. — Ce tableau, dont les figures sont de Filippo Lauri, est désigné dans *le Livre de vérité* sous le n° 80, comme ayant été fait pour le prince de Liancourt. Il fut acquis ensuite par Louis XIV.

226. *Vue d'un port de mer; effet de soleil voilé par une brume.*

H. 1, 19. — L. 1, 50. — T. — Fig. de 0, 25.

Au second plan, à droite, s'élève, exhaussé sur un môle qui avance dans la mer, un palais à colonnes d'ordre ionique, surmonté d'une terrasse où l'on voit des figures et des statues. Derrière les colonnes, un vaisseau. Au milieu, un navire accosté par deux barques. A gauche, un fort défendu par des tours, et par derrière de hautes montagnes. Au premier plan, sur la plage, deux guerriers vêtus à l'antique, accompagnés d'un page tenant un chien en laisse; ils s'apprêtent à descendre dans une barque conduite par un rameur et montée par un serviteur tenant son bonnet à la main. A gauche, une femme ayant un enfant sur ses genoux, assise par terre, ainsi qu'un homme vu de dos, les bras et les jambes nus. Entre ces deux figures, une petite fille debout. — Signé à gauche, sur une large pierre : CLAUDE IN ROMA 1646.

Gravé en 1660 par Dominique Barrière.

Collection de Louis XIV. — Ce tableau est cité dans *le Livre de vérité* sous le n° 96, comme ayant été fait pour un amateur de Paris.

227. *Un port de mer.*

H. 1, 05. — L. 1, 50. — T. — Fig. de 0, 18.

A gauche, l'extrémité d'une espèce de portique dont on ne voit qu'une colonne d'ordre corinthien. Du même côté, sur une terrasse terminée par six degrés, une femme et un homme assis, deux enfants debout, vus de dos. Vers la droite, un homme vient au devant d'un groupe composé d'un homme et de quatre femmes, dont l'une tient un chapelet. Au pied de la terrasse, deux barques. Dans le fond, des navires, une tour ronde, une ville sur des rochers et de hautes montagnes. Près de la tour, le disque du soleil.

Ancienne collection. — N° 120 du *Livre de vérité* : ce tableau fut peint pour le cardinal Cecchini.

228. *Marine.*

H. 0, 33. — L. 0, 42. — Forme ovale. — C. — Fig. de 0, 04.

A gauche, au deuxième plan, au bord de la mer, un massif d'arbres et deux hommes causant ensemble; l'un est vu de dos, l'autre a la main droite levée. Plus loin, du même côté, une chaîne de rochers s'avançant dans la mer; à leur pied un navire à l'ancre. A droite, au même plan, un petit fort et quelques bâtiments; plus en avant, des rochers et des arbres. Le soleil couchant éclaire le sommet des vagues. Au premier plan, on lit sur le terrain... ROMA...

Gravé par Duparc dans le Musée royal.

Ancienne collection. — M. Waagen doute à tort, suivant nous, de l'originalité de ce tableau et de celui inscrit sous le numéro suivant.

229. *Paysage.*

H. 0, 33. — L. 0, 42. — Forme ovale. — C. — Fig. de 0, 03.

Au premier plan, une rivière peu profonde où boivent trois vaches et un mouton. Sur l'autre rive, quatre chèvres, deux vaches et un pâtre appuyé sur un long bâton. Dans le fond, tout à fait à gauche, une cascade tombant du haut de rochers élevés. A droite, des prairies traversées par la rivière, et à l'horizon des montagnes.

Gravé par Fortier et Duparc dans le Musée royal.

Ancienne collection. — Voir la note du numéro précédent.

230. *Paysage.*

H. 0, 52. — L. 0, 69. — T — Fig. de 0, 09.

Dans une vaste campagne boisée, coupée par des coteaux et arrosée par une rivière, une femme, un bâton à la main, chasse devant elle deux vaches et des chèvres qui vont entrer dans un bois dont on voit à droite les premiers arbres très élevés. Les derniers rayons du soleil couchant frappent le chemin. A gauche, dans le fond, les ruines d'un ancien monument.

Gravé par J. Mathieu dans le Musée français — Filhol. t. 4, pl. 250.

Ancienne collection.

231. *Le gué.*

H. 1, 18. — L. 1, 50. — T. — Fig. de 0, 18.

A droite, dans une verte campagne ombragée par de grands arbres, des pâtres font traverser une rivière à leurs bestiaux. Au premier plan, deux femmes causent avec un jeune homme assis par terre. A gauche, sur l'autre rive, des ruines; à l'horizon, la mer et de hautes montagnes.

Gravé par Haldenvang dans le Musée royal. — Filhol, t. 7, pl. 496.

Collection de Louis XIV. — Ce tableau, qui a beaucoup souffert, a été repeint, il y a quarante à cinquante ans, par un restaurateur inhabile. Peut-être retrouverait-on le maître en enlevant la restauration.

232. *Entrée d'un port, vue de la mer.*

H. 0, 64. — L. 1, 01. — T. — Fig. de 0, 06.

Vers la droite, au premier plan, une barque, conduite par deux hommes et chargée de marchandises, se dirige vers un port à l'entrée duquel un phare est élevé sur un rocher. A gauche, en avant du phare, des matelots transportent un ballot dans une grande barque à l'ancre. On aperçoit, au delà du port, une grande ville dominée par de hautes montagnes qui s'étendent à l'horizon.

Collection de Louis XVIII. — Acquis en 1817 de M. Quatresols de La Hante et compris dans les onze tableaux qu'il vendit au Musée pour 100,000 fr. (voir la Notice des tableaux italiens, n°s 30 et 46; la Notice des tableaux flamands, n°s 24, 25, 249, 254, 291, 379, 500). En 1818, M. de La Hante donna en surplus au duc de Berry un paysage d'Isaac van Ostade.

233. *Siége de La Rochelle, prise par Louis XIII le 8 octobre* 1628.

H. 0, 28. — L. 0, 42. — Forme ovale. — Cuivre argenté. — Fig. de 0, 05.

Au premier plan, à gauche, à quelque distance d'un groupe de grands arbres, trois militaires assis par terre et un debout causent ensemble; celui du milieu a devant lui un papier où se trouve écrit à l'envers: CLAVDE G... Plus loin, à droite, quatre cavaliers, deux hommes la tête nue et un homme assis par terre. Dans le fond, des mulets, un chariot chargé de bagages, un camp, la mer couverte de vaisseaux et la ville.

Ancienne collection. — Ce tableau a appartenu à Louis-Henri Loménie, comte de Brienne. Il le désigne ainsi dans le rare catalogue en latin qu'il a publié de sa collection, en 1662 : « Claudius : Ludovico XIII. Rupella obsidium et effracta segusia repagula, duo principis inclita facinora obtulit. » La Notice de 1820, attribue ce tableau et le suivant à Courtois. Celle de 1841 les restitue à Claude, et ajoute que les figures sont peintes par Callot ; nous ne les croyons pas de cet artiste, mais de Courtois. Derrière la plaque de cuivre on trouve une espèce de marque ou de monogramme dont on ne peut reconnaître les lettres qui le composent.

234. *Le Pas de Suze forcé par Louis XIII en* 1629.

H. 0, 28. — L. 0, 42. — Forme ovale. — C. — Fig. de 0, 05.

A gauche, au pied d'une forteresse située sur un rocher et au bord d'une rivière, des régiments d'infanterie; sur l'autre rive, de la cavalerie, de l'infanterie, et au milieu, des trompettes à cheval sonnant la marche. Au premier plan, vers la droite, un porte-drapeau appuyé contre un tertre où s'élève un grand arbre, et un groupe de militaires. Au milieu, un homme assis, un autre roulant un tambour. Vers la gauche, un soldat tend la main à d'autres soldats qui gravissent un sentier escarpé. Dans le fond, la ville; à l'horizon, des plaines et des montagnes. — Signé : CLAVDE IN ROMA 1651.

Ancienne collection. — Voir le numéro précédent. On trouve gravé derrière la plaque un écusson portant trois harpes et timbré d'un casque de chevalier; on lit au-dessous : «Petrus peronus nationis Bergomensis inventor. » Il y a tout lieu de croire que cette marque est celle du fabricant de la plaque de cuivre, dont la surface, destinée à être peinte, avait été argentée par un procédé qui lui était particulier. On trouve encore sur l'envers de la plaque un cachet en cire rouge, marque d'un des possesseurs du tableau. Ce cachet est mal conservé, et l'on ne distingue plus qu'une *bonne foi*, ou deux mains jointes tenant une fleur.

GÉRARD (FRANÇOIS, baron), *né à Rome le 4 mai 1770, mort à Paris le 11 janvier 1837.*

Son père, qui était intendant du bailli de Suffren, ambassadeur à Rome, le ramena à l'âge de 12 ans à Paris; puis, ayant passé au service du bailli de Breteuil, il obtint de celui-ci que son fils, qui montrait déjà beaucoup de disposition pour le dessin, fût admis dans une petite pension fondée par M. de Marigny, destinée à recevoir douze jeunes artistes, et portant le nom de Pension du roi. Gérard en sortit au bout de dix-huit mois, et entra à l'atelier du sculpteur Pajou. Deux ans après, il devint élève de Brenet, peintre de l'Académie, qu'il quitta en 1786 pour se mettre sous la direction de David. En 1789, il concourut pour le prix de Rome; le sujet du concours était Joseph reconnu par ses frères. Girodet obtint le premier prix, Gérard le second (son tableau se trouve maintenant au Musée d'Angers). L'année suivante, il se présenta de nouveau au concours; mais la mort de son père interrompit son travail. Il n'acheva ce tableau, représentant Daniel justifiant la chaste Suzanne, que quelques mois après; il fut exposé au salon de 1793. De nouveaux chagrins domestiques vinrent entraver ses études; sa mère, qui était Italienne, désira retourner à Rome. Gérard, dans l'automne de 1790, la conduisit dans cette ville avec ses deux autres frères; mais des intérêts les rappelèrent peu de temps après à Paris, et il n'eut pas le loisir de se livrer à des études d'après les maîtres. Lorsque la Révolution éclata, Gérard fut compris dans la réquisition de 1793, et, afin de ne pas quitter Paris, sollicita d'entrer dans le corps du génie. Nommé, sur la demande de David, membre du tribunal révolutionnaire, il feignit une maladie pour se soustraire, autant que possible, à ces terribles fonctions, et renonça presque à ses travaux. En 1795 il exposa son Bélisaire. Ce tableau, exécuté en dix-huit jours, produisit un effet prodigieux, et fut acheté par M. Meyer, ambassadeur de Hollande. Malgré ce succès et celui de la Psyché, exposée en 1798, Gérard trouvait difficilement à vendre ses ouvrages. Les dessins qu'il faisait pour le *Virgile* et le *Racine* publiés par les frères Didot, étaient, en quelque sorte, ses seuls moyens d'existence. Ce ne fut qu'en 1800 que sa réputation, comme peintre de portraits, s'établit, et dès lors toutes les célébrités voulurent être peintes par lui. Napoléon lui confia l'exécution de ses portraits officiels, et lui commanda, en 1806, la Bataille d'Austerlitz, terminée seulement en 1810. Sous la Restauration, le prince de Talleyrand présenta Gérard, avec qui il était très lié, au roi Louis XVIII. Il peignit ce souverain et tous les étrangers que les événements avaient amenés en France. Son tableau de l'Entrée d'Henri IV, exposé en 1817, lui valut d'être nommé premier peintre du roi. Le 5 septembre 1819 il reçut le titre de baron. Ce fut dans la même année qu'il exécuta Corinne au cap Misène, pour le prince Auguste de Prusse, tableau qui appartint ensuite à Mᵐᵉ Récamier. En 1825, parut Daphnis et Chloé, acheté par Charles X, dont il peignit le sacre en 1829. En 1830, le roi Louis-Philippe le chargea de plusieurs travaux, entre autres de quatre pendentifs dans le Panthéon, qui l'occupèrent de 1832 à 1836. La Peste de Marseille, qu'il donna à l'intendance sanitaire de cette ville, fut un de ses derniers ouvrages. Gérard n'a pas eu d'atelier d'élèves. Steuben, Paulin Guérin l'ont aidé quelquefois dans ses grands tableaux, et Mˡˡᵉ Godefroid dans ses nombreux portraits. En quarante-deux ans il a produit 28 tableaux d'histoire, un grand nombre de compositions diverses, 87 portraits en pied, et environ 200 portraits en buste. Son élection à l'Institut eut lieu à l'unanimité. Il avait été nommé membre de la Légion-d'Honneur à la fondation de l'ordre. Il a exposé aux salons de 1793, 1795, 1796, 1798, 1799, 1808, 1810, 1812, 1814, 1817, 1819, 1822, 1824 et de 1827.

235. *Entrée d'Henri IV à Paris le 22 mars 1594.*

H. 1, 73. — L. 3, 25. — T. — Fig. de 0, 75.

Au milieu de la composition, Luillier, prévôt des marchands, s'avance à la tête d'un groupe d'officiers municipaux et présente les clefs de la ville au roi, autour duquel se pressent à gauche Crillon, de Retz, Montmorency, Brissac, et à droite Biron, Sully portant le casque du roi, et Bellegarde, tous à cheval et en tenue de bataille. Plus à droite, arrive le maréchal de Matignon, l'épée encore à la main, qui vient de défaire un corps de lansquenets, tandis qu'à côté de lui Saint-Luc d'Épinay montre le roi à un groupe de ligueurs. On remarque ensuite, en revenant vers la gauche, un vieillard, les yeux levés au ciel, ainsi qu'une femme à genoux et vêtue de deuil. Un citoyen et un guerrier se jettent dans les bras l'un de l'autre, le guerrier agite le vieux drapeau de l'armée; près d'eux et au premier plan, le quartenier Neret marche entre ses deux enfants qui veillaient avec lui à la garde de la porte Neuve, et enfin une foule de peuple se précipite au devant du cortége, dont l'arrivée est annoncée par des trompettes qui se répandent dans les divers quartiers de la ville. Au fond du tableau, s'élève la porte Neuve, sous laquelle ont défilé les troupes; on voit aussi une partie de la petite galerie du Louvre (galerie d'Apollon), et, sur un balcon moins éloigné, Gabrielle d'Estrées qui assiste à l'entrée du roi. — Signé à gauche : *f. Gérard.*

Gravé par Toschi.

Collection de Charles X. — Cette peinture, qui est une répétition réduite du tableau du baron Gérard exposé au salon de 1817, et placé aujourd'hui dans les galeries de Versailles, fut acquise en 1830 pour la somme de 12,000 fr.

236. *Psyché reçoit le premier baiser de l'Amour.*

H. 1, 86. — L. 1, 32. — T. — Fig. de gr. nat.

A gauche, Psyché, presque entièrement nue, est assise sur un tertre couvert de gazon, pressant ses bras sur son sein; un papillon, symbole de l'âme, voltige au-dessus de sa tête. L'Amour, debout devant elle, vu de profil, tourné à gauche, pose une main sur la poitrine de la jeune fille et embrasse son front. Dans le fond, des collines.

Gravé par Godefroi; lithographié par Aubry Le Comte. — Landon, E. F. M., t. 1, pl. 49.

Collection de Louis XVIII. — Ce tableau, exposé au salon de l'an VI (1798), a appartenu à M. Le Breton, secrétaire de la 4e classe de l'Institut, et fut acquis à la vente du général Rapp, en 1822, pour la somme de 22,100 fr.

237. *Daphnis et Chloé.*

H. 2, 04. — L. 2, 31. — T. — Fig. de gr. nat.

A gauche, au bord d'un ruisseau qui sort en cascade d'une grotte au fond de laquelle on voit les statues des Grâces, Daphnis, vu de profil, tourné à droite, assis sur un tronc d'arbre, tresse une couronne de fleurs. Chloé, à ses pieds, dort la tête appuyée sur les genoux du jeune berger.

Gravé par Richomme.

Collection de Charles X. — Ce tableau, exposé au salon de 1824, fut acquis en 1825 pour la somme de 25,000 fr.

238. *La Victoire et la Renommée.*

H. 4, 35. — L. 2, 00. — T. — Fig. en pied plus gr. que nat.

Dans la partie supérieure, la Victoire, vue presque de face, la tête couverte d'un casque à cimier, tient de la main droite une palme et une couronne. Au-dessous, la Renommée, tournée à droite, tient de la main gauche un rouleau de papier.

Musée Napoléon. — Ces deux figures ailées, ainsi que les deux suivantes, supportent et déroulent une tapisserie sur laquelle était censée peinte la bataille d'Austerlitz, maintenant au Musée de Versailles, et placée d'abord au plafond de la salle du Conseil d'État aux Tuileries. Ces figures allégoriques furent aussi adaptées au tableau représentant le Tombeau de Sainte-Hélène, et gravées avec cet arrangement par M. Garnier.

239. *L'Histoire et la Poésie.*

H. 4, 35. — L. 2, 00. — T. — Fig. en pied plus gr. que nat.

Dans la partie supérieure, la Poésie, vue de dos, porte une lyre suspendue à la ceinture; au-dessous, l'Histoire tient de la main gauche une trompette.

Musée Napoléon. — (Voir le numéro précédent.)

240. *Portrait de M. Isabey, peintre en miniature, et de sa fille à l'âge de 4 à 5 ans (depuis Mme Ciceri).*

H. 1,92. — L. 1,30. — T. — Fig. en pied de gr. nat.

M. Isabey est représenté debout, sous le péristyle d'un escalier du Louvre, la tête nue, vue de trois quarts et tournée à gauche. Il porte une veste de velours noir, des bottes à revers, donne la main droite à sa jeune fille, vêtue d'une robe blanche, et de l'autre tient son chapeau. A droite, un chien et une porte entr'ouverte conduisant à la cour du Louvre. — Signé à gauche : *F. Gérard* 1795.

Ce portrait, exposé au salon de 1796, a été donné en 1852 au Musée du Louvre par M. Eugène Isabey.

241. *Portrait d'Antonio Canova, célèbre statuaire italien, né en 1757, mort en 1822.*

H. 0,65. — L. 0,54. — T. — Fig. en buste de gr. nat.

Le corps est vu de face, et la tête tournée de trois quarts à gauche. Ses cheveux sont bouclés et poudrés. Il porte par-dessus un habit brun un manteau rouge.

Collection de Louis-Philippe. — Acquis en 1843, à la vente Dubois, pour 627 fr.

GÉRICAULT (JEAN-LOUIS-ANDRÉ-THÉODORE), *né à Rouen le 26 septembre 1791, mort à Paris le 18 janvier 1824.*

Il vint à Paris en 1806, entra en 1808 à l'atelier de Carle Vernet, y resta peu de temps, et passa dans celui de Guérin, où il fut le condisciple de MM. **Léon Cogniet, Champmartin, Eugène Delacroix, Henriquel-Dupont** et **Scheffer**. La manière, peu conforme aux traditions de l'école de David, avec laquelle il reproduisait le modèle, sa passion pour Rubens surtout désespéraient son professeur, qui, loin de l'encourager, cherchait à lui faire entendre qu'il devait renoncer à la peinture. M. Guérin, il est vrai, reconnut plus tard son erreur. En 1814, lors de la rentrée des Bourbons, Géricault s'enrôla dans les mousquetaires, entraîné sans doute par son goût pour les chevaux et les scènes militaires qu'il aimait tant à peindre. Au retour de l'île d'Elbe il accompagna le Roi jusqu'à Béthune, et son régiment ayant été licencié, il reprit les pinceaux qu'il regrettait déjà d'avoir quittés. En 1817 il se décida à partir pour l'Italie ; il visita Rome, Florence, étudiant, dessinant et faisant des copies d'après les maîtres. Rappelé en France par son père, Géricault voulut exécuter une grande page qui fondât sa réputation, et choisit pour sujet une scène du naufrage de la *Méduse*. Ce tableau, après avoir figuré au salon de 1819 avec peu de succès, fut exposé en Angleterre, où l'on apprécia mieux son mérite. Géricault vint à Londres, fit de fort belles lithographies, très rares maintenant, et se mit à étudier les chevaux plus qu'il ne l'avait fait encore. C'est à son retour en France qu'il exécuta un grand nombre d'études, de tableaux de chevalet et d'aquarelles. A l'exemple des grands artistes de la Renaissance, il voulait être à la fois peintre et sculpteur. Il modela en cire plusieurs figures, un cheval écorché, et avait le projet de faire une statue équestre. Il voulait également peindre une composition représentant la traite des nègres, et sur une toile immense en forme de panorama, l'ouverture des portes de l'inquisition en Espagne par les Français. Mais une affection grave dont il était attaqué depuis quelque temps, et qu'il avait négligée, prit tout à coup un caractère mortel. Il tomba dans un état d'épuisement effrayant et mourut sans avoir pu réaliser les grandes idées que sa puissante imagination avait conçues. Outre les tableaux, il laissa une foule de dessins à la plume, au crayon et à l'aquarelle, et une centaine de superbes lithographies pleines d'énergie. Il a exposé aux salons de 1812, 1814, 1819 et de 1824.

242. *Le radeau de la Méduse.*

H. 4, 91. — L. 7, 16. — T. — Fig. de gr. nat.

« La frégate *la Méduse*, accompagnée de trois autres bâtiments : la corvette *l'Echo*, la flûte *la Loire* et le brick *l'Argus*, quitta la France le 17 juin 1816, portant à Saint-Louis (Sénégal) le gouverneur et les principaux employés de cette colonie. Il y avait à bord environ quatre cents hommes, marins ou passagers. Le 2 juillet, la frégate tombait sur le banc d'Arguin, et après cinq jours d'inutiles efforts pour remettre le navire à flot, un radeau fut construit, et cent quarante-neuf victimes y furent entassées, tandis que tout le reste se précipitait dans les canots. Bientôt les canots coupèrent les amarres, et le radeau qu'ils devaient traîner à la remorque resta seul au milieu de l'immensité des mers. Alors la faim, la soif, le désespoir armèrent ces hommes les uns contre les autres. Enfin, le douzième jour de ce supplice surhumain, *l'Argus* recueillit quinze mourants. » (*Extrait de la relation de M. Corréard.*) — M. Corréard, le bras étendu, indique au chirurgien Savigny, debout, adossé au mât, et aux matelots placés près de lui, le brick *l'Argus*, qui paraît à l'horizon. Un matelot et un nègre, montés sur un tonneau à l'extrémité du radeau, agitent leurs mouchoirs en signe de détresse, tandis que leurs compagnons, parmi lesquels se trouve l'aspirant de marine Coudin, se traînent vers eux. A gauche, un vieillard tient sur ses genoux le cadavre de son fils expirant. Derrière lui, un passager, dans un accès de désespoir, s'arrache les cheveux. Sur le devant du radeau, plusieurs cadavres.

Gravé par Reynolds. — *Filhol, t. 2, pl. 7.*

Collection de Charles X. — Ce tableau, peint rapidement dans le foyer du théâtre Favart, par Géricault, à son retour d'Italie, et exposé au salon de 1819, fut généralement peu apprécié par les artistes, habitués à la représentation des scènes mythologiques ou des sujets empruntés à l'antiquité. David, Gros, Gérard seuls peut-être, estimèrent le talent de Géricault à sa valeur. Quant aux critiques de profession, ils le déclarèrent détestable d'une voix unanime. La Méduse n'obtint que le quatrième rang sur la liste pour le prix que le roi donnait, à chaque exposition, à la meilleure peinture, et valut à son auteur, pour la deuxième fois, une médaille d'or. M. le comte de Forbin, directeur général des Musées royaux, frappé de la grandeur et de l'originalité de cette page, commanda immédiatement un tableau à Géricault. Il devait représenter une Notre-Dame-des-Douleurs, et était destiné à la maison du Sacré-Cœur de Nantes. Géricault, trop malade déjà pour entreprendre cette tâche, en confia l'exécution à M. **Eugène Delacroix**, son ami, dont il signa l'œuvre. Après l'exposition de 1819 il partit pour Londres ; un Anglais lui proposa de faire exposer le radeau de la Méduse, se chargea des frais et lui promit une part dans les bénéfices, part qui s'éleva pour Géricault à 20,000 francs. A son retour de Londres, M. le comte de Forbin fit auprès du ministre de la maison du roi de nombreuses démarches afin d'en obtenir l'acquisition. Vainement il sollicita le 2 février, le 17 mai 1822 et le 27 mai 1823, par des lettres les plus pressantes, la disposition d'une somme de 6,000 francs pour laquelle l'artiste consentait à céder son œuvre. Sur ces entrefaites, Géricault mourut. La succession prit la résolution de faire vendre le tableau aux enchères ; le 30 octobre 1824, M. de Forbin demanda de nouveau à M. le vicomte de la Rochefoucauld, chargé du département des beaux-arts, une somme de 4 à 5,000 francs, pour conserver cette belle page à la France. Cette proposition fut enfin acceptée ; il était temps, car les amateurs effrayés par la grandeur de la toile, offraient 20,000 francs si on consentait à la couper en quatre morceaux. M. Dreux d'Orcy, ami intime de Géricault, s'opposa à cet acte de vandalisme, couvrit de 5 francs l'enchère de 6,000 francs, et céda à M. de Forbin son marché, qui, ayant dépassé le crédit alloué, dut avancer les fonds pour faire sortir le tableau de la salle de vente. La conduite de l'administration du Musée ayant été mal appréciée dans les journaux de l'époque, nous avons cru devoir rétablir des faits si honorables pour la mémoire de M. de Forbin.

243. *Officier de chasseurs à cheval de la garde impériale chargeant.*

H. 2, 92. — L. 1, 94. — T. — Fig. en pied de gr. nat.

Le cheval, gris pommelé, vu par la croupe, se cabre, tandis que son cavalier, le sabre à la main, se retourne vers la gauche. Dans le fond, à droite, une bataille, des chasseurs chargeant, des affûts brisés, une pièce de canon. A gauche, d'autres cavaliers.

Ce tableau, exposé au salon de 1812 sous le titre de Portrait équestre de M. D. (M. Dieudonné, lieutenant des guides de l'empereur), fut peint en douze jours et produisit un grand effet. Il eut le sort de toutes les œuvres vraiment originales, et trouva alors plus de détracteurs passionnés que d'admirateurs. En le voyant, David s'écria : D'où cela sort-il? Je ne reconnais pas cette touche. En effet, cette peinture, d'un artiste de 20 ans, était en désaccord avec toutes les traditions de son école. Elle valut à son auteur une médaille d'or, fut exposée de nouveau en 1814, et achetée, ainsi que le tableau suivant, par le duc d'Orléans. Prêtés tous deux par le roi Louis-Philippe à la société des artistes, ils figuraient à l'exposition du boulevard Bonne-Nouvelle lorsque la révolution de février 1848 éclata. Ils échappèrent ainsi à la destruction des tableaux du Palais-Royal. Enfin, à la vente du feu roi Louis-Philippe, l'administration du Musée en fit l'acquisition le 29 avril 1851, moyennant la somme de 23,400 fr.

244. *Cuirassier blessé quittant le feu.*

H. 2, 92. — L. 2, 27. — T. — Fig. en pied de gr. nat.

Il est à pied, se dirige à gauche, tourne la tête à droite et lève les yeux vers le ciel. Il descend avec peine un terrain en pente, conduisant d'une main son cheval par la bride, et de l'autre tenant son sabre. Dans le fond, à gauche, la fumée d'un combat qui se livre sur un pont.

Ce tableau, exécuté en peu de jours, parut avec le précédent à l'exposition de 1814. (Voir la note du numéro précédent.)

245. *Un carabinier.*

H. 1, 01. — L. 0, 82. — T. — Fig. à mi-corps de gr. nat.

Il a la tête découverte, vue de profil, tournée à gauche. Il porte la cuirasse dorée sur son uniforme blanc, et pose la main droite sur la hanche.

Acquis, en 1851, de M. A. Stevens pour la somme de 1,500 fr.

246. *Le four à plâtre.*

H. 0, 50. — L. 0, 60. — T.

Au premier plan, à gauche, un groupe de trois chevaux mangeant dans leur musette, et une charrette dételée. Plus loin, à droite, le four à plâtre. On aperçoit près de la porte ouverte, l'avant-train d'une charrette que l'on charge de sacs dans le bâtiment ; les deux chevaux de l'attelage sont dehors et mangent l'avoine. — Signé, à gauche : *Géricault*.

Acquis en 1849, à la vente de M. A. Mosselman, pour la somme de 1,350 fr.

247. *Cheval turc dans une écurie.*

H. 0, 35. — L. 0, 25. — T.

Il est bai-brun, vu par la croupe, la tête tournée à gauche, et porte une riche selle orientale. Devant lui, sa mangeoire.

Étude acquise en 1849, à la vente de M. A. Mosselman, pour la somme de 750 fr.

248. *Cheval espagnol dans une écurie.*

H. 0, 50. — L. 0, 60. — T.

Il est bai-brun, vu de profil, tourné vers la droite. Au fond de l'écurie, on aperçoit dans une stalle un autre cheval de même robe, tourné à gauche et avec une couverture.

Étude acquise en 1849, à la vente de M. A. Mosselman, pour la somme de 520 fr.

GÉRICAULT.

249. *Écurie de cinq chevaux vus par la croupe.*

H. 0, 38. — L. 0, 46. — T.

Les cinq chevaux sont placés devant le ratelier. Le premier, en commençant par la gauche, est bai-brun; le deuxième, isabelle aux crins noirs; le troisième, gris pommelé; le quatrième, bai-brun; le cinquième, alezan. Le premier, le troisième et le cinquième portent des couvertures. Tout à fait à gauche, une tête de cheval à peine indiquée.

Étude acquise en 1849, à la vente de M. A. Mosselman, pour la somme de 1,100 fr.

GIRODET DE ROUCY TRIOSON (ANNE-LOUIS), *peintre, écrivain, né à Montargis le 5 janvier 1767, mort à Paris le 9 décembre 1824.*

Devenu orphelin fort jeune, il eut pour tuteur et père adoptif M. Trioson, médecin des armées, dont il prit le nom lorsque celui-ci eut perdu, en 1812, son fils unique. Après avoir appris les principes du dessin d'un peintre nommé **Luquin**, il entra, à 18 ans, dans l'atelier de David. Admis au concours pour le grand prix, en 1787, il en fut exclu, ayant enfreint le règlement qui interdit aux élèves d'apporter du dehors en loge des dessins ou des gravures. L'année suivante, il obtint le deuxième prix, et, en 1789, le premier; le sujet donné était Joseph reconnu par ses frères. Girodet partit pour Rome, et, après un séjour de plus de cinq ans en Italie, revint à Paris, remporta le grand prix d'histoire au concours décennal, en 1810, et produisit des ouvrages qui, à leur apparition, jouirent de la plus grande faveur. Girodet a peint peu de tableaux, mais il a fait un nombre considérable d'études et de dessins. Il exécuta une foule de compositions pour illustrer les œuvres de Racine, de Virgile, d'Anacréon, de Sapho, de Bion, de Moschus, d'Ossian, etc.; écrivit un poème sur la peinture, fit des traductions ou imitations de plusieurs poètes grecs, et publia des dissertations didactiques. Ses œuvres littéraires ont été réunies en 2 vol. in-8°. Girodet était membre de l'Académie des beaux-arts par ordonnances du 20 mai 1815 et du 21 mars 1816, et chevalier de la Légion-d'Honneur. A sa mort, le roi Louis XVIII ordonna que la croix d'officier qu'il lui destinait fût placée sur son cercueil. Il a exposé aux salons de 1793, 1798, 1799, 1800, 1804, 1806, 1808, 1810, 1812, 1814, 1819 et de 1824.

250. *Scène du déluge.*

H. 4, 31. — L. 3, 41. — T. — Fig. de gr. nat.

Un homme portant son père sur ses épaules, tenant par le bras droit sa femme, qui presse sur son sein un jeune enfant enveloppé dans un manteau, et à la chevelure de laquelle un autre enfant plus âgé se tient suspendu, saisit une branche d'arbre et s'efforce de gagner le haut d'un rocher, où il espère trouver un abri pour sa famille. La branche se rompt et les cinq personnes vont tomber dans l'abîme. A gauche, dans les flots, une jeune fille expirante.

Lithographié par M. Aubry Le Comte. — Landon, E. F. M., t. 1, pl. 54.

Collection de Louis XVIII. — Ce tableau, au concours décennal de 1810, l'emporta sur les Sabines de David et mérita à son auteur le premier prix. Il fut acquis en 1818, avec le Sommeil d'Endymion et les Funérailles d'Atala, moyennant la somme de 50,000 fr.

251. *Le sommeil d'Endymion.*

H. 1, 99. — L. 2, 61. — T. — Fig. de gr. nat.

Endymion, endormi, est couché sur son manteau et sur une peau de tigre, à l'ombre d'un platane. L'Amour, sous la figure de Zéphyr, écarte le feuillage de l'arbre pour laisser pénétrer les rayons de la lune qui viennent se poser sur les lèvres et la poitrine du jeune chasseur. Aux pieds d'Endymion, à gauche, son chien endormi ; son arc et son carquois sont déposés à ses côtés.

Gravé par Chatillon en 1810. — Filhol, t. 11, pl. 31. — Landon, E. F. M., t. 1, pl. 52.

Collection de Louis XVIII. — Ce tableau fut peint à Rome, en 1792, pendant le séjour de Girodet comme pensionnaire de l'Académie de France, et exposé la même année ; le Musée l'acquit, en 1818, avec le Déluge et les Funérailles d'Atala, pour la somme de 50,000 fr. — Deux mots grecs, formés de lettres bizarrement enlacées, sont tracés sur l'écorce de l'arbre ; des feuilles cachent une partie du premier mot, le second est : AEP.

252. *Atala au tombeau.*

H. 2, 10. — L. 2, 67. — T. — Fig. de gr. nat.

A l'entrée d'une grotte, Chactas et le père Aubry vont déposer, dans une fosse qu'ils ont creusée, le corps d'Atala, dont les mains, retenant une croix, sont jointes sur la poitrine. A gauche, Chactas, assis sur une pierre, les pieds dans la fosse, tient embrassés les genoux d'Atala. La tête de la jeune femme repose sur les bras de l'ermite, qui la soutient de l'autre côté. On lit sur le rocher cette inscription, tirée des poésies de Job : *J'ai passé comme la fleur, j'ai séché comme l'herbe des champs.*

Gravé par M. Royer et par R.-U. Massard.

Collection de Louis XVIII. — Ce tableau, exposé au salon de 1808, fut acquis en 1818, avec l'Endymion et le Déluge, pour la somme de 50,000 fr. Il en existe une répétition de même dimension (placée à Compiègne), commencée par Pagnest, terminée entièrement par Girodet ; afin qu'on pût la distinguer du premier tableau, l'artiste a mis un peu de barbe près de l'oreille et de légères moustaches à Chactas. Girodet a aussi terminé une réduction faite par M. Lancrenon.

GOURMONT (JEAN DE), *peintre, graveur, vivait en 1557.*

On n'a aucun détail biographique sur cet artiste, qui aimait à faire prédominer dans ses compositions des détails d'architecture et des monuments mis en perspective avec beaucoup de soin. Ses estampes sont marquées du monogramme J. G. Des planches où il a représenté des ateliers d'orfèvres, ont fait penser qu'il était orfèvre lui-même.

253. *La Nativité.*

H. 0, 95. — L. 1, 16. — B. — Fig. de 0, 20.

Au milieu d'un temple ruiné, d'une architecture bizarre, rempli de colonnades, d'escaliers, de balustrades, la Vierge agenouillée contemple l'Enfant-Jésus couché sur une pierre devant elle. De chaque côté du Sauveur, deux petits anges. Derrière la Vierge, saint Joseph à genoux. A gauche, deux bergers avec de longs bâtons. A droite, un ange, assis sur un socle brisé, jouant de la vielle. Dans la partie supérieure, une foule de petits anges tenant une grande banderole et des instruments de musique de différentes espèces. Dans le fond, à gauche, une cour, deux bergers arrivant, une fontaine.

Musée Napoléon. — Ce tableau, qui vient du château d'Ecouen, a été d'abord porté, sur les inventaires de l'Empire, à Carle van Mander, puis aux inconnus de l'école flamande. On lit dans les notes de Mariette à l'*Abecedario pittorico* du père Orlandi : « Il y a dans la chapelle du château d'Escouen, un petit tableau représentant Jésus-Christ nouvellement né, couché dans la crèche et adoré par la Sainte-Vierge, qui est peint par le même maître (Gourmont), d'après lequel sont les différentes pièces qui sont énoncées dans ce catalogue et marquées de ce monogramme J. G. Il est composé de la même façon, même fond d'architecture, mêmes intentions de figures, et si J. Gourmont, qui a fait les estampes, a fait aussi des tableaux, celui du château d'Escouen sera son ouvrage. »

GRANET (François-Marius), *né à Aix (en Provence) le 17 décembre 1775, mort dans la même ville le 21 novembre 1849.*

Son père, qui était maître maçon, cédant à sa vocation pour le dessin, le plaça d'abord chez un peintre italien en passage à Aix. Il fréquenta ensuite une école gratuite dirigée par M. **Constantin**, paysagiste distingué, qui, après avoir quitté Rome, s'était fixé dans cette ville. C'est à cette époque que M. Granet eut occasion de voir pour la première fois M. de Forbin, dont il devait bientôt devenir l'ami. Le siège de Toulon interrompit ses études. Il accompagna comme dessinateur la Société populaire d'Aix qui voulait y prendre part, assista à l'incendie du port, et entra à l'arsenal en qualité de peintre, décorant des proues, des poupes, des canots, de badigeonnage aux trois couleurs ou d'emblèmes républicains. Obligé de revenir à Aix à la suite d'une sédition qui avait éclaté dans l'arsenal, M. Granet retrouva M. de Forbin, qui partit quelque temps après pour Paris et l'appela dans cette ville. Il fit le voyage à pied, muni d'une feuille de route qui le désignait comme conducteur de la chaîne des forçats. Arrivé à Paris, non sans avoir eu bien des obstacles à surmonter, M. Granet, grâce à son ami, obtint d'entrer à l'atelier de David. Après avoir exposé quelques tableaux représentant des vues d'architecture, qui furent très remarqués, il prit, ainsi que M. de Forbin, la résolution d'aller en Italie. Ils arrivèrent tous deux à Rome au mois de juillet 1802. Rome fut pour M. Granet une seconde patrie ; il y passa une partie de sa vie et y peignit une foule de tableaux qui, envoyés aux expositions de Paris, jouirent d'un succès immense et mérité. La première fois qu'il revint à Paris, ce fut en 1819 ; il rapportait, entre autres ouvrages, une répétition de son fameux Chœur des capucins, qu'il fut obligé de refaire quinze ou seize fois avec des variantes nouvelles, pour satisfaire l'empressement des amateurs. Louis XVIII donna à M. Granet la décoration de la Légion-d'Honneur à la suite du salon de 1819. Au Louvre, il retrouva M. de Forbin, qui avait succédé à M. Denon comme directeur général des Musées royaux. Enfin, il fut nommé chevalier de l'ordre de Saint-Michel, conservateur des tableaux le 29 mars 1826, puis membre de l'Institut en 1830. Malgré ses fonctions, qui devaient l'attacher à la France, M. Granet retourna à plusieurs reprises, et pendant d'assez longs intervalles, à Rome, dont les monuments avaient pour lui un charme irrésistible. Après la révolution de 1848 il se retira à Aix, légua sa fortune à sa ville natale, lui donna des tableaux pour former un musée, institua une rente de 1,500 fr. pour l'entretien à Rome ou à Paris d'un jeune artiste de la ville d'Aix, et, en souvenir de l'humble profession de son père, fonda, à l'hospice des Incurables, deux lits pour les maçons. M. Granet a laissé par testament deux cents dessins à la collection du Louvre. Il a exposé aux salons de 1799, 180 1801, 1806, 1808, 1810, 1814, 1819, 1822, 1824, 1827, 1831, 1833, 1834, 1835, 1836, 1838, 1839, 1840, 1841, 1843, 1845, 1846 et de 1847.

254. *Vue intérieure du Colisée.*

H. 1, 23. — L. 1, 60. — T. — Fig. de 0, 20.

Au premier plan, une arcade sous laquelle, à droite, une femme debout et une jeune fille à genoux sont en prières devant l'image d'un Christ en croix. A gauche, un homme couché par terre, la tête appuyée sur la première marche d'un escalier. — Signé en bas, à droite : M. GRANET A ROME.

Musée Napoléon. — Ce tableau, qui fut exposé au salon de 1806, obtint un prix d'encouragement.

255. *Le peintre Sodoma porté à l'hôpital.*

H. 0, 75. — L. 1, 00. — T. — Fig. de 0, 28.

Dans l'intérieur d'une salle éclairée par une seule fenêtre, à gauche, Sodoma est couché sur une espèce de lit en bois ; auprès de lui sont suspendus à une poutre une palette, une épée et un manteau. Devant Sodoma, trois hommes debout, et un quatrième, à droite, assis sur la civière qui a servi à le transporter. — Signé : GRANET ROMA, 1815.

Collection de Louis-Philippe. — Acquis en 1846 pour la somme de 2,000 fr.

256. *Intérieur de la basilique basse de Saint-François d'Assise, à Assise; elle est desservie par les religieux franciscains.*

H. 2, 03. — L. 2, 72. — T. — Fig. de 0, 33.

A l'extrémité de l'église, un autel où l'on dit la messe et, en face, des hommes et des femmes agenouillés. Sur le devant, à gauche, un paysan, assis par terre, tient un chapelet ; près de lui sont déposés son chapeau, un paquet, un bâton, et, sur un banc, une espèce de grande guitare. A côté, un enfant debout mange un morceau de pain, et une pèlerine prend de l'eau bénite dans un grand bénitier. Au milieu de la composition, un homme à genoux tenant un chien en laisse. Tout à fait à droite, une femme vue de dos dans un confessionnal. — Signé, à gauche, sur une espèce de pancarte au-dessus du bénitier : GRANET A ASSISE 1823.

<small>Collection de Louis XVIII. — Acquis, à la suite du salon de 1822, pour la somme de 12,000 fr.</small>

257. *Rachat de prisonniers dans les prisons d'Alger.*

<small>H. 1, 50. — L. 2, 00. — T. — Fig. de 0, 45.</small>

A droite, dans une salle souterraine décorée de drapeaux suspendus à la muraille, des marchands algériens, assis devant une table, pèsent dans des balances l'argent que les pères de la Rédemption viennent de donner pour des captifs dont ils brisent les chaînes. A gauche, un groupe de moines ; l'un d'eux tient une bannière où on lit : PÈRES DE LA RÉDEMPTION DES CAPTIFS ; deux autres apportent des corbeilles de pain. Dans le fond, des soldats arabes, des prisonniers descendant un escalier. — Signé, à droite : GRANET. F^{bat} 1831.

<small>Collection de Louis-Philippe. — Ce tableau fut acquis pour la somme de 6,000 fr. à la suite du salon de 1831.</small>

258.* *Portrait de l'auteur.*

<small>H. 0, 88. — L. 0, 55. — T. — Fig. en buste de gr. nat.</small>

Il s'est représenté la tête découverte et vue de trois quarts tournée à gauche ; il porte des lunettes, et tient dans la main gauche sa palette et des pinceaux.

<small>Acquis en 1852 de M. Martin pour la somme de 800 fr.</small>

GREUZE (Jean-Baptiste), *né à Tournus, près de Mâcon, le 21 août 1725, mort au Louvre le 21 mars 1805.*

Un peintre lyonnais nommé **Gromdon**, père de Mme Grétry, frappé des dispositions du jeune Greuze pour le dessin, l'emmena à Lyon et lui donna gratuitement des leçons qui le mirent bientôt à même de peindre des portraits. Il accompagna son maître à Paris, travailla assidûment à l'Académie d'après le modèle et se forma seul. Son premier tableau du *Père de famille expliquant la Bible à ses enfants*, parut tellement au-dessus de ce qu'on pouvait attendre de son talent, qu'on hésita à l'en croire l'auteur. De nouvelles œuvres plus remarquables dissipèrent des soupçons injustes, établirent sa réputation et lui valurent la protection du célèbre amateur de La Live de Jully. Greuze, présenté par Pigale, fut agréé à l'Académie, le 28 juin 1755, sur son tableau de *l'Aveugle trompé*; il partit pour l'Italie vers la fin de la même année avec l'abbé Louis Gougenot, conseiller au grand conseil, nommé le 10 janvier 1756 honoraire associé libre à l'Académie. De retour à Paris, Greuze n'exposa, en 1757, que des sujets italiens, et ce voyage, qui ne dura guère plus d'un an, loin de lui être utile, altéra son originalité, sans lui faire acquérir des qualités nouvelles. Il lui fallut quelque temps et des efforts pour secouer le joug de l'imitation, pour redevenir lui-même. Quoique agréé, Greuze, contre l'usage, ne se pressait pas d'exécuter le tableau exigé pour être reçu définitivement académicien. Après l'avoir averti à plusieurs reprises de se conformer aux statuts, l'Académie lui interdit son exposition, et l'on ne vit aucun ouvrage de lui au salon de 1767. Enfin, il se décida à faire un tableau dans le genre historique, afin d'avoir droit à toutes les dignités du corps et d'obtenir promptement le grade de professeur. Il choisit pour sujet l'empereur Sévère reprochant à Caracalla, son fils, d'avoir voulu l'assassiner (n° 259). L'artiste, en sortant complétement de ses habitudes, resta au-dessous de sa tâche et donna prise aux nombreux ennemis que ses succès et son caractère orgueilleux lui avaient suscités. Il fut reçu académicien le 23 août 1769, mais comme peintre de genre seulement. Cette nomination, dont Diderot, l'ami du peintre, parle longuement, fit beaucoup de bruit; Greuze, irrité, ne voulut plus exposer et ne reparut au salon que lorsque la Révolution eut ouvert à tous les artistes les portes du Louvre; mais il était trop tard pour sa gloire et pour sa fortune; sa main et sa vue, affaiblies par l'âge, ne secondaient plus son imagination, toujours vive et jeune; enfin, une révolution avait aussi éclaté dans les arts: les sujets héroïques, tirés des histoires grecque ou romaine, les dieux de l'Olympe, imités des statues antiques, avaient détrôné les scènes familières, les divinités de boudoirs. Greuze, après avoir gagné des sommes considérables, se trouva, à 75 ans, ruiné par des faillites, sans ressources, implorant en vain des commandes, et mourut dans l'indigence. Greuze a emprunté tous les motifs de ses tableaux à la vie privée de la bourgeoisie et mis en pratique, dans ses peintures, les préceptes du drame que Diderot tenta d'introduire au théâtre. Le sentiment mélodramatique qui prédomine dans ses compositions a contribué autant, si ce n'est plus, que son talent réel à ses succès. Il a peint un grand nombre de fort beaux portraits, et des têtes de femmes d'une expression quelquefois un peu exagérée, mais pleines de vie, de grâce et de fraîcheur. Il eut pour élèves Mlle **Le Doux**, qui a fait d'excellents pastiches de son maître, sa fille Anna et sa filleule Caroline; cette dernière épousa M. de Valory et publia, en 1813, une comédie-vaudeville en un acte, intitulée: *Greuze, ou l'Accordée de village*, précédée d'une notice sur l'artiste et ses ouvrages. Greuze a exposé aux salons de 1755, 1757, 1759, 1761, 1763, 1765, 1769, 1800, 1801 et de 1804. Il s'était associé, pour la reproduction de ses tableaux, à quatre habiles graveurs, Massard, Gaillard, Flippart et Levasseur; mais presque tous les autres graveurs de l'époque ont reproduit aussi ses compositions peintes ou dessinées.

259. « *Sévère reproche à Caracalla, son fils, d'avoir voulu l'assassiner dans le défilé d'Écosse, et lui dit : Si tu désires ma mort, ordonne à Papinien de me la donner avec cette épée.* » (Livret du salon de 1769.)

H. 1, 24. — L. 1, 60. — T. — Fig. de 0, 65.

Sévère se relève sur son lit, étend les bras vers son fils, qui se tient debout à gauche, et lui montre une épée placée sur une table à côté de lui. A droite, au chevet du lit, deux conseillers de l'empereur.

Musée Napoléon. — Ce tableau fut peint par Greuze pour sa réception à l'Académie, le 23 août 1769, et exposé au salon de la même année.

260. *L'accordée de village.*

H. 0, 90. — L. 1, 18. — T. — Fig. de 0, 50.

A droite, un vieux paysan assis accorde, en présence de sa famille, sa fille aînée à un jeune homme, et lui remet une bourse, dot de sa future. Derrière le fauteuil du père, une fille plus jeune, la tête appuyée sur sa main, regarde d'un air d'envie la fiancée. Du même côté, au premier plan, le notaire, vu de dos et assis devant une table, vient de rédiger le contrat. A gauche, la mère tient la main de sa fille, sur l'épaule de laquelle se penche une de ses jeunes sœurs. Derrière la mère, trois autres enfants, et en avant, une petite fille donnant à manger à des poulets.

Filhol, t. 11, pl. 9.

Collection de Louis XVI. — Ce tableau, gravé par Flippart, fut exposé au salon de 1761 ; il avait été fait pour M. Randon de Boisset, qui le céda au marquis de Marigny, moyennant la somme de 9,000 livres. A la vente de sa collection, en 1782, il fut payé 16,650 livres par Joullain, pour le cabinet du roi.

261. *La malédiction paternelle.*

H. 1, 30. — L. 1, 62. — T. — Fig. de 0, 80.

A gauche, un vieillard assis étend les mains avec violence vers son fils qui vient de s'engager; une jeune fille, à genoux devant lui, cherche à modérer sa colère. La mère tient son fils embrassé, tandis qu'une autre jeune fille et deux jeunes enfants implorent le père irrité. Sur le seuil de la porte, à droite, un racoleur contemple cette scène avec indifférence.

Gravé par Robert Gaillard.

Collection de Louis XVIII. — Ce tableau et le suivant ont été acquis en 1820 de M. de Ville-Serre pour la somme de 10,000 fr.

262. *Le fils puni.*

H. 1, 30. — L. 1, 62. — T. — Fig. de 0, 80.

Un vieillard, entouré de sa famille, vient d'expirer; à gauche, une de ses filles, assise près de son lit, lève les yeux au ciel; une autre et trois enfants expriment leur douleur. A droite, la mère montre le lit de mort à son fils, qui, de retour à la maison paternelle, se repent trop tard de son inconduite.

Gravé par Robert Gaillard.

Collection de Louis XVIII. — Ce tableau et le précédent ont été acquis en 1820 de M. de Ville-Serre pour la somme de 10,000 fr. Le Fils puni, à la vente du marquis de Verri, en 1785, fut poussé à 21,000 fr., et se vendit en 1813, à la vente de Laneuville, 15,000 fr.

263. *La cruche cassée.*

H. 1, 10. — L. 0, 85. — Forme ovale. — T. — Fig. jusqu'aux genoux de gr. nat.

Une jeune fille vue de face, avec un ruban violet et des fleurs blanches dans les cheveux, un fichu de gaze passant sur sa poitrine à moitié découverte, une rose effeuillée au corsage, est debout, vêtue de blanc, retenant des fleurs dans sa robe et portant au bras gauche une cruche fêlée. A droite, une fontaine ornée d'un lion accroupi qui lance de l'eau.

Gravé par Massard.

Ancienne collection. — Ce tableau fut vendu en 1785, à la vente du marquis de Verri, 3,001 fr.

264. *Portrait de Greuze.*

H. 0, 74. — L. 0, 60. — Forme ovale. — T. — Buste de gr. nat.

Il s'est représenté de trois quarts, la tête découverte, tournée à droite, les cheveux bouclés et poudrés ; il porte une cravate blanche nouée négligemment, et par-dessus un gilet grisâtre, un habit bleu à col rabattu.

Gravé dans le Musée français.

Collection de Louis XVIII. — Ce tableau, vendu 300 fr. en 1769, à la vente de La Live de Jully, fut acquis en 1820 de M. Spontini pour la somme de 2,000 fr. Greuze exposa son portrait en 1761 ; mais comme il n'avait alors que 36 ans, et que celui du Louvre représente un homme plus âgé, nous ne pensons pas que ce soit le même.

265. *Portrait d'Étienne Jeaurat, peintre, né en 1699, mort en 1789.*

H. 0, 81. — L. 0, 65. — T. — Fig. à mi-corps de gr. nat.

Il est vu de trois quarts, assis dans un fauteuil, tourné à gauche, la tête couverte d'une espèce de bonnet de drap noir bordé d'or, et porte un large vêtement de couleur violâtre par-dessus un gilet de satin noir.

Filhol, t. 11, pl. 23.

Collection de Charles X. — Ce tableau fut exposé au salon de 1769. Acquis en 1824, pour la somme de 1,800 fr., de Mme veuve Fleury.

266. *Jeune fille; étude.*

H. 0, 41. — L. 0, 33. — T. — Tête de gr. nat.

Elle est vue de trois quarts, tournée à droite, le sein découvert, les cheveux tombant sur les épaules. Ses yeux sont levés vers le ciel avec un sentiment de crainte.

Ancienne collection.

267. *Jeune fille; étude.*

H. 0, 41. — L. 0, 33. — T. — Tête de gr. nat.

Elle est représentée de trois quarts, la tête tournée à gauche, portant dans ses cheveux un ruban bleu, et autour du cou un fichu jaunâtre, noué et retombant sur sa chemise.

Ancienne collection.

GREUZE (École de).

268. *Portrait d'un jeune homme.*

H. 0, 66. — L. 0, 53. — Forme ovale. — T. — Buste de gr. nat.

Il est représenté la tête tournée de trois quarts à droite, les cheveux poudrés et frisés; il porte une cravate blanche, un jabot de dentelle, un habit de velours bleu et un gilet brodé d'or, à grandes fleurs. A droite, on aperçoit le bord d'un manteau fourré d'hermine.

Ancienne collection.

GRIMOU, GRIMOUX ou **GRIMOUD** (Alexis), *né à Romont (dans le canton de Fribourg, en Suisse) vers 1680, mort à Paris vers 1740.*

La plupart des écrivains lui donnent le prénom de Jean. Son portrait, peint par lui-même, porte celui d'Alexis seulement. Il était fils d'un cent-suisses de la garde du roi, et n'eut point de maître. Il apprit la peinture en copiant, chez un brocanteur de tableaux, des ouvrages de van Dyck et de Rembrandt, jusqu'à ce qu'il fût en état de peindre des portraits et des scènes familières, qui jouirent de son temps d'une grande réputation. La bizarrerie de ses idées et l'irrégularité de sa vie, passée pour ainsi dire dans une perpétuelle ivresse, ne lui permirent pas de donner à son talent l'essor qu'il aurait pu prendre. Né coloriste, il avait une touche moelleuse et possédait le sentiment du clair-obscur. Malgré son inconduite, on le recherchait; mais ce n'était qu'à grand'peine, et en flattant son penchant vicieux, qu'on pouvait obtenir un portrait ou un ouvrage de lui. Il a souvent peint des femmes habillées en pèlerines, en joueuses d'instruments et en chanteuses. Grimou n'a point formé d'élèves. Il avait été agréé à l'Académie royale de peinture le 5 septembre 1705, et en fut rayé le 2 mars 1709. Il avait une haute estime de son talent. Un auteur prétend qu'à la vue des tableaux envoyés pour leur réception par d'autres agréés, il ne voulut pas consentir à laisser son œuvre au milieu de peintures qu'il jugeait trop médiocres; il remporta sa toile, et se fit admettre, en payant, à l'Académie de Saint-Luc.

269. *Portrait de Grimou.*

H. 1, 00. — L. 0, 85. — Forme ovale. — T. — Fig. à mi-corp de gr. nat.

Il s'est représenté la tête nue, vue de trois quarts, tournée à droite, et regardant le spectateur en riant. Il porte un vêtement de couleur grenat, à manches tailladées. Placé devant une table sur laquelle il s'appuie, il tient de la main droite une bouteille et de l'autre un verre plein de vin. — Signé en bas, à droite : *Alexis Grimou pain par lui-même, 1724.*

Ancienne collection. — L'inventaire, sans tenir compte de l'inscription, désigne simplement cette peinture sous le titre de *portrait d'un buveur.*

270. *Un buveur.*

H. 1, 00 — L. 0, 85. — Forme ovale. — T. — Fig. à mi-corps de gr. nat.

La tête est nue, vue de trois quarts et tournée à droite. Il porte une veste rouge avec une ceinture, tient d'une main une cruche qu'il serre contre sa poitrine, et de l'autre un verre de vin qu'il regarde en riant. — Signé, à gauche : *Grimou, 1724.*

<small>Ancienne collection.</small>

271.* *Une pèlerine.*

<small>H. 0, 98. — L. 0, 83. — Forme ovale. — T. — Fig. à mi-corps de gr. nat.</small>

Elle est représentée de trois quarts, tournée à gauche, avec un nœud rouge et une chaîne d'or dans les cheveux. Elle porte une collerette ouverte sur le cou, une robe brune, une chaîne sur la poitrine et aux manches. Sa main droite tient le bâton de pèlerine, la gauche, une coquille; son manteau, retenu sur les épaules, est également garni de coquilles. — Signé : *Grimou f. 1729.*

<small>Ancienne collection. — Malgré la signature, ce tableau est porté aux inconnus sur les inventaires. Il était primitivement de forme carrée.</small>

272. *Portrait d'un jeune militaire.*

<small>H. 0, 58. — L. 0, 47. — T. — Fig. en buste de gr. nat.</small>

Sa tête est vue de profil, tournée à droite, couverte d'une toque de velours rouge, ornée d'une chaîne d'or, d'une plume jaune et d'une plume blanche. Il porte une perle à l'oreille, au cou une écharpe jaune, et sur le dos une cuirasse.

<small>Ancienne collection.</small>

273. *Portrait d'un jeune militaire.*

<small>H. 0, 81. — L. 0, 55. — T. — Fig. en buste de gr. nat.</small>

Il est vu presque de dos; la tête, tournée de trois quarts vers la droite, regarde à gauche. Il porte une large toque de velours ornée d'une chaîne d'or et d'une grande plume, une fraise à trois rangs rabattue, une cuirasse et un manteau rouge jeté sur l'épaule droite.

Ancienne collection.

GROS (ANTOINE-JEAN, baron), *né à Paris le* **16** *mars* **1771**, *mort le* **26** *juin* **1835**.

Il était fils de **Jean-Antoine Gros**, peintre en miniature, et témoigna, dès son enfance, de grandes dispositions pour le dessin. Vers la fin de 1785 il entra à l'école de David, concourut une seule fois pour le prix de Rome en 1792, et se vit préférer son compétiteur Landon. Son père étant mort au commencement de la Révolution, après avoir perdu sa fortune, Gros fut obligé d'interrompre ses études sérieuses pour donner des leçons et faire des portraits au fixé. Au commencement de 1793 il prit la résolution de se rendre en Italie, et obtint un passeport, grâce à la protection de David et de Regnault. Après avoir surmonté une foule d'obstacles qui s'opposaient à son départ, il parvint à Gênes en 1793, alla ensuite à Florence, puis revint à Gênes, où les ouvrages de Rubens, de van Dyck, de Puget, excitèrent son admiration. A la fin de 1796, il connut dans cette ville Mme Bonaparte, qui l'emmena avec elle à Milan et le présenta au général en chef, son mari. Jusque-là Gros n'avait guère exécuté que de petits portraits à l'huile; la bataille d'Arcole, gagnée le 15 novembre 1796, lui fournit un sujet qu'il traita de manière à faire présager ce qu'il serait un jour. Il représenta Bonaparte portant le drapeau tricolore et traversant le pont à la tête des grenadiers. Le portrait plut au général; il le fit graver à ses frais par le Milanais Longhi et donna la planche au jeune artiste, que dès ce moment il admit dans son intimité. Afin de lui procurer une position dans l'armée, il l'attacha à son quartier-général comme inspecteur aux revues, fonction nominative qui lui permettait de porter un uniforme, et le désigna dans le mois de nivôse an V (1797) pour faire partie de la commission chargée de la recherche et du choix des objets d'art qui devaient venir enrichir la galerie du Louvre. Gros exerça ces fonctions difficiles à Pérouse, à Modène, à Bologne, avec autant de délicatesse que de probité, et arriva à Rome le 5 germinal an V (25 mars 1797). Il séjourna quelques mois dans cette ville, retourna à Milan, reprit, le 1er frimaire an VI (21 novembre 1797), les fonctions d'inspecteur, et peignit encore des portraits qui, malgré l'exiguïté de leurs dimensions et la finesse des détails, ont toute la largeur de la grande peinture. Pendant que Bonaparte remportait des victoires en Egypte, nos armées éprouvaient de cruels revers en Italie. Le 9 floréal an VII (1799), Gros, ainsi que les autres Français, obligé de quitter Milan, gagna Gênes, avec des peines infinies, le même mois. Retenu dans cette ville pendant le terrible siège que Masséna y soutint, il était sur le point de succomber de faim et de misère, lorsque, le 16 prairial (4 juin 1799), il trouva le moyen de monter sur un vaisseau anglais. Il débarqua à moitié mort à Antibes, et se fit transporter à Marseille, où les soins d'un ami le rappelèrent à la vie. Enfin, vers le commencement de l'an IX (1801), après neuf ans d'absence, Gros revenait à Paris à l'âge de 30 ans. Jusqu'à cette époque, il n'avait peint que des petits portraits et des sujets antiques, lorsqu'un arrêté des consuls, ordonnant l'exécution d'un tableau représentant le combat de Nazareth, où Junot, à la tête de 500 hommes, défit une armée de 6,000 Turcs et Arabes, lui offrit l'occasion de traiter un de ces sujets de l'histoire contemporaine dans lesquels il montra toujours une immense supériorité. Un concours fut ouvert en 1801; son esquisse, donnée au Musée de Nantes par M. Urvoy de Saint-Bedan, remporta le prix; mais le tableau, qui devait avoir 47 pieds, ne fut pas exécuté. Puis vinrent les Pestiférés de Jaffa, en 1804; la Charge de cavalerie à la bataille d'Aboukir par Murat, en 1806; le Champ de bataille d'Eylau, en 1808; la Bataille des Pyramides, en 1810; François Ier et Charles V visitant les tombeaux de Saint-Denis, en 1812; sans parler de portraits équestres ou en pied, et d'autres compositions moins importantes comme dimension ou comme mérite. Ce fut vers cette époque qu'il reçut de M. de Montalivet, ministre de Napoléon, la commande des peintures de la coupole de Sainte-Geneviève. Cette immense entreprise, interrompue par deux compositions importantes, le Départ de Louis XVIII le 20 mars (actuellement au Musée de Versailles), l'Embarquement de la duchesse d'Angoulême à Pouillac le 1er avril 1815 (à Bordeaux), ne fut terminée, après bien des vicissitudes et des changements exigés par les événements, qu'en 1824, et valut à Gros le titre de baron. En 1815, David, obligé de s'exiler à Bruxelles, lui confia la direction de son école. En 1816, il fut nommé successivement membre de l'Institut, conseiller honoraire des musées royaux, professeur à l'Ecole des beaux-arts. En 1819 il reçut le cordon de chevalier de l'ordre de Saint-Michel, et en 1828 la croix d'officier de la Légion-d'Honneur. Malgré tant de triomphes et d'honneurs, David, du fond de son exil, ne cessait de recommander à son ancien disciple d'abandonner *les sujets futiles et les tableaux de circonstance* pour se livrer à la création de *beaux tableaux d'histoire*. Elève soumis, quoique âgé de 50 ans, Gros, qui avait voué à David une piété filiale, qui en 1822 fit frapper une médaille à son effigie, ne put résister au bonheur d'aller l'embrasser à Bruxelles en 1823, et tenta en vain de lui faire signer une pétition pour demander son retour en France. Gros n'écouta que trop, pour sa gloire et son bonheur, le conseil de son maître. Le portrait de Charles X exposé en 1827, les plafonds du Musée créé par ce souverain, surtout un Hercule et Diomède (salon de 1835), furent critiqués de la manière la plus violente, et jetèrent l'artiste dans un sombre découragement; il se regarda comme un homme déshonoré, et ne pouvant survivre à la honte qu'il croyait attachée désormais à son nom, il alla chercher la mort dans un petit bras de la Seine, au bas de la colline de Meudon. Peu d'écoles ont été aussi nombreuses que celle de Gros. De 1816 à 1835, il forma plus de quatre cents élèves. Il exposa aux salons de l'an VI (1797), de l'an IX (1800), de 1801, 1804, 1806, 1808, 1810, 1812, 1817, 1819, 1822, 1824, 1827, 1831, 1833 et de 1835.

274. *Le général en chef Bonaparte visite les pestiférés de Jaffa* (11 mars 1799).

H. 5, 32. — L. 7, 20. — T. — Fig. plus gr. que nat.

Au deuxième plan, vers le centre de la composition, dans l'intérieur d'une riche mosquée entourée d'une vaste cour et convertie en hôpital, le général en chef, suivi des généraux Berthier et Bessières, de l'ordonnateur en chef Daure et du médecin en chef Desgenette, touche sans crainte les tumeurs pestilentielles d'un matelot debout, à moitié nu. A droite, un soldat entièrement nu, soutenu par un jeune Arabe, est pansé par un médecin turc agenouillé ; un officier attaqué d'ophthalmie s'approche à tâtons en s'appuyant sur une colonne. Tout à fait au premier plan, un malade succombe sur les genoux de Masclet, jeune chirurgien français (ami intime de Gros), qui expire lui-même atteint par la contagion. En allant vers la gauche, des malades étendus par terre ou accroupis, dans le paroxysme de la douleur. Au second plan, du même côté, deux Arabes distribuant des pains à des convalescents. — Signé, à gauche : *Gros 1804 à Versailles.*

Gravé par Laugier, et, en plus petit, par Queverdot et Pigeot. — Landon, E. F. M., t. 1, pl. 58 et 59.

Musée Napoléon. — Ce tableau a été exécuté dans la salle du Jeu-de-Paume, à Versailles, en moins de six mois, sur la moitié de la toile où Gros avait déjà tracé le combat de Nazareth, décommandé, et dont il ne reste que l'esquisse, donnée au musée de Nantes par M. Urvoy de Saint-Bedan. Le premier consul, en dédommagement, chargea Gros de le peindre visitant les pestiférés, ignorant que M. Denon avait déjà prévenu Guérin qu'il lui réservait ce sujet. Guérin, en apprenant le choix de Bonaparte, s'empressa, dit-on, d'applaudir lui-même à cette préférence, et M. Denon raconta à l'artiste comment la scène qu'il avait à retracer s'était passée réellement. Gros fit en quelque sorte, sous la dictée de M. Denon, un premier essai différent de celui qu'il exécuta ensuite. Le général y est représenté prenant dans ses bras le corps d'un pestiféré soutenu par un Arabe, qui essaie de le détourner de cet acte de courage. La scène a lieu dans une chambre éclairée par quelques fenêtres. C'est là le fait historique, que Gros crut devoir rendre plus saisissant en entourant le général de plus de pompe, en renversant les murs d'une salle sombre, pour montrer une architecture pittoresque et la ville qui s'élève en amphithéâtre près de la mer. M. le docteur Larrey possède le croquis primitif, et M. Delestre a la même composition frottée au bitume sur une toile. — Le tableau de Gros, exposé au salon de 1804, et payé 16,000 fr., eut un immense succès ; les artistes attachèrent au sommet une longue branche de palmier, et le public couvrit le cadre de couronnes. Un banquet, présidé par Vien et David, fut offert à Gros le 2 vendémiaire an XIII. Girodet y lut un pompeux éloge en vers, et M. Denon, directeur général du Musée, adressa à l'empereur, à son quartier-général en Allemagne, un rapport spécial extrêmement flatteur pour l'artiste. M. Debay, un des élèves de Gros, qui a le plus fidèlement reproduit sa manière, a fait, des Pestiférés, une copie qu'il racheta à la vente de Gros.

275. *Napoléon visite le champ de bataille d'Eylau (9 février 1807), avant de passer la revue des troupes.*

H. 5, 33. — L. 8, 00. — T. — Fig. plus gr. que nat.

Presqu'au centre de la composition, l'empereur, vêtu d'une pelisse de satin gris bordée de fourrure, monté sur un cheval isabelle, laissant flotter les rênes d'une main et levant l'autre avec un geste plein de douleur, contemple le tableau sinistre qui l'environne. Parmi son état-major, on distingue, à droite, Soult, Davoust et Murat caracolant sur un cheval magnifiquement harnaché; à gauche, Berthier, Bessières et Caulaincourt. Des Lithuaniens agenouillés près de l'empereur implorent sa miséricorde, et l'un d'eux embrasse son genou. Plus à gauche, en se rapprochant du premier plan, un jeune chasseur lithuanien est soutenu par un aide, et un chirurgien panse le genou du blessé sous la direction du chirurgien en chef Percy. A la vue de l'empereur, il se soulève et pose la main sur son cœur en témoignage de dévouement et de reconnaissance. Des chirurgiens français vont chercher les ennemis blessés, pansent leurs plaies, tandis que des aides leur apportent des vivres et des secours. Au troisième plan, à droite, un canonnier mort sur sa pièce. Plus loin, on aperçoit deux chasseurs de la garde plaçant sur un de leurs chevaux un grenadier russe blessé; deux chasseurs en vedettes et un aide-de-camp au galop. Dans le fond, des lignes de troupes françaises, devant lesquelles défilent les prisonniers de guerre; le village d'Eylau en flammes, et des rangs entiers de régiments tombés à leur place de bataille et recouverts par la neige.—Signé, à gauche : *Gros* 1808.

Gravé par Vallot; par Oortman.

Musée Napoléon. — M. Denon, directeur général des Musées, dressa le programme fort détaillé de ce sujet, mis au concours en 1807. Vingt-cinq esquisses furent exposées dans la grande galerie du Musée. L'Institut donna le prix à Gros, à qui l'empereur fit remettre la pelisse et le chapeau qu'il portait dans cette sanglante journée; Meynier eut le premier accessit, et **Thévenin** le second. À la suite de l'exposition de 1808, où cette grande page produisit un effet immense, l'empereur fit une distribution de croix à plusieurs artistes, et affecta de passer plusieurs fois devant Gros sans lui adresser la parole, puis tout à coup, revenant sur ses pas, il détacha la décoration qu'il portait et la remit dans les mains de son ancien protégé. Le Champ de bataille d'Eylau fut payé à l'artiste 16,000 fr.

276. *François I*er *et Charles-Quint visitant les tombeaux de l'église de Saint-Denis.*

H. 2, 63. — L. 1, 66. — T. — Fig. de 1, 10.

Charles-Quint, se rendant dans les Pays-Bas après la révolte des habitants de Gand, fut invité par le roi François Ier à traverser la France, fit son entrée à Paris le 1er janvier 1540, y resta six jours, et désira visiter les tombeaux des souverains. Les deux monarques sont arrivés au bas de l'escalier conduisant aux caveaux de Saint-Denis, où un chapelain tenant deux flambeaux s'apprête à les guider. François Ier montre à Charles-Quint le tombeau de Louis XII, surmonté de deux drapeaux vénitiens pris à la bataille d'Aignadel. Henri, dauphin de France, est à la droite de Charles-Quint; son frère, Charles d'Orléans, à la gauche de son père. En face des souverains au premier plan, à droite, le cardinal de Bourbon, abbé de Saint-Denis, la mitre en tête, la crosse à la main, assisté de deux prêtres. Sur les marches de l'escalier, le connétable de Montmorency, portant l'épée, entre Henri d'Albret et le duc de Guise. Antoine de Bourbon est aussi sur la même marche. Derrière eux, le légat, les cardinaux du Bellay, de Lorraine et d'Astorgia. Dans la tribune, au fond de laquelle on aperçoit une portion du trésor de Saint-Denis, se tiennent Catherine de Médicis, Mme d'Usez, Mme de Brissac, Diane de Poitiers, la belle Féronnière, Amyot, Jean Goujon. La deuxième tribune est occupée par Mme d'Andelot, la comtesse de Larochefoucauld, Mme d'Elbeuf, la femme de l'auteur, ayant à sa gauche le jeune Montaigne. Le Primatice s'appuie contre le pilastre, Pierre Lescot regarde par-dessus les têtes des femmes placées au premier rang, Jean Bullan s'avance également pour mieux voir, et Clément Marot et Rabelais s'entretiennent ensemble. — Signé : *Gros*.

Gravé par M. Forster.

Collection de Louis XVIII. — Ce tableau, exposé au salon de 1812, et commandé pour la nouvelle sacristie de l'église de Saint-Denis, fut payé, en 1816, 10,000 fr. Par ordonnance royale en date du 17 janvier 1820, le tableau de Gros qui avait pour sujet le départ de Mme la duchesse d'Angoulême et appartenait à la couronne, ayant été accordé à la ville de Bordeaux, un arrêté du ministre de l'intérieur du 28 avril suivant décida que le tableau du même auteur représentant François 1er et Charles-Quint, placé à Saint-Denis, serait donné en échange au Musée royal, et qu'une copie de ce même tableau serait faite par les soins de Gros pour remplacer l'original dans l'église de l'abbaye. La copie est de M. Debay. Gros en fut tellement satisfait, qu'il la signa sans y travailler. (Archives du Musée, 1820 et 1824.)

GUÉRIN (Pierre-Narcisse, baron), *né à Paris le 13 mars 1774, mort à Rome le 16 juillet 1833.*

Il fut élève de Jean-Baptiste Regnault. A l'époque de la Révolution, les grands concours ayant été interrompus pendant trois années, on ouvrit, en 1796, pour les trois prix, un seul concours, dont le sujet était la Mort de Caton d'Utique. Guérin remporta un de ces prix, MM. Bouillon et Boucher obtinrent les autres. Quoique la pension de Rome n'eût pas été encore rétablie, le jeune artiste s'imposa volontairement tous les travaux que les règlements auraient exigés de lui. C'est alors qu'il exposa le Retour de Marcus-Sextus (n° 277), qui eut un prodigieux succès. Lorsque les élèves purent se réunir à Rome, sous la direction de M. Suvée, Guérin réclama son droit, et partit pour rejoindre ses camarades. Sa mauvaise santé l'empêcha de rester plus de six mois à Rome; il alla à Naples et revint à Paris. Il n'était qu'élève lorsqu'il reçut, en 1803, la décoration de la Légion-d'Honneur. En 1815, le roi porta le nombre des académiciens de la section des beaux-arts de huit à quatorze, et donna à Guérin une de ces places. En 1816, il le nomma directeur de l'Ecole de Rome; mais Guérin ne put profiter de ce témoignage d'estime, envoya sa démission, et M. Thévenin le remplaça. Il obtint en 1819 le cordon de chevalier de l'ordre de Saint-Michel, et à l'expiration du directorat de M. **Thévenin**, en 1822, il lui succéda à l'Ecole de Rome. La faiblesse de sa santé ne lui permit pas de peindre pendant les six années qu'il passa dans cette ville. Lorsqu'il fut de retour à Paris en 1829, le roi lui accorda le titre de baron, et il entreprit de terminer le tableau de la Dernière nuit de Troie, qu'il n'avait qu'ébauché. Le désir de revoir Rome le décida à accompagner M. Horace Vernet, qui s'y rendait en qualité de directeur de l'Académie. Guérin ne devait plus revoir la France. Il mourut quelques mois après son départ, et fut enterré dans l'église de la Trinité-du-Mont, à côté de Claude le Lorrain. Guérin a exposé aux salons de 1799, 1802, 1808, 1810, 1814, 1817 et de 1819.

277. *Le retour de Marcus-Sextus.*

H. 2, 41. — L. 2, 40. — T. — Fig. de gr. nat.

Marcus-Sextus, échappé aux proscriptions de Sylla, trouve à son retour sa fille en pleurs auprès de sa femme expirée. Marcus est vu de face et assis sur le bord du lit; il tient une main de sa femme dans les siennes, tandis que sa jeune fille, couchée par terre, lui tient les genoux embrassés.— Signé, à gauche : GUÉRIN. F. an 7.

Gravé par Blot sur un dessin de Bouillon, son concurrent au grand prix de 1795. — Landon, E. F. M., t. 1, pl. 64.

Collection de Charles X. — Ce tableau, exposé au salon de 1799, fut exécuté par Guérin, à Paris, deux ans après avoir reçu le premier prix de peinture, et avant que l'Académie de Rome fût réinstallée. David et Gérard avaient peint deux sujets empruntés à la vie plus ou moins romanesque de Bélisaire, et Guérin eut d'abord la pensée de représenter le Retour de Bélisaire aveugle dans sa famille : mais lorsque ce tableau fut terminé, un de ses amis lui conseilla d'ouvrir les yeux du personnage principal et de lui donner le nom d'un Romain échappé aux proscriptions. Guérin adopta cette idée, et choisit le nom de Marcus-Sextus, nom imaginaire, puisqu'on ne connait pas de Romain qui l'ait porté. Ce tableau eut un immense succès, auquel la politique ne fut pas étrangère, parce qu'on y vit une allusion au retour des émigrés. Le Marcus-Sextus remporta, au jugement du jury des arts, le premier prix de première classe, et fut couronné publiquement par les artistes qui avaient pris part au concours; ils présentèrent même au Directoire une pétition pour l'inviter à en faire l'acquisition. Ce vœu ne fut pas exaucé. M. Decretot de Louviers l'acheta, puis il appartint à M. Coutant; enfin, l'intendance de la liste civile du roi Charles X l'acquit en 1830 pour la somme de 3,005 fr.

278. *Offrande à Esculape.*

H. 3, 00. — L. 2, 65. — T. — Fig. de gr. nat.

Un vieillard convalescent, soutenu par ses deux fils, est conduit devant l'autel d'Esculape; sa fille, à genoux devant lui, contemple le serpent qui se dresse au-dessus des fruits déposés sur l'autel.

Landon, E. F. M., t. 1, pl. 67.

Musée Napoléon. — Ce tableau, dont le sujet est tiré d'une idylle de Gessner, obtint un prix d'encouragement et fut acquis par l'administration impériale.

279. *Phèdre et Hippolyte.*

H. 2, 57. — L. 3, 55. — T. — Fig. de gr. nat.

A droite, et assise sur le même siége que Thésée, Phèdre, vue de face, pâle, les yeux fixes, tenant sur ses genoux le glaive qu'elle a arraché à Hippolyte, écoute OEnone qui lui conseille de persister dans son accusation contre le jeune prince. Thésée, tourné de profil, regarde Hippolyte avec colère. Celui-ci, debout, les yeux baissés, le bras gauche étendu, repousse l'accusation calomnieuse de sa belle-mère; il tient un arc de la main droite, et deux chiens sont à ses pieds.

Gravé par M. le baron Boucher-Desnoyers. — Filhol, t. 2, pl. 61. — Landon, E. F. M., t. 1, pl. 66.

Musée Napoléon. — Ce tableau, exposé au salon de 1802, fut acquis par l'administration impériale.

280. *Andromaque et Pyrrhus.*

H. 3, 42. — L. 4, 37. — T. — Fig. de gr. nat.

A droite, Oreste debout, vu de profil, vient au nom des Grecs demander Astyanax. Pyrrhus, assis, étend la main et son sceptre sur l'enfant qu'Andromaque, agenouillée et en pleurs, met sous sa protection. A gauche, Hermione, jalouse du pouvoir de sa rivale, s'éloigne avec colère. — Signé : P. GUÉRIN, 1810.

Gravé par Richomme.

Collection de Louis XVIII. — Acquis en 1822 pour 10,000 fr.

281. *Énée racontant à Didon les malheurs de la ville de Troie.*

H. 2, 95. — L. 3, 90. — T. — Fig. de gr. nat.

Didon, couchée sur un lit de repos, écoute avec intérêt le récit qu'Enée, assis à gauche en face d'elle, lui fait de la guerre de Troie. L'Amour, sous les traits d'Ascagne, tenant un des bras de la reine, lui ôte son anneau nuptial. A droite, appuyée derrière le lit, Anne, sœur de Didon, regarde le faux Ascagne. De la terrasse où les personnages sont placés, on découvre la mer, le promontoire et la ville naissante. En avant du corps de la terrasse s'élève un temple de Neptune, où l'on voit la statue de ce dieu. — Signé, à droite : P. Guérin, 1813.

Gravé par M. Forster.

Collection de Louis XVIII. — Ce tableau, exposé au salon de 1817, a été acquis en 1818 pour la somme de 24,000 fr.

282. *Clytemnestre.*

H. 3, 42. — L. 3, 25. — T. — Fig. de gr. nat.

Dans le fond, à droite, Agamemnon, vainqueur de Troie et entouré des dépouilles enlevées à l'ennemi, repose couché sur un lit qu'un rideau rouge, derrière lequel brille une lampe, cache en partie. Au premier plan, Clytemnestre, vue de profil, armée d'un poignard, hésite avant de frapper son époux. Égiste, son complice, et qui par elle règne déjà dans Argos, la pousse vers le lit conjugal et lui montre le roi endormi. — Signé, à droite : P. Guérin, 1817.

Collection de Louis XVIII. — Ce tableau, exposé au salon de 1817, fut acquis en 1819 pour la somme de 12,000 fr.

HALLÉ (Claude-Guy), *né à Paris en 1651, mort dans la même ville le 5 novembre 1736.*

Il eut pour maître son père, **Daniel Hallé,** remporta le premier prix à l'Académie en 1675 (le sujet du concours était la Transgression d'Adam), et fut reçu académicien le 28 décembre 1682, sur un tableau représentant le Rétablissement de la religion catholique dans la ville de Strasbourg. Il obtint successivement les grades d'adjoint à professeur le 26 septembre 1693, de professeur le 24 juillet 1702, d'adjoint à recteur le 6 mai 1730, de recteur le 30 mai 1733. En 1686, il fut chargé du tableau votif que la confrérie des orfèvres offrait le 1er mai à l'église de Notre-Dame; il peignit pour cette corporation Jésus-Christ chassant les vendeurs du temple, et fit ensuite une Annonciation pour le chœur de la même cathédrale. Hallé a travaillé pour les châteaux de Meudon, de Trianon, pour la ménagerie de Versailles, et donna des modèles à la manufacture des Gobelins, entre autres la Soumission que le doge de Gênes fit à Louis XIV dans la grande galerie de Versailles. Il exécuta beaucoup d'ouvrages dans les églises de Paris et pour celles de province ; mais il a peu produit de tableaux de chevalet. Hallé fut enterré à Saint-Sulpice. Il a été gravé surtout par Edelinck, Thomassin, Charles Simonneau, et a exposé aux salons de 1699 et de 1704. — **Daniel Hallé**, père du précédent, mourut à Paris en 1674, dans un âge avancé. On ignore la date de sa naissance ; mais on sait qu'il fut apprenti peintre pendant cinq ans à Rouen, en 1631, sous **Robin Bunel**. Il a fait des portraits, des tableaux d'histoire, et peignit en 1662 un saint Jean prêt à être jeté dans une chaudière d'huile bouillante devant la porte Latine, tableau votif offert le 1er mai par la corporation des orfèvres à l'église de Notre-Dame. On voit de lui, à Saint-Germain-des-Prés, un Martyre de saint Symphorien, et dans l'église de Montreuil (faubourg de Versailles) un tableau représentant saint Roch secouru et pansé par les anges. Il est signé : *D. Hallé, in. f.* 1669. — **Noël Hallé**, fils de Claude-Guy Hallé, né à Paris le 2 septembre 1711, mourut le 5 juin 1781. Son père voulait d'abord lui faire étudier l'architecture ; mais bientôt il dut céder au désir de son fils, que ses dispositions entraînaient vers la peinture. Il obtint le second prix à l'Académie en 1734, sur un tableau représentant Dalila coupant les cheveux à Samson ; puis le premier en 1736, le sujet du concours était cette fois le Passage de la mer Rouge. Après ses quatre années de pension à Rome, il fut chargé de copier pour le roi plusieurs des fresques de Raphaël qui sont au Vatican. Ces copies étaient destinées à la manufacture des Gobelins. De retour en France, l'Académie l'agréa en 1747, le reçut académicien le 31 mai 1748, sur la Dispute de Minerve et de Neptune pour nommer Athènes (à Fontainebleau), l'élut adjoint à professeur le 6 juillet de la même année, professeur le 5 juillet 1755, adjoint à recteur le 27 septembre 1777, trésorier la même année, et recteur le 3 mars 1781. Il a peint un grand nombre de tableaux d'histoire pour les églises de Paris et de la province, pour les maisons royales de Choisy et de Trianon. Il exécuta aussi des tableaux de chevalet et des modèles de tapisseries pour les Gobelins, dont il fut surinspecteur en 1771. Enfin, nommé en 1775 directeur de l'école de Rome, il obtint à son retour, en 1777, le cordon de Saint-Michel. Il a exposé aux salons de 1746, 1747, 1748, 1750, 1751, 1753, 1755, 1757, 1759, 1761, 1763, 1765, 1767, 1769, 1771, 1773, 1775, 1777 et de 1779. Il a été gravé surtout par Miger, Le Vasseur et Prévost.

283.* *Saint Paul, à Lystre, empêche son geôlier de se tuer.* (Actes des Apôtres, chap. XVI.)

H. 0, 92. — L. 0, 72. — T. — fig. de 0, 44.

Saint Paul et ses compagnons arrivés à Lystre, ayant été mis en prison, les portes s'en ouvrirent miraculeusement au milieu de la nuit, à la suite d'un tremblement de terre. A gauche, deux hommes tenant des torches ; l'un d'eux descend un escalier. Au premier plan, le geôlier à genoux devant saint Paul et Silas debout. Par terre, l'épée avec laquelle il voulait se tuer, croyant les prisonniers évadés. Derrière les apôtres, huit personnages. A droite, au second plan, sur une espèce de balcon, deux femmes et trois autres personnes. Dans le fond, la ville éclairée par la lune.

Musée Napoléon. — Esquisse terminée du tableau exécuté par Hallé pour Saint-Germain-des-Prés. Elle provient de la sacristie de cette église, ornée autrefois des esquisses des grandes peintures de la nef.

HENNEQUIN (PHILIPPE-AUGUSTE), *peintre, graveur, né à Lyon en 1763, mort à Leuze, près de Tournay, le 12 mai 1833.*

Après avoir appris les éléments de l'art à Lyon, il se rendit à Paris, étudia sous Taraval, **Gois**, Brenet, et entra à l'école de David, dont il fut un des meilleurs élèves. Il se trouvait à Rome lorsque la Révolution française éclata. Poursuivi à cause de ses opinions politiques par le gouvernement papal, il ne put rentrer en France qu'avec les plus grandes difficultés. Arrivé à Lyon, il fut incarcéré dans cette ville après le 9 thermidor an II (27 juillet 1794), et eut le bonheur de s'échapper de sa prison peu de jours avant le massacre des détenus. Hennequin vint se réfugier à Paris, et, arrêté de nouveau, il ne dut son salut qu'à la protection du ministre et aux démarches de quelques amis dévoués. Rendu à la liberté, il renonça enfin à la politique pour ne plus s'occuper que de son art. En 1814, il alla habiter Liége, reçut des encouragements du gouvernement des Pays-Bas, et se retira à Tournay, où il dirigea l'académie de dessin jusqu'à sa mort. Il a exposé aux salons de 1798, 1799, 1800, 1804, 1806 et de 1814.

284.* *Les remords d'Oreste.*

H. 3, 80. — L. 5, 18. — T. — Fig. de gr. nat.

A gauche, les Furies s'attachent après Oreste, le déchirent, et l'une d'elles lui montre à ses pieds sa mère, le poignard encore plongé dans le sein. A droite, près d'Oreste, Electre sa sœur, qui le soutient dans ses bras, et par derrière, Pylade, couronné de feuillage, se cachant le visage.

Landon, E. F. M., t. 1, pl. 71.

Musée Napoléon. — Ce tableau, exposé en 1800, obtint un prix d'encouragement et fut acquis par l'administration du Musée.

HIRE ou **HYRE** (LAURENT DE LA), *peintre, graveur, né à Paris le 27 février 1606, mort le 28 décembre 1656.*

Son père, **Etienne de la Hire**, qui avait cultivé la peinture et exécuté d'assez bons tableaux en Pologne, lui enseigna les éléments du dessin. Il lui fit apprendre les règles de la perspective, de l'architecture, et l'envoya étudier les ouvrages des maîtres réunis à Fontainebleau. Le Primatice fut celui qu'il affectionna le plus, et à son retour à Paris il fit plusieurs compositions dans la manière de cet artiste. De la Hire passa aussi quelque temps à l'école de **Lallemand**, peintre alors fort en réputation. Un de ses premiers tableaux fut le Martyre de saint Barthélemy, qu'il exposa le jour de la Fête-Dieu; il conquit les suffrages des connaisseurs et lui valut des commandes pour l'église des capucins des Marais du Temple. Les religieux du même ordre lui firent avoir des travaux pour leur couvent de la rue Saint-Honoré, pour l'église des capucins de Rouen et pour celle de Fécamp. Il décora aussi, dans le quartier du Marais, l'hôtel de M. Tallemant, maître des requêtes, et celui de M. de Montoron, un des principaux fermiers du roi. Il fit pour la compagnie des orfèvres deux des tableaux votifs qu'ils étaient dans l'usage d'offrir à l'église de Notre-Dame au mois de mai : le premier, peint en 1635, représente saint Pierre qui, de son ombre, guérit les malades (n° 288); le second, offert en 1637, est la Conversion de saint Paul. De la Hire travailla au Palais-Royal pour le cardinal de Richelieu, puis pour le chancelier Séguier, et pour une foule de personnages qui recherchaient ses ouvrages avec empressement. Il fut, en 1648, un des douze fondateurs de l'Académie royale de peinture et de sculpture qui prirent le titre d'*anciens* et exercèrent d'abord les fonctions de professeurs, fonctions dont il fut déchu par le sort le 24 août 1651. De la Hire a peint beaucoup de portraits. En 1654, il fit pour l'Hôtel-de-Ville, dans un même tableau, ceux du prévôt des marchands, des échevins et des autres officiers; dans la partie supérieure, il retraça une Renommée qui publie la gloire et la fidélité de la ville de Paris. Doué d'une imagination féconde, il dessina un grand nombre de compositions pour des tapisseries. Dans les dernières années de sa vie, il se plut surtout à faire des paysages ornés d'architecture et des petits tableaux de chevalet d'une exécution précieuse. De la Hire a eu pour élèves Chauveau, habile graveur, et son fils aîné nommé **Philippe**, né le 18 mars 1640, mort le 21 avril 1718, qui quitta de bonne heure la peinture et s'appliqua exclusivement à l'astronomie. Il fut professeur royal et de l'Académie des sciences. Les ouvrages de la Hire ont été gravés par Chauveau, Rousselet, Boulanger, Daret, Lasne, de la Court et Faitorne. Il avait un frère nommé **Louis**, plus jeune que lui et qui fut peintre de talent, dit Mariette.

285. *Laban cherchant ses idoles.*

H. 0, 95. — L. 1, 33. — T. — Fig. de 0, 32.

Au premier plan, une femme vue de dos, assise par terre, et près d'elle deux enfants. A droite, Laban fouillant dans un grand coffre dont un serviteur tient le couvercle ouvert; derrière lui, une femme avec un enfant dans ses bras. Plus loin, du même côté, au delà d'un ruisseau, Rachel et une de ses compagnes assises sur les bagages où sont cachées les idoles, et Jacob donnant des ordres à un berger qui conduit ses moutons. Dans le fond, un temple d'ordre corinthien entouré d'arbres élevés, et à gauche une rivière qui serpente dans un vallon borné à l'horizon par de hautes montagnes. — Signé, à gauche : L. DE LAHIRE. in. et F. 1647.

Gravé par J. Mathieu dans le Musée français. — Filhol, t. 4, pl. 277. — Landon, t. 4, pl. 34.

Ancienne collection. — Ce tableau a été peint pour M. de Paterne, receveur-général des gabelles.

286. *La Vierge et l'Enfant-Jésus.*

H. 1, 14. — L. 0, 92. — T. — Fig. gr. nat.

A gauche, la Vierge vue de profil et à mi-corps se penche pour embrasser l'Enfant-Jésus couché sur un coussin posé sur un socle de pierre. Il tient dans sa main droite l'extrémité d'une draperie qui passe sur l'épaule de sa mère. Derrière la Vierge, un pan de mur avec des arbres; à droite, une ouverture qui laisse apercevoir la campagne. — Signé : L. DE LAHIRE. in. et F. 1642.

Landon, t. 4, pl. 35. — Filhol, t. 4, pl. 38.

Musée Napoléon. — Ce tableau provient d'une église de Paris.

287.* *L'apparition de Jésus aux trois Maries.*

H. 3, 95. — L. 2, 51. — T. — Fig. gr. nat.

En avant d'un bouquet de grands arbres, le Christ soutenu en l'air apparaît aux trois Maries, agenouillées au premier plan et dans l'attitude de l'adoration. Dans le fond à droite, l'ange assis sur le tombeau.

Landon, t. 1, pl. 36.

Musée Napoléon. — Ce tableau, exécuté pour les carmélites déchaussées de la rue Saint-Jacques, était placé à main gauche en entrant dans l'église. Germain Brice, dans sa description des églises de Paris, en parlant de cette peinture, n'en a pas reconnu le sujet, qu'il dit être une Transfiguration de Notre-Seigneur. Un autre écrivain, Lemaire, le cite bien comme représentant la sortie du Christ hors du tombeau, mais ne parle pas des trois Maries. Ce tableau faisait pendant, dans l'église des carmélites, à une Entrée à Jérusalem du même artiste.

288. *Saint Pierre guérissant les malades avec son ombre.*

H. 3, 19. — L. 2, 31. — T. — Fig. de gr. nat.

Saint Pierre est au bas de la porte d'un temple; près de cette porte, des malades étendus attendent que l'ombre du saint vienne les couvrir et les délivrer de leurs infirmités. A droite, au premier plan, une femme couchée par terre pose la main sur un enfant qui dort la tête appuyée sur ses genoux. Plus loin, un vieillard se soutient avec un bâton. Dans le fond, d'autres malades se font apporter et attendent également le passage de saint Pierre. — Signé : L. DE LAHIRE, in. et F. 1635.

Musée Napoléon. — Ce tableau fut offert, le 1er mai 1635, au chapitre de Notre-Dame par Jean Verrat et Michel Julien, au nom des marchands orfèvres de la ville de Paris, confrères de Sainte-Anne et Saint-Marcel et faisait partie de la collection des *mais*, qui comprenait les tableaux donnés à Notre-Dame, le 1er mai de chaque année, par la confrérie, depuis 1630 jusqu'en 1708.

289. *Saint Pierre guérissant les malades avec son ombre.*

H. 0, 66. — L. 0, 48. — T. — Fig. de 0, 32.

Musée Napoléon. — Esquisse du tableau précédent.

290. *Le pape Nicolas V, en 1449, se fait ouvrir le caveau qui contenait le corps de saint François d'Assise.*

H. 2, 21. — L. 1, 64. — T. — Fig. pet. nat.

A gauche, le corps du saint debout, les yeux levés vers le ciel, les mains croisées sur la poitrine et cachées en partie dans les manches de sa robe. A genoux, devant lui, le pape soulevant le bas de son vêtement pour contempler les stigmates de ses pieds. Derrière le pape, son secrétaire sous les traits duquel, dit-on, de la Hire s'est représenté; le cardinal Aslergius, un évêque et des religieux, dont un, agenouillé au premier plan, à droite, porte une torche. Une lampe allumée est suspendue à la voûte du tombeau. — Signé : L. DE LAHIRE, in. et F. 1630.

Gravé par M. Forster dans le Musée royal. — Filhol, t. 4, pl. 229. — Landon, t. 1, pl. 37.

Musée Napoléon. — Ce tableau provient de l'église des capucins de la rue d'Orléans (au Marais), où il était placé dans la chapelle de Saint-François.

291. *Paysage.*

H. 0, 74. — L. 0, 46. — Forme ovale. — T. — Fig. de 0, 08.

Deux femmes, accompagnées de deux enfants, sont arrêtées sur un petit pont qui conduit à une route escarpée. Au premier plan, deux pêcheurs debout, près du bord du ruisseau; plus loin, un pâtre conduisant un troupeau de bœufs.

Ancienne collection.

292. *Paysage.*

H. 0, 66. — L. 0, 87. — T. — Fig. de 0, 12.

Une rivière serpente entre des collines ombragées par de grands arbres; de nombreux groupes de femmes, nues pour la plupart, se jouent dans l'eau, s'apprêtent à se baigner, ou dansent en rond sur le rivage. Au premier plan et au milieu de la composition, une femme, tournée de profil, assise sur un tronc d'arbre renversé, aide une autre femme, vue de dos et accroupie, à se dépouiller de ses vêtements. — Signé, à droite : DE LA HYRE in. et F. 1653.

Gravé par Schrœder dans le Musée français. — *Filhol, t. 10, pl. 665.*

Musée Napoléon. — Acquis en 1801, à la vente de Claude Tolozan, pour la somme de 3,103 fr. (Archives du Musée.)

293. *Paysage.*

H. 0, 62. — L. 0, 72. — T. — Fig. de 0, 05.

Au second plan, dans une forêt que traverse un ruisseau, deux bergers font passer leurs troupeaux sur un pont; plus loin, deux cavaliers au grand galop. Au premier plan, une femme assise par terre allaitant son enfant, trois hommes auprès d'elle, et plus à gauche, une femme debout ayant un enfant à ses côtés et en portant un autre dans ses bras. — Signé : L. DE LAHYRE anno 1649.

Gravé par Eichler dans le Musée français. — *Filhol, t. 4, pl. 226.*

Ancienne collection. — Ce tableau appartint au président Lambert.

JEAURAT (ÉTIENNE), *né à Paris le 8 février 1699, mort à Versailles le 14 décembre 1789.*

Il fut élève de **Wleughels**, qui, nommé directeur de l'école de Rome, l'emmena avec lui en Italie. Sa réception eut lieu à l'Académie le 24 juillet 1733. On le nomma adjoint à professeur le 2 juillet 1737, professeur le 6 juillet 1743, adjoint à recteur le 7 mars 1761, recteur le 23 août 1765 et chancelier le 24 février 1781. Il eut aussi la place de garde des tableaux de la couronne à Versailles. Il a peint des compositions historiques et surtout des tableaux de genre qui ont été reproduits par d'habiles graveurs de son époque. Jeaurat de Bertry, un de ses neveux qu'il avait adopté, fut son élève. Plusieurs biographes ont confondu Etienne Jeaurat avec Edme Jeaurat, habile graveur, élève de N. Picart. Etienne Jeaurat a exposé aux salons de 1737, 1738, 1739, 1741, 1742, 1743, 1745, 1746, 1747, 1753, 1755, 1757, 1759, 1761, 1763 et de 1769.

294.* *Diogène brisant son écuelle.*

H. 1, 63. — L. 1, 95. — T. — Fig. demi-nat.

A gauche, Diogène, à demi couvert d'une étoffe grossière, est assis dans un tonneau de terre, au pied de la statue de Minerve, sur une place d'Athènes; il brise avec ses mains son écuelle en voyant un jeune garçon boire dans le creux de sa main devant le bassin d'une fontaine. Une jeune Athénienne, accompagnée d'un jeune homme et d'un vieillard, contemple cette scène.

Musée Napoléon. — Ce tableau, commandé extraordinairement pour le roi par M. de Tournehem, était exposé dans la galerie d'Apollon, qui dépendait des salles de l'ancienne Académie de peinture, et figura au salon de 1747.

JOUVENET (JEAN), *né à Rouen en 1644, mort à Paris le 5 avril 1717.*

Sa famille était d'origine italienne; ses ancêtres s'établirent d'abord à Lyon, puis à Rouen, et furent tous peintres. **Laurent Jouvenet**, dont le père, **Noël Jouvenet**, avait enseigné les premiers éléments du dessin au célèbre Poussin, destina son fils Jean à suivre sa profession, et l'envoya à Paris en 1661, à l'âge de 17 ans, travailler chez différents maîtres peu connus, où il acquit de bonne heure une grande facilité d'exécution. Son premier tableau, représentant le Frappement du Rocher, peint dans la manière de Poussin, qu'il avait beaucoup étudié, fit concevoir de lui des espérances qui se réalisèrent ensuite. Le Brun, charmé de son habileté, l'employa aux ouvrages qu'il faisait à Versailles, et en 1668, quoiqu'il n'eût que 24 ans, la corporation des orfèvres le chargea de peindre le tableau votif qu'ils offraient à l'église de Notre-Dame le 1er mai. Ce tableau représente la Guérison du Paralytique. En 1673, il remporta un deuxième prix à l'Académie sur un dessin : le sujet du concours était le Passage du Rhin. Le Brun fit agréer Jouvenet à l'Académie le 23 février 1674, et il y fut reçu avec applaudissements le 27 mars 1675; il donna pour tableau de réception l'Évanouissement d'Esther, qui, dans sa conception, rappelle encore la manière de Poussin. Le 3 juillet 1676, on le nomma adjoint à professeur; le 29 novembre 1681, professeur; le 24 juillet 1702, adjoint à recteur; le 30 juin 1705, directeur; et enfin, le 31 décembre 1707, recteur. Énumérer seulement les ouvrages importants de Jouvenet serait impossible dans cette courte biographie; nous ne citerons que les principaux. Après avoir peint les plafonds de l'hôtel de Saint-Pouanges, il exécuta pour Saint-Martin-des-Champs les quatre grands tableaux inscrits sous es nos 297, 298, 299 et 300. En 1690, il fit un tableau d'autel pour l'abbaye de Saint-Riquier, près d'Abbeville. En 1696, il peignit le plafond de la chambre du conseil du parlement, à Rennes; cet ouvrage lui valut une pension du roi de 1,200 livres. Il revint de Bretagne en 1698, et en 1702 Louis XIV lui donna des travaux à l'hôtel des Invalides. En 1709, il décora, dans la chapelle de Versailles, le dessus de la tribune du roi. Louis XIV, extrêmement satisfait de cette œuvre, augmenta la pension de l'artiste de 500 livres, et, apprenant qu'il n'avait pas vu l'Italie, voulut lui en faire faire le voyage à ses frais; mais un accès de goutte arrêta Jouvenet dans ses préparatifs de départ. En 1713, il fut paralysé de la main droite à la suite d'une attaque d'apoplexie. Six mois après, il alla aux eaux de Bourbonne, espérant y trouver la guérison, comme cela lui était déjà arrivé vingt ans auparavant, en 1693. Cette fois le traitement qu'il suivit n'apporta aucune amélioration dans son état. Ayant voulu, un jour, corriger une tête que son neveu Jean Restout peignait devant lui, il prit un pinceau de sa main paralytique, gâta la tête et essaya de réparer de sa main gauche l'accident causé par la droite. Il réussit mieux qu'il ne s'y attendait, et depuis ce temps il exerça tellement sa main gauche qu'il put achever des travaux abandonnés et en entreprendre d'autres d'une grande dimension. C'est ainsi qu'il peignit le plafond du parlement de Rouen, et son dernier ouvrage, une Visitation, connue sous le nom du *Magnificat*, destiné à l'église de Notre-Dame. Pour dessiner, il se servait encore de sa main droite, en la guidant avec la gauche. Les ouvrages de Jouvenet ont été gravés par Drevet, Desplaces, S. le Clerc, Du Bosc, Loir, J. Audran, G. Duchange, Thomassin, Edelinck et Ch. Cochin. Il a exposé aux salons de 1699 et de 1704. — **François Jouvenet**, dit *le jeune*, né à Rouen vers 1668, mort à Paris le 18 avril 1749, fut élève de son oncle Jean Jouvenet, et reçu à l'Académie le 25 juin 1701, comme peintre de portraits, sur ceux de Houasse et de Coysevox. Il a exposé aux salons de 1704, 1737, 1738, 1739, 1740, 1741, 1742, 1743, 1745 et de 1747.

295. *Jésus-Christ chez Marthe et Marie.*

H. 1, 48. — L. 1, 10. — T. — Fig. de 0, 80.

Dans un vestibule, au pied d'un escalier, le Christ, vu de profil et tourné à gauche, est assis sur un siége derrière lequel sont quatre de ses disciples debout; il adresse la parole à Marthe, qui lui montre Marie à genoux à ses pieds. Tout à fait à droite, au premier plan, un disciple assis sur une marche de pierre, les mains jointes et posées sur son genou.

<small>Landon, t. 1, pl. 44.</small>

<small>Musée Napoléon. — Ce tableau était placé autrefois dans l'église des Pères-de-Nazareth, rue du Temple. — Au salon de 1699, Jouvenet avait exposé une peinture représentant Marthe et Madeleine aux pieds du Seigneur.</small>

296. *Jésus guérissant les malades.*

<small>H. 4, 17. — L. 7, 75. — T. — Fig. de gr. nat.</small>

Au milieu de la composition, le Christ, suivi de ses disciples, étend la main sur des malades couchés par terre autour de lui. Au premier plan, à gauche, l'un d'eux sur un brancard; à droite, un autre se trouvant encore sur le cheval qui l'a amené. Dans le fond, d'autres malades qu'on apporte. A gauche, la mer et un bâtiment à voiles. — On lit au bas de ce tableau, à droite : Matth., chap. 14. *Jouuenet, pin.* 1689.

<small>Musée Napoléon. — Ce tableau fut peint pour le chœur de l'église des chartreux de Paris.</small>

297. *La pêche miraculeuse.*

<small>H. 3, 92. — L. 6, 64. — T. — Fig. de gr. nat.</small>

A droite, au premier plan, un homme vu de dos attache à un pieu planté en terre un cordage de la barque, tandis que des femmes sont occupées à retirer des filets les nombreux poissons qui y sont pris. Au deuxième plan, Jésus debout, entouré de ses disciples, lève les mains et les yeux vers le ciel. Plus loin, près de la barque, un pêcheur vu à mi-corps porte sur son épaule un panier chargé de poissons. — Signé : *J. Jouuenet* 1706.

<small>Gravé par Jean Audran (Calc. imp.). — Landon, t. 1, pl. 42.</small>

<small>Musée Napoléon. — Cette peinture provient de l'église des religieux de Saint-Martin-des-Champs, où furent placés, à la fin de l'année 1706, les</small>

quatre grands tableaux de Jouvenet représentant : 1° Jésus-Christ chassant les marchands du Temple ; 2° la Résurrection de Lazare ; 3° la Pêche miraculeuse ; 4° le Repas chez Simon le Pharisien. Les n°ˢ 298, 299 et 300 faisaient partie du salon de 1704. Une note du livret de cette année nous apprend que ces trois ouvrages furent exposés dans la cour du Louvre, au pied de l'escalier qui servait de sortie. Les n°ˢ 299 et 300 avaient déjà figuré au salon précédent, en 1699. Louis XIV s'était fait apporter ces peintures à Trianon, et ordonna à Jouvenet de les répéter pour être exécutées en tapisserie aux Gobelins. Quand le czar Pierre-le-Grand visita cet établissement en 1717, il fut si charmé de cette suite de tentures, que le roi lui en fit présent.

298. *La résurrection de Lazare.*

H. 3, 88. — L. 6, 64. — T. — Fig. de gr. nat.

A gauche, au premier plan, sous une voûte formée par des rochers, des hommes vus à mi-corps, et dont l'un tient une torche allumée, soulèvent le linceul qui couvrait Lazare. L'un d'eux, à genoux sur le bord du tombeau, paraît frappé d'étonnement et de frayeur. A droite, debout sur des degrés, le Christ entouré de ses disciples ; Marthe et Marie sont à ses pieds. Au premier plan, au milieu d'un groupe d'hommes, de femmes et d'enfants, on remarque un malade couché sur un matelas, laissant tomber sa béquille sur ses genoux et levant les mains jointes vers le ciel. — Signé : *J. Jouvenet.* 1706.

Landon, t. 1, pl. 40.

Musée Napoléon. — (Voir la note du n° 297.)

299.* *Les vendeurs chassés du temple.*

H. 3, 88. — L. 6, 82. — T. — Fig. de gr. nat.

Vers le milieu de la composition, au deuxième plan, le Christ, descendant les marches du temple et suivi de ses disciples, chasse les vendeurs ; les uns, assis devant une table, à gauche, ramassent leur argent ; les autres debout, à droite, emportent des paniers. Au premier plan, deux hommes retenant des taureaux ; plus à gauche, une femme s'enfuyant avec son enfant, des moutons effrayés, un chien et un paysan.

Gravé par Duchange. — Landon, t. 1, pl. 43.

Collection de Louis XIV. — Ce tableau et le suivant qui avait été exécuté pour les Gobelins, est une répétition avec divers changements de celui que possédait depuis 1706 l'église des religieux de Saint-Martin-des-Champs, et qui fut donné en 1811 au Musée de Lyon. (Voir la note du n° 297.)

300.* *Le repas chez Simon le Pharisien.*

H. 3, 88. — L. 6, 82. — T. — Fig. de gr. nat.

Au milieu d'une salle ornée de colonnes d'ordre dorique, Jésus-Christ, assis à droite, à l'angle d'une table autour de laquelle sont couchés plusieurs convives, montre à Simon, placé en face de lui, la Madeleine agenouillée à ses pieds. De chaque côté de la table, des marches conduisent à une galerie; dans celle de droite, on voit des serviteurs apportant des mets; dans l'autre, des spectateurs. Au fond de la salle et au milieu, s'élève un dressoir garni de vaisselle d'or et d'argent. Un ange et trois chérubins planent sur un léger nuage au-dessus de la tête du Christ.

Gravé par Duchange. — Landon, t. 1, pl. 41.

Collection de Louis XIV. — Ce tableau et le précédent qui avait été exécuté pour les Gobelins, est une répétition avec divers changements de celui que possédait depuis 1706 l'église des religieux de Saint-Martin-des-Champs, et qui fut donné en 1811 au Musée de Lyon. (Voir la note du n° 297.)

301. *La descente de croix.*

H. 4, 23. — L. 3, 02. — T. — Fig. de gr. nat.

Le corps du Christ, détaché de la croix et soutenu par cinq hommes, va être reçu par Joseph d'Arimathie et saint Jean, qui étendent un linceul. La Vierge et deux saintes femmes sont à genoux au pied de la croix, à droite; on aperçoit de l'autre côté la Madeleine en pleurs. — Signé, à droite : *J. Jouvenet*, 1697.

<small>Gravé par *Louis Desplaces* (*Calc. imp.*). — Filhol, t. 10, pl. 625. — Landon, t. 4, pl. 46.</small>

<small>Musée Napoléon. — Ce tableau fut exécuté pour le maître-autel de l'église du couvent des capucines de la rue Neuve-des-Petits-Champs, et mis en place, suivant Germain Brice, au mois d'août 1697. Restout en fit ensuite une copie qu'on substitua à l'original, donné vers 1760 par le roi à l'Académie de peinture *pour veiller à sa conservation*. — Jouvenet a refait plusieurs fois ce sujet. On trouve dans le livret du salon de 1699 une Descente de Croix que Florent Lecomte (t. III, p. 211) désigne ainsi : « Grand tableau en hauteur ; c'est le sujet de son tableau du grand autel des capucines de la place de Louis-le-Grand. » Enfin, dans le salon de 1704 figure encore une Descente de croix de Jésus-Christ par ses disciples.</small>

302. *L'ascension de Jésus-Christ.*

<small>H. 1, 90. — L. 1, 04. — T. — Fig. de 0, 85.</small>

Jésus-Christ, entre deux anges, s'élève au ciel en présence de la Vierge placée à droite, de saint Pierre et de trois autres disciples agenouillés. — Signé, à gauche : *Jouvenet*, 1711.

<small>Ancienne collection. — Ce tableau, autrefois de forme cintrée, fut placé en 1711 dans une des chapelles de l'église Saint-Paul.</small>

303.* *Les pèlerins d'Emmaüs.*

<small>H. 2, 42. — L. 1, 70. — T. — Fig. de gr. nat.</small>

Le Christ, assis à table entre ses deux disciples, bénit le pain ; plus loin, deux serviteurs, dont l'un apporte un plat.

<small>Collection de Louis-Philippe. — Acquis en 1844 de M. le marquis de Flers, pour 1,200 fr.</small>

304. *L'extrême-onction.*

<small>H. 2, 33. — L. 1, 72. — T. — Fig. pet. nat.</small>

Au premier plan, une femme éplorée, assise, le coude appuyé sur une table et les mains jointes, a près d'elle un jeune enfant debout qui la prend par le bras. Au second plan, un moribond est étendu sur un lit, la partie supérieure du corps à découvert. Un prêtre revêtu de son étole lui fait l'onction de l'huile sainte dans une main qu'un assistant est obligé de tenir. Au pied du lit, une vieille femme en pleurs et une jeune fille contemplant le mourant. Plus loin, d'autres personnages dans l'affliction. A droite, au-dessus de la tête du vieillard expirant, la Vierge vue de profil, assise sur des nuages et tenant l'Enfant-Jésus sur ses genoux.

Gravé par Masquelier jeune dans le Musée français. — Filhol, t. 11, pl. 1. — Landon, t. 1, pl. 47.

Musée Napoléon. — On pense que Jouvenet a voulu représenter saint Auschaire, archevêque de Hambourg et de Brême à la fin du IXe siècle, qui, suivant les légendaires, guérissait les malades par la prière et l'onction de l'huile.

305. *Vue du maître-autel de Notre-Dame de Paris.*

H. 1, 62. — L. 1, 41. — T. — Fig. de 0, 32.

L'abbé Delaporte, chanoine jubilé, se retourne pour donner la bénédiction aux assistants à la fin de la messe. Au premier plan, sont en prières deux femmes et un enfant, deux seigneurs et deux religieux.

Gravé par Réville, Benoist et Leroux dans le Musée royal. — Filhol, t. 10, pl. 675. — Landon, t. 1, pl. 48.

Musée Napoléon. — On croit que l'architecture est l'ouvrage d'un artiste nommé **Feuillet**, que Jouvenet employait pour des travaux de ce genre. Antoine Delaporte, chanoine jubilé de l'église de Paris en 1650 et prêtre en 1651, avait fait divers dons à la cathédrale, parmi lesquels se trouvait un soleil d'argent, de 5 pieds de haut, exécuté par Ballin. En mémoire de ces dons, le chapitre ordonna que son portrait serait exécuté par Jouvenet. L'abbé Delaporte mourut le 24 décembre 1719, âgé de 83 ans, et fut enterré au bas de la grande porte du chœur. — On appelle chanoines jubilés ceux qui ont desservi leurs prébendes pendant cinquante ans.

306. *Portrait de Fagon, né en 1638, mort en 1718, premier médecin du roi Louis XIV.*

H. 0,74. — L. 0, 60. — T. — Buste de gr. nat.

Il est représenté de face, la tête nue, les cheveux en désordre, et portant la robe de médecin.

Collection de Louis-Philippe. — Acquis en 1838, avec un portrait du surintendant Tubeuf attribué à Mignard, pour 500 fr.

LA FOSSE. — *Voir* FOSSE (DE LA).

LAGRENÉE (LOUIS-JEAN-FRANÇOIS), *dit* L'AÎNÉ, *né à Paris le 30 décembre 1724, mort au Louvre le 19 juin 1805.*

Il était élève de Carle van Loo, fit le voyage de Rome comme pensionnaire du roi, et à son retour à Paris, en 1753, fut agréé à l'Académie, dont il devint membre le 31 mai 1755; il présenta dans cette circonstance l'Enlèvement de Déjanire, inscrit sous le numéro suivant. Il obtint ensuite successivement dans le même corps les grades d'adjoint à professeur le 29 avril 1758, de professeur le 2 octobre 1762, d'adjoint à recteur le 7 juillet 1781, et de recteur le 3 septembre 1785. L'impératrice Elisabeth Petrowna l'ayant appelé à sa cour, il se rendit à Saint-Pétersbourg en 1760, remplaça **Le Lorrain** dans la charge de directeur de l'Académie de peinture et fut premier peintre de l'impératrice. Après avoir terminé les ouvrages destinés à l'ornement du palais, il revint à Paris en 1763. Le roi le nomma, en 1781, directeur de l'Académie à Rome, et lui accorda, en récompense de son tableau de la Veuve du Malabar, qu'il exécuta dans cette ville, une pension de 2,400 liv. que la Révolution lui enleva peu de temps après. Au mois de juillet 1804, Napoléon lui donna la croix de la Légion-d'Honneur. Lagrenée a peint un nombre considérable de tableaux pour les résidences royales, pour décorer des hôtels de grands seigneurs, comme modèles de tapisseries, et beaucoup de ses productions ont passé à l'étranger. Il mourut professeur-recteur de l'Ecole des beaux-arts, conservateur et administrateur honoraire du Musée. La plupart de ses tableaux ont été gravés. Il exposa aux salons de 1755, 1757, 1759, 1763, 1765, 1767, 1769, 1771, 1773, 1775, 1777, 1779, 1781, 1783, 1785, 1789, 1795, 1796 et de 1798. — **Anthelme-François Lagrenée**, né à Paris en 1775, mort dans la même ville le 27 avril 1832, fils du précédent, fut élève de Vincent. Détourné de ses études par les réquisitions militaires de 1793, il fit quelques campagnes, et reprit le pinceau lorsqu'il put quitter le service et revenir à Paris. Il voyagea en Russie, se trouvait en 1823 à Saint-Pétersbourg et peignit plusieurs portraits pour l'empereur Alexandre. De retour en France, il abandonna les compositions historiques pour ne plus peindre que des miniatures et des imitations de camées. Il exposa aux salons de 1799, 1800, 1801, 1802, 1804, 1806, 1810, 1812, 1814 et de 1819.

LAGRENÉE (JEAN-JACQUES).

307.* *L'enlèvement de Déjanire.*

H. 1, 61. — L. 1, 93. — T. — Fig. de gr. nat.

« Comme Hercule s'en retournait vainqueur d'Achéloüs avec Déjanire, il la mit sur le dos du Centaure Nessus pour lui faire passer le fleuve Évène. Mais ce Centaure la voulut enlever quand il fut de l'autre côté du fleuve, de sorte qu'Hercule s'étant aperçu de son dessein, lui tira une flèche qui le perça de part en part. » (OVIDE, *Métamorphoses*, livre IX.)

Musée Napoléon. — Ce tableau, exécuté par Lagrenée l'aîné pour sa réception à l'Académie de peinture, le 31 mai 1755, fut exposé au salon de la même année.

LAGRENÉE (JEAN-JACQUES), *dit* LE JEUNE, *né à Paris vers* 1740, *mort dans la même ville le* 13 *février* 1821.

Il était élève de son frère aîné, Louis-Jean-François Lagrenée, et remporta, en 1760, le second prix à l'Académie, qui avait donné pour sujet de concours le Sacrifice de Manué père lorsque l'ange vint lui annoncer la naissance d'un fils. Il fit le voyage de Rome, suivit son frère en Russie et y exécuta plusieurs tableaux. Agréé à l'Académie à son retour à Paris, il fut définitivement reçu, le 30 juin 1775, sur le plafond de l'Hiver, faisant encore partie aujourd'hui de la décoration de la galerie d'Apollon au Louvre. On le nomma adjoint à professeur le 27 juillet 1776, et professeur le 28 juillet 1781. Après avoir peint un grand nombre de tableaux d'histoire et de genre, il voulut, vers le milieu de sa carrière, reproduire par incrustation, sur le marbre, le bois ou le verre, des peintures antiques représentant des thermes, des vases étrusques, des frises et des arabesques. Attaché à la Manufacture de Sèvres, il exécuta beaucoup de dessins pour cet établissement. Il a exposé aux salons de 1771, 1773, 1775, 1777, 1779, 1781, 1783, 1785, 1787, 1789, 1791, 1793, 1796, 1798, 1800, 1804 et de 1814.

308. *La mélancolie.*

H. 0, 81. — L. 0, 63. — T. — Fig. de gr. nat.

Une jeune fille assise, la tête appuyée sur sa main droite, est dans l'attitude de la méditation.

Ancienne collection.

LA HIRE *ou* **LA HYRE.** — *Voir* HIRE (DE LA).

LAMBERT (MARTIN), *né à Paris en* 1630, *mort en* 1699.

On n'a aucun détail biographique sur ce peintre de portraits, élève des deux **Beaubrun**. Il fut nommé académicien le 30 juin 1663 suivant Guérin, ou le 7 décembre 1675 d'après les registres de l'Académie, et donna pour sa réception le tableau inscrit ci-dessous.

309. *Portraits :* 1° *de* **Henri Beaubrun**, *peintre de portraits, membre de l'Académie royale de peinture en* 1648, *peintre du roi, né vers* 1603, *mort en* 1677; 2° *de* **Charles Beaubrun**, *son cousin, peintre de portraits, membre de l'Académie royale de peinture la même année, peintre du roi, né en* 1604, *mort le* 16 *janvier* 1692.

H. 1, 46. — L. 1, 80. — T. — Fig. à mi-corps de gr. nat.

Ils sont assis tous deux, pour travailler à un même ouvrage, devant un chevalet placé à droite, sur lequel est posée une toile représentant un portrait de femme seulement esquissé. Henri Beaubrun, à gauche, est dans un fauteuil, montre la toile de la main droite et semble, par son geste, donner un conseil à son cousin qui se retourne vers lui. Ce dernier, les jambes enveloppées dans une draperie à grands dessins, tient sa palette et ses pinceaux à la main.

Musée Napoléon. — Ce tableau est le tableau de réception à l'Académie, en 1663 ou 1675, de Martin Lambert, qui fut élève des deux Beaubrun.

LANCRET (NICOLAS), *né à Paris le* 22 *janvier* 1690, *mort dans la même ville le* 14 *septembre* 1743.

Destiné dès son jeune âge à la profession de graveur en creux, il fut mis, pour apprendre les principes du dessin, chez un maître dont on ignore le nom. Ayant obtenu de ses parents d'abandonner ce métier pour la peinture, il entra d'abord à l'atelier de Dulin, professeur de l'Académie; puis, charmé de la manière adoptée par Watteau, dont les ouvrages jouissaient d'une grande vogue, il ne crut pouvoir mieux faire que de prendre pour maître **Gillot,** dont Watteau était l'élève, et il travailla plusieurs années chez cet artiste. Watteau, qui fut d'abord très lié avec Lancret, lui conseilla de quitter l'atelier, de ne plus prendre pour guide que la nature, de dessiner des vues de paysages aux environs de Paris, et d'inventer des compositions où il pourrait se servir de ses études. Lancret suivit ce conseil, et les deux tableaux qu'il exécuta reçurent l'approbation de Watteau ainsi que celle de l'Académie, qui l'admit au nombre des agréés. Encouragé par un début si flatteur, Lancret redoubla de zèle, fit des progrès rapides, et exposa place Dauphine, comme c'était alors l'usage à l'octave de la Fête-Dieu, deux tableaux dans la manière de Watteau, qui furent trouvés si beaux qu'on les crut de Watteau lui-même et que plusieurs des amis de ce dernier lui en firent compliment. Ce succès, qui commença la réputation de Lancret, brouilla pour toujours les deux artistes. Lancret fut reçu à l'Académie, le 24 mars 1719, au même titre que Watteau, comme peintre de fêtes galantes, et nommé conseiller le 24 mars 1735. Sa vie fut entièrement absorbée par la pratique de son art. Dans ses promenades à la campagne, il faisait des croquis de tout ce qui le frappait, et ce n'est que dans ses dernières années que ses amis obtinrent de lui de ne point aller dessiner à l'Académie l'hiver, d'après le modèle, avec les autres élèves. Lancret a peint un nombre immense de tableaux de genre, des noces de villages, des bals, des foires. Il a fait aussi quelques portraits et des compositions historiques. Il a joui, de son vivant, d'une grande réputation, et les plus habiles graveurs de l'époque ont reproduit ses œuvres. Il a exposé aux salons de 1737, 1738, 1739, 1740 et de 1742.

310. *Le printemps.*

H. 0, 68. — L. 0, 88. — T. — Fig. de 0, 25.

A droite, une femme, vue de dos, est assise sur l'herbe, et un jeune homme, un genou en terre, tient la corde d'un filet tendu autour duquel voltigent des oiseaux. Derrière lui, trois femmes debout; l'une d'elles présente des fleurs dans une corbeille à une jeune fille assise sur un tertre. Un peu plus loin, un berger joue du galoubet. A gauche, dans le fond, des fabriques au bord d'une rivière, un pont, de hautes montagnes; et au premier plan, un arbre dont les branches sont couvertes d'oiseaux de différentes espèces.

Ancienne collection. — Lancret avait exposé en 1738 quatre tableaux destinés au château de la Muette et représentant les quatre saisons.

311. *L'été.*

H. 0, 68. — L. 0, 88. — T. — Fig. de 0, 25.

Quatre femmes et deux hommes dansent en rond; près d'eux, un paysan est assis sur des gerbes à côté d'une paysanne. A gauche, un moissonneur agenouillé lie une gerbe; derrière lui, un autre moissonneur debout dans les blés. Dans le fond, une espèce de bocage, et au milieu, une église dont on n'aperçoit que le sommet.

Ancienne collection.

312. *L'automne.*

H. 0, 68. — L. 0, 88. — T. — Fig. de 0, 25.

A droite, un homme tenant un verre de vin est assis sur un tertre, à côté d'une femme qui a le bras passé dans l'anse d'un panier. Vers le milieu, une femme debout; deux femmes et un homme, assis par terre autour d'une nappe étendue sur l'herbe, prennent leur repas. A gauche, un homme conduit un âne portant des paniers de raisins. Dans le fond, les vendangeurs au bas de la côte.

Ancienne collection.

313. *L'hiver.*

H. 0, 68. — L. 0, 8. — T. — Fig. de 0, 28.

Des cavaliers et des dames sont près d'une fontaine représentant un triton tenant de chaque main un dauphin, et dont la vasque, couverte de glaçons, est soutenue par deux naïades. A gauche, un homme agenouillé attache son patin. Au milieu, un homme, la tête couverte d'un bonnet fourré et enveloppé d'un manteau rouge, patine. A droite, un autre homme portant un bonnet et un vêtement garni de fourrure, relève une femme vue de dos, tombée sur la glace. Derrière ces deux figures, un groupe composé de quatre femmes et d'un homme. Fond de parc.

Ancienne collection.

314. *Les tourterelles.*

H. 0, 16. — L. 0, 21. — B. — Fig. de 0, 10.

A droite, un berger, placé derrière une bergère assise par terre, lui montre deux tourterelles sur un arbre.

Collection de Louis-Philippe. — Acquis de M. Argiot, en 1834, pour la somme de 200 fr.

315. *Le nid d'oiseaux.*

H. 0, 16. — L. 0, 21. — B. — Fig. de 0, 10.

A gauche, une bergère, assise et appuyée sur une cage, passe son bras autour du cou d'un berger qui lui montre un nid d'oiseaux. Dans le fond, à droite, un ruisseau et une habitation rustique.

Collection de Louis-Philippe. — Acquis de M. Argiot, en 1834, pour la somme de 200 fr.

LANDON (CHARLES-PAUL), *peintre, écrivain, né à Nonant (Orne) en 1760, mort à Paris le 5 mars 1826.*

Il fut élève de Regnault et remporta le premier prix à l'Académie en 1792. Le sujet du concours était Eléazar refusant de manger des viandes défendues. Landon fit le voyage de Rome comme pensionnaire, et à son retour d'Italie se fit connaître plus encore par ses ouvrages sur la peinture et les artistes que par ses tableaux. Ses nombreuses publications, qui s'élèvent à près de cent volumes, malgré le manque de critique du texte, le peu d'exactitude des renseignements biographiques et la faiblesse des gravures exécutées au trait, offrent néanmoins un vaste répertoire des compositions exécutées par les maîtres de toutes les écoles et de toutes les époques, qui sera toujours consulté utilement par ceux qui s'occupent de l'histoire de l'art. Landon fut nommé conservateur des tableaux du Musée le 1er août 1816. Il était peintre du duc de Berry et membre correspondant de la quatrième classe de l'Institut. Il a exposé en 1795, 1796, 1799, 1800, 1801, 1806, 1808, 1810 et en 1814.

316. *Léda.*

H. 2, 04. — L. 1, 49. — T. — Fig. de gr. nat.

Tournée à gauche et assise sur un rocher près d'un ruisseau, elle tient ses deux fils Castor et Pollux ; un cygne est auprès d'elle.

Musée Napoléon. — Ce tableau, exposé au salon de 1806, obtint un prix d'encouragement.

LANGLOIS (Jérôme-Martin), *né à Paris le 11 mars 1779, mort le 8 décembre* **1838.**

Son père, qui était élève de Vien, ne favorisa pas d'abord le penchant qui l'entraînait vers la peinture. David obtint cependant qu'il vînt à son atelier, et le jeune Langlois y fit des progrès assez marqués pour que le maître lui confiât bientôt l'ébauche de certaines parties dans ses tableaux. Il travailla avec M. **Rouget,** son condisciple, au tableau de Léonidas; il peignit, dans le portrait de Napoléon franchissant les Alpes, le cheval fougueux monté par le général en chef, d'après *Félix*, cheval favori de Napoléon. Plus tard, Langlois fit une copie de ce tableau, qui, après avoir été quelque temps à Madrid, se trouve maintenant au Musée de Versailles. Il travailla ensuite au tableau du Sacre, où il peignit entièrement la figure du prêtre grec à capuchon rouge. Langlois se présenta au concours de 1805. Le sujet était la Mort de Démosthènes, et il obtint le deuxième prix, quoiqu'il n'eût pas eu le temps de terminer son tableau. Il échoua aux concours de 1806 et de 1807, ne se présenta pas à celui de 1808, mais remporta le premier prix en 1809 ; le sujet donné était Priam aux pieds d'Achille. Il partit pour Rome, d'où il envoya son tableau de Cassandre, qui produisit alors un grand effet. Revenu en France en 1815, on lui décerna en 1819 la grande médaille d'or pour son tableau d'Alexandre cédant Campaspe à Apelles, et il reçut la croix de la Légion-d'Honneur en 1822 pour celui de Diane et Endymion. En 1824, il se rendit à Bruxelles et y fit le portrait de son maître David, qui ne parut qu'au salon de 1831. Nommé membre de l'Institut le 7 avril 1838, ce succès ne put le sortir du profond découragement où l'avait plongé l'abandon des doctrines de son maître, et il mourut la même année. Il a exposé aux salons de 1817, 1819, 1822, 1824, 1827, 1831, 1833, 1835, 1837 et de 1838.

317. *Cassandre implorant la vengeance de Minerve contre Ajax qui l'a outragée.*

H. 1, 70. — L. 1, 90. — T. — Fig. de gr. nat.

Dans l'intérieur du temple de Minerve, dont elle était prêtresse, Cassandre, assise par terre, les mains attachées derrière le dos, est appuyée contre l'autel où elle vient d'offrir un sacrifice. Auprès d'elle, une couronne de laurier. Dans le fond, à droite, la ville de Troie dont l'incendie commence. Sur le péristyle du temple, deux femmes; l'une d'elles cherche à se soustraire à la violence d'un soldat.

Collection de Louis XVIII. — Exposé au salon de 1817, et acquis en 1819 pour la somme de 2,000 fr.

318.* *Diane et Endymion.*

H. 3, 20. — L. 2, 11. — T. — Fig. de gr. nat.

A droite, Endymion endormi, le bras droit replié sous sa tête et couché sur une peau de tigre; il tient de la main gauche un javelot, son chien est à ses pieds, et un amour qui vole soulève la draperie dont il était enveloppé. A gauche, Diane, le carquois sur l'épaule, suspendue dans les airs, retient un voile bleu transparent qui l'entoure et semble admirer le jeune berger. — Signé : *J. M. Langlois* 1822.

Gravé par H.-C. Muller.

Collection de Louis XVIII. — Ce tableau, commandé en 1817, fut payé à l'auteur 4,000 fr. et exposé au salon de 1822.

LANTARA (SIMON-MATHURIN), *né à Oncy (Seine-et-Oise) le 24 mars 1729, mort à Paris, à l'hôpital de la Charité, le 22 décembre 1778.*

Son père était tisserand, et il commença par garder les bestiaux. Les crayonnages qu'il traçait sur les murs, sur les rochers, furent remarqués par le fils de son maître, qui l'emmena avec lui à Paris et le plaça d'abord chez un peintre de Versailles. Il fit en peu de temps de rapides progrès, et revint à Paris se mettre au service d'un artiste qui lui payait ses gages en leçons de peinture. On n'a presque aucuns renseignements authentiques sur la vie de Lantara. N'étant pas de l'Académie, ses ouvrages ne furent point admis aux expositions, et peu d'écrivains, ses contemporains, ont parlé de lui. Il exécuta un grand nombre de dessins, et peignit des paysages et des marines où **Bernard**, Joseph Vernet, Casanova, **Berré**, Taunay, mirent souvent des figures. Gai, insouciant, ne travaillant que lorsqu'il y était forcé par le besoin, il ne profita pas de la vogue dont jouirent ses ouvrages, et mourut dans la pauvreté. J.-P. Duret, Lebas, Mouchy, Née, Beauggon et Couché ont gravé plusieurs de ses compositions.

319. *Paysage; effet du matin.*

H. 0, 50. — L. 0, 60. — T. — Fig. de 0, 05.

Au premier plan, à gauche, trois hommes, dont un tenant une ligne, sont réunis au bord d'une rivière sur laquelle passe, à droite, un pont qui mène à une ferme. Plus loin, sur le chemin, un paysan conduisant des ânes. Dans le fond, une plaine bornée par des montagnes. — Signé, à gauche : *L. Lantara* 1761.

Collection de Louis-Philippe. — Acquis en 1846 de M. Bertrand pour la somme de 500 fr.

LARGILLIÈRE (Nicolas), *né à Paris le 20 octobre* 1656, *mort le 20 mars* 1746.

Son père, négociant établi à Anvers, le fit venir dans cette ville à l'âge de 3 ans, et à 9 il l'envoya à Londres, où il resta vingt mois, pendant lesquels son unique soin fut de dessiner. De retour à Anvers, il entra chez **Antoine Goubeau**, peintre flamand, qui représentait des paysages, des foires et des marchés. Le jeune Largillière était déjà assez habile pour exécuter, dans les tableaux de son maître, des fruits, des fleurs et des poissons. Il sortit à 18 ans de chez Goubeau, trois mois après passa en Angleterre, et y travailla pendant quatre ans. Pierre Lely, premier peintre de Charles II, l'accueillit, et le fit occuper, par le surintendant des bâtiments, à restaurer plusieurs tableaux de grands maîtres et à en agrandir d'autres qu'on voulait placer dans les appartements du château de Windsor. Le roi, charmé d'une restauration faite dans une figure d'amour endormi, demanda à voir l'artiste qui s'était montré si habile, et voulut avoir des ouvrages de sa main. Quelque temps après, Largillière lui en présenta trois qui méritèrent ses suffrages. Les persécutions contre les catholiques déterminèrent Largillière à rentrer en France. A son arrivée à Paris, il fit plusieurs portraits, entre autres celui de van der Meulen, qui le prit en amitié ainsi que le Brun, qui le détermina à se fixer dans la capitale. En vain le surintendant des bâtiments du roi d'Angleterre lui offrit, au nom de son souverain, la garde de son cabinet de tableaux, la réputation de Largillière était trop bien établie pour qu'il songeât à quitter la France. Sans renoncer à la peinture des sujets historiques, à celle des animaux, des fleurs et des fruits, les portraits cependant exercèrent plus particulièrement ses pinceaux. Il fut reçu à l'Académie le 30 mars 1686, sur le portrait en pied et historié de son ami le Brun, inscrit au numéro suivant. A l'avénement de Jacques II au trône d'Angleterre, il ne put se refuser à venir peindre le roi et la reine; mais après avoir accompli ce travail, il résista aux prix exorbitants que lui offrirent les seigneurs anglais pour faire leurs portraits, et revint en France, d'où il ne sortit plus. A son arrivée à Paris, il peignit, pour la grande salle de l'Hôtel-de-Ville, deux tableaux représentant, l'un, le Repas donné en 1687 à Louis XIV et à toute la cour au sujet de sa convalescence; l'autre, le Mariage du duc de Bourgogne avec Marie-Adélaïde de Savoie, conclu en 1697. Ces ouvrages furent suivis d'un autre aussi grand placé dans l'église de Sainte-Geneviève, en accomplissement du vœu que la ville fit en 1694, après deux années de stérilité. Il représentait les principaux officiers du corps de ville. L'Académie le nomma adjoint à professeur le 4 juillet 1699, à la place de **Mazeline**; professeur le 30 juin 1705, adjoint à recteur le 24 avril 1717, recteur le 10 janvier 1722, directeur le 5 juillet 1738 jusqu'au 7 juillet 1742, et chancelier le 30 mai 1743. Quoiqu'il ait exécuté les portraits de quelques princes français, Largillière fréquenta peu la cour et préférait travailler pour des particuliers. Il peignait avec une extrême facilité, et le nombre de ses ouvrages, en tous genres, est très considérable. Parmi ses élèves on distingue **Niclot van Schuppen**, fils du graveur; **Jans, des Lyens, Meusnier fils**, le **chevalier Descombes**, et surtout Oudry. Il a été gravé par Edelinck, van Schuppen, Pitou, Smith Roullet, Vermeulen, Drevet, Desplaces, Chereau, Surugues, Petit et quelques autres. Il a exposé aux salons de 1699 et de 1704.

320. *Portrait de Charles le Brun, premier peintre du roi, directeur, chancelier et recteur de l'Académie royale de peinture et de sculpture, né en 1619, mort en 1690.*

H. 2, 32. — L. 1, 87. — T. — Fig. en pied de gr. nat.

Il est représenté assis, le corps tourné à droite, la tête vue presque de face et nue. Un large manteau de velours rouge couvre ses jambes. De la main droite il montre, sur un chevalet, l'esquisse de la conquête de la Franche-Comté, exécutée dans la grande galerie de Versailles. Près de lui, à droite, sur une table, la gravure de la tente de Darius, une réduction de l'Antinoüs et du Gladiateur; à gauche, par terre, une tête et un torse moulés sur l'antique, un globe, un livre, des cartons, des papiers.

Musée Napoléon. — Ce tableau, porté à tort, sur les inventaires et dans la notice de 1841, à Charles le Brun, fut peint par Largillière pour sa réception à l'Académie, le 30 mars 1686. Il était placé dans une salle où il servait aux exercices de la peinture.

LE BARBIER. — *Voir* BARBIER (LE).

LE BLOND. — *Voir* BLOND (LE).

LE BRUN (CHARLES). — *Voir* BRUN (CHARLES LE).

LE BRUN (Mme VIGÉE). — *Voir* BRUN (Mme VIGÉE LE).

LE CLERC. — *Voir* CLERC (LE).

LE FÈVRE *ou* **LE FEBVRE.** — *Voir* FEVRE (LE).

LE FEBVRE (ROBERT). — *Voir* FEBVRE (ROBERT LE).

LE MAIRE POUSSIN. — *Voir* MAIRE POUSSIN (LE).

LE NAIN. — *Voir* NAIN (LE).

LE MOINE. — *Voir* MOINE (LE).

LE SUEUR. — *Voir* SUEUR (LE).

LETHIÈRE (GUILLAUME-GUILLON), *né à Sainte-Anne (Guadeloupe) le* 10 *janvier* 1760, *mort à Paris le* 21 *avril* 1832.

Venu très jeune à Paris, il entra à l'école de Doyen, remporta le deuxième prix à l'Académie en 1784, année où Drouais eut le premier pour son tableau de la Cananéenne, dont le succès fut immense. Néanmoins, on jugea que son tableau et ses talents le rendaient digne d'aller à Rome, et M. le comte de Montmorin, par une faveur spéciale, lui fit accorder la pension. Lethière, après quatre ans de séjour en Italie, revint à Paris. Le dessin de la Mort de Virginie, qu'il exposa en 1795, et l'esquisse des Fils de Brutus, qui parut au salon de 1801, compositions qu'il peignit plus tard sur de vastes toiles, établirent surtout sa réputation. Lucien Bonaparte, envoyé comme ambassadeur en Espagne, se fit accompagner par Lethière, qui resta plusieurs années dans ce pays, et aida le futur roi à se former une collection de tableaux. Revenu en France, il repartit pour l'Italie, remplaça Suvée comme directeur de l'Académie de France à Rome, et après les six ans, terme ordinaire des fonctions du directorat, il mérita d'y être continué pour quatre autres années. En 1822, il se fixa à Paris, et ouvrit un atelier que fréquentèrent de nombreux élèves. Enfin, en 1825, Lethière fut nommé membre de l'Institut, et bientôt après devint professeur à l'Ecole des beaux-arts. Il a exposé aux salons de 1793, 1795, 1798, 1799, 1801, 1806, 1812, 1824 et de 1831.

LETHIÈRE.

321.⋆ *Brutus condamne ses fils à mort.*

H. 4, 36. — L. 7, 62. — T. — Fig. de gr. nat.

Brutus, ayant à sa droite Collatin, son collègue, qui se couvre le visage, est placé sur une estrade dominant le lieu de l'exécution ; derrière eux sont les sénateurs assis sur un double rang. Au milieu de la scène, deux licteurs enlèvent le corps d'un des fils déjà décapité ; le second, prêt à subir le même sort, est entouré d'amis qui cherchent à vaincre l'inflexibilité de Brutus. Dans le fond du tableau, on aperçoit une partie des monuments de Rome.

Collection de Louis XVIII. — L'esquisse de cette composition fut exposée au salon de 1801, et le tableau à celui de 1812 ; il fut acheté en 1819 pour la somme de 15,000 fr.

322.⋆ *La mort de Virginie.*

H. 4, 58. — L. 7, 83. — T. — Fig. de gr. nat.

Appius Claudius, chef des décemvirs, amoureux de Virginie, vient de la déclarer née d'une esclave et esclave elle-même, afin de pouvoir ensuite s'en emparer. Virginius, son père, après avoir inutilement tenté de la soustraire à ce jugement inique, la consulte, et, sur sa réponse qu'elle préfère la mort au déshonneur, il saisit un couteau sur l'étal d'un boucher voisin, le plonge dans le sein de sa fille, l'en retire tout sanglant, et furieux, se retourne vers le décemvir en lui criant : « Par ce sang innocent, je voue ta tête aux dieux infernaux. » — Signé : G^{me} G^{on} LETHIERE. 1828. (*Livret du salon de* 1831.)

Le dessin de cette composition parut au salon de 1795, et le tableau à celui de 1831 ; il fut donné au Musée du Louvre en 1848 par M. Bayard.

LICHERIE (Louis), *né à Dreux (dans la Beauce) vers 1642, mort le 3 décembre 1687.*

Son père, conseiller élu et juge de l'élection de la ville de Dreux, le destinait à remplir un jour les fonctions qu'il exerçait; mais le penchant irrésistible que le jeune Licherie témoigna de bonne heure pour le dessin, le força à changer de résolution et à le placer chez Boulogne le père. En 1666 il eut occasion de connaître le Brun, de travailler avec lui, et d'être choisi par cet artiste célèbre, lorsqu'on établit aux Gobelins une école académique dont il était directeur, pour corriger les élèves et faire les fonctions de professeur. En 1670, il quitta les Gobelins, décora de grandes compositions la maison de campagne, à Vitry, de M. Jacques, greffier du Parlement, et plusieurs églises de la ville de Houdan (dans la Beauce). Le 18 mars 1679 il fut reçu à l'Académie, qui, par exception, ne lui imposa pas pour son tableau de réception un sujet tiré de l'histoire du roi, et accepta une composition représentant Abigaïl, femme de Nabal, cherchant à fléchir, par des présents, David irrité contre son mari qui lui avait refusé son secours (voir le numéro suivant). On nomma Licherie adjoint à professeur le 29 novembre 1681. Il a peint un nombre considérable de tableaux pour les églises, notamment aux Invalides, au séminaire de Saint-Lazare, à Saint-Germain-l'Auxerrois, dans le cloître de la Chartreuse de Bourg-Fontaine, près de Villers-Cotterets. Plusieurs de ses compositions furent gravées par Audran, Giffard, Bazin et de Chatillon.

323. *Abigaïl, femme de Nabal, cherchant à fléchir, par des présents, David irrité contre son mari qui lui avait refusé son secours.*

H. 1, 38. — L. 2, 13. — T. — Fig. de 0, 60.

A gauche, au deuxième plan, David, à la tête de ses troupes, est saisi d'admiration à la vue d'Abigaïl agenouillée devant lui, entourée de ses femmes qui lui apportent dans des vases et des corbeilles des vivres et des rafraîchissements. A droite, dans le fond, un âne et des chameaux chargés de provisions; au premier plan, tout à fait à l'angle de la composition, un homme accroupi et accoudé sur un tonneau.

Landon, *t. 2, pl. 64 et 65.*

Musée Napoléon. — Ce tableau fut peint par Licherie pour sa réception à l'Académie, le 18 mars 1679.

LOO (Jean-Baptiste van), *né à Aix (en Provence) le 11 janvier 1684, mort dans la même ville le 19 septembre 1745.*

La nombreuse famille des van Loo est originaire de Hollande et la généalogie de ses artistes est difficile à établir. **Jan van Loo**, fils de Charles van Loo, selon les fastes généalogiques des Pays-Bas, paraît être le premier de ce nom qui se soit adonné à la peinture. Il naquit en 1585 à l'Écluse, en Hollande, et l'on connaît de lui une Réunion de buveurs et de joueurs, gravée par Houbraken. Son fils, Jakob van Loo, né aussi à l'Écluse en 1614, fut un habile peintre de portraits, vint en France, se fit naturaliser, et entra à l'Académie royale de peinture le 6 janvier 1663. Il donna pour tableau de réception le portrait de Michel Corneille le père (voir la 2e partie de la Notice, n° 274), et mourut à Paris le 26 novembre 1670. **Louis van Loo**, fils de Jakob, né à Amsterdam vers 1641, mourut en 1713. Il se rendit en France avant son père, y fit ses études, remporta le premier prix à cette Académie, et y aurait été admis si un duel ne l'eût forcé de se retirer à Nice. Il passait pour un habile peintre à fresque. Ayant fait un voyage à Aix, il s'y maria en 1683, et eut deux fils qui occupèrent un rang distingué dans l'histoire de l'art français. — Jean-Baptiste, l'un d'eux, fut son élève; il étudia de bonne heure l'antique, les ouvrages des grands maîtres, et après avoir exécuté quelques ouvrages dans sa ville natale, il se rendit en 1708 à Toulon pour voir les sculptures du Puget. Il y peignit deux tableaux qu'on trouva remarquables, et épousa, la même année, Mlle **Lebrun**, fille d'un avocat, qui, sous sa direction, se livra à la peinture et devint un miniaturiste habile. Ce Lebrun, à son tour, épousa **Catherine van Loo** qui ne manquait pas de talent. Jean-Baptiste van Loo peignit d'abord beaucoup de portraits, et allait s'occuper de grandes compositions, lorsque le duc de Savoie vint assiéger Toulon en 1707. Il se retira à Aix, travailla pour plusieurs églises, et revint joindre son père à Nice en 1712. De là, il fut à Monaco, puis à Gênes et à Turin, où il travailla pendant deux années pour le duc de Savoie et le prince de Carignan, qui l'envoya à Rome. Il étudia les maîtres, calqua des tableaux entiers, entre autres la Dispute du saint sacrement de Raphaël, et se mit sous la direction de Benedetto Luti. Pendant son séjour à Rome, il exécuta un assez grand nombre de tableaux; puis, quittant cette ville, il passa par Turin, peignit à fresque, pour Victor-Amédée, deux plafonds dans le château de Rivoli, et en 1719 rejoignit à Paris le prince de Carignan, qui le logea dans son hôtel de Soissons et le présenta au régent. Le duc d'Orléans, charmé des talents de van Loo, le chargea de la restauration des cartons de Jules Romain, appartenant à la collection royale. Après avoir peint des plafonds, plusieurs tableaux à l'huile, des portraits au pastel, il fut agréé à l'Académie en 1722. Ayant perdu sa fortune par suite de la banqueroute de Law, il se livra pendant un certain temps presque exclusivement à la peinture des portraits. Il fit, de mémoire, celui du jeune roi, obtint une séance pour le terminer, et cet ouvrage, qui eut un grand succès, fut répété par d'innombrables copies. Reçu à l'Académie le 23 février 1731, sur le tableau de Diane et Endymion (n° 325), on le nomma adjoint à professeur le 10 janvier 1733. Il restaura la galerie de François Ier, peinte à Fontainebleau par le Rosso et le Primatice, exécuta des tableaux pour des églises, pour l'Hôtel-de-Ville, et se décida à retourner en Provence en 1735. Il habitait cette province depuis un an, lorsqu'il apprit la nomination de son fils Louis-Michel à la place de premier peintre du roi d'Espagne. Il se rendit alors à Paris, puis à Londres en 1738, revint malade à Paris au mois d'octobre 1742, alla vainement redemander la santé à l'air natal, et s'établit à la campagne, près d'Aix. Malgré l'affaiblissement de ses forces, il fit encore beaucoup de portraits et expira presqu'en peignant. On l'enterra dans l'église de sa paroisse, au pied des fonts baptismaux. Il eut pour disciples **André Bardon**, ses trois fils et son frère Carle van Loo. Il a exposé au salon de 1737. — **François van Loo**, fils de Jean-Baptiste, et son élève, né vers 1708, mourut en 1730 à Turin des suites d'une chute de cheval. — **Charles-Amédée-Philippe van Loo**, fils et élève de Jean-Baptiste, naquit à Turin en 1715 ou 1718; on ignore la date de sa mort. L'Académie le reçut le 30 décembre 1747, et le nomma adjoint à professeur le 5 juillet 1760, professeur le 7 juillet 1770 et adjoint à recteur le 30 janvier 1790. Il fut premier peintre du roi de Prusse. Il a exposé aux salons de 1747, 1761, 1763, 1769, 1771, 1773, 1775, 1777, 1779, 1781, 1783 et de 1785. Larmessin, Chereau, Petit, ont gravé plusieurs de ses ouvrages. — On trouve pendant les années 1762 à 1785, dans les registres de caisse des bâtiments du roi, faisant partie des archives du Musée, l'indication d'artistes portant le nom de van Loo, autres que ceux désignés dans cette notice, et sur lesquels nous n'avons pu encore trouver de renseignements précis. L'un signe en 1784 **F.-G. van Loo fils**, et en 1785, **François-G. van Loo fils**, des reçus de sommes payées pour des copies de portraits du roi, d'après Duplessis. Un autre signe également des reçus de paiement de copies d'après Duplessis, **L.-A. van Loo fils**. Il est désigné dans le texte de la quittance, sous les noms de **Louis-Amédée**. Enfin, un troisième, appelé simplement le sieur Louis van Loo, signe, d'une écriture qui ressemble peu à celle du précédent, **L. Médée van Loo** et **Louis van Loo**. Malgré la différence d'écriture, il y a tout lieu de croire cependant que L. Médée van Loo, Louis van Loo et L.-A. van Loo fils sont un seul et même personnage. Le rédacteur du *Cabinet de M. Paignon Dijonval* indique un Amédée van Loo, né à Paris en 1730, qui a peint le portrait de Frédéric-Henri-Louis, prince de Prusse, gravé en 1767 par G.-F. Schmit. Il y a là évidemment une erreur, et il s'agit certainement de Charles-Amédée-Philippe van Loo, premier peintre du roi de Prusse, né en 1715 ou 1718. Paignon Dijonval possédait aussi des dessins de François van Loo, né, suivant lui, en 1750, et qui doit être celui qui figure au registre de caisse des bâtiments.

324. *Institution de l'ordre du Saint-Esprit par Henri III, dans l'église du couvent des Grands-Augustins à Paris, le 31 décembre 1578.*

H. 4, 80. — L. 3, 50. — T. — Fig. de gr. nat.

Au milieu de la composition, Henri III, assis sur son trône, donne sa main à baiser au duc de Nevers agenouillé devant lui. Le roi est entouré des grands dignitaires de l'ordre du Saint-Esprit et de plusieurs chevaliers portant tous le grand manteau de cérémonie. Au-dessus du trône, le Saint-Esprit sous la forme d'une colombe.

Musée Napoléon. — Suivant Germain Brice, l'artiste a représenté la première promotion dans laquelle fut reçu Louis de Gonzague, duc de Nevers, premier chevalier de l'ordre, assisté de quatre grands officiers : Philippe Hurault, comte de Chiverny, chancelier; Guillaume Pot, prévôt, maître des cérémonies; Nicolas de Neuville, grand trésorier; Claude de l'Aubespine, greffier; de Mathurin Morin, héraut d'armes, et de Philippe de Nambuc, huissier. Les autres personnages sont des seigneurs français et polonais présents à la cérémonie. Ce tableau était autrefois dans le chœur de l'église du couvent des Grands-Augustins, où se faisaient les réceptions des chevaliers de l'ordre du Saint-Esprit. Il fut exécuté pour faire partie d'une suite de peintures représentant les cérémonies de l'ordre, sous les grands maîtres qui se succédèrent depuis son institution. On les mit en place en 1733. J.-B. van Loo, outre celle-ci, en peignit, pour la même église, deux autres où figuraient Louis XIV et Louis XV.

325.* *Diane et Endymion.*

H. 2, 22. — L. 1, 73. — T. — Fig. de gr. nat.

Endymion endormi, la tête renversée, vue de profil, le bras droit relevé sur le coude, est couché par terre, au sommet d'une montagne, ayant à côté de lui un de ses chiens également endormi. A droite, Diane, vue de dos, portée sur des nuages, et auprès d'elle un amour qui vole et montre du doigt le jeune chasseur.

Musée Napoléon. — Ce tableau fut peint par J.-B. van Loo pour sa réception à l'Académie, en 1731.

LOO (CHARLES-ANDRÉ, *dit* CARLE VAN), *peintre, graveur, né à Nice (alors en Provence) le 15 février 1705, mort à Paris le 15 juillet 1765.*

Il était fils de Louis van Loo, et Jean-Baptiste, son frère aîné, lui servit de père et de maître. Appelé en Italie par le duc de Savoie, Jean-Baptiste emmena Carle, d'abord à Turin, puis à Rome, où, après avoir commencé l'éducation pittoresque de son frère, alors âgé de 9 ans, il le plaça chez Benedetto Luti, qui avait été également son maître. Il passa ensuite à l'atelier de Le Gros, sculpteur, qui lui apprit à modeler et à tailler la pierre et le bois. Après la mort de Le Gros, en 1719, il revint avec son frère à Turin, puis à Paris. Le prince de Carignan les prit sous sa protection et leur donna un logement dans son hôtel de Soissons. Quoique Carle n'eût alors que 15 ans, il avait déjà considérablement dessiné d'après l'antique et les maîtres. En 1723, il reçut à l'Académie la première médaille du dessin. Vers cette époque, Jean-Baptiste le jugea capable d'ébaucher ses tableaux, de peindre des draperies, des accessoires, et des parties de figure d'après nature. Il l'employa aussi à réparer la galerie de François Ier, peinte par le Rosso et le Primatice, dont le régent lui avait confié la restauration. Le besoin de produire et de s'exercer aux grandes machines entraîna Carle à composer et à exécuter des figures et des décorations pour le théâtre de l'Opéra. En 1724, il remporta le premier prix de peinture à l'Académie, qui avait donné comme sujet de concours Jacob purifiant sa maison pour offrir un sacrifice à Dieu.

LOO (CARLE VAN).

Avant de se rendre en Italie, il dessina une grande quantité de petits portraits, souvent en pied, fort ressemblants, qui étaient très recherchés. Carle partit pour Rome en 1727, et s'associa, pour faire ce voyage, Louis et François van Loo ses neveux, ainsi que François Boucher. Là il recommença avec assiduité de nouvelles études, et remporta un prix de dessin donné par l'Académie de Saint-Luc de Rome. A l'âge de 24 ans, il avait produit des ouvrages remarquables et peint à fresque l'Apothéose de saint Isidore, dans le plafond de l'église consacrée à ce saint. En 1731, le pape le créa chevalier. Il retournait en France avec son neveu François, qui annonçait les plus heureuses dispositions, lorsque la mort de ce dernier le força à s'arrêter à Turin. Le roi le chargea de travaux considérables, qu'il exécuta avec beaucoup de succès. Il revint à Paris en 1734, fut agréé à l'Académie, reçu le 30 juillet 1735, sur un tableau représentant Marsyas écorché par ordre d'Apollon (n° 327). On le nomma adjoint à professeur le 7 juillet 1736, et professeur le 2 juillet 1737. C. van Loo jouissait d'une grande réputation et était surchargé de travaux. Le roi de Prusse voulut l'attirer à la cour, mais il ne put se résoudre à quitter Paris, et envoya son neveu Charles-Amédée à sa place. En 1749, on lui confia la direction de l'école royale des élèves protégés, et il reçut le cordon de l'ordre de Saint-Michel en 1751. L'Académie l'élut adjoint à recteur le 29 mai 1752, recteur le 6 juillet 1754, directeur le 25 juin 1763. En 1762, le roi lui avait accordé la place de premier peintre, aux appointements de 6,000 fr. par an. En 1764, on le chargea de peindre, dans la coupole d'une chapelle des Invalides, les principaux traits de la vie de saint Grégoire. Les esquisses, toutes finies d'après nature avec beaucoup de soin, furent exposées au salon de 1765, mais la mort empêcha l'artiste de les exécuter sur place. Le nombre des dessins et des peintures de Carle van Loo est fort considérable. Il s'exerça dans tous les genres, et peignit à fresque, en détrempe, à l'huile, à l'encaustique. Juge extrêmement difficile pour lui-même, il détruisit souvent des ouvrages dont on lui offrait un prix considérable, mais qu'il croyait peu propres à lui faire honneur. Il eut beaucoup d'élèves; parmi les principaux on cite Lagrenée aîné, Doyen, **Julien** et **Olivier**. Carle a exposé aux salons de 1737, 1738, 1739, 1740, 1741, 1742, 1745, 1746, 1747, 1750, 1751, 1753, 1755, 1757, 1759, 1761, 1763 et de 1765. Desplaces, L. Cars, Balechou, Dupuis, Avril, Beauvarlet, Le Bas, Flipart, Ravenet, Simoneau, Desmarteau, P. Drevet, etc., ont gravé de ses ouvrages. — **Jules-César-Denis van Loo**, né à Paris en 1743, fils de Carle, peintre de paysages, fut agréé ou reçu à l'Académie le 30 octobre 1784. Il a exposé aux salons de 1785, 1787, 1789, 1793, 1797, 1798, 1800, 1801, 1802, 1804, 1806, 1808, 1814 et de 1817. Nagler dit à tort qu'il le croit fils de Charles-Amédée, et qu'il mourut en 1824.

326. *Mariage de la Vierge et de saint Joseph.*

H. 0, 62. — L. 0, 36. — Cintré par le haut. — T. — Fig. de 0, 35.

A gauche, la Vierge, ceinte d'une couronne de roses blanches, est agenouillée devant le grand prêtre sur les marches de l'autel; celui-ci, une main posée sur le livre que porte un enfant, soutient de l'autre celle de la Vierge, à qui saint Joseph, à genoux au côté opposé, et couronné de roses blanches, présente l'anneau nuptial. Derrière la Vierge, une femme et deux hommes;

dans le haut de la composition, le Saint-Esprit sous la forme d'une colombe. — Signé, sur la première marche de l'autel : *Carolus Vanloo inv. et pinx.*

Gravé par Charles Dupuis; par J. Bein dans le Musée royal. — *Landon, t. 3, pl. 64.* — *Filhol, t. 1, pl. 8.*

Musée Napoléon. — Ce tableau, peint en 1730, a fait partie du cabinet de M. de Julienne ; il fut acheté en 1801, à la vente de Claude Tolozan, pour la somme de 4,000 fr. (Archives du Musée.)

327. *Apollon fait écorcher Marsyas.*

H. 1, 30. — L. 1, 63. — T. — Fig. de 0, 94.

A droite, Apollon, debout, donne l'ordre d'attacher Marsyas avec des cordes à un tronc d'arbre qui est à gauche. Aux pieds du satyre, par terre, sa flûte et un couteau. Derrière l'arbre, deux hommes dont on ne voit que les têtes.

Gravé par Miger.

Musée Napoléon. — Ce tableau fut peint par Carle van Loo pour sa réception à l'Académie, le 30 juillet 1735.

328. *Énée portant son père Anchise au milieu de l'incendie de Troie.*

H. 1, 10. — L. 1, 05. — T. — Fig. de 0, 80.

Énée sort de sa maison avec son père Anchise sur ses épaules. A côté de lui, à droite, marche le jeune Ascagne tenant par les vêtements son grand-père, tandis que derrière eux, à gauche, Créuse, épouse d'Énée, les suit, portant ses dieux pénates qu'elle a sauvés de l'incendie de Troie. Dans le fond, la ville en flammes. — Signé, à droite : *Charle Vanloo.*

Gravé par N.-G. Dupuis.

Collection de Louis XVI. — Ce tableau, peint en 1729, fut payé 4,020 liv. à la vente de L.-M. van Loo, 2,000 à celle de M. La Live de Jully, et 7,225 à celle du prince de Conti, en 1777, où il fut acquis pour le roi. (Registre de caisse des bâtiments du roi.)

329. *Une halte de chasse.*

H. 2, 22. — L. 2, 50. — T. — Fig. de 0, 70.

A l'ombre d'un groupe d'arbres élevés, des seigneurs et trois dames de la cour de Louis XV ont mis pied à terre pour déjeuner sur l'herbe. Des laquais en livrée font le service. A gauche, au premier plan, l'un d'eux, vu de dos, ouvre un grand coffre, tandis que près de lui, un nègre porte un panier de vin. De l'autre côté, un mulet richement caparaçonné, que l'on débarrasse de ses bagages, et deux chiens. Dans le fond, des chasseurs à cheval arrivant au rendez-vous. — Signé : *Carle Vanloo* 1737.

Collection de Louis XV. — Ce tableau, exposé au salon de 1737, était cintré en haut et en bas, et avait été peint pour les petits appartements du château de Fontainebleau, où il paraît être resté jusqu'à la première Révolution. Un état des peintures et sculptures en dépôt à ce château, daté du 17 prairial an II (5 juin 1794), le cite parmi les tableaux *qui n'avaient pas été trouvés assez beaux pour être conservés*, et dont une grande partie déjà avait été *vendue* avec le mobilier. Cependant, échappé à cette vente avec quelques autres, oubliés sans doute, il resta dans les magasins des bâtiments de Fontainebleau jusqu'en 1846, époque à laquelle il y fut retrouvé parmi d'anciennes boiseries. Rapporté aussitôt au Louvre, on le rentoila pour être placé aux Tuileries dans les appartements de M. le duc de Nemours, et c'est après 1848 qu'il prit place dans les galeries du Musée. Une note de cet état de 1794, dont on vient de parler, dit que « l'on voyait autrefois dans ce tableau le portrait de Louis XV et celui des trois sœurs MM^{es} de Châteauroux, de Mailly et Flavacourt, et que ce n'est que depuis que le roi ne vécut plus avec ces femmes que la tête de Louis XV fut changée. » Cette tradition ne paraît pas justifiée par les trois têtes de femmes, qui n'ont pas le caractère des portraits de van Loo, mais plutôt celui de ses têtes de fantaisie ; et ne se pourrait-il pas que cette note ait été mise alors pour sauver cette peinture en cherchant à lui donner un intérêt historique ?

330. *Portrait de Marie Leczinska, reine de France, née en 1703, morte en 1768.*

H. 2, 75. — L. 1, 94. — T. — Fig. en pied de gr. nat.

La reine est représentée debout, de trois quarts tournée à gauche, devant une console sur laquelle on voit une couronne, un buste de Louis XV et un vase de cristal garni de fleurs. Elle tient un éventail d'une main et une branche de jasmin de l'autre ; elle porte par-dessus sa robe, brodée à grands ramages, un manteau de velours bleu, semé de fleurs de lis et doublé d'hermine. Sur le devant du tableau, un petit chien accroupi portant un nœud de ruban rose au cou. — Signé, sur l'épaisseur de la table de la console : *Carle Vanloo.*

Collection de Louis XV. — Ce portrait, peint en 1747, fut exposé au salon de cette année. « La tête a été faite d'après celle du pastel de Latour pour épargner à la reine la peine de poser. » (Lettres sur le salon de 1747, p. 23.)

LOO (Louis-Michel van), *né à Toulon en 1707, mort à Paris le 20 mars 1771.*

Il était fils et élève de Jean-Baptiste van Loo et obtint le premier prix l'Académie en 1725 ; le sujet du concours était Moïse foulant aux pieds la couronne de Pharaon. Après avoir étudié à Rome, il revint à Paris, fut reçu académicien le 25 avril 1733, sur un tableau inscrit sous le numéro suivant, adjoint à professeur le 2 juillet 1735, et mis en 1745 au rang des anciens. Le succès qu'il obtint avec ses portraits du comte de Maurepas et du duc de Gèvres, le détermina à s'attacher plus spécialement à ce genre. Après la mort de **Ranc**, le roi d'Espagne l'appela pour remplacer cet artiste dans la charge de premier peintre. Philippe V lui donna de nombreuses marques d'estime, et lui fit obtenir du roi de France, le 23 avril 1748, le cordon de Saint-Michel. Revenu à Paris quelques années après la mort de Philippe, il fut recherché à la cour, et fit le portrait de Louis XV, vêtu des habits de l'ordre du Saint-Esprit et du manteau royal. Il succéda à son oncle Carle van Loo, comme directeur de l'école royale des élèves protégés. Il a exposé aux salons de 1753, 1755, 1757, 1759, 1761, 1763, 1765, 1767 et de 1769.

331.* *Apollon poursuivant Daphné.*

H. 2, 20. — L. 1, 81. — T. — Fig. pet. nat.

Au premier plan, le fleuve Pénée, couché par terre auprès d'une source, semble vouloir protéger sa fille poursuivie par Apollon, tandis que celle-ci, la tête tournée vers le ciel, implore les dieux qui vont la changer en laurier. Déjà l'extrémité de ses doigts et de ses cheveux subit cette métamorphose. Au deuxième plan, deux naïades au milieu des roseaux, près d'un grand arbre dont on ne voit que le tronc, et plus haut, sur un nuage, deux amours qui semblent se jouer des efforts inutiles du fils de Latone.

Musée Napoléon. — Ce tableau fut peint par L.-M. van Loo pour sa réception à l'Académie, le 25 avril 1733.

LUSURIER (Catherine), *morte jeune à Paris, en janvier 1781.*

On n'a aucun renseignement biographique sur cette femme artiste, élève d'Hubert Drouais, qui peignit des portraits dans la manière de son maître.

332.* *Portrait de Jean-Germain Drouais, dessinant.*

H. 0, 80. — L. 0, 65. — Forme ovale. — T. — Fig. jusqu'aux genoux de gr. nat.

Il est représenté la tête de trois quarts, tournée à droite, coiffé d'un chapeau noir à larges bords, vêtu d'un habit gris rayé. Il tient d'une main sur ses genoux un portefeuille sur lequel il dessine, et de l'autre un porte-crayon. — On lit sur le fond, à droite : *Ætatis suæ XV lusurier* p^{xit}.

Le cadre est décoré de deux cartouches indiquant les noms, les dates de naissance et de mort du jeune artiste, ainsi que ses principaux ouvrages.

MACHY (Pierre-Antoine de), *peintre, graveur, né à Paris vers 1722, mort en 1807.*

Il était élève de Servandoni, fut reçu à l'Académie comme peintre d'architecture le 30 septembre 1758, nommé conseiller en 1777, et professeur de perspective à l'Académie royale de peinture le 1er avril 1786, à la place de le Clerc, décédé. Il peignit trois vues perspectives sur le grand escalier du Palais-Royal, construit sous la direction de Content. Il a souvent travaillé avec **Clerisseau** et Hubert Robert. On a de lui plusieurs planches gravées à l'imitation du lavis. Basan, Jeaninet et Descourtis ont reproduit en couleurs quelques-unes de ses compositions. Il a exposé aux salons de 1757, 1759, 1761, 1763, 1765, 1767, 1771, 1773, 1775, 1777, 1781, 1783, 1785, 1787, 1791, 1793, 1795, 1798 et de 1802. De Machy eut un fils sur lequel on n'a pas de détails biographiques. Il a aussi gravé en couleurs plusieurs ouvrages de son père.

MAIRE POUSSIN (LE).

333. *Un temple en ruine.*

H. 1, 62. — L. 1, 30. — T. — Fig. de 0, 12.

Des colonnes d'ordre corinthien supportent des portiques à arcades. Au premier plan, gisent par terre des fragments de chapiteaux, de colonnes et d'entablements. Au second plan, à droite, une femme, ayant un enfant près d'elle, un autre sur son dos, se repose près d'un escalier sur une pierre. Au premier plan, à gauche, un guerrier debout, vu de dos, tenant une lance, parle à une femme assise sur les ruines. Dans le fond, une ville au sommet d'une montagne élevée.

Ancienne collection.

MAIRE POUSSIN (PIERRE LE), *peintre, graveur, né à Dammartin, près de Paris, en 1597, mort à Gaillon en 1659.*

Le petit nombre de biographes qui ont parlé de cet artiste l'appellent *Jean*, quoiqu'il n'ait signé que du prénom de *Pierre* la première planche d'une suite de quatorze estampes gravées par lui et dédiées à son maître. Il eut pour protecteur le marquis de Chanvallon, qui le plaça d'abord chez un peintre d'histoire dont on ignore le nom, puis à l'atelier de **Claude Vignon**, où il resta quatre ans. Le marquis de Chanvallon l'envoya ensuite à Rome; il y passa une vingtaine d'années et s'y trouvait encore le 20 septembre 1637, puisque la suite des quatorze eaux-fortes indiquées ci-dessus porte cette date et l'indication de cette ville. Il revint peu de temps après à Paris, et peignit des perspectives à Bagnolet et à Rueil. Le Maire retourna à Rome avec Poussin en 1642, mais n'y demeura pas longtemps. Revenu à Paris, il logea dans un des pavillons des Tuileries, où il pensa périr dans un incendie, et se fixa après cet accident à Gaillon, où il fut enterré à la Chartreuse. Le surnom de Poussin lui fut donné à cause de sa liaison avec le célèbre artiste.

334. *Vue d'anciens monuments de Rome.*

H. 1, 34. — L. 1, 94. — T. — Fig. de 0, 25.

A droite, le temple de la Fortune; plus loin, le Panthéon; au premier plan, des débris d'entablement. A gauche, au troisième plan, la statue du Nil et les lions placés au bas de l'escalier du Capitole; au premier plan, deux colonnes. Un homme vu de dos gravit des degrés; plus loin, un autre homme fait boire à une fontaine le cheval sur lequel il est monté, et des femmes reviennent de puiser de l'eau.

Ancienne collection.

335. *Vue d'anciens monuments de Rome.*

H. 1, 34. — L. 1, 94. — T. — Fig. de 0, 30.

A gauche, un édifice à colonnes d'ordre corinthien aboutissant à une galerie transversale, percée de trois arcades à travers lesquelles on aperçoit la continuation du même monument. Au premier plan, à gauche, un homme, vu de dos, assis sur une marche; une femme descendant des degrés, avec un vase sur la tête, et une autre femme tenant un vase dans ses bras. A droite, près de lions accroupis sur un socle, un soldat armé d'une pique.

Ancienne collection.

MANGLARD (ADRIEN), *peintre, graveur, né à Lyon le 10 mars 1695, mort à Rome le 1er août 1760.*

On n'a presque pas de renseignements biographiques sur cet artiste, qui a peint des paysages et des marines. On sait seulement qu'il fut reçu à l'Académie royale de peinture le 24 novembre 1736, sur un tableau de marine, et qu'il passa une grande partie de sa vie en Italie, où sont ses plus grands et plus importants ouvrages. Il était membre de l'Académie de Saint-Luc à Rome, et fut le maître de Joseph Vernet. Il a exposé au salon de 1739.

336. *Le naufrage.*

H. 1, 00. — L. 1, 38. — T. — Fig. de 0, 15.

Un navire est venu se briser contre une côte hérissée de rochers. Sur la plage, des femmes expriment leur désespoir, et des hommes tirent un cordage attaché à un débris du vaisseau auquel des naufragés se sont accrochés pour gagner la terre. Dans le fond, à droite, une tour sur un rocher dominé par une haute montagne.

Ancienne collection.

MANGLARD (*Attribué à*).

337. *L'orage.*

H. 0, 81. — L. 1, 35. — T. — Fig. de 0, 10.

Au deuxième plan, à gauche, sur une côte, une tour carrée reliée à des fabriques par un pont à une arche. A droite, une ville au milieu d'arbres et au bord d'une rivière. Vers le milieu, la foudre éclate et brise un arbre auprès duquel s'enfuient ou sont renversés quatre hommes et une femme accompagnés d'un chien. Au premier plan, à droite, sur une route inondée par la pluie, une femme renversée par terre, un âne qui rue, deux hommes et une femme mettant leur tête à l'abri de la pluie sous une partie de leurs vêtements. A gauche, la rivière écumante, une barque portant trois hommes, un enfant et des bagages.

Ancienne collection. — Ce tableau, donné par l'inventaire à Joseph Vernet, nous semble plutôt devoir être attribué à Manglard.

MARNE (JEAN-LOUIS DE), *peintre, graveur, né à Bruxelles en 1744, mort à Batignolles, près de Paris, le 24 mars 1829.*

Il vint de bonne heure en France, et fut pendant huit ans élève de **Gabriel Briard**. Il s'essaya dans le genre historique et concourut pour le prix de Rome l'année où David l'obtint. Abandonnant les héros et les grandes figures, il tenta de représenter des paysages d'un style sévère, sans beaucoup de succès. L'Académie royale de peinture accueillit de Marne comme agréé en 1783, mais il ne dépassa pas ce premier grade. Les tableaux où il introduisit des animaux firent sa réputation. Il peignit longtemps sur porcelaine pour la Manufacture de Sèvres et pour celle de M. Dihl. Il obtint une médaille d'or de première classe en 1806, une autre en 1819, et fut décoré de l'ordre de la Légion-d'Honneur en 1828. De Marne a produit une quantité considérable d'ouvrages, dont plusieurs possèdent un mérite réel; ses meilleurs ont généralement été exécutés de 1792 à 1808. A partir de cette époque, son talent décline d'une manière très sensible, et dans ses dernières années on le voit se borner, pour ainsi dire, à répéter les canaux, les grandes routes, les foires, qu'il avait déjà si souvent représentés. Beaucoup de ses ouvrages sont passés à l'étranger, et particulièrement en Russie. Il a exposé aux salons de 1783, 1793, 1795, 1798 1799, 1802, 1804, 1806, 1808, 1810, 1812, 1814, 1817, 1819, 1822, 1824 et de 1827.

338. *Une route.*

H. 0, 50. — L. 0, 60. — T. — Fig. de 0, 06.

A droite, des oies, des moutons, des vaches sortent d'une ferme devant laquelle est arrêtée une charrette couverte d'une toile blanche; près d'une porte, une femme avec son enfant, assise sur un banc, parle à un homme debout devant elle. A un plan plus rapproché, un rémouleur, un enfant qui tourne la roue; sur la route, une charrette attelée de deux bœufs et d'un âne. A gauche, une diligence qui passe, et des voyageurs donnant de l'argent à deux pauvres.

Collection de Louis XVIII. — Ce tableau fut exposé au salon de 1814, et acquis en 1815 pour la somme de 1,200 fr.

339. *Une foire à la porte d'une auberge.*

H. 0, 50. — L. 0. 60. — T. — Fig. de 0, 09.

Dans l'intérieur d'une cour d'auberge, à gauche, des buveurs attablés, et plus loin, des danseurs. Au milieu, la grande porte ouverte laisse apercevoir une route sur laquelle passent une charrette et des moutons; au-delà, un jeu de bague. A droite, à l'entrée de l'auberge, un cheval boit, tandis que son cavalier parle à une servante qui tient d'une main un pot d'étain et de l'autre un verre. Tout proche, deux vaches. Au premier plan, une roue de voiture jetée dans une mare.

Collection de Louis XVIII. — Ce tableau fut exposé au salon de 1814, et acquis en 1815 pour la somme de 1,200 fr.

340. Le départ pour une noce de village.

H. 0, 76. — L. 0, 99. — T. — Fig. de 0, 13.

A droite, sur une route, un chariot couvert d'une toile blanche, derrière lequel un enfant cherche à monter. Dans le chariot, des paysans ; l'un d'eux joue du violon, un autre du flageolet. Au bord de la route, une femme, assise par terre avec un enfant, semble leur indiquer le chemin qu'ils doivent suivre. Au premier plan, à gauche, des vaches, des ânes et des chèvres couchés ou paissant.

Musée Napoléon. — Ce tableau obtint un prix d'encouragement.

MAROT (FRANÇOIS), *né à Paris en 1667, mort le 3 décembre 1719.*

Il était de la famille du poète Clément Marot, et fut, de tous les disciples de la Fosse, celui qui imita le plus sa manière. Nommé académicien le 24 mars 1702, il obtint le grade d'adjoint à professeur le 28 septembre 1715. Il fit, en 1697, le tableau votif que la corporation des orfèvres offrait à Notre-Dame au mois de mai ; il représente Jésus-Christ apparaissant aux trois Maries. Marot a peint des compositions historiques et des portraits. Il a exposé au salon de 1704.

341. Sommeil de Morphée.

H. 1, 43. — L. 1, 71. — T. — Fig. de gr. nat.

Morphée est représenté sous la forme d'un enfant endormi, couché, les ailes déployées, sur des nuages et sur des pavots dont il porte une couronne. Dans la partie supérieure du tableau, à gauche, le char de la Nuit.

Ancienne collection.

MARTIN (JEAN-BAPTISTE), *dit* L'AÎNÉ, *né à Paris en 1659, mort le 8 octobre 1735.*

Il fut élève de la Hire, étudia la fortification, et fut envoyé comme dessinateur auprès du maréchal de Vauban. Recommandé vivement par lui à Louis XIV, le roi le mit sous la direction de van der Meulen, auquel il succéda comme directeur des Gobelins. Il accompagna le roi et le grand dauphin dans presque toutes leurs expéditions. Les tableaux qu'il peignit pour le château de Versailles, et qui représentent les victoires et conquêtes du roi, lui firent donner le surnom de *Martin des Batailles*. Il décora les quatre réfectoires des Invalides de *vues des places fortes de Flandre, de Hollande et d'Alsace prises par Louis XIV*. Il exécuta aussi, pour le duc de Lorraine, Léopold, une suite de vingt tableaux dont les sujets étaient empruntés à la vie de son père Charles V. Ces compositions décoraient la galerie du château de Lunéville.

342. *Siége de Fribourg (novembre 1677).*

H. 2, 25. — L. 1, 85. — T. — Fig. de 0, 30.

Au premier plan, un groupe de cinq cavaliers, parmi lesquels se trouve le maréchal de Créquy, qui commandait à ce siége. Plus loin, à droite, des prisonniers que l'on conduit vers la plaine, au fond de laquelle s'élève la ville, dont les murs sont baignés par une rivière. — On lit sur ce tableau, à gauche, l'inscription de FRIBOVRG.

Ancienne collection.

MARTIN (PIERRE-DENIS), *dit* LE JEUNE, *peignait dans le commencement du XVIIIe siècle.*

On n'a pu jusqu'à présent trouver de renseignements biographiques sur cet artiste, suivant d'Argenville, cousin de Jean-Baptiste Martin dit l'aîné, élève comme lui de van der Meulen. Il a peint un grand nombre de vues de résidences royales, placées autrefois au château de Choisy, et maintenant en partie à Versailles. L'une d'elles porte la signature de P. D. Martin, *peintre ordinaire et pensionnaire du roi* 1722; dans un autre tableau exécuté la même année, il ajoute à ces qualités celle de *pensionnaire de sa Majesté Czarienne*. Pierre-Denis Martin a aussi peint des batailles et des chasses. Il fut employé aux Gobelins.

343. *Louis XV à la chasse du cerf dans les rochers d'Avon à Fontainebleau.*

H. 0, 39. — L. 0, 80. — T. — Fig. de 0, 16.

A droite, Louis XV, monté sur un cheval blanc, est accompagné de ses officiers. Plus loin, passe le cerf poursuivi par la meute, et sur le dernier plan, à gauche, galope un piqueur le fouet à la main. Dans le fond, le château de Fontainebleau. — Ce tableau est signé : *P. D. Martin, dit le jeune, Peintre Ordinaire du Roy, 1730.*

Collection de Louis-Philippe. — Acquis en 1841 de M. Couveley pour la somme de 200 fr.

MAYER (Mlle CONSTANCE), *née à Paris en 1778, morte le 26 mai 1821.*

Elle fut d'abord élève de Suvée, reçut des conseils de Greuze, connut Prud'hon en 1805, et à partir de cette époque travailla avec lui jusqu'au jour où, dans un accès de sombre mélancolie, causée par un état maladif, elle mit fin à ses jours. Mlle Mayer imita habilement la manière de son dernier maître, peignit sous son inspiration des compositions allégoriques, et fit un grand nombre de portraits à l'huile et au pastel. Elle obtint une médaille en 1806. Ses ouvrages ont été exposés aux salons de 1796, 1798, 1799, 1802, 1804, 1806, 1808, 1810, 1812, 1814, 1817, 1819 et de 1822, après sa mort.

344. *La mère heureuse.*

H. 1, 92. — L. 1, 45. — T. — Fig. de gr. nat.

Une jeune femme, vue de profil, la tête tournée à gauche, les épaules et les bras nus, est assise sur un banc de gazon, dans un bosquet, au pied d'arbres élevés dont le feuillage laisse passer de vifs rayons de soleil. Elle regarde avec bonheur un enfant endormi qu'elle tient sur ses genoux.

Collection de Louis XVIII. — Ce tableau, exposé au salon de 1810, fut acquis en 1815 pour 2,000 fr. L'esquisse de cette peinture est inscrite sous le n° 23 du catalogue de la vente faite le 18 décembre 1829 par M. Prud'hon fils.

345. *La mère abandonnée.*

H. 1, 92. — L. 1, 45. — T. — Fig. de gr. nat.

Dans un site sauvage éclairé faiblement par la lune, une femme debout, les cheveux en désordre et les bras pendants, pleure en contemplant avec désespoir une croix sous laquelle repose le corps de son enfant.

Collection de Louis XVIII. — Ce tableau, pendant du précédent et exposé au salon de 1810, fut acquis en 1815 pour la somme de 2,000 fr.

MÉNAGEOT (FRANÇOIS-GUILLAUME), *né à Londres de parents français, le 9 juillet 1744, mort à Paris le 4 octobre 1816.*

Il vint à Paris étant encore enfant, fut élève successivement d'**Augustin**, de **Deshay**, de Boucher et de Vien. Il remporta le deuxième prix en 1765 et le premier en 1766 ; le sujet du concours était la Reine Tomyris faisant plonger la tête de Cyrus dans un vase plein de sang. Il fut élu académicien le 30 décembre 1780, et donna pour tableau de réception la peinture allégorique exposée sous le numéro suivant. On le nomma adjoint à professeur le 27 octobre 1781, et le roi lui accorda la direction de l'Académie de France à Rome en 1787. Il résidait encore dans cette ville au commencement de 1790, lorsque l'Académie de Paris, malgré son absence, lui conféra le grade de professeur en titre le 30 janvier de la même année. A l'époque de la Révolution, lorsque la vie des Français était menacée, la conduite de Ménageot à Rome mérita les plus grands éloges ; il parvint, par sa prudence et sa fermeté, à sauver les artistes pensionnaires de la fureur des Italiens, qui voulaient les massacrer. De retour à Paris, il reprit ses fonctions de professeur, fut nommé membre de la quatrième classe de l'Institut le 22 avril 1809, chevalier de la Légion-d'Honneur, et à la rentrée des Bourbons en 1814, membre de l'Académie royale des beaux-arts. Il a exposé aux salons de 1777, 1779, 1781, 1783, 1785, 1791 et de 1806.

346. *L'Étude arrête le Temps.*

H. 2, 25. — L. 1, 84. — T. — Fig. de gr. nat.

A gauche, l'Étude, sous la figure d'une femme assise avec un livre ouvert devant elle et entourée des attributs des sciences, arrête dans sa course le Temps, qui tient d'une main sa faux et de l'autre un sablier. A droite, à ses pieds, deux petits génies : l'un d'eux est renversé par le vieillard ; l'autre, agenouillé sur des plans d'architecture, le supplie d'épargner les monuments qu'ils représentent.

Musée Napoléon. — Ce tableau fut peint par Ménageot pour sa réception à l'Académie, le 30 décembre 1780.

MEYNIER (Charles), *né à Paris le 24 novembre 1768, mort le 7 septembre 1832.*

Il fut élève de Vincent; à l'âge de 21 ans, il concourut avec Girodet pour le grand prix, dont le sujet était la Reconnaissance de Joseph par ses frères, et le partagea avec lui. Il partit pour Rome en 1789. Lorsque la Révolution éclata en France, les élèves de l'école de Rome furent obligés de se disperser. Après s'être arrêté quelque temps à Florence, Meynier revint à Paris, et depuis cette époque ne cessa de produire de nombreux ouvrages. Il a peint en outre au Louvre, dans une des salles du premier étage, les Nymphes de Parthénope apportant leurs pénates sur les rives de la Seine; dans une salle du rez-de-chaussée, le plafond qui représente Rome donnant à la Terre le Code des lois de Justinien; enfin, les deux plafonds qui ornent, l'un la deuxième partie du grand escalier, l'autre la salle qui précède le grand salon (salle des bijoux). Le premier a pour sujet la France, sous les traits de Minerve, recevant l'hommage des Beaux-Arts; le deuxième, l'apothéose de Poussin, de le Sueur et de le Brun. Il décora avec M. Abel de Pujol les sommités et les voûtes de la salle principale de la Bourse, et y exécuta des peintures monochromes imitant des bas-reliefs. Meynier a exposé aux salons de 1795, 1796, 1798, 1800, 1801, 1808, 1810, 1812, 1814, 1817, 1819, 1822, 1824 et de 1827.

347. *Le berger Phorbas présente Œdipe enfant à Péribée, femme de Polybe, roi de Corinthe.*

H. 2, 00. — L. 2, 65. — T. — Fig. demi-nat.

Après avoir détaché Œdipe de l'arbre où il était suspendu par les pieds sur le mont Cythéron, Phorbas l'apporte dans le palais de Péribée. Cette reine, assise sur son trône, est entourée de ses femmes et de jeunes filles occupées à divers ouvrages, dont elles sont distraites par l'intérêt que leur inspire cet enfant. Dans le fond, un autre berger tient un chien en laisse. — Signé, à gauche : *Meynier p^t*. 1814.

Collection de Louis XVIII. — Ce tableau fut exposé au salon de 1814, et acquis en 1815 pour la somme de 6,000 fr.

MICHALLON (Achille-Etna), *né à Paris le 22 octobre 1796, mort dans la même ville le 24 septembre 1822.*

Son père, Claude Michallon, sculpteur et pensionnaire du roi, mourut sans avoir pu diriger l'éducation de son fils, qui reçut des conseils de David, de Valenciennes, de Bertin et de **Dunouy**. Dès l'âge de 15 ans, il produisit des tableaux qui furent remarqués et lui valurent une pensio du prince russe Issoupoff. A l'exposition de 1812, il eut la médaille d'or de seconde classe, et plus tard en obtint une autre au concours institué par la ville de Douai. Le ministre de l'intérieur ayant décidé en 1817 qu'il serait créé un grand prix de paysage historique, Michallon le remporta à l'unanimité des suffrages. Il n'avait que 20 ans lorsqu'il partit pour Rome, et ce fut de cette ville qu'il envoya à l'exposition de 1819 son tableau de Roland, puis le Combat des Centaures et des Lapites. Après quatre ans de séjour en Italie, Michallon revint à Paris, peignit pour le salon de 1822 trois paysages, et mourut peu de temps après les avoir exécutés. Ses ouvrages ont été exposés en 1812, 1814, 1817, 1819, 1822, et après sa mort en 1824.

348. *Paysage.*

H. 1, 26. — L. 1, 72. — T. — Fig. de 0, 12.

Au milieu du tableau, des femmes et des hommes regardent un paysan et une paysanne dansant sur une pelouse, au son d'un tambour de basque que frappe une femme assise par terre. Parmi ces spectateurs, on en remarque un debout enveloppé d'un grand manteau, coiffé d'un chapeau à haute forme et tenant un fusil. Plus loin, à droite, une ville ombragée par des arbres élevés ; dans le fond, une vaste plaine bornée à l'horizon par des collines. Au premier plan, à droite, un pâtre assis par terre au pied d'un tronc d'arbre coupé. — Signé, à gauche : *Michallon* 1822.

Collection de Louis XVIII. — Ce tableau fut acquis à la suite du salon de 1822 pour la somme de 2,000 fr. On trouve dans le livret cette indication : « L'artiste s'est inspiré de la vue de Frascati. »

MIGNARD (PIERRE), *né à Troyes dans le mois de novembre* 1610, *mort à Paris le* 13 *mai* 1695.

Son père, suivant l'abbé de Monville, biographe de Mignard, était d'origine anglaise, s'appelait Pierre More, vint en France et fut présenté à Henri IV avec ses six frères, tous de si bonne mine, que le roi leur donna le surnom de *Mignards*, qu'ils tinrent à honneur de conserver à l'exclusion de leur nom véritable. Des documents découverts récemment prouvent que le père des deux peintres portait le nom de Mignard dès le commencement de la Ligue, bien antérieurement à la venue de Henri IV à Troyes, et infirment l'assertion de l'abbé de Monville. Quoi qu'il en soit, il avait été décidé que Pierre Mignard serait médecin, son frère aîné ayant déjà pris la profession de peintre. Mais Pierre montra tant de dispositions pour le dessin, que son père fut forcé de céder à son désir. Il l'envoya, à l'âge de 12 ans, à Bourges, chez un peintre nommé **Boucher**; après une année de séjour dans cette ville, il revint à Troyes, puis alla à Fontainebleau étudier pendant deux ans les trésors de peinture et de sculpture renfermés alors dans ce palais. Il fit de tels progrès, qu'il fut en état, à son retour à

Troyes, de peindre la chapelle du château de Coubert, appartenant au maréchal de Vitry. Ce grand seigneur, charmé du travail du jeune artiste, le plaça chez Vouet, premier peintre du roi, qui voulut lui donner sa fille en mariage. Quelque avantageuse que fût une pareille union, Mignard préféra son art à son intérêt, et se décida à partir pour Rome vers la fin de 1635. Il arriva dans cette ville en 1636, y retrouva du Fresnoy, son ancien condisciple chez Vouet. Il fit avec lui de sérieuses études d'après l'antique et d'après les maîtres. Les premiers ouvrages qu'on vit de Mignard furent deux grands tableaux représentant, l'un la famille de M. Hugues de Lionne, alors plénipotentiaire de France près des princes d'Italie, et l'autre MM. Arnaud. Ces deux portraits établirent sa réputation et lui valurent l'honneur de peindre le pape Urbain VIII. A la mort de ce pontife, en 1644, Alphonse-Louis du Plessis, cardinal de Lyon, frère aîné du cardinal de Richelieu, vint à Rome avec **Nicolas Mignard**, qui ne resta que peu de temps près de Pierre et retourna à Avignon. Le cardinal chargea Pierre de lui copier la galerie du palais Farnèse peinte par Annibal Carrache, travail qu'il exécuta en huit mois. A cette époque, Mignard fit un grand nombre de portraits de personnages célèbres, entre autres celui d'Innocent X, et commença à s'occuper d'ouvrages de sa composition. Ses premières peintures historiques, qui tenaient beaucoup de la manière du Carrache, et ses fresques, furent très estimées des Romains. Vers la fin de 1653 du Fresnoy quitta Rome pour retourner en France, passa par Venise où il s'arrêta dix-huit mois, et invita son ami à venir l'y trouver. Mignard partit au printemps de l'année suivante, visita Rimini, Bologne, Modène, Parme, Mantoue, accueilli avec distinction par les grands seigneurs et par les artistes les plus célèbres. A peine arrivé à Venise, auprès de son ami, il fut forcé de se rendre à Modène, où le grand duc, désireux d'avoir plusieurs portraits de sa main, l'appelait. De retour à Venise, il étudia les peintures de cette ville, y séjourna huit mois, se sépara de du Fresnoy et reprit la route de Rome. Un de ses premiers ouvrages fut le portrait du nouveau pape Alexandre VII, puis il peignit un grand nombre de Vierges qui reçurent le surnom de *Mignardes*. Il habitait Rome depuis près de vingt-deux ans, lorsque le roi le rappela en France. Il arriva à Marseille au mois d'octobre 1657, et, attaqué d'une grave maladie, il fut forcé de s'arrêter pendant sept à huit mois à Avignon, auprès de son frère. Ce fut dans cette ville qu'il contracta avec Molière une amitié qui dura autant que leur vie. Mignard rétabli continua son voyage, peignit plusieurs portraits à Lyon, qu'il put à peine terminer, ayant reçu l'ordre de se rendre sans retard à Fontainebleau, où M. de Lionne le présenta au cardinal de Mazarin, qui lui commanda de faire le portrait du roi. Il fut terminé en trois heures, et expédié tout de suite à Madrid à l'infante d'Espagne, que Louis XIV devait épouser. Arrivé à Paris, Mignard prit un logement avec du Fresnoy, peignit le duc d'Epernon, qui lui donna 1,000 écus pour son portrait, et 40,000 livres pour la décoration d'une chambre de l'hôtel de Longueville, qui lui appartenait. A partir de cette époque, la famille royale et tous les grands seigneurs voulurent avoir leurs portraits de la main de Mignard. La reine mère le chargea de peindre à fresque le dôme du Val-de-Grâce. Il y représenta le Paradis. Cette vaste composition, où il introduisit plus de 200 figures, au moins trois fois grandes comme nature, et pour laquelle il se servit de l'aide de son ami du Fresnoy, prouva à ses détracteurs qu'il pouvait s'élever au-dessus du genre du portrait, et fut célébré par un poëme de Molière. La coupole terminée, il alla dans le Comtat; puis, à son retour à Paris en 1664, l'Académie de Saint-Luc, qu'il avait préférée à l'Académie royale parce qu'il ne voulait pas occuper un grade inférieur à celui de le Brun qui en était directeur, le prit pour son chef. Il décora l'hôtel d'Hervar, et du Fresnoy y fit des paysages. Mignard perdit cet ami l'année suivante, et publia le poëme latin sur la peinture qu'il laissait manuscrit et auquel il avait travaillé pendant toute sa vie. En 1677, il peignit à Saint-Cloud pour Philippe d'Orléans, frère unique du roi, le grand salon et une Descente de croix dans la chapelle. Il orna de ses compositions, en 1638, à Versailles, la petite galerie détruite en 1736, les salons qui en dépendent, puis le cabinet de Monseigneur, abattu en 1728. Ces compositions sont gravées par G. Audran. Mignard succéda à le Brun le 1er mars 1690, comme premier peintre du roi. Dans une seule séance, le 4 mars, l'Académie, la première fois qu'il s'y présenta, lui conféra les grades d'académicien, de professeur, de recteur, de directeur et de chancelier. Enfin on le nomma directeur des manufactures. En 1691, M. de Louvois, voulant faire peindre le dôme des Invalides, crut devoir consulter Mignard, alors âgé de 81 ans, ne pensant pas qu'il pût avoir l'idée de se charger d'une pareille entreprise. L'artiste octogénaire remit au bout de deux mois au ministre un grand dessin où il avait retracé la composition qu'il demandait à exécuter. Le dessin fut agréé, mais la mort empêcha Mignard de réaliser son projet. Dans ses dernières années, il peignit Mme de Maintenon en sainte Françoise, Louis XIV pour la dixième fois, la famille royale d'Angleterre, un saint Mathieu pour Trianon, et un saint Luc dans la composition duquel il se représenta (n° 353). La mort le surprit à 84 ans, au moment où il terminait cet ouvrage dans lequel il ne laissa qu'un bout de tapis imparfait. Mignard travailla pendant soixante-treize ans et acquit une fortune considérable. Le roi l'anoblit en 1687. Une grande jalousie subsista toujours entre lui et le Brun, et l'on a accusé Mignard, lors de l'avènement de Louvois, son protecteur au ministère, d'avoir, par ses intrigues, hâté la mort de son rival, dont il se fit concéder les places et les revenus. Ses élèves furent **Laurent Fauchier, Sorlay, Nicolas Fouché**, un Flamand nommé **Carré** et son neveu **Pierre Mignard**. Ses ouvrages ont été gravés par G. Audran, les Poilly, Roullet, Nanteuil, Masson, Michel Lasne, van Schuppen, Scottin, A. Loir, Chauveau, Drevet, Jeaurat. — **Nicolas Mignard**, peintre-graveur, frère aîné du précédent, né à Troyes en Champagne vers 1605, mourut à Paris le 20 mars 1668. Il fut d'abord élève d'un peintre de Troyes, puis vint étudier à Fontainebleau pendant plusieurs années les ouvrages de Fréminet, du Primatice, du Rosso. Il alla ensuite à Lyon, à Avignon, où le cardinal de Lyon, frère du cardinal de Richelieu, ayant vu chez un amateur une galerie peinte par lui, le prit en affection et l'emmena à Rome. Après deux années d'études dans cette ville, Mignard revint à Avignon et prit le nom de *Mignard d'Avignon*, pour se distinguer de son frère qu'on appelait *Mignard le Romain*. En 1660, quand Louis XIV passa par cette ville pour aller épouser l'infante d'Espagne, le cardinal de Mazarin fit peindre le jeune roi par Mignard. Ce portrait plut tant au roi qu'il appela l'artiste à Fontainebleau pour faire celui de la reine. Outre un nombre considérable de portraits de grands personnages, Nicolas Mignard exécuta aussi des tableaux d'histoire, et décora plusieurs pièces aux Tuileries. Il fut nommé académicien le 3 mars 1662, adjoint à professeur en 1664, professeur le 28 juin 1664, adjoint à recteur le 16 août 1664, recteur le 8 mars 1690. Il eut deux fils : le premier, nommé **Pierre**, élève de son oncle, fut d'abord peintre de Marie-Thérèse, puis architecte du roi. Il était un des huit membres fondateurs de l'Académie d'architecture, créée le 31 décembre 1671, et mourut en 1725. Le second, appelé **Paul**, né à Avignon, mort le 5 octobre 1691 à Lyon, peignit, entre autres ouvrages, pour son tableau de réception à l'Académie, le 11 juin 1672, le portrait de son père. Ses compositions ont été gravées par Antoine Masson, van Schuppen, Boulanger.

349. *La Vierge à la grappe.*

H. 1, 23. — L. 0, 95. — T. — Fig. de gr. nat.

La Vierge, assise près d'une table sur laquelle est placée une corbeille de fruits, tient sur ses genoux l'Enfant-Jésus posé sur un coussin ; il soulève le voile qui couvre la tête de sa mère et prend une grappe de raisin qu'elle lui présente.

Landon, t. 2, pl. 66. — Filhol, t. 4, pl. 260.

Collection de Louis XIV. — Cette peinture, en 1709-1710, était placée à Versailles dans le cabinet des tableaux. On lit dans la biographie de Mignard par l'abbé de Monville (page 154) le passage suivant : « Le comte de Matignon avait dans sa collection une Vierge *aux raisins*, que Mignard avait faite à Rome et qui est de sa meilleure manière. Ce tableau passa ensuite dans le cabinet du duc de Valentinois, son fils. »

350. *Jésus sur le chemin du Calvaire.*

H. 1, 50. — L. 1, 98. — T. — Fig. de 0, 58.

Simon le Cyrénéen soulage le Christ du poids de sa croix. Sur le devant du tableau, à gauche, la Vierge, saint Jean et la Madeleine plongés dans la douleur ; plus loin, les deux larrons conduits au supplice, dont on aperçoit les apprêts sur le haut de la montagne. — Signé sur une pierre : P. MIGNARD PINXIT PARISIIS 1684 ÆTATIS SUÆ 73.

Gravé par G. Audran (Calc. imp.). — Landon, t. 2, pl. 68.

Collection de Louis XIV. — Ce tableau, placé en 1709-1710 à Versailles dans les petits appartements du roi, avait été peint pour M. de Seignelay qui fut forcé de le céder au roi. (Voir le n° 61.)

351. *Ecce homo.*

H. 0, 72. — L. 0, 59. — Forme ovale. — T. — Fig. en buste de gr. nat.

Le Christ est représenté de face, couronné d'épines, levant les yeux vers le ciel.

Musée Napoléon. — Thierry, dans son *Guide des amateurs et des étrangers à Paris*, 1787 (t. I, p. 152), dit, en parlant de l'église des Jacobins de la rue Saint-Honoré, qu'on y voit de chaque côté du tombeau de Mignard et de la comtesse de Feuquières, sa fille, deux tableaux en pendant attribués à cet artiste, et il ajoute : « L'*Ecce homo* est le portrait de ce peintre célèbre, et la Mère de douleur celui de sa fille. » Il semble qu'on ne peut guère affirmer que ces deux tableaux soient ceux dont parle Thierry, car il est très difficile de reconnaître dans la figure du Christ les traits de Mignard.

352.* *La Vierge en pleurs.*

H. 0, 72. — L. 0, 59. — Forme ovale. — T. — Fig. en buste de gr. nat.

La Vierge est représentée de trois quarts, la tête tournée à gauche, les yeux levés vers le ciel, les mains croisées sur la poitrine.

Musée Napoléon. — Voir la note du numéro précédent. — Ce tableau, par ordre de l'Empereur, fut envoyé le 4 avril 1854 à M. le comte de Bussel, capitaine de frégate, pour qu'il le fît placer sur le vaisseau amiral de la flotte de la Baltique.

353.* *Saint Luc peignant la Vierge.*

H. 1, 23. — L. 1, 01. — T. — Fig. de 0, 80.

A gauche, saint Luc, la palette et les pinceaux à la main, agenouillé sur un escabeau devant un chevalet, retrace sur une toile l'apparition de la Vierge portant l'Enfant-Jésus sur les genoux et assise à droite sur un nuage. Mignard s'est représenté debout derrière le saint, tenant un pinceau d'une main, et de l'autre une feuille de papier où est dessiné le sujet même du tableau. — Signé, à gauche : P. MIGNARD, PINXIT, 1695. ÆTATIS 83.

Collection de Louis XIV. — Cette peinture, placée en 1709-1710 à Paris, dans le cabinet des tableaux, fut le dernier ouvrage de Mignard, qui l'exécuta l'année même de sa mort.

354. *Sainte Cécile chante les louanges du Seigneur.*

H. 0, 74. — L. 0, 56. — T. — Fig. de 0, 55.

Sous une espèce de portique orné d'un rideau et de colonnes entre lesquelles on aperçoit la campagne, sainte Cécile, coiffée d'un turban, richement vêtue, est assise, lève les yeux vers le ciel et chante en s'accompagnant de la harpe. Auprès d'elle, appuyé sur son genou, un ange debout tient un livre de musique ouvert. A gauche, au premier plan, une basse de viole placée contre une table recouverte d'un tapis. A droite, par terre, divers instruments de musique aux pieds de la sainte. — On lit sur la frange du tapis qui couvre la table : P. MIGNARD. PINXIT ANNO 1691 ÆTATIS SVÆ 79.

Gravé par Bouilliard dans le Musée français.— Landon, t. 2, pl. 69. — Filhol, t. 6, pl. 368.

Collection de Louis XIV. — Ce tableau, en 1709-1710, était placé à Versailles dans la petite galerie du roi.

355. *La Foi.*

H. 0, 49. — L. 0, 62. — T. — Fig. de 0, 55.

Assise par terre auprès d'un autel, elle tient une croix et un livre ouvert sur ses genoux. A droite, un enfant lui présente un calice, et devant elle deux autres enfants soutiennent les tables de la loi. — Signé, à droite sur la base d'une colonne : **P. Mignard pinxit 1692. Ætatis suæ 80.**

Gravé par Jean-Baptiste de Poilly.

Collection de Louis XIV. — Ce tableau, en 1709-1710, se trouvait placé à Versailles dans la petite galerie du roi.

356. *L'Espérance.*

H. 0, 49. — L. 0, 62. — T. — Fig. de 0, 55.

Elle est assise sur une ancre et tourne les yeux vers le ciel. A gauche, devant elle, un enfant porte une palme d'une main, et lui présente de l'autre la couronne de l'éternité bienheureuse. Deux autres enfants sont assis à droite ; l'un d'eux tient un serpent qui se mord la queue, emblème de l'immortalité. — Signé à gauche, dans le bas : *P. Mignard pinxit* 1692. *Ætatis suæ* 80.

Gravé par Jean-Baptiste de Poilly.

Collection de Louis XIV. — Ce tableau, en 1709-1710, était placé à Versailles dans la petite galerie du roi.

357. *Neptune offrant ses richesses à la France; allégorie à Louis XIV.*

H. 3, 42. — L. 7, 20. — T. — Fig. de gr. nat.

Neptune, debout sur un char traîné par deux chevaux marins, est entouré de tritons et de néréides. Il tient d'une main son trident, et de l'autre une couronne qu'il semble offrir à deux victoires ailées, dont une porte des trompettes, et l'autre une bannière blanche sur laquelle on voit un soleil et la devise de Louis XIV. Au-dessus de cette dernière voltige un amour ayant une tige de lis. Dans le fond, à gauche, un temple, une ville, un port, la mer et des vaisseaux.

Gravé dans sa dimension primitive par Maria Horthemels, pour l'ouvrage intitulé : Versailles immortalisé, *composé en vers libres français par J.-B. de Monicart,* 1720.

Collection de Louis XIV. — Ce tableau, primitivement placé dans la petite galerie du château de Versailles, fut peint peu après 1687. Il était en 1709-1710 à Paris dans le cabinet des tableaux, et passa ensuite à Compiègne. On l'agrandit beaucoup anciennement; on y ajouta, à droite, un groupe de néréides et de tritons ; à gauche, un amour sur un dauphin.

358. *Portraits en pied de Louis de France, dauphin* (le grand dauphin), *de sa femme et de ses enfants en bas âge.*

1° *Louis de France* (le grand dauphin), *dit Monseigneur, fils de Louis XIV, né en* 1661, *mort en* 1711 ;

2° *Marie-Anne-Christine-Victoire de Bavière, dauphine de France, née en* 1660, *morte en* 1690 ;

3° *Louis de France, duc de Bourgogne* (*à l'âge de* 5 *ans*), *né en* 1682, *mort en* 1712, *qui fut père de Louis XV;*

4° *Philippe de France, duc d'Anjou* (*à l'âge de* 3 *ans*), *né en* 1683 (*roi d'Espagne, Philippe V, en* 1700), *mort en* 1746 ;

5° *Charles de France, duc de Berry* (*à l'âge de* 18 *mois*), *né en* 1686, *mort en* 1714.

H. 2, 32. — L. 3, 04. — T. — Fig. de gr. nat.

Le dauphin et la dauphine sont assis dans un appartement et accoudés chacun sur une table placée entre eux. Le dauphin, à gauche, caresse un chien ; la dauphine a près d'elle son plus jeune enfant, le duc de Berry, assis sur un coussin vert. Au premier plan, le duc d'Anjou, assis sur un coussin rouge, tient un chien noir sur ses genoux. A droite, le duc de Bourgogne debout, une lance à la main. Du même côté, dans les airs, deux amours soulevant une draperie.

Collection de Louis XIV. — Ce tableau, qui en 1709-1710 était placé à Meudon, dans la galerie de communication, puis à Versailles au moment de la Révolution, fut sans doute vendu alors, car un habitant de cette ville l'offrit en 1815 au roi Louis XVIII, qui le racheta.

359. *Portrait de Françoise d'Aubigné, marquise de Maintenon, née en* 1635, *morte en* 1719.

H. 1, 30. — L. 0, 96. — T. — Fig. jusqu'aux genoux de gr. nat.

Elle est représentée assise dans un fauteuil, le corps tourné du côté droit, le bras gauche appuyé sur une table, tenant un livre de prières, et la main droite posée sur sa poitrine. Elle porte sur la tête un voile vert et par-dessus sa robe un manteau de velours bleu doublé d'hermine. Un sablier est posé sur la table.

Ancienne collection. — « Un des derniers ouvrages de Mignard fut le portrait de Mme de Maintenon, qui ne put refuser plus longtemps cette complaisance à sa famille et à la communauté de Saint-Cyr. Elle est représentée en sainte Françoise, dame romaine dont elle portait le nom. L'auteur, qui l'avait vue dans sa jeunesse, en avait sçu rappeler les agréments, sans altérer le caractère de l'âge qu'elle avait alors. Le costume est un manteau d'un velours bleu foncé, semé de petites fleurs d'or, doublé d'hermine, et rattaché d'un gros diamant sur les épaules; le dessous de l'habit est d'un brocart d'or brun. » (*Vie de P. Mignard*, par l'abbé de Monville, p. 173.)

360. *Portrait de Pierre Mignard.*

H. 2, 35. — L. 1, 88. — T. — Fig. en pied de gr. nat.

Il s'est représenté assis, tourné à droite et dessinant devant une table couverte d'un tapis, sur laquelle sont posés une vue de la colonne Trajane et de petits modèles de sculpture. Dans le fond, sur un chevalet, est l'esquisse de la coupole du Val-de-Grâce peinte par Mignard. A gauche, au premier plan, le buste de la marquise de Feuquières, sa fille; une palette et des pinceaux.

Musée Napoléon. — Donné à l'Académie par la marquise de Feuquières, le 28 septembre 1696, après la mort de son père.

MOINE ou MOYNE (FRANÇOIS LE), *né à Paris en* 1688, *mort dans la même ville le* 4 *juin* 1737.

Il n'avait que 13 ans lorsqu'il entra, en 1701, à l'atelier de Louis Galloche; il remporta un prix de dessin en 1707, et le grand prix de l'Académie en 1711; le sujet du concours était Ruth et Booz. Malgré ce succès, le Moine ne fit pas alors le voyage d'Italie, l'Etat n'ayant pas envoyé de pensionnaires pendant plusieurs années à l'époque des guerres de la fin du règne de Louis XIV. Il fut agréé à l'Académie en 1716, et reçu, le 30 juillet 1718, sur le tableau inscrit ci-dessous. Lorsque l'hôtel de Nevers devint l'hôtel de la Banque royale, on appela le Vénitien Antonio Pellegrini pour décorer le plafond de la galerie, large de 27 pieds sur 130 de long. Le Moine, voulant donner des preuves de son aptitude aux vastes entreprises, fit sur le même sujet allégorique, tout en n'ayant plus aucun espoir qu'on lui en confiât l'exécution, une esquisse peinte qui fut gravée par Sylvestre. En 1723, il commença à peindre à l'huile, pour une somme médiocre, une Transfiguration dans le plafond du chœur de l'église des Jacobins du faubourg Saint-

Germain. Après avoir ébauché ce travail, il fit, vers la fin de la même année, un voyage d'environ six mois en Italie, en compagnie de deux de ses amis, M. Berger, receveur général, et M. Crozille. Les plafonds de Michel-Ange, de Pierre de Cortone, de Lanfranc, frappèrent vivement son attention. C'est pendant ce voyage qu'il peignit le tableau d'Hercule et d'Omphale (actuellement dans la collection de M. Louis Lacaze), ainsi qu'une Femme entrant dans le bain, tous deux si bien gravés par Laurent Cars. A son retour, il termina le plafond du chœur des Jacobins, et prit part, en 1727, à un concours ordonné par le roi entre plusieurs peintres de l'Académie. Le Moine choisit pour sujet la Continence de Scipion, et partagea le prix avec de Troy. Après cette victoire, il fut nommé adjoint à professeur le 5 juillet 1727. Il peignit, en 1729, un tableau allégorique de forme ovale, pour être placé sur la cheminée du salon de la Paix au château de Versailles, où il se trouve encore. M. Languet, curé de Saint-Sulpice, lui donna à peindre à fresque, en 1731, une Assomption dans la coupole de la chapelle de la Vierge. Le 30 mai 1733, l'Académie nomma le Moine professeur. Dès l'année précédente, il avait commencé, à Versailles, l'immense décoration de la voûte du salon d'Hercule, qui a 64 pieds de long sur 54 de large, et où il ne retraça pas moins de 142 figures beaucoup plus grandes que nature. Ce gigantesque ouvrage, exécuté à l'huile sur des toiles marouflées, terminé après quatre ans de travail, fut découvert le 26 septembre 1736. Le roi en témoigna sa satisfaction à l'artiste en le nommant son premier peintre, à la place de Louis de Boulogne, mort depuis trois ans. Quelque temps après, il lui accorda une pension de 3,500 livres. La fatigue que le Moine eut à supporter pendant près de sept années consécutives qu'il travailla à deux vastes plafonds, le chagrin qu'il ressentit de ne pas jouir, comme premier peintre de Louis XV, de toutes les faveurs dont le Brun avait été gratifié par Louis XIV, la mort du duc d'Antin, son protecteur, altérèrent sa raison, et, dix mois après sa nomination de premier peintre, dans un accès de fièvre chaude, entendant monter un de ses amis qui venait le chercher pour le conduire à la campagne afin de le faire traiter, il se perça de neuf coups d'épée, croyant qu'on venait l'arrêter pour le conduire en prison. — Parmi ses disciples, on cite Natoire, Boucher et **Nonotte**, peintre de portraits. Plusieurs de ses ouvrages ont été gravés par Thomassin, Sylvestre, L. Cars, Cochin et **Larmessin**.

361. *Hercule assommant Cacus.*

H. 1, 31. — L. 1, 70. — T. — Fig. demi-nat.

Hercule pénètre dans la caverne de Cacus, le saisit, le terrasse et l'assomme de sa massue. Plus loin à droite, un fleuve appuyé sur son urne et deux naïades. Dans le fond, des vaches effrayées.

Musée Napoléon. — Ce tableau fut peint par le Moine pour sa réception à l'Académie, le 30 juillet 1718. Une note, que l'on trouve dans un ancien manuscrit indiquant quelques tableaux de réception à l'Académie, dit que ce sujet est « une Allégorie à la chambre de justice établie en 1716 pour la recherche des traitants. »

MONNOYER (Jean-Baptiste), *peintre, graveur, né à Lille en 1634, mort à Londres le 16 février 1699.*

Il vint fort jeune à Paris, et le talent avec lequel il représentait les fleurs et les fruits, qu'il peignait presque toujours d'après nature, lui valut une grande réputation. Il fut reçu provisoirement à l'Académie en 1663, et définitivement le 3 octobre 1665, sur un tableau où l'on voit un sphinx, deux vases, une horloge, un tapis, un globe, des fleurs et des fruits. Les statuts s'opposant, à cause du genre qu'il pratiquait, à sa nomination comme professeur, il obtint le grade de conseiller le 1ᵉʳ juillet 1679. Monnoyer fut très employé à orner de riches appartements à Paris et les résidences royales. On voit fréquemment dans ses ouvrages des vases d'or, d'argent, de marbre, des singes, des perroquets et des animaux. Lord Montaigu l'appela en Angleterre, ainsi que la Fosse et **Rousseau**, connu par son habileté à l'architecture et des perspectives. Monnoyer décora de fleurs et de fruits le grand salon, l'escalier et plusieurs pièces de son hôtel. Il travailla souvent avec **Kneller**, qui, ainsi que d'autres peintres, se plaisait à introduire des fleurs dans ses portraits. — Un de ses fils, **Antoine Monnoyer**, a été son élève, et fut nommé à l'Académie le 25 octobre 1704. — Un autre fils, religieux dominicain à Rome, peignit de grands tableaux de la vie de saint Dominique dans les écoles de son couvent. Blain de Fontenay fut aussi son élève et épousa sa fille. — Smith, Poilly et Vauquer ont gravé plusieurs des ouvrages de Monnoyer.

362. *Vase d'or avec des fleurs.*

H. 1, 10. — L. 1, 35. — T.

Des pivoines, des lis et d'autres fleurs remplissent un vase d'or en forme de coupe posé à droite sur un piédestal orné d'un bas-relief. A côté, à gauche, sur un tapis bleu à franges d'or, un candélabre d'argent, et par derrière un autre vase d'or dont les anses sont décorées de têtes de béliers et de dragons. Dans le fond, un rideau à grands dessins.

Ancienne collection.

363. *Vase d'or avec des fleurs.*

H. 1, 70. — L. 1, 80. — T.

Un vase d'or ciselé contenant des roses de différentes couleurs, des tulipes, des roses trémières, des boules de neige, des lis, des pavots et d'autres fleurs, est posé sur une table en pierre ornée d'un bas-relief.

Ancienne collection. — Ce tableau est porté aux inconnus sur l'inventaire.

364. *Vase d'or avec des fleurs, et perroquet rouge.*

H. 1, 26. — L. 1, 10. — T.

Un vase d'or, orné de têtes de satyres et de béliers, contenant des pavots, des anémones, une impériale et d'autres fleurs, est placé devant un tapis bleu à dessins d'or. Dans le fond, au milieu, une colonne cachant à moitié un vase orné de mascarons. Dans l'angle à gauche, un autre vase aussi à mascarons dont on ne voit qu'une petite portion. Au premier plan, un perroquet rouge.

Ancienne collection.

365. *Vase d'or avec des fleurs et des perroquets.*

H. 1, 15. — L. 1, 35. — T.

Un vase d'or, rempli de pavots, d'anémones et d'autres fleurs, est placé sur une console de pierre recouverte en partie d'un tapis blanc broché d'or. A droite, deux perroquets : le premier est rouge ; le second, qu'on ne voit pas entièrement, a la tête noire.

Ancienne collection. — Ce tableau est porté aux inconnus sur l'inventaire.

366. *Vase d'argent avec des fleurs.*

H. 1, 27. — L. 1, 10.

Un vase d'argent portant un écusson aux armes de France, rempli de pavots, de soucis, de petites roses blanches, est posé sur une console de pierre ; deux glands d'un rideau jaune relevé tombent sur la plinthe.

Ancienne collection. — Ce tableau est porté aux inconnus sur l'inventaire.

367. *Vase bleu avec des fleurs.*

H. 1, 70. — L. 1, 80. — T.

Différentes fleurs, parmi lesquelles on remarque des roses, des pavots, des tulipes, et au sommet une touffe de lis, sont placées dans un vase bleu monté avec des ornements dorés. Ce vase est posé sur un piédestal en pierre orné de moulures.

Ancienne collection.

368. *Vase de porcelaine avec des fleurs.*

H. 1, 30. — L. 1, 30. — T.

Des pavots, des lis, du lilas blanc, une jacinthe et d'autres fleurs, sont placés dans un vase de porcelaine violâtre enrichi d'ornements en or et de têtes de lion avec des anneaux. Le vase est posé sur une console recouverte d'un tapis bleu à fleurs et à franges d'or. Un rideau jaune à ramages relevé laisse apercevoir le ciel.

Ancienne collection.

369. *Fruits, vase de porcelaine et tapis.*

H. 1, 08. — L. 1, 06. — T.

Deux melons, dont un est ouvert, des pommes, de gros raisins, sont placés sur un tapis violet brodé d'or, à côté d'un grand vase de porcelaine chinoise à anses d'or.

Ancienne collection.—Ce tableau est porté aux inconnus sur l'inventaire.

MONNOYER (*Attribué à*).

370. *Vase d'or avec des fleurs.*

H. 0, 98. — L. 1, 25. — T.

Un vase d'or ciselé rempli de fleurs, parmi lesquelles on remarque des pavots, des anémones, des roses trémières, est posé sur une console couverte d'un tapis à fleurs rouges. A gauche, un pan de rideau bleu et or ; à droite, une corde et un gland d'or. Fond de ciel.

Ancienne collection.—Ce tableau est porté aux inconnus sur l'inventaire.

371. *Vases d'or, fleurs, fruits, etc.*

H. 1, 05. — L. 1, 55. — T.

Au milieu, un vase d'or à couvercle et à anses, entouré de raisin, est placé sur une plinthe de porphyre. A gauche, deux plats d'or et des fleurs tombant en guirlande ; à droite, dans un panier, un melon, des grenades, une orange, des raisins, des cédrats et quelques fleurs. Dans le fond, du même côté, un pan de rideau et le ciel.

Ancienne collection.—Ce tableau est porté aux inconnus sur l'inventaire.

372. *Cuvette d'or avec des fleurs.*

H. 1, 74. — L. 1, 90. — T.

Des pavots, des lis, des soleils et d'autres fleurs sont réunis dans une cuvette d'or placée sur un socle de bois.

Ancienne collection.—Ce tableau est porté aux inconnus sur l'inventaire.

MOSNIER (JEAN), *né à Blois en 1600, mort dans la même ville en 1650 suivant Bernier, en 1656 selon Félibien.*

Son aïeul et son père, Jean Mosnier, étaient peintres sur verre; ce dernier fut son maître. Il n'avait que 16 à 17 ans lorsque la reine Marie de Médicis, exilée à Blois, ayant reçu en cadeau des cordeliers de la ville le tableau d'Andrea Solario, connu sous le nom de *la Vierge à l'oreiller vert*, maintenant au Louvre (Notice, 1re partie, n° 403), chargea le jeune artiste d'en faire une copie pour remplacer l'original. Cette copie, qui existe encore à Blois chez M. Chambert, président du tribunal de commerce de cette ville, valut à Mosnier une pension pour faire le voyage d'Italie et une recommandation de la reine auprès de l'archevêque de Pise qui retournait à Florence. Il étudia trois ans, dans cette ville, les ouvrages de Lodovico Cardi, de Cristofano Allori, de Domenico Cresti, puis s'arrêta cinq ans à Rome, où, au printemps de 1624, arriva Poussin, avec qui il se lia. A son retour en France, Orazio Gentileschi, qui se disposait à passer en Angleterre, l'adressa à la reine-mère, qui lui commanda des peintures décoratives pour son palais du Luxembourg, peintures dont treize sont inscrites sur l'inventaire manuscrit dressé par Bailly en 1709-1710, mais qui ne se retrouvent plus ni au Luxembourg ni au Louvre. Claude Maugis, abbé de Saint-Ambroise, conseiller-aumônier du roi et de la reine-mère, intendant des bâtiments de Marie de Médicis, s'étant montré peu bienveillant pour Mosnier, à qui il préférait Philippe de Champaigne, Mosnier quitta Paris, peignit dans la voûte de la bibliothèque de Léonor d'Etampes, évêque de Chartres, les quatre conciles œcuméniques; l'histoire de Théagène et de Chariclée, dans les appartements, et la vie de la Vierge, dans la chapelle. Après quelques autres travaux à Chartres, il se rendit à Blois dans sa famille. Il peignit à Chinon, à Saumur, à Tours, à Nogent-le-Rotrou, dans le château de Valençay, et surtout dans celui de Cheverny, à trois lieues de Blois, qui renferme encore maintenant de nombreuses décorations de sa main, mais où l'on ne voit plus la Bacchanale, de Poussin, exécutée dans sa jeunesse; enfin, dans les églises de sa ville natale. — Il eut deux fils : l'un, Michel Mosnier, sculpteur, dont il existe, dans le parc de Versailles, un Gladiateur mourant, copie en marbre d'après l'antique; l'autre, **Pierre Mosnier** ou **Monnier**, comme il écrit son nom lui-même, né à Blois en 1639, mort le 29 décembre 1703. Il vint fort jeune à Paris, entra à l'atelier de Bourdon, qui se fit aider par lui, en 1664, dans la peinture de la galerie de l'hôtel de Bretonvilliers. Lorsque Louis XIV voulut fonder une Académie à Rome, on établit un concours, et l'on donna pour sujet à traiter la Conquête de la Toison-d'Or par Jason. Monnier obtint, le 27 décembre de la même année, un prix, et fut du nombre des premiers pensionnaires qu'Errard, nommé directeur de cet établissement, emmena avec lui à Rome en 1665. Il fit dans cette ville, entre autres choses, des copies à l'huile d'après des tapisseries de Raphaël, représentant les Mystères de la religion; d'autres d'après des sujets de la galerie Farnèse, du Carrache, maintenant aux Tuileries; et enfin un tableau de sa composition. Suivant la recommandation de son maître Bourdon, il mesura, de concert avec Poussin, les statues antiques de Rome, et quatre de ces études, offertes par Bourdon dans la séance du 5 juillet 1670, furent exposées dans l'école de l'Académie. A son retour de Rome, Monnier devint académicien le 6 octobre 1674, sur un tableau dont il choisit le sujet : c'est Hercule se préparant à la défense de la ville de Thèbes, sa patrie, menacée par les Minyens, et recevant d'Apollon des flèches, de Mercure une épée, de Vulcain une cuirasse (cette peinture est dans les magasins du Louvre). On le nomma adjoint à professeur le 3 juillet 1676, professeur le 27 juillet 1686. Il peignit, pour l'église de Notre-Dame de Paris, un tableau représentant le Parlement assemblé afin de juger un procès pour le marquis de Locmaviaker, et, pour Saint-Sulpice, une Vierge adorée par les anges. Il lut plusieurs discours sur l'histoire des arts et sur l'anatomie, dans les séances de l'Académie du 22 juin 1693, du 8 mai 1694, des 5 mai, 7 juillet et 4 août 1696. Les conférences de l'Académie n'ayant pas été publiées, comme on l'avait d'abord décidé, il retira ses discours, les remania et les imprima sous le titre de : *Histoire des arts qui ont rapport au dessin, divisée en 3 livres*, etc., 1 vol. in-12, Paris, 1698. — Mosnier eut pour élève **Robert le Lorrain**, et exposa au salon de 1699.

373. *La magnificence royale.*

H. 2, 70. — L. 1, 70. — T. — Fig. plus gr. que nat.

Assise sur une terrasse ornée d'une balustrade, elle tient de la main gauche un caducée et appuie le bras droit sur une corne d'abondance d'où sortent des couronnes et des branches de laurier réunies par une chaîne d'or.

Collection de Louis XIV. — Ce tableau, indiqué comme étant de Mosnier sur l'inventaire de 1709-1710, dressé par Bailly, fut porté à tort, sur les inventaires postérieurs, aux inconnus de l'école italienne, et faisait partie des peintures exécutées par Mosnier au palais du Luxembourg, par ordre de la reine Marie de Médicis.

NAIN (LES FRÈRES LE), *travaillaient vers le milieu du XVIIe siècle.*

Aucune biographie peut-être n'est plus obscure que celle des frères le Nain, dont les historiens pendant fort longtemps ne se sont point occupés du tout. En attendant que de nouveaux renseignements viennent jeter quelque lumière sur leur existence, nous nous bornerons à citer les dates et les faits fournis par des documents authentiques découverts depuis peu. Des mémoires manuscrits de M. le Leu sur la ville de Laon, cités par Dom Grenier, religieux de la congrégation de Saint-Maur, dans les papiers qu'il avait recueillis pour servir à une histoire de la Picardie, nous apprennent que les trois frères Louis, Antoine, Mathieu le Nain, nés à Laon, furent formés dans cette ville par un peintre étranger, qui leur enseigna les éléments de la peinture pendant une année. Ils passèrent ensuite à Paris pour s'y perfectionner, et demeurèrent dans la même maison. Antoine, qui était l'aîné, fut reçu peintre le 16 mars 1629, dans l'enceinte de l'abbaye de Saint-Germain-des-Prés, par le sieur Plantin, avocat, qui en était bailli. Il excellait dans la miniature et dans les portraits en *raccourci* (c'est-à-dire de petites dimensions). Louis faisait des portraits en buste. Mathieu avait été nommé peintre de la ville de Paris le 22 août 1633, et le 29 du même mois lieutenant de la compagnie bourgeoise du sieur Duri, en la colonelle de M. de Sève. Les trois frères furent reçus à l'Académie royale de peinture, instituée par un arrêt du Conseil d'État du 20 janvier 1648, le 1er mars de la même année. Leurs lettres de réception sont signées par le Brun. Louis mourut à trois jours d'Antoine, son frère aîné ; l'un

NAIN (LES FRÈRES LE).

et l'autre ne furent pas mariés. Mathieu leur survécut, obtint, le 13 septembre 1662, des lettres de *committimus* en qualité de peintre de l'Académie royale. On dit qu'il fit le portrait de la reine, mère de Louis XIII. Tels sont les renseignements fournis par Dom Grenier. Voici ceux donnés par les papiers de l'Académie et de l'École des beaux-arts : les trois frères Louis, Antoine et Mathieu sont portés sur les registres comme académiciens assistant à la séance du mois de mars 1648. Puis ces mêmes registres, à la date du 6 novembre 1649, ne mentionnent plus comme académicien que Mathieu. Suivant un cahier manuscrit conservé à l'École des beaux-arts, Louis, l'aîné (et non Antoine, comme le dit Grenier), peintre de bambochades, surnommé *le Romain*, mourut le 23 mars 1648 à l'âge de 55 ans; Antoine, le jeune, dit *le chevalier*, peintre de bambochades, mourut deux jours après lui, le 25 mars 1648 (un autre manuscrit porte le 25 *mai* 1658, mais c'est évidemment une erreur du copiste), à l'âge de 70 ans. M. Hultz, secrétaire de l'Académie, dans une note, adopte bien la même date, mais ne donne que 60 ans à Antoine au jour de son décès. Enfin, Mathieu, le cadet, peintre de bambochades, vécut jusqu'au 20 août 1677. Les dates d'admission à l'Académie, celles de mort, nous paraissent incontestables. Mais il n'en est pas de même de celles de leur naissance, qu'on pourrait déduire de leur âge à l'époque de leur mort, et il y a confusion sur les surnoms qu'ils portèrent, puisqu'on donne celui de *chevalier* tantôt à Antoine, tantôt à Mathieu. Il n'est point difficile de reconnaître un tableau sorti du pinceau des le Nain. L'expression sérieuse et triste des figures introduites par eux, même dans des scènes rustiques, de cabaret ou de corps de garde, le type des têtes, un ton général gris verdâtre, des blancs vifs et multipliés, relevés par quelques draperies ordinairement d'un rouge clair, enfin une espèce de reflet de l'école espagnole, sont des traits caractéristiques de leur manière. Néanmoins, jusqu'à présent, il nous semble impossible de pouvoir attribuer un portrait ou un tableau, soit de genre, soit d'histoire, à tel le Nain plutôt qu'à tel autre. Les auteurs les ont toujours confondus lorsqu'ils ont parlé de leurs œuvres, et ceux qui ont cherché à établir quelque distinction dans leur manière ont rendu la question plus obscure. De nouveaux documents authentiques pourront seuls venir en aide aux biographes. Outre un assez grand nombre de tableaux de chevalet, on cite des le Nain de grandes toiles pour des églises de Paris et de Laon, et enfin la voûte de la chapelle de la Vierge à Saint-Germain-des-Prés. «Les trois frères le Nain (dit Sauval, t. I, page 340) excellaient à faire des têtes; aussi ont-ils réussi merveilleusement dans celles des figures qu'ils y ont fait entrer, aux figures de l'Assomption et du Couronnement de la Vierge; toutes ces têtes, au reste, sont d'après nature, si belles et si proprement appliquées au sujet qu'il ne se peut mieux. » Enfin, la description historique des tableaux de l'église de Paris (Notre-Dame), page 38, nous apprend qu'on voyait un crucifix sur l'autel de la chapelle de Saint-Jacques peint en 1646 par le *Naim* (*sic*). Les ouvrages des le Nain ont été gravés par Daullé. Levasseur, Elisabeth Cousinet, Bannerman, Saint-Maurice, Claessens, Hubert.

374. *La Crèche.*

H. 2, 86. — L. 1, 39. — T. — Fig. de gr. nat.

A droite et devant saint Joseph, debout, appuyé sur un bâton, la Vierge, de profil et agenouillée, va couvrir d'un voile l'Enfant-Jésus couché sur de la paille dans une crèche. Au milieu, sainte Élisabeth à genoux, les

NAIN (LES FRÈRES LE).

mains jointes en adoration. A gauche, également agenouillé, un berger vu de profil, tenant un long bâton. Derrière lui, une femme debout, un berger qui se retourne et lève la tête vers le ciel, où l'on voit sur des nuages quatre anges dont un tient une banderole sur laquelle on lit : *Ecce agnus Dei.*

Musée Napoléon.

375. *Un maréchal dans sa forge.*

H. 0, 69. — L. 0, 57. — T. — Fig. de 0, 55.

Au second plan, presqu'au milieu de la composition, le maréchal devant sa forge, la tête tournée vers le spectateur, saisit une barre de fer qu'il fait chauffer ; plus à droite et auprès de lui, une femme vue de face est debout, les mains croisées l'une sur l'autre. Au premier plan, du même côté, un vieillard assis sur un escabeau tient d'une main une bouteille garnie d'osier, et de l'autre un verre. Un enfant est placé entre la femme et lui. A gauche, deux autres enfants, dont le plus grand tire la chaîne du soufflet de la forge. Au milieu, un marteau sur une enclume qui cache la partie inférieure du corps du maréchal.

Gravé, sur le dessin de Fragonard, par Levasseur et Claessens dans le Musée français ; par Weisbrod. — Landon, t. 1, pl. 75. — *Filhol, t. 5, pl. 344.*

Ancienne collection. — Ce tableau fut vendu 1,008 livres à la vente du duc de Choiseul en 1772, et 2,460 livres à la vente du prince de Conti en 1777.

376. *L'abreuvoir.*

H. 0, 91. — L. 1, 17. — T. — Fig. de 0, 60.

A droite, devant une femme debout, un paysan soulève une dalle qui recouvre une auge dans laquelle une petite fille puise de l'eau avec une coquille. Près de l'auge, un mouton et une chèvre. Au milieu de la composition, une femme avec un panier au bras, accompagnée d'une petite fille et d'un jeune garçon jouant du galoubet. A gauche, un paysan, vu de dos, tenant un grand bâton, suivi de deux moutons. Au second plan, près d'un pan de mur, deux paysans amenant une vache vers l'auge. Par terre, sur le devant du tableau, une hotte renversée, deux choux, des légumes et des fruits.

Ancienne collection.

377. *Le repas villageois.*

H. 0, 92. — L. 1, 17. — T. — Fig. de 0, 60.

A droite, près d'une maison dans laquelle on voit un homme appuyé sur une porte basse, un paysan, assis devant une table à moitié recouverte d'une serviette, tient une écuelle de terre rouge d'une main et une cuillère de l'autre. Au milieu, une femme donne à une petite fille debout sa part du repas. Vers la gauche, une autre petite fille assise fait de la dentelle. Dans le fond, un homme debout, enveloppé d'un manteau, tenant un bâton, appuyé sur un âne. Au premier plan, à gauche, un chien couché, une cruche. A droite, une marmite, deux vases de terre, une serviette.

Ancienne collection.

NAIN (*Attribué à* LE).

378. *Procession dans l'intérieur d'une église.*

H. 0, 54. — L. 0, 65. — C. — Fig. de 0, 38.

Elle se dirige vers la droite, et se compose, en commençant par la gauche, de deux chantres en chape, d'un évêque portant une mitre ornée de pierreries et des longs gants rouges brodés d'or, de deux diacres en dalmatiques, dont l'un tient un livre; d'un assistant portant la crosse, et de deux enfants de chœur avec des flambeaux dont les cierges sont allumés. Dans le fond, à gauche, un rideau de brocart relevé. A droite, un autel surmonté d'un crucifix, et plusieurs figures dans l'ombre.

Landon, t. 2, pl. 64, l'attribue à Porbus le fils.

Ancienne collection. — Ce remarquable tableau fit partie du cabinet du bailli de Breteuil, et fut vendu, en 1785, 1,003 livres. Des critiques, qui ne retrouvent pas dans son exécution le style, la couleur et la touche qui caractérisent d'une manière si tranchée les peintures des le Nain, ont pensé que François Porbus le fils pourrait en être l'auteur. Après un examen fort attentif, tout en reconnaissant qu'il diffère sous beaucoup de rapports des autres œuvres authentiques des frères le Nain, il nous semble français, et, faute de pouvoir le donner avec une certitude bien arrêtée à un artiste quelconque, nous nous contenterons, momentanément, en raison de l'ancienneté de la dénomination, de *l'attribuer* à l'un des le Nain.

NATOIRE (CHARLES-JOSEPH), *peintre, graveur, né à Nîmes le 3 mars 1700, mort à Castel-Gandolfo, près de Rome, le 29 août 1777.*

Son père, Florent Natoire, architecte et sculpteur, né à Nancy en 1667, vint exercer ces deux professions à Nîmes, et envoya son fils étudier la peinture à Paris. Le Moine fut son maître. En 1721, il remporta le premier prix de peinture : sa composition représente Manné offrant un sacrifice au Seigneur pour obtenir un fils, qui fut Samson. L'École des beaux-arts possède ce tableau, le plus ancien de la collection des grands prix conservés dans cet établissement. Le talent de Natoire fut très apprécié à Rome, et il obtint le premier prix de l'Académie de Saint-Luc sur un tableau de Moïse qui apporte les tables de la loi. Revenu à Paris, il commença, comme la plupart des artistes non académiciens, par exposer ses peintures à la place Dauphine le jour de l'octave de la Fête-Dieu. Enfin, il fut élu membre de l'Académie de peinture le 31 décembre 1734, et donna pour tableau de réception Vénus demandant à Vulcain des armes pour Énée (n° 379). On le nomma adjoint à professeur le 2 juillet 1735, et professeur le 2 juillet 1737. Le roi lui accorda la place de directeur de l'école de Rome ; il partit pour cette ville le 6 septembre 1751, y arriva au mois de novembre, et remplaça J.-F. de Troy, qui avait demandé à revenir en France, mais qui mourut au moment de quitter l'Italie. A la fin de 1756, Natoire fut *admis* comme chevalier de l'ordre de Saint-Michel, mais ne fut réellement pas *reçu*, éloigné de Paris jusqu'à sa mort, et n'ayant pu par conséquent prêter serment lors des cérémonies officielles de l'ordre. En 1767, Natoire, dans un excès de zèle religieux, ayant chassé de l'école un jeune architecte qui avait négligé d'accomplir, à Pâques, ses devoirs religieux, fut condamné à payer à l'architecte exclu, par une ordonnance du Châtelet de l'année 1770, une indemnité de 20,000 livres. Malgré cette affaire, qui eut beaucoup de retentissement, Natoire conserva ses fonctions de directeur jusqu'en 1774; puis se retira à Castel-Gandolfo, où il mourut. Natoire peignit des tableaux d'histoire et des sujets de décoration d'appartement à la manière de Boucher. Sa sœur, Mlle **Natoire**, vécut constamment avec lui, et le suivit à Rome. On voit par le catalogue de la vente de M. de Julienne, en 1767, que ce célèbre amateur possédait huit pastels de sa main. Les ouvrages de Natoire ont été gravés par Flipart, Desplaces, Fessard, Pelletier, A. Belmont, L. Bonnet, Aveline, L. Cars, P.-E. Moitte, Soubeiran, Duflos, etc. Il a exposé aux salons de 1737, 1738, 1739, 1740, 1741, 1742, 1743, 1745, 1746, 1747, 1748, 1750 et de 1757.

379.* *Vénus demandant à Vulcain des armes pour Énée.*

H. 1, 10. — L. 1, 50. — T. — Fig. pet. nat.

A droite, Vénus vue de profil, assise sur des nuages, ayant près d'elle un amour armé d'un arc et d'une flèche, tend la main vers Vulcain, qui, placé à gauche près d'une enclume, tient un marteau et porte dans ses bras une cuirasse. Dans le fond, à gauche, l'antre du dieu, et les trois cyclopes forgeant. Entre Vénus et Vulcain, un amour qui vole en tenant un casque.

Musée Napoléon. — Ce tableau fut donné par l'auteur pour sa réception à l'Académie, le 31 décembre 1734.

380. *Les trois Grâces.*

H. 0, 92. — L. 1, 38. — T. — Fig. pet. nat.

Des nuages supportent les trois divinités; l'une d'elles, au milieu, est couchée et s'appuie sur une de ses sœurs assise à ses côtés. On n'aperçoit qu'une partie du buste de la troisième, vue de dos. Elles tiennent une guirlande de fleurs, dont un amour qui voltige prend l'extrémité. Au premier plan, un arc et un carquois. — Signé : *C. Natoire.*

Ancienne collection.

381. *Junon.*

H. 1, 00. — L. 1, 32. — T. — Fig. pet. nat.

A droite, Junon tenant son sceptre, assise sur des nuages où se jouent de petits zéphyrs, semble écouter Iris caractérisée par l'arc-en-ciel. Derrière la déesse, un paon, et dans le ciel, des oiseaux qui voltigent.

Ancienne collection.

NATTIER (JEAN-MARC), *né à Paris le 17 mars 1685, mort dans la même ville le 7 novembre 1766.*

Il était fils de **Marc Nattier**, peintre de portraits, né en 1642, mort le 24 octobre 1705, reçu à l'Académie, le 27 juin 1676, sur les portraits de MM. de Sève, du marquis de Seignelay (ce dernier, copie de le Fèbvre, est à Versailles), et de Marie Courtois, miniaturiste distinguée, élève de le Brun. Dès l'âge de 15 ans, il remporta le premier prix de dessin à l'Académie, et, en 1709, Jean Jouvenet, qui était son parrain, voulut lui faire obtenir, par le duc d'Antin, une place vacante à l'école de France établie à Rome; mais le jeune Nattier n'accepta pas cette faveur, étant occupé à dessiner la galerie du Luxembourg, de Rubens, que Louis XIV lui avait permis de faire graver par les plus habiles maîtres. En 1713, il fut agréé à l'Académie royale de peinture. Après la mort de Louis XIV, en 1715, M. le Fort, ministre de Pierre-le-Grand, détermina Nattier à l'accompagner à Amsterdam, où se trouvait le czar. Il peignit plusieurs personnages de la cour de Russie et un tableau représentant la bataille de Pultava; puis, à La Haye, il commença le portrait de l'impératrice Catherine, qui fut apporté à Paris lors du séjour de Pierre dans cette ville, et resta inachevé. Nattier fit aussi celui du czar, qui voulut l'emmener avec lui en Russie, mais il ne put se résoudre à quitter son pays. L'Académie le reçut, le 29 octobre 1718, sur un tableau représentant Persée apportant la tête de Méduse aux noces de Phynée (maintenant au Musée de Tours). En 1720, ayant perdu dans les actions de Law le fruit de ses économies, il prit la résolution de se consacrer exclusivement au genre du portrait, où il avait acquis une grande réputation. Il en fit une quantité considérable, peignit toute la cour de Louis XV et les personnages les plus éminents de son époque. L'Académie le nomma adjoint à professeur le 26 mars 1746, professeur le 29 mai 1752. Il exposa aux salons de 1737, 1738, 1740, 1741, 1742, 1745, 1746, 1747, 1748, 1750, 1751, 1753, 1757, 1759, 1761 et de 1763. Ses ouvrages ont été gravés par Le Roi, Dupin, Drevet, Balechou, B. Gailbard, J. Tardieu, Beauvarlet, Henriquez, Lépicié, J. Audran, Fessard, etc. Nattier eut un fils qui, étant allé continuer ses études à Rome, se noya dans le Tibre à l'âge de 22 à 23 ans. — **Jean-Baptiste Nattier**, fils aîné de Marc Nattier, peintre d'histoire, fut reçu à l'Académie, le 29 octobre 1712, sur le tableau de Joseph sollicité par la femme de Putiphar, qu'on lui rendit le 29 avril 1726, après sa déchéance de son titre d'académicien.

382. La Madeleine.

H. 0,71. — L. 0,76. — T. — Fig. de 0,70.

Vêtue d'une robe de soie blanche, elle est assise dans une grotte, et tient sur ses genoux le psaume de la pénitence. On aperçoit à droite, à travers l'ouverture de la grotte, une cascade et des fabriques au pied d'une montagne. — Signé : *Nattier pinxit*.

Ancienne collection.

OCTAVIEN (FRANÇOIS), *né à Rome, mort à Paris en 1736.*

On n'a aucun renseignement biographique sur cet artiste, reçu à l'Académie royale de peinture, le 24 novembre 1725, comme peintre de genre, sur le tableau suivant.

383. La foire de Vesoul.

H. 1,35. — L. 1,95. — T. — Fig. de 0,30.

Plusieurs groupes d'hommes et de femmes sont couchés sur le gazon. Au deuxième plan, à gauche, sous un quinconce d'arbres élevés, un homme et une femme dansent au son d'un galoubet. A droite, au premier plan, trois cavaliers au galop se dirigeant vers la fête, et des tentes dressées en avant d'un château plus éloigné.

Musée Napoléon. — Tableau de réception de l'auteur à l'Académie, le 24 novembre 1725.

OUDRY (JEAN-BAPTISTE), *peintre, graveur, né à Paris le 17 mars 1686, mort à Beauvais le 3 avril 1755.*

Son père **Jacques Oudry**, maître peintre, établi sur le pont de Notre-Dame, où il faisait le commerce de tableaux, lui enseigna les premiers éléments de l'art et l'envoya à l'école de la maîtrise de Saint-Luc. Il y remporta plusieurs prix de dessin, et après avoir aussi travaillé avec de

Serre, peintre des galères du roi à Marseille, qui voulait l'emmener dans cette ville, il se mit sous la direction de Largillière. Ce peintre célèbre eut pour lui des soins paternels; il le faisait venir près de son chevalet lorsqu'il avait des têtes intéressantes à peindre, et l'instruisait des motifs de ses procédés dont chaque coup de pinceau devenait la démonstration. Sous un pareil maître les progrès d'Oudry furent rapides. Le 21 mai 1708, son père le fit entrer, ainsi que ses deux frères, à la maîtrise de Saint-Luc, dont il était directeur; mais il ne présenta son *chef-d'œuvre*, c'est-à-dire son tableau de réception, que le 19 juillet de la même année. Ce chef-d'œuvre était un saint Jérôme en buste, tenant un livre et appuyé sur une tête de mort. Oudry se livra d'abord à la peinture de portraits. Des fruits, des animaux, qu'il aimait à introduire comme accessoires dans ces compositions et rendait avec beaucoup d'habileté, attirèrent l'attention de Largillière, qui lui conseilla d'abandonner le portrait pour se livrer uniquement à la représentation des animaux et de la nature morte. Quoique décidé à suivre ce conseil, la nécessité le força d'accepter tous les travaux qui se présentaient. C'est ainsi qu'il fit à cette époque une Nativité et un saint Gilles pour le chœur de Saint-Leu, et une Adoration des Mages pour le chapitre de Saint-Martin-des-Champs. Au mois de mai 1714, il fut adjoint en la maîtrise, et le 1er juillet 1717 élu professeur. Le 26 juin de la même année, il se présenta à l'Académie royale, qui l'agréa. Reçu académicien comme peintre d'histoire, le 25 février 1719, il donna pour sa réception un tableau représentant l'Abondance avec ses attributs. Ce sujet lui avait été imposé, suivant l'usage, par le directeur. Enfin il obtint le grade d'adjoint à professeur le 4 juin 1739, et celui de professeur le 28 septembre 1743. Oudry n'était point encore parvenu à ces charges académiques, lorsqu'il eut occasion de faire un portrait en pied de Pierre 1er. Le czar fut tellement satisfait de cette peinture, qu'il lui proposa de l'emmener en Russie. Le duc d'Antin détermina l'artiste à rester en France en lui commandant les tableaux d'une tenture des chasses du roi. Après avoir eu longtemps la fortune contraire, Oudry put enfin mettre en évidence les ressources de son talent flexible. Son ami **Massé**, habile miniaturiste, lui fit connaître le marquis de Beringhen, premier écuyer du roi, qui le présenta à Louis XV. Le monarque lui commanda plusieurs ouvrages, lui donna un atelier dans la cour des Princes, aux Tuileries; puis, plus tard, un logement dans les galeries du Louvre. Fagon, intendant des finances, fut aussi un des protecteurs d'Oudry. Il le chargea d'une suite d'ouvrages considérables pour sa terre de Vauri et pour sa maison à Fontenay-aux-Roses. La réputation d'Oudry augmentait de jour en jour. Le roi l'appelait fréquemment à la cour, lui faisait peindre en sa présence ses chiens favoris, lui envoyait à copier tous les animaux rares qu'il recevait avant de les faire porter au cabinet d'histoire naturelle. L'artiste suivait les chasses de Louis XV, et faisait de continuelles études dans les forêts, afin de donner à ses tableaux toute l'exactitude possible. Les ouvrages d'Oudry furent extrêmement recherchés à l'étranger. Le prince de Mecklembourg fit bâtir une galerie dans son palais de Schwerin pour y placer ses peintures. Le comte de Tessin, envoyé extraordinaire de Suède, parla de lui si avantageusement au roi de Danemark, que ce prince lui offrit les conditions les plus avantageuses pour l'attirer à sa cour. Il refusa toutes ces propositions. M. Fagon, ayant résolu de relever la Manufacture de Beauvais, fondée par Colbert, de l'état de dépérissement où elle était tombée, jeta les yeux sur Oudry. Il lui fit accorder, ainsi qu'au sieur Besnier, son associé, par lettres-patentes du 23 mars 1734, un bail de vingt ans avec 4,000 livres par année pour l'entretien de la maison, 900 livres pour former des apprentis, et 90,000 livres pour subvenir aux pertes que les associés pouvaient faire. Il fallait, en quelque sorte, créer de nouveau cet ancien établissement. Oudry entreprit cette tâche difficile, et réussit, grâce à une activité infatigable. Pendant longtemps, il fit seul des modèles de tentures, telles que la chasse, la verdure, les amusements champêtres, les comédies de Molière, les fables de La Fontaine; puis il appela à son aide Boucher et Natoire. Les succès qu'Oudry obtint à Beauvais lui firent donner par M. de

Tournehem la surinspection des travaux des Gobelins, avec 2,000 livres d'appointements. Malgré le temps considérable que lui prenait la surveillance de ces deux manufactures, il en trouvait encore assez pour produire une foule de tableaux qui figuraient à chaque exposition; pour aller, les dimanches et fêtes, faire des études de paysages dans la forêt de Saint-Germain, à Chantilly, au bois de Boulogne et dans les beaux jardins d'Arcueil. Après avoir peint toute la journée, il consacrait ses soirées à dessiner; c'est ainsi qu'il composa, pendant les années 1729 et 1730, 275 dessins sur papier bleu rehaussé de blanc pour une édition des fables de La Fontaine (4 vol. in-folio dont l'impression n'a été finie qu'en 1760). Oudry lut à l'Académie deux conférences extrêmement remarquables : l'une contenait des réflexions sur la manière d'étudier la couleur en comparant les objets les uns aux autres, et a été publiée; l'autre, encore inédite, concerne les soins que l'on doit apporter en peignant. Cet artiste remarquable a exécuté avec succès des chasses, des paysages, des animaux, des fruits, des fleurs, des imitations de bas-reliefs, des pièces de gibier ou de boucherie sur des fonds supposés de bois blanc qui font une grande illusion. Il a exposé aux salons de 1737, 1738, 1739, 1740, 1741, 1742, 1743, 1745, 1746, 1747, 1748, 1750, 1751, 1753, 1757 et de 1761. Il a été gravé par Le Bas, Sylvestre, Aveline, Daullé, Basan, Tardieu. — Le second de ses fils, **Jacques-Charles Oudry**, peintre d'animaux, né en 1720, mort à Lausanne en septembre 1778, après avoir été reçu à l'Académie le 31 décembre 1748, voyagea à l'étranger, se fixa longtemps à la cour de Bruxelles, et fut premier peintre du prince Charles. Il exposa aux salons de 1748, 1750 et de 1751.

384. Mitte et Turlu, *levrettes de la meute de Louis XV*.

H. 1, 26. — L. 1, 41. — T. — Gr. nat.

Ces deux levrettes sont blanches, tachetées de jaune : l'une à gauche, debout, regarde de ce côté; l'autre, couchée, tourne la tête vers la droite. On voit, près d'elle, une fontaine au pied de laquelle croissent des rosiers. Plus loin, à droite, une rivière traversée par une chute d'eau, et à l'horizon une montagne.—Signé : *J. B. Oudry*, 1725.

Collection de Louis XV. — Ce tableau, malgré la signature, est porté à Desportes sur les inventaires.

385. Mignonne et Sylvie, *levrettes de la meute de Louis XV*.

H. 1, 31. — L. 1, 60. — T. — Gr. nat.

A gauche, une levrette noire est accroupie, la tête tournée à droite. L'autre levrette, de couleur jaunâtre, vue de profil, court du côté opposé et regarde vers la gauche. Au deuxième plan, à droite, un grand arbre. Dans le fond, quelques fabriques ; à l'horizon, une colline boisée. — Signé : *J. B. Oudry*, 1728.

Ancienne collection. — Ce tableau, malgré la signature, est porté à Desportes sur l'inventaire.

386. Blanche, *chienne de la meute de Louis XV*.

H. 1, 22. — L. 1, 56. — T. — Gr. nat.

A droite, une chienne blanche dont les oreilles sont jaunes est en arrêt sur un faisan doré, caché à gauche derrière une touffe de genêt. Une éclaircie dans le bois laisse apercevoir dans l'éloignement une rivière, et à l'horizon une montagne. — Signé, à gauche : *J. B. Oudry*.

Collection de Louis XV. — Ce tableau, malgré la signature, est porté à Desportes sur l'inventaire.

387. *La chasse au loup*.

H. 2, 67. — L. 3, 55. — T. — Gr. nat.

Le loup, courant vers la droite, se défend contre quatre chiens qui cherchent à l'arrêter. Il pose la patte sur un des deux levriers, qui l'a saisi à la gorge, tandis que le second s'élance sur son dos. A gauche, un gros chien à long poil le mord au ventre ; un autre de même race cherche à le saisir par l'oreille. — Signé, à droite : *J. B. Oudry*, 1746.

Collection de Louis XV. — Voici le renseignement donné au sujet de ce tableau dans le livret d'exposition de 1746 : « Un grand tableau, en largeur de 11 pieds sur 8 de haut, représentant un Loup monstrueux qui a été forcé, proche Versailles, par les quatre chiens qui l'environnent, appartenants au Roy, dont les deux à grands poils viennent du royaume de Naples, et l'un des deux levriers d'Irlande. Ce tableau destiné pour être posé dans l'appartement de Sa Majesté à Choisy. »

388. *Un chien gardant des pièces de gibier.*

H. 1, 20. — L. 1, 62. — T. — Gr. nat.

Un butor posé par terre est attaché par la patte, ainsi qu'une perdrix, à une branche d'un tronc d'arbre. A droite, dans l'ombre, un chien blanc tacheté de brun, accroupi et tournant la tête à gauche vers la perdrix. — Signé, à gauche : *J.-B. Oudry*, 1747.

<small>Ancienne collection. — Ce tableau fut exposé au salon de 1748, et est indiqué dans le livret comme appartenant à l'auteur.</small>

389. *Combat de deux coqs.*

H. 1, 16. — L. 1, 30. — T. — Gr. nat.

L'un des deux coqs, terrassé par son adversaire, est étendu sur le dos, les ailes ouvertes, et se défend encore. Dans le fond, un buisson, un fragment de barrière rustique et la base d'un édifice. Au premier plan, à droite, une plante s'élevant au milieu de quelques pierres. — Signé : *J.-B. Oudry*, 1749.

<small>Ancienne collection. — Au salon de 1750, Oudry exposa quatre dessus de portes commandés par le roi, pour être placés dans la salle à manger du château de la Muette ; l'un d'eux représentait « deux Coqs qui se battent ». Il y a tout lieu de croire que c'est celui inscrit sous ce numéro.</small>

390. *La ferme.*

H. 1, 30. — L. 2, 12. — T. — Fig. de 0, 14.

Au second plan, à gauche, les bâtiments rustiques d'une ferme. Au pied d'un grand arbre, une femme assise, tenant une petite fille et ayant devant elle une paysanne qui file. Près de l'arbre, un âne. Au milieu, un homme sur une charrette chargée de foin, dont il passe les bottes à un autre homme qui est dans un grenier. Un des chevaux de la charrette est dételé et mange. Au premier plan, une mare, des canards, des vaches, des moutons. Tout à fait à droite, une femme tirant de l'eau à un puits. Dans le fond, un champ, des laboureurs, un berger, une rivière qui serpente entre deux collines. — Signé, sur la pierre de l'abreuvoir qui est près du puits : *J.-B. Oudry, peintre ordinaire du Roy,* 1750.

Collection de Louis XV.

391. *Un chien avec une jatte près de lui.*

H. 1, 15. — L. 1, 35. — T. — Gr. nat.

Dans une pièce sombre, dallée, un chien blanc tacheté de jaune est debout, le corps tourné à gauche, la tête dirigée vers la droite. De ce côté, à terre, une jatte de porcelaine du Japon pleine d'eau.

Ancienne collection. — Ce tableau, porté à tort sur les inventaires à Desportes, a été exposé au salon de 1751, et est indiqué comme étant destiné à faire un devant de cheminée.

PAGNEST (AMABLE-LOUIS-CLAUDE), *né le 9 juin* 1790, *mort le* 25 *mai* 1819.

On trouve, dans le livret du salon de 1817, sur cet artiste, élève de David, mort fort jeune, la note suivante : « Amable-Louis-Claude Pagnest, heureusement doué de la nature, et formé à l'école de nos plus grands maîtres, n'aura pas vécu au delà de 28 ans. Un désir extraordinaire de perfection dont on voit l'effet dans ce portrait (celui de M. de Nanteuil) fut cause aussi qu'il n'a laissé qu'un petit nombre d'ouvrages, trois ou quatre portraits et quelques études. » — Nous n'avons rien à ajouter à ce renseignement.

392. *Portrait de M. de Nanteuil-Lanorville.*

H. 1, 27. — L. 1, 02. — T. — Fig. presqu'en pied de gr. nat.

Il est représenté assis dans un fauteuil, tourné à droite, la tête nue, les cheveux poudrés. Il porte une redingote verdâtre avec le ruban de la Légion-d'Honneur à la boutonnière, un gilet jaune, une culotte collante de couleur grise et des bottes montantes avec des glands. Devant lui, à droite, est une table sur laquelle sont posés des papiers, des livres, un foulard. — Signé : *Pagnest* 1817.

Collection de Charles X. — Ce tableau fut exposé au salon de 1817, et acquis par le Musée, en 1830, pour la somme de 6,000 fr.

PARROCEL (Joseph), *peintre, graveur, né à Brignolles (en Provence) en* 1648, *mort à Paris le* 1er *mars* 1704.

Il n'avait que 12 ans à l'époque où son père **Barthélemy Parrocel**, assez bon peintre, mourut, et comme son frère aîné **Louis Parrocel**, établi dans le Languedoc, jouissait de la réputation d'artiste habile, il alla le trouver, afin de se mettre sous sa direction. Après y être resté trois ans, il s'échappa de la maison fraternelle, vint à Marseille, fit quelques travaux assez lucratifs, et prit la résolution de voyager. Son premier dessein était de passer en Italie ; mais ayant appris que son frère Louis se trouvait à Paris, il se dirigea vers cette ville, dans l'espoir que ce dernier pourrait lui faire connaître des artistes dont les avis ou l'influence lui viendraient en aide. Louis n'était plus à Paris, et, à la suite d'une grave maladie, avait été obligé d'aller s'établir à Avignon. Joseph s'arrêta néanmoins à Paris pendant quatre années, et acquit par ses talents l'estime des plus grands artistes. Il retourna ensuite en Provence, passa en Italie, s'arrêta assez longtemps à Rome, où il se lia avec le Bourguignon, peintre de batailles, qui lui donna d'excellents conseils; puis il parcourut les autres villes d'Italie, séjourna à Venise, étudiant avec soin les procédés des maîtres de cette école. Enfin, après avoir passé huit ans en Italie, il revint en Provence et se rendit à Paris pour la deuxième fois en 1675. Il fut agréé à l'Académie royale de peinture et de sculpture, le 29 février 1676 ; reçu le 14 novembre suivant, sur le Siége de Maestrich (maintenant à Versailles), on le nomma conseiller en 1703. M. de Louvois lui fit peindre un des quatre réfectoires de l'hôtel royal des Invalides, et divers sujets de batailles pour Versailles et Marly. Parrocel ne fit pas seulement des batailles ; il a peint aussi des tableaux d'histoire. En 1694, il fut chargé par la compagnie des orfèvres d'exécuter le tableau votif qu'ils offraient le 1er mai à l'église de Notre-Dame ; il représente la Prédication de saint Jean dans le désert, et se trouve encore maintenant dans cette cathédrale. On voyait de ses ouvrages aux Petits-Pères, place des Victoires, à l'hôtel de Soubise et à l'hôtel de Toulouse. Il fut enterré dans l'église de Saint-Sauveur, sa paroisse, vis-à-vis de la chapelle de Saint-Joseph. Joseph Parrocel a exposé au salon de 1699. — **Barthélemy Parrocel**, père du précédent et souche de cette nombreuse famille d'artistes, naquit à Montbrison et mourut à Brignolles, en 1660, dans un âge peu avancé. Destiné à l'état ecclésiastique, sa vocation l'entraîna vers la peinture. Il résolut de visiter l'Italie, et rencontra en route un grand d'Espagne qui l'emmena avec lui dans son pays. Après un séjour de plusieurs années en Espagne, il s'embarqua pour l'Italie et fut pris par des corsaires d'Alger. Mais le capitaine étant de la connaissance du consul français, un prompt échange rendit le captif à la liberté. Il se dirigea sur Rome, y étudia quelques années, revint en France, et s'établit à Brignolles. — Son fils aîné, nommé comme lui **Barthélemy**, mourut fort jeune. — **Charles Parrocel**, peintre-graveur, né à Paris en 1688, mourut dans la même ville (aux Gobelins) le 24 mai 1752. Il était l'aîné des douze enfants de Joseph Parrocel, et le seul qui fût peintre. Ayant perdu son père fort jeune, il étudia sous la Fosse, obtint plusieurs prix à l'Académie, se rendit à Rome, d'abord à ses frais, et obtint ensuite la pension du roi. Il se fit connaître avantageusement en Italie par plusieurs compositions historiques; mais à peine revenu à Paris, il se consacra presque exclusivement à la représentation des scènes militaires et des batailles, genre où il acquit autant de réputation que son père. Peu de temps après son retour en France, l'Académie le reçut, le 22 février 1721, sur un Combat d'infanterie et de cavalerie. La même année, le roi lui ordonna de peindre deux tableaux de 22 pieds de long, représentant, l'un l'entrée de l'ambassadeur turc dans le jardin des Tuileries; l'autre, la sortie du même ambassadeur par le Pont-Tournant après son audience. Ces deux tableaux, remplis d'un nombre immense de figures, placés maintenant à Versailles, furent exécutés plus tard en tapisserie aux Gobelins. Il fut nommé adjoint à professeur le 31 janvier 1744, et professeur le 30 octobre 1745. Bien qu'il eût obtenu déjà beaucoup de succès dans le genre qu'il avait adopté, il prit la résolution de servir dans la cavalerie et de faire plusieurs campagnes, afin de mieux étudier les mouvements et les évolutions militaires. En 1744 et 1745, il eut commission d'accompagner le roi et de peindre ses conquêtes en Flandre. Ces tableaux, placés dans diverses maisons royales, lui firent le plus grand honneur. Quoique Charles ait traité les mêmes sujets que son père, on ne peut confondre leurs ouvrages : ceux du fils sont généralement d'une couleur plus fraîche, plus brillante; ses tableaux ont aussi moins souffert. Les ombres des ouvrages de Joseph Parrocel ont beaucoup noirci, ainsi qu'un certain bleu qu'il a employé dans les ciels. Charles a exposé aux salons de 1737, 1738, 1745 et de 1746. Ses ouvrages ont été gravés par Desplaces, Cochin, Thomassin, Crespy, G. Scotin. — **Louis Parrocel**, second fils de Barthélemy, frère de Joseph, fut un peintre distingué, se retira en Languedoc après avoir séjourné en Provence et à Paris. — **Pierre Parrocel**, peintre, graveur, fils de Louis, né à Avignon en 1664, mort en 1739, était élève de son oncle Joseph et de Carle Maratte à Rome. Il revint en France, parcourut le Languedoc, la Provence et le comtat d'Avignon, où il laissa des tableaux. Il fut agréé à l'Académie en 1730, comme peintre d'histoire. Ses ouvrages les plus importants se trouvaient à l'hôtel de Noailles et à Saint-Germain-en-Laye, où il représenta l'histoire de Tobie en treize tableaux. — **Ignace Parrocel**, fils de Louis, né en 1668 à Avignon, mort à Mons en 1721, élève de son oncle Joseph, voyagea en Italie et en Autriche. L'empereur et le prince Eugène le chargèrent d'un grand nombre de travaux. Le duc d'Aremberg l'appela ensuite dans les Pays-Bas. Il peignit des batailles. — **Joseph-Ignace-François Parrocel**, fils de Pierre, né à Avignon en 1705, mort le 15 décembre 1781, fut agréé à l'Académie, comme peintre d'histoire, en 1753. — Les historiens parlent aussi d'un **Étienne Parrocel**, sur lequel ils ne donnent aucun renseignement, et qui aurait exposé aux salons de 1755, 1757, 1759, 1761, 1763, 1765, 1767, 1771, 1779 et de 1781. Les livrets citent bien à ces dates des ouvrages d'un Parrocel auquel il n'est joint aucun prénom : il y a tout lieu de penser qu'il y a confusion, qu'Etienne n'a jamais existé, et qu'il s'agit de Joseph-Ignace-François. Ce dernier n'eut que des filles : l'aînée, Mme **De Vaisaureaux**, peignit des fleurs, des animaux, et mourut dans un âge très-avancé.

393. *Une bataille; esquisse.*

H. 0, 46. — L. 0, 62. — T. — Fig. de 0, 16.

Au milieu de la composition, un cheval abattu sans cavalier. A droite, un cavalier, qui a perdu son casque et qui est monté sur un cheval blanc, tire un coup de pistolet. Dans le fond, un engagement de cavalerie.

Ancienne collection.

394. *Une bataille; esquisse.*

H. 0, 46. — L. 0, 62. — T. — Fig. de 0, 18.

Au milieu du tableau, sur une élévation de terrain, un cavalier sonnant de la trompette et des blessés qu'on ramène du combat. Au premier plan, à gauche, un religieux présentant un crucifix à l'un d'eux. Dans le fond, la bataille, et une plaine bornée à l'horizon par des montagnes.

Ancienne collection.

PATEL LE PÈRE, *né en Picardie vers le commencement du XVIIe siècle, mort vers 1676.*

Les biographes parlent à peine de ce paysagiste, dont les véritables prénoms, ainsi que les dates de naissance et de mort, sont inconnus. Plusieurs le confondent évidemment avec son fils, sur la vie duquel règne la même obscurité. Deux tableaux du père, bien authentiques, portent l'inscription suivante : P. PATEL, 1660. S'appelait-il Pierre ou Paul ? On l'ignore : Mariette le nomme Pierre. Il a pu naître vers 1620, comme le disent quelques écrivains, mais non certainement en 1648 ou 1654, ainsi que d'autres l'avancent; car, suivant une liste manuscrite des maîtres peintres possédée par Mariette, il fut reçu maître de cette communauté en 1635, passa dans les charges en 1650, et fut un des anciens qui, en 1651, signèrent le contrat de jonction de l'Académie avec les maîtres peintres. Ces dates de 1648 ou de 1654 s'appliqueraient plus justement à la naissance de son fils, auquel il y aurait tout lieu d'attribuer les tableaux signés, ainsi qu'une eau-forte, d'un monogramme formé des lettres AP ou APT, datés de 1699 et de 1705 (voir les nos 399 à 402). On dit que le père périt en duel ou de mort violente, en 1703 (date évidemment fausse), et que c'est de là que lui est venu le surnom de *Patel le tué*, surnom que d'autres biographes, au contraire, donnent au fils. Quoi qu'il en soit, et jusqu'à ce que des documents viennent jeter du jour sur ces questions, on pense que Patel le père sortit de l'école de Vouet, et voyagea en Italie. Il fut le contemporain d'Herman Swanevelt, de la Hire, de le Sueur, de le Brun, et travailla avec eux à la décoration de l'hôtel du président Lambert, à la pointe de l'île Saint-Louis. Il fut aussi employé au Louvre, ainsi que Romanelli, à l'embellissement des appartements de la reine Anne d'Autriche (maintenant salles des antiques). On prétend qu'il peignit souvent des fonds de paysages dans les tableaux de le Sueur; que ce dernier et la Hire firent des figures dans ses paysages. Il en a exécuté lui-même souvent d'un style assez bon pour n'avoir pas besoin de recourir à une main étrangère. Patel doit être compté au nombre des imitateurs de Claude le Lorrain; sa touche est légère, fine, un peu sèche; il dessinait bien l'architecture et se plaisait à introduire des ruines et des monuments dans ses compositions; enfin, sa couleur, généralement brillante, bien qu'elle ne soit pas dépourvue d'une certaine harmonie, offre fréquemment des teintes qui appartiennent plus aux procédés de la gouache et de la détrempe qu'à ceux de la peinture à l'huile. Les ouvrages de Patel ont été gravés par Vivarès, Benezech, Daullé, Charpentier et les Perelle. — On donne à son fils les tableaux qui sont moins habiles et plus sombres. Il travailla, ainsi que son père, au Louvre. On lit dans Sauval (t. II, p. 34) : « Les murs de son cabinet (d'Anne d'Autriche) sont pavés de quantité de petits paysages peints par Patelle et son fils, etc. »

395.* *Paysage. — Josabeth exposant Moïse sur le Nil.*

H. 0, 92. — L. 0, 82. — Forme ovale. — T. — Fig. de 0, 15.

A gauche, au premier plan, Josabeth accompagnée d'une femme expose le jeune Moïse déposé dans une corbeille de jonc. Plus loin, du même côté, s'élèvent les ruines d'un monument d'ordre corinthien. Dans le fond, un pont, dont on voit quatre arches, est jeté sur un fleuve qui coule au pied de hautes collines. — Signé à droite, sur un rocher : P* PATEL 1660.

Gravé par Eichler dans le Musée français. — Filhol, t. 10, pl. 719.

L'inventaire de l'Empire dit que ce tableau et le suivant étaient attribués, dans l'ancien inventaire de la couronne, à Gaspre Poussin, et on les trouve en effet portés à ce maître par Bailly, qui les indique comme étant alors placés *à Paris dans l'appartement de la reine*. Filhol donne le même renseignement et ajoute qu'ils étaient en dessus de portes. Dans une représentation du cabinet de l'Amour, à l'hôtel Lambert, gravée par B. Picart, on voit figurer un de ces tableaux, celui représentant Moïse exposé sur le Nil. Cependant, les dessins de B. Picart furent faits avant 1710, quoique publiés seulement en 1740, et l'inventaire Bailly est également de cette même époque, 1709-1710. Patel aurait-il répété deux fois le même sujet?

396.* *Paysage. — Moïse enterrant sous le sable l'Égyptien qu'il avait tué.*

H. 0, 92. — L. 0, 82. — Forme ovale. — T. — Fig. de 0, 15.

A gauche, un massif d'arbres. A droite, des ruines d'architecture, et sur le devant du tableau, de ce même côté, Moïse enterrant dans le sable l'Égyptien qu'il avait tué pour avoir maltraité un Hébreu. En face de lui, un homme assis sur le fût d'une colonne brisée. — Signé à gauche, sur une pierre : P* PATEL 1660.

Gravé par Geissler dans le Musée français. — Filhol, t. 10, pl. 706.

Ancienne collection. — (Voir la note du numéro précédent.)

397. *Paysage.*

H. 0, 73. — L. 1, 50. — Forme ovale. — T. — Fig. de 0, 04.

A gauche, les ruines d'un palais d'ordre corinthien, au pied duquel coule un fleuve dont le cours est interrompu par une chute d'eau ; près de cette chute, deux cygnes. Au premier plan, des bestiaux au milieu de roseaux bordant une prairie ombragée à droite par de grands arbres.

Filhol, t. 6, pl. 382.

Ancienne collection. — Ce tableau provient de l'hôtel Lambert, dit Filhol.

398. *Paysage orné d'architecture.*

H. 0, 76. — L. 0, 38. — Forme ovale. — T. — Fig. de 0, 03.

Au premier plan, à gauche, deux colonnes d'un temple en ruine, dont la base se reflète dans l'eau d'un bassin circulaire. Plus loin, à droite, une maison adossée à une espèce de tour. Un homme descend un perron pour recevoir un voyageur qui s'avance vers lui et laisse son cheval en garde à un autre cavalier qui l'accompagne. A l'horizon, des montagnes.

Ancienne collection. — Ce tableau provient de l'hôtel Lambert ; on le reconnaît dans la gravure de B. Picart représentant le cabinet de l'Amour.

PATEL LE FILS (*Attribué à*).

399. *Le mois de janvier; effet de neige.*

H. 0, 45. — L. 0, 65. — T. — Fig. de 0, 04.

Deux voyageurs à cheval se dirigent vers une ferme, à la porte de laquelle sont plusieurs paysans. Plus loin, un vaste édifice et le clocher d'une église; et sur le devant, à droite, deux arches d'un pont. — On lit sur une pierre sculptée où est représenté le signe du Verseau : JANVIER AP. PATEL. 1699.

Ancienne collection. — On voyait autrefois, dit Thierry, dans l'église Saint-Louis-la-Culture (quartier Saint-Antoine) à Paris, douze tableaux par Patel, représentant les douze mois de l'année. Lenoir, dans son catalogue des peintures réunies au dépôt des monuments français (an III), annonce que six paysages, par Patel, représentant six mois de l'année, et provenant de l'église de Saint-Louis-la-Culture, ont été envoyés au *Museum*, et que les six autres mois sont au dépôt. Il semblerait que les quatre tableaux exposés au Louvre proviennent de cette église, quoique l'inventaire de l'Empire les indique comme étant de l'ancienne collection de la couronne. Voir, au sujet de Patel le fils, la notice sur Patel le père. — L'A et le P de la signature forment monogramme.

400. *Le mois d'avril.*

H. 0, 44. — L. 0, 68. — T. — Fig. de 0, 04.

Au premier plan, à droite, près des ruines d'un temple, des pêcheurs tendent leurs filets dans un canal fermé par une écluse, sur laquelle passe une route. On aperçoit dans l'éloignement un cerf à l'eau poursuivi par des chasseurs. — On lit sur une pierre sculptée où est représenté le signe du Taureau : AVRIL AP. PATEL. 1699.

Ancienne collection. — (Voir le n° 399.)

401. *Le mois d'août.*

H. 0, 45. — L. 0, 65. — T. — Fig. de 0, 04.

Des moissonneurs coupent le blé dans une prairie au milieu de laquelle s'élève un arc de triomphe en ruine. A gauche, dans l'éloignement, l'entrée d'une maison de plaisance, et à droite un pont. — On lit sur une pierre sculptée où est représenté le signe de la Vierge : AOVST. AP. PATEL. 1699.

Ancienne collection. — (Voir le n° 399.)

402. *Le mois de septembre.*

H. 0, 45. — L. 0, 65. — T. — Fig. de 0, 04.

A gauche, dans un chemin creux ombragé de grands arbres et dominé par des ruines, deux voyageurs sont terrassés par des brigands. A droite, les restes d'un temple circulaire, et plus loin un village qui s'élève au milieu d'une vallée.— On lit sur une pierre sculptée où est représenté le signe de la Balance : SEPTEMBRE, AP. PATEL, 1699.

Ancienne collection. — (Voir le n° 399.)

PATER (JEAN-BAPTISTE-JOSEPH), *né à Valenciennes en 1696, mort à Paris le 25 juillet 1736.*

Son père, qui était sculpteur, l'envoya très jeune à Paris afin qu'il pût étudier la peinture, pour laquelle il témoignait de grandes dispositions. Il entra à l'atelier de son compatriote Watteau; mais l'humeur difficile et le caractère impatient du maître ne lui permirent pas d'y rester longtemps. Dans les derniers moments de sa vie, Watteau se repentit de son injustice, avoua même qu'il avait redouté le talent de son élève et le fit travailler près de lui; mais Pater ne put profiter qu'un mois d'une bienveillance si précieuse. La mort mit fin à ces leçons, les seules profitables qu'il dit avoir reçues. Jamais artiste ne fut plus assidu au travail que Pater. Uniquement préoccupé de la crainte de devenir infirme avant d'avoir pu amasser une somme qui lui assurât une existence facile, il se mettait au travail dès la pointe du jour et passait les soirées d'hiver à ébaucher les tableaux qu'il finissait le lendemain dans la matinée. Cette occupation incessante épuisa sa santé, et il mourut à 40 ans, sans avoir pu jouir de cette fortune dont la recherche avait abrégé ses jours. Pater a été reçu à l'Académie le 31 décembre 1728, sur le tableau suivant, comme peintre de sujets modernes. La plupart de ses nombreux ouvrages ont été reproduits par les graveurs les plus habiles de l'époque.

403. Une fête champêtre.

H. 1, 14. — L. 1, 54. — T. — Fig. de 0, 25.

A droite, en avant d'une habitation rustique autour de laquelle on a dressé quelques tentes, des soldats et des femmes. L'une d'elles, vêtue d'une robe de satin blanc, est à demi couchée sur les genoux d'un officier tendant son verre à une servante qui lui verse à boire. Plus loin, un soldat danse avec une femme; d'autres s'occupent du soin de la cuisine. Au premier plan, à gauche, on remarque, au milieu d'un groupe, une femme vue de dos, montée sur un cheval. Près d'elle, un cavalier, un soldat endormi couché par terre, et un autre soldat un verre à la main. A l'horizon, une ville sur un rocher.

Musée Napoléon. — Ce tableau fut peint par Pater pour sa réception à l'Académie de peinture, le 31 décembre 1728. D'Argenville donne à ce sujet le titre de *Halte d'armée*, et les registres de l'Académie celui de *Réjouissance de soldats*.

PERRIER (FRANÇOIS), *surnommé* LE BOURGUIGNON, *peintre, graveur, né à Saint-Jean-de-Losne (en Bourgogne) en 1590, mort à Paris en juillet 1656.*

Nous suivrons, pour l'indication du lieu de naissance de Perrier ainsi que pour la date de sa mort, les renseignements fournis par les registres de l'Académie, en faisant observer, toutefois, que Guillet de Saint-Georges, qui a écrit un mémoire historique sur cet artiste, le dit né à Mâcon. Félibien et Guérin, secrétaire perpétuel de l'Académie, lui donnent Salins (en Franche-Comté) pour ville natale, et ce dernier ajoute qu'il mourut en mai 1650. Perrier était fils d'un orfèvre, et un penchant irrésistible pour la peinture le détourna de suivre la profession de son père. Il quitta fort jeune encore ses parents, et se rendit à Lyon, où il peignit quelques tableaux pour les Chartreux. Désireux d'étudier les ouvrages des artistes italiens, il se résigna, afin de subvenir aux frais de sa subsistance, à guider un aveugle qui allait à Rome. Dans cette ville il entra chez un peintre marchand de tableaux, qui lui faisait copier ceux des meilleurs maîtres. Lanfranc, qu'il eut occasion de connaître et qui l'employa, lui donna des conseils dont il sut profiter. Après un assez long séjour à Rome il retourna en France, en 1630, s'arrêta quelque temps à Lyon, y fit de nombreuses peintures à la Chartreuse; puis passa par Mâcon, où il avait deux frères, l'un peintre, l'autre sculpteur. Les ouvrages qu'il exécuta dans ces villes commencèrent à établir sa réputation. Enfin, Perrier vint à Paris, peignit d'abord d'après des dessins de Vouet; puis, voyant que cet artiste obtenait presque seul tous les grands travaux, il se décida à se rendre de nouveau en Italie. C'est pendant ce second séjour qu'il grava ce recueil de statues antiques, plus connu que ses tableaux. Après un séjour de dix ans à Rome, Perrier revint, en 1645, se fixer à Paris; il y peignit la galerie de l'hôtel de La Vrillière, acquis en 1713 par le comte de Toulouse, dont il prit le nom (aujourd'hui hôtel de la Banque), et c'est son ouvrage le plus considérable et le plus estimé. Il fut un des douze anciens ou professeurs qui fondèrent l'Académie de peinture et de sculpture, ouverte le 1er février 1648. Perrier a décoré de fresques et de tableaux à l'huile différentes résidences royales, des châteaux, des hôtels, qui pour la plupart n'existent plus. Il a gravé près de deux cents planches, et a été gravé lui-même par Rousselet et par Couvet. Parmi ses élèves on cite surtout le Brun, dont il fut le premier maître, et son propre neveu, qui peignit dans le couvent des Minimes de Lyon, où il s'était retiré et où il mourut en 1655.

404. *Acis et Galathée*.

H. 0, 97. — L. 1, 30. — T. — Fig. de 0, 40.

A gauche, sur la mer, Galathée, dans un char traîné par des dauphins, est entourée de tritons et de néréides. Derrière elle se tient debout le berger Acis. Au second plan, à droite, couché sur un rocher au bord de la mer, le géant Polyphème, ayant une flûte de roseaux d'une main, étend l'autre vers le jeune couple. Sur la côte, les troupeaux de Polyphème.

Collection de Louis XIV. — Ce tableau était placé, en 1709-1710, à Versailles, dans le cabinet du duc de Bourgogne. On lit dans les mémoires inédits sur la vie et les ouvrages des membres de l'ancienne Académie de peinture, page 131 : « M. Lallemand, qui est du corps de l'Académie, a deux autres ouvrages de la main de M. Perrier ; l'un est sur le sujet de Vulcain qui forge les armes d'Achille en présence de Vénus, et l'autre représente la nymphe Galathée, le cyclope Polyphème et le jeune Acis. Ce tableau appartenait autrefois à M. Dorat, conseiller de la grande chambre. » Et plus loin, page 134 : « M. Lenôtre conserve dans le cabinet de sa maison-du jardin des Tuileries un tableau où M. Perrier a encore représenté Galathée et Polyphème, qui a été gravé par M. Le Pautre. Il se faisait un plaisir de traiter fréquemment ce sujet de Galathée qu'il variait avec beaucoup d'industrie; on en voit encore un tableau de lui dans le cabinet de M. Blanchard, professeur de l'Académie, et l'on peut dire que M. Perrier a peu fait d'ouvrages qui égalent celui-là. » En 1847, l'administration du Musée acheta à Mme de Roany, pour la somme de 500 fr., un tableau attribué à Luca Giordano, et représentant, disait-on, le triomphe d'Amphitrite. Ce tableau, dont la composition et l'exécution sont identiques à celle de la peinture de Perrier inscrite sous ce numéro, ne peut être donné en aucune façon à l'artiste italien. C'est, sans doute, une des répétitions faites par l'artiste français, dont il est parlé dans les citations précédentes.

405. *Orphée devant Pluton.*

H. 0, 54. — L. 0, 70. — T. — Fig. de 0, 45.

Au premier plan, à gauche, Orphée debout joue du luth devant Pluton, assis à droite sur un trône, derrière lequel se tient Proserpine. Un amour soutient le luth d'Orphée. Dans le fond, des flammes et les enfers.

Collection de Louis XIV. — Ce tableau se trouvait en 1709-1710 à Marly, dans l'appartement de Madame la Duchesse; il est porté aux inconnus sur l'inventaire dressé par Bailly à cette époque.

406. *Énée et ses guerriers combattant les Harpies.*

H. 1, 50. — L. 2, 20. — T. — Fig. demi-nat.

A gauche, Enée semble rassurer une femme agenouillée tenant un enfant, tandis que ses compagnons cherchent à atteindre les Harpies, dont une est tombée à ses pieds. Plus loin, un vieillard et des femmes qui fuient.

Ancienne collection. — Ce tableau est sans doute celui qui fut peint par Perrier, vers 1645, pour le cabinet de l'Amour à l'hôtel Lambert.

PERRIN (JEAN-CHARLES-NICAISE), *né à Paris en* 1754, *mort vers* 1831.

Il fut élève de Doyen et de Durameau, et remporta le second prix à l'Académie en 1775. Le sujet du concours était Aman confondu par Esther devant Assuérus. L'Académie royale le reçut le 28 juillet 1787; il donna pour tableau de réception celui inscrit sous le n° 407. Il obtint en 1800 une médaille d'or, et en 1806 il fut nommé directeur de l'Ecole gratuite de mathématiques et de dessin. Il a exposé aux salons de 1787, 1789, 1791, 1795, 1798, 1799, 1801, 1802, 1804, 1806, 1808, 1819 et de 1822.

407. *Vénus faisant panser la blessure d'Énée.*

H. 1, 97. — L. 1, 63. — T. — Fig. de gr. nat.

Au milieu de la composition, Enée évanoui est soutenu par le médecin Japis, recevant des mains de Vénus, portée à gauche sur des nuages, le dictame qu'il va verser sur la blessure du guerrier.

<small>Musée Napoléon. — Ce tableau fut peint par Perrin pour sa réception à l'Académie de peinture, en 1787.</small>

408*. *La France, appuyée par la Religion, consacrant à Notre-Dame-de-Gloire les drapeaux pris sur l'ennemi.*

<small>H. 2, 20. — L. 1, 80. — T. — Fig. de gr. nat.</small>

A gauche, sur des nuages, Notre-Dame-de-Gloire est entourée d'anges, dont un tient une couronne et un autre une palme. A droite, au premier plan, la France sous la figure d'une femme agenouillée portant la couronne impériale et le manteau semé d'abeilles, lui présente les drapeaux pris aux nations vaincues. Debout, près d'elle, la Religion tenant une croix.

<small>Musée Napoléon. — Ce tableau, commandé par Napoléon Ier pour être placé au maître-autel de la chapelle de l'Empereur aux Tuileries, fut exposé au salon de 1806.</small>

PEYRON (JEAN-FRANÇOIS-PIERRE), *peintre, graveur, né à Aix (en Provence) le 13 novembre 1744, mort le 20 janvier 1820.*

<small>Son premier maître fut **Arnulfi**, peintre, né à Aix, et assez bon élève de Benedetto Luti. Etant venu à Paris en 1767, il entra à l'atelier de Lagrenée aîné, reçut des conseils d'**André Bardon** son compatriote, et étudia surtout les ouvrages de Poussin. En 1773, il remporta le grand prix de peinture, sur un tableau représentant la Mort de Sénèque. Admis à la pension, il se rendit à Rome, et, s'appliquant à faire revivre dans ses tableaux l'imitation de la nature et de l'antique, il abandonna, ainsi que l'avait déjà fait Vien, la route suivie alors par l'école française. Son tableau de Cimon qui se dévoue à la prison pour faire inhumer le corps de son père (n° 409), date de cette époque. Après les quatre années de son pensionnat passé à Rome, Peyron resta à ses propres frais trois années encore dans cette ville. Il revint à Paris en 1781, exposa pour la première fois en 1785 son tableau d'Alceste, comme agréé à l'Académie, qui le reçut définitivement le 30 juin 1787. Il donna pour sa réception une peinture représentant Curius Dentatus surpris par les ambassadeurs samnites, qui lui apportent de riches présents au moment où il apprêtait lui-même son repas (ce tableau est maintenant à Fontainebleau). Vers la même époque, le roi le nomma inspecteur de la Manufacture royale des Gobelins. Au salon de 1787, parut l'esquisse de la Mort de Socrate (sujet traité la même année par</small>

David), qu'il exécuta pour le roi en 1789, avec des figures grandes comme nature. La Révolution lui enleva sa place à la Manufacture des Gobelins et les commandes importantes dont le roi l'avait chargé. Ces tristes événements l'affectèrent profondément, et, depuis ce moment, il ne mena plus qu'une vie languissante. Cependant, il produisit encore quelques tableaux, parmi lesquels on peut citer ceux de Paul-Emile s'indignant de l'humiliation où se réduit Persée qui se prosterne à ses pieds, et d'Antigone sollicitant de son père le pardon de son frère Polynice. Monsaldi a gravé ce dernier. Peyron a exposé aux salons de 1785, 1787, 1789, 1791, 1796, 1798, 1799, 1800, 1804, 1806, 1808 et de 1812.

409.* *Les funérailles de Miltiade.*

H. 1, 06. — L. 1, 38. — T. — Fig. de 0, 55.

Miltiade, accusé de trahison par Zantippe, est condamné à mort par les citoyens d'Athènes, qu'il avait sauvés à la bataille de Marathon. Tout ce qu'on put obtenir fut de commuer la peine en une amende de 50 talents, amende qu'il ne put payer, et pour laquelle il subit la prison. Il y mourut d'une blessure qu'il avait reçue au siége de Paros; et on ne permit à Cimon, son fils, de lui rendre les derniers devoirs qu'après que ses amis et ses parents l'eurent mis en état de payer l'amende à laquelle son père avait été condamné. — A gauche, dans la prison, deux hommes emportant sur une civière le corps de Miltiade, que suit son fils accablé de douleur. Au premier plan, à droite, un prisonnier étendu par terre; un geôlier le tient d'une main et de l'autre prend une chaîne attachée à un pilier. — Signé : *P. Peyron. F. Ro. 1782.*

Ancienne collection.

410.* *Alceste se dévouant à la mort pour sauver les jours d'Admète, son époux.*

H. 3, 24. — L. 3, 24. — T. — Fig. de gr. nat.

A gauche, Admète, accablé de douleur, est assis près du lit sur lequel est étendue Alceste, entourée de ses enfants et de ses femmes éplorés. Au premier plan, l'une d'elles se détourne en présentant à Alceste son plus jeune fils. Dans le fond, à gauche, une femme jette un voile sur la statue de l'Hymen. — Signé : *P. Peyron, F.* 1785.

<small>Landon, E. F. M., t. 2, pl. 45.</small>

<small>Musée Napoléon. — Ce tableau, exposé au salon de 1785, avait été commandé par le roi pour être exécuté en tapisserie par la Manufacture royale des Gobelins.</small>

411.* *Paul-Émile, vainqueur de Persée.*

<small>H. 1, 30. — L. 1, 96. — T. — Fig. de 0, 60.</small>

A droite, Paul-Émile, debout sur les marches de son trône, derrière lequel se tiennent ses gardes, se détourne et semble s'indigner de l'excès d'abaissement auquel se livre Persée, roi des Macédoniens, implorant la clémence du vainqueur pour lui et pour sa famille qui l'accompagne. — Signé : *P. Peyron, inv. et f. en* 1804, an 12 de la R.

<small>Musée Napoléon. — Ce tableau, exposé au salon de 1804, avait été commandé comme prix d'encouragement.</small>

PIERRE (JEAN-BAPTISTE-MARIE), *peintre, graveur, né à Paris en* 1713, *mort à Paris le* 15 *mai* 1789.

<small>Dès l'âge le plus tendre, il montra pour le dessin de grandes dispositions, que plusieurs maîtres développèrent. Ce fut surtout à l'école de Natoire qu'il se forma. Il remporta le premier prix à l'Académie en 1734 : le sujet du concours était Dalila coupant les cheveux à Samson. Après ce succès, il se rendit en Italie comme pensionnaire du roi, et continua ses études, guidé par de Troy, alors directeur de l'école de Rome. Sa facilité d'exécution, le pittoresque de ses agencements, la vivacité de sa couleur, qui rappelaient la manière de son maître, enfin son esprit enjoué et ses manières distinguées, contribuèrent considérablement à sa fortune. L'Académie le reçut le 31 mars 1742, sur un tableau représentant Diomède tué par Hercule et mangé par ses propres chevaux (maintenant au musée de Montpellier). Il fut élu adjoint à professeur le 28 mars 1744, professeur le 6 juillet 1748, adjoint à recteur le 30 janvier 1768, directeur le 7 juillet 1770. Il succéda à Coypel comme premier peintre du duc d'Orléans, et à Boucher comme premier peintre du roi, dont il rendit les fonctions inhérentes à celles de directeur de l'Académie. Enfin, il obtint la place de surinspecteur des Gobelins. Tant d'honneurs excitèrent la jalousie de ses confrères, et si ses qualités trop superficielles ne l'en rendaient pas digne,</small>

PORTE (ROLAND DE LA). 261

il faut avouer que ceux qui l'attaquaient violemment ne brillaient pas par des connaissances plus approfondies de l'art. Pierre fut un administrateur habile, et introduisit des améliorations très avantageuses aux beaux-arts et à l'Académie. Ses principaux ouvrages sont : un saint Pierre guérissant le boiteux et la Mort d'Hérode à Saint-Germain-des-Prés ; un saint François à Saint-Sulpice ; enfin, la coupole de la chapelle de la Vierge, à Saint-Roch, qu'il finit en 1756. Il a exposé aux salons de 1741, 1742, 1743, 1745, 1746, 1747, 1748, 1750, 1751, 1757, 1761 et de 1763. Plusieurs de ses peintures ont été gravées par Dupuis, Lempereur, J.-M. Preisler, Schedel, Levesque, Daullé, Fessard, Demarteau.

412. ★ *Décollation de saint Jean-Baptiste.*

H. 0, 97. — L. 1, 31. — T. — Fig. de 0, 65.

Devant une prison, le corps du saint décapité est étendu par terre ; le bourreau, le glaive à la main et fléchissant un genou, présente la tête à Salomé qui se tient debout à droite, tandis qu'une suivante reçoit cette tête dans un bassin. Au deuxième plan, des soldats et une femme en pleurs.

Ancienne collection.

PORTE (HENRI-HORACE ROLAND DE LA), *né en 1724, mort le 23 novembre 1793.*

On n'a pas de renseignements biographiques sur cet artiste, qui fut admis à l'Académie comme peintre d'animaux, le 26 novembre 1763, e t donna pour sa réception le tableau inscrit sous le numéro suivant. Il a peint des imitations de bas-reliefs, des fleurs, des fruits, des sujets de nature morte, et quelques portraits. Il a exposé aux salons de 1761, 1763, 1765, 1767, 1769, 1771, 1787 et de 1789.

413. *Vase, globe et instruments de musique.*

H. 1, 01. — L. 0, 81. — T.

Un vase de lapis avec une monture de bronze doré, un cahier de musique, une cornemuse d'ivoire garnie en velours, ornée d'un galon et d'une frange d'or, et un globe sont posés sur une table.

Musée Napoléon. — Ce tableau fut peint par Roland de la Porte pour sa réception à l'Académie de peinture, le 26 novembre 1763.

POTERLET, *né à Épernay en* 1802, *mort à Paris au mois de mai* 1835.

Il fut élève de M. Hersent, et fit une étude suivie des maîtres flamands, hollandais, ainsi que de quelques peintres anglais, tels que Reynolds, Gainsborough, etc. Il a peu produit de tableaux; mais il a exécuté, dans les galeries du Louvre, d'Anvers, de La Haye, d'Amsterdam et d'Angleterre, une quantité de petites esquisses remarquables par l'intelligence des maîtres, la couleur, l'effet et la vivacité de la touche. Il a exposé aux salons de 1827, 1831 et de 1833.

414.* *Dispute de Trissotin et de Vadius.*

(*Femmes savantes* de MOLIÈRE, act. 3, sc. 5.)

H. 0, 86. — L. 1, 18. — T. — Fig. de 0, 50.

Au milieu de la composition, Vadius et Trissotin assis, se disputant. A gauche, près d'une table supportant un vase de fleurs, des coquilles, et dont le pied est caché en partie par des livres, des sphères, des instruments de physique, Belise assise un éventail à la main; derrière elle, Armande debout. A droite, près d'une fenêtre, Henriette travaillant, et Philaminte, vêtue d'une mante noire, vue de dos. Un chien jappe après les deux pédants.

Collection de Louis-Philippe. — Acquis à la suite du salon de 1831, pour 500 fr.

POUSSIN (NICOLAS), *né aux Andelys* (*en Normandie*) *au mois de juin* 1594, *mort à Rome le* 19 *novembre* 1665.

On a prétendu que Jean Poussin, père du fameux artiste, gentilhomme ruiné par les malheurs des guerres civiles, servit dans le régiment de Tavannes sous les règnes de Charles IX, d'Henri III et d'Henri IV. Des actes signés par Jean Poussin, et où son nom n'est accompagné d'aucune des formules nobiliaires usitées, rendent cette assertion de Bellori et de Félibien fort douteuse. Placé d'abord chez un maître qui devait lui enseigner le latin, le jeune Poussin, au lieu de se livrer à l'étude de cette langue, employait tout son temps à dessiner. Ses croquis attirèrent l'attention de **Quentin Varin**, peintre de mérite, né à Beauvais, mais établi alors aux Andelys. A force d'instances, Poussin obtint de son père la permission de se livrer exclusivement à son goût pour la peinture, et d'entrer chez Varin. Après avoir profité des conseils de ce maître jusqu'à l'âge de 18 ans, il partit pour Paris, sans protection et presque sans argent, peignant, chemin faisant, des trumeaux et des dessus de portes pour pouvoir continuer sa route. Son premier maître à Paris fut **Ferdinand Elle**, Flamand d'origine, dont les portraits étaient estimés; mais il le quitta bientôt pour entrer à l'atelier de **l'Allemand**, artiste lorrain. Un jeune gentilhomme du Poitou s'intéressa à Poussin, lui prêta de l'argent, le présenta à Courtois, mathématicien du roi, qui possédait une belle collection de gravures et de dessins. Raphaël et Jules Romain furent les maîtres que Poussin copia avec le plus de ferveur. Le départ de son protecteur le força d'interrompre ses études. Il l'accompagna dans le Poitou; mais reçu et traité par la mère du gentilhomme comme un domestique, il abandonna bientôt le château, retourna à Paris, peignant le long de la route pour subvenir à sa dépense. Poussin avait alors un peu plus de 20 ans, et l'histoire a enregistré le souvenir de quelques-unes de ses compositions à cette époque : ce sont des paysages pour le château de Clisson, une Bacchanale, peinte de 1616 à 1620, dans une espèce de *loge* ou galerie ouverte des deux côtés, proche du château de Cheverny; un saint François et un saint Charles de Borromée, pour le chœur des capucins de Blois. Arrivé à Paris, Poussin tomba malade, et, aussitôt qu'il le put, quitta cette ville, afin d'aller respirer l'air natal. Il resta près d'un an aux Andelys, reprit le chemin de Paris avec le projet de se rendre à Rome; mais il tenta vainement ce voyage, et ne dépassa pas Florence. Revenu encore une fois à Paris, il logea au collège de Laon et se lia avec Philippe de Champaigne, qui avait été aussi disciple de l'Allemand. Tous deux furent employés par **Duchesne**, artiste très médiocre, chargé de la direction des travaux de peinture au Luxembourg; mais lassé de n'être occupé qu'à des ouvrages sans importance, Poussin essaya de nouveau d'aller à Rome; faute d'argent, il dut renoncer à ce projet, et fut forcé de s'arrêter à Lyon jusqu'à ce qu'il eût amassé une somme suffisante pour lui permettre de regagner Paris. En 1623, il peignit dans cette dernière ville, au collège des Jésuites, qui voulaient célébrer la canonisation d'Ignace de Loyola et celle de saint François-Xavier, six tableaux en détrempe, qu'il termina dans l'espace de moins d'une semaine. Ces peintures, préférées à celles des autres concurrents, artistes renommés, attirèrent l'attention du cavalier Marini. Il lui donna un logement dans sa maison, l'employa à faire des dessins pour son poëme d'Adonis et se déclara son protecteur. Quel que fût le désir de Poussin d'accompagner le cavalier, qui retournait à Rome, il voulut terminer plusieurs peintures commencées, entre autres : la Mort de la Vierge, commandée par la corporation des orfèvres, qui offraient chaque année, au 1er mai, un tableau votif à l'église de Notre-Dame. Au printemps de 1624, Poussin put enfin rejoindre, à Rome, Marini. Le cavalier le fit recommander par Marcello Sacchetti aux bonnes grâces du cardinal Barberini, neveu du pape Urbain VIII. L'appui de ces deux personnages devait bientôt manquer à Poussin; le premier allait mourir à Naples, et le second partit pour ses légations de France et d'Espagne. Dénué de nouveau de toute espèce de ressources, le jeune artiste donna ses ouvrages à vil prix : il vendit une Bataille 14 écus, et un Prophète moins de 2. C'est à cette époque qu'il se lia avec le sculpteur flamand François Duquesnoy et l'Algarde. Il étudiait assidûment les antiquités de Rome, l'architecture, l'anatomie, la perspective, et recherchait, dans les grands écrivains, les sujets les plus propres à exprimer le caractère moral et les affections de l'âme, la force de l'expression lui paraissant une des qualités les plus recommandables. Il se déclara hautement l'admirateur du Dominiquin, que l'école de Guide, fort en vogue, avait réussi à déconsidérer, et contribua beaucoup à faire reconnaître l'éminent mérite de la *Communion de saint Jérôme*. La légation du cardinal à la cour de France n'ayant point eu de succès, les Italiens se montrèrent fort hostiles aux Français habitant Rome, et un jour Poussin fut attaqué par des soldats, près de Monte-Cavello. Il reçut un coup de sabre entre le premier et le second doigt, et à partir de ce moment il prit le costume romain qu'il ne quitta plus. A peine échappé à cet accident, il fit une maladie grave; recueilli par Jacques Dughet, son compatriote, qui lui prodigua les soins les plus empressés, il épousa par reconnaissance, en 1629, une des filles de son hôte, nommée Anna-Maria. Il n'en eut pas d'enfant et adopta les deux frères de sa femme, Gaspar Dughet, qui devint un habile paysagiste, et Jean Dughet, graveur. Poussin s'établit sur le Monte-Pincio, près de Claude le Lorrain et de Salvator Rosa, et, au retour du cardinal Barberini, reçut de ce prélat la commande de plusieurs tableaux. Un des plus zélés protecteurs de Poussin fut le commandeur Cassiano del Pozzo de Turin, qui lui ouvrit son cabinet d'antiquités et lui demanda plusieurs compositions, entre autres une suite des sept Sacrements, suite célèbre qui lui fit une immense réputation. Poussin travailla aussi pour le marquis Amédée del Pozzo, la duchesse d'Aiguillon, le maréchal de Créqui. En 1624, il connut intimement à Rome Jacques Stella, et entretint avec lui une correspondance lorsque cet artiste, peintre du roi, logea au Louvre. Enfin il fut, pendant près de vingt-huit ans, le correspondant de Paul Fréart de Chantelou, maître d'hôtel de Louis XIII, devenu aussi son ami. Les tableaux qu'il exécuta pour eux inspirèrent, en 1639, à M. de Noyers, secrétaire d'Etat, surintendant des bâtiments, le désir d'appeler et de fixer Poussin à Paris; mais Poussin ne pouvait se décider à quitter Rome. Une deuxième lettre du ministre, jointe à une lettre de Louis XIII, lui arracha la promesse d'entreprendre ce voyage. Cependant une année s'écoulait, et Poussin ne s'empressait pas de se rendre à l'invitation du roi; M. de Chantelou avança une mission projetée à Rome, et emmena en France Poussin ainsi que Jean Dughet vers la fin de 1640. Il fut logé dans le jardin des Tuileries, présenté par M. de Noyers au cardinal, et à Saint-Germain au roi, qui l'accueillit avec la plus grande distinction. Le 20 mars 1641, il reçut le brevet de premier peintre ordinaire de Sa Majesté. Outre des tableaux pour les chapelles de Saint-Germain et de Fontainebleau, Poussin fit, dans l'espace de deux ans, les compositions des Travaux d'Hercule, destinées à la décoration de la grande galerie du Louvre, huit cartons de sujets de l'Ancien-Testament pour des tapisseries, des ouvrages demandés par le cardinal de Richelieu, des frontispices de livres, des dessins d'ornement pour des meubles. Au milieu de ses immenses travaux, Poussin, en butte aux intrigues de Vouet, de **Feuquières**, de l'architecte Mercier, voyant qu'il luttait en vain contre l'envie, demanda un congé et repartit pour Rome avec Dughet, en septembre 1642, après un séjour d'environ deux années en France. La mort du cardinal de Richelieu, celle de Louis XIII, et enfin la retraite de M. de Noyers, l'affermirent dans la résolution de ne plus quitter l'Italie. C'est alors qu'il fit une nouvelle suite des sept Sacrements pour M. de Chantelou, terminée en 1648, et peignit un grand nombre d'ouvrages que nous ne pouvons citer ici, mais dont Félibien a indiqué une partie. Le célèbre artiste, après une existence aussi laborieuse que modeste, et comparable, par sa noble gravité, à celle des philosophes les plus renommés des temps anciens, mourut à 72 ans, laissant à ses pauvres parents de Normandie une modique somme de 10,000 écus glorieusement acquise; il fut enterré dans l'église de Saint-Laurent *in Lucinâ*. Poussin n'est parvenu qu'assez tard à la maturité de son talent. Exercé dans sa jeunesse à peindre en détrempe, forcé pour vivre d'accepter et d'expédier toute espèce de commandes, sa première manière est généralement un peu sèche d'exécution, mais prompte de touche et brillante de couleur; car alors les écoles vénitiennes et lombardes avaient ses sympathies. Un grand nombre de ses bacchanales (n°˙ 440 et 411), le tableau du Baptême (n° 432), sont de cette époque, dont la *Peste* (n° 421) nous semble le plus complet spécimen. A mesure que Poussin approche de son arrivée en France, son talent s'élève, s'épure; et après son retour à Rome il arrive à son apogée. Le tableau de la *Manne* (n° 420) pourrait être cité comme œuvre de transition à cette seconde manière, caractérisée par la *Rébecca* (n° 415), les Bergers d'Arcadie (n° 445), le Diogène (n° 453). Enfin, si dans sa vieillesse la main de l'artiste s'alourdit et tremble, si sa couleur est triste, son génie devient plus hardi, plus poétique. La Femme adultère (n° 427), l'Adoration des Mages (n° 423), plusieurs paysages et particulièrement les Saisons (n°ˢ 448 à 451), ainsi que des dessins tracés d'une main défaillante et conservés au Louvre, attestent l'éternelle jeunesse de son esprit. Quoique Poussin ait fait une étude approfondie et constante de l'antique, il sut rester éminemment original : novateur hardi, il ne se laissa pas séduire par l'art facile de Vouet, dont la vogue à Paris était immense ; et à Rome, où il passa la plus grande partie de son existence, tout en ne traitant que des sujets de l'Ecriture-Sainte, de l'histoire ou de la fable, pour lesquels il mettait à profit les nombreux monuments de l'Italie ancienne et moderne, il demeura Français par la pensée, par la forme et par l'exécution. Les ouvrages de Poussin ont été gravés par Pesne, G. et B. Audran, E. Rousselet, Claudia Stella, E. Baudet, F. Poilly, Pietro del Pò, Jean Dughet, Picart le Romain, Chatillon, F. Chauveau, G. Château, etc.

415. *Éliézer et Rébecca.*

H. 1, 17. — L. 1, 98. — T. — Fig. de 0, 68.

Au milieu de la composition, près d'un puits, Éliézer vêtu à l'orientale, coiffé d'un turban, vu de profil, tourné à droite, offre des colliers et des bracelets à Rébecca, qui, la main droite appuyée sur sa poitrine, semble hésiter à accepter ces riches présents. A droite, un groupe de trois jeunes filles ; à gauche, un autre groupe de neuf femmes. Parmi ces dernières on en remarque une portant sur la tête un vase et se baissant avec précaution pour en prendre un second ; enfin, une femme, préoccupée de l'événement et tournant la tête vers Rébecca, continue à verser de l'eau dans un vase déjà plein, et est avertie de sa distraction par une de ses compagnes qui a un genou à terre. Dans le fond, des fabriques sur des collines.

Gravé par G. Rousselet en 1677 (Calc. imp.); par G. Audran; par Picart le Romain; par Boucher-Desnoyers. — Filhol, t. 1, pl. 49. — Landon, t. 3, pl. 2.

Collection de Louis XIV. — « L'abbé Gavot avait envoyé au cardinal Mazarin un tableau du Guide où la Vierge est assise au milieu de plusieurs jeunes filles qui s'occupent à différents ouvrages....... Le sieur Pointel l'ayant vu, écrivit au Poussin et lui témoigna qu'il l'obligerait s'il voulait lui faire un tableau comme celui-là, de plusieurs filles, dans lequel on pût remarquer différentes beautés. Le Poussin, pour satisfaire son ami, choisit cet endroit de l'Ecriture-Sainte où il est rapporté comment le serviteur d'Abraham rencontra Rébecca qui tirait de l'eau pour abreuver les troupeaux de son père, et de quelle sorte, après l'avoir reçu avec beaucoup d'honnêteté et donné à boire à ses chameaux, il lui fit présent des bracelets et des pendants d'oreilles dont son maître l'avait chargé. » (Félibien, t. IV, p. 100.)—A la mort de M. Pointel, banquier, cet ouvrage, peint à Rome en 1648, passa dans le cabinet du duc de Richelieu, et ensuite dans la collection de la couronne. En 1709-1710, il était placé à Versailles, dans le cabinet des tableaux. — Richarson, qui a inséré dans son Traité de la peinture et de la sculpture (t. II, p. 311-316) un catalogue des objets d'art rassemblés par le cavalier del Pozzo, ami de Poussin, indique une autre *Rébecca qui donne de l'eau au messager, divinement bien exécutée*. Un catalogue manuscrit de la même collection, conservé à la Bibliothèque impériale parmi les papiers de Cotte, confirme la présence de cette œuvre dans le cabinet du cavalier. Le musée de Montpellier possède une petite composition de ce sujet où il n'existe que trois figures; cette toile a été rapportée d'Italie par M. Fabre. Enfin, une Rébecca fut vendue en 1795, à la vente de M. de Calonne, 145 guinées.

416. *Moïse sauvé des eaux*.

H. 0, 85. — L. 1, 20. — T. — Fig. de 0, 58.

Composition de sept figures principales. — Thermutis, fille du roi d'Egypte, debout sur le rivage, entre deux femmes de sa suite, appuyée sur l'épaule de la plus jeune, tournée de profil vers la gauche, montre du doigt l'enfant, couché dans une corbeille qu'un homme vient de retirer du fleuve et qu'une femme courbée, un genou à terre, prend dans ses mains. A gauche, derrière Thermutis, le Nil personnifié sous la figure d'un vieillard à moitié couché sur une draperie, vu de dos et tenant une corne d'abondance. De l'autre côté du fleuve, une barque avec trois hommes abordant sur la rive, où se tiennent deux personnages. Dans le fond, une pyramide, un large pont, une ville, des montagnes.

Gravé par Jean Mariette en 1692 (Calc. imp.); par van Somer; par Henri Laurent en 1826.—Filhol, t. 3, pl. 469.—Landon, t. 3, pl. 4.

Collection de Louis XIV. — On voit par l'inscription mise au bas de l'estampe de Jean Mariette que ce tableau se trouvait en 1692 dans le cabinet de le Nôtre. Il y était déjà en 1685, époque de la publication de la 4ᵉ partie de l'ouvrage de Félibien, qui le cite (t. IV, p. 150) comme appartenant au célèbre contrôleur des bâtiments, et fixe son exécution à l'année 1638. Il nous semble toutefois qu'il y a ici une faute d'impression et qu'il faudrait lire plutôt 1648, car évidemment cette peinture est de la plus belle époque de Poussin et a dû être faite après son retour à Rome.

417. *Moïse sauvé des eaux.*

H. 1, 21. — L. 1, 93. — T. — Fig. de 0, 50.

Composition de dix figures principales. — Sur le rivage, vers le milieu du tableau, Thermutis, vue de face, soutenue par une jeune fille placée derrière elle et dont on ne voit qu'une portion du buste, est accompagnée de six femmes. A droite, deux sont debout, une est agenouillée près de la corbeille de jonc où est couché le petit Moïse. A gauche, deux autres femmes également agenouillées, et une penchée. Du même côté, au second plan, le batelier qui a trouvé le berceau flottant s'éloigne dans sa barque. A droite, au premier plan, la figure allégorique du Nil, tourné vers le spectateur, couché sur une draperie, appuyé sur une urne, tenant une corne d'abondance, caractérisé par un sphinx. Dans le fond, sur l'autre rive, la ville avec des pyramides, de riches édifices, des palmiers, et sur le Nil une barque antique montée par neuf personnages, dont deux s'apprêtent à percer d'une lance un hippopotame qui nage.

Gravé par G. Rousselet (Calc. imp.); par F. Garnier; par Audran. — Landon, t. 3, pl. 5.

Collection de Louis XIV. — Ce tableau, en 1709-1710, était placé à Meudon dans les appartements frais. — Poussin a peint plusieurs fois le sujet du Moïse sauvé. Pendant le séjour que le banquier Pointel, son ami, fit à Rome de 1645 à 1646, il exécuta pour lui un tableau représentant ce trait de l'Histoire-Sainte. Le tableau, rapporté en France par M. Pointel, excita la jalousie de M. de Chantelou, qui reprocha au grand artiste de négliger les *Sept Sacrements*, entrepris pour lui, afin de satisfaire à son détriment un autre ami. Poussin, dans une longue lettre, datée du 24 novembre 1647, se disculpa de ce reproche et exposa d'une façon remarquable la manière élevée dont il envisageait la théorie de l'art. Un autre Moïse sauvé, peint vers 1651 pour un sieur Reynon, négociant de Lyon, passa ensuite dans le cabinet du marquis de Seignelay. Enfin, Louis de Loménie, comte de Brienne, dans le catalogue de ses tableaux, écrit par lui en latin sous forme d'épître datée du 29 octobre 1662, cite aussi un Moïse sauvé. Malheureusement, ni Poussin, ni Félibien, ni Loménie, ni d'autres auteurs ne décrivent ces compositions de manière à permettre de les distinguer les unes des autres, en sorte qu'on ne peut savoir avec certitude quel fut le possesseur primitif du tableau du Louvre, ni pour qui il peignit une charmante composition renfermant dix figures de femmes, et dans le fond un homme agenouillé en adoration devant une statue d'Anubis. Cette dernière composition, gravée par A. Loir, eut aussi pour éditeurs Gantrel et G. Audran.

418. *Moïse enfant foulant aux pieds la couronne de Pharaon.*

H. 0, 92. — L. 1, 28. — T. — Fig. de 0, 45.

Au milieu d'une salle de son palais, sur un lit de repos, Pharaon à moitié couché, et le jeune Moïse debout foulant sous son pied la couronne du roi. A gauche, près du lit, Thermutis assise accompagnée de quatre femmes, dont l'une prend Moïse dans ses bras, tandis qu'une autre, probablement sa mère, retient le bras d'un prêtre qui lève son poignard pour en percer l'enfant. A droite, au chevet du lit, trois prêtres ou devins. Dans le fond, un grand rideau.

Gravé par Ét. Baudet; par J. Bouilliard dans le Musée français. — Filhol, t. 5, pl. 307. — Landon, t. 3, pl. 6.

Collection de Louis XIV. — Ce tableau, qui en 1709-1710 était placé à Versailles, dans les petits appartements du roi, fut peint pour le cardinal Massimi. Poussin exécuta une autre fois le même sujet, avec des changements peu considérables. Cette répétition, après avoir appartenu à M. de Seignelay, fit partie de la collection du duc d'Orléans, vendue en Angleterre en 1798. Elle se trouve maintenant chez le duc de Bedford et a été gravée par Dambrun. — Louis de Loménie, comte de Brienne, cite, dans le catalogue latin de sa collection, publié sous forme d'épitre en 1662, un Moïse foulant la couronne de Pharaon. Est-ce celui du Louvre, ou celui du duc d'Orléans, ou une troisième répétition dont quelques auteurs parlent? L'absence de description ne permet pas de trancher cette question avec certitude.

419. *Moïse change en serpent la verge d'Aaron.*

H. 0, 92. — L. 1, 28. — T. — Fig. de 0, 45.

A gauche, dans l'intérieur d'une salle où sont suspendues de chaque côté des draperies, Pharaon, vu de profil, est assis, tourné à droite. Derrière son siége, deux vieillards, puis en allant vers le centre de la composition, un jeune homme portant l'ibis sacré, un autre tenant un vase, un magicien debout une baguette à la main. Devant lui, un magicien, dont la verge vient d'être changée en un serpent que dévore le serpent d'Aaron, se baisse et essaie de séparer les deux reptiles. A droite, un groupe formé de Moïse, de son frère Aaron et de trois autres personnes.

Gravé par F. de Poilly ; par Gantrel. — *Filhol, t. 10, pl. 679.* — *Landon, t. 3, pl. 8.*

Collection de Louis XIV. — Ce tableau, exécuté pour le cardinal Massimi, passa ensuite dans la collection de la couronne, et se trouvait en 1709-1710 à Versailles, dans le petit appartement du roi.

420. *Les Israélites recueillant la manne dans le désert.*

H. 0, 49. — L. 2, 00. — T. — Fig. de 0, 52.

Au milieu d'un désert où s'élèvent des roches escarpées, sur un plan un peu éloigné, Moïse debout montre le ciel chargé d'épais nuages à plusieurs Hébreux prosternés devant lui, tandis que d'autres, les mains élevées, implorent la clémence divine. A côté de Moïse, son frère, le grand prêtre Aaron, adresse au Seigneur des actions de grâces. A droite, au second plan, deux jeunes garçons se disputent la manne répandue à terre. Près d'eux, un homme en porte une corbeille remplie à un vieillard assis du côté opposé, qu'une jeune femme agenouillée au premier plan, vue de dos et tenant un petit enfant sur un bras, lui désigne. Derrière celle-ci, deux hommes et une femme recueillent la manne sur la terre, et une jeune fille étend sa robe pour recevoir celle qui tombe du ciel. A gauche, au second plan, un malade couché se soulève en s'appuyant sur un bâton. Au premier plan, une femme assise nourrit sa mère de son lait et se penche avec tendresse vers son enfant. Près de ce groupe, un homme debout dans l'attitude de l'étonnement et de l'admiration. Dans le fond, des tentes, des feux allumés, des figures éparses.

Gravé par G. Chasteau en 1680; par B. Audran; par Bern; par H. Testelin. — Landon, t. 3, pl. 10.

Collection de Louis XIV. — Ce tableau, terminé à Rome au mois de mars 1639, fut envoyé à Paris au mois d'avril de la même année à M. de Chantelou, maître d'hôtel du roi, pour qui Poussin l'avait exécuté. Dans une lettre du célèbre artiste, écrite à Stella, on remarque le passage suivant : « J'ai trouvé une certaine distribution pour les tableaux de M. de Chantelou, et certaines attitudes naturelles, qui font voir, dans le peuple juif, la misère et la faim où il était réduit, et aussi la joie et l'allégresse où il se trouve; l'admiration dont il est touché, le respect et la révérence qu'il a pour son législateur, avec un mélange de femmes, d'enfants et d'hommes d'âges et de tempéraments différents; choses, comme je crois, qui ne déplairont pas à ceux qui les sauront bien lire. » Cette superbe composition, dont le Brun, en 1667, dans une conférence des membres de l'Académie de peinture, fit l'objet d'une dissertation publiée par Félibien, passa dans la collection de la couronne, et ornait en 1709-1710, à Versailles, le petit appartement du roi.

421. *Les Philistins frappés de la peste*

H. 1, 45. — L. 1, 92. — T. — Fig. de 0, 60.

Au milieu de la place publique d'Azot, décorée de riches édifices, et au premier plan, une femme morte étendue par terre. A sa gauche, un de ses enfants mort ; à sa droite, un autre plus jeune se traîne vers elle, tandis qu'un homme, penché sur le corps de cette femme, essuyant avec un pan de sa draperie ses yeux mouillés de larmes, cherche à écarter l'enfant du sein de sa mère. A droite, un homme, qui retient sa respiration en couvrant sa bouche avec la main, sort d'un palais accompagné d'une femme et d'un enfant. A leurs pieds, un homme courbé sur lui-même et séparé seulement par un fût de colonne brisée d'une femme expirante. Plus loin, deux hommes emportent un mort sur un linceul. A gauche, au deuxième plan, entre les colonnes du temple de Dagon, l'arche d'alliance que les Philistins avaient prise sur les Israélites défaits par eux à Aphec. En face de l'arche, l'idole renversée, la tête et les mains séparées du tronc. La foule étonnée contemple ce prodige. Au premier plan, un homme debout regarde avec compassion un homme renversé près d'un fragment d'une base de colonne. Dans le fond, et jusqu'à l'extrémité d'une rue aboutissant perpendiculairement à la place, des cadavres gisant sur le sol.

Gravé par Étienne Picart en 1677 (Calc. imp.); dessiné par Guil. Courtois; gravé à Rome par Baronius Tolosani. — Filhol, t. 2, pl. 127. — Landon, t. 3, pl. 9.

Collection de Louis XIV. — « Ce tableau, exécuté à Rome vers 1630 pour un sculpteur nommé Matheo, et dont Poussin n'avait eu que 60 écus, après avoir passé en plusieurs mains, fut vendu 1,000 écus au duc de Richelieu, de qui le roi l'a eu. » (Félibien, t. III, p. 258.) Cette magnifique composition était placée en 1709-1710 à Versailles, dans le petit appartement du roi.

422. *Le jugement de Salomon.*

H. 1, 01. — L. 1, 50. — T. — Fig. de 0, 55.

Au second plan et au milieu de la composition, Salomon, assis sur un trône élevé, étend les mains et va prononcer la sentence. Au premier plan, devant le trône, les deux mères agenouillées : l'une fait un geste de terreur à la vue de son enfant, qu'un soldat armé d'un glaive tient par le pied; l'autre, portant le cadavre de l'enfant mort, réclame avec énergie l'exécution du jugement. Un soldat appuyé sur un bouclier détourne la tête. Du côté de la mauvaise mère, deux hommes, trois femmes et un enfant expriment leur étonnement ou leur effroi.

Gravé par Chasteau; par Étienne Baudet; par Dughet; par Drevet; par A. Testa; par Anne-André Morel; par C. Normand. — Filhol, t. 8, pl. 544. — Landon, t. 3, pl. 11.

Collection de Louis XIV. — Ce tableau, peint par Poussin en 1649 pour M. Pointel, faisait partie, du temps de Félibien, du cabinet d'Achille de Harlay, alors procureur-général, depuis président au Parlement de Paris, et passa ensuite dans la collection de la couronne. Il se trouvait en 1709-1710 à Versailles, dans le cabinet des tableaux. Le Louvre possède un dessin de Poussin de cette composition.

423. *L'adoration des Mages.*

H. 1, 63. — L. 1, 74. — T. — Fig. de 0, 80.

A gauche, en avant des ruines d'un temple, la Vierge assise tient sur ses genoux l'Enfant-Jésus; saint Joseph est derrière elle. Les trois rois se prosternent devant le Sauveur et déposent leurs présents à ses pieds; ils sont accompagnés de serviteurs et de soldats. Dans le fond du tableau, à droite, on aperçoit leurs chevaux arrêtés.

Gravé par Ant. Morghen dans le Musée français; gravé par Avice. — Vallet excud.

Musée Napoléon. — Ce tableau, fait à Rome en 1653 pour M. de Mauroy, passa à sa mort dans le cabinet de M. de Boisfranc, et devint ensuite la possession des Chartreux de Paris, qui le placèrent dans la salle du chapitre.

424. *Sainte-Famille.*

H. 0, 68. — L. 0, 51. — T. — Fig. de 0, 44.

A droite, la Vierge assise tient sur ses genoux l'Enfant-Jésus, qui caresse le jeune saint Jean. Ce dernier lui est présenté par sainte Elisabeth agenouillée, à gauche, en face de la Vierge. Derrière ce groupe, saint Joseph debout, les mains jointes. Dans le fond, une rivière, des fabriques et de hautes montagnes à l'horizon.

Gravé par J. Pesne et dédié à le Brun; par Massard père dans le Musée français. — Filhol, t. 8, pl. 487. — Landon, t. 3, pl. 12.

Collection de Louis XIV. — Ce tableau, peint en 1651, suivant Félibien, pour le duc de Créqui, alors ambassadeur à Rome, passa dans la collection de la couronne, et était exposé en 1709-1710 à Versailles, dans le cabinet proche la petite galerie du Roi. — On trouve cette note curieuse dans le registre des ordres de M. le directeur général des bâtiments du roi, concernant les tableaux qui se font pour Sa Majesté au cabinet de la surintendance de Versailles : « Du 21 avril 1756. Ordre verbal d'envoyer à Mme la marquise de Pompadour deux tableaux de grand maître : l'un, la Sainte-Famille du Poussin, et l'autre, la Sainte-Famille du Parmesan, desquels elle désirerait *faire des copies.* » On lit en note : « Les tableaux sont revenus au cabinet le 25 may 1756. » (Archives du Musée.)

425. *Sainte-Famille.*

H. 0, 94. — L. 1, 22. — T. — Fig. de 0, 60.

La Vierge, assise au pied d'un bouquet d'arbres, tient sur ses genoux l'Enfant-Jésus, à qui le petit saint Jean, soutenu par sainte Anne, présente une banderole sur laquelle on lit : *Agnus Dei*. Saint Joseph, assis derrière ce groupe, contemple cette scène. Plus loin, à gauche, des fabriques, et dans le fond, à droite, une rivière, une ville, et des montagnes à l'horizon.

Gravé par Natalis. — *Filhol, t. 8, pl. 524.*

Collection de Louis XIV. — Ce tableau était placé en 1709-1710 à Versailles, dans le petit appartement du roi.

426. *Les aveugles de Jéricho.*

H. 1, 19. — L. 1, 76. — Fig. de 0, 52.

A droite, Jésus, sortant de Jéricho avec les apôtres Pierre, Jacques et Jean, touche les yeux d'un des deux aveugles agenouillés devant lui. Le plus rapproché du Christ s'appuie sur un bâton ; l'autre étend les mains vers le Sauveur. Derrière Jésus, un homme se penche pour examiner de près ce prodige. Plus à gauche, une femme tient un enfant dans ses bras et une autre femme est assise devant la porte d'une maison. Dans le fond, de riches édifices dominés par une haute montagne boisée.

Gravé par L. Audran; par G. Chasteau; par Picart le Romain; par F. Garnier; par Mécou. — *Filhol, t. 10, pl. 655.*

Collection de Louis XIV. — Ce tableau, exécuté en 1651 pour un marchand de Lyon nommé Reynon, passa ensuite dans le cabinet du duc de Richelieu, puis dans la collection de la couronne. En 1709-1710, il était exposé à Versailles, dans le petit appartement du roi. En 1667, il fut l'objet d'une conférence à l'Académie de peinture.

427. *La femme adultère.*

H. 1, 22. — L. 1, 95. — T. — Fig. de 0, 52.

Au milieu d'une place publique décorée de riches édifices, la femme adultère en pleurs est à genoux devant le Christ debout, entouré de scribes et de pharisiens. Parmi les cinq personnages placés à droite, trois se penchent et regardent les paroles que Jésus a tracées par terre. A gauche, un autre groupe de cinq hommes. A un plan éloigné et au centre de la composition, une femme portant un enfant dans ses bras.

Gravé par Gérard Audran (Calc. imp.); par C.-M. Vermeulen; par Q. Fonbonne en 1709; *par Mariage.* — *Landon, t. 3, pl.* 14.

Collection de Louis XIV. — Ce tableau, peint en 1653 pour le célèbre le Nôtre, contrôleur général des bâtiments, passa ensuite dans la collection de la couronne et se trouvait exposé en 1709-1710, à Meudon, dans le château neuf.

428. *Jésus-Christ instituant le sacrement de l'Eucharistie.*

H. 3, 25. — L. 2, 50. — T. — Fig. de gr. nat.

Dans une salle ornée de colonnes et de pilastres d'ordre ionique, le Christ debout, tourné à gauche, placé en avant de la sainte table, sur laquelle est posé le calice, tient dans une patène le pain rompu qu'il va distribuer à ses disciples, debout ou agenouillés autour de lui. Dans le fond, une lampe suspendue par une chaîne au plafond et allumée.

Gravé par Pierre Lombart. — *Landon, t. 3, pl.* 15.

Collection de Louis XIII. — La composition de ce tableau, que Louis XIII commanda à Poussin pour la chapelle de Saint-Germain-en-Laye, lui fut indiquée par le surintendant des bâtiments, Sablet de Noyers, comme le prouve le passage d'une lettre de Poussin, écrite au commencement de 1641 à Fréart de Chantelou, secrétaire de M. de Noyers : « Je suis extrêmement joyeux de ce que Monseigneur a choisi le sujet de la sainte eucharistic *en la manière* que vous me l'écrivez. » Poussin écrivait au même, le 23 août de la même année, après l'achèvement du tableau : « Puisqu'il plait à Monseigneur de savoir ce que je désire pour le tableau de la chapelle de Saint-Germain, je vous supplie, après que je l'aurai dit, d'en retrancher ce qui semblera de trop. Si l'on ne m'en veut donner huit cents écus, je me contenterai de six ou de cinq, car je serai toujours satisfait. »

429. *L'assomption de la Vierge.*

H. 0, 51. — L. 0, 40. — T. — Fig. de 0, 40.

La Vierge debout, les yeux tournés vers le ciel, les bras étendus, s'élève dans les airs soutenue par quatre anges. Au bas du tableau, une vaste plaine et une ville à l'horizon.

> *Gravé par Jean Pesne (Calc. imp.); par G. Duquey; par Laugier en 1815; par P. Bettelini dans le Musée français. — Filhol, t. 8, pl. 564. — Landon, t. 3, pl. 46.*

Collection de Louis XIV. — Ce tableau, ainsi qu'on le voit par l'inscription placée au bas de la gravure de Pesne, fut primitivement peint pour M. de Mauroy, intendant général des finances, ambassadeur de France à Rome. Poussin, dans une de ses lettres à M. de Chantelou, nous donne la date de l'exécution de ce tableau : « Rome, 22 janvier 1650. M. l'ambassadeur a tant fait que je n'ai pu faire moins que de lui promettre, pour le commencement de cette année, une Vierge portée par quatre anges. Je l'ai terminée avant-hier seulement, ce qui a été cause que j'ai laissé plusieurs ouvrages en arrière. » Cette peinture passa ensuite dans la collection de la couronne, et était exposée en 1709-1710 à Versailles, dans la petite galerie du roi.

430. *Apparition de la Vierge à saint Jacques le Majeur.*

H. 3, 01. — L. 2, 42. — T. — Fig. de gr. nat.

A gauche, la Vierge, dont un ange soulève un pan du manteau, assise sur des nuages au-dessus d'une colonne de jaspe, tient l'Enfant-Jésus sur ses genoux, et montre à saint Jacques et à ses compagnons, dans l'attitude de l'adoration, l'endroit où une chapelle doit lui être consacrée. Sur le devant de la composition, un des compagnons du saint est prosterné le visage contre terre. — Les légendaires qui rapportent ce fait ajoutent que saint Jacques fit construire une chapelle où l'on conserva la colonne de jaspe.

Gravé par Bouilly dans le Musée Napoléon. — Landon, t. 3, pl. 24.

Collection de Louis XIV. — Félibien (t. II, p. 257) dit que ce tableau fut peint en 1630 et envoyé en Flandre, d'où il passa ensuite dans le cabinet du roi. — C'est sans doute de cette peinture que veut parler M. de Tincourt dans sa lettre sur les tableaux et dessins du roi placés au Luxembourg, où il dit qu'on y voit un *ex voto* de Poussin connu sous le nom de *Notre-Dame au pilier*.

431. *La mort de Saphire.*

H. 1, 22. — L. 2, 00. — T. — Fig. de 0, 70.

À droite, saint Pierre, accompagné de deux apôtres, étend la main vers Saphire renversée par terre devant lui. Tandis qu'une femme se précipite pour lui porter secours, un homme qui la soutient par le bras paraît intercéder en sa faveur auprès des apôtres. Derrière ce groupe, une mère, portant son enfant, se retourne et veut entraîner une autre femme qui regarde avec compassion cette scène. Plus loin, un vieillard s'éloigne avec indignation. Dans le fond du tableau, une pièce d'eau entourée de riches édifices.

Gravé par J. Pesne, ex Museo Jean Fremont, D. de Vence, à Paris, chez Vallet, graveur du roi; gravé par R.-V. Massard dans le Musée royal. — Filhol, t. 10, pl. 685. — Landon, t. 3, pl. 18.

Collection de Louis XIV. — Ce tableau, qui en 1709-1710 était placé dans le château neuf de Meudon, est cité par Félibien comme ayant appartenu auparavant à M. Fromont de Veines (l'estampe de Pesne porte *Fremont de Vence*).

432. *Saint Jean baptisant le peuple sur les bords du Jourdain.*

H. 0, 94. — L. 1, 20. — T. — Fig. de 0, 38.

Sur le bord du fleuve, saint Jean debout, vêtu d'une peau d'agneau, donne le baptême à deux hommes agenouillés devant lui. Au premier plan, à droite, une femme à genoux va lui présenter son jeune enfant ; à gauche, des hommes se dépouillent de leurs vêtements ; plus loin, trois vieillards et un jeune homme à cheval considèrent cette cérémonie. De l'autre côté du fleuve, une barque remplie de monde ; à l'horizon, des montagnes.

Gravé par G. Audran (Calc. imp.). — Filhol, t. 1, pl. 1. — Landon, t. 3, pl. 13.

Collection de Louis XIV. — Poussin a peint deux fois ce sujet. Le premier tableau, celui du Louvre, exécuté avant 1640 pour le chevalier Cassiano del Pozzo, passa dans la collection d'André le Nôtre avant d'appartenir au roi. En 1709-1710, il était placé à Versailles, dans le cabinet des tableaux. Poussin envoya, au mois de septembre 1648, le deuxième tableau, beaucoup plus petit, à M. de Chantelou l'aîné, qui se nommait Jean.

433. *Le ravissement de saint Paul.*

H. 1, 48. — L. 1, 20. — T. — Fig. de 0, 65.

Au milieu des nuages, saint Paul en extase, les bras étendus vers le ciel, est enlevé par trois anges. Celui qui domine le groupe soutient d'une main le bras gauche de l'apôtre et de l'autre lui indique le séjour éternel. Dans la partie inférieure de la composition, sur les degrés d'un édifice, un livre et une longue épée, attributs de saint Paul. Dans le fond, une vaste plaine, et des montagnes à l'horizon.

Gravé par G. Chasteau (Calc. imp.); par Dughet ; par Laugier en 1841. — Filhol, t. 6, pl. 409. — Landon, t. 3, pl. 19.

Collection de Louis XIV. — Ce tableau fut peint à Rome ; « il sortit de ses mains en 1649 pour faire la curiosité de M. Scarron, de qui le sieur Jabach l'ayant eu, il se fit un plaisir de le lâcher à M. le duc de Richelieu, qui, tout d'un coup, le jugea digne d'être placé dans le cabinet de Sa Majesté. » (Florent le Comte, t. III, p. 30.) En 1709-1710, il décorait, à Versailles, le petit appartement du roi. Scarron, lié avec M. de Chantelou, avait connu Poussin à Rome, lorsqu'il visita cette ville vers 1635. On peut voir par les curieuses lettres de Poussin (p. 256, 274, 282) en quelle estime il avait l'auteur du *Roman comique*, du *Typhon burlesque* et surtout du *Virgile travesti*. Il ne fallut rien moins que les prières de M. de Chantelou pour vaincre la répugnance du sévère artiste (voir ces *lettres*, p. 289, 296, 313), qui, quoi qu'en dise Florent le Comte dans le passage cité plus haut, ne termina pas le tableau en 1649, mais vers le mois de mai 1650, car

Poussin écrivait à M. de Chantelou, le 7 janvier 1650 : « J'ai trouvé la disposition d'un sujet bachique plaisant pour M. Scarron. Si les turbulences de Paris ne lui font pas changer d'avis, je commencerai cette année à le mettre en état. » Et, le 29 du mois de mai de la même année : « Je pourrai envoyer en même temps à M. l'*abbé* Scarron (il possédait, à titre de bénéfice, un canonicat au Mans) son tableau du Ravissement de saint Paul; vous le verrez et voudrez bien m'en dire votre sentiment. » Poussin avait déjà traité ce sujet dans un autre tableau peint à Rome et adressé, vers la fin de 1648, à M. de Chantelou, qui lui avait demandé une peinture à mettre en pendant à une œuvre de Raphaël représentant la Vision d'Ezéchiel, achetée par lui à Bologne. Cette dernière composition, gravée par Pesne et Natalis, passa plus tard dans la galerie du duc d'Orléans, puis en Angleterre en 1798, et fut vendue en 1823, à la vente de la collection de Georges Watson Taylor, 305 guinées.

434. *Saint François-Xavier rappelant à la vie la fille d'un habitant de Cangorima (dans le Japon).*

H. 4, 44. — L. 2, 34. — T. — Fig. de gr. nat.

Saint François et Jean Fernandez, son compagnon, prient de chaque côté du lit de la jeune fille, dont la tête est soutenue par une femme placée au chevet, à gauche. Une autre femme éplorée se précipite les bras ouverts sur le corps. Plusieurs Indiens joignent les mains et témoignent leur étonnement à la vue du miracle. Dans la partie supérieure, le Christ apparaît au milieu d'une gloire, accompagné de deux anges dans l'attitude de l'adoration.

Gravé par Steph. Gantrel; par P. Drevet. — Landon, t. 3, pl. 23.

Collection de Louis XV. — Ce tableau fut peint au commencement de l'année 1641, peu de temps après l'arrivée de Poussin à Paris, pour le grand hôtel du noviciat des Jésuites. On trouve, sur le registre de caisse des bâtiments du roi, année 1763, que le sieur Remy acquit cette peinture pour Sa Majesté moyennant la somme de 3,800 livres.

435. *L'enlèvement des Sabines.*

H. 1, 50. — L. 2, 07. — T. — Fig. de 0, 70.

A gauche, au second plan, sur le péristyle d'un palais près duquel se tiennent des licteurs, Romulus debout, accompagné de deux sénateurs, donne, en levant son manteau, le signal aux Romains d'enlever les Sabines des mains de leurs parents. Une femme âgée, à genoux devant Romulus, implore sa clémence. A droite, au premier plan, une jeune fille couchée par terre, que poursuit un soldat, se réfugie dans les bras de sa mère. Vers le milieu de la composition, un Sabin désarmé s'enfuit. A gauche, une femme saisit par les cheveux son ravisseur dont le casque est tombé. A un plan éloigné, deux cavaliers; l'un d'eux va s'emparer d'une femme qu'un soldat tient dans ses bras et lui amène. Dans le fond, un temple et différents édifices.

Gravé par Ab. Girardet dans le Musée français; par Pool; par H. Laurent; par Etienne Baudet; par Bovinet. — Filhol, t. 10, pl. 697. — Landon, t. 3, pl. 30.

Collection de Louis XIV. — Poussin a exécuté deux fois ce sujet : un des tableaux fut peint, à Rome, pour le cardinal Alvigi Omodei, Milanais, amateur éclairé, qui occupa les meilleurs artistes de son temps; l'autre, après avoir appartenu à la duchesse d'Aiguillon, se trouvait, au temps de Félibien, dans le cabinet de M. de la Ravoir. Il n'est pas bien certain que le tableau exposé au Louvre soit celui fait pour le cardinal, comme on l'a prétendu. L'abbé Guilbert, dans sa description de Fontainebleau (t. 1, p. 117), dit, au contraire, que c'est le tableau de M. de la Ravoir qui avait passé dans la collection du roi, et qu'il avait été apporté à Fontainebleau en 1723. En 1709-1710 il était exposé à Versailles dans le cabinet des tableaux. Quoi qu'il en soit, le deuxième tableau, qui diffère de celui du Louvre par la composition, a été gravé par J. Audran et fait partie du cabinet de sir Richard Colt Hoar Bart.

436. *Camille livre le maître d'école des Falisques à ses écoliers.*

H. 2, 52. — L. 2, 68. — T. — Fig. de gr. nat.

A gauche, Camille, placé sur un siége élevé, est entouré de licteurs et d'enseignes romaines; il s'appuie sur un bâton de commandement et montre à un soldat le chemin de la ville. Quatre enfants, armés de verges, frappent le maître d'école dépouillé de ses vêtements.

Dans l'éloignement, on aperçoit les parents des jeunes Falisques qui sortent de la ville avec inquiétude.

Gravé par Gérard Audran.

Ancienne collection. — On lit dans Félibien (t. II, p. 263) : « En 1637 il travailla à un grand tableau que vous avez vu dans la galerie de M. de la Vrillière, où est représenté Furius Camillus, etc... Quelques années auparavant, le Poussin avait traité le même sujet sur une toile de médiocre grandeur. Il y a quelque différence entre ces deux tableaux. Le plus petit est entre les mains de M. Passart, maître des comptes. » C'est probablement celui qui figura à la vente de M. J. Meyers à Rotterdam, en 1772, et fut vendu 1,300 florins. L'hôtel de la Vrillière changea de nom en 1713, lorsque le comte de Toulouse en fit l'acquisition.

437. *Le jeune Pyrrhus sauvé.*

H. 1, 16. — L. 1, 60. — T. — Fig. de 0, 45.

Eacides, roi des Molosses, ayant été chassé de son royaume par des rebelles, Angelus et Androclidès, ses amis, s'échappèrent avec son fils le jeune Pyrrhus et les femmes qui le nourrissaient. Poursuivis, ils combattirent l'ennemi en fuyant, et parvinrent, à la fin du jour, à une rivière débordée. Désespérant de la passer à gué, ils firent connaître leur situation aux Mégariens placés sur l'autre rive, en traçant quelques lignes sur deux morceaux d'écorce de chêne, qu'ils lancèrent à l'autre bord, après avoir attaché l'un au fer d'une lance et roulé l'autre autour d'une pierre. Les Mégariens construisirent un radeau, traversèrent le fleuve, et sauvèrent Pyrrhus. — Au premier plan, près du fleuve caractérisé par une figure allégorique couchée, les deux soldats jettent la pierre et la lance. Vers le milieu de la composition, deux soldats ; l'un tient le jeune Pyrrhus, l'autre le montre aux Mégariens dont il invoque le secours. Près de l'enfant, trois femmes ; une agenouillée vue de dos, deux autres debout, se retournant avec effroi du côté des serviteurs fidèles qui repoussent l'ennemi. De l'autre côté du fleuve, les Mégariens sur la rive, une statue Hermès de Mercure, et l'entrée de la ville.

Gravé par Audran (Calc. imp.); par Guillaume Chasteau en 1676. — Filhol, t. 10, pl. 667. — Landon, t. 3, pl. 25 et 26.

Collection de Louis XIV. — Ce tableau était placé en 1709-1710 à Versailles, dans le petit appartement du roi. Il en existe une répétition, de plus petite dimension, dans le cabinet de lord Darnley à Cobham-Hall.

438. *Mars et Vénus.*

H. 0, 81. — L. 1, 45. — T. — Fig. de 0, 60.

Au premier plan, à gauche, la déesse nue, couchée sur une draperie étendue par terre et couverte de fleurs, élève un bras et s'appuie sur l'autre. Mars, n'ayant conservé que son casque, est également couché et touche le menton de Vénus avec la main. Derrière ce groupe, un amour tenant un flambeau, un autre amour dans le char de la déesse faisant voler une colombe. A droite, des cygnes et une troupe d'amours; l'un d'eux, une flèche à la main, le carquois sur l'épaule, monté sur un cerf, renverse dans son élan d'autres amours qui, pour s'opposer à sa course, lui présentent des flambeaux allumés et le bouclier de Mars. Dans le fond, un amour remettant un papier à Adonis.

Gravé par M^{ce} Blot dans le Musée français. — Filhol, t. 4, pl. 259.

Collection de Louis XIV. — Cette peinture se trouvait placée en 1709-1710 à Versailles, dans le cabinet des tableaux.

439. *Mars et Rhéa Sylvia.*

H. 0, 74. — L. 1, 45. — T. — Fig. de 0, 60.

Vers la gauche, Sylvia, fille de Numitor, est assise par terre, endormie, appuyée sur un tertre, tenant le vase avec lequel elle venait puiser de l'eau dans le Tibre. Derrière elle, un amour couché sur sa draperie, deux amours lançant des flèches et un autre amour volant vers Mars, que l'on aperçoit, à droite, dans le lointain, monté sur un char traîné par des lions. Entre la jeune fille et le dieu, le Tibre personnifié, vu de dos, assis sur l'herbe, ayant près de lui Romulus et Rémus, enfants à qui Sylvia doit donner le jour, et la louve qui les allaita.

Filhol, t. 4, pl. 223. — Landon, t. 3, pl. 29.

Ancienne collection.

440. *Bacchanale.*

H. 0, 97. — L. 1, 36. — T. — Fig. de 0, 70.

A gauche, près d'un bouquet d'arbres, un faune soutient un enfant à qui un satyre accroupi fait boire dans une coupe le jus du raisin qu'il exprime avec la main. Derrière ce groupe, une bacchante appuyée sur un thyrse, et un peu plus loin, deux enfants qui s'embrassent. A droite, tout à fait au premier plan, une bacchante nue, endormie, couchée sur une draperie, la tête vue de profil, appuyée contre un tertre; un enfant repose sur son sein, un autre joue avec une chèvre. Dans le fond, deux faunes au pied d'un arbre, et à l'horizon, de hautes montagnes.

Gravé par Duprécl dans le Musée français; par Mathieu Pool, Amst. 1699; par Maria Horthemels. — Filhol, t. 4, pl. 241. — Landon, t. 3, pl. 31.

Collection de Louis XIV. — Quelques auteurs, en parlant de ce sujet, ont dit qu'il représentait l'éducation de Bacchus. Rien ne nous semble justifier cette désignation. Il y a lieu de croire que cette bacchanale est une des quatre que Poussin peignit pour le cardinal de Richelieu, avant son voyage en France. Le tableau inscrit sous ce numéro était placé en 1709-1710 à Versailles, dans le cabinet de Monseigneur.

441. *Bacchanale.*

H. 1, 21. — L. 1, 75. — T. — Fig. de 0, 70.

Au centre de la composition et au premier plan, un groupe de trois figures assises par terre. Il est composé d'une nymphe ou bacchante jouant du luth, d'une autre femme qui l'écoute, ayant un stylet à la main et appuyée sur la jambe d'un faune, vu de dos, couronné de pampre, levant sa coupe en l'air. Au deuxième plan, derrière ce groupe, une femme debout, tenant d'une main une grappe de raisin et de l'autre emplissant une coupe que lui présente un enfant. A droite, un enfant essaie de faire peur à un autre enfant en cachant son visage dans un masque. A gauche, au premier plan, un enfant couché et endormi. Au second plan, à l'ombre de grands arbres, Bacchus étendu sur un lit de pampres et de raisins. Un faune lui verse, avec une coupe, du vin sur la tête; un autre lui amène un bouc. Fond de paysage.

Gravé par F. Ertinger en 1685. — Filhol, t. 5, pl. 331. — Landon, t. 3, pl. 34.

Collection de Louis XIV. — Ce tableau, en 1709-1710, était exposé à Versailles, dans le petit appartement du roi.

442. *Écho et Narcisse.*

H. 0, 74. — L. 0, 99. — T. — Fig. de 0, 60.

Au premier plan, Narcisse mort est étendu par terre, au bord d'un ruisseau; près de sa tête ont poussé les fleurs qui portent son nom. Plus loin, à droite, l'Amour debout, tenant un flambeau allumé, et à gauche, la nymphe Echo couchée sur un rocher.

Gravé par Audran; par Dambrun. — Filhol, t. 4, pl. 283.

Collection de Louis XIV. — Cette peinture, en 1709-1710, était placée à Versailles, dans le cabinet des tableaux. Félibien (t. IV, p. 150) cite un ouvrage de la première manière de l'artiste, appartenant à le Nôtre et représentant un Narcisse qui se regarde dans une fontaine. La description de Félibien est-elle fautive, ou bien veut-il parler du tableau, maintenant dans la galerie de Dresde, où Narcisse, couché sur le gazon, se mire bien dans une source? Près de lui sont deux nymphes assises. Dans le fond, sur un rocher, on voit Echo.

443. *Le triomphe de Flore.*

H. 1, 65. — L. 2, 41. — T. — Fig. de 0, 80.

Au second plan, sur la droite de la composition, Flore, assise sur un char, richement orné, que traînent deux amours ou plutôt deux zéphirs, est accompagnée d'un nombreux cortége de nymphes, de jeunes gens, d'amours portant des fleurs, les uns dans leurs mains, les autres dans des corbeilles. Deux amours voltigent au-dessus de sa tête et vont la couronner. Un guerrier debout, vu de dos, lui présente des fleurs dans un bouclier. A gauche, des femmes et des hommes, des enfants précèdent le char en chantant et en dansant. Au premier plan, du même côté, un fleuve et une naïade couchés par terre sur une draperie. A droite, une femme agenouillée cueillant une fleur.

Gravé par Étienne Fessard en 1770 *(Calc. imp.); par Audran; par Marie Horthemels.* — *Filhol, t. 3, pl.* 199. — *Landon, t. 3, pl.* 35.

Collection de Louis XIV. — Cette peinture, exécutée vers 1630 pour le cardinal Omodei, passa ensuite dans la collection de la couronne. Elle se trouvait placée en 1709-1710 à Versailles, dans le cabinet des tableaux; puis, suivant l'abbé Guilbert (t. I, p. 118), elle fut transportée à Fontainebleau en 1723.

444. *Le concert.*

H. 0, 57. — L. 0, 52. — T. — Fig. de 0, 35.

Trois amours assis par terre chantent. Un debout joue de la basse, et un autre s'avance en tenant de chaque main une couronne. Fond de paysage. Des montagnes à l'horizon.

Ancienne collection. — On retrouve ce groupe dans un dessin, représentant Vénus et Mercure, qui appartient à la collection du Louvre. Poussin fit de cette composition un tableau gravé en 1670 par *Fabritius Chlarus* (Fabrizio Chiari).

445. *Les bergers d'Arcadie.*

H. 0, 85. — L. 1, 21. — T. — Fig. de 0, 58.

Au milieu d'une plaine déserte, trois pâtres tenant de longs bâtons, et une jeune fille vêtue à l'antique, sont arrêtés devant un tombeau ombragé par quelques arbres. A gauche, le plus âgé, agenouillé, montre du doigt ces mots tracés sur la pierre : ET IN ARCADIA EGO. Derrière lui, un de ses compagnons, couronné de fleurs, se tient debout, pensif, le bras appuyé sur le bord du monument. A droite, le troisième berger, portant également une couronne, penché vers la tombe, fait remarquer l'inscription à la jeune fille, qui est vue de profil, debout devant lui et la main posée sur son épaule. Dans le fond, des montagnes escarpées.

Gravé par Picart le Romain; par Mathieu et Albert Reindel dans le Musée royal. — *Filhol, t. 2, pl.* 109. — *Landon, t. 3, pl.* 36.

Collection de Louis XIV. — Ce tableau, qui jouit à juste titre d'une grande réputation, était placé en 1709-1710 à Versailles, dans le petit appartement du roi. Poussin a traité une seconde fois cette allégorie sur l'instabilité du bonheur et la brièveté de la vie. Dans la répétition de ce sujet, qui appartient maintenant au duc de Devonshire et qui a été gravé par *Ravenet*, le tombeau n'est point au milieu, mais sur un des côtés de la composition.

446. *Le Temps soustrait la Vérité aux atteintes de l'Envie et de la Discorde.*

Diam. 2, 97. — Forme ronde. — T. — Fig. de gr. nat.

Le Temps, sous la figure d'un vieillard soutenu dans les airs par des ailes, enlève dans ses bras la Vérité, représentée par une femme nue, les bras ouverts, les regards tournés vers le ciel. A droite, un enfant ailé porte les attributs du dieu : une serpe et un serpent qui se mord la queue. Dans la partie inférieure de la composition, à droite, l'Envie, la chevelure hérissée de serpents. A gauche, la Discorde, tenant d'une main un poignard, de l'autre une torche allumée.

Gravé par Gérard Audran (Calc. imp.); par B. Picart; par Devilliers. — Filhol, t. 6, pl. 385.— Landon, t. 3, pl. 38.

Collection de Louis XIV. — Ce tableau, destiné à décorer un plafond, fut exécuté en 1641 pour le cardinal de Richelieu. Il orna ensuite, en 1709-1710, le grand cabinet du roi au Louvre, devenu plus tard une des salles de l'Académie de peinture. — Depuis Henri II, l'appartement du roi au Louvre occupait les salles dites de Henri II, des Sept-Cheminées, la pièce en retour où sont aujourd'hui les bronzes antiques, le salon rond qui précède la galerie d'Apollon.

447. *Portrait de Poussin.*

H. 0, 95. — L. 0, 75, — T. — Fig. en buste de gr. nat.

Il s'est représenté le corps tourné à droite, enveloppé d'un large manteau, la tête vue presque de face et découverte. Il porte de longs cheveux, des moustaches, une mouche, et la main droite, dont le petit doigt est orné d'une bague, s'appuie sur une espèce de carton renfermant des papiers, serré au milieu par plusieurs révolutions d'un cordon noué. Derrière lui, quelques tableaux encadrés : sur l'un d'eux on remarque le buste d'une femme tournée de profil, coiffée d'un diadème où est retracé un œil ; deux bras d'une figure d'homme qu'on ne voit pas sont tendus vers elle. Poussin a sans doute voulu symboliser ainsi la peinture et l'amour qu'il lui a voué. Une autre toile porte l'inscription suivante :

**EFFIGIES NICOLAI POVSSINI ANDEL
YENSIS PICTORIS. ANNO ÆTATIS 56
ROMÆ ANNO JUBILEI
1650.**

Gravé par Pesne et dédié à M. Paul Freart de Chantelou, comme premier essai de sa gravure; par A. Clouet; par L. J. Cathelin; par F. Lignon en 1824.

Musée Napoléon. — M. de Chantelou désirait avoir le portrait de Poussin et sollicitait cet artiste de le faire faire ; mais Poussin ne pouvait se résigner à poser pour des peintres dont il n'aimait pas le talent. Voici les passages de sa correspondance avec M. de Chantelou, relatifs à ses portraits :
« 16 août 1648 : J'aurais déjà fait faire mon portrait pour vous l'envoyer, puisque vous le désirez, mais il me fâche de dépenser une dizaine de pistoles

pour une tête de la façon de M. Mignard, qui est celui qui les fait le mieux, quoiqu'elles soient froides, fardées, sans force ni vigueur. » — « 17 janvier 1648 : Je vous dirai que j'espère bientôt vous envoyer mon portrait. » — « 24 mai 1649 : Pour mon portrait, je vous l'enverrai aussitôt qu'il sera prêt. » — « 20 juin 1649 : J'ai fait un de mes portraits et bientôt je commencerai l'autre ; je vous enverrai celui qui réussira le mieux ; mais il n'en faudra rien dire, s'il vous plaît, pour ne point causer de jalousie. » — « 8 octobre 1649 : Je m'efforcerai de vous envoyer mon portrait à la fin de l'année. » — « 13 mars 1650 : Monsieur, ce serait avec grand contentement que je ferais réponse à votre dernière, si j'avais quelque bonne nouvelle à vous écrire au sujet des tableaux que j'ai promis, et particulièrement de mon portrait que je n'ai pu finir. Je confesse ingénûment que je suis paresseux à faire cet ouvrage, auquel je prends peu de plaisir, et j'ai fort peu d'habitude, car il y a vingt-huit ans que je n'ai fait aucun portrait ; néanmoins, il faut le finir, car j'aime bien plus votre satisfaction que la mienne. » — « 29 mai 1650 : J'ai fini le portrait que vous désirez de moi. Je pouvais vous l'envoyer par cet ordinaire ; mais l'importunité d'un de mes amis, qui veut en avoir une copie, sera cause de quelque retardement ; je vous l'enverrai le plus tôt qu'il me sera possible. M. Pointel recevra en même temps celui que je lui ai promis, et vous n'en aurez point de jalousie ; car, suivant la promesse que je vous ai faite, j'ai choisi pour vous le meilleur et le plus ressemblant ; vous en verrez vous-même la différence. Je prétends que ce portrait doit être une preuve du profond attachement que je vous ai voué, d'autant que pour aucune personne vivante je ne ferais ce que j'ai fait pour vous en cette occasion. Je ne vous dirai pas la peine que j'ai eue à faire ce portrait, de peur que vous ne croyiez que je le veuille faire valoir ; je serai pleinement récompensé de ce qu'il me coûte de soins si j'apprends que vous en êtes satisfait. » — « 19 juin 1650 : J'avais délibéré de vous envoyer mon portrait à l'heure même où je l'eus fini, afin de ne pas vous le faire désirer plus longtemps ; mais un de mes meilleurs amis ayant désiré ardemment en avoir une copie, je n'ai pu honnêtement la lui refuser ; c'est ce qui fait que je l'ai retenu jusqu'à présent. Je vous l'envoie par cet ordinaire, diligemment encaissé, comme de coutume. Je prie M. Cerisiers, mon ami, de vous le faire parvenir à Paris aussitôt qu'il l'aura reçu à Lyon, et j'espère que vous le recevrez bien conditionné. A votre défaut j'ai prié M. Pointel de le retirer et de le garder tout encaissé jusqu'à votre retour à Paris. Dans huitaine il recevra aussi celui que j'ai fait pour lui, et vous pourrez juger de l'un et de l'autre ; mais je m'assure de vous avoir tenu la promesse que je vous ai faite, car certainement le vôtre est le meilleur et le plus ressemblant. » — « 3 juillet 1650 : La place que vous voulez donner à mon portrait dans votre maison ajoute encore beaucoup à mes obligations ; il y sera aussi dignement comme fut celui de Virgile dans le musée d'Auguste, et pour ma part j'en serai aussi glorieux que s'il était chez les ducs de Toscane, avec ceux de Léonard de Vinci, de Michel-Ange et de Raphaël. Je suis impatient que vous l'ayiez reçu, afin de savoir s'il vous aura plu. J'ai mis tout le soin possible pour qu'il fût ressemblant, et cela n'a pas été sans quelque incommodité ; ceux qui l'ont vu ici en ont été fort contents. » — « 20 août 1650 : Monsieur, il n'y a non plus de proportion entre l'importance réelle de mon portrait et l'estime que vous voulez bien en faire, qu'entre le mérite de cette œuvre et le prix que vous y mettez. Je trouve des excès dans tout cela. Je me promettais bien que vous recevriez mon petit présent avec bienveillance ; mais je n'en attendais rien davantage et ne prétendais pas que vous m'en eussiez de l'obligation. Il suffisait que vous me donnassiez place dans votre cabinet de peintures, sans vouloir encore remplir ma bourse de pistoles. C'est une espèce de tyrannie que de me rendre tellement redevable envers vous que jamais je ne me puisse acquitter. » — On voit, par ce qui précède, que Poussin peignit deux fois son portrait : une fois pour M. de Chantelou (c'est le portrait placé au Louvre) ; une autre fois pour M. Pointel. De plus, il exécuta, d'après l'un de ces deux originaux, qu'il ne désigne pas, une copie pour un ami dont il ne dit pas le nom. Pesne en a gravé deux et peut-être même trois : celui du Louvre, un autre dont la Calcographie impériale possède la planche et qui diffère du premier par la disposition. On remarque dans le fond de celui-ci une galerie et deux enfants supportant une guirlande ; on voit les deux mains de l'artiste : l'une tient un porte-crayon, l'autre est appuyée sur un livre sur le dos duquel on lit : *de lumine et colore*. Entre les deux enfants est placée une inscription commençant par ces mots : NICOLAVS POVSSINVS... finissant par : ANNO DOMINI, 1649. Romæ ÆTATIS SVÆ, 55. Cette gravure est dédiée par Pesne à M. *de Cerisier*. A-t-elle été faite d'après le tableau peint pour M. Pointel, qui serait ensuite passé dans les mains de M. Cerisier, ou d'après la copie faite par Poussin lui-même pour cet ami inconnu, et qui pourrait bien être M. Cerisier, négociant à Lyon ? Enfin, on trouve dans l'œuvre de Poussin, conservée à la Bibliothèque impériale, un troisième portrait qu'une inscription manuscrite attribue à Pesne, et qui ressemble, pour l'exécution, à ses portraits de Le Comte et de de Thou. Poussin est représenté à mi-corps, tête nue, avec les cheveux assez courts, tourné vers la gauche, posant la main sur un livre près duquel est un compas. Dans le fond, à droite, un rideau ; à gauche, un chevalet portant un tableau. Des livres sur des rayons, une statuette dont on n'aperçoit que les jambes. Cette planche, fort rare à cet état, fut réduite ensuite en ovale. La main gauche, la statuette, le chevalet, ont disparu. Elle est insérée dans le 1er volume des grands hommes de Perrault. Enfin, dans un troisième état on y lit : *gravé par Edelingue*. Le catalogue du musée de Dresde (in-4°, 1765) signale un portrait de Poussin par lui-même, avec moustaches, cheveux courts, posant la main sur un livre élevé. — Le portrait inscrit sous ce numéro fut acquis, en 1797, d'un marchand de tableaux nommé Lerouge, à qui on donna en échange une peinture de van der Werff, représentant le Christ apparaissant en jardinier à la Madeleine. « 1° *à cause de sa médiocrité*, 2° *à cause de tous les repeints que les gersures luy ont occasionnés.* » Le portrait de Poussin, dans ce marché, était estimé 3,600 livres. (Archives du Musée.)

448. *Le Printemps ou le paradis terrestre.*

H. 1, 17. — L. 1, 60. — T. — Fig. de 0, 20.

Dans un paysage couvert d'une riche végétation et peuplé d'animaux d'espèces variées, près d'une masse de rochers qui dominent une cascade, Adam est assis sur le gazon, tandis qu'Ève, un genou à terre, le prend par le bras et lui montre l'arbre de la science du bien et du mal où s'est réfugié l'esprit tentateur. Dans la partie supérieure du tableau, à droite, l'Éternel porté sur des nuages. Au fond, une rivière et des montagnes.

Gravé par J. Audran (Calc. imp.). — *Filhol, t. 4, pl. 256.* — *Landon, t. 3, pl. 41.*

Collection de Louis XIV. — Ce tableau et les trois suivants, commandés à Poussin par le duc de Richelieu, furent commencés par lui en

1660 et terminés en 1664, un an avant sa mort. Ils se trouvaient placés tous, en 1709-1710, dans le château neuf de Meudon.

449. *L'été, ou Ruth et Booz.*

H. 1, 17. — L. 1, 60. — T. — Fig. de 0, 32.

Dans une vaste plaine couverte de blés et bornée à l'horizon par des collines couronnées de fabriques, des femmes sont occupées à faire la moisson. A droite, au second plan, un homme assis sur une gerbe joue de la cornemuse. Plus loin, du même côté, un valet de ferme fait fouler par des chevaux les épis étalés sur l'aire. A gauche, à l'ombre d'un grand arbre, deux femmes remplissent des vases. Au milieu de la composition, au premier plan, Ruth agenouillée devant Booz, qui donne à un serviteur placé en face de lui et appuyé sur une lance, l'ordre de ne point l'empêcher de glaner.

Gravé par J. Pesne (Calc. imp.). — *Filhol, t. 4, pl. 256.* — *London, t. 3, pl. 41.*

Collection de Louis XIV. — (Voir la note du n° 448.)

450. *L'automne, ou la grappe de la terre promise.*

H. 1, 17. — L. 1, 60. — T. — Fig. de 0, 60.

Dans une vallée, au fond de laquelle on aperçoit, à droite, sur une hauteur, les fortifications d'une ville, une femme montée sur une échelle cueille les fruits d'un arbre élevé. Au premier plan, les deux espions envoyés par Moïse dans la terre de Chanaan portent suspendue à un bâton l'énorme grappe de raisin qui atteste la fertilité du pays.

Gravé par J. Pesne (Calc. imp.). — *Filhol, t. 4, pl. 238.* — *London, t. 3, pl. 42.*

Collection de Louis XIV. — (Voir la note du n° 448.)

451. *L'hiver, ou le déluge.*

H. 1, 17. — L. 1, 60. — T. — Fig. de 0, 28.

Les cataractes du ciel sont rompues, le disque du soleil n'a plus d'éclat, la foudre seule brille; l'air, l'eau, la terre n'offrent qu'une teinte uniforme et lugubre; l'inondation monte sans cesse et ne laisse plus apercevoir que le faîte de quelques habitations. L'arche construite par ordre du Seigneur apparaît au loin et vogue paisiblement. Plus près, dans un endroit où les eaux se précipitent en cascade, une embarcation à moitié submergée se dresse et se brise; deux des quatre personnes qui s'y étaient réfugiées vont être englouties, deux autres s'y maintiennent encore, et l'une d'elles, les mains élevées, implore la clémence divine. Au second plan, à gauche, le serpent tentateur, cause de ce désastre, glisse à travers les anfractuosités d'un rocher. A droite, près d'une autre masse de rocher où l'on remarque aussi un serpent enroulé autour d'une branche d'arbre, une barque, dirigée par un homme, porte une femme qui tend à son époux, parvenu sur le rocher, son enfant encore trop éloigné pour qu'il puisse le saisir. Un homme qui se noie cherche à s'accrocher à cette barque, et au premier plan, deux autres hommes, l'un à cheval, l'autre tenant une planche, luttent en vain contre les flots.

Gravé par *J. Audran* (Calc. imp.); par *Pierre Laurent* en 1802; par *Eichler*, dans le Musée français; par *Devilliers* et *Bovinet*. — Filhol, t. 10, pl. 610. — Landon, t. 3, pl. 28.

Collection de Louis XIV. — (Voir la note du n° 448.)

452. *Orphée et Eurydice; paysage.*

H. 1, 20. — L. 2, 00. — T. — Fig. de 0, 30.

A droite, assis sur une pierre, Orphée inspiré chante en s'accompagnant de la lyre; deux femmes assises à ses pieds et un jeune homme debout l'écoutent avec attention. Vers le milieu de la composition, Eurydice, occupée à cueillir des fleurs, vient d'être piquée par un serpent, et la corbeille qu'elle tenait s'est échappée de ses mains. Plus loin, sur les bords du Pénée, qui traverse le tableau, un pêcheur à la ligne. Dans le fond, des hommes qui se baignent, d'autres qui remorquent des bateaux. Le paysage représente une vue du pont et du château Saint-Ange.

Gravé par Et. Baudet en 1701 (Calc. imp.); par Desaulx et Bovinet, dans le Musée français. — Filhol, t. 1, pl. 10. — Landon, t. 3, pl. 32.

Collection de Louis XIV. — Cette peinture, en 1709-1710, était placée à Versailles dans le cabinet des tableaux. On pense que ce paysage est celui que Poussin peignit en 1659 pour le peintre le Brun. Il fait partie d'une suite de quatre paysages, représentant *une scène d'effroi*, *Polyphème et Galathée*, *Diogène*, gravés et dédiés à Louis XIV par Et. Baudet.

453. *Diogène jetant son écuelle; paysage.*

H. 1, 61. — L. 2, 20. — T. — Fig. de 0, 35.

Au premier plan, à droite, près d'une source ombragée par de grands arbres et des arbustes, Diogène debout, appuyé sur un bâton, regarde un jeune homme accroupi qui boit dans le creux de la main, et vient de jeter son écuelle. Un chemin sinueux conduit à un fleuve qui coule entre des montagnes sur lesquelles s'élèvent, à gauche, l'entrée de la ville d'Athènes, à droite, des maisons de campagne. De nombreuses figures sont répandues dans la campagne. Au second plan, des philosophes couchés sur la terre s'entretiennent avec leurs disciples; plus loin, des hommes pêchent, d'autres se baignent.

Gravé par Étienne Baudet (Calc. imp.); par Aldenwang dans le Musée royal; par Grebert. — Filhol, t. 10, pl. 640. — Landon, t. 3, pl. 28.

Collection de Louis XIV. — Ce magnifique **paysage**, peint à Rome en 1648 pour M. de Lumagne, banquier de Gênes, fut ensuite acheté pour la collection de la couronne. Il était exposé en 1709-1710 à Versailles dans le cabinet des tableaux, et fait partie, comme le précédent, d'une suite de quatre paysages gravés par Et. Baudet et dédiés à Louis XIV.

PRINCE (JEAN-BAPTISTE LE), *peintre, graveur, né à Metz en 1733, mort à Saint-Denis-du-Port, près de Lagny-sur-Marne, le 30 septembre 1781.*

Il apprit les éléments de peinture d'un peintre inconnu de Metz, et fut conduit à Paris par le maréchal de Belle-Isle, gouverneur de cette ville, qui s'était déclaré son protecteur, et le plaça quelque temps à l'atelier de Boucher, où il fit de rapides progrès. Sa réputation était déjà établie lorsqu'il résolut, pour échapper aux fâcheuses conséquences d'une union disproportionnée, de se rendre en Russie. Il s'embarqua en Hollande; le bâtiment fut capturé par des corsaires anglais, et après diverses aventures, il parvint à Saint-Pétersbourg, où M. le marquis de l'Hôpital, à qui le maréchal de Belle-Isle l'avait recommandé, le présenta au czar, qui l'accueillit avec bonté. Le Prince peignit des plafonds au palais impérial, et pendant les cinq années qu'il passa en Russie, soit que les costumes de ce pays lui parussent favorables à la peinture, soit qu'il voulût surtout se faire un nom par la singularité d'un genre nouveau, il ne cessa de dessiner des vues et des scènes de la vie civile et religieuse des habitants de ce vaste empire. De retour en France, il fut reçu académicien le 23 août 1765, sur un tableau représentant un Baptême selon le rit grec (au Ministère de la justice). Le Prince exécuta un grand nombre de peintures et de dessins. Poussé par le désir de reproduire ses compositions et trouvant la gravure à l'eau-forte trop lente, il inventa le procédé beaucoup plus expéditif de la gravure au pinceau et à l'aquatinta, dont il fit un secret, et dans lequel il n'a pas été surpassé. Son œuvre, dans ce genre, est considérable; ses estampes, d'une exécution pittoresque, imitent souvent le lavis à faire illusion. Il a exposé aux salons de 1765, 1767, 1769, 1771, 1773, 1775, 1777, 1779 et de 1781; ses ouvrages ont été gravés par Baquoy, Delaunay, Bonnet, Demarteau, Godefroy, Gaillard, Helman, Henriquez, Liénard de Longueil, Marni, Parizeau, Saint-Aubin, Tilliard, Leveau, Varin, etc.

454. *Le corps de garde.*

H. 0, 43. — L. 0, 35. — C. — Fig. de 0, 20.

Au milieu de la composition, un jeune homme debout, ayant sur la tête un casque orné de plumes, accompagné d'un autre soldat qui pose la main sur son épaule, chante en tenant à la main un verre de vin, et vient de signer un engagement qu'un homme assis devant une table rédige. A droite, un soldat assis tourné de profil, couvert d'une armure, une main appuyée sur une canne. A gauche, deux soldats vus de dos, assis également devant une table, où l'on voit de l'argent et une cruche. Plus loin, une femme en pleurs retenue par deux soldats. Dans le fond, sur le parapet d'un rempart, plusieurs militaires, l'un d'eux sonne de la trompette. — Signé : *Le Prince* 1776.

Gravé par Née en 1778.

Collection de Louis XVI. — Ce tableau est probablement celui exposé au salon de 1777. Sur le registre de caisse des bâtiments du roi (département des arts) on trouve, à la date de 1782, l'indication de l'achat fait à la succession de le Prince, peintre du roi, d'un tableau représentant un *cabaret russe* et de deux dessins de sujets russes, moyennant une somme de 3,100 livres. Malgré le changement de titre, il y a tout lieu de penser qu'il s'agit du tableau indiqué plus haut.

PRINCE (A.-XAVIER LE), *né à Paris en* 1799, *mort à Nice en* 1826.

Cet artiste, peintre de genre, qui mourut fort jeune, a exposé aux salons de 1819, 1822 et de 1824. Après sa mort. on vit de lui à l'exposition de 1827 un tableau représentant l'*ordination*, faisant partie d'une suite de sept compositions; l'*intérieur de son atelier*, achevé par son élève, M. **Eugène Lepoittevin**, et l'*antiquaire*, terminé par M. Renoux.

455. *Embarquement de bestiaux dans* le Passager, *à Honfleur.*

H. 1, 31. — L. 1, 63. — T. — Fig. de 0, 22.

A gauche, sur le quai, des barques de pêcheurs dont on aperçoit les voiles ; plus loin, la porte de la ville. Au premier plan, des moutons couchés par terre, des paniers, des bourriches d'huîtres. — Signé à droite, sur une caisse : A. X. LEPRINCE 1823.

Collection de Charles X. — Ce tableau, exposé au salon de 1824, fut acquis la même année pour la somme de 3,000 fr.

456. *Passage du Susten (canton d'Uri), en Suisse.*

H. 0,81. — L. 1,01. — T. — Fig. de 0, 25.

A droite, au milieu des glaces, un troupeau de chèvres gardées par un jeune pâtre, et deux voyageurs tenant des parasols ouverts. A gauche, un autre voyageur dessine sur un album. Auprès de ce dernier se tient un guide portant les bagages sur le dos. Dans le fond, un troupeau de vaches. — Signé : 1824. *A. X. Leprince.*

Collection de Charles X. — Ce tableau, exposé au salon de 1824, fut acquis en 1826 pour 1,500 fr.

PRUD'HON (Pierre), *né à Cluny (département de Saône-et-Loire) le 4 avril* 1758, *mort à Paris le* 16 *février* 1823.

C'est à tort que la plupart des biographes ont donné à Prud'hon pour date de naissance l'année 1760, et pour prénoms ceux de Pierre-Paul. La date que nous rapportons ici est prise sur son acte de naissance même; il nous apprend également qu'il s'appelait simplement Pierre; ce fut vingt ans plus tard qu'il prit le nom de Paul. Il était le treizième enfant d'un maçon nommé Christ Prudon, qui mourut peu de temps après la naissance de son fils. Les moines de l'abbaye s'intéressèrent à lui et se chargèrent de son éducation. La vue des tableaux qui décoraient le monastère frappa vivement son imagination, et dès son enfance il montra pour les arts du dessin une aptitude singulière, qui lui valut la protection de M. Moreau, évêque de Mâcon. Ce prélat l'adressa à M. **Desvoges**, professeur dirigeant l'école de peinture de Dijon. Prud'hon avait alors 16 ans. Ses progrès furent rapides, et probablement sa carrière eût été heureuse, si dès l'âge de 19 ans il n'eût contracté une union qui fut pendant toute sa vie la source de chagrins incessants. Quoique marié, Prud'hon sentit le besoin de continuer ses études; il vint à Paris en 1780, recommandé à M. Wille, graveur, par M. de Joursanvault, qui avait su apprécier la nature de son génie. Trois ans après, Prud'hon concourait pour le prix trisannuel fondé par les états de Bourgogne. Touché des regrets d'un des concurrents qui ne pouvait accomplir sa tâche, il termina le tableau de son rival, qui obtint le prix. Le jeune élève, ému du généreux désintéressement de son ami, avoua qu'il lui devait uniquement son succès; le jugement fut rectifié, et Prud'hon partit pour Rome en 1782. Les œuvres de Raphaël, d'André del Sarte, de Léonard et du Corrège surtout, furent pour lui l'objet d'études approfondies. Il se lia, dans cette ville, intimement avec Canova, qui essaya en vain de le fixer auprès de lui. Avant de quitter Rome, il copia le Triomphe de la Gloire, plafond de Pietre de Cortone au palais Barberini, et donna à la ville de Dijon cet ouvrage qui décore maintenant la salle des Etats. Prud'hon revint à Paris en 1789, pauvre, ignoré, faisant pour vivre des dessins de vignettes, des adresses de marchands, des têtes de lettres, des portraits au pastel et en miniature. Le comte d'Harlai lui commanda quelques dessins qui, reproduits par la gravure, commencèrent sa réputation. En 1794, il alla en Franche-Comté, passa deux années à **Rigny**, près de

Gray, et peignit un grand nombre de portraits, tant à l'huile qu'au pastel. C'est à cette époque aussi qu'il composa, pour M. Didot l'aîné, les illustrations de Daphnis et Chloé et de Gentil-Bernard, et qu'il fit la connaissance précieuse de M. Frochot, plus tard préfet de la Seine, qui fut son protecteur et son ami. De retour à Paris, Prud'hon continua ses travaux pour M. Didot. Un dessin représentant la Vérité descendant des cieux et conduite par la Sagesse, lui valut un prix d'encouragement, puis un logement au Louvre et la commande de l'exécution de cette composition, exposée en 1799, placée longtemps au plafond de la salle des gardes de Saint-Cloud. Cette peinture ayant souffert à la suite d'un incendie lors du mariage de Napoléon Ier, fut transportée depuis au Louvre. M. de Landy le chargea de décorer son hôtel, rue Cérutti; il y représenta, sous des figures allégoriques, la Richesse accumulant autour d'elle toutes les espèces de jouissances. L'hôtel appartint ensuite à la reine Hortense, puis à M. de Rothschild. En 1803, Prud'hon, cédant aux sollicitations d'un de ses amis, consentit à donner des conseils à Mlle Mayer, qui devint son élève, et dont le dévouement apporta une douce consolation à ses nombreux chagrins de famille. Le plafond de la salle des Antiques du Musée, où il retraça Diane implorant Jupiter, fut sa création la plus importante après le plafond de Saint-Cloud; il avait 45 ans lorsqu'il le peignit. Quelque temps après, M. Frochot, préfet de la Seine, lui fit peindre le Crime poursuivi par la Justice et la Vengeance, tableau destiné à la Cour criminelle (au Palais-de-Justice), et exposé en 1808, en même temps que l'Enlèvement de Psyché par les Zéphyrs. Ces deux pages éminentes valurent à l'artiste la croix de la Légion-d'Honneur, et, dès lors, apprécié à sa valeur, Prud'hon reçut de nombreuses commandes de portraits et de tableaux. Il fut choisi pour donner des leçons de peinture à l'impératrice Marie-Louise, et en 1816, il entra à l'Institut. Estimé de tous, protégé par des amis puissants, rien ne semblait devoir manquer au bonheur de Prud'hon, lorsque la fin tragique de Mlle Mayer, arrivée le 26 mai 1821, le frappa d'un coup affreux. A partir de cette époque, sa vie se passa dans la douleur. En vain il essaya d'échapper à de cruels souvenirs par le travail; sa santé, profondément altérée, ne put se rétablir, et il mourut deux ans après celle qu'il ne cessait de regretter. Prud'hon a exposé des dessins et des peintures aux salons de 1791, 1793, 1796, 1797, 1798, 1800, 1801, 1808, 1810, 1812, 1814, 1817, 1819, 1822 et de 1824 (exposition posthume). Copia et Roger surtout ont gravé ses ouvrages avec beaucoup de talent.

457. *Le Christ sur la croix.*

H. 2, 63. — L. 1, 75. — T. — Fig. de gr. nat.

Vers la droite, le Christ est étendu sur la croix, que la Madeleine agenouillée tient embrassée. A gauche, la Vierge évanouie et soutenue par une sainte femme. — Signé, au pied de la croix : *P. P. Prud'hon P^{xit}* 1822.

Collection de Louis XVIII. — Ce tableau, dernier ouvrage de Prud'hon, commandé par le ministre de l'intérieur pour la cathédrale de la ville de Metz, exposé au salon de 1824, après la mort du peintre, fut cédé au Musée en 1823 par le ministre, en échange d'une copie du même tableau (exécutée par M. Boisfremont, et payée 3,000 fr.) et de deux autres peintures de la collection du Louvre, prises dans les magasins. (Archives du Musée.) Il existait dans le cabinet de M. Coutan une esquisse terminée du même sujet, gravée par Reynolds en manière noire.

458. *L'assomption de la Vierge.*

H. 2, 15. — L. 1, 45. — T. — Fig. de gr. nat.

La Vierge, vêtue d'une robe blanche à ceinture d'or, enveloppée d'un large manteau bleu, s'élance dans les airs, les bras étendus, les yeux levés au ciel et soutenue par cinq anges; au-dessus de sa tête, une couronne d'étoiles. Dans le fond, une multitude d'anges en extase et contemplant la Vierge.

Gravé par Bosq.

Collection de Louis XVIII. — Ce tableau, commandé en 1816 pour la chapelle des Tuileries, fut payé 6,000 fr. Il figura à l'exposition de 1819, et après la révolution de 1848 vint au Louvre. L'esquisse terminée se vendit à la vente après décès de Prud'hon, en 1823, 1,500 fr.; puis, à la vente de M. P. Perrier, en 1843, 12,000 fr. Elle se trouve maintenant dans la collection du marquis d'Hertford. Le Musée possède un dessin de Prud'hon de cette composition, et M. Marcille, deux études au crayon. L'artiste a répété le même sujet avec quelques changements. Cette répétition, où l'on voit des enfants dansant en rond sous les pieds de la Vierge, appartient à M. Tardieu, et a été gravée à l'aquatinte par Debucourt.

459. *La Justice et la Vengeance divine poursuivant le Crime.*

H. 2, 43. — L. 2, 92. — T. — Fig. de gr. nat.

A gauche, dans un lieu désert, hérissé de rochers, éclairé par la lune, un homme, un poignard à la main, vêtu d'une tunique et d'un manteau, s'éloigne rapidement. A droite est étendu par terre le corps nu d'un jeune homme assassiné. Au-dessus de la victime volent dans les airs la Vengeance tenant une torche, prête à saisir le meurtrier, et la Justice, personnifiée par les balances et le glaive. — Signé, à gauche : *P. P. Prud'hon* 1808.

Gravé par Roger; par Hocquart; par Antoine Gelée pour la société des Amis des arts.

Collection de Charles X. — Ce tableau, commandé par M. Frochot, préfet de la Seine, pour la salle de la Cour criminelle du Palais-de-Justice, fut exposé en 1808, et de nouveau au salon de 1814. A la Restauration on le remplaça par un crucifix, et après être resté quelque temps dans l'atelier de l'artiste, la ville de Paris le céda au Musée, en 1826, en échange de quatre tableaux représentant le Christ en croix, exécutés par MM. Vinchon, Tardieu, Delassus et Justin Ouvrié. Avant d'entrer dans la galerie du Louvre, il figura d'abord dans celle du Luxembourg jusqu'en 1823. Une réduction non terminée de cette composition fut achetée à la vente après décès de Prud'hon, en 1823, 900 fr. Payée 1,100 fr. à la vente de M. Sommariva, elle passa dans le cabinet de M. Thevenin. M. le marquis Maison possède un superbe dessin de cette peinture, et M. Marcille une étude dessinée sur papier bleu, de la figure de la victime. Prud'hon avait d'abord conçu le sujet du tableau destiné à la Cour criminelle, d'une manière différente : il voulait représenter le crime traîné devant la justice. Le Louvre a acheté, en 1851, un magnifique dessin de cette première composition, ayant appartenu à M. Ledru-Rollin. Le cabinet de M. Marcille en renferme un second.

460. *Portrait de Mme Jarre.*

H. 0, 65. — L. 0, 55. — Forme ovale. — T. — Fig. en buste de gr. nat.

Le corps est tourné vers la gauche, et la tête, vue presque de face, porte une couronne de fleurs des champs. Mme Jarre est vêtue d'une robe blanche décolletée, dont le corsage et les manches sont rayés de chefs d'or. Les bras sont nus. Un châle de cachemire rouge est jeté sur les épaules.

Il existe de ce portrait une lithographie très rare et probablement exécutée par Prud'hon lui-même.

Collection de Louis-Philippe. — Ce tableau fut exposé au salon de 1822, et donné au Musée en 1846, par Mme Jarre, pour se conformer au vœu exprimé, avant sa mort, par M. Jarre, ancien élève de Vincent.

461. *Portrait du naturaliste Bruun-Neergaard.*

H. 0, 46. — L. 0, 38. — T. — Fig. en buste de gr. nat.

La tête, vue de trois quarts, est tournée vers la droite; il porte un habit noir et une cravate blanche.

Acquis en 1849 de M. Baillemont pour la somme de 1,000 fr.

PUGET (François), *peintre, architecte, mort en 1707.*

Son père, le célèbre sculpteur Pierre Puget, lui enseigna le dessin et l'architecture. Il l'envoya ensuite à l'atelier de **Laurent Fauchier**, habile portraitiste, dont il s'appropria tellement la manière, que les portraits de l'élève sont difficiles à distinguer de ceux du maître. Il a exécuté aussi des tableaux d'histoire, tels qu'une Visitation et un saint François de Sales, au couvent des religieuses de la Visitation, à Marseille. Il peignit plusieurs tableaux dans l'église du château de Château-Gomber, entre autres une Vocation de saint Mathieu. Il résulte, d'une lettre de Pierre-Paul Puget, son fils, citée au n° 463, que beaucoup de tableaux d'église attribués au fameux sculpteur sont de la main de François. Ce fut lui que son père chargea de conduire et de présenter au roi, à Versailles, au printemps de 1683, le groupe du Milon de Crotone; puis, en 1685, celui d'Andromède. — **Pierre Puget**, peintre, sculpteur, architecte, ingénieur, né à Marseille le 31 octobre 1622, mort dans la même ville le 2 décembre 1694. La célébrité de Pierre Puget comme sculpteur a effacé la réputation qu'il aurait pu obtenir par son habileté dans les autres branches de l'art. A 14 ans, il sculpta des pièces de galères, dans le port de Marseille, sous la direction d'un constructeur nommé Romain, et il n'avait pas 16 ans qu'on lui confia la construction et l'ornementation d'un bâtiment. A 17 ans, il partit pour l'Italie, à pied, sollicitant des travaux le long de la route pour subsister. Il visita Florence, puis Rome, où Pietre de Cortone l'accueillit favorablement sur la vue de ses dessins. Il l'aida dans l'exécution d'un plafond au palais Barberini, et dans ceux du palais Pitti, que Cortone peignit à Florence. Puget revint à Marseille en 1643, peignit le portrait de sa mère, sculpta des poupes colossales pour des vaisseaux de guerre, et fit un second voyage en Italie en compagnie d'un religieux de l'ordre des Feuillants, chargé par Anne d'Autriche d'aller faire exécuter à Rome une suite de dessins d'après les monuments antiques les plus célèbres. De retour à Marseille, en 1653, il peignit un grand nombre de tableaux pour sa ville natale, pour Aix, Toulon, Cuers, la Ciotat, et de petites compositions pour les cabinets de plusieurs amateurs. Les tableaux de sa main, conservés dans ces villes et au musée de Marseille, permettent d'apprécier son talent. Ce fut à la fin de l'année 1655 que les médecins lui conseillèrent, à la suite d'une grave maladie, d'abandonner la peinture. Quittant donc les pinceaux, il entreprit l'ornementation de la porte et du balcon de l'hôtel-de-ville de Toulon; puis, en 1656, passa en Normandie, sculpta pour le marquis de Girardin, dans sa terre de Vaudreuil, un Hercule, un groupe de Janus et de la Terre, et enfin arriva à Paris pour la première fois. Il se lia avec l'architecte Lepautre, qui le présenta à Fouquet. Le surintendant le chargea de toutes les sculptures destinées à l'embellissement de son château de Vaux-le-Vicomte, et l'envoya à Carrare pour choisir les marbres nécessaires. Puget partit en 1660 et établit sa demeure à Gênes. Fouquet disgracié, les Génois ne lui permirent plus de retourner en France. Il termina l'*Hercule français*, acheté par Guillaume Sublet des Noyers, et maintenant au Louvre; fit, pour l'église de Carignan, les statues colossales du bienheureux *Alexandre Sauli* et de *saint Sébastien*, ainsi qu'un grand nombre d'autres figures et de groupes. La maison Doria le chargea de la construction d'une église paroissiale; les familles Sauli et Lomellini lui faisaient chacune une pension de 3,600 liv.; enfin, le sénat venait de le choisir pour peindre la salle du Grand-Conseil, lorsque Colbert l'invita à rentrer en France. Arrivé à Toulon en 1669, après un séjour à Gênes d'environ huit ans, il fut occupé à décorer de sculptures des poupes de navires, inventa une machine à mâter les vaisseaux, se construisit une maison, où il peignit un plafond représentant les trois Parques, qui n'existe plus. Sans nous arrêter davantage à des travaux d'architecture et de sculpture qui seront décrits dans la Notice spéciale des monuments de la Renaissance, nous nous bornerons à citer le groupe colossal du *Milon de Crotone*, commandé par Colbert, envoyé à Paris au printemps de 1683 ; celui de l'*Andromède*, terminé en 1685 ; le bas-relief du *Diogène*, auquel il travaillait à la même époque ; ouvrages éminents conservés au Louvre ; et enfin sa dernière sculpture, le bas-relief de la *Peste de Milan*, laissé inachevé et placé dans la salle du Conseil à Marseille. Puget revint à Paris, dans l'été de 1688, pour réclamer l'exécution d'un marché concernant une statue équestre de Louis XIV, qui ne fut point exécutée. Après six mois de séjour dans cette ville, dégoûté des intrigues de la cour, mal payé de ses travaux, laissé à l'écart lorsqu'il pouvait encore produire des chefs-d'œuvre, il repartit pour Marseille où il s'était fixé, et chercha, en travaillant jusqu'à son dernier jour, à oublier l'indifférence de ses contemporains.

462. *Portrait de Pierre Puget, célèbre sculpteur, né en 1622, mort en 1694.*

H. 0, 75. — L. 0, 61. — T. — Fig. en buste de gr. nat.

Il est représenté dans un âge avancé, le corps tourné vers la gauche, et la tête nue, vue presque de face. Il porte une cravate blanche, nouée négligemment autour du cou, et une robe de chambre de couleur feuille morte, à ramages, doublée de soie verte.

Collection de Louis-Philippe. — Acquis, comme œuvre de Pierre Puget, en 1842, de Mlle Puget, de Marseille, dernière descendante du grand artiste, pour la somme de 1,800 fr.

463. *Portraits de plusieurs musiciens et artistes du siècle de Louis XIV.*

H. 1, 47. — L. 2, 12. — T. — Fig. à mi-corps de gr. nat.

Huit hommes réunis autour d'une table s'apprêtent à chanter un morceau de musique. Deux sont assis ; l'un, placé à gauche, est vu de profil, lève la tête, tient un violon de la main droite et de la gauche un papier de musique où l'on lit les paroles suivantes plusieurs fois répétées : *celebrate col canto di Lvigi immortal la gloria el vanto* ; l'autre, vers la droite, vêtu de rouge, est représenté presque de face, jouant de la guitare.

Les six autres personnages sont debout derrière eux : le premier, en allant de gauche à droite, tient un papier de musique avec les mêmes paroles; le second, dont on ne voit que la tête, est coiffé d'une étoffe rayée et roulée en forme de turban; le troisième porte une toque garnie de plumes, passe la main droite derrière l'épaule de l'homme assis à gauche, et indique le morceau; le quatrième a un bonnet et une robe fourrée; le cinquième, placé derrière le deuxième homme assis, porte une toque violette, ornée d'une plume blanche; il fait un signe de la main droite. Le dernier est jeune, tête nue et accorde une guitare. Une autre guitare est placée sur la table, couverte d'un tapis vert, ainsi qu'un livre de musique relié en parchemin et un papier sur lequel on lit : F. PVGET 1684.

Collection de Louis XIV. — Une lettre du 10 janvier 1753, adressée par Pierre-Paul Puget, petit-fils du célèbre sculpteur Pierre Puget, au R. P. Bougerel, et publiée dans les Archives de l'art français (t. I, p. 331), nous apprend dans quel concours de circonstances ce tableau fut peint : « A l'égard du tableau dont vous avez parlé à M. Dalmore que M. Lépicié a découvert à Chaville, il est de feu mon père (François Puget, fils de Pierre), qui avait été à Versailles pour conduire le Milon de mon père à Sa Majesté. Le roi lui dit à cette occasion : il m'est revenu que vous saviez peindre; ce qui détermina mon père à faire ce tableau de musique. Il le présenta à Sa Majesté, qui lui témoigna en être très satisfaite. M. le Brun fit l'éloge de mon père, à qui le roi accorda une gratification. » On croit reconnaître, dans cette composition, les portraits de Lulli, de Quinault et du peintre lui-même.

RAOUX (JEAN), *né à Montpellier en 1677, mort à Paris en 1734.*

Après avoir étudié sous la direction de **Ranc**, à Montpellier, il vint de bonne heure à Paris, entra à l'école de Bon Boulogne, obtint le premier prix à l'Académie en 1704 (le sujet du concours était la Défaite de Goliath), et partit comme pensionnaire du roi, pour Rome, où il arriva la même année. Il fit pendant trois ans des études dans cette ville, puis alla à Venise, et y demeura deux ans aux frais d'un seigneur nommé Justiniano Lolini, pour qui il peignit, dans son palais, un portique qui commença sa réputation. Le grand prieur de Vendôme, qui l'avait connu à Rome, devint ensuite son protecteur, et lui commanda quatre tableaux de chevalet représentant les quatre âges de l'homme. Raoux de retour à Paris en 1714, logea dans l'hôtel du grand-prieur, qui, satisfait de la manière dont il avait exécuté les quatre tableaux, lui fit une pension de 1,000 livres. Ce travail prépara son admission à l'Académie. Il y entra comme peintre d'histoire le 28 août 1717, et donna pour sa réception la fable de Pygmalion. Malgré son titre de peintre d'histoire, Raoux, sentant qu'il ne pourrait aborder de vastes entreprises, se borna à des sujets de caprices : il fit des noces de village, des dessus de portes, de petites compositions tirées de la fable, et un grand nombre de portraits *historiés;* car il n'eût jamais consenti à peindre simplement un portrait en buste. Le cardinal Dubois voulut l'envoyer en Espagne en qualité de premier peintre du roi ; mais Raoux n'accepta pas et envoya son maître Ranc à sa place. Il passa en Angleterre au mois de septembre 1720, et revint huit mois après à Paris. Il peignit alors un assez grand nombre de portraits en pied d'actrices, sous la figure de prêtresse, d'Amphitrite, de bacchante, de naïade, de muse. Quant aux dames de la cour, il les représentait habituellement en Cérès, en Pomone, en Vénus, en Diane, et quelquefois en vestales. Les fonds de paysage de ses portraits étaient généralement bien composés et les étoffes habilement rendues. Il peignit aussi beaucoup de fêtes galantes, des suites représentant les saisons, les heures du jour, les éléments, les quatre parties du monde, et des demi-figures allégoriques, telles que les sciences, les vertus, les muses, les grâces personnifiées ; enfin des sujets de fantaisie, comme une femme cachetant une lettre, une autre qui lit ou qui chante, etc. Bien que Raoux se plût à peindre surtout des femmes, on connaît de lui des portraits d'hommes importants; on remarqua parmi ceux-ci celui du grand-prieur, son protecteur, en général des galères, ceux des évêques de Montpellier et de Sénez, terminés tous deux pendant un voyage qu'il fit en 1723 à Montpellier et dans l'Auvergne. Raoux a beaucoup produit; il passa une partie de sa vie au palais prieural du Temple, dont il décora plusieurs appartements, et n'en sortit que trois ans avant sa mort, pour aller demeurer dans la rue Saint-Honoré près des Feuillants. **Chevalier et Mondidier** furent ses meilleurs élèves. Jacques Chereau, C. Dupuis, Dupuis le cadet, Poilly, Lépicié, Nicolas Dupuis et Moyreau, ont gravé plusieurs de ses ouvrages. Quoique de l'Académie, ses ouvrages n'ont pas figuré aux expositions.

464. *Télémaque raconte ses aventures à Calypso en présence d'Eucharis et des autres nymphes.*

H. 1, 14. — L. 1, 48. — T. — Fig. de 0, 50.

Au milieu de la composition, Calypso, entourée de ses compagnes, assise sur un tertre, le bras gauche appuyé sur un coussin, écoute le jeune Télémaque, assis auprès d'elle et accompagné de Mentor. A gauche, au premier plan, une nymphe tenant une lyre. Dans le fond, du même côté, la grotte de Calypso, des femmes dressant une table et occupées aux apprêts d'un repas. A droite, la mer et un vaisseau échoué à la côte.

Ancienne collection.— Ce tableau fut peint pour le duc d'Orléans, régent, et placé au Palais-Royal. Il entra ensuite au Louvre, pour en ressortir en 1817. Donné alors par Louis XVIII au duc d'Orléans, on le raya des inventaires, et il aura sans doute été rapporté au Musée sous le règne de Louis-Philippe.

REGNAULT (Jean-Baptiste), *né à Paris le* 19 *octobre* 1754, *mort dans la même ville le* 12 *novembre* 1829.

Il n'était âgé que de 10 ans lorsque son père l'emmena avec lui en Amérique. A peine arrivé, il s'enrôla comme volontaire sur un vaisseau marchand et voyagea pendant quatre années. Regnault le père étant mort, sa femme rentra en France, et ce ne fut pas sans peine qu'elle put avoir des nouvelles de son fils, qu'elle rappela à Paris. Il avait alors 15 ans. M. de Montval, amateur éclairé, qui avait remarqué les dispositions du jeune Regnault pour la peinture, le confia à **Bardin**, sur le point de partir pour Rome. Après quelque temps de séjour dans cette ville, il revint à Paris, obtint au concours de 1775 un deuxième prix à l'Académie, et en 1776 remporta le premier. Le sujet était la Rencontre d'Alexandre et de Diogène. Il retourna à Rome comme pensionnaire, et un tableau du Baptême du Christ qu'il y peignit obtint les suffrages des maîtres d'alors. Revenu à Paris, il se présenta à l'Académie, fut agréé en 1782, sur un tableau représentant Andromède délivrée par Persée, et reçu le 25 octobre 1783. Il donna dans cette circonstance le tableau de l'Éducation d'Achille par le centaure Chiron (n° 466), qui, ainsi que sa Descente de Croix (n° 465), exécutée peu après, lui firent beaucoup d'honneur. Il a peint de grandes compositions historiques, des allégories et quelques petits tableaux de chevalet. Son école fut rivale de celle de David; mais l'influence de ce maître finit par prédominer. Ses principaux élèves furent Guérin, **Crespin**, Robert le Febvre, **Menjaud**, **Lafitte**, Boisselier et Blondel. Regnault était membre des ordres de Saint-Michel et de la Légion-d'Honneur, professeur recteur aux écoles spéciales de peinture et de sculpture, et membre de l'Académie royale des beaux-arts de l'Institut. Il a exposé aux salons de 1783, 1785, 1787, 1789 et de 1795.

465. *Le Christ descendu de la croix.*

H. 4, 20. — L. 2, 38. — Forme cintrée. — T. — Fig. de gr. nat.

Le corps du Christ est couché par terre sur un linceul; la Vierge, prosternée et soutenue par la Madeleine, étend les mains et lève les yeux au ciel. A droite, auprès d'elle, une vieille femme les mains jointes, et derrière cette femme, saint Jean debout, la tête baissée, considérant le corps du Sauveur. Plus loin, à gauche, une des saintes femmes embrasse le pied de la croix, derrière laquelle Joseph d'Arimathie et Nicodème sont à genoux. — Signé : *Regnault de Rome. f.* 1789.

Landon, E. F. M., t. 2, pl. 58.

Collection de Louis XVI. — Ce tableau, exposé au salon de 1789, avait été commandé pour la chapelle royale de Fontainebleau.

466. Éducation d'Achille par le centaure Chiron.

H. 2, 61. — L. 2, 10. — T. — Fig. de gr. nat.

Le jeune Achille debout, un arc à la main, s'apprête à lancer un trait; il tourne la tête à gauche pour écouter le centaure Chiron qui, placé derrière lui, semble, avec deux flèches, lui montrer comment il doit se servir de son arme. A droite, aux pieds d'Achille, un lion mort; à gauche, une lyre posée par terre sur une draperie. Dans le fond, des rochers élevés; sur la cime de l'un d'eux on voit un serpent.

Gravé par Bervic. — Landon, E. F. M., t. 2, pl. 53.

Musée Napoléon. — Ce tableau fut peint par Regnault pour sa réception à l'Académie, le 25 octobre 1783, et exposé au salon de la même année.

467. Pygmalion, à genoux, prie Vénus d'animer sa statue.

H. 1, 20. — L. 1, 40. — T. — Fig. de gr. nat.

Pygmalion, vu jusqu'aux genoux, tenant une masse de sculpteur, est à droite aux pieds de sa statue.

Ancienne collection. — Ce tableau, exposé au salon de 1785, obtint un prix d'encouragement.

468. L'origine de la peinture.

H. 1, 05. — L. 1, 40. — T. — Demi-fig. de gr. nat.

Dibutade, vue de dos, assise sur un fragment d'architecture, trace sur la muraille l'ombre, portée par le soleil, du profil de son amant, qui se tient à droite, appuyé sur un piédestal. A gauche, un chien près de la jeune Corinthienne.

Ancienne collection.

RESTOUT (Jean), *deuxième du nom, né à Rouen le 26 mars 1692, mort à Paris, aux galeries du Louvre, le 1er janvier 1768.*

Il était fils de **Jean Restout** (premier du nom), peintre assez habile, et de **Marie-Madeleine Jouvenet**, sœur et élève du célèbre Jean Jouvenet, qui exerça la peinture avec succès. Jean ayant perdu son père dès son enfance, son éducation resta confiée aux soins de ses oncles **Thomas, Pierre** et **Eustache Restout**. Ce dernier le conduisit à Paris, chez son oncle maternel, Jean Jouvenet. Il fut agréé à l'Académie le 29 mars 1717, sur le tableau qu'il avait exécuté pour le concours du grand prix de Rome. Ce tableau représentait Vénus demandant à Vulcain des armes pour Énée. Cette distinction flatteuse le détourna d'aller en Italie, qu'il ne visita pas plus que son maître. L'Académie le reçut définitivement le 28 janvier 1720. Il donna lors de sa réception une peinture ayant pour sujet Aréthuse se dérobant aux poursuites d'Alphée (maintenant à Saint-Cloud), et parvint successivement à toutes les dignités académiques. On le nomma adjoint à professeur le 6 mai 1730, professeur le 28 novembre 1733, adjoint à recteur le 26 mars 1746, recteur le 27 mai 1752, directeur le 5 juillet 1760, ancien directeur et chancelier le 1er août 1761. Il fut aussi membre des Académies de Rouen et de Caen. Restout a exécuté un grand nombre de tableaux d'église, des plafonds, entre autres celui de la bibliothèque de Sainte-Geneviève, des peintures destinées à être reproduites en tapisserie aux Gobelins, et a peu fait de petites compositions. Outre son fils Jean-Bernard, il a eu pour élèves **Wamps** de Lille, **Moinet**, le chevalier de **Chânes, Jean-Baptiste Deshays** et **Cochin**. Il a exposé aux salons de 1737, 1738, 1739, 1740, 1743, 1745, 1746, 1747, 1748, 1750, 1751, 1753, 1755, 1759 et de 1763. Plusieurs de ses ouvrages ont été gravés par Cochin, Tardieu, Drevet, Chenu, J. Audran, Levasseur. — La famille Restout a été féconde en artistes. Le plus ancien connu est **Marguerin Restout**, père de **Marc Restout**, né à Caen le 14 janvier 1616, mort dans la même ville le 3 avril 1684, élève de **Noël Jouvenet**. Il fit le voyage d'Italie avec Poussin, et jouit d'une certaine réputation à Rome et en Hollande. Il eut dix enfants, parmi lesquels on cite comme s'étant occupés de peinture : **Jacques Restout**, probablement né avant 1655, élève de **Le Tellier de Vernon** (né à Rouen, 1614), peintre, écrivain, prieur de l'abbaye de Moncel, sur les bords de la Marne, près de Vitry; **Eustache Restout**, né à Caen le 12 novembre 1655, prémontré de l'abbaye de Mondaye, qui a enrichi plusieurs églises de beaux plafonds. — **Jean Restout** (premier du nom), père de celui dont il est parlé dans cette notice, né à Caen le 26 mars 1663, mort le 28 octobre 1702, élève de Marc, son père. Il peignit plusieurs tableaux dans les églises de Rouen, et épousa Marie-Madeleine Jouvenet, la huitième des quinze enfants de **Laurent Jouvenet**. — **Pierre Restout**, né le 15 novembre 1666. On n'est pas certain qu'il ait peint. — **Charles Restout**, né à Caen le 1er janvier 1668, bénédictin, qui passa une partie de sa vie à l'abbaye de Saint-Denis. — **Thomas Restout**, né à Caen le 15 mars 1671, mort le 2 mai 1754. Il alla à Rome, voyagea en Hollande et fut surtout peintre de portraits.

469. *Le Christ guérissant le paralytique.*

H. 3, 84. — L. 4, 58. — T. — Fig. de gr. nat.

Au milieu de la composition, au-dessous d'un ange qui plane dans les airs, le Christ, descendant les marches d'un temple, suivi de ses disciples, adresse la parole à un paralytique couché par terre au bord d'un bassin. A droite, deux hommes cherchant à soulever un malade, et dans le fond, d'autres malades se faisant apporter sur le passage du Christ. — Signé, à gauche : *J. Restout*, 1725.

Gravé par Tardieu fils.

Musée Napoléon. — Ce tableau, peint pour l'église Saint-Martin-des-Champs, figure sur le catalogue dressé par Lenoir à l'époque de la Révolution, et fut apporté au Louvre à cette époque.

470. *Ananie impose les mains à saint Paul afin qu'il recouvre la vue et soit rempli du Saint-Esprit* (Actes des Apôtres, chap. IX).

H. 0,90. — L. 0,73. — T. — Fig. de 0,50.

Dans l'intérieur d'un temple, saint Paul est à genoux devant Ananie, qui lui impose les mains. Le Saint-Esprit plane sur sa tête. Au premier plan, à gauche, un guerrier aussi agenouillé assiste à cette scène. A droite, un jeune homme portant un vase, et par terre des armes de différentes espèces. — Signé à droite : *J. Restout*, 1718.

Musée Napoléon. — Réduction du tableau de Restout, qui avait été exécutée pour Saint-Germain-des-Prés ; elle provient de la sacristie de cette église, ornée autrefois des esquisses terminées des grands tableaux de la nef. Ces tableaux votifs, présentés par la corporation des orfèvres, continuaient, dans des proportions pareilles, les *mais* offerts à Notre-Dame, dont l'usage s'était interrompu avec le XVIIe siècle. Le *mai* de Restout, fait pour Saint-Germain, se trouve maintenant confondu, dans l'une des chapelles de Notre-Dame, avec les véritables *mais* qui décoraient jadis la nef de la cathédrale.

RESTOUT (JEAN-BERNARD), *né le 22 février 1732, mort à Paris le 18 juillet 1797.*

Il était fils et élève de Jean Restout (deuxième du nom), obtint le deuxième prix (le prophète Élie ressuscite le fils de la Sunamite) à l'Académie en 1755, et le premier en 1758, sur un tableau ayant pour sujet Abraham conduisant Isaac au sacrifice. A son retour de Rome, un tableau d'Anacréon buvant et chantant auprès de sa maîtresse, le fit agréer, le 28 septembre

1765, à l'Académie royale. On le reçut académicien le 25 novembre 1769, sur une peinture représentant Jupiter et Mercure à la table de Philémon et de Baucis (au Musée de Tours). Malgré ces succès, il se sépara, après 1771, de l'Académie, ne voulant pas se ployer au règlement qui imposait, même aux académiciens, l'obligation de soumettre à un tribunal formé de ses collègues les ouvrages qu'ils désiraient exposer au salon. Cette scission, la mort de ses parents, les affaires compliquées qui en résultèrent, écartèrent Restout de la carrière de la peinture. Aussi, à partir de cette époque peignit-il à peine une douzaine de tableaux. Sous le ministère de Roland, il eut au garde-meuble la place occupée par Fontanieu et Thierry. Cette faveur, qui le mit en évidence, pensa lui être fatale : accusé d'abus de confiance, il fut jeté en prison et aurait péri sur l'échafaud sans la réaction de thermidor. Il était membre des Académies de Rouen, de Caen et de Toulouse. Il a exposé aux salons de 1767 et de 1771.

471. *Saint Bruno en prière dans le désert.*

H. 0, 47. — L. 0, 36. — T. — Fig. de 0, 50.

Le saint, tourné à gauche, à genoux dans une grotte, se prosterne devant un crucifix ; une tête de mort et un sablier sont auprès de lui sur un rocher. — Signé, à droite : *Restout filius Romæ*. 1763.

Ancienne collection.

RIESENER (HENRI-FRANÇOIS), *né à Paris le 19 octobre 1767, mort dans la même ville le 7 février 1828.*

Il était fils de l'ébéniste du roi Louis XVI, si connu par la beauté de ses meubles en marqueterie. Après avoir étudié la peinture comme amateur chez Vincent, puis chez David, à l'époque de la Révolution il abandonna les arts pour suivre la carrière militaire. Les événements ayant ruiné sa famille, il quitta le service, reprit les pinceaux, et fit des portraits en miniature et surtout à l'huile. Ses ouvrages furent très remarqués aux salons et lui méritèrent une médaille d'or. Un portrait de l'empereur Napoléon 1er, qu'il avait terminé, d'après nature, pendant son déjeuner, eut un tel succès qu'il dut en exécuter plus de cinquante copies. En 1816, Riesener, privé de travaux, partit pour la Russie. Arrivé à Varsovie, il eut occasion de connaître le grand-duc Constantin, qui le recommanda à l'Impératrice mère et à l'empereur Alexandre. Il fit le portrait de ce souverain, et pendant sept années passées à Saint-Pétersbourg et à Moscou, il peignit les personnages les plus importants de l'empire. Il revint à Paris en 1823. Son talent y fut également apprécié, et il peignit, depuis cette époque jusqu'à sa mort, un grand nombre d'artistes, de musiciens et d'acteurs en réputation. Il a exposé aux salons de 1793, 1799, 1801, 1802, 1804, 1806, 1808, 1810, 1812, 1814, 1824 et de 1827.

472. *Portrait de M. Ravrio, fabricant de bronzes.*

H. 1, 17. — L. 0, 90. — T. — Fig. jusqu'aux genoux de gr. nat.

Il est représenté la tête nue, de trois quarts, tournée à gauche. Assis dans un fauteuil devant un bureau, il tient dans ses mains une petite réduction en bronze de la Vénus de Médicis. Il porte un habit bleu à boutons d'or, une culotte et des bottes montantes. — Signé à droite, sur le fauteuil : *Riesener.*

Ce tableau, exposé sous l'Empire, fut donné en 1850 par M. **Léon Riesener**, son fils, peintre d'histoire.

RIGAUD (HYACINTHE), *né à Perpignan le 20 juillet 1659, mort à Paris le 27 décembre 1743.*

Les dates données ci-dessus sont fournies par l'extrait baptistaire. Cet acte nous apprend, en outre, que les noms d'Hyacinthe Rigaud, les seuls dont l'artiste lui-même ait fait usage, ne sont qu'une abréviation de ceux qu'il avait reçus. Il s'appelait réellement Hyacinthe-François-Honorat-Mathias-Pierre-le-Martyr-André-Jean Rigaud y Ros (c'est-à-dire le Roux). Il n'avait que 8 ans quand il perdit son père, **Mathias Rigaud**, peintre et fils de peintre. Lorsqu'il eut atteint sa 14e année, sa mère l'envoya à Montpellier, chez **Pezet**, peintre médiocre, où il resta quatre ans, occupé à faire des copies d'après les beaux tableaux que cet artiste possédait, et profitant beaucoup plus des conseils de **Ranc** (père de **Jean Ranc**), avec qui il s'était lié, que de ceux de son maître. Rigaud passa ensuite à Lyon, puis vint à Paris en 1681. Il fréquenta les cours de l'Académie, et au bout d'un an remporta le premier prix de peinture; le sujet du concours était Caïn bâtissant la ville d'Enoch. Les études académiques, que Rigaud poursuivait avec beaucoup de régularité, ne l'empêchèrent pas de faire un nombre considérable de portraits; ainsi, de 1681 à 1682, il en avait exécuté trente-trois. Le Brun, qui vit celui de la Fosse, n'hésita pas à lui conseiller de se livrer exclusivement à ce genre et de renoncer à la pension de Rome. Rigaud se rendit à cet avis. Il copia des portraits de van Dyck et rechercha l'amitié de de Troy et de Largillière, qui commençaient à parcourir avec distinction la même carrière que lui. Malgré sa résolution de ne point aborder les grandes compositions, il tenait à se faire recevoir à l'Académie comme peintre d'histoire, et peignit dans cette intention, en 1687, une Nativité. L'Académie fit des difficultés, ne voulut d'abord l'admettre que comme peintre de portraits, et ce ne fut que le 2 janvier 1700 qu'elle céda à ses désirs. Il donna pour sa réception le saint André (n° 474) et le portrait de Desjardins (n° 479). On l'élut adjoint à professeur le 24 juillet 1702, professeur le 27 septembre 1710, adjoint à recteur le 10 janvier 1733, recteur le 28 novembre de la même année. En 1709, les consuls de Perpignan l'admirent au nombre des citoyens nobles de la ville, et un arrêt du Conseil d'Etat, en date du 8 novembre 1723, confirma cette décision. Le 22 juillet 1727, le roi le nomma chevalier de l'ordre de Saint-Michel. Rigaud travailla pendant soixante-deux ans. Ne citer même que les principaux ouvrages de ce peintre justement célèbre serait une tâche trop longue. Il tenait une liste exacte des personnes qu'il peignait, ainsi que des sommes qu'il en recevait. Un fragment de ce registre, comprenant les années 1681-1698, publié dans les Mémoires inédits sur la vie et les ouvrages des membres de l'Académie royale (t. II, p. 142), nous donne des preuves de son extrême fécondité. Il exécutait chaque année de trente à quarante portraits, dont il faisait les accessoires et les fonds lui-même avec le plus grand soin d'après nature, et retouchait quinze à vingt copies. Rigaud a peint cinq rois, tous les princes du sang, et les personnages les plus distingués de l'Europe. Il eut pour élève **Nicolas Desportes**, neveu du célèbre peintre de ce nom, plusieurs copistes, tels que **Penal, Prieur, Bayeul, de Launay** et **Descourt**, qui ont toujours travaillé sous ses yeux; **Le Gros**, frère du sculpteur, dont il retoucha les portraits de Gui Hallé et de Couston, lorsqu'il se présenta à l'Académie en 1725; **Louis-René de Vialy**, et enfin **Jean Ranc**, fils d'un de ses premiers maîtres, né à Montpellier en 1674, mort à Madrid en 1735, reçu à l'Académie en 1703. Il avait épousé la nièce de Rigaud et fut premier peintre du roi d'Espagne en 1724. On trouve dans la liste des agréés qui ne sont pas devenus académiciens, à la date de 1701, **Gaspard Rigaud**, frère puîné d'Hyacinthe, peintre de portraits, mort le 28 mars 1705. Rigaud n'a exposé qu'une seule fois, en 1704. Ses ouvrages ont été gravés, en partie sous sa direction, par les plus habiles graveurs du temps, tels que : G. Edelinck, Drevet père et fils, Drevet le neveu, Louis Chereau, Daullé, Schmidt, G. Wille, Duflos, Cars, Petit, J. Audran, Lépicié, Simonneau, S. Valée, Ravenet et Preisler.

473. *La présentation au temple.*

H. 0, 83. — L. 0, 68. — B. — Fig. de 0, 22.

Dans l'intérieur du temple de Jérusalem, la Vierge présente l'Enfant-Jésus à Siméon, assis à droite sur un trône élevé, recouvert d'une grande draperie rouge. Auprès de la Vierge, une jeune fille apporte l'offrande de deux tourterelles, et derrière se tient agenouillé saint Joseph avec les autres personnes de la famille. A quelque distance de Siméon, debout sur les degrés du temple, on aperçoit un prêtre faiblement éclairé par une lampe, ayant un livre à la main. Tout à fait au premier plan, à droite, un homme, accoudé sur la balustrade d'un escalier, contemple la Vierge.

Collection de Louis XV. — Ce tableau est le dernier ouvrage de Rigaud, qui le laissa au roi par son testament.

474. *Saint André.*

H. 1, 53. — L. 1,03. — T. — Fig. jusqu'aux genoux de gr. nat.

Le saint, le corps nu jusqu'à la ceinture, la partie inférieure du corps enveloppée par une large draperie rouge, appuyé sur la croix, instrument de son supplice, porte la main droite sur sa poitrine et tourne ses regards vers le ciel.

Landon, t. 3, pl. 44.

Musée Napoléon. — Cet ouvrage fut un des tableaux de réception, comme peintre d'histoire, de Rigaud à l'Académie de peinture, le 2 janvier 1700.

475. *Portrait de Louis XIV, né en 1638, mort en 1715.*

H. 2, 76. — L. 1, 96. — T. — Fig. en pied de gr. nat.

Il est debout, tourné à gauche, la tête nue, couvert du manteau royal, et s'appuie sur son sceptre. La couronne et la main de justice sont posées auprès de lui, à gauche, sur un coussin. A droite, derrière le roi, le trône et un rideau de velours rouge. — On lit sur le piédestal de la colonne l'inscription suivante, écrite en caractères très fins : *Peint par Hyacinthe Rigaud, 1701.*

Gravé par Pierre Drevet en 1712.

Collection de Louis XIV. — On trouve dans les Mémoires inédits des membres de l'ancienne Académie royale de peinture (t. II, p. 118) le renseignement suivant : « Rigaud ayant fait en 1700, pour Louis XIV, le portrait de Philippe V, roi d'Espagne, son petit-fils, quelques jours avant son départ de la France, celui-ci pria le roi son grand-père de lui donner aussi son portrait peint de la même main, ce que Sa Majesté lui accorda. Rigaud eut l'honneur de le commencer l'année suivante, et, étant achevé, ce monarque le trouva d'une ressemblance si parfaite et si magnifiquement décoré, qu'il lui ordonna d'en faire une copie de même grandeur pour l'envoyer au roi d'Espagne à la place de l'original, qui fut placé à Versailles, dans la salle du Trône. » — On lit dans les Mémoires de Dangeau : « Jeudi 10 mars 1701, à Versailles. La goutte du roi continue; il se fait peindre l'après-dîné par Rigaud pour envoyer son portrait au roi d'Espagne, à qui il l'a promis. — Vendredi 11 mars. La goutte du roi a un peu augmenté, et au sortir du sermon, où on le porta, il se fit reporter chez Madame de Maintenon, où Rigaud travailla à son portrait. »

476. *Portrait de Philippe V, roi d'Espagne, né en 1683, mort en 1746. Il fut déclaré roi d'Espagne en 1700, à l'âge de 17 ans.*

H. 2, 30. — L. 1, 55. — T. — Fig. en pied de gr. nat.

Il est debout, tête nue, tourné à gauche, la main droite appuyée sur la couronne placée sur une table recouverte d'un tapis de velours rouge, la gauche posée sur la hanche. Il porte le cordon du Saint-Esprit et le collier de la Toison-d'Or. A droite, un fauteuil.

Collection de Louis XIV. — On trouve dans les Mémoires inédits des membres de l'ancienne Académie de peinture (t. II, p. 118) : « Il eut l'honneur, en 1700, d'être nommé par Sa Majesté pour peindre Philippe V, roi d'Espagne, son petit-fils, quelques jours avant son départ pour aller prendre possession de ses royaumes. Ce tableau est placé à Versailles, dans le cabinet de Sa Majesté. » On lit dans le livret du salon de 1704 : « Le portrait du roy d'Espagne, en pied, grand comme le naturel, peint par M. Rigaud, adjoint à professeur. » (C'est la seule année d'exposition de cet artiste.)

477. *Portrait de Jacques-Bénigne Bossuet, évêque de Meaux, né en 1627, mort en 1704.*

H. 2, 40. — L. 1, 65. — T. — Fig. en pied de gr. nat.

Il est debout et vêtu du grand habit de docteur-évêque. La robe de dessous est de moire bleue, celle de dessus de mousseline blanche ornée de dentelle; le manteau à collet, garni de cygne, est également bleu et doublé de rouge. Le prélat porte le rabat, la croix pectorale, tient de la main droite son bonnet de docteur, et s'appuie de la gauche sur un livre posé sur une table où l'on voit un encrier, des papiers et divers volumes. D'autres papiers et d'autres livres sont à terre, au pied de la table, à droite. Dans le fond, entre deux colonnes, un rideau relevé qui laisse apercevoir le ciel.

Gravé par Pierre Drevet le fils en 1723.

Collection de Louis XVIII. — On lit dans les Mémoires inédits des membres de l'ancienne Académie royale de peinture (t. II, p. 118) : « Un des ouvrages qui lui fait le plus d'honneur est le portrait du docte et célèbre M. Bossuet, évêque de Meaux, qu'il a peint en 1699. Le tableau a dix pieds de hauteur et est large à proportion. La figure de ce prélat est habillée de ses habits pontificaux, dans un cabinet, au milieu de divers ouvrages qu'il a composés. Le portrait de ce grand homme est chez son neveu, M. l'abbé Bossuet. Quelques années avant, Rigaud l'avait peint en buste. Ce portrait est à Florence, au cabinet de Monseigneur le grand duc. » Plus loin, le même ouvrage (catalogue de l'œuvre gravé de Rigaud, p. 181) nous apprend que la tête seule fut peinte en 1699, et que l'artiste ne termina le portrait qu'en 1705. Le Musée acquit cette magnifique peinture pour la somme de 5,000 fr., en 1821, à la vente Crawford.

478. *Portraits de Marie Serre, mère de Rigaud.*

H. 0, 81, — L. 1, 01. — T. — Buste de gr. nat.

Les deux portraits sont sur la même toile et ont le même costume : fichu blanc, robe noire, boucles d'oreilles, coiffure de velours violet posée sur le derrière de la tête. La tête placée à gauche est entièrement de profil et tournée vers la droite ; l'autre tête, peinte à droite, est tournée un peu moins de profil vers la gauche, et l'on aperçoit en partie l'œil droit.

Musée Napoléon. — On lit dans les Mémoires inédits des membres de l'ancienne Académie royale de peinture (t. II, p. 117) : « En 1695, il fit le voyage de Roussillon pour se rendre chez sa mère. Il la peignit en trois différentes vues : une en face, l'autre en profil, et la troisième à trois quarts, afin que M. Coyzevox, son ami, un des plus habiles sculpteurs de France, qui devoit faire en marbre ce portrait, eût plus de facilité à le perfectionner. Cet ouvrage fait l'ornement le plus précieux du cabinet de ce fils reconnaissant, et doit y rester jusqu'au temps qu'il a destiné de le consacrer à l'Académie royale de peinture ; et ne s'étant pas voulu tenir à cette seule marque d'amour pour elle, il l'a fait graver ensuite par le sieur Drevet, un des plus habiles graveurs au burin de ce temps, afin de multiplier et de reproduire, en quelque façon, à la postérité celle qui l'a mis au monde. » C'est en 1704 que Rigaud exposa les portraits de sa mère, désignés ainsi dans le livret : « Madame Rigaud, la mère, en trois différentes attitudes. » Drevet n'a gravé, en 1702, que le portrait, exécuté sur une toile séparée, qui représente la mère de Rigaud de face, avec le même costume exactement que celui qu'elle porte dans le tableau inscrit sous ce numéro. Le buste de Coyzevox fait partie du Musée des sculptures modernes au Louvre.

479. *Portrait de Martin van den Bogaert, sculpteur connu en France sous le nom de Desjardins, né en 1640, mort en 1694.*

H. 1, 41. — L. 1, 06. — T. — Fig. jusqu'aux gen. de gr. nat.

Il est représenté la tête nue, vue de trois quarts, tournée à droite, vêtu de satin noir ; la main droite tenant un ciseau, la gauche appuyée sur la tête colossale en bronze de l'un des esclaves qui décoraient le monument de la place des Victoires, élevé à la mémoire de Louis XIV par le maréchal de La Feuillade. Dans le fond, à droite, un rideau rouge.

Gravé par Gérard Edelinck en 1698.

Musée Napoléon. — Ce portrait, peint en 1692, est un des tableaux de réception de Hyacinthe Rigaud à l'Académie royale de peinture, le 2 janvier 1700 (voir le n° 474). Les Mémoires inédits des membres de l'Académie (t. 1, p. 400) nous apprennent que le fils de Desjardins fit faire aussi, pour l'Académie, une copie de ce portrait par une *bonne main*. Parmi les ouvrages de Rigaud exposés au salon de 1704, on trouve un portrait de « feu M. Desjardins, l'un des quatre recteurs de l'Académie. » S'agit-il d'un portrait gravé par Gérard Edelinck en 1698, dont la Calcographie impériale possède la planche, et qui diffère de la peinture inscrite sous ce numéro?

480. *Portraits de Charles le Brun, premier peintre du roi Louis XIV, né en 1609, mort en 1690, et de Pierre Mignard, devenu également premier peintre du roi après le Brun. Il naquit en 1610, et mourut en 1695.*

H. 1, 30. — L. 1, 40. — T. — Fig. en buste de gr. nat.

Ils sont placés tous deux derrière une espèce de balustrade. A gauche, le Brun, vu de trois quarts, tourné à droite, porte un habit couleur feuille morte et un large manteau de velours violet; il tient sa palette et ses pinceaux d'une main, et son appui-main de l'autre. Mignard est à droite, vu presque de face, la tête également nue, vêtu de velours noir, une main appuyée sur un carton, l'autre élevée et paraissant désigner un objet.

Ancienne collection.

481. *Portrait de Jules-Hardouin Mansart, architecte et intendant des bâtiments du roi, né en 1645, mort en 1708.*

<small>H. 1, 40. — L. 1, 05. — T. — Fig. jusqu'aux genoux de gr. nat.</small>

Il est représenté tête nue, de trois quarts, tourné vers la droite, vêtu de noir, portant le cordon de l'ordre de Saint-Michel, et s'appuyant de la main droite sur un livre posé sur une table où se trouvent des instruments de mathématiques et un dessin d'architecture. On aperçoit à gauche, dans le fond, l'église des Invalides, bâtie d'après ses dessins.

Gravé par Edelinck en 1704.

<small>Ancienne collection. — Ce portrait a été peint en 1702.</small>

482. *Portraits de personnes inconnues.*

<small>H. 1, 25. — L. 1, 54. — T. — Fig. jusqu'aux genoux de gr. nat.</small>

Au milieu, un homme, tête nue, vue de trois quarts, tournée vers la droite, assis les jambes croisées l'une sur l'autre, pose la main gauche sur l'épaule d'une femme assise à droite, représentée presque de profil, tournée à gauche. Elle offre un bouquet de cerises à un jeune enfant assis à gauche et jouant avec un chien.

<small>Ancienne collection.</small>

483. *Portraits de deux femmes et d'un homme inconnus.*

<small>H. 0, 81. — L. 1, 01. — Forme ovale. — T. — Fig. en buste de gr. nat.</small>

L'homme est placé à gauche, la tête vue de trois quarts, tournée à droite, coiffée d'une toque de velours rouge et jaune formant une espèce de turban. Sa chemise n'est point fermée sur le cou, et il porte une robe de chambre. Au milieu, une jeune fille, tête nue, presque de profil, regarde à gauche; une bandelette blanche passe au milieu de ses cheveux relevés. A droite, une femme plus âgée, également tête nue et avec les cheveux relevés, se tourne de trois quarts vers le même côté; elle porte une robe violette et retient de la main droite, près de la poitrine, un manteau de velours bleu.

Ancienne collection. — Toutes les parties de ce tableau ne sont pas terminées.

ROBERT (HUBERT), *peintre, graveur, né à Paris en* 1733, *mort dans la même ville le* 15 *avril* 1808.

Ses parents voulaient lui faire embrasser l'état ecclésiastique, et ce fut à l'intercession de Michel-Ange Sloodtz, sculpteur, qu'il dut de pouvoir suivre enfin sa vocation pour la peinture et la permission de partir pour Rome. L'éloge que de jeunes artistes revenant de cette ville firent de son talent, engagea M. de Marigny, alors surintendant des bâtiments du roi, à écrire à M. de Choiseul, ambassadeur auprès du pape, pour demander à Robert un tableau de sa composition. Il fut tellement satisfait de la peinture que celui-ci lui envoya, qu'il lui accorda la pension d'élève sous le directorat de Natoire. Lorsque Jean-Claude Richard, abbé de Saint-Non, vint à Rome en 1759, il se lia avec cet amateur distingué, et l'accompagna, ainsi que Fragonard, dans son voyage qu'il fit dans toute l'Italie et la Sicile. Pendant douze ans Robert ne cessa de dessiner et de peindre les plus précieux monuments de l'Italie, et le nombre de ses études, durant cette période, est immense. Son ardeur pour le travail et sa témérité l'exposèrent plusieurs fois aux plus grands dangers. Il escalada les murs du Colisée de Rome, fit une excursion sur la corniche de Saint-Pierre et manqua périr dans le labyrinthe des catacombes. C'est ce dernier événement qui inspira à Delille l'épisode qui termine le quatrième chant du poëme de l'Imagination. Revenu en France, il fut reçu à l'Académie le 26 juillet 1766, comme peintre d'architecture, et donna pour sa réception le tableau inscrit sous le n° 484. L'impératrice Catherine II l'invita, en 1782 et 1791, à venir s'établir à Saint-Pétersbourg; mais malgré les offres avantageuses de l'impératrice, il ne put se décider à quitter sa patrie, et lui envoya des ouvrages qui furent magnifiquement payés. Robert était garde des tableaux du roi, conseiller de l'Académie et dessinateur des jardins royaux. C'est d'après ses plans qu'ont été construits les bains d'Apollon qui ornent le parc de Versailles, et on lui doit l'arrangement d'un grand nombre de jardins, entre autres de ceux de Méréville. A l'époque de la Révolution il perdit toutes ses places et fut incarcéré pendant dix mois. Durant sa captivité, son incroyable énergie et son amour pour l'art ne se démentirent point. On lui refusa d'abord des toiles et des couleurs; il trouva le moyen de se faire passer les couleurs dans des manches de poêlons de terre, et peignit sur les grossières assiettes destinées à son repas. Plus tard, ayant obtenu plus de facilités, il exécuta cinquante-trois tableaux et une foule de dessins qu'il distribua à ses compagnons d'infortune. Il fit le portrait que le poëte Roucher envoya à sa femme la veille de sa mort, et seul, tranquille au milieu d'événements terribles, lorsque la nuit, à la lueur des torches, on transporta, dans des charrettes découvertes, les prisonniers de Sainte-Pélagie à Saint-Lazare, il ne songea qu'à dessiner cette scène effrayante, dont il fit un tableau remarquable. Il échappa à la mort par un hasard providentiel, et un malheureux prisonnier qui portait le même nom que lui périt à sa place. Robert ne cessa de peindre jusqu'au dernier moment. Il fut frappé d'une attaque d'apoplexie le pinceau à la main. Son œuvre est immense. Il eut pour amis les personnages les plus distingués du XVIIIe siècle : Visconti, Greuze, Vernet, Hall, Mme le Brun, Grétry, Delille, Le Kain, Voltaire, pour qui il peignit, à Ferney, les décorations de son théâtre. Robert avait son atelier au Louvre et occupait à Auteuil la maison de campagne de Boileau. On y voyait une galerie ornée de ses seuls tableaux. Ses ouvrages ont été gravés par Saint-Non, Chatelain, Janinet, Liénard, Martini, Maugein, Le Veau, etc. Il a exposé aux salons de 1767, 1769, 1771, 1773, 1775, 1779, 1781, 1783, 1785, 1787, 1789, 1791, 1793, 1795, 1796 et de 1798.

484.* *Vue du port de Ripetta, à Rome.*

H. 1, 17. — L. 1, 45. — T. — Fig. de 0, 13.

Au milieu du tableau et au troisième plan, une vaste terrasse circulaire à la base de laquelle se trouve une fontaine sous une voûte. De chaque côté de la terrasse, de larges escaliers conduisant au quai sur les bords du Tibre, qui traverse le premier plan. Derrière la terrasse s'élève la rotonde ; à gauche, une partie du Vatican. De nombreuses figures sont répandues dans toute la composition. On remarque, au premier plan et au milieu, deux femmes et deux hommes assis ou appuyés sur des ballots, un homme agenouillé près de deux grands vases de terre. A gauche, deux barques sur le Tibre. — Signé, de ce côté : H. ROBERT, 1766.

Musée Napoléon. — Ce tableau, donné par Robert pour sa réception à l'Académie, le 26 juillet 1766, fut exposé au salon de 1767.

485. *L'arc de triomphe de la ville d'Orange; au second plan, le monument et le petit arc de Saint-Remy; dans le fond, l'amphithéâtre.*

H. 2, 42. — L. 2, 45. — T. — Fig. de 0, 25.

Au premier plan, à gauche, trois hommes, dont un portant un casque, se reposent sur des ruines d'architecture. Plus à droite, une femme assise par terre, ayant sur elle deux enfants. Contre l'arc de triomphe, cinq figures assises et debout. — Signé, à gauche : H. ROBERT, 1767.

Collection de Louis XVIII. — Ce tableau et le suivant furent donnés au roi Louis XVIII par disposition testamentaire de Mme veuve Robert, en 1822. Ils avaient été exposés au salon de 1787, et le livret de cette année les indiquait cependant comme *appartenant au roi*. Ils faisaient partie d'une suite de quatre tableaux représentant les principaux monuments de France.

486. *La Maison-Carrée, les Arènes et la tour Magne, à Nîmes.*

H. 2, 42. — L. 2, 45. — T. — Fig. de 0, 25.

Au premier plan, à gauche, un soldat, une lance à la main, est appuyé sur un fragment de colonne. Au milieu de la composition, deux vieillards et un jeune homme, placés sur des ruines, parlent à un autre homme qui est en face d'eux. Près de ce groupe, un vieillard monte les marches du temple. A droite, un sarcophage parmi des débris d'architecture, et dans le fond une voûte sur laquelle passe un chariot.

Collection de Louis XVIII. — (Voir la note du numéro précédent.)

487.* *Ruines antiques.*

H. 0, 72. — L. 0, 59. — T. — Fig. de 0, 10.

A droite, un homme, couché sur un fût de colonne brisée, pêche à la ligne dans un ruisseau dont le lit est en partie comblé par des fragments d'architecture. Sur le devant, à gauche, quatre jeunes filles sont placées sur l'autre rive, devant une statue de l'Abondance, et plus loin deux autres sont debout sur une éminence où s'élèvent les ruines d'une rotonde. Dans le fond, des montagnes boisées. — On lit sur le socle de la statue de

ROBERT (HUBERT).

l'Abondance : L'ULTIMO QUADRO DIPINTO DA H. ROBERT NELLO STUDI(O) DELL'ARCENAL. M. 21 XBRE 1779.

Ancienne collection.

488. *L'ancien portique de Marc-Aurèle.*

H. 1, 61. — L. 1, 16. — T. — Fig. de 0, 18.

Sous la voûte d'un grand portique s'élève la statue équestre de Marc-Aurèle, à laquelle est fixée une corde supportant du linge qui sèche. Au fond, à gauche, un temple circulaire à colonnes corinthiennes, et de tous côtés des fragments d'architecture et de sculpture. Au milieu de ces ruines, où le peintre a introduit un grand nombre de figures, on remarque un ouvrier sciant une pierre sur laquelle est sculpté un bas-relief. Près du piédestal de la statue, deux femmes, deux hommes, un enfant; à droite, sur des fragments, six personnes, et enfin sur le devant, un homme et une femme descendant dans un souterrain, tandis que deux hommes les regardent. — Signé, à droite : H. ROBERT, F. ANO. 1784.

Ancienne collection. — Ce tableau, exposé au salon de 1785, appartenait alors à M. le marquis de Montesquiou.

489. *Le portique d'Octavie, à Rome, servant de marché aux poissons.*

H. 1, 61. — L. 1, 16. — T. — Fig. de 0, 18.

Au premier plan, à gauche, le marché aux poissons. Un chien aboie après une femme portant un baquet d'eau ; plus loin, à droite, un homme et une femme transportent, sur une espèce de petit brancard, deux gros poissons. Dans le fond, au delà du portique, une rue en perspective occupée des deux côtés par des marchandes.

Ancienne collection. — Ce tableau, exposé en 1785, appartenait alors à M. le marquis de Montesquiou.

490.* *Le temple de Jupiter et différents monuments.*

H. 1, 04. — L. 1, 45. — T. — Fig. de 0, 20.

A droite, au deuxième plan, sur une éminence, les ruines du temple de Jupiter, dont on aperçoit la façade. Au bas de l'éminence, de nombreux fragments de bas-reliefs. Au premier plan, un grand vase sculpté sur un piédestal, et, près de ce vase, cinq hommes et une femme montés sur les ruines. Au pied du temple, la statue de l'Hercule Farnèse en marbre. De l'autre côté, à gauche, s'élève la statue équestre en bronze de Marc-Aurèle. Dans le fond, une galerie dont l'arcade centrale laisse voir une place avec un obélisque et d'autres galeries. Parmi les nombreuses figures introduites dans ce tableau, on distingue au premier plan trois hommes sortant d'une excavation avec des vases, et deux hommes debout au bord de cette fouille. — Signé, à droite : H. ROBERT, 1787.

Ancienne collection. — Ce tableau, indiqué par l'inventaire comme représentant des *Ruines d'architecture*, est très probablement celui exposé en 1787 sous ce titre : *Le temple de Jupiter, au pied duquel on voit une excavation où l'on trouve différents fragments antiques.* Il fut acheté à cette époque par le comte d'Artois.

491. *Temple circulaire surmonté d'un pigeonnier.*

H. 1, 00. — L. 0, 57. — T. — Fig. de 0, 10.

Au premier plan et au milieu de monuments antiques ruinés, deux femmes regardent un grand bas-relief. Plus loin, à gauche, un homme sur les marches du temple cherche à attraper des pigeons. Dans le fond, une femme porte, avec un bâton placé sur son épaule, un seau et du linge. — Signé : H. ROBERT, 1788.

Ancienne collection. — Ce tableau, inscrit à tort par l'inventaire comme représentant le *Temple de la sibylle*, fut exposé en 1789; le livret le désigne ainsi: *Un temple circulaire jadis dédié à Vénus, et que l'on a restauré pour servir d'asile libre aux pigeons qui désertent les colombiers.*

492. *Sculptures rassemblées dans un hangar pratiqué sous les ruines d'un monument antique.*

H, 1, 01. — L. 1, 41. — T. — Fig. de 0, 20.

Au milieu de la composition, un homme dessine ; à gauche, un gros chien couché ; plus loin, un homme monté sur une échelle donne un bouquet à une jeune fille qu'on aperçoit à une fenêtre. Parmi les statues introduites dans la composition, on remarque celles de Zénon, d'un faune jouant de la flûte, et d'un fleuve couché.

Ancienne collection.

ROBERT (Louis-Léopold), *né le* 13 *mai* 1794 *à La Chaux-de-Fonds (canton de Neufchâtel, en Suisse), mort à Venise le* 20 *mars* 1835.

Léopold Robert fut confié, en 1810, à M. Girardet, graveur, qui le conduisit à Paris et lui enseigna son art. En 1814, il remporta le second grand prix de gravure au concours où M. Forster obtint le premier. Tout en étudiant cet art, il apprenait à peindre à l'école de David. En 1815, il concourut de nouveau pour le grand prix de gravure ; mais le comté de Neufchâtel ayant été rendu, depuis la restauration des Bourbons, à la Prusse, L. Robert fut rayé du nombre des concurrents comme étranger. C'est alors qu'il résolut de se livrer entièrement à la peinture et fréquenta assidûment l'école de David jusqu'en 1816, époque de l'exil de ce peintre célèbre. Léopold retourna alors dans son pays, et fit, pendant environ dix-huit mois, un assez grand nombre de portraits. Plusieurs d'entre eux frappèrent si vivement un amateur de Neufchâtel, M. Roullet Mézerac, qu'il proposa au jeune artiste de lui avancer la somme nécessaire pour aller en Italie continuer ses études, somme qu'il rembourserait sur ses économies futures. Robert arriva à Rome en 1818, étudia les maîtres avec ardeur, et se fit connaître par de petits tableaux qui étaient fort recherchés des amateurs. En 1819, il obtint du gouverneur de Rome la permission de travailler dans un local où étaient rassemblés plus de deux cents montagnards, hommes, femmes et enfants, tous parents de brigands répandus dans les montagnes et dont les figures accentuées, les costumes pittoresques lui parurent très intéressants à reproduire. Après avoir terminé une douzaine de tableaux, il les exposa. Ses ouvrages excitèrent une véritable sensation parmi les artistes qui habitaient Rome, et un riche amateur, M. le colonel de la Marre, contribua particulièrement à son succès. A partir de ce moment, la fortune le regarda d'un œil favorable, comme il le dit dans une de ses lettres. Il fit venir son jeune frère **Aurèle**, qui devint peintre d'intérieur, et finit par s'acquitter envers M. Mézerac. La première peinture importante tentée par Robert fut une Corinne improvisant au cap Misène. Mais, peu satisfait de ce sujet, qui ne convenait pas à la nature de son talent, il gratta la figure de Corinne et y substitua un improvisateur napolitain, qui parut au salon de 1822. Des scènes de brigands, des représentations de paysans et de paysannes de la campagne de Rome ou des environs de Naples, l'occupèrent jusqu'au moment où il conçut l'idée de caractériser en quatre tableaux les saisons et les quatre principaux peuples de l'Italie. Le Retour du pèlerinage de la Madone de l'Arc devait représenter Naples et le printemps; les Moissons dans les marais Pontins, Rome et l'été. Il choisit pour symbole de Florence et de l'automne, les Vendanges de Toscane ; pour celui de Venise et de l'hiver, le Carnaval. De cette suite, Robert n'exécuta que la Fête de la Madone de l'Arc, les Moissonneurs, et le Départ des pêcheurs de l'Adriatique, qui remplaça la scène du Carnaval de Venise. Ce tableau, qui appartient maintenant à M. Paturle, fut son dernier ouvrage, et il ne peignit pas les Vendanges de Toscane. Depuis plusieurs années, des chagrins, dont Robert cachait soigneusement la cause, surexcitèrent sa sensibilité naturelle, et, dans un accès de paroxysme nerveux, il se donna la mort, dix ans après, jour pour jour, la fin volontaire d'un de ses frères. Robert fit un voyage à Paris en 1831, année où furent exposés les Moissonneurs, et reçut la croix de la Légion-d'Honneur à la suite du salon. Il alla ensuite pendant quelques mois dans sa famille, à La Chaux-de-Fonds, se rendit à Florence, y peignit deux petits tableaux, et revint à Venise au mois de février 1832, pour commencer son tableau des Pêcheurs, dont l'exécution lui causa une peine infinie, ainsi qu'on peut le voir par ses lettres, publiées dans le livre intéressant de M. Feuillet de Conches, intitulé: *Robert, sa vie, ses œuvres, sa correspondance*. Il a exposé aux salons de 1822, 1824, 1827, 1831 et de 1835. Un tableau et une esquisse parurent, après sa mort, au salon de 1836. M. Prévost a gravé ses toiles les plus importantes. Il était membre de l'Académie de Berlin depuis 1825, et fut reçu à celle de Venise en 1835.

493. *L'arrivée des moissonneurs dans les marais Pontins.*

H. 1, 37. — L, 2, 11. — T. — Fig. de 0, 66.

Au milieu de la composition, un char traîné par des buffles que maintient au repos un jeune homme appuyé sur un aiguillon et sur le timon de la voiture. Le char porte un vieillard, le maître du champ, assis sur des bagages, qui indique la place où il faut s'arrêter et déployer la tente, qu'un jeune homme, debout derrière lui, tient roulée autour de ses piquets. Auprès du vieillard, également sur le char, et debout, une femme avec son enfant emmailloté dans ses bras. A gauche, trois jeunes moissonneuses et deux moissonneurs ; à droite, deux autres moissonneurs : l'un danse en levant sa faucille, l'autre en soufflant dans une cornemuse, tandis qu'un homme, monté sur un buffle de l'attelage, armé d'un aiguillon, les regarde. Plus loin, du même côté, des femmes et des hommes se reposant sur la terre. A l'horizon les sommets de Monte-Circello. — Signé : Léopold Robert, Rome, 1830.

Gravé par Z. Prévost; par Paul Mercury, en petite dimension, pour le journal l'Artiste.

Collection de Louis-Philippe. — C'est à son retour à Rome, après un séjour de quelques mois dans les marais Pontins, en 1829, que Robert commença ce tableau, dans l'intention qu'il fit pendant à la Fête de la Madone placée au Luxembourg. Cette peinture, exposée d'abord au Capitole, fut extrêmement appréciée par les Romains, et son apparition au salon du Louvre en 1831, salon où l'artiste envoya sept autres ouvrages, produisit une grande sensation. Les Moissonneurs furent payés 8,000 fr. par la Liste civile et prirent place dans la galerie particulière du roi au Palais-Royal. Ce n'est qu'après la mort de L. Robert que Louis-Philippe donna ce tableau au Musée du Louvre.

494. *Le retour du pèlerinage à la Madone de l'Arc.*

H. 1, 37. — L. 2, 14. — T. — Fig. de 0, 64.

Vers la gauche, sur un char traîné par deux bœufs aux cornes dorées, au joug surmonté de feuillages et de blé en herbe, est assise une jeune femme qui s'appuie sur un thyrse orné de fleurs, d'amulettes, d'images de la Vierge et des saints. Derrière elle, un jeune homme, dont le chapeau pointu est couvert de feuilles et de fleurs, la soutient par la taille, et une femme détache une fleur du thyrse tenu par un jeune garçon appuyé sur un enfant lazzarone qui souffle dans un sifflet de fer-blanc. A l'arrière du char, plus bas que ce groupe, l'improvisateur napolitain chante en s'accompagnant de la mandoline. Devant la roue du char, parée de bouquets de genêt et de lavande, deux femmes dansent, l'une en frappant du tambour de basque, l'autre en déployant son tablier. Près des bœufs, un lazzarone danse également et fait résonner ses castagnettes. En avant du char, tout à fait à droite, deux enfants du peuple : le plus jeune, presque nu, porte un thyrse sur l'épaule; l'autre frappe en cadence une espèce de crécelle composée de trois maillets de bois qui s'ouvrent en éventail. — Signé, à gauche : *L^{ld}. Robert. Rome* 1827.

Gravé par Z. Prévost.

Collection de Charles X. — Le pèlerinage à la *Madone de l'Arc*, chapelle située dans un petit village à quelque distance de Naples, a lieu aux fêtes de la Pentecôte. Les gens du peuple, revêtus de leurs plus beaux costumes, s'y rendent en foule pour prier la Vierge d'être favorable à leurs récoltes. Ce tableau fut terminé en 1827, et exposé à Paris au salon de la même année. En 1828, le roi en fit l'acquisition, pour le Musée du Luxembourg, au prix de 4,000 fr.

SAINT-OURS (JEAN-PIERRE), *né à Genève le 4 avril 1752, mort dans la même ville le 6 avril 1809.*

Son père l'envoya à Paris à l'âge de 16 ans et le fit entrer à l'école de Vien. Il obtint divers prix en 1772 et 1774, remporta le deuxième en 1778 et le premier en 1780. Le sujet du concours était l'Enlèvement des Sabines, tableau inscrit sous le numéro suivant. Saint-Ours, étant étranger et protestant, n'avait pas droit à la pension de Rome ; il dut se rendre dans cette ville à ses frais, mais il fut admis à jouir des priviléges accordés aux élèves couronnés. Le jeune artiste se livra à des études sérieuses, peignit des compositions historiques qui lui méritèrent la protection du cardinal de Bernis, ambassadeur de France à Rome, et du marquis de Créqui. Le climat d'Italie ayant altéré sa santé, il revint, au mois d'août 1792, se fixer définitivement à Genève. A l'époque de la Révolution, Saint-Ours renonça à la grande peinture et ne fit plus guère que des portraits. En 1803, le gouvernement français ayant mis au concours le sujet du Concordat, il envoya un dessin à Paris, et, seul des soixante-douze concurrents, obtint un accessit. C'est alors qu'il fut nommé membre correspondant de l'Institut. La plus grande partie des ouvrages de Saint-Ours ont été recueillis par des amateurs de Genève ; plusieurs sont exposés dans le musée de cette ville.

495.* *L'enlèvement des Sabines.*

H. 1, 13. — L. 1, 45. — T. — Fig. de 0, 70.

Au premier plan, à droite, un Romain enlève une Sabine ; près d'elle, une de ses compagnes, que sa mère s'efforce de retenir, implore à genoux un soldat. Plus en avant, un autel renversé, et au milieu de la composition, un enfant étendu par terre. Au second plan, à gauche, debout sur le péristyle d'un palais et accompagné de sénateurs, Romulus donnant le signal. Dans le fond, divers édifices.

Musée Napoléon. — Ce tableau, qui était porté aux inconnus sur les inventaires, obtint en 1780 le grand prix de peinture à l'Académie.

SANTERRE (JEAN-BAPTISTE), *né à Magny, près Pontoise, en 1650, mort à Paris le 21 novembre 1717.*

Après avoir eu pour premier maître **François Lemaire**, peintre médiocre de portraits, il passa à l'école de Boulogne l'aîné, et étudia avec beaucoup de soin la perspective et surtout l'anatomie. Désireux d'assurer à ses ouvrages une longue durée, il se livra à de nombreuses observations sur la fixité des couleurs exposées en plein air, et réduisit à cinq celles qu'il crut pouvoir employer sans inconvénient; il mettait, en outre, sécher ses peintures au soleil et ne les vernissait qu'au bout de dix ans. Travaillant avec une extrême lenteur, il peignit fort peu de tableaux d'histoire et n'aborda pas de compositions compliquées. Il fit d'abord des portraits; mais il abandonna bientôt ce genre, ne pouvant supporter patiemment les observations les plus contradictoires et souvent les plus fausses faites sur la ressemblance, les attitudes et les costumes des personnes qu'il avait représentées. Il déclara alors qu'il ne voulait plus peindre que des têtes de *fantaisie* et n'imiterait, dans les modèles, que les traits qui lui sembleraient agréables. Malgré la bizarrerie de cette condition, il trouva beaucoup de gens qui s'y soumirent. Santerre a exécuté aussi des demi-figures allégoriques ou mythologiques qui étaient fort recherchées de son temps. Il fut reçu à l'Académie le 18 octobre 1704, et donna pour sa réception une Suzanne inscrite sous le numéro suivant, ainsi que le portrait de Coypel, directeur de l'Académie. Le roi lui commanda une sainte Thérèse en méditation pour la chapelle de Versailles; cet ouvrage lui valut une pension et un logement au Louvre. Sa dernière peinture, et une des plus importantes, fut un Adam et Eve au milieu du Paradis terrestre. Santerre avait formé chez lui une académie de jeunes filles qui lui servirent souvent de modèles. **Geneviève Blanchot**, plus connue sous le nom de **Godon**, était son élève de prédilection, et a été exclusivement occupée à faire des copies d'après ses tableaux. Santerre l'a peinte fréquemment dans ses compositions. Il n'a exposé qu'une fois, en 1704. Plusieurs de ses ouvrages ont été gravés par Château, Bricart, Rochefort, N. Tardieu et B. Picart.

496. *Suzanne au bain.*

H. 2, 05. — L. 1, 45. — T. — Fig. de gr. nat.

Suzanne entièrement nue, le corps tourné vers la gauche, retient de la main droite une draperie sur laquelle elle est assise au bord du bassin où elle va se baigner. Un de ses pieds est déjà dans l'eau. Au fond, à droite, dans le jardin et cachés derrière un mur, les deux vieillards.

> Gravé par Gandolfi dans le Musée royal ; par Porporati (Calc. imp.). — Landon, t. 3, pl. 45. — Filhol, t. 8, pl. 555.

Musée Napoléon. — Cette peinture, placée autrefois dans les salles de l'Académie, est un des tableaux de réception (18 octobre 1704) de Santerre, qui dut fournir en outre le portrait de Coypel, alors directeur de l'Académie royale.

497. *Portrait de femme en costume vénitien.*

H. 0,90. — L. 0,72. — T. — Fig. en buste de gr. nat.

Elle est représentée de trois quarts, tournée à droite, vêtue d'une robe montante, de couleur verdâtre, agrafée sur la poitrine par des pierreries ; elle tient de la main droite, qui est gantée, un jonc garni d'une chaînette d'or, avec lequel elle relève la mantille qui lui couvre la tête.

Ancienne collection.

SIGALON (XAVIER), *né vers la fin de 1788 à Uzès (département du Gard), mort à Rome le 18 août 1837.*

Sigalon apprit les éléments de la peinture d'un élève médiocre de David, nommé **Monrose**, qui était venu s'établir à Nîmes. Ses premiers ouvrages furent trois tableaux religieux placés dans la cathédrale de cette ville, dans l'église du village de Ruffan, et dans celle des Pénitents d'Aigues-Mortes. Sigalon vint à Paris à l'âge de 29 ans, afin de compléter ses études, et entra à l'atelier de Pierre Guérin, qu'il quitta au bout de six mois pour travailler en compagnie de M. **Souchon**, un de ses compatriotes. C'est à la contemplation continuelle des chefs-d'œuvre rassemblés au Louvre que Sigalon dut son talent. La Courtisane, inscrite sous le n° 499, fut le premier tableau qu'il exposa. Il peignit ensuite la Délivrance de saint Pierre pour le village de Robiac, près d'Alais ; Locuste essayant sur un esclave le poison destiné à faire périr Britannicus, qui lui mérita une médaille d'or au salon de 1824, et se voit placé maintenant au musée de Nîmes; Athalie faisant massacrer ses enfants, au musée de Nantes ; un Baptême du Christ, pour la cathédrale de Nîmes; la Vision de saint Jérôme (n° 498) et le Christ en croix, actuellement à Issingeaux, département de la Haute-Loire. L'artiste reçut, après ces deux derniers ouvrages, la croix de la Légion-d'Honneur. Malgré ce succès, Sigalon se trouva bientôt sans commandes et sans ressources ; il quitta Paris, retourna à Nîmes, renonça à la grande peinture et ne fit plus que des portraits. M. Thiers, alors ministre, le rappela à Paris et le chargea d'aller copier à Rome, pour une salle du palais des Beaux-Arts, la fresque du Jugement dernier, de Michel-Ange. On lui accorda, pour ce travail gigantesque, une somme de 58,000 fr., à laquelle on ajouta une indemnité de 20,000 fr. et une pension viagère de 3,000 fr., dont l'artiste ne devait pas jouir longtemps. Sigalon partit pour Rome au mois de juillet 1833, se mit à l'œuvre aidé par son élève, M. Numa Boucoiran. Sa copie, exposée dans les Thermes de Dioclétien, produisit une vive sensation. Le pape Grégoire XVI, suivi d'un cortége de cardinaux, vint la voir. Il tendit la main au courageux artiste, honneur réservé seulement aux souverains, et le félicita vivement d'avoir si bien réussi dans une entreprise qui offrait des difficultés de tout genre. Sigalon rapporta sa copie à Paris, au mois de février 1837, et retourna quelque temps après à Rome afin d'y copier les pendentifs de la chapelle Sixtine; mais il ne put achever ce travail, et succomba à une attaque de choléra. Il fut enterré à Saint-Louis-des-Français. Il a exposé aux salons de 1822, 1824, 1827 et de 1831.

498. *La vision de saint Jérôme.*

H. 4,38. — L. 2, 65. — Forme cintrée dans le haut. — T. — Fig. plus gr. que nat.

Saint Jérôme, couché sur un rocher, les bras étendus, se réveille saisi de terreur. Trois anges lui apparaissent pendant son sommeil : deux font retentir à ses oreilles la trompette du jugement dernier, et le troisième lui montre le ciel. Près de saint Jérôme, à droite, un lion endormi dont on ne voit que la tête, un sablier, un livre ouvert et une tête de mort. — Signé : *X. Sigalon 1829*.

Collection de Charles X. — Ce tableau, commandé par la Liste civile en 1825, fut payé 4,000 fr., et parut au salon de 1831.

499. *La jeune courtisane.*

H. 1, 22. — L. 1, 58. — T. — Fig. à mi-corps de gr. nat.

Une jeune femme vue de trois quarts, tournée à gauche, coiffée d'une toque noire ornée d'une plume blanche, portant un costume à la mode du XVIe siècle, reçoit d'une main les bijoux renfermés dans un riche coffret que lui présente un homme entre deux âges, appuyé à gauche sur une table; de l'autre main, elle prend un billet sur lequel on lit : *All' idolo del mio cuore*, que vient de lui remettre un jeune homme placé à droite. Derrière la courtisane, une négresse pose un doigt sur sa bouche et recommande au jeune homme le silence. — Signé : *X. Sigalon 1821*.

Gravé par Reynolds.

Collection de Louis XVIII. — Ce tableau, le premier exposé par l'artiste, fut acheté 2,000 fr. à la suite du salon de 1822, et placé au Musée du Luxembourg.

SILVESTRE (*attribué à* CHARLES-NICOLAS DE), *dessinateur, peintre, graveur, né à Paris en* 1699, *mort à Valenton au mois de mars* 1767.

Il était fils et élève de **Charles-François Silvestre**, et fut reçu à l'Académie, comme peintre de paysages, le 30 décembre 1747. Il épousa Charlotte-Suzanne Le Bas, fille de l'habile graveur, dont il eut **Jacques-Augustin Silvestre**, né à Paris le 1er août 1719, mort dans la même ville le 10 juillet 1809, qui succéda à son père dans les fonctions de maître de dessin des enfants de France. Il fit un voyage à Rome, où il s'occupa, pendant trois ans, à dessiner la plus grande partie des chefs-d'œuvre renfermés dans cette ville. — La famille Silvestre, originaire d'Ecosse, vint s'établir en Lorraine au commencement du XVIe siècle, et tous ses membres furent dessinateurs, peintres ou graveurs habiles. **Gilles Silvestre**, l'artiste de ce nom le plus ancien connu, naquit à Nancy, épousa Elisabeth Henriet, fille de **Claude Henriet**, peintre du duc de Lorraine, et, quoique déjà âgé, se livra avec ardeur à la peinture, non sans succès. — **Israël Silvestre**, né à Nancy en 1621, mort à Paris le 11 octobre 1691, fut élève de son père, Gilles Silvestre, et de son oncle maternel, **Israël Henriet** (né à Nancy en 1090, mort à Paris en 1761). Il a dessiné, le plus souvent à la plume, et gravé avec une grande finesse une foule de vues, de monuments, de maisons royales, de villes de France, d'Italie et d'Espagne, fort recherchées. Louis XIV, charmé de son habileté, créa pour lui la charge de maître de dessin des enfants de France, qui devint en quelque sorte héréditaire dans la famille. Il eut quatre fils. **Alexandre Silvestre**, l'aîné, naquit à Paris en 1650 : on connaît des paysages gravés par lui. **Charles-François de Silvestre**, né à Paris en 1667, peintre, était élève de Joseph Parrocel et maître de dessin des enfants de France. **Louis Silvestre**, l'aîné, mort le 18 avril 1740, fut reçu à l'Académie, le 30 octobre 1706, comme peintre de paysage. **Louis de Silvestre**, le *jeune*, né à Paris en 1675, mort dans la même ville le 12 avril 1760, élève de le Brun et de Bon Boulogne, entra à l'Académie le 24 mars 1702. Il donna comme tableau de réception la Formation de l'homme par Prométhée, maintenant au Musée de Montpellier. On le nomma adjoint à professeur le 5 janvier 1704, et professeur le 3 juillet 1706. Auguste III, roi de Pologne et électeur de Saxe, l'appela à sa cour et lui donna des lettres de noblesse, faveur qu'il concéda également à son frère Charles-François. Après un séjour de près de trente ans en Allemagne, il revint à Paris et fut nommé directeur de l'Académie le 29 juillet 1752. Il a exposé aux salons de 1704, 1750 et de 1757. Les femmes et les filles des Silvestre se distinguèrent également dans l'art de la gravure.

500. *Paysage.*

H. 0, 30. — L. 0, 36. — C. — Fig. de 0, 05.

Des vaches, des moutons, des chèvres, paissent sur une pelouse au milieu de laquelle s'élève un pin d'Italie. Au premier plan, à droite, un pâtre, une femme et trois petits enfants sont assis au pied d'un arbre; un paysan se tient debout auprès d'eux. A gauche, un autre pâtre couché par terre. Sur un plan plus reculé, à droite, deux hommes attablés devant la porte d'une maison située au bord d'une route où cheminent un campagnard et son âne. Plus loin, un voyageur à cheval donne l'aumône à un mendiant.

Musée Napoléon. — Ce tableau, qui provient de l'ancienne Académie royale de peinture, est inscrit sur les inventaires sous le nom de Louis Silvestre (l'aîné); mais il ne peut être l'ouvrage donné par cet artiste pour sa réception, car sa dimension et sa description n'ont aucun rapport avec cette petite composition. En outre, le costume des personnages est postérieur à 1740, époque de la mort de Louis. Il nous semble donc plus convenable de l'attribuer à Charles-Nicolas Silvestre.

STELLA (JACQUES), *né à Lyon en* 1596, *mort au Louvre le 29 avril* 1657.

La famille des Stella était originaire de Flandre. Jacques n'avait que 9 ans quand son père, **François Stella**, en revenant d'Italie, mourut fort jeune à Lyon, où il s'était établi. Jacques Stella indiqua de bonne heure de grandes dispositions; à l'âge de 20 ans il alla à Florence, et le grand-duc Côme de Médicis, après l'avoir employé aux décorations des fêtes célébrées pour le mariage de son fils Ferdinand, l'attacha à sa cour, lui donna un logement et lui accorda une pension semblable à celle qu'il faisait au célèbre graveur Jacques Callot. Stella, après un séjour de sept années à Florence, se rendit à Rome, en 1623, accompagné de son frère, **François Stella**, peintre moins habile que lui. Il demeura douze ans à Rome, étudia les antiques, fit de nombreux ouvrages de grande et petite dimension, et se lia intimement avec Poussin, dont il chercha constamment à imiter la manière. Le roi d'Espagne ayant eu occasion de voir de ses tableaux, voulut se l'attacher; mais au moment de son départ, Stella, pour une cause futile, et sur un faux témoignage, fut mis en prison, ainsi que son frère et ses domestiques. Bientôt son innocence ayant été reconnue et ses accusateurs punis, le maréchal de Créqui, revenant en France après son ambassade, le ramena à sa suite. Il quitta Rome en 1634, visita Venise et les principales villes de l'Italie. A Milan, le cardinal Albornos, qui en était gouverneur, lui offrit vainement la place de directeur de l'Académie de peinture. Arrivé à Paris, il travailla pour l'archevêque Jean-François de Gondi, et reçut l'ordre du cardinal de Richelieu d'abandonner le projet qu'il avait formé de passer en Espagne. Le cardinal lui donna une pension de 1,000 livres, un logement au Louvre, et lui fit faire pour lui, ainsi que pour le roi et les princes, de nombreux tableaux. M. de Noyers lui commanda aussi des compositions pour illustrer les livres de l'Imprimerie royale. En 1644, il reçut la croix de Saint-Michel et le brevet de premier peintre de Sa Majesté. Outre ses tableaux, on a gravé de nombreuses suites de jeux d'enfants, de vases, d'ouvrages d'orfévrerie, d'ornements d'architecture, qu'il se plaisait à dessiner pendant les soirées d'hiver. Les principaux artistes qui ont ainsi reproduit ses ouvrages sont: Edelinck, les Poilly, Goyrand, Couvay, Daret, Rousselet, Greutter, Audran, Paul Bosse, Mellan, et surtout sa nièce Claudine Stella. Paul Maupain, d'Abbeville, a gravé aussi sur bois une centaine de planches d'après Stella. Ses élèves furent **Georges Charmeton**, **Antoine Bouzonnet** dit **Stella**, son neveu, qui suivit entièrement sa manière; il naquit à Lyon en 1634, mourut dans la même ville le 9 mai 1682, fut reçu à l'Académie royale de peinture, le 27 mars 1666, sur un tableau représentant les Jeux Pythiens (au Louvre), et nommé adjoint à professeur le 29 novembre 1681. — **Jean Stella**, grand-père de Jacques, peintre, né à Malines en 1525, se retira à la fin de sa vie à Anvers, et y mourut en 1601. — **François Stella**, son fils, et père de Jacques, dont il a été déjà parlé, mourut à Lyon en 1605, à l'âge de 42 ans. — **François Stella**, frère de Jacques, mort le 26 juillet 1647, à l'âge de 42 ans, alla aussi en Italie, n'y demeura que cinq ou six ans, et en revint avec son frère. Il a peint quelques tableaux d'églises; mais engagé toute sa vie dans de nombreux procès, il a peu produit.

501. *Jésus-Christ recevant la Vierge dans le ciel.*

H. 0, 30. — L. 0, 41. — Forme octogone. — Fig. de 0, 21.

Le Christ debout, tourné à gauche, tenant l'étendard de la foi et porté sur des nuages, prend une main de la Vierge, qui appuie l'autre sur la poitrine de son fils et lève les yeux vers lui. Derrière le Christ, un ange joint les mains; deux autres sont à genoux derrière la Vierge.

Landon, t. 3, pl. 47. — Filhol, t. 3, pl. 146.

Ancienne collection. — Ce tableau est peint sur albâtre oriental. Les veines et les accidents de la pierre servent de fond.

502. *Minerve venant visiter les Muses.*

H. 1, 15. — L. 1, 52. — T. — Fig. de 0, 50.

A droite, dans un paysage où s'élèvent de grands arbres, Minerve, le casque en tête, armée de la lance et du bouclier, s'avance vers les Muses, reconnaissables à leurs divers attributs. Thalie, vue de dos, est assise par terre. Sur le premier plan, à gauche, trois petits amours voltigent au milieu des arbres. Dans le fond, on aperçoit le cheval Pégase conduit par des amours.

Landon, t. 3, pl. 49.

Ancienne collection.

SUBLEYRAS (Pierre), *peintre, graveur, né à Uzès en 1699, mort à Rome le 28 mai 1749.*

Son père, **Mathieu Subleyras**, peintre médiocre, après lui avoir enseigné les éléments de l'art, l'envoya à Toulouse à l'âge de 15 ans et le mit sous la direction d'**Antoine Rivalz**. En 1724, Subleyras vint à Paris et se fit connaître avantageusement en montrant des dessins de plafonds qu'il avait exécutés à Toulouse. Il concourut, deux ans après son arrivée, pour le grand prix à l'Académie, et le remporta ; le sujet du concours était le Serpent d'airain, et son prix fut longtemps exposé dans la salle du Modèle. En 1728, il alla à Rome comme pensionnaire du roi, resta sept ans et demi dans cette ville, et y épousa, en 1739, **Maria-Felice Tibaldi**, célèbre miniaturiste et sœur de la femme de **Trémollière**. Peu de temps après, l'Académie de Saint-Luc le reçut au nombre de ses membres, et il donna pour sa réception l'étude du Repas de Jésus-Christ chez Simon le Pharisien, tableau peint pour les chanoines d'Asti (en Piémont). Le pape, les cardinaux, les princes romains lui demandèrent des ouvrages, et le cardinal Valenti Gonzague, secrétaire d'Etat, lui fit obtenir, pour l'église de Saint-Pierre, la commande d'un grand tableau destiné à être reproduit en mosaïque, honneur qu'on n'accordait guère à un artiste encore vivant. En 1745, on exposa pendant trois semaines, à Saint-Pierre, le tableau représentant la Messe grecque dite par saint Basile et l'évanouissement de l'empereur Valens à l'offrande des pains ; puis on le transporta à l'atelier de mosaïque ; il décora ensuite l'église des Chartreux à Termini. La santé de Subleyras, profondément altérée, exigea qu'il interrompît cet ouvrage pour faire un voyage à Naples. Il y peignit plusieurs portraits, ne resta que sept mois dans cette ville, et revint à Rome, où il succomba à une maladie de langueur. Subleyras a fait des tableaux d'églises pour Rome, Asti, Milan, Grasse (en Provence) et Toulouse. Il a aussi exécuté de petits tableaux de genre pour les cabinets de plusieurs amateurs. Barbaut a gravé son Martyre de saint Pierre. Il n'a pas exposé aux salons.

503.* *Le serpent d'airain.*

H. 0,97. — L. 1,30. — T. — Fig. de 0, 60.

A droite, au second plan, Moïse montre aux Israélites le serpent d'airain dont la vue doit guérir ceux que les reptiles envoyés par le Seigneur avaient mordus. Des hommes, des femmes, des enfants, debout ou couchés par terre, l'entourent et implorent leur guérison. A gauche, une longue ligne de tentes se prolongeant dans la plaine, fermée à l'horizon par des montagnes.

Landon, t. 3, pl. 50.

Musée Napoléon. — Ce tableau obtint en 1727 le premier prix de peinture à l'Académie.

504. *La Madeleine aux pieds de Jésus-Christ, chez Simon le Pharisien.*

H. 2, 15. — L. 6, 79. — T. — Fig. de gr. nat.

Le repas est servi dans une vaste salle et les convives de Simon sont couchés sur des lits disposés autour de la table. Jésus-Christ occupe l'angle à gauche : la Madeleine, agenouillée devant lui, après avoir répandu des parfums sur les pieds du Sauveur, les essuie avec ses cheveux. Au milieu de la composition, et au premier plan, deux serviteurs transportent des mets et des vases. Au fond de la salle s'élève un dressoir garni de vaisselle d'or et d'argent. A droite, sur le devant, un gros chien ronge un os. — On lit au bas de ce tableau, à gauche : P. SUBLEYRAS UTICIENSIS PINXIT ROMÆ 1739.

Gravé à l'eau-forte par Subleyras. — Landon, t. 3, pl. 51.

Musée Napoléon. — Ce tableau fut peint pour des religieux d'un couvent d'Asti, près de Turin.

505. *La Madeleine aux pieds de Jésus-Christ, chez Simon le Pharisien.*

H. 0, 24. — L. 0. 63. — T. — Fig. de 0, 12.

Collection de Louis XVI. — Esquisse terminée du tableau précédent. « Je certifie et déclare aussi avoir en mes mains le tableau de Subleyras (l'esquisse inscrite sous ce numéro) représentant la Magdelaine au pied de Jésus-Christ chez le Pharisien, acheté sous mon nom pour le compte du Roy et par les ordres de Monsieur le comte d'Angiviller, 8,101 liv. A Paris, le 8 mars 1787. Approuvé l'écriture : signé Robert. » (Archives du Musée.) Hubert Robert était alors, avec Jollain, garde du Museum. Ce fut à la sollicitation de l'Académie même que M. d'Angiviller fit faire l'acquisition de cette esquisse.

506. *Le martyre de saint Hippolyte.*

H. 0, 74. — L. 1, 00. — T. — Fig. de 0, 46.

Au premier plan, saint Hippolyte est attaché par les pieds à la queue d'un cheval en liberté, qu'excite à coups de fouet un cavalier. A gauche, un corps décapité, et une femme tombée la face contre terre. A droite, une autre femme renversée. Dans le fond, à gauche, l'empereur Valérius assis et entouré de ses conseillers. Dans le ciel, des anges apportent aux martyrs des palmes et une couronne.

Ancienne collection.

507. *Le martyre de saint Pierre.*

H. 1, 36. — L. 0, 82. — Forme cintrée dans le haut. — T. — Fig. de 0, 60.

Les exécuteurs dressent la croix sur laquelle est attaché saint Pierre, la tête en bas, et vont la fixer en terre. Deux d'entre eux la poussent par derrière, tandis que deux autres la retiennent avec des cordes. Au premier plan, à gauche, deux soldats, dont on ne voit qu'une partie du corps, sont assis par terre. Dans les airs, un ange entouré de chérubins descend du ciel et apporte au saint une couronne.

Filhol, t. 11, pl. 8.

Ancienne collection,

508. *La messe de saint Basile.*

H. 1, 34. — L. 0, 78. — Forme cintrée dans le haut. — T. — Fig. de 0, 68.

L'empereur Flavius Valens, ayant embrassé l'arianisme, voulait contraindre Basile, évêque de Césarée, à l'imiter. Ému de la résistance du saint, il se rend, le jour de l'Épiphanie, dans l'église où l'évêque célébrait les saints mystères, et ce spectacle lui cause une telle impression qu'il perd connaissance dans les bras de ses officiers. — L'empereur est à droite, sur les marches de l'autel, et tombe évanoui dans les bras de ses officiers. Au premier plan, à gauche, un homme prend des mains d'un enfant une corbeille remplie de pain, et dans la partie supérieure volent deux anges.

Collection de Louis XVI. — Acquis pour le roi, en 1777, à la vente de Randon de Boisset, receveur général des finances, moyennant le prix de 6,799 liv. 19 sous (Registre de caisse des bâtiments du roi). Cette composition, exécutée en grand à Rome en 1745, fut placée dans l'église des chartreux à Termini, et reproduite dans la basilique de Saint-Pierre, honneur accordé seulement aux tableaux célèbres. Cette peinture fait pendant avec le Martyre de saint Pierre (n° 507).

509. *L'empereur Théodose recevant la bénédiction de saint Ambroise.*

H. 0, 50. — L. 0, 32. — T. — Fig. de 0, 27.

Théodose ayant fait saccager la ville de Thessalonique, dont les habitants s'étaient révoltés, saint Ambroise, archevêque de Milan, osa menacer l'empereur de la vengeance divine, et lui interdit l'entrée des temples saints. Théodose reconnut publiquement sa faute. — Il est représenté agenouillé aux pieds de saint Ambroise, dont il implore le pardon. L'archevêque, assis à gauche sous un dais, étend la main vers lui et lui donne l'absolution. Au premier plan, à droite, un soldat de la suite de l'empereur; dans le fond, deux autres figures ; près de saint Ambroise, un diacre tenant un livre. Sur le devant du tableau, à gauche, un jeune homme agenouillé, vu de dos.

Landon, t. 3, pl. 52. — Filhol, t. 11, pl. 2.

Ancienne collection.

510. *Saint Benoît ressuscitant un enfant.*

H. 0, 50. — L. 0, 32. — T. — Fig. de 0, 27.

L'enfant est placé à gauche, sur les marches conduisant à la porte du monastère, et son père se tient agenouillé près de lui. Saint Benoît, presque prosterné, approche son visage de celui de l'enfant et le rappelle à la vie. Par derrière, un des cinq religieux qui assistent à ce miracle se penche au-dessus de la tête du saint. A droite, au premier plan, un jeune paysan portant sur son épaule une bêche, à son bras un panier de légumes, est debout, un pied posé sur la première marche de l'escalier.

Landon, t. 3, pl. 53. — Filhol, t. 6, pl. 403.

Ancienne collection. — Bon Boulogne a peint le même sujet (voir le n° 32). L'habit des religieux de saint Benoît était noir, et c'est par une licence, dont plusieurs peintures offrent des exemples, que l'artiste a donné des vêtements blancs à ces religieux, vêtements qui diffèrent, du reste, entièrement pour la coupe de ceux des disciples de saint Bruno. Ce tableau fait pendant avec le numéro précédent.

511. *Les oies du frère Philippe.* (Conte de LA FONTAINE.)

H. 0, 30. — L. 0, 23. — T. — Fig. de 0, 21.

A droite, sur une place publique, frère Philippe retient par le bras son fils, qui témoigne son ravissement en apercevant des femmes pour la première fois. L'une d'elles, assise par terre, caresse un petit chien.

Musée Napoléon. — Ce tableau et les deux suivants faisaient partie de la collection du duc de Penthièvre au château de Châteauneuf-sur-Loire.

512. *Le faucon.* (Conte de La Fontaine.)

H. 0, 33. — L. 0, 28. — T. — Fig. de 0, 26.

Dans une habitation rustique, la jeune veuve à gauche, et en face d'elle, son amant, sont assis à une table sur laquelle on aperçoit le faucon servi au repas. La veuve, touchée du dévouement du jeune homme, se lève, et avant de le quitter, lui donne à baiser sa main, qu'il prend avec respect. Au premier plan, à gauche, un chien couché, et à droite, un chat sur un siége.

Musée Napoléon. — (Voir la note du n° 511.) C'est évidemment par erreur que l'inventaire de l'Empire indique ce tableau comme provenant des conquêtes de 1809.

513. *L'ermite.* (Conte de La Fontaine.)

H. 0, 30. — L. 0, 23. — T. — Fig. de 0, 22.

A gauche, la jeune fille que sa mère amène au frère Luce, épouvanté de la présence de ces deux femmes dans sa cellule.

Musée Napoléon. — (Voir la note du n° 511.)

SUEUR (Eustache le), *baptisé à l'église Saint-Eustache, à Paris, le 19 novembre 1617, mort le 30 avril 1655.*

Il était fils de Cathelin le Sueur, de Montdidier, qui vint à Paris et y exerça la profession de tourneur. Son origine n'avait donc rien de noble, quoi qu'en ait pu dire le musicien Le Sueur, dont le vrai nom était *Sueur*, et qui prétendait faussement descendre du grand peintre français. Le jeune Eustache fut mis sous la direction de Vouet et fit des progrès rapides. Il ne voulut jamais aller à Rome, mais il étudia les meilleurs ouvrages qui venaient d'Italie. Admis dans la confrérie des maîtres peintres, pour laquelle il avait peint un saint Paul à Éphèse chassant les démons, il s'en sépara lors de la création de l'Académie royale de peinture et de sculpture, le 1er février 1648. Il fut du nombre des douze artistes qui prirent le nom d'*anciens* et exercèrent les fonctions de professeurs. Parmi les derniers ouvrages qu'il exécuta dans la manière de Vouet, son maître, on cite huit tableaux dont les sujets étaient tirés du Songe de Polyphile de Fr. Columna, et qui furent reproduits en tapisserie aux Gobelins. Quelque temps après il entreprit la célèbre décoration de l'hôtel de M. Lambert de Thorigny, président de la Chambre des comptes, situé à l'extrémité de l'île de Notre-Dame; mais il dut interrompre à différentes reprises ce travail, qui l'occupa pendant plusieurs années, afin de satisfaire à d'autres commandes. Il fit au Louvre, dans les appartements du roi et de la reine Anne d'Autriche, qui l'avait en grande estime, des tableaux probablement détruits maintenant, et dont l'inventaire de Bailly, dressé en 1710, signale encore l'existence. Après ces ouvrages au Louvre, M. de Fieubet, trésorier de l'épargne, lui demanda des peintures pour sa maison de la rue des Lions, près de l'Arsenal. Il y traita des sujets tirés de l'histoire de Tobie et de Moïse. Ce fut en 1645 qu'il commença, pour le petit cloître des Chartreux de Paris, la célèbre suite des vingt-deux tableaux représentant l'histoire de saint Bruno, tableaux qui furent terminés en 1648. Il exécuta ensuite un grand nombre de peintures pour les hôtels de différents personnages, pour les églises de Saint-Étienne-du-Mont, de Saint-Germain-l'Auxerrois, de Saint-Gervais et d'autres chapelles. Enfin, en 1649 il peignit le tableau du *mai* de Notre-Dame, représentant saint Paul à Éphèse. Le Sueur, une des plus grandes gloires de l'école française, mourut à 38 ans et fut enterré dans l'église de Saint-Étienne-du-Mont. Ce fait semble prouver une certaine aisance et donner tort aux historiens qui prétendent que le Sueur en était réduit, pour vivre, à dessiner des frontispices, des titres et des thèses. Les documents les plus authentiques nous permettent également de rétablir la vérité singulièrement altérée par les biographes. Que le Sueur ait connu Poussin lors du voyage de ce dernier à Paris (1641-1642), c'est possible. Cependant comme aucun des plus anciens biographes, soit de le Sueur, soit de Poussin, ne parle de la liaison de l'artiste, âgé de 23 ans seulement, avec l'illustre peintre que le roi faisait venir de Rome et appelait à la cour, il y a tout lieu de penser, jusqu'à preuve du contraire, qu'il n'exista pas entre eux d'intimité. Le Sueur a étudié les ouvrages de Poussin comme il a étudié ceux de Raphaël; l'influence de ces deux maîtres est évidente chez lui; mais on ne peut en inférer, ainsi qu'on l'a fait, que Poussin ait fourni des compositions à son jeune émule. Il en est de même d'autres assertions: la place que le Sueur obtint comme inspecteur des recettes aux entrées de Paris; son duel; sa mélancolie après la mort de sa femme, dont il n'eut pas d'enfants (il en eut six, ainsi que le prouvent les registres des naissances de Saint-Louis-en-l'Isle); sa retraite et sa mort aux Chartreux; sont autant de fables dont il est temps de faire justice. Le Sueur a peint, ainsi que nous l'avons dit, un grand nombre de tableaux et a laissé une quantité de dessins et d'études presque incroyable. Il se faisait aider dans ses travaux par ses trois frères **Pierre**, né le 12 octobre 1608, **Philippe** et **Antoine**, nés probablement de 1608 à 1616; par son beau-frère **Thomas Goussé**, dont il avait épousé la sœur le 31 juillet 1644; par Patel, qui peignait souvent les paysages de ses tableaux, et Claude le Febvre. La plupart de ses compositions ont été gravées par L. Surugue, B. Baron, J. Cotwyck, B. Picart, Séb. le Clerc, S.-F. Ravenet, Drevet, B. Audran, Ch. Duflos, Chauveau, F. Poilly, Desplaces, etc. A une époque de décadence, lorsque la peinture, en France, ne jetait plus qu'une lueur factice, pâle reflet des bonnes traditions qui s'éteignaient en Italie, le Sueur sut s'affranchir des procédés académiques auxquels son maître l'avait d'abord astreint, et conserver intacte, jusqu'à la fin de sa courte existence, cette virginité de sentiment qui caractérise les plus nobles génies des beaux temps de l'art. Son style chaste et gracieux, sa naïveté exempte de convention et d'imitation rétrospective, son geste sobre et expressif, enfin la délicatesse et l'abondance de ses idées, lui assignent un des premiers rangs, non-seulement dans l'école française, mais parmi les maîtres qui font la gloire des autres nations.

514. *L'ange du Seigneur apparaît dans le désert à Agar.*

H. 1, 59. — L. 1, 14. — T. — Fig. demi-nat.

A droite, Agar assise sur un tertre, un bâton et un paquet à ses côtés. En face d'elle, son fils endormi et couché au pied d'un arbre. Agar lève les yeux vers un ange qui plane dans les airs et l'appelle.

Gravé par J. Colwyck.

Collection de Louis-Philippe. — Ce tableau avait été fait pour la chambre de Mme de Tonnay-Charante, dans sa maison de la rue Neuve-Saint-Médéric; il était placé au-dessus de la cheminée. (Notice de Guillet de Saint-Georges dans les *Mémoires inédits sur la vie et les ouvrages des membres de l'ancienne Académie*, t. I, p. 167-168.) Le Musée l'acquit en 1843, de Mme Jouffroy, pour la somme de 5,000 fr.

515. *Le père de Tobie donnant des instructions à son fils.*

H. 1, 48. — L. 1, 16. — T. — Fig. pet. nat.

Le jeune Tobie, le bâton de voyage à la main, descend les marches de la maison de son père, qui, penché vers l'oreille de son fils, semble lui indiquer de la main la route qu'il doit suivre.

Ancienne collection. — «M. de Fieubet, thrésorier de l'espargne, employa M. le Sueur pour les peintures d'une maison de la rue des Lions, proche l'Arsenal. L'histoire de Tobie est traitée tant dans le plafond d'une salle que dans des bas-reliefs peints de bronze et rehaussés d'or, et accompagnés de plusieurs ornements.» (Notice de Guillet de Saint-Georges dans les *Mémoires inédits sur la vie et les ouvrages des membres de l'ancienne Académie*, t. I, p. 157.) C'est de cette collection que vient probablement le tableau du Louvre.

516. *La salutation angélique.*

H. 2, 97. — L. 2, 27. — T. — Fig. de gr. nat.

A droite, Marie, à genoux devant un prie-Dieu, croise les mains sur sa poitrine en présence de l'archange

Gabriel qui porte une branche de lis et lui montre le ciel. Le Saint-Esprit, deux anges et des chérubins planent sur leur tête.

Landon, t. 2, pl. 2.

Musée Napoléon. — Ce tableau vient de l'église de Mitry, près de Paris, qui l'échangea, en 1804, contre un tableau de Doyen, représentant l'Adoration des Rois. En 1826, sur la demande du curé de Mitry, on fit faire pour l'église une copie de cette peinture par M. Chabord. Le curé, dans sa lettre adressée à M. le comte de Forbin, dit « que ce tableau avait été exécuté par le Sueur pour le sanctuaire de l'église de Mitry, et cela comme un témoignage de l'amitié que portait cet artiste à M. Durand de Linois, propriétaire à Mitry, chez lequel il venait passer une partie de la belle saison. » (Archives du Musée, 1826.)

517. *Jésus portant sa croix.*

H. 0, 61. — L. 1, 26. — T. — Fig. de 0, 60.

Simon le Cyrénéen vient au secours de Jésus, qui succombe sous le poids de la croix. A droite et vue de profil, sainte Véronique, un genou à terre, lui offre un linge qui reçoit l'impression de la face divine.

Landon, t. 2, pl. 4. — Filhol, t. 2, pl. 116.

Musée Napoléon. — Ce tableau fut peint pour la chapelle de la famille Le Camus, dans l'église Saint-Gervais. Il était placé au rétable.

518. *La descente de croix.*

H. 1, 34. — L. 1, 32. — Forme ronde. — T. — Fig. de 0, 60.

Joseph d'Arimathie, saint Jean et Nicodème soutiennent le corps du Christ qu'ils vont poser sur un linceul, étendu à terre par un disciple et une sainte femme; la Madeleine embrasse les pieds du Christ. De l'autre côté, la sainte Vierge, à genoux, est auprès de Marie Salomé. Plus loin, un homme, monté sur une échelle placée contre la croix, tient un marteau qu'il pose dans un vase que lui présente son compagnon.

On aperçoit au fond un petit tertre et le sommet de quelques édifices.

Gravé par Duflos. — Landon, t. 2, pl. 5. — Filhol, t. 7, pl. 453.

Musée Napoléon. — Ce tableau fut peint pour la chapelle de la famille Le Camus, dans l'église Saint-Gervais. Il était placé sur l'autel.

519. *Jésus apparaît à la Madeleine sous la figure d'un jardinier.*

H. 1, 48. — L. 1, 21. — T. — Fig. demi-nat.

A droite, le Christ debout lève une main vers le ciel, de l'autre écarte Marie-Madeleine et semble lui dire : ne me touchez pas. La sainte femme porte une longue chevelure et a auprès d'elle un vase de parfums. On aperçoit, à gauche, le sépulcre ; à droite, le Calvaire, et dans le fond, la ville de Jérusalem.

Gravé par L. Petit et N. Courbé. — Landon, t. 2, pl. 6. — Filhol, t. 4, pl. 278.

Musée Napoléon. — Ce tableau, qui a été restauré avec peu de soin par Martin de la Porte, restaurateur du Musée sous la République, était placé autrefois dans l'église du couvent des Chartreux de Paris. On connaît une quittance de 100 livres, datée de 1651 et donnée par Dom Anselme pour un tableau d'autel de *la Madeleine*, de le Sueur. S'agit-il dans cette quittance du tableau des Chartreux ?

520. *Saint Gervais et saint Protais, amenés devant Astasius, refusent de sacrifier à Jupiter.*

H. 3, 57. — L. 6, 84. — T. — Fig. de gr. nat.

Vers la droite, sous le riche portique d'un temple, saint Gervais et saint Protais, les mains liées, sont conduits par des soldats devant la statue de Jupiter, élevée sur un piédestal à gauche, et près de laquelle un sacrificateur agenouillé tient un bélier. Un prêtre, suivi d'un acolyte, apporte un vase sur l'autel. Au premier plan, du même côté, deux hommes debout.

Dans le fond, assis entre deux colonnes, entouré de ses conseillers et de soldats, le général Astasius montre la statue du dieu aux deux martyrs. A droite, une foule nombreuse et les édifices de la ville de Milan.

Gravé par Gérard Audran (Calc. imp.); par Baquoy. — *Landon, t. 2, pl. 10, 11 et 12.* — *Filhol, t. 8, pl. 573.*

Ancienne collection. — « Il y a aussy des ouvrages de M. le Sueur dans l'église de Saint-Gervais, à Paris. On y voit dans la nef, au-dessus de l'œuvre, vis-à-vis la chaise du prédicateur, un tableau représentant saint Gervais et saint Prothais que l'on conduit au temple pour sacrifier aux idoles. Ce tableau a servy de dessein pour une pièce de tapisserie qui, aux jours solemnels, est placée au même endroit. A costé de ce tableau, il y en a un autre qui représente la Flagellation de ces deux martyrs ; mais M. le Sueur n'en a fait que le dessein qui a esté exécuté par M. **Goussey**, son beau-frère. Dans la même église, en une petite chapelle (de M. le Roux) qui est auprès de la chapelle de la Conception, une Descente de croix (n° 518) de M. le Sueur, et deux vitres peintes où il a représenté le Martyre de saint Gervais et de saint Prothais. On voit dans le cabinet de M. Girardon les deux grands desseins de tapisserie dont nous avons parlé, avec toutes les estudes en particulier de chaque figure. On y voit aussi les desseins des deux vitres. M. Audran en a gravé un depuis peu et M. Picart a gravé l'autre. » (Guillet de Saint-Georges, *Recherches sur la vie et les ouvrages des Membres de l'ancienne Académie*, t. 1, p. 165.) Philippe de Champaigne et Bourdon peignirent aussi pour Saint-Gervais des tableaux qui furent exécutés en tapisserie (voir Champaigne et Bourdon). La composition peinte par **Thomas Goussey** ou **Goussé**, beau-frère de le Sueur, est maintenant à Lyon.

521. *Prédication de saint Paul à Éphèse.* (Actes des Apôtres, chap. XIX.)

H. 3, 44. — L. 3, 28. — T. — Fig. de gr. nat.

Au milieu de la composition et au second plan, saint Paul debout sur les degrés d'un portique, le bras droit élevé et montrant le ciel, harangue les habitants d'Éphèse qui l'entourent. Ceux qui avaient exercé *des arts curieux* apportèrent leurs livres et les brûlèrent sur la place. A gauche, au premier plan, un homme debout, regardant l'apôtre, déchire un volume. A droite, un vieillard courbé, la tête et le haut du corps enveloppés dans une draperie, porte une charge de livres et de rouleaux et s'apprête à les jeter au milieu de ceux qui, entassés sur les dalles de la place, commencent déjà à brûler. Tout à fait en avant, un esclave à genoux souffle avec sa bouche sur la flamme naissante qui va les réduire en cendre. Dans le fond, à gauche, un temple, et dans une niche du péristyle, la statue de Diane chasseresse, placée par le peintre pour indiquer le lieu de la scène. — Signé : *E. Le Sueur* 1649.

Gravé par Étienne Picart; par P. Sobeyran; par J.-C. Ulmer; par R.-U. Massard dans le Musée français. — Filhol, t. 9, pl. 746. — Landon, t. 2, pl. 7.

Musée Napoléon. — Ce tableau, payé 400 livres à l'artiste, fut offert en 1649 (Félibien dit à tort 1650) au chapitre de Notre-Dame par Philippe Renault et Gilles Crevon, au nom des marchands orfèvres de la ville de Paris, confrères de Sainte-Anne et de Saint-Marcel. Il faisait partie de la collection des *mais*, qui comprenait les tableaux donnés à Notre-Dame, le 1er mai de chaque année, par les orfèvres, depuis 1630 jusqu'en 1708. Félibien et Florent le Comte disent qu'on voyait *l'original en petit* chez M. le Normand, greffier en chef du grand conseil. Le dernier écrivain ajoute : « Mais il est différemment traité des deux petites représentations qu'il fit pour MM. Regnaut et Crevon, orfèvres et administrateurs en charge alors. » (T. III, p. 75.) On sait que l'artiste chargé de l'exécution d'un *mai* devait en faire une répétition pour le donateur, sans augmentation de prix. *L'original en petit*, dont il est parlé plus haut, est maintenant dans la possession de M. le docteur Girou de Buzareingues, à Paris. Il a été gravé par Étienne Picart, dit le Romain, et par B. Audran. Cette composition diffère dans beaucoup de parties de celle du Louvre : l'homme qui écrit a des cheveux noirs; celui qui, dans le grand tableau, déchire le livre n'existe pas dans la petite peinture; enfin, dans cette dernière, c'est un néophyte et non pas un bourreau qui brûle les livres, et l'arbre manque. A droite se trouve, en outre, un épisode de la charité.

522.* Martyre de saint Laurent.

H. 1, 76. — L. 0, 96. — Cintré par le haut. — T. — Fig. de 0, 88.

A droite, saint Laurent dépouillé de ses vêtements, les bras élevés vers le ciel, est étendu sur l'instrument de son martyre par deux bourreaux et un soldat. Un homme courbé, vu de dos, verse des charbons sous le gril de fer. A gauche, un autre attise le feu, tandis que plusieurs personnes apportent du bois et du charbon. Près du saint, un homme debout, tourné de profil, lui montre la statue qu'il refuse d'adorer. Au deuxième plan, à gauche, l'empereur Valérien, accompagné de ses conseillers et de deux licteurs, placé sur une espèce de tribunal qu'il s'était fait dresser dans les thermes olympiques, presse le saint de sacrifier à ses dieux. Dans les airs, trois anges apportent au martyr la couronne et la palme qui lui sont destinées.

Gravé par G. Audran; par Chéreau.

Ancienne collection. — Ce tableau était autrefois placé dans une des chapelles de l'église Saint-Germain-l'Auxerrois, et passa dans la collection de M. de Pontchartrain, qui en avait fait faire une copie, que l'on mit à la place de l'original. Il fit partie ensuite des collections de M. Pasquier de Rouen, de M. de la Live, et fut vendu en 1769, à la vente de ce dernier, 7,550 livres (n° 38 de son catalogue). Il est porté sur les inventaires comme copie *d'après le Sueur.*

523. *Apparition de sainte Scholastique à saint Benoît.*

H. 1, 44. — L. 1, 30. — T. — Fig. de 0, 75.

Au premier plan, à droite, dans un lieu désert, saint Benoît à genoux, les bras étendus, ayant auprès de lui sa mitre et sa croix, contemple avec extase l'ascension de sainte Scholastique, soutenue par trois anges. La sainte est accompagnée, à gauche, de deux jeunes filles couronnées de fleurs, qui portent chacune une palme, et à droite de saint Paul et de saint Pierre, le premier montrant le ciel, le deuxième tendant les bras vers saint Benoît.

Gravé par Guérin dans le Musée français. — *Filhol, t. 8, pl. 535.*

Musée Napoléon. — Ce tableau provient de l'abbaye de Marmoutiers, près de Tours.

524. *La messe de saint Martin, évêque de Tours.*

H. 1, 12. — L. 0, 84. — T. — Fig. de 0, 45.

Saint Martin, tourné à droite, vu de profil, les mains jointes, officie à l'autel; un globe de feu apparaît au-dessus de sa tête. Derrière lui, un diacre s'aperçoit de ce miracle, et un prêtre placé au bas des marches de l'autel élève la patène. Dans le fond, deux religieux portent la mitre et le bâton pastoral de l'évêque; plusieurs autres religieux sont en prière. Au premier plan, à droite, un enfant de chœur avec un encensoir; à gauche, deux femmes à genoux.

Gravé par H. Laurent dans le Musée royal. — Landon, t 2, pl. 17. — Filhol, t. 2, pl. 73.

Musée Napoléon. — Ce tableau fut peint, en 1651, pour le monastère de Marmoutiers, près de Tours, fondé par saint Martin. Il en existe, au musée de Tours, une répétition faite par le Sueur et provenant également de Marmoutiers. L'esquisse de cette composition appartient au roi de Bavière.

LES PRINCIPAUX TRAITS DE LA VIE DE SAINT BRUNO.

525. 1° *Saint Bruno assiste au sermon de Raymond Diocrès.*

H. 1, 93. — L. 1, 30. — Cintré par le haut. — T. — Fig. de 1, 00.

Raymond, docteur, chanoine de Notre-Dame de Paris, placé à gauche, prêche devant une nombreuse assemblée, en présence de saint Bruno, qui est sur la droite, tenant un livre sous le bras. Au pied de la chaire, un jeune homme recueille les paroles du docteur et les inscrit sur un livre.

Cette suite a été gravée par Chauveau en 22 feuilles petit in-folio et en sens inverse des tableaux; Sébastien le Clerc en a gravé deux planches avec le titre. — Filhol, t. 9, pl. 686. — Landon, t. 2, pl. 18.

Collection de Louis XVI. — Les principaux traits de la vie de saint Bruno avaient été représentés à fresque dans le petit cloître des Chartreux en 1350 et sur toile en 1508. Ces peintures ayant été presque détruites par le temps, les Chartreux chargèrent le Sueur de renouveler cette décoration pour la troisième fois. Le cloître, dont la porte ouvrait sur la rue d'Enfer, était, suivant Germain Brice, orné de pilastres d'ordre dorique, et les 22 tableaux de le Sueur, placés dans les arcs formés par les pilastres, se trouvaient séparés par des tables où on lisait la vie de saint Bruno écrite en vers latins publiés au XVIe siècle par Jarry. Des *figures persiques* et des *thermes* en camaïeu les supportaient. La collection des dessins du Louvre possède plusieurs études de ces figures, et le titre de la Vie de saint Bruno gravé par Chauveau (en sens inverse des tableaux) reproduit la disposition de l'une de ces tables. Le Sueur ne peignit que quelques-uns de ces ornements, les autres furent faits seulement d'après ses compositions. La décoration du petit cloître des Chartreux, commencée en 1645 (et non en 1649, comme le dit à tort Félibien), était terminée en 1648, ainsi que le prouve une inscription latine placée au-dessus de la porte. D'Argenville prétend que **Goussé** aida son beau-frère dans ce travail, et indique même plusieurs tableaux comme étant de la main de cet artiste et seulement retouchés par le Sueur; ce sont, suivant lui, ceux qui portent les n°^s 528, 530, 535 et 542. Sauval (t. I, p. 440) va même plus loin et dit : « Les tableaux sont de la conduite de le Sueur, dont il y a trois de sa main. » Que le Sueur se soit fait plus ou moins aider, peu importe, l'Histoire de saint Bruno est son œuvre, comme celle de Marie de Médicis est l'œuvre de Rubens. Le Sueur fit de nombreuses études pour ce grand travail, et l'on a réuni dans une salle du Louvre une précieuse collection de dessins formée primitivement par **Francazani**, parent et élève de Salvator Rosa. Crozat en fit l'acquisition : après son décès, ces 140 dessins furent achetés 502 livres à sa vente, en 1741, par le marquis de Gouvernet. A la mort de ce dernier, arrivée en 1774, M. Paillet, peintre et marchand de tableaux, s'en rendit adjudicataire; enfin, ils passèrent dans les mains de M. le Brun, peintre, marchand, et de là au Louvre. D'autres études pour le cloître des Chartreux se voient en outre dans des collections particulières. Les tableaux de le Sueur étant placés assez bas pour qu'on pût y porter facilement la main, et la foule entrant librement dans le cloître au moment des offices, plusieurs de ces ouvrages éprouvèrent des mutilations. On accusa particulièrement Charles le Brun d'avoir fait défigurer l'œuvre d'un rival. Mariette affirme que des envieux égratignèrent plusieurs têtes des tableaux des Chartreux. Voltaire s'empara de cette tradition, et en parla dans son Discours sur l'envie. Guillet de Saint-Georges et le comte de Caylus disculpèrent avec chaleur le Brun d'une si lâche attaque dont il ne se rendit pas coupable, car sa femme prit le Sueur pour compère au baptême de Suzanne le Brun, fille de Nicolas le Brun, paysagiste, frère de Charles le Brun. « Quoi qu'il en soit, dit Alexandre Lenoir (*Dictionnaire de la conversation*, t. XXXV, p. 117), les traces de cette mutilation existaient encore lorsqu'en 1702 je retirai de ce monastère trois tableaux peints sur bois, laissés en place quand le roi Louis XVI avait ordonné d'enlever toute la collection. » Pour empêcher, autant que possible, les détériorations, on fit adapter aux peintures des volets de bois qui fermaient à clef. Sur ces volets étaient peints à l'huile des paysages, et au milieu de ces paysages on avait représenté en petit plusieurs des sujets des tableaux que ces volets protégeaient. On lit dans le Mercure de France, août 1776 : « Les révérends pères Chartreux de Paris, instruits des motifs qui ont déterminé le roi à cette acquisition (des tableaux qui ornaient l'hôtel Lambert), ont résolu, dans une assemblée capitulaire, de faire à Sa Majesté l'hommage des tableaux précieux que le Sueur a peints dans leur petit cloître. En conséquence, Dom Hilarion Robinet, prieur de cette maison, et Dom Félix de Nonan, procureur général de l'ordre, conduits par le comte d'Angiviller, ont été admis, le 25 juillet, à l'audience de Sa Majesté, et l'ont suppliée, au nom de leur communauté, de vouloir bien réunir ces tableaux à sa magnifique collection. Sa Majesté, en acceptant cette offre, a chargé les députés de témoigner à leur communauté toute la satisfaction qu'elle a du zèle de ces religieux et de leur amour pour le bien public. » Il paraît néanmoins que cette *offre* était fort intéressée. Le cloître tombait en ruines, les religieux ne pouvaient subvenir aux dépenses des réparations et vendirent plutôt les tableaux, qui du reste dépérissaient à cause de l'humidité du lieu, qu'ils ne les donnèrent. Suivant Bachaumont, ils furent estimés 6,000 livres chaque, c'est-à-dire 132,000 livres les vingt-deux, et, de plus, M. de Maurepas promit, lorsque les réparations seraient terminées, de faire exécuter pour le couvent des copies dont le prix avait été estimé à 2,000 livres; mais le temps s'écoula et la suppression de l'ordre arriva avant que ces promesses aient pu s'exécuter. Le registre de caisse des bâtiments du roi, département des arts, année 1784, déposé aux archives du Musée, fournit le document suivant : « Aux héritiers du sieur Haquin, artiste, la somme de 4,200 livres pour faire, avec 9,000 livres ordonnées à compte (à différentes époques), le parfait payement de 13,200 livres, à quoi montent les restaurations que le sieur Haquin a faites aux 22 tableaux de l'Histoire de saint Bruno, peints par le Sueur et tirés du cloître des Chartreux à Paris, qu'il a levés de dessus bois et remis sur toile, et ce, à raison de 600 livres par tableau, pendant les années 1778, 1779, 1780, 1781, 1782 et 1783, suivant mémoire certifié. » Les peintures de le Sueur furent exposées en l'an x (1802), au Musée spécial de l'école française, qui avait été établi dans le palais de Versailles. Transportées ensuite dans la galerie du palais du Sénat, au Luxembourg, en l'an XI (1803), et restaurées de nouveau, elles vinrent au Louvre en 1818, lorsque la galerie du Luxembourg fut consacrée aux ouvrages des artistes vivants. On les restaura encore une fois avant la révolution de 1848, et à cette époque l'administration des Musées fit rentrer aussi au Louvre les volets, en assez mauvais état, au nombre de 17 complets, plus 3 panneaux dépareillés.

526. 2° *Mort de Raymond Diocrès.*

H. 1, 93. — L. 1, 30. — Cintré par le haut. — T. — Fig. de 1, 00.

Raymond meurt après avoir ébloui le peuple par un grand extérieur de piété, joint à un talent distingué pour la prédication. Il est couché sur son lit, et un démon placé au-dessus de sa tête indique qu'il est mort dans le péché. Un prêtre, accompagné de deux acolytes, dont l'un récite des prières et l'autre tient un cierge, lui présente un crucifix. Un vieillard contemple avec étonnement et frayeur le moribond qui détourne la tête. Sur le premier plan, à droite, saint Bruno est à genoux et prie. On voit dans la chambre de Raymond, des livres, un sablier, une tête de mort sur des tablettes, et dans le fond, à gauche, on aperçoit les préparatifs du convoi.

Landon, t. 2, pl. 19. — Filhol, t. 7, pl. 482.

Collection de Louis XVI. — Le Sueur, en représentant les diverses actions de la vie de saint Bruno, a suivi ce qu'en rapportent les anciennes chroniques, quoiqu'il s'y trouve plusieurs faits entièrement faux, tels que l'histoire du chanoine Raymond Diocrès. Ces faits, du reste, avaient été consacrés par l'office de saint Bruno, d'où ils furent réformés, en 1607, dans le bréviaire de Paris, et plus tard dans le bréviaire romain par Urbain VIII. Dans les six premiers tableaux on reconnaîtra saint Bruno à sa tonsure et à son habit violet ou bleu. — (Voir la note du n° 525.)

527. 3° *Raymond Diocrès répondant après sa mort.*

<small>H. 1, 93. — L. 1, 30. — Cintré par le haut. — T. — Fig. de 1,00.</small>

Le prodige a lieu dans l'église, pendant l'office. Des prêtres et les assistants, tenant des torches, disent les prières accoutumées, lorsque le mort se soulevant dans son cercueil prononce les paroles inscrites sur le drap funéraire. *Justo Dei judicio appellatus sum ; justo Dei judicio judicatus sum ; justo Dei judicio condemnatus sum.* Au pied du cercueil, un enfant de chœur effrayé laisse tomber son livre. A droite, derrière l'officiant, saint Bruno, vu de profil, les mains jointes, réfléchit sur le terrible jugement de Dieu.

<small>*Landon, t. 2, pl. 20. — Filhol, t. 6, pl. 379.*</small>

<small>Collection de Louis XVI. — (Voir la note du n° 525.)</small>

528. 4° *Saint Bruno en prière.*

<small>H. 1, 93. — L. 1, 30. — Cintré par le haut. — T. — Fig. de 1, 00.</small>

A droite, saint Bruno, prosterné devant le crucifix, se recueille sur le prodige dont il vient d'être témoin, et prend le parti de renoncer au monde. Dans le lointain, à gauche, on voit jeter en terre le corps du docteur Raymond.

<small>*Landon, t. 2, pl. 21. — Filhol, t. 7, pl. 440.*</small>

<small>Collection de Louis XVI. — (Voir la note du n° 525.)</small>

529. 5° *Saint Bruno enseigne la théologie dans les écoles de Reims.*

<small>H. 1, 93. — L. 1, 30. — Cintré par le haut. — T. — Fig. de 1, 00.</small>

Saint Bruno assis, à droite, dans une chaire exhaussée de quatre marches, une main appuyée sur un livre fermé placé devant lui, l'autre levée vers le ciel, s'adresse aux disciples qui l'entourent. L'un d'eux, assis à gauche, vu presque de dos, tient un livre debout sur ses genoux.

Landon, t. 2, pl. 22. — Filhol, t. 8, pl. 145.

Collection de Louis XVI. — (Voir la note du n° 525.)

530. 6° *Saint Bruno engage ses disciples et ses amis à quitter le monde.*

H. 1, 93. — L. 1, 30. — Cintré par le haut. — T. — Fig. de 1, 00.

La scène se passe sous un portique d'ordre ionique. Au milieu de la composition, le saint exhorte un jeune homme à partager sa résolution ; celui-ci, vu de profil, l'écoute avec recueillement, la main posée sur sa poitrine. Vers la gauche, un autre disciple, déterminé à partir, se jette dans les bras de son père et lui fait ses adieux. De chaque côté du péristyle, au premier plan, une figure de sphinx sur un piédestal.

Landon, t. 2, pl. 23. — Filhol, t. 9, pl. 705.

Collection de Louis XVI. — (Voir la note du n° 525.)

531. 7° *Songe de saint Bruno.*

H. 1, 93. — L. 1, 30. — Cintré par le haut. — T. — Fig. de 1, 00.

Trois anges apparaissent à saint Bruno durant son sommeil et l'instruisent de ce qu'il doit faire. Le saint est couché, à gauche, sur un lit surmonté d'un dais. Au pied du lit, des sandales et une lampe.

Landon, t. 2, pl. 24. — Filhol, t. 9, pl. 693.

Collection de Louis XVI. — (Voir la note du n° 525.)

532. 8° *Saint Bruno et ses compagnons, avant de partir pour Grenoble, distribuent tous leurs biens aux pauvres.*

H. 1, 93. — L. 1, 30. — Cintré par le haut. — T. — Fig. de 0, 70.

Dans une rue, le saint et trois disciples, placés sur le perron extérieur d'une maison, distribuent de l'argent à la foule rassemblée au pied de l'escalier.

Landon, t. 2, pl. 25. — Filhol, t. 9, pl. 680.

Collection de Louis XVI. — (Voir la note du n° 525.)

533. *Saint Bruno et ses compagnons distribuent tous leurs biens aux pauvres.*

H. 0, 72. — L. 0, 57. — Cintré par le haut. — T. — Fig. de 0, 28.

Collection de Louis XVI. — Esquisse, avec plusieurs changements, du tableau précédent. — (Voir la note du n° 525.)

534. 9° *Arrivée de saint Bruno à Grenoble, chez saint Hugues.*

H. 1, 93. — L. 1, 30. — Cintré par le haut. — T. — Fig. de 1, 00.

Saint Bruno et six de ses disciples s'agenouillent devant l'évêque, venant au-devant d'eux, sur le seuil de sa maison. Un prêtre et un serviteur accompagnent l'évêque. Saint Hugues, à l'arrivée de saint Bruno, comprit le sens mystérieux d'un songe dans lequel il avait cru voir sept étoiles brillantes qui le guidaient vers un lieu désert de son diocèse, appelé Chartreuse, où le Seigneur lui ordonnait d'élever un temple. Le Sueur a placé les sept étoiles dans la partie supérieure du tableau.

Landon, t. 2, pl. 26. — Filhol, t. 8, pl. 529.

Collection de Louis XVI. — (Voir la note du n° 525.)

535. 10° *Voyage à la Chartreuse.*

H. 1, 93. — L. 1, 30. — Cintré par le haut. — T. — Fig. de 1, 00.

Saint Bruno et ses compagnons à cheval, conduits par saint Hugues, pour se rendre dans la vallée déserte et stérile, suivent un chemin escarpé, au milieu de hautes montagnes voisines du village appelé Chartreuse, qui a donné son nom à l'institution du monastère de cet ordre.

Landon, t. 2, pl. 27. — Filhol, t. 8, pl. 548.

Collection de Louis XVI. — On pense que le paysage a été peint par Patel le père. — (Voir la note du n° 525.)

536. 11° *Saint Bruno fait construire le monastère.*

H. 1, 93. — L. 1, 30. — Cintré par le haut. — T. — Fig. de 1, 00.

A gauche, saint Bruno debout examine le plan de l'église de Notre-Dame-de-Casalibus (ou des Solitaires) et des sept petites cellules qu'il fait bâtir pour lui et ses six compagnons. Près du saint, l'architecte de l'édifice explique à un religieux son projet. Au second plan, deux ouvriers soulèvent une pierre en partie taillée. Plus loin, l'édifice déjà assez avancé et des maçons qui y travaillent. A l'horizon, les montagnes du Dauphiné. Le premier établissement de l'ordre des Chartreux eut lieu en **1084**.

Landon, t. 2, pl. 28. — Filhol, t. 8, pl. 562.

Collection de Louis XVI. — (Voir la note du n° 525.)

537. 12° *Saint Bruno prend l'habit monastique.*

H. 1, 93. — L. 1, 30. — Cintré par le haut. — T. — Fig. de 1, 00.

A gauche, saint Hugues, évêque de Grenoble, en habits pontificaux, assis devant l'autel, s'apprête à revêtir saint Bruno et ses compagnons de l'habit blanc de l'ordre des Chartreux. Le saint, vu de dos, est agenouillé aux pieds de l'évêque ; celui-ci, accompagné de deux diacres, va lui passer la *coule*, espèce de scapulaire tombant jusqu'à terre. A droite, deux religieux, tournés de profil, à genoux et en prière, attendent leur tour. Des laïques assistent à cette cérémonie, et dans le fond on aperçoit des néophytes.

Landon, t. 2, pl. 29. — Filhol, t. 5, pl. 343.

Collection de Louis XVI. — (Voir la note du n° 525.)

538. 13° *Le pape Victor III confirme l'institution des Chartreux.*

H. 1, 93. — L. 1, 30. — T. — Cintré par le haut. — Fig. de 1, 00.

Au milieu d'un temple d'ordre dorique, au second plan, le souverain pontife, siégeant sur un trône élevé, domine l'assemblée des cardinaux réunis en consistoire. Ils sont tous assis, à l'exception de l'un d'eux, qui, debout près du pape, fait la lecture des statuts de la nouvelle institution.

Landon, t. 2, pl. 30. — Filhol, t. 9, pl. 747.

Collection de Louis XVI. — (Voir la note du n° 525.)

539. 14° *Saint Bruno donne l'habit à plusieurs personnes.*

H. 1, 93. — L. 1, 30. — Cintré par le haut — T. — Fig. de 1, 00.

Saint Bruno, revêtu de la chasuble, après avoir célébré la messe, s'apprête à passer à un néophyte, agenouillé respectueusement devant lui, l'habit blanc de l'ordre. Deux desservants, l'un debout près du saint et tenant un livre, l'autre agenouillé et vu de dos, au premier plan à droite, et quatre laïques assistent à cette cérémonie. Parmi ces derniers, on remarque le père d'un des nouveaux initiés qui paraît s'affliger de la résolution de son fils. A droite, derrière le néophyte, un religieux agenouillé dans l'attitude du recueillement.

Landon, t. 2, pl. 31. — Filhol, t. 9, pl. 710.

Collection de Louis XVI. — C'est par une licence pittoresque que le peintre a revêtu ce dernier personnage d'un manteau noir qui est l'habit de ville, l'habit de chœur étant entièrement blanc. — (Voir la note du n° 525.)

540. 15° *Saint Bruno reçoit un message du pape.*

H. 1, 93. — L. 1, 30. — Cintré par le haut. — T. — Fig. de 1,00.

Odon de Lageri, élevé à la papauté sous le nom d'Urbain II, en 1088, avait été disciple de saint Bruno à l'école de Reims. Voulant s'aider des lumières de son ancien maître, il l'invita à venir le trouver à Rome. Le messager descendu de cheval dans la cour du couvent, le bonnet à la main, vient de remettre à saint Bruno la lettre du souverain pontife. Le saint la lit avec attention, et trois religieux qui l'accompagnent témoignent leur regret du départ prochain du fondateur de l'ordre.

Gravé par S. le Clerc. — Landon, t. 2, pl. 32. — Filhol, t. 2, pl. 139.

Collection de Louis XVI. — (Voir la note du n° 525.)

541. 16° *Arrivée de saint Bruno à Rome.*

H. 1, 93. — L. 1, 30. — Cintré par le haut. — T. — Fig. de 1,00.

A droite, le pape, assis sur un siége exhaussé de quatre marches, tend affectueusement les bras à saint Bruno prosterné à ses pieds. Quatre personnes et deux soldats armés de lances assistent à cette entrevue. Dans le fond, une galerie à colonnes d'ordre dorique.

Landon, t. 2, pl. 33.

Collection de Louis XVI. — (Voir la note du n° 525.)

542. 17° *Saint Bruno refuse l'archevêché de Reggio que lui offre Urbain II.*

H. 1, 93. — L. 1, 30. — Cintré par le haut. — T. — Fig. de 1, 00.

A gauche, le pape assis montre à saint Bruno la mitre archiépiscopale déposée sur une table, et le presse de l'accepter. Le saint, agenouillé devant le pontife, pose une main sur sa poitrine, et de l'autre semble, en détournant la tête, repousser cet insigne d'une dignité dont il ne se croit pas digne.

Landon, t. 2, pl. 34. — Filhol, t. 6, pl. 421.

Collection de Louis XVI. — (Voir la note du n° 525.)

543. 18° *Saint Bruno en prière dans sa cellule.*

H. 1, 93. — L. 1, 30. — Cintré par le haut. — T. — Fig. de 1, 00.

Au troisième plan, dans une cellule construite grossièrement entre des arbres et au milieu d'une contrée déserte, saint Bruno, à genoux devant un crucifix, prie Dieu de favoriser le nouvel établissement qu'il vient de fonder en Calabre. Sur le devant de la composition, trois religieux, dont un tient une pioche et un autre une bêche, commencent à défricher la terre.

Landon, t. 2, pl. 35. — Filhol, t. 9, pl. 699.

Collection de Louis XVI. — (Voir la note du n° 525.)

544. 19° *Rencontre de saint Bruno par le comte Roger.*

<small>H. 1, 93. — L. 1, 30. — Cintré par le haut. — T. — Fig. de 1, 00.</small>

Roger, comte de Sicile et de Calabre, étant à la chasse, est conduit par hasard vers la solitude de saint Bruno, qu'il trouve en prière; pénétré de respect, il descend de cheval et s'agenouille devant lui. Dans le lointain, à droite, on aperçoit quelques cavaliers de la suite du prince.

<small>Landon, t. 2, pl. 36. — Filhol, t. 5, pl. 301.</small>

<small>Collection de Louis XVI. — On croit que le paysage est de Patel le père. — (Voir la note du n° 525.)</small>

545. 20° *Apparition de saint Bruno au comte Roger.*

<small>H. 1, 93. — L. 1, 30. — Cintré par le haut. — T. — Fig. de 1, 00.</small>

Saint Bruno apparaît en songe au comte Roger, couché dans sa tente, et lui donne avis que Sergius, prince grec, un de ses commandants, le trahit et est sur le point de livrer son armée au prince de Capoue, avec qui Roger était en guerre. Le comte s'éveille et prend ses armes. Dans le lointain, à gauche, on aperçoit l'armée du prince de Capoue qui sort de la ville. Sur le premier plan, au pied du lit, un soldat réveille son compagnon endormi.

<small>Landon, t. 2, pl. 37. — Filhol, t. 3, pl. 205.</small>

<small>Collection de Louis XVI. — (Voir la note du n° 525.)</small>

546. 21° *Mort de saint Bruno, le 6 octobre* 1101.

<small>H. 1, 93. — L. 1, 30. — Cintré par le haut. — T. — Fig. de 1, 00.</small>

Le saint, après avoir fait une confession de sa vie aux Chartreux assemblés, expire en joignant les mains. Il est dans sa cellule, couché sur un lit tel que le prescrivait l'institution de l'ordre. Un Chartreux debout, tenant un crucifix, s'adresse à ses frères et déplore avec eux la perte qu'ils viennent de faire. Quatre religieux sont agenouillés près du lit, deux à la tête, deux aux pieds. Au premier plan, un religieux prosterné la face contre terre. Un seul flambeau éclaire cette composition admirable.

Landon, t. 2, pl. 38. — Filhol, t. 4, pl. 253.

Collection de Louis XVI. — (Voir la note du n° 525.)

547. 22° *Saint Bruno est enlevé au ciel.*

H. 1, 93. — L. 1, 30. — Cintré par le haut. — T. — Fig. de 1, 00.

Saint Bruno, les bras étendus, les yeux levés vers le ciel et soutenu par trois anges, s'élève dans les airs. Cinq petits anges accompagnent le groupe principal.

Gravé par S. le Clerc; par F. Poilly. — Landon, t. 2, pl. 39. — Filhol, t. 8, pl. 574.

Collection de Louis XVI. — (Voir la note du n° 525.)

548. *Saint Bruno examine le plan de la Chartreuse de Rome.*

H. 1, 62. — L. 1, 14. — B. — Fig. de 1, 00.

A gauche, l'architecte, vu de dos, déroule d'une main le plan dont saint Bruno, à droite, tient l'extrémité. Dans le fond, le monastère construit.

Landon, t. 2, pl. 40.

Collection de Louis XVI. — Ce tableau, le suivant et deux autres, représentant la Chartreuse de Pavie (tableau perdu, dit-on) et celle de Grenoble (qui n'est pas au Louvre), se trouvaient placés dans les angles du petit cloître des Chartreux de Paris. Le Sueur ne les avait pas tous exécutés, mais il en donna les dessins. La peinture inscrite sous ce numéro est la seule qui ne soit pas cintrée dans la partie supérieure. La dimension ainsi que la forme ont été évidemment altérées; elles devaient être semblables à celles du tableau suivant.

549. *Plan de l'ancienne Chartreuse de Paris, porté par deux anges.*

H. 2, 00. — L. 2, 90. — Cintré par le haut — B. — Fig. de 0, 95.

Au premier plan, à gauche, sur une élévation, près de deux grands arbres, deux religieux s'entretiennent ensemble. Dans le fond, la vue des Tuileries, du Louvre, de la Seine, du pont Neuf et d'une partie du quai opposé à celui du Louvre.

Landon, t. 2, pl. 41 et 42.

Collection de Louis XVI. — (Voir le numéro précédent.) Les figures sont de le Sueur ou faites d'après ses dessins. Quant au paysage, il est, suivant Guillet de Saint-Georges, de **Nicolas le Brun**, peintre paysagiste, frère de Charles le Brun. On n'a aucun renseignement sur cet artiste.

550. *Dédicace de l'église des Chartreux.*

H. 2, 00. — L. 2, 90. — T. — Fig. de 0, 45.

A gauche, près d'un pilier de l'église, un évêque monté sur une espèce d'estrade, couverte d'un tapis où se tient un diacre, fait la cérémonie de la dédicace. Au pied de l'estrade, deux enfants de chœur. Plus loin, un sous-diacre portant la crosse. Au milieu de l'église, un fauteuil. Dans le fond, l'autel.

Landon, t. 2, pl. 43.

Collection de Louis XVI. — Ce tableau provient également du petit cloître des Chartreux de Paris.

551. *La naissance de l'Amour.*

H. 1, 83. — L. 1, 27. — B. — Fig. demi-nat.

Portée par des nuages, Vénus, vue de profil, tournée à gauche et placée sur un lit, regarde l'enfant à qui elle vient de donner le jour et qu'une des Grâces lui présente. Les deux autres compagnes de la déesse se tiennent derrière elle et paraissent admirer la beauté du jeune Amour, sur lequel une des Heures, planant dans le ciel, laisse tomber des fleurs.

Gravé par Desplaces. — Landon, t. 2, pl. 54.

Collection de Louis XVI. — Ce tableau et les cinq suivants décoraient le *cabinet de l'Amour*, situé au rez-de-chaussée de l'hôtel Lambert. On lit dans la notice sur le Sueur par Guillet de Saint-Georges : « Dans le cabinet de M. le président, M. le Sueur a peint, de la manière de M. Vouette, cinq tableaux pour le plafond et un sixième pour le dessus de la cheminée. Ils traitent tous six le *sujet de Cupidon*. Toutes les esquisses que M. le Sueur a faites pour les ouvrages de ce cabinet sont aujourd'hui à M. Vanclève, qui est du corps de l'Académie. » Cinq esquisses assez terminées de ces tableaux, et peintes sur bois, furent vendues, en 1777, à la vente de M. Randon de Boisset, 3,801 livres : la première, représentant la Naissance de l'Amour, avait 19 pouces 3 lignes de haut sur 14 pouces de large; la deuxième et la troisième portaient chacune 9 pouces de haut sur 22 pouces 6 lignes de large; la quatrième ainsi que la cinquième, 9 pouces de haut sur 18 pouces 6 lignes de large. L'esquisse de la Naissance de l'Amour se retrouve, en 1789, dans le catalogue Coclers (n° 181). Outre ces tableaux, le cabinet de l'Amour renfermait une grande quantité de panneaux, de pilastres, de trophées, d'arabesques, de figurines, se rapportant au même sujet, exécutés par le Sueur ou d'après ses dessins. Ces gracieuses compositions, dont on peut voir la description dans les Recherches sur la vie et les ouvrages de quelques peintres provinciaux, par M. de Chennevières-Pointel (t. 1), et dans les Nouvelles recherches sur la vie et les ouvrages de le Sueur, par MM. L. Dussieux et de Montaiglon, se trouvent réunies maintenant au château de La Grange (en Berry), appartenant à M. le comte de Montalivet, dans une chambre consacrée à l'illustre artiste français. L'hôtel de Nicolas Lambert de Thorigny, président de la Chambre des comptes, fut construit, à l'extrémité de l'île Saint-Louis, par Louis Levau. Les plus habiles artistes de l'époque furent employés à le décorer. On y voyait des ouvrages de François Perrier, de Romanelli, de Patel, de Swanevelt, de **Francisque Millet**, de Baptiste Monnoyer, de le Brun, qui y peignit la galerie d'Hercule, et enfin de le Sueur, qui y travailla pendant plusieurs années et à différentes reprises. Lépicié, dans une biographie manuscrite conservée à l'Ecole des beaux-arts, prétend que le Sueur a commencé ses ouvrages à l'hôtel Lambert en 1648, et qu'ils l'ont occupé neuf ans. Cette assertion est évidemment fausse, car quelques-unes de ses œuvres prouvent qu'il peignait encore dans la manière de Vouet quand il commença à y travailler; en 1645, lorsqu'il entreprit le cloître de Saint-Bruno, il avait abandonné le style de son maître, et il est facile de juger, par la beauté de l'exécution et le caractère des figures, que certaines compositions de l'hôtel Lambert sont postérieures aux décorations du cloître des Chartreux. Le comte de Caylus nous semble avoir eu parfaitement raison de dire, dans sa Notice manuscrite sur le Sueur, faisant aussi partie des archives de l'Ecole des beaux-arts : « Je conviens que tous les morceaux qu'on y voit ne sont pas d'un mérite égal, parce qu'il y a travaillé à diverses reprises; ainsi l'on pourrait, en quelque façon, dire qu'il y a été occupé toute sa vie. » Le cabinet des Muses, la chambre de l'Amour, le cabinet des Bains étaient surtout justement célèbres : si tout n'était pas de la main de le Sueur, son génie avait évidemment tout dirigé. Après la mort du président de Thorigny, en 1729, l'hôtel fut acquis par le marquis du Châtelet, et Voltaire y occupa, pendant quelque temps, le cabinet des Bains. Il devint ensuite la propriété du fermier-général Dupin, arrière-grand-père de Mme Sand, puis de M. de la Haye. Ce fut la famille de ce dernier qui commença à détruire l'harmonieuse décoration si pittoresquement combinée par le Sueur. On lit dans le *Mercure de France*, août 1776 : « Sa Majesté voulant offrir aux artistes de grands modèles et assurer à la nation la jouissance des chefs-d'œuvre qui ont illustré l'école française, vient d'autoriser le comte d'Angiviller à acquérir pour elle les tableaux dont le célèbre le Sueur avait orné l'hôtel Lambert, situé dans l'île Saint-Louis. Les propriétaires (Mme de la Haye) se sont fait un devoir de sacrifier à des vues si dignes de Sa Majesté le désir qu'ils avaient de garder ces tableaux. » En 1809, M. le comte de Montalivet, ministre de l'empereur, acheta l'hôtel Lambert, qu'il n'occupa qu'en 1814; il le quitta vers 1816 pour se retirer dans son château de La Grange (dans le Berry), où, ainsi que nous l'avons dit, M. le comte de Montalivet, son fils, ministre sous le règne de Louis-Philippe, a recueilli pieusement dans une pièce de charmantes peintures provenant du cabinet de l'Amour. L'hôtel appartient maintenant au prince Czartoriski. Bernard Picart dessina, en 1710, avant de se fixer en Hollande, les compositions de l'hôtel; il en grava une partie; le reste fut confié au burin d'habiles artistes, et en 1740 Gaspard Duchange donna une nouvelle édition de ce recueil d'estampes, précieux inventaire qui permet de reconstituer l'ornementation des salles. Voici le titre de ce recueil où l'on trouvera des vues du cabinet des Muses, de la chambre de l'Amour et de la grande galerie : « Les peintures de Charles le Brun et d'Eustache le Sueur qui sont dans l'hôtel du Chastelet, cy-devant la maison du président Lambert, dessinées par B. Picart, etc. On y a joint les plans et les élévations de cette belle maison, avec sa description et celle de tous les sujets qui sont représentés dans les tableaux. »

552. *Vénus présente l'Amour à Jupiter.*

H. 1, 00. — L. 1, 97. — B. — Fig. de 0, 80.

A droite, Vénus agenouillée, tenant dans ses bras le jeune Amour, le présente à Jupiter assis sur des nuages. Junon, Neptune et Diane, placés près du maître des dieux, témoignent, ainsi que lui, leur surprise et leur admiration.

Gravé par Desplaces. — Landon, t. 2, pl. 52. — *Filhol*, t. 7, pl. 477.

Collection de Louis XVI. — Ce tableau provient du plafond du cabinet de l'Amour à l'hôtel Lambert. (Voir la note du n° 551.)

553. *L'Amour, réprimandé par sa mère, se réfugie dans les bras de Cérès.*

H. 1, 00. — L. 2, 50. — T. — Fig. de 0, 80.

A gauche, Vénus assise sur des nuages, vue de profil et tournée vers la droite, menace du doigt le jeune Amour qui s'échappe de son berceau et s'élance dans les bras de Cérès agenouillée. Au second plan, une autre divinité assise, la tête appuyée sur sa main.

Landon, t. 2, pl. 55. — Filhol, t. 3, pl. 195.

Collection de Louis XVI. — Ce tableau faisait partie du plafond du cabinet de l'Amour à l'hôtel Lambert. (Voir la note du n° 551.)

554. *L'Amour reçoit l'hommage des dieux.*

H. 1, 00. — L. 1, 97. — B. — Fig. de 0, 80.

A droite, l'Amour, dans les bras de Cérès, est assis sur des nuages; Diane lui présente son arc et ses flèches; Apollon, le flambeau du jour, et Mercure, son caducée.

Gravé par Desplaces. — Landon, t. 2, pl. 53. — Filhol, t. 8, pl. 543.

Collection de Louis XVI. — Ce tableau provient du plafond du cabinet de l'Amour à l'hôtel Lambert. (Voir la note du n° 551.)

555. *L'Amour ordonne à Mercure d'annoncer son pouvoir à l'univers.*

H. 1, 00. — L. 2, 50. — B. — Fig. de 0, 80.

A droite, l'Amour adolescent est à demi couché sur des nuages, entre deux divinités. Une de ses mains est posée sur le bras d'Hébé, déesse de la jeunesse, caractérisée par une couronne de fleurs et la coupe où elle puise le nectar, boisson des immortels; l'autre main s'appuie sur l'épaule de la seconde femme, qui tient une lance et un miroir, et que l'on croit représenter la beauté. A gauche, Mercure s'élance dans les airs et semble désigner du doigt l'endroit où il dirige son vol.

<small>Landon, t. 2, pl. 54. — Filhol, t. 3, pl. 171.</small>

<small>Collection de Louis XVI. — Ce tableau faisait partie du plafond du cabinet de l'Amour à l'hôtel Lambert. (Voir la note du n° 551.)</small>

556. *L'Amour dérobe le foudre de Jupiter.*

<small>Diam. 1, 36. — Forme ronde. — T. — Fig. demi-nat.</small>

Dans les airs, l'Amour, porté par l'aigle de Jupiter, tient d'une main son arc et de l'autre le foudre qu'il vient de dérober à ce dieu, que l'on aperçoit plus loin, à gauche, assis sur des nuages. Dans le bas de la composition et au premier plan, un fleuve et deux naïades, penchés sur leurs urnes, lèvent les yeux vers le ciel et semblent surpris de la témérité de cette action. L'artiste a placé près de ce groupe un lion et un tigre, pour indiquer sans doute que les monstres les plus féroces sont soumis à sa puissance.

<small>Gravé par Beauvais. — Landon, t. 2, pl. 56. — Filhol, t. 3, pl. 153.</small>

<small>Collection de Louis XVI. — Ce tableau était placé au-dessus de la cheminée du cabinet de l'Amour à l'hôtel Lambert. (Voir la note du n° 551.)</small>

557. *Phaéton demande à Apollon la conduite du char du soleil.*

<small>H. 2, 82. — L. 3, 55. — T. — Fig. de gr. nat.</small>

Au centre de la composition et au dernier plan, Apollon devant son palais, assis sur des nuages, ceint la tête de son fils agenouillé des rayons éclatants de sa couronne. A droite, le char du dieu attelé, et les Heures retenant avec peine les coursiers impatients. Au-dessus de Phaéton, dans la partie supérieure, l'Aurore tenant un flambeau d'une main, des roses de l'autre;

Le Printemps, l'Été, l'Automne sont caractérisés par les fleurs et les fruits que ces saisons font naître. Le signe du lion est au pied de Cérès. A droite, au premier plan, les Vents, symboles de l'hiver et des orages, soufflent et amoncellent les nuages. A gauche, dans la partie supérieure, le Temps, armé de sa faux, plane sur ces divinités, et semble menacer le ciel et la terre.

Gravé par Ch. Dupuis.

Collection de Louis XVI. — « Au-dessus de ce cabinet (de l'Amour), dans la chambre de Mme la présidente de Thorigny, M. le Sueur a fait de la bonne manière plusieurs tableaux accompagnés d'ornements. Cette chambre est une de celles qu'on appelle chambres à l'italienne, parce que la beauté de la menuiserie et la richesse des lambris y tiennent lieu de tapisseries. Il a représenté dans le tableau du plat fond, le Soleil qui donne la conduite de son char à Phaéton. L'Aurore précède le char, un flambeau à la main ; le Temps, les quatre Saisons et les Vents y paraissent sous leurs figures allégoriques. Les quatre tableaux qui sont à la gorge ou chute du plat fond, sont de la main de M. Périer, qui a esté un des professeurs de l'Académie. » (Guillet de Saint-Georges, Notice sur le Sueur.) Le même Guillet de Saint-Georges ajoute en note : « M. le Sueur, en peignant cette chambre, s'estait desfait de sa première manière, qu'on voit dans le cabinet (celui de l'Amour) cy-devant descrit. » Ce tableau et les cinq suivants, provenant de la même pièce, étaient peints sur plâtre, et vers 1786 furent transportés sur toile par Haquin père. On plaça, vers 1846, le plafond de Phaéton, ainsi que les deux Muses (n°s 560 et 561), dans les appartements du duc de Nemours, aux Tuileries. Ces peintures rentrèrent au Louvre après la révolution de 1848 (voir les renseignements sur l'hôtel Lambert, n° 551).

558. *Clio, Euterpe et Thalie.*

H. 1, 32. — L. 1, 30. — B. — Fig. demi-nat.

Les trois sœurs sont assises, dans un paysage, à l'ombre de grands arbres. A gauche, Clio tient une trompette d'une main et pose l'autre sur un livre. Au milieu, Thalie, vue de dos, couchée aux pieds de Clio et appuyée sur son genou, regarde un masque. Derrière elle, Euterpe joue de la flûte. Au premier plan, un ruisseau et des roseaux.

Gravé par Duflos ; par P. Audouin dans le Musée français. — Landon, t. 2, pl. 46. — Filhol, t. 8, pl. 518.

Collection de Louis XVI. — « Au lambris de l'alcôve (de la chambre de Mme de Thorigny, appelée aussi la chambre des Muses) le Sueur a fait des tableaux des Muses. Les fonds de ces tableaux sont de M. Patel. » (Voir les notes des n°s 551 et 557.) Le Louvre possède dans sa collection de dessins une étude de le Sueur pour la figure de Clio.

559. *Melpomène, Érato et Polymnie.*

H. 1, 32. — L. 1, 38. — B. — Fig. demi-nat.

Elles sont représentées dans un paysage, au pied de grands arbres. A gauche, Melpomène, agenouillée, tient dans ses mains un livre de musique. A droite, Erato, assise sur un tertre, les yeux levés vers le ciel, accompagne la muse de l'ode en jouant de la basse, tandis que derrière elle, Polymnie, attentive au chant de ses sœurs, s'appuie sur un grand livre.

Gravé par P. Audouin dans le Musée français. — *Landon, t. 2, pl. 47.* — *Filhol, t. 8, pl. 530.*

Collection de Louis XVI. — Ce tableau provient de la chambre de Mme de Thorigny, dite la chambre des Muses, à l'hôtel Lambert. (Voir le numéro précédent et les n°^{s} 551 et 557.)

560. *Uranie.*

H. 1. 12. — L. 0, 75. — Forme ovale. — B. — Fig. demi-nat.

Assise sur un tertre, à l'ombre de grands arbres, la Muse, vue presque de face et la tête ceinte d'étoiles, s'appuie sur un globe céleste. De la main gauche elle tient un compas, et de l'autre elle montre le ciel.

Gravé par B. Picart; par P. Laurent et P. Audouin dans le Musée français. — *Landon, t. 2, pl. 48.* — *Filhol, t. 4, pl. 39.*

Collection de Louis XVI. — Ce tableau provient de la chambre de Mme de Thorigny, dite la chambre des Muses, à l'hôtel Lambert. (Voir les n°^{s} 551, 557 et 558.)

561. *Terpsichore.*

H. 1, 12. — L. 0, 75. — Forme ovale. — B. — Fig. demi-nat.

Elle est assise, dans un paysage, près de grands arbres, le corps tourné vers la gauche, la tête dirigée à droite, et elle agite avec une baguette des anneaux de métal traversés par un triangle.

Gravé par B. Picart; par P. Laurent et Audouin dans le Musée français. — Landon, t. 2, pl. 49. — Filhol, t. 1, pl. 14.

Collection de Louis XVI. — Ce tableau provient de la chambre de Mme de Thorigny, dite la chambre des Muses, à l'hôtel Lambert. (Voir les n°s 551, 557 et 558.)

562. *Calliope.*

H. 1, 12. — L. 0, 75. — Forme ovale. — B. — Fig. demi-nat.

Elle est vue de profil, tournée à gauche, couronnée de fleurs, assise sur un tertre ombragé d'arbres, et joue de la harpe.

Gravé par B. Picart; par P. Laurent et P. Audouin dans le Musée français. — Landon, t. 2, pl. 50. — Filhol, t. 7, pl. 501.

Collection de Louis XVI. — Ce tableau provient de la chambre de Mme de Thorigny, dite la chambre des Muses, à l'hôtel Lambert (Voir les n°s 551, 557 et 558.)

563. *Ganymède enlevé par Jupiter.*

H. 1, 27. — L. 1, 10. — T. — Fig. de gr. nat.

L'aigle emporte dans les airs le jeune prince, dont les regards inquiets sont dirigés vers la terre, que l'on aperçoit dans le bas du tableau.

Gravé par Beauvais. — Landon, t. 2, pl. 57. — Filhol, t. 3, pl. 158.

Collection de Louis XVI. — « Dans une autre chambre, qui est proche de l'appartement de feu M. Lambert, il a peint un plafond où paraît Ganymède monté sur l'aigle de Jupiter. » (Guillet de Saint-Georges, *Notice sur le Sueur.*) — (Voir les n°s 551, 557 et 558.)

564. *Réunion d'artistes.*

H. 1, 36. — L. 1, 95. — T. — Fig. de gr. nat.

Parmi sept hommes réunis autour d'une table couverte d'un tapis, quatre sont assis. L'un d'eux, à gauche, placé à un angle de la table, a les bras et les jambes nus, un manteau bleu est jeté sur son épaule gauche et il caresse un lévrier ; derrière lui, un autre chante et joue de la guitare ; plus loin, le troisième, vêtu d'une robe garnie de fourrure, est accoudé sur la table, la tête appuyée sur sa main, et se sert d'un compas. Le quatrième, assis à l'autre angle de la table, et couvert d'une cuirasse, montre un drapeau rouge et bleu. Derrière la table, un artiste, debout devant une toile posée sur un chevalet, tient un livre de dessin et retourne la tête. Les deux autres sont placés auprès du joueur de guitare : l'un d'eux, portant une coupe remplie de fruits, se penche vers son voisin, dont la tête est ceinte d'une couronne de lauriers et qui lui indique un livre qu'il tient à la main.

Landon, t. 3, pl. 71.

Ancienne collection. — « M. de Chambray, thrésorier des guerres, qui demeuroit dans la rue de Clery, luy fit faire dans un tableau les portraits de plusieurs de ses amis, chacun d'eux représenté avec les symboles de leurs inclinations particulières ou de leur profession. De sorte qu'un d'entre eux qui avoit esté enseigne d'une compagnie d'infanterie arboroit un drapeau ; un autre, qui excelloit à jouer du luth, tenoit cet instrument à la main, et M. le Sueur, qui estoit du nombre de ses amis, fut obligé de s'y peindre luy-mesme, tenant un pinceau à la main pour représenter un génie des beaux-arts qu'on voyoit ébauché dans ce tableau. » (Guillet de Saint-Georges, *Notice sur le Sueur*.) Ce tableau était porté à tort, sur les inventaires et dans la notice de 1841, à Simon Vouet. Il est évident que le Sueur, en le peignant, était encore sous l'influence de son maître.

SUEUR (*Attribué à* LE).

565. *Institution de l'Eucharistie.*

H. 0, 95. — L. 1, 10. — T. — Fig. de 0, 75.

Jésus-Christ, vu de face, assis au milieu de la table, est entouré de ses disciples. A gauche, sur le devant, l'un d'eux, couvert d'un long manteau rouge, paraît s'entretenir avec un autre apôtre assis et tourné de profil.

Ancienne collection. — Ce tableau est porté à le Sueur sur les inventaires du Louvre. Si cette œuvre est de lui, elle doit être de sa jeunesse.

566. *Le Christ à la colonne.*

H. 1, 28. — L. 0, 66. — T. — Fig. de 0, 58.

Le Christ, les mains liées derrière le dos, la tête inclinée à gauche et vue de profil, est attaché à une colonne par deux bourreaux, dont l'un, à gauche, est à genoux. Au premier plan, à droite, un troisième bourreau, dont on ne voit que la moitié du corps, se penche et tient une corde dans ses mains.

Gravé par Masquelier jeune dans le Musée français.

Ancienne collection. — Ce tableau, porté à le Sueur sur les inventaires, a été attribué quelquefois à Simon Vouet. S'il a été peint par le Sueur, c'est évidemment lorsqu'il était encore entièrement sous l'influence de son maître.

SUEUR (*École de* LE).

567.* *Le Christ lavant les pieds aux apôtres.*

H. 0, 87. — L. 0, 71. — T. — Fig. de 0, 50.

Le Christ, un genou à terre, vu de profil et tourné à droite, lave les pieds à l'un des apôtres qui l'entourent. Au premier plan, à droite, un vase et un chien couché.

Ancienne collection. — Ce tableau, sur l'inventaire, est donné comme une copie d'après le Sueur.

SUVÉE (JOSEPH-BENOÎT), *né à Bruges en 1743, mort à Rome le 9 février 1807.*

Il eut pour premier maître un peintre de sa ville natale, et vint étudier ensuite à Paris, à l'école de Bachelier. Il concourut pour le grand prix, obtint le deuxième en 1768, et, quoique étranger, remporta le premier en 1771, par une dérogation spéciale en sa faveur; le sujet du concours était le Combat de Minerve contre Mars. Il fut agréé à l'Académie royale en 1779, et reçu membre le 29 janvier 1780. Il donna pour sa réception le tableau allégorique de la Liberté rendue aux arts, sous le règne de Louis XVI, par les soins de M. le comte d'Angiviller (ce tableau était au garde-meuble sous la Restauration; en 1832, n'ayant pas été retrouvé, il fut rayé des inventaires). On le nomma adjoint à professeur le 27 octobre 1781, professeur le 31 mars 1792, et directeur de l'école de Rome la même année. Incarcéré à l'époque de la Révolution, il ne put se rendre à son poste qu'en 1801. Il réorganisa l'école à la villa Médicis, et mourut au moment où il allait jouir du fruit de ses travaux. Il a exposé aux salons de 1779, 1781, 1783, 1785, 1787, 1789, 1791, 1793, 1795 et de 1796.

568. *Mort de l'amiral Coligny.*

H. 3, 25. — L. 2, 60. — T. — Fig. de gr. nat.

A droite, l'amiral, debout devant la porte de sa demeure, se présente aux assassins, qui, à sa vue, tombent à genoux. L'un d'eux arrête de la main un de ses compagnons, debout à gauche, qui tient une torche allumée d'une main, et de l'autre une épée. — Signé : *J. B. Suvée. f.* 1787.

Collection de Louis XVI. — Ce tableau, commandé par le roi, fut exposé au salon de 1787.

TAILLASSON (JEAN-JOSEPH), *peintre, écrivain, né à Blaye, près de Bordeaux, en* 1746, *mort le* 11 *novembre* 1809.

Son père, qui était négociant, ne consentit qu'avec peine à lui laisser suivre son goût pour les beaux-arts. Taillasson partit de Bordeaux avec un de ses amis nommé Lacour, et arrivés à Paris ils entrèrent tous deux à l'atelier de Vien. Le jeune élève se mit à l'étude avec ardeur et se présenta au concours académique. Ayant échoué, il résolut de faire le voyage d'Italie à ses frais, et arriva à Rome vers 1773. Après un séjour de quatre ans dans cette ville, il retourna à Paris, se fit agréer à l'Académie sur une peinture représentant la Naissance de Louis XIII, et recevoir définitivement le 27 mars 1784. Il donna pour sa réception le tableau inscrit sous le numéro suivant. Taillasson a peint plusieurs compositions historiques exposées aux salons de 1791, 1793, 1795, 1796, 1798, 1799, 1801, 1802, 1804 et de 1806. On a de lui des recueils de poésie. Son ouvrage intitulé : *Observations sur quelques grands peintres* (1807, in-8°), mérite, par sa saine critique, par la finesse des appréciations, et surtout par une impartialité bien rare à l'époque où il écrivait, l'estime des artistes et des amateurs.

569. *Ulysse et Néoptolème enlèvent à Philoctète les flèches d'Hercule.*

H. 2, 77. — L. 2, 11. — T. — Fig. de gr. nat.

Philoctète, assis à gauche sur un rocher, s'aperçoit que ses flèches lui ont été enlevées ; il reconnaît Ulysse qui avait conseillé aux Grecs de l'abandonner dans l'île de Lemnos, et fait éclater son indignation. Les guerriers lui annoncent qu'ils viennent de la part des dieux pour le conduire au siége de Troie.

Musée Napoléon. — Ce tableau, peint par Taillasson pour sa réception à l'Académie de peinture, le 27 mars 1784, fut exposé au salon de 1785.

TARAVAL (HUGUES), *peintre, graveur, né en 1728, mort à la Manufacture des Gobelins le 18 novembre 1785.*

Il remporta le premier prix à l'Académie en 1756 (le sujet du concours était Job exposé aux reproches de sa femme), et fit le voyage de Rome comme pensionnaire du roi. De retour à Paris, en 1764, il jouit de la réputation de peintre habile et fit un portrait de Louis XV qui eut du succès. Il entreprit un voyage en Danemark et en Suède, à l'époque où son père, **Thomas-Raphaël Taraval**, était peintre de la cour de Stockholm. Revenu à Paris, il fut agréé en 1765, reçu à l'Académie le 29 juillet 1769, et peignit pour sa réception un plafond représentant le Triomphe de Bacchus, tableau qui fait encore partie de la décoration de la galerie d'Apollon au Louvre. Il devint adjoint à professeur le 4 juillet 1778, et professeur le 3 septembre 1785. Il était surinspecteur de la Manufacture des Gobelins et membre de l'Académie des arts de Stockholm. Taraval a peint des portraits, des sujets d'histoire et de genre. Il a exposé aux salons de 1765, 1767, 1769, 1773, 1775, 1777, 1779, 1781, 1783 et de 1785. J.-F. Clémens, C.-G. Schultz ont gravé plusieurs de ses ouvrages. — **Thomas-Raphaël Taraval**, père du précédent, mort à Stockholm en 1750, étudia la peinture à Paris, fit des portraits et devint peintre du roi de Suède. Il eut un deuxième fils nommé **Louis-Gustave**, né à Stockholm en 1737, peintre graveur, qui vint à Paris, après la mort de son père, avec son frère Hugues. On connaît encore un **Jean-Gustave Taraval**, son neveu, né à Paris, qui obtint le grand prix en 1782 (la même année que Carle Vernet), à l'âge de 17 ans. Il mourut pensionnaire à Rome en 1784.

570.* *Le triomphe d'Amphitrite.*

H. 3, 25. — L. 2, 25. — T. — Fig. de gr. nat.

La déesse, vue de profil, tournée à gauche, est couchée sur une espèce de coquille traînée par un dauphin que monte un amour. A gauche, un triton souffle dans une conque; à droite, une néréide s'appuie sur le dauphin. Au premier plan, à gauche, deux autres néréides et un triton, vu de dos, se jouent au milieu de roseaux.

Dans les airs, de petits amours tenant une guirlande de fleurs. — Signé : *Taraval*, 1777.

<small>Collection de Louis XVI. — Ce tableau, qui fut exposé au salon de 1777, était commandé pour le roi.</small>

TAUNAY (Nicolas-Antoine), *né à Paris en 1755, mort dans la même ville le 20 mars 1830.*

<small>Il fut d'abord élève de Brenet, puis de Casanova, chez lequel il ne put rester longtemps, cet artiste ayant quitté la France pour aller s'établir en Russie. Décidé à ne plus consulter que la nature, Taunay, accompagné de de Marne et de quelques camarades, alla passer quelque temps en Suisse pour y faire des études de paysages et d'animaux. De retour à Paris, il fut agréé à l'Académie en 1784, sur un sujet tiré de l'Arioste, et obtint d'être envoyé à Rome pour remplir la place vacante par la mort d'un pensionnaire (**Jean-Gustave Taraval**, neveu de Hugues, qui avait remporté le grand prix à 17 ans). Il se rendit à Rome l'année même de son agrément, et revenu à Paris après trois ans de séjour en Italie, il exécuta un nombre considérable de paysages, de vues, de monuments, où il introduisait des figures ou des animaux, empruntant ses sujets à l'histoire, à la fable, aux mœurs anciennes ou contemporaines. Il reçut en l'an XII une grande médaille et fut nommé académicien à la formation de l'Institut. Des agents portugais résidant à Paris le décidèrent, ainsi que quelques autres artistes, à passer au Brésil. Désireux de rétablir sa fortune perdue par suite des événements de la Révolution, et charmé de contempler les magnificences d'une nature nouvelle, il partit pour Rio-Janeiro avec deux de ses fils. Il envoya de cette ville, aux expositions de Paris, des ouvrages qui lui méritèrent la croix de la Légion-d'Honneur. En 1824, ayant perdu à Rio-Janeiro son fils **Charles-Auguste**, statuaire, professeur à l'Académie de cette ville, Taunay eut hâte de quitter un pays qui ne lui rappelait plus que de tristes souvenirs. Il rentra en France et continua à peindre jusqu'à son dernier moment. Taunay a exposé aux salons de 1787, 1789, 1791, 1793, 1796, 1798, 1801, 1802, 1804, 1806, 1808, 1810, 1812, 1814, 1819, 1822, 1824 et de 1827. Un de ses ouvrages parut à l'exposition de 1831, après sa mort.</small>

571. *Extérieur d'un hôpital militaire provisoire, en Italie.*

<small>H. 1, 14. — L. 1, 62. — T. — Fig. de 0, 20.</small>

Au premier plan, à droite, des malades couchés sur l'herbe, et près d'un arbre un soldat en faction devant une tente. Au second plan, à gauche, d'autres malades se promènent appuyés sur des béquilles. Au milieu, au pied d'un escalier conduisant à un grand bâtiment qui s'élève à droite et sur la porte duquel est écrit : *Hospice militaire*, s'arrête une charrette remplie de blessés. Des hommes les prennent dans leurs bras et les transportent dans l'intérieur du monument.

<small>Musée Napoléon. — Ce tableau, exposé au salon de l'an VI, fut acquis en 1798.</small>

572. *Prise d'une ville.*

<small>H. 0, 81. — L. 1, 00. — T. — Fig. de 0, 10.</small>

A droite, de nombreux habitants d'une ville de guerre livrée aux flammes sont emmenés comme otages et franchissent une porte située au bord d'une rivière traversée par un pont. Au premier plan, à gauche, deux cavaliers marchent en tête des prisonniers, que d'autres soldats à cheval surveillent. A droite, plusieurs pins d'Italie.

<small>Musée Napoléon. — Ce tableau obtint un prix d'encouragement au salon de 1800 et fut acquis par l'administration impériale.</small>

573. *Pierre l'Hermite prêchant la première croisade (1095).*

<small>H. 0, 42. — L. 0, 54. — T. — Fig. de 0, 08.</small>

A droite, l'Hermite Pierre debout sur un rocher. Devant lui, à gauche, à l'ombre d'un grand arbre, un guerrier à cheval et un autre soldat revêtu de son armure, debout. Au milieu, un groupe d'hommes et de femmes agenouillés qui écoutent la proclamation de la guerre sainte. Au premier plan, à droite, un chien près d'une mare. Dans le fond, des montagnes boisées. — Signé, à gauche : *Taunay.*

<small>Collection de Louis-Philippe. — Ce tableau fut acquis en 1846, à la vente du cabinet de M. Saint, pour la somme de 517 fr.</small>

574. *Prédication de saint Jean.*

H. 0,95. — L. 1,47. — T. — Fig. de 0,14.

Au second plan, à droite, et près d'un lac, saint Jean, debout sur un tertre ombragé par un grand arbre, tient une croix et prêche devant un peuple nombreux. Parmi les assistants on remarque, au premier plan, à droite, deux guerriers assis par terre, une femme soutenant son enfant sur un âne, et au milieu un cavalier portant un casque, une cuirasse et un bouclier rejeté sur son dos. Dans le fond, à gauche, des chameaux, une caravane et des ruines sur une montagne boisée. — Signé, sur un rocher : TAUNAY, RIO DE JANEIRO, 1818.

Collection de Louis XVIII. — Ce tableau, dont le paysage représente un site du Brésil, fut exposé au salon de 1819, et acquis en 1820 pour la somme de 3,000 fr.

THÉOLON (ÉTIENNE), *né à Aigues-Mortes en 1739, mort à Paris le 10 mai 1780.*

Il était élève de Vien, et abandonna le genre historique pour peindre des sujets de fantaisie et des scènes familières. Il fut agréé à l'Académie le 25 juin 1774, et ne devint pas académicien. Cet artiste mettait un soin extrême à terminer ses tableaux, et se rapprocha des maîtres hollandais par l'exactitude avec laquelle il cherchait à rendre toujours d'après nature les figures ou objets qu'il introduisait dans ses compositions. Le petit nombre d'ouvrages qu'il a produits se vendaient fort cher, même de son vivant, et la plupart ont passé à l'étranger. Il a exposé aux salons de 1775 et de 1777.

575. *Portrait d'une vieille femme.*

H. 0,33. — L. 0,28. — B. — Fig. mi-corps quart de nat.

Elle est représentée la tête de trois quarts, tournée à droite, les cheveux relevés et attachés avec un ruban. Elle porte un fichu entr'ouvert, et sur ses épaules une

THERBOUSCH (Mme).

mante noire. — Signé d'un monogramme formé des lettres THE ; au-dessous, la date de 1777.

Ancienne collection.

THERBOUSCH (ANNE-DOROTHÉE LISCEWSKA ou LISIEUWSKA, femme), *née à Berlin en 1728, morte au mois de novembre 1782.*

Les historiens allemands font naître Mme Therbousch en 1722. La date indiquée ci-dessus est celle fournie par les registres de l'Académie, qui lui donnent 54 ans à l'époque de sa mort. Elle fut élève de son père, George Liscewsky ou Lisieuwsky, vint à Paris, fut reçue à l'Académie, comme peintre de genre, le 28 février 1767, sur le tableau suivant, et retourna à Berlin, où elle fit, en 1772, le portrait de Frédéric II. Elle était peintre du roi de Prusse, de l'électeur palatin, et membre de l'Académie de Bologne. C'est par exception, et parce que Mme Therbousch appartint à l'Académie royale de peinture de Paris, que nous l'avons classée parmi les artistes français. — **George Liscewsky** ou **Lisieuwsky**, né en 1674 à Olesko, en Pologne, mort en 1746, père d'Anne-Dorothée, fut peintre de portraits et de scènes familières. — **Anna-Rosine Liscewska**, née en 1716 à Berlin, morte en 1783, fille et élève de George, suivit sa manière. Elle peignit une foule de portraits à l'huile et au pastel. J. Haid et J.-E. Gerike ont gravé de ses ouvrages. Elle fut de l'Académie de Dresde en 1769. — **Julie Liscewska**, née en 1724, morte en 1794, fille de George, peignit des portraits et des tableaux de genre. — **George-Frédéric-Reinhold Liscewsky**, fils de George, né à Berlin en 1725, mort en 1794 à Ludwigslust, peignit des portraits, travailla à Dresde en 1779, à Berlin en 1772, et devint en 1779 peintre de la cour des ducs de Mecklembourg-Schwerin. — **Friederika Liscewska**, née en 1772, à Berlin, travaillait encore en 1838 ; elle était fille de George-Frédéric Reinhold et peignit des portraits.

576. *Un homme éclairé par une bougie et tenant un verre de vin.*

H. 1, 08. — L. 0, 92. — T. — Fig. jusqu'aux genoux de gr. nat.

Il est représenté presque de face, la tête couverte d'un mouchoir blanc, appuyé sur sa main droite, le coude reposant sur une table. Il porte un habit vert, un gilet de satin blanc, une chemise entr'ouverte au cou. Sur la table sont placés une bougie dont la flamme est cachée par un abat-jour, une tabatière, un livre et une bouteille.

Musée Napoléon. — Ce tableau, peint par Mme Therbousch pour sa réception à l'Académie de peinture le 28 février 1767, fut exposé au salon de cette même année.

TOCQUÉ (Louis), *né en* 1696, *mort au Louvre le* 10 *février* 1772.

Son père, peintre d'architecture distingué, le mit de bonne heure à l'école de Nicolas Bertin. Bientôt le jeune élève ne tarda pas à se faire remarquer par son habileté à peindre des portraits. Il continua à s'appliquer à ce genre et fut agréé à l'Académie le 13 août 1731. On le chargea de peindre, pour sa réception, Galloche et Lemoine aîné, sculpteur; et on l'élut académicien le 30 janvier 1734. Ce fut vers la même époque qu'il fit, par ordre de la cour, le portrait du dauphin, et, après le mariage de ce prince, le portrait de la dauphine, ainsi que celui de la reine. Il devint conseiller à l'Académie le 31 janvier 1744. Les nombreux portraits qu'il exposait au salon, et qui chaque fois obtenaient un grand succès, étendirent sa réputation à l'étranger. L'impératrice le demanda et il dut se rendre à Saint-Pétersbourg. Il y séjourna de 1757 à 1758, et fit le portrait de l'impératrice, gravé par Schmidt. Il passa ensuite à Stockholm, puis en Danemark, où il peignit le roi, la reine et les princes de la famille royale. De retour à Paris, en 1760, l'Académie lui donna un tableau de Charles Coypel, représentant la Destruction du palais d'Armide. Cette peinture lui fut accordée par la compagnie pour le remercier des portraits de M. de Tournehem et du marquis de Marigny, directeurs et ordonnateurs des bâtiments du roi, dont il avait fait présent à son corps. Tocqué entreprit un second voyage en Danemark en 1769, et eut le titre d'associé libre de l'Académie de Copenhague. Son dessin est correct, sa touche légère, sa couleur agréable, sans avoir une grande vigueur. Il rendait avec une singulière habileté le brillant des étoffes d'or et d'argent, ainsi que le chatoiement des satins à fleurs et des broderies. Il a exposé aux salons de 1737, 1738, 1739, 1742, 1743, 1745, 1746, 1747, 1748, 1750, 1751, 1753, 1755 et de 1759. Plusieurs de ses ouvrages ont été gravés par Larmessin, J.-C. Teucher, Wille, Dupuis, Schmidt, Cathelin, Muller, Daullé.

577. *Portrait de Marie Leczinska, reine de France, née en* 1703, *morte en* 1768.

H. 2, 80. — L. 1, 90. — T. — Fig. en pied de gr. nat.

Elle est représentée debout, le corps tourné vers la gauche, la tête de face, les cheveux poudrés. Elle porte une robe à grandes fleurs, une agrafe de diamants à la poitrine et un manteau de velours fleurdelisé, doublé d'hermine. Elle le retient d'une main, et montre de l'autre une couronne posée, à gauche, sur un coussin également fleurdelisé, que supporte une console dorée. Derrière la reine, à droite, un fauteuil orné aussi de fleurs de lis. Dans le fond, des colonnes et l'intérieur d'une salle du palais. — Signé : *L. Tocqué pinxit*, 1740.

Gravé par Daullé.

Collection de Louis XV. — Ce tableau, il y a quelques années, a été agrandi dans le haut de 30 centimètres, et sur la largeur de 15 centimètres.

578. *Portrait de Louis de France, dauphin, fils de Louis XV, à l'âge de 10 ans, né en 1729, mort en 1765.*

H. 1, 95. — L. 1, 46. — T. — Fig. en pied de gr. nat.

Dans l'intérieur d'un cabinet d'étude, le jeune prince debout, portant un habit rouge, le cordon du Saint-Esprit, montre de la main gauche un globe terrestre posé par terre, à droite, près de lui. Sur une table du même côté, des livres et des papiers. Dans le fond, des colonnes et un rideau relevé laissant apercevoir le ciel. Signé : *L. Tocqué pinxit*, 1739.

Gravé par Thomassin.

Collection de Louis XV.

579. *Portrait présumé de Mme de Graffigny.*

H. 0, 81. — L. 0, 65. — T. — Fig. en buste de gr. nat.

Elle est vue de face, coiffée d'un bonnet dont on n'aperçoit que la garniture de dentelle, le reste étant caché par un fichu noir noué sous le menton. Une pelisse de velours rouge, garnie de fourrure, couvre les épaules.

Collection de Louis-Philippe. — Ce tableau fut acquis, en 1832, de M. Payen, pour la somme de 500 fr.

TOURNIÈRES (ROBERT), *né à Caen en 1668, mort dans la même ville le 18 mai 1752.*

Les dates données ci-dessus sont fournies par les registres de la paroisse de Saint-Pierre de Caen. D'Argenville s'est trompé en le disant âgé, à sa mort, de 77 ans: il en avait environ 84. Les registres de l'Académie lui donnent 82 ans 10 mois. Tournières eut pour premier maître frère **Lucas de la Haye**, de l'ordre des Carmes, peintre plus que médiocre, vint à Paris, entra à l'école de Bon Boulogne, et fit de rapides progrès. On le reçut à l'Académie, le 24 mars 1702, comme peintre de portraits, et pour sa réception il donna ceux de Mosnier et de Michel Corneille. Le 24 octobre 1716, il fut admis, comme peintre d'histoire, sur un tableau représentant Dibutade dessinant à la lumière le portrait de son amant (voir le numéro suivant). L'heureux succès de ses petits tableaux l'engagea à abandonner les grandes compositions pour peindre de petits portraits historiés ou des sujets de fantaisie. Schalken et Gérard Dov furent les maîtres qu'il se proposa pour modèles. Tournières devint adjoint à professeur le 28 septembre 1725; mais, à la suite d'une contestation avec ses confrères, il s'abstint d'assister aux séances de l'Académie, se retira à Caen en 1750 et cessa de travailler. Les principaux élèves de Tournières furent **Hullot** fils, peintre de fleurs, **Romagnesi** et le Moine. Sarrabat et Daullé ont gravé chacun un portrait peint par Tournières. Il a exposé aux salons de 1704, 1737, 1741, 1742, 1743, 1745, 1746, 1747 et de 1748.

580. *Dibutade dessinant à la lueur d'une lampe le portrait de son amant.*

H. 0, 50. — L. 0, 38. — Forme cintrée dans le haut. — B. — Fig. de 0, 36.

Assise à droite, vue de profil, tournée à gauche, Dibutade tient d'une main une torche allumée. Guidée par un amour, elle trace de l'autre, sur la muraille, le contour de l'ombre que projette un jeune homme placé à gauche, debout devant elle, et appuyé sur une espèce de petit mur où est posée une épée.

Musée Napoléon. — Ce tableau fut peint par Tournières pour sa réception à l'Académie de peinture, le 24 octobre 1716. Il avait déjà été reçu, le 24 mars 1702, comme peintre de portraits, sur ceux de Mosnier et Corneille (Michel).

TROY (JEAN-FRANÇOIS DE), *né à Paris en 1679, mort à Rome le 24 janvier 1752.*

Il était fils et élève de **François de Troy**, portraitiste habile, qui ne céda d'abord qu'avec peine à la vocation pour la peinture manifestée par lui dès son enfance. De Troy concourut pour le grand prix à l'âge de 19 ou 20 ans, mais sans succès, et son père l'envoya à Rome à ses frais. Il obtint ensuite du marquis de Villacerf, surintendant des bâtiments, la place de pensionnaire du roi, dont il eut la jouissance pendant trois ou quatre ans. Il séjourna deux années à Pise, voyagea dans toute l'Italie, et se plaisait tellement dans ce pays, où il se livrait autant au plaisir qu'à l'étude, que son père fut obligé d'avoir recours au ministre de France à Florence pour le

faire revenir dans sa patrie. Il avait 27 ans lorsqu'il arriva à Paris. Peu de temps après son retour, il se présenta à l'Académie; il y fut agréé et reçu le même jour, 28 juillet 1708, sous le directorat de son père, et donna pour sa réception un tableau représentant Niobé et ses enfants percés de flèches par Diane et Apollon. Ce succès et l'affection qu'il portait à son père lui firent refuser des travaux considérables que le sénat de Gênes lui proposait d'exécuter. De Troy devint adjoint à professeur le 24 juillet 1716 et professeur le 30 décembre 1719. Il reçut, vers cette époque, la commande d'ouvrages pour des édifices publics et peignit une assez grande quantité de tableaux de genre. En 1727, il prit part au concours d'émulation ordonné par le roi entre les peintres de l'Académie, et partagea le prix avec le Moine, quoique son tableau, représentant un Bain de Diane, fût inférieur à celui de son rival, qui, lui-même, ne méritait pas cette faveur, dont Cazes et Noël Coypel parurent alors plus dignes. De Troy abusa souvent de son extrême facilité d'exécution et d'invention. Homme de plaisir, possesseur, par son mariage avec la fille d'un officier du Châtelet, d'une fortune considérable, le monde lui fit négliger les études sérieuses et produire des œuvres d'un mérite fort inégal, dont il ne cherchait pas à corriger les défauts, prétendant qu'un changement partiel entraînait la modification de l'ensemble et refroidissait le génie. En 1728, il décora les appartements de Samuel Bernard, peignit pour l'hôtel de M. de la Live, rue Neuve-du-Luxembourg, trente-six compositions terminées en 1729, ainsi que la coupole de la chapelle seigneuriale de Passy et le tableau d'autel. Ces ouvrages furent suivis d'un grand nombre d'autres en tous genres et de toutes dimensions pour des églises, des résidences royales ou des galeries particulières. En 1737, il acheta la charge de secrétaire du roi, fut nommé, au commencement de janvier 1738, directeur de l'Académie de France à Rome, à la place de **Wleughels**, décédé, et décoré de l'ordre de Saint-Michel. Parti de Paris le 25 juin, il arriva à Rome le 3 août. Il y termina une suite de sept tableaux de l'Histoire d'Esther, destinés à servir de modèles à des tapisseries fabriquées aux Gobelins, suite commencée à Paris en 1737, et qu'il avait proposé de faire au rabais, afin de lutter avantageusement par sa facilité contre la lenteur de le Moine, dont il se montra toujours jaloux. En 1742, ayant perdu sa femme, il fit un voyage de quelques mois à Naples, et l'année suivante obtint la dignité de prince de l'Académie de Saint-Luc de Rome. Après l'Histoire d'Esther il entreprit une deuxième suite de modèles de tapisseries représentant l'Histoire de Jason, qu'il exécuta en trois années, ainsi que d'autres tableaux de chevalet destinés à différents amateurs. Les sept tableaux de Jason furent exposés au Louvre en 1748, dans la galerie d'Apollon. Ayant cru avoir à se plaindre de la cour, il demanda son rappel, sans doute avec la persuasion qu'on ne le lui accorderait pas ou qu'on le dédommagerait en lui donnant la place de premier peintre du roi, avec un logement au Louvre. Il n'obtint pas cette dernière faveur et fut remplacé à Rome par Natoire. Malgré ses regrets, il dut partir; mais, au moment de s'embarquer avec le duc de Nivernais, ambassadeur de France, qui retournait à Paris, il succomba à une fluxion de poitrine. De Troy eut pour élève **Duflos**, mort pensionnaire à Rome, et le chevalier Favray. Il a exposé aux salons de 1737, 1738, 1740, 1742 et de 1748. Ses ouvrages ont été gravés par Thomassin, Cochin père et fils, Fessard, Galimart, Beauvarlet, Herisset, Laurent Cars, et à l'eau-forte par les peintres Parrocel, Vien et Boucher.
— **François de Troy**, né à Toulouse au mois de février 1645, mort à Paris le 1er mai 1730, père du précédent, fils de **Nicolas de Troy**, peintre de l'hôtel-de-ville de Toulouse, d'abord élève de son père, vint à Paris à l'âge de 24 ans, entra ensuite à l'école de **Nicolas Loir**, dont il épousa la sœur, puis à celle de Claude le Febvre, désirant surtout se livrer au genre du portrait. Il se fit recevoir néanmoins à l'Académie comme peintre d'histoire, le 6 octobre 1674, sur un tableau représentant Mercure qui coupe la tête à Argus. Plus tard, le 5 octobre 1699, il donna à l'Académie le portrait de Mansart, maintenant à Versailles. On le nomma adjoint à professeur le 6 décembre 1692, professeur le 26 septembre 1693, directeur le 7 juillet 1708,

adjoint à recteur le 10 janvier 1722. De Troy a peint avec beaucoup de talent des tableaux de genre, un nombre considérable de portraits de petite et de grande dimension, enfin des compositions importantes où figuraient les princes, les seigneurs de la cour ou de hauts fonctionnaires. Louis XIV l'envoya en Bavière pour peindre la dauphine. Il travailla avec la même habileté jusqu'à l'âge de plus de 80 ans et fut enterré à l'église de Saint-Eustache, sa paroisse. Il eut un frère, son aîné, qui s'établit à Toulouse et y acquit de la réputation. Ses élèves furent son fils, **Bouys** et **Belle**. Il a exposé aux salons de 1699 et de 1704. Vermeulen, Barras, Simonneau, Edelinck, Poilly, Bouys, Bernard, Vanschuppen, Dossier, Drevet et Petit ont gravé de ses ouvrages. — **Jean de Troy**, frère aîné de François de Troy, dont presque aucun biographe ne parle, né à Toulouse vers 1640, mort dans le XVIIIe siècle, était élève de son père et obtint la place de peintre de l'hôtel-de-ville. Il établit une école de dessin en concurrence avec **Hilaire Pader**. On voit de ses ouvrages dans le musée de Toulouse et à Montpellier, où M. Atger, rédacteur de la notice des ouvrages d'art réunis à la bibliothèque de la Faculté de médecine, le fait mourir, contrairement à ce qu'avance la biographie toulousaine, qui prétend que Jean de Troy ne quitta jamais sa ville natale. — **Nicolas de Troy**, né à Toulouse vers le commencement du XVIIe siècle, père de Jean et de François de Troy, apprit les principes de son art de **Chelette**, artiste habile. Il peignit le portrait et forma de nombreux élèves. Il habita Paris pendant quelques années.

581. *Premier chapitre de l'ordre du Saint-Esprit, tenu par Henri IV dans l'église du couvent des Grands-Augustins à Paris, le 8 janvier 1595.*

H. 3, 84. — L. 3, 20. — T. — Fig. de gr. nat.

A droite, le roi, assis sur son trône, vêtu du grand costume de l'ordre, le chapeau sur la tête, reçoit chevaliers Henri de Bourbon, duc de Montpensier, agenouillé devant lui, et Henri d'Orléans, premier du nom, en présence des quatre grands officiers, Charles de Bourbon, archevêque de Rouen, chancelier; Guillaume Pot de Rhodes, prévôt, maître des cérémonies; Martin Rusé de Beaulieu, grand trésorier; Claude de l'Aubespine, de Verderonne, greffier. Le héraut d'armes et l'huissier assistent également à la réception. Au second plan, des dames, placées dans des tribunes séparées par des colonnes, regardent cette cérémonie. — Signé sur un piédestal, à droite : DETROY, 1732.

Musée Napoléon. — Ce tableau, qu'on voyait autrefois dans le chœur de l'église du couvent des Grands-Augustins, où avaient lieu les réceptions des chevaliers du Saint-Esprit, faisait partie d'une suite de peintures représentant les cérémonies de l'ordre sous les grands-maîtres qui se succédèrent depuis son institution. Ces peintures furent mises en place en 1733. (Voir Germain Brice et Thierry.)

VALENCIENNES (Pierre-Henri), *peintre, écrivain, né à Toulouse en 1750, mort à Paris le 16 janvier 1819.*

Son père le destinait d'abord à l'étude de la musique; puis, cédant à sa vocation pour la peinture, l'envoya à Paris à l'école de Doyen. Entraîné par un goût particulier pour le genre du paysage historique, il se rendit en Italie, et y fit de nombreuses études d'après nature, ainsi que d'après les chefs-d'œuvre de Claude et de Poussin, qu'il eut occasion de voir dans les galeries de Rome. De retour en France, il fut admis à l'Académie le 28 juillet 1787, sur le tableau inscrit ci-dessous. Son style sévère, qui différait entièrement de celui alors en vogue, trouva bientôt de nombreux imitateurs. Valenciennes exerça sur le genre du paysage une influence semblable à celle de Vien sur la peinture historique. Il eut une école nombreuse, et presque tous les paysagistes en renom sous l'Empire furent ses élèves. On peut citer parmi les plus distingués, **Prévost**, le peintre de panoramas. Il écrivit un traité de perspective et de l'art du paysage, livre remarquable par la solidité des principes et la clarté des préceptes, qui eut deux éditions, la première en 1800, la seconde en 1824. Valenciennes était membre de la Légion-d'Honneur et associé de l'Académie de peinture de Toulouse. Il a peint à la gouache et à l'huile, et a exposé aux salons de 1787, 1789, 1791, 1793, 1795, 1796, 1798, 1800, 1801, 1802, 1804, 1806, 1810 et de 1814.

582. *Cicéron, étant questeur en Sicile, découvre le tombeau d'Archimède, que les Syracusains assuraient ne pas posséder sur leur territoire.*

H. 1, 19. — L. 1, 62. — T. — Fig. de 0, 12.

Au premier plan, à droite, un homme, monté sur le bord d'un tombeau caché par les broussailles au pied d'un rocher, montre à un groupe de quatre personnages la figure de géométrie qu'Archimède avait recommandé de graver sur son monument funéraire. Deux autres hommes cherchent à briser un jeune arbre qui poussait devant le tombeau. A gauche, les ruines d'un autre tombeau; au second plan, une statue de Cérès et une femme faisant une offrande. Plus loin, une rivière traversant le tableau, et près du rivage une barque portant deux hommes. Dans le sentier passant derrière un monticule, on aperçoit les têtes de quelques personnes qui se dirigent vers le groupe principal. Au delà de la rivière, un temple et des fabriques bâtis sur le versant d'une chaîne de montagnes qui borne l'horizon. — Signé à droite : *P. Devalenciennes* 1787.

Musée Napoléon. — Ce tableau fut peint par Valenciennes pour sa réception à l'Académie de peinture, le 28 février 1787, et exposé au salon de la même année.

VALENTIN, *né à Coulommiers (en Brie) en* 1600, *mort à Rome le* 7 *août* 1634.

Les biographes, trompés par le mot *mosu* précédant son nom dans un auteur italien, lui ont donné à tort le prénom de *Moïse*. Il se pourrait que Valentin fût même le prénom de l'artiste, dont on ignorerait le vrai nom de famille. On n'a presque aucun renseignement sur son existence. Sandrard, qui l'a connu, dit qu'il vint à Rome avant l'arrivée de Vouet dans cette ville, et que séduit par la renommée de ce peintre il se mit sous sa direction. Valentin imita évidemment le Caravage, dont il ne put, toutefois, recevoir des leçons, comme on l'a prétendu, puisque le Caravage était mort en 1609. Il fut lié avec Poussin et trouva un protecteur dans le cardinal Barberini, qui, entre autres travaux, lui fit obtenir de peindre, pour la basilique de Saint-Pierre, le Martyre des saints Processe et Martinien, tableau conservé au palais de Monte-Cavallo, et reproduit en mosaïque à Saint-Pierre par Cristo-Fori. Valentin mourut fort jeune, à la suite d'une imprudence, et fut enterré dans l'église de Notre-Dame-du-Peuple. On ne lui connaît qu'un élève nommé **Tournier**, peintre de Toulouse. Gilles Rousselet, Coëlemans, Ganières, Boulanger, Baudet ont gravé de ses ouvrages.

583. *L'innocence de Suzanne reconnue.*

H. 1, 75. — L. 2, 11. — T. — Fig. jusqu'aux genoux de gr. nat.

A gauche, le jeune Daniel, assis sur un trône, tourné à droite, étend la main vers un groupe placé en face de lui, et semble donner l'ordre à un soldat de s'emparer du vieillard le plus rapproché de Suzanne. Celle-ci, les mains croisées sur sa poitrine, est accompagnée de ses deux enfants, dont le plus jeune la tient par la robe. Toutes les figures, à l'exception de celle de Daniel, ne sont vues que jusqu'aux genoux.

Gravé par E. G. Krüger dans le Musée français.

Ancienne collection.

584. *Le jugement de Salomon.*

H. 1, 76. — L. 2, 10. — T. — Fig. de gr. nat.

Salomon, assis sur son trône, ayant le corps de l'enfant mort étendu à ses pieds, indique à un soldat, placé à gauche et armé d'une épée, l'enfant vivant que tient une des deux mères, vue de dos. A droite, l'autre mère pose les mains sur sa poitrine. Au second plan, du même côté, deux vieillards près du trône. Les figures des deux femmes ne sont vues que jusqu'aux genoux.

Gravé par J. Bouiliard dans le Musée français.

Ancienne collection. — Ce tableau, porté sur l'inventaire du cardinal de Mazarin, y est estimé 1,000 livres tournois. Louis XIV, après la mort du cardinal, l'aura sans doute acheté à ses héritiers.

585. *Le denier de César.*

H. 1 11. — L. 1, 54. — T. — Fig. à mi-corps de gr. nat.

A droite, le Christ debout retient d'une main son manteau. A gauche, un pharisien portant des lunettes lui présente une pièce d'argent. Au milieu, un autre pharisien, le regard fixé sur Jésus, semble l'interroger en lui montrant du doigt la pièce de monnaie.

Gravé par Baudet sous le titre du Christ à la monnaie ; par Claessens dans le Musée français. — Landon, t. 3, pl. 55. — Filhol, t. 1, pl. 20.

Collection de Louis XIV. — Ce tableau, qui, suivant Piganiol, se trouvait primitivement dans la chambre de Louis XIV à Versailles, provient de l'ancienne Académie de peinture, dit l'inventaire. Mais d'Argenville, dans sa description de l'Académie, nous apprend (note, p. 73) que quelques tableaux appartenant au roi furent placés dans la galerie d'Apollon, qui faisait alors partie des salles de l'Académie.

586. *Un concert.*

H. 1, 75. — L. 2, 16. — T. — Fig. vues jusqu'aux genoux de gr. nat.

Les huit personnes qui prennent part à ce concert sont réunies dans une chambre, autour d'une table recouverte d'un tapis. Au milieu du groupe, à droite, une jeune fille accompagne sur l'épinette trois jeunes gens qui chantent; deux hommes jouent du violon et de la basse, tandis que sur le devant, à gauche, un militaire assis, vu de dos, joue du théorbe, et à droite un autre militaire, tourné de profil, exécute sa partie avec un hautbois recourbé.

Landon, t. 3, pl. 62. — Filhol, t. 8, pl 542.

Ancienne collection.

587. *Un concert.*

H. 1, 73. — L. 2, 14. — T. — Fig. jusqu'aux genoux de gr. nat.

Près d'une espèce de socle de pierre orné d'un bas-relief, sur lequel sont posés un pâté et un couteau, un homme, assis à droite, coiffé d'un chapeau à plumes, joue du luth. Plus loin, une femme joue de la guitare, et un enfant chante, la main appuyée sur un livre que tient un homme qui chante également. A gauche, un homme joue du violon. Devant lui, un militaire revêtu de son armure, la tête nue, verse le vin d'une bouteille entourée de jonc dans une autre bouteille. Dans le fond, une femme, vue de dos, porte une bouteille garnie de jonc à sa bouche et boit.

Gravé par Félix Massard dans le Musée royal. — Landon, t. 3, pl. 63. — Filhol, t. 9, pl. 590.

Ancienne collection.

588. *La diseuse de bonne aventure.*

H. 1, 25. — L. 1, 75. — T. — Fig. jusqu'aux genoux de gr. nat.

A gauche, une jeune bohémienne debout prend la main d'un soldat vu de dos, assis devant une table, et la considère avec attention. Un jeune homme, placé de l'autre côté de la table, les regarde, tandis qu'un homme, couvert d'un chapeau et d'un manteau, tire de la poche de la bohémienne la tête et le cou d'un coq noir. A droite, près de la table, un vieillard assis joue de la harpe, et derrière lui une jeune fille debout joue de la guitare.

Gravé par Pelletier.

Collection de Louis XIV. — Ce qui a été dit dans la note sur le tableau du Denier de César (n° 585) est applicable à celui-ci.

589. *Un cabaret.*

H. 0, 96. — L. 1, 33. — T. — Fig. jusqu'aux genoux de gr. nat.

Deux hommes et deux femmes sont réunis autour d'une table de pierre sculptée, où sont placés un pâté et un couteau. A droite, devant eux, un jeune homme assis joue du galoubet; derrière lui, debout, une femme portant un costume italien tient un verre à la main. A gauche, un militaire, la tête couverte d'une toque noire ornée d'une plume blanche, se verse d'une bouteille garnie d'osier une liqueur blanchâtre dans un petit verre à pied. De l'autre côté de la table, la seconde femme, assise à côté de lui, s'appuie d'une main sur son épaule et de l'autre tient des castagnettes.

Ancienne collection. — L'inventaire de l'Empire enregistre cette peinture comme une copie.

VERDIER (FRANÇOIS), *peintre, graveur, né à Paris en 1651, mort le 19 juin 1730.*

Il fut un des meilleurs élèves de le Brun, et en 1668 son dessin remporta le premier prix à l'Académie, conjointement avec celui de Corneille;

le sujet du concours était la Conquête de la Franche-Comté par Louis XIV. Le Brun, dont il s'efforça d'imiter la manière et qui lui donna sa nièce en mariage, l'employa beaucoup dans ses travaux à Versailles, à Trianon et dans la galerie d'Apollon. Verdier fut reçu à l'Académie le 19 novembre 1678, sur un tableau représentant le Combat d'Hercule contre Gérion. On le nomma adjoint à professeur le 29 novembre 1681, et professeur le 8 janvier 1684, à la place de **Claude Audran**, décédé. En 1677 il peignit la Résurrection de Lazare, un des tableaux votifs offerts le 1er mai à Notre-Dame par la confrérie des orfèvres. Il a beaucoup travaillé pour les églises de Paris, et aucun artiste n'a peut-être autant fait de dessins, reproduits pour la plupart en gravures par G. Edelinck, les Audran, C. Simonneau, J.-B. de Poilly, G. Duchange, F. Oeser, Barberes, Houet, Tardieu, J. Haussard, L. Chatillon, P. Picot. Malgré le nombre de ses ouvrages, il mourut dans l'indigence, et en était réduit à aller vendre lui-même à vil prix ses compositions. Il a exposé au salon de 1704.

590.* *L'assomption de la Vierge.*

H. 3, 25. — L. 2, 60. — T. — Fig. de gr. nat.

Les Apôtres entourent le tombeau de la Vierge, qui vient de ressusciter et s'élance vers le ciel, soutenue par les anges. A droite, quelques apôtres déployant le linceul, y trouvent des roses blanches.

Ancienne collection.

VERDOT (Claude), *né à Paris en* 1667, *mort dans la même ville le* 19 *décembre* 1733.

On n'a presque pas de renseignements sur cet élève de Bon Boulogne, qui remporta le deuxième prix à l'Académie en 1690 ; le sujet du concours était la Construction de la tour de Babel. L'Académie le reçut le 29 janvier 1707, et il donna pour sa réception un tableau représentant Hercule étouffant Anthée, qui est au Louvre. Verdot a travaillé surtout pour les églises de Paris.

591.* *Saint Paul, à Malte, rejette dans le feu une vipère qui s'était attachée à sa main.* (Actes des Apôtres, chap. XXVIII.)

H. 0, 92. — L. 0, 72. — T. — Fig. de 0, 44.

Saint Paul, après avoir fait naufrage, s'étant réfugié dans l'île de Malte avec ses compagnons, les habitants allumèrent un grand feu pour les réchauffer. Au milieu de la composition, saint Paul vient de jeter dans le feu quelques sarments, et une vipère, que la chaleur en fait sortir, le mord à la main. Le saint fait tomber le reptile dans le feu et n'éprouve aucun mal de cette blessure, au grand étonnement des personnes qui l'entourent. Au premier plan, à gauche, un homme aide un des compagnons de saint Paul à sortir de l'eau; dans le fond, du même côté, on aperçoit le vaisseau naufragé et deux hommes portant des fagots.

Musée Napoléon. — Esquisse terminée du tableau exécuté par Verdot pour Saint-Germain-des-Prés. Elle provient de la sacristie de cette église, ornée autrefois de toutes les esquisses terminées des grandes peintures de la nef.

VERNET (CLAUDE-JOSEPH), *peintre, graveur, né à Avignon le 14 août 1714, mort le 3 décembre 1789 aux galeries du Louvre.*

Son père, Antoine Vernet, décorateur habile, qui peignait des figures et des armoiries sur des panneaux de chaises à porteurs, lui enseigna les éléments du dessin. Dès l'âge de 14 ans, Joseph exécutait des dessus de portes, des écrans et des panneaux de voitures; mais, désireux de se livrer à des études sérieuses, afin d'aborder le genre historique, il forma le projet de se rendre en Italie. Son père lui ayant donné 200 livres pour entreprendre ce voyage, le jeune Vernet partit à 18 ans pour Marseille. La vue de la mer lui causa une impression profonde et lui révéla sa véritable vocation. Durant la traversée il ne cessa de contempler attentivement les phénomènes qui s'offraient à ses yeux, et, animé du seul amour de l'art, au milieu d'une violente tempête qui éclata à la hauteur de l'île de Sardaigne, il se fit attacher au mât du navire, afin de se pénétrer des effets de cette scène terrible. Arrivé à Rome en 1732, Vernet entra à l'atelier de **Bernardino Fergioni**, peintre de marine, qu'il ne tarda pas à surpasser. Malgré leur mérite, ses premiers essais ne furent pas appréciés, et il dut, pour vivre, céder à vil prix des compositions qui plus tard se vendirent fort cher. Un tableau qu'un cardinal lui acheta quatre louis commença sa réputation et sa fortune. Joseph se lia avec Panini, Solimène; étudia, en compagnie de ces artistes, les ruines, les paysages des environs de Rome, le costume pittoresque des gens du peuple, et se livra surtout à une constante observation des effets fugitifs de la lumière, dont il prenait note au moyen d'une espèce d'échelle de tons et de teintes gradués, qu'il avait rangés méthodiquement sur des tablettes. Bientôt les *tempêtes*, les *calmes*, les *coups de vent*, les *clairs de lune*, les *brouillards*, les *heures du jour* de Vernet devinrent excessivement recherchés. Il peignit, dans sa première manière, qui a quelque analogie, par sa vigueur, avec celle de Salvator Rosa, des paysages au palais Rondamini et à la galerie Farnèse. Quoique fixé en quelque sorte en Italie, Vernet fut agréé à l'Académie royale de Paris le 6 août 1745, et ne cessait d'envoyer aux salons des ouvrages qui lui méritèrent chaque fois les applaudissements du public et les éloges des critiques les plus compétents, tels que Cochin, l'abbé Le Blanc et Diderot, son fervent admirateur. Enfin, Joseph Vernet, rappelé par M. de Marigny, surintendant des bâtiments, se décida à revenir en France après une absence de vingt ans. Il arriva à Paris en 1753, fut reçu membre de l'Académie le 23 août de la même année, sur un tableau représentant la Vue d'un port de mer par un soleil couchant, et nommé conseiller en 1766. Peu de temps après son retour, le roi lui commanda de peindre la suite des ports de France, qu'il exécuta dans l'espace de neuf ans, tout en produisant une quantité considérable de marines et de paysages pour des résidences royales ou des collections particulières. Deux ans avant sa mort il eut la satisfaction de voir son fils, Carle Vernet, prendre place à ses côtés à l'Académie. Joseph a exposé aux salons de 1746, 1747, 1748, 1750, 1753, 1755, 1757, 1759, 1761, 1763, 1765, 1767, 1769, 1771, 1773, 1775, 1777, 1779, 1781, 1783, 1785, 1787 et de 1789. Ses ouvrages ont été gravés par Aliamet, Avril, Balechou, Lebas, Basan, Benazech, Mlle Bertaut, Coulet, Daullé, Duret, Tardieu, Flippart, Le Veau et une foule d'autres artistes. Joseph Vernet n'a pas la richesse de ton ni la finesse d'exécution des peintres hollandais ; sa couleur est moins chaude que celle de Claude le Lorrain, son style moins élevé ; mais il rend toujours avec une touche facile la nature envisagée d'une manière large, vraie et simple. La quantité de figures introduites dans ses tableaux, et qui en font une partie essentielle, contrairement à l'usage des paysagistes, qui ne les considèrent absolument que comme des accessoires, donnent à ses compositions un intérêt tout particulier qui les élève, en quelque sorte, à la dignité de l'histoire. Ainsi qu'il le disait de lui-même, il existe des peintres sachant mieux faire un ciel, un terrain, une vague ; mais aucun n'a su mieux faire un tableau. On voit, par le *Mercure de France* du mois d'août 1770, que Joseph Vernet avait un frère peintre de décors, qui travailla beaucoup aux ornements de la salle de spectacle de Versailles.

592. *Vue de l'entrée du port de Marseille, prise de la montagne appelée Tête-de-More ; 1754.*

H. 1, 65. — L. 2, 63. — T. — Fig. de 0, 17.

« On y voit le fort Saint-Jean et la citadelle Saint-Nicolas qui défendent cette entrée. Ce tableau offre les divers amusements des habitants de cette ville. Sur le devant l'auteur a peint le portrait d'un homme qui a présentement 117 ans et qui jouit d'une bonne santé. Effet du matin. » (*Livret du salon de* 1755.) — On lit sur le tableau : *peint par Joseph Vernet à Marseille en* 1754. — A gauche, J. Vernet s'est représenté dessinant, entouré de sa famille qui lui fait remarquer Annibal, vieillard âgé de 117 ans. Au-dessous du centenaire est écrit : *Annibal né en* 1638.

Ce tableau et les quatorze suivants ont été gravés par Lebas et Cochin.

Collection de Louis XV. — Au mois d'octobre 1753, le roi commanda à Joseph Vernet une suite de tableaux représentant les grands ports de mer de la France, au prix de 6,000 livres chaque. M. de Marigny dressa un itinéraire qui comprenait les localités suivantes : MONACO (en marge du manuscrit est écrit : *néant*). — ANTIBES, 1 tableau. — TOULON, 3 tableaux. — MARSEILLE, 2 tableaux. — CETTE, 1 tableau. — BANDOL, 1 tableau. — BAYONNE, 1 tableau. — BORDEAUX, 2 tableaux. — ROCHEFORT, 1 tableau. — La RADE DE L'ILE D'AIX, avec vue des îles de Rhé et d'Oléron (vaisseaux partant pour les colonies et convoyant une flotte marchande ; calme, tempête et naufrage), 2 tableaux. — LA ROCHELLE, 1 tableau. — BELLE-ISLE (pêche de la sardine), 1 tableau. — Le PORT-LOUIS et LORIENT (vente du commerce des Indes), 1 tableau. — BREST (consulter les dessins de M. Ozanne), 2 tableaux. — SAINT-MALO (mer basse), 1 tableau. — LE HAVRE (sujet de marine marchande et de pêche, basse mer), 1 tableau. — CALAIS (paquebots ou yachts faisant la traversée en Angleterre), 1 tableau. — DUNKERQUE (attendre). On voit par cette liste qu'un assez grand nombre de tableaux ne furent pas exécutés ou ne se trouvent pas dans la collection du Louvre. En revanche, M. de Marigny ne parle pas d'une vue du port de Dieppe et d'une seconde vue de Bayonne que nous possédons. Joseph Vernet exécuta sur place, ainsi que le lui enjoint à plusieurs reprises le surintendant, les quinze tableaux exposés au Louvre dans l'espace de neuf années. Il s'acquitta d'une tâche difficile et ingrate de la manière la plus heureuse, en introduisant dans ses compositions une foule de figures peintes avec beaucoup d'esprit. Nous avons cru devoir conserver les descriptions des tableaux données par l'auteur lui-même, et insérées dans les livrets des salons où ils furent exposés. **Hue** fut chargé, après J. Vernet, de continuer la peinture des ports de France. Cochin en dessina aussi trois, gravés par Lebas et Choffard.

593. *Vue de l'intérieur du port de Marseille, prise du pavillon de l'horloge du parc; 1754.*

H. 1, 65. — L. 2, 63. — T. — Fig. de 0, 17.

« Comme c'est dans ce port que se fait le plus grand commerce du Levant et de l'Italie, l'auteur a enrichi ce tableau de figures de différentes nations des échelles du Levant, de Barbarie, d'Afrique et autres. Il y a réuni ce qui peut caractériser un port marchand et qui a un commerce très étendu. Effet du matin. » (*Livret du salon de* 1755.) — On lit sur le tableau : *peint par Joseph Vernet à Marseille en 1754.*

Collection de Louis XV. — (Voir le n° 592.) — « Le département des galères du roy était cy-devant dans ce port ; mais comme elles n'y sont plus, il paraît que M. Vernet doit s'en tenir pour ce port à ce qui concerne les bâtiments de commerce, même en faisant peu d'usage, quant au local, des bâtiments civils de l'arsenal des galères, lesquels ne subsisteront pas longtemps dans l'état où ils sont encore. Marseille, au reste, est susceptible de deux tableaux au moins : l'un concernant le port, avec la quantité considérable de bâtiments de commerce de toutes espèces et de toutes nations qui s'y trouvent continuellement, et l'autre pour la rade, avec les isles du château d'Iff, de Pommègues et de Ratonneau. Outre plusieurs vaisseaux, polacres et autres bâtiments arrivant dans la rade de Marseille, on doit ne pas oublier d'y mettre une grande quantité de bateaux pêcheurs. » (*Itinéraire manuscrit dressé par M. de Marigny, communiqué par M. Morel Fatio.*)

594. *Vue du golfe de Bandol ;* 1755.

H. 1, 65. — L. 2, 63. — T. — Fig. de 0, 13.

« On voit dans l'éloignement le château et le village depuis la côte jusqu'auprès de Marville. L'auteur a supposé le spectateur sur un vaisseau mouillé près de la Madrague ; il a orné le devant de son tableau de plusieurs canots remplis de personnes qui viennent voir cette pêche. Divers bâtiments maritimes font différentes routes par le même vent. La surface de l'eau indique les effets variés et occasionnés par les vents, les fonds et les accidents du ciel. Ce tableau est éclairé par le lever du soleil, comme étant l'heure à laquelle on fait ordinairement cette pêche. » (*Livret du salon de* 1755.) — On lit sur ce tableau : *Peint par Joseph Vernet,* 1755.

Collection de Louis XV. — (Voir le n° 592.) — « La seule pesche du ton à une madrague peut former le sujet d'un tableau, et si cette pesche n'est pas comprise dans quelques-uns des tableaux dont il est parlé cy-dessus, on peut en établir le local en veue du château de Bandol, qui est entre Toulon et Marseille. » (*Itinéraire dressé par M. de Marigny.*)

595. *Vue du port neuf de Toulon, prise de l'angle du parc d'artillerie ;* 1756.

H. 1, 65. — L. 2, 63. — T. — Fig. de 0, 17.

« On a préféré ce point de vue, tant à cause qu'on y découvre les principaux objets qui forment ce port, que parce qu'étant un port militaire, il est caractérisé tel par le parc d'artillerie qui orne le devant du tableau. Effet du matin. » (*Livret du salon de*

1757.) — On lit sur le tableau : *Peint par Joseph Vernet.*

Collection de Louis XV. — (Voir le n° 592.) — « Ce port, avec la petite et la grande rade, peut former plusieurs projets de tableaux, et il paraît qu'il en faudrait au moins trois : l'un qui comprendrait avec quelques détails les deux darses, en mettant dans une partie le lancement à l'eau d'un vaisseau de guerre, et dans l'autre l'équipement d'une escadre, et observant l'exactitude du local autant qu'il sera possible pour les emplacements des vaisseaux désarmés et des bâtiments civils de l'arsenal. Un autre tableau serait pour une escadre de 20 vaisseaux prests à partir de la petite rade avec quelques galères, flûtes et autres bâtiments. Enfin, un troisième tableau serait pour représenter la rentrée d'une escadre en grande rade, par un mauvais temps ; dans ce tableau, on peut comprendre les îles d'Hyères pour mieux caractériser la grande rade de Toulon. M. Vernet trouvera à Toulon, chez divers particuliers, plusieurs tableaux de marine peints par le feu sieur **Rose**, peintre de la marine, que l'on prétend avoir excellé dans ce genre de peinture, surtout pour l'exactitude des proportions des vaisseaux et de l'établissement de leurs agretz. » (*Itinéraire dressé par M. de Marigny.*)

596. *Vue de la ville et de la rade de Toulon ; 1756.*

H. 1, 65. — L. 2, 63. — T. — Fig. de 0, 17.

« Cette vue est prise d'une maison de campagne à mi-côte de la montagne qui est derrière la ville. On y a représenté les amusements des habitants et les voitures dont ils se servent pour aller aux maisons de campagne, qu'on nomme bastides. L'heure du jour est le matin. » (*Livret du salon de 1757.*) — On lit sur le tableau : *Peint par Joseph Vernet à Toulon, 1756.*

Collection de Louis XV. — (Voir les n°s 592 et 595.)

597*. *Vue du vieux port de Toulon, prise du côté des magasins aux vivres ; 1756.*

H. 1, 65. — L. 2, 63. — T. — Fig. de 0, 17.

« Le devant du tableau est orné de l'embarquement qui s'en fait pour les vaisseaux du Roy. On voit dans le fond une partie du port neuf. L'heure du jour est au coucher du soleil. » (*Livret du salon de 1757.*)

VERNET (JOSEPH).

— On lit sur ce tableau : *Peint par Joseph Vernet à Toulon*, 1756.

Collection de Louis XV. — (Voir les nos 592 et 595.)

598. *Vue de la rade d'Antibes (en Provence) prise du côté de la terre;* 1756.

H. 1, 63. — L. 2, 63. — T. — Fig. de 0, 17.

« Comme ce port est une place frontière de la France du côté de l'Italie, le devant du tableau présente des troupes qui y vont en garnison. La campagne est enrichie d'orangers et de palmiers, qui sont assez communs dans cette province. Les fleurs et les fruits qui se trouvent en même temps sur les orangers, caractérisent la saison, qui est la fin du printemps. On y voit les Alpes encore couvertes de neige. La vue des montagnes du fond est depuis Nice et Villefranche jusqu'à *San-Remo*. L'heure du jour est au coucher du soleil. » (*Livret du Salon de 1757.*) — On lit sur le tableau : *Peint par Joseph Vernet*, 1756.

Collection de Louis XV. — (Voir le n° 592.) — « Ce port n'a rien de remarquable et ne sert que pour de petits bâtiments; cependant, comme c'est le port frontière du royaume, du côté de l'Italie, il paraît susceptible d'un tableau. Ce qui peut le caractériser, indépendamment de la situation de la ville et du fort quarré, c'est d'y porter la partance d'une escadre de quatre galères, telle que celle qui y est actuellement pour passer à Gênes Madame Infante. Il faudra y porter un plus grand nombre de tartannes et de pinks qu'à Monaco. On peut aussi placer dans ce tableau une ou deux felouques, de celles qui servent de paquebots pour la correspondance avec l'Italie. » (*Itinéraire dressé par M. de Marigny.*)

599. *Vue du port de Cette (en Languedoc) prise du côté de la mer, derrière la jetée isolée;* 1756.

H. 1, 63. — L. 2, 63. — T. — Fig. de 0, 13.

« Comme ce port est au fond du golfe de Lyon et que la mer y est souvent agitée, surtout par le vent du sud, on y a représenté un temps orageux, avec des bâtiments qui font une manœuvre extraordinaire, mais convenable pour l'entrée de ce port et au vent par lequel ils entrent. Sur le devant, un brigantin maltois, surpris par le vent dans ces parages et n'ayant pu gagner ce port ni doubler la pointe de la jetée isolée, prend le parti d'aller échouer sur le sable, et fait une manœuvre en conséquence. L'heure est vers les dix heures du matin. » (*Livret du salon de* 1757.)

Collection de Louis XV. — (Voir le n° 592.) — « Le Languedoc n'a aucun bon port; mais dans une suite de tableaux, l'on ne doit pas omettre d'y comprendre celui de Cette, qui est le seul de cette province. Si dans le tableau de ce port on y comprend d'un costé la plus grande partie de l'étang du Thau, jusqu'à Balaruc et Frontignan, et de l'autre côté le commencement du canal de la jonction des deux mers, il y aura un caractère distinctif qui n'est point à négliger. D'ailleurs il ne laisse pas d'arriver à Cette beaucoup de bâtiments étrangers, anglais, hollandais, et de la mer Baltique. » (*Itinéraire dressé par M. de Marigny.*)

600. *Vue de la ville et du port de Bordeaux, prise du côté des Salinières;* 1758.

H. 1, 65. — L. 2, 63. — T. — Fig. de 0, 15.

« On voit les deux pavillons qui terminent la place Royale, dans l'un desquels est l'hôtel des Fermes, dans l'autre la Bourse; une partie du château Trompette; ensuite le faubourg appelé les Chartrons, et la Palue dans le lointain. A l'extrémité, Lormond, village à une lieue au-dessous de Bordeaux, au pied d'une montagne qui termine le tableau. » (*Livret du salon de* 1759.) — On lit sur ce tableau : *Peint par Joseph Vernet à Bordeaux.*

Collection de Louis XV. — (Voir le n° 592.) — « Ce port est susceptible au moins de deux tableaux; l'un seulement pour représenter avec la ville la prodigieuse quantité de bâtiments de toutes espèces et de toutes nations qui viennent y chercher des vins, et l'autre pour l'entrée de la rivière caractérisée par la tour de Cordouan. Si l'on n'établit pas une mer orageuse dans ce dernier tableau, il conviendra d'y comprendre un grand nombre de bâtiments pescheurs. » (*Itinéraire dressé par M. de Marigny.*)

388 VERNET (JOSEPH).

601. *Vue de la ville et du port de Bordeaux, prise du château Trompette;* **1759.**

<small>II. 1, 65. — L. 2, 63. — T. — Fig. de 0, 17.</small>

« On voit une partie du château Trompette, la Bourse, la place Royale et la statue équestre du roi, l'hôtel des Fermes, les Salinières et une partie des chantiers. » (*Livret du salon de* 1759.) — On lit sur ce tableau : *Peint par Joseph Vernet à Bordeaux, en* 1759.

<small>Collection de Louis XV. — (Voir les n°s 592 et 600.)</small>

602. *Vue de la ville et du port de Bayonne, prise à mi-côte sur le glacis de la citadelle;* **1761.**

<small>II. 1, 65. — L. 2, 63. — T. — Fig. de 0, 17.</small>

« On voit la réunion des rivières de l'Adour et de la Nive. L'auteur y a exprimé la différence qu'on voit quelquefois entre leurs eaux. L'Adour est traversée par un grand pont de bois, nommé le pont du Saint-Esprit, du nom du faubourg auquel il conduit. La Nive a aussi deux ponts de bois : le plus proche est le pont de Mayou, et celui qui est dans le lointain le pont de Panecau. On voit au bord de la rivière, du côté de la ville où sont rangés des vaisseaux, une partie de l'allée Marine. Les bâtiments couverts de toits uniformes qui paraissent sur le devant du tableau sont des magasins pour serrer du vin, et le chemin qui passe devant est celui qui conduit à la Barre. Les figures qui ornent le devant du tableau sont des Basques, Basquoises et autres femmes du pays. L'heure du jour est au coucher du soleil; la

VERNET (JOSEPH).

marée est basse. » *(Livret du salon de 1761.)* — On lit sur ce tableau : *Peint par Joseph Vernet.*

Collection de Louis XV. — (Voir le n° 592.) — « Les jettées que l'on a commencé à établir pour resserrer les eaux de l'Adour, affin que par leur courant elles rompent la barre de sable à l'embouchure de cette rivière, doivent former le principal sujet de ce port, et on peut y établir une mer fort orageuse. Comme dans la dernière guerre ce sont les corsaires de Bayonne qui ont fait la course avec le plus de succez, on croit que pour faire honneur à ce port, par un caractère distinctif, il faudrait y porter quelques corsaires rentrant avec plusieurs prises. » (*Itinéraire dressé par M. de Marigny.*)

603. *Vue du port et de la ville de Bayonne, prise de l'allée de Boufflers, près de la porte de Mousserole; 1761.*

H. 1, 65. — L. 2 63. — T. — Fig. de 0, 15.

« On voit la citadelle, la porte Royale, le faubourg et le pont du Saint-Esprit. On découvre jusqu'à Blanc-Pignon et aux Dunes, où est la balise pour les signaux. Les figures sont des Basques coiffés d'un berret ou espèce de toque, des Basquoises qui ont sur la tête un mouchoir, des Espagnols et des Espagnoles de différents lieux voisins de Bayonne. Le matelot debout, qui tient une rame, est un tillolier, et les femmes à qui il parle des tillolières, nom qu'ils prennent d'une espèce particulière de bateaux, dont quelques-uns sont représentés dans le tableau, ainsi que plusieurs autres, comme chalibardons, bateaux de Dax, etc. On s'est attaché à y représenter tout ce qui peut caractériser le pays et ses usages, comme le jeu de la troupiole, qui consiste à se jeter une cruche jusqu'à ce que, tombée à terre, elle se casse; une cacolette, ou deux femmes sur un cheval; un carrosse à bœufs, tel qu'on s'en sert pour la campagne, etc. L'heure du jour est aussi le coucher du soleil; la marée est basse. » (*Livret du salon de 1761.*) — On lit sur ce tableau : *Peint par Joseph Vernet.*

Collection de Louis XV. — (Voir les n°° 592 et 602.)

604. Vue du port de La Rochelle, prise de la petite rive ; 1762.

H. 1, 63. — L. 2, 63. — T. — Fig. de 0, 16.

« Les deux tours qu'on voit dans le fond sont l'entrée du port, qui *assèche* en basse marée. Pour jeter quelques variétés dans les habillements des figures, on y a peint des Rochelloises, des Poitevines, des Saintongeoises et des Olonnoises. La mer est haute, et l'heure du jour est au coucher du soleil. » (*Livret du salon de* 1763.) — On lit sur ce tableau : *Peint à La Rochelle, par J. Vernet, en* 1762.

Collection de Louis XV. — (Voir le n° 592.) — « Il paraît que c'est le port à choisir pour former le tableau de bâtiments échoués de mer basse. Ce tableau sera susceptible de toutes les opérations de radoubs, calfatage et carennes de vaisseaux. Son caractère distinctif, indépendamment du local du port, sera formé par les deux parties qui subsistent encore de la digue du cardinal de Richelieu. » (*Itinéraire dressé par M. de Marigny.*)

605. Vue du port de Rochefort, prise du magasin des colonies ; 1762.

H. 1, 63. — L. 2, 62. — T. — Fig. de 0, 15.

« Le bâtiment à droite, sur le devant du tableau, est la corderie ; ceux du fond, à l'autre extrémité du port, sont les magasins. On y voit un vaisseau qu'on chauffe pour le caréner, un vaisseau sur le chantier, et un autre dans un bassin pour y être radoubé. Le premier plan du tableau étant près du magasin des colonies, on y a peint des approvisionnements destinés pour ces colonies. On débarque et l'on transporte du chanvre pour la corderie, d'où sortent des cordages pour être embarqués. C'est le moment du départ d'une escadre ; la marée est haute, et l'heure est le matin. » (*Livret du salon de* 1763.) — On lit sur ce tableau : *Peint à Rochefort, par J. Vernet, en* 1762.

Collection de Louis XV. — (Voir le n° 592.) — « Comme ce port est sur la rivière de Charente, à cinq lieues de la mer, il n'est susceptible d'un tableau de marine, qu'en ce qui concerne les détails du local ; ce qui doit le caractériser principalement, ce sont les formes où l'on radoube les vaisseaux du Roy. » (*Itinéraire dressé par M. de Marigny.*)

606. *Vue de la ville et du port de Dieppe ;* 1765.

H. 1, 63. — L. 2, 63. — T. — Fig. de 0, 14.

« L'auteur a regardé la pêche comme le caractère distinctif de ce port, et a orné le devant de ce tableau des divers poissons que l'on pêche dans ces parages, et des différents habillements des habitants. L'heure du jour est le matin. » (*Livret du salon de 1765.*) — Signé : *Joseph Vernet f.* 1765.

Collection de Louis XV. — (Voir le n° 592.)

607. *Marine. — Le naufrage.*

H. 0, 98. — L. 1, 33. — T. — Fig. de 0, 11.

Au premier plan, des hommes et des femmes dans une chaloupe cherchent à aborder le rivage. A gauche, des matelots se hasardent sur la pointe d'un rocher, et vont leur porter du secours. Au milieu du tableau et à un plan plus éloigné, on aperçoit un vaisseau brisé contre un écueil, sur lequel une partie de l'équipage est parvenue à se sauver. Dans le fond, à droite, deux bâtiments au large. — Signé : *Joseph Vernet f.* 1753.

Gravé par Dequevauvilliers père dans le Musée français. — Filhol, t. 4, pl. 280.

Musée Napoléon. — Ce tableau, placé d'abord dans le cabinet de M. Telusson, fit partie de celui de M. Bergeret, receveur général des finances, membre honoraire de l'Académie de peinture ; puis fut vendu à sa vente avec un deuxième, moins beau, de même grandeur, représentant des pêcheurs, au prix de 9,400 liv. Il appartint ensuite à M. Joubert, trésorier des états de Languedoc, et à M. Gamble. Le Musée l'acheta, en l'an IV, de M. Desmarais, marchand de tableaux.

608. *Paysage ; effet de clair de lune.*

H. 0, 44. — L. 0, 61. — T. — Fig. de 0, 11.

Une rivière, traversée dans toute sa largeur par une chute d'eau, coule entre deux masses de rochers. Ceux du premier plan, à droite, forment une espèce de grotte près de laquelle un pêcheur assis tient sa ligne. Un autre pêcheur debout cause avec une jeune femme qui porte au bras un panier. — Signé : *J. Vernet f.* **1759.**

Gravé par Daudet dans le Musée français.

Ancienne collection.

609. *Marine. — Le matin ou la pêche.*

H. 0, 83. — L. 1, 33. — T. — Fig. de 0, 12.

Au premier plan, des hommes et des femmes sont occupés sur la plage à recueillir le produit de leur pêche ; à gauche, on aperçoit une tour tombant en ruine, et dont le sommet est frappé d'un rayon de soleil. A droite, au second plan, un vaisseau à l'ancre ; plus loin, d'autres bâtiments, et à gauche un port dans l'éloignement. — Signé : *J. Vernet f.* **1762.**

Collection de Louis XV. — Ce tableau et les trois suivants, exposés ensemble au salon de 1763, sous le titre des Quatre parties du jour, avaient été commandés par le dauphin, qui fut père de Louis XVI, pour sa bibliothèque de Versailles. Ils furent payés à J. Vernet 4,800 liv. (*Registre de caisse des bâtiments du roi.*)

610. *Marine. — Le midi ou la tempête.*

H. 0, 83. — L. 1, 33. — T. — Fig. de 0, 12.

Au milieu de la composition, un bâtiment jeté par la tempête contre des rochers se brise, tandis que des matelots, dans une barque à moitié submergée, s'efforcent de gagner la terre. Sur la plage, à droite, des

VERNET (JOSEPH). 393

hommes portent secours aux naufragés. On aperçoit au loin, à gauche, un vaisseau qui cherche à gagner la pleine mer. — Signé : *J. Vernet f.* **1762.**

Filhol, t. 11, pl. 46.

Collection de Louis XV. — (Voir la note du n° 609.)

611. *Marine. — Le soir ou le coucher du soleil.*

H. 0, 83. — L. 1, 35. — T. — Fig. de 0, 13.

Dans un port d'Italie, des matelots chargent des ballots sur un chariot traîné par des bœufs. Trois hommes et une femme en costume oriental sont debout près d'eux. Une grande barque, conduite par quatre rameurs, promène sur la mer une nombreuse société. On aperçoit à l'entrée du port, à droite, un phare, et à gauche, au delà des arcades d'un portique qui avance dans la mer, un fort éclairé par le soleil couchant, et dont le canon signale l'arrivée d'un bâtiment. — Signé : *J. Vernet f.* **1762.**

Collection de Louis XV. — (Voir la note du n° 609.)

612. *Marine. — La nuit ou le clair de lune.*

H. 0, 83. — L. 1, 35. — T. — Fig. de 0, 09.

A droite, des matelots viennent puiser de l'eau à une fontaine élevée sur le bord de la mer et bivouaquent auprès d'un feu où l'on fait la cuisine. Au premier plan, à gauche, sur des rochers, un pêcheur et une femme tenant un panier ; derrière eux, un homme couché qui les regarde. Plus loin, deux vaisseaux à l'ancre et quelques barques ; à l'horizon, la tour d'un port et une montagne. — Signé sur un tonneau : *Vernet f.*, **1762.**

Collection de Louis XV. — (Voir la note du n° 609.)

613. *Paysage.* — *Le matin.*

H. 1, 06. — L. 1, 43. — T — Fig. de 0, 20.

Sur les bords d'un fleuve traversé par un pont et défendu par une tour devant laquelle passe une charrette, une femme portant un panier sur la tête parle à un pêcheur. Une autre femme et un enfant sont assis près d'eux, et au milieu du fleuve trois pêcheurs dans une barque retirent leurs filets.

Landon, *E. F. M.* (*paysage et genre*), *t.* 2, *pl.* 73.

Collection de Louis XV. — Ce tableau, le suivant et deux autres, placés maintenant à Saint-Cloud, portés sur les inventaires comme ayant figuré autrefois en dessus de porte au château de Choisy, sont très probablement les mêmes qui parurent au salon de 1765 avec le titre des Quatre parties du jour, tableaux commandés, dit le livret, pour Choisy. Ils étaient primitivement à pans coupés.

614. *Marine.* — *La nuit.*

H. 1, 08. — L. 1, 47. — T. — Fig. de 0, 20.

Au premier plan, à droite, au bord de la mer et près d'un grand arbre, trois hommes et deux femmes sont autour d'un feu allumé pour faire la cuisine. Au second plan, à gauche, un pêcheur sur une pointe de terre retire son filet; un chien est auprès de lui. Plus loin, du même côté, un vaisseau à l'ancre, et dans le fond une tour et un port. Effet de clair de lune. — Signé : *J. Vernet, f.*, 1765.

Collection de Louis XV. — Ce tableau était placé autrefois au château de Choisy. — (Voir la note du numéro précédent.)

615. *Paysage.* — *Le torrent.*

H. 1, 09. — L. 1, 48. — T. — Fig. de 0, 22.

Le torrent coule à travers une gorge de rochers escarpés, et vient à gauche former une chute. Sur le devant, on voit un pêcheur couché par terre, son chien auprès de lui, et une femme montée sur un âne accompagnée par un paysan suivi d'un autre chien. — Signé : *J. Vernet, f.*, 1765.

Ancienne collection.

616. *Paysage. — Les baigneuses.*

H. 0, 98. — L. 1, 62. — T. — Fig. de 0, 13.

Des femmes se baignent dans une rivière, près d'une chute d'eau qui s'échappe de hauts rochers dominés par des fabriques. L'une d'elles se tient à l'extrémité d'un bateau. Près d'un tronc d'arbre, d'autres femmes, plus rapprochées, s'habillent et font un repas sur l'herbe. Tout à fait au premier plan, à droite, un homme vu de dos, assis par terre, ayant un bâton et un panier à la main ; à côté de lui, un chien qui boit. Au second plan, à gauche, des hommes cachés dans les rochers observent les baigneuses. — Signé : *J. Vernet f.*, 1772.

Ancienne collection.

617. *Marine. — Le retour de la pêche.*

H. 0, 98. — L. 1, 62. — T. — Fig. de 0, 14.

Au premier plan, à gauche, des pêcheurs retirent d'une barque des poissons qu'ils transportent sur le rivage ; un groupe d'hommes et de femmes les regardent. A droite, deux Orientaux : l'un d'eux, assis par terre, fume ; l'autre se promène avec une femme. Au second plan, à gauche, une tour au sommet de laquelle flotte un drapeau. Plus loin, un vaisseau à l'ancre et un canot portant plusieurs personnes. Près d'un quai, un chantier de construction, et un phare à l'entrée d'un port. — Signé : *J. Vernet f.*, 1772.

Ancienne collection.

618. *Paysage.*

H. 0, 97. — L. 1, 62. — T. — Fig. de 0, 13.

De nombreux ouvriers sont occupés aux travaux de terrassement et de pavage d'une grande route pratiquée dans le roc. Cette route conduit à une ville bâtie sur une montagne, au pied de laquelle coule, à gauche, une rivière traversée, au second plan, par un pont en construction. A droite, sur une hauteur, un moulin à vent; à gauche, dans le fond, une masse de rochers. Au premier plan, deux cavaliers suivis de leurs domestiques : l'un d'eux (l'ingénieur Perronet, dit le Livret de la grande galerie de 1818) lit un papier, pendant qu'un homme, le chapeau à la main, se tient auprès de lui. Tout à fait à gauche, deux jeunes filles à côté d'une borne milliaire portant le n° 250. — Signé : *J. Vernet f.*, 1774.

Musée Napoléon. — Au salon de 1775, J. Vernet exposa un tableau représentant la *construction d'un grand chemin*. C'est sans doute celui inscrit sous ce numéro.

619. *Vue des cascatelles de Tivoli.*

H. 1, 24. — L. 1, 60. — T. — Fig. de 0, 15.

Au premier plan, à droite, au delà d'une masse de rochers formant arcade, plusieurs chutes d'eau s'échappent d'autres rochers escarpés et se précipitent dans une rivière près de laquelle s'élèvent quelques fabriques et une tour en ruine. Plus loin, à gauche, une ville, et de hautes montagnes à l'horizon. Du même côté, mais au premier plan, deux pêcheurs au bord de l'eau, et derrière eux deux femmes regardant le poisson qu'ils viennent de prendre. A droite dans les rochers, un homme accompagné d'un mulet chargé cherchant une route praticable.

Ancienne collection. — Ce tableau semble plutôt représenter un torrent dans un site sauvage, que les cascatelles de Tivoli.

VERNET (JOSEPH).

620. *Paysage. — Vue des environs de Rome.*

H. 1, 01. — L. 1, 35. — T. — Fig. de 0, 10.

Vers le milieu du tableau, une rivière formant cascade coule entre des rochers élevés. Sur celui de droite, au sommet, des chèvres et un chevrier. Dans le fond, sur le rocher placé à gauche, un château-fort. Au premier plan, du même côté, des pêcheurs assis et couchés au bord de la rivière. A droite, l'un d'eux, plus rapproché et au milieu d'une touffe de roseaux, tient un filet.

Gravé par Fortier et Duparc dans le Musée royal.

Ancienne collection.

621. *Un port de mer; effet de clair de lune.*

H. 0, 99. — L. 1, 65. — T. — Fig. de 0, 16.

Au premier plan, à droite, un feu autour duquel sont réunis des hommes et des femmes; auprès d'eux, par terre, des cordages, deux pièces de canon et une ancre sur laquelle un marin est couché. Au-dessus de ce groupe, et au second plan, s'élève un édifice. Plus loin, on aperçoit l'entrée d'un port. Vers la gauche, deux vaisseaux à l'ancre.

Ancienne collection.

622. *Port de mer; effet de brouillard.*

H. 0, 75. — L. 1, 27. — T. — Fig. de 0, 08.

A droite, au premier plan, deux Orientaux, dont un fume une longue pipe; un quai où l'on voit des ballots de marchandises et un feu allumé; plus loin, en mer, un bâtiment et deux embarcations. Tout proche, à gauche, une galère, dont on n'aperçoit qu'une partie, porte de nombreux passagers. Derrière cette galère, une tour ruinée, et dans le fond d'autres bâtiments près d'un rivage où s'élèvent plusieurs édifices.

Gravé par Schroeder dans le Musée royal.

Ancienne collection.

623. *Marine. — Le midi ou le calme.*

H. 0, 78. — L. 1, 56. — T. — Fig. de 0, 12.

Au premier plan, à droite, des pêcheurs retirent leurs filets d'une barque. A gauche, sur un rocher élevé, une grande pierre portant une inscription est surmontée d'un écusson. Au second plan, un vaisseau à l'ancre et différents bâtiments; plus loin, l'entrée d'un port, fermé à droite par un fort, et à gauche par un phare.

Gravé par Dequevauvilliers dans le Musée français.

Ancienne collection. — Ce tableau, inscrit sur les inventaires avec le titre de : *Le Midi ou le calme*, nous semble représenter plutôt un soleil couchant.

624. *Marine. — Le soir ou la tempête.*

H. 0, 76. — L. 1, 54. — T. — Fig. de 0, 12.

Au premier plan, et au milieu de la composition, une barque échouée contre des rochers où des matelots déposent des ballots et des tonneaux qu'ils s'occupent à retirer de la mer. Plus loin, à gauche, au delà d'un homme placé sur des brisants, une grande barque battue par les vagues; puis une côte élevée, des ruines, une tour, et à l'horizon, une ville éclairée par un coup de soleil. Au second plan, à droite, un rocher incliné du côté de la mer, et à quelque distance, un vaisseau frappé par la foudre.

Gravé par Schroeder dans le Musée français.

Ancienne collection.

625. *Marine ; effet de soleil couchant par un temps brumeux.*

H. 0, 69. — L. 0, 98. — T. — Fig. de 0, 08.

Au premier plan et à gauche, des pêcheurs mettent leur barque à flot. Plus loin, sous un rocher avançant dans la mer et formant une grotte, on aperçoit un canot monté par un homme ; au delà, une tour, et à l'horizon, un port. A droite, au premier plan, deux hommes et une femme, près d'un feu, s'occupent des soins de la cuisine, tandis que des pêcheurs ploient leurs filets. A quelque distance en mer, un navire entouré de plusieurs chaloupes. — Signé : **J. Vernet f.**

Gravé dans le Musée français. — Landon, E. F. M. (paysage et genre), t. 2, pl. 69. — Filhol, t. 3, pl. 148.

Ancienne collection.

626. *Marine ; effet de clair de lune.*

H. 0, 66. — L. 0, 98. — T. — Fig. de 0, 06.

Au premier plan, à gauche, des pêcheurs retirent leurs filets de la mer, et un homme isolé sur un rocher sortant de l'eau pêche à la ligne. A droite, près d'un quai, un homme et une femme assis par terre. Au second plan, du même côté, un phare à l'extrémité d'une jetée ; à gauche, deux vaisseaux à l'ancre. A l'horizon, une haute montagne.

Ancienne collection.

627. *Marine.* — *Le midi.*

H. 0, 44. — L. 0, 65. — T. — Fig. de 0, 06.

Au premier plan, deux femmes et des pêcheurs occupés à retirer leurs filets de l'eau. Plus loin, à gauche, un vaisseau, un canot et une barque. Dans le fond, à droite, la tour d'un port, quelques fabriques, et à l'horizon, une chaîne de montagnes.

Ancienne collection.

628. *Marine; effet de soleil couchant.*

H. 0, 43. — L. 0, 65. — T. — Fig. de 0, 06.

Au premier plan, sur la plage, quatre hommes poussent une barque pour la mettre à flot. A droite, un homme et deux femmes raccommodent leurs filets, et une troisième femme, qui donne la main à un enfant, parle à un pêcheur. Plus loin, à gauche, un château sur un rocher d'où l'on descend au bord de la mer par des degrés taillés dans la pierre. Quelques personnes montent sur une gondole placée au pied de cet escalier. D'autres embarcations voguent au large.

Gravé par Daudet dans le Musée français. — Landon, E. F. M. (*paysage et genre*), t. 2, pl. 75.

Ancienne collection.

629. *Vue des environs de Marseille.*

H. 0, 33. — L. 0, 38. — T. — Fig. de 0, 04.

Au second plan, un batelier traverse un bras de mer resserré entre deux rochers. Au premier plan, à gauche, un homme pêche à la ligne sur l'un des bords, et de l'autre côté deux femmes sont debout auprès d'un matelot assis et fumant. On aperçoit dans l'éloignement, à gauche, un vaste édifice bâti au pied de hautes montagnes et des bâtiments arrêtés près du rivage.

Ancienne collection.

630. *Vue des environs de Marseille.*

H. 0, 33. — L. 0, 38. — T. — Fig. de 0, 0?.

A gauche, des pêcheurs, debout sur le rivage de la mer, retirent leurs filets d'une barque amarrée près du bord. Sur le bord d'une autre rive, à droite, des hommes sont occupés à décharger un bâtiment à l'ancre près d'une vieille tour. On aperçoit en mer des bâtiments voilés par un brouillard que perce le soleil.

Ancienne collection.

631. *Vue du pont et du château Saint-Ange, à Rome.*

H. 0, 40. — L. 0, 77. — T. — Fig. de 0, 05.

Au premier plan, des pêcheurs, placés sur un rocher au milieu du Tibre, retirent leurs filets d'une barque. Au second plan, à gauche, un pin d'Italie, le château et le pont Saint-Ange orné de statues. A droite, des fabriques sur l'autre rive.

Gravé par Guttemberg et Maillet; par Daudet dans le Musée français. — Landon, *E. F. M. (paysage et genre)*, t. 2, pl. 70. — Filhol, t. 2, pl. 100.

Ancienne collection. — Ce tableau et le suivant, avant d'entrer au Musée, firent partie des cabinets du duc de Choiseul et de M. Boutin.

VERNET (JOSEPH).

632. *Vue des restes du pont Palatin, dit* **Ponte Rotto,** *à Rome.*

H. 0, 40. — L. 0, 77. — T. — Fig. de 0, 05.

Au premier plan, à droite, trois pêcheurs sont placés sur le bord d'une pointe de terre qui avance dans le Tibre : l'un d'eux tient une ligne ; un autre, debout, porte un panier ; le troisième est couché. Une barque tirée par deux hommes passe sous le pont. Dans le fond, à gauche, des fabriques au bord de l'eau.

Gravé par Guttemberg et Maillet; par Daudet dans le Musée français. — *Landon, E. F. M.* (paysage et genre), *t. 2, pl.* 71. — *Filhol, t. 5, p.* 298.

Ancienne collection. — (Voir le numéro précédent.)

VERNET (ANTOINE-CHARLES-HORACE, *dit* CARLE), *né à Bordeaux en* 1758, *mort à Paris le* 17 *novembre* 1835.

Il était le plus jeune des trois enfants de Joseph Vernet, et dès l'âge de 5 ans son instinct le poussait à représenter des chevaux, qu'il dessinait déjà d'une manière surprenante. Après avoir terminé ses études, il entra à l'école de Lépicié, remporta le deuxième prix de peinture à 17 ans, en 1779 (Abigaïl apporte des présents à David), et obtint le premier en 1782 (Parabole de l'Enfant prodigue). Homme du monde autant que peintre, recherché pour son élégance et son esprit, le jeune Carle Vernet, arrivé en Italie, se trouva complétement dépaysé, et les maîtres dont il considérait les ouvrages, surtout dans le but d'examiner comment ils avaient représenté les chevaux, ne produisirent que peu d'impression sur son esprit. Bientôt en proie à une mélancolie profonde, il quitta la palette, occupé entièrement d'exercices de piété, et se serait fait moine si son père ne l'eût rappelé promptement en France, et marié, en 1787, à la fille de Moreau le jeune, graveur du cabinet du roi. Revenu à Paris et reprenant les pinceaux, il fut agréé à l'Académie le 24 août 1789, et exposa pour la première fois, au salon de 1791, un vaste tableau représentant le Triomphe de Paul-Émile, où il mit à profit de nombreuses études faites dans les haras et les manéges, rompant avec toutes les traditions qui, depuis Raphaël jusqu'à van der Meulen, donnaient aux chevaux, dans les compositions de style élevé, des formes lourdes et trop souvent conventionnelles. Cependant la Révolution éclatait, et la verve de l'élégant artiste ne put résister aux malheurs des temps et à la douleur de voir périr sa sœur sur l'échafaud. Ce ne fut que sous le Directoire, que, tout en reprenant sa vie mondaine, il finit par abandonner le style classique pour ne plus suivre que son instinct. Ses nombreuses caricatures, ses dessins des campagnes d'Italie, enfin son immense tableau de la bataille de Marengo, où les dispositions stratégiques sont fidèlement observées, sans nuire au pittoresque de la composition et à la réalité des détails, lui firent une grande réputation. En 1808, il exposa le Matin de la bataille d'Austerlitz, et reçut des mains de l'empereur la décoration de la Légion-d'Honneur, qu'il venait de donner à Prud'hon, à Gros, à Girodet. Bientôt après, il fut nommé membre de l'Institut. Sous la Restauration, outre ses tableaux de chasses, de courses, de combats de petites dimensions, de chevaux, de sujets de genre et de paysages, il exécuta une quantité immense de lithographies, qui furent extrêmement recherchées. Louis XVIII le nomma chevalier de l'ordre de Saint-Michel, et lorsque son fils, M. Horace Vernet, fut nommé en 1827 directeur de l'Académie de Rome, Carle l'y suivit, comptant terminer un grand tableau représentant Louis XVIII allant rendre grâce à Dieu dans l'église de Notre-Dame. Malgré sa résolution, cette œuvre ne fut jamais terminée, et à partir de cette époque Vernet ne produisit plus que de rares ouvrages. Il a exposé aux salons de 1791, 1793, an IV (1795), an VII (1798), an VIII (1799), 1804, 1808, 1810, 1812, 1814, 1817, 1819, 1824, 1827 et de 1831.

633. *Chasse au daim pour la Saint-Hubert, en 1818, dans les bois de Meudon.*

H. 2, 27. — L. 3, 28. — T. — Fig. de 0, 30.

« Le moment représenté est le passage de l'eau dans l'étang de Ville-d'Avray. Mgr le comte d'Artois y assistait avec Mgr le duc du Berry. » (*Livret du salon de 1827.*) A droite, au bord de l'eau, le comte d'Artois à cheval, accompagné de sa suite, parle au grand veneur (M. le comte de Girardin) qui tient son chapeau à la main. A gauche, des chasseurs se dirigent vers l'étang, et passent au milieu de groupes de blanchisseuses et des lignes de cordes supportant du linge qui sèche. De l'autre côté de l'étang, des dames en calèche et de nombreux cavaliers. Au fond, à gauche, le village de Ville-d'Avray. A droite, des hauteurs boisées. Au premier plan, du même côté, un gendarme des chasses vu de dos. — Signé, à droite : *Carle Vernet.*

Collection de Charles X. — Ce tableau, commandé en 1825 pour la somme de 8,000 fr., fut exposé au salon de 1827.

VIEN (Joseph-Marie), *peintre, graveur, né à Montpellier le 18 juin 1716, mort à Paris le 27 mars 1809.*

Son premier maître de dessin fut un peintre de portraits nommé **Le Grand**. Tout jeune, il obtint de ses parents de quitter l'étude d'un procureur où ils l'avaient placé, et d'aller dresser la carte du territoire de Cette et de Frontignan. Il travailla ensuite pendant deux années dans une manufacture de faïence à Montpellier, et entra chez **Giral**, élève de la Fosse, peintre et architecte des états de Languedoc. Il demeura quatre ans sous la direction de ce maître, peignit plusieurs portraits de magistrats, et dessina le catafalque du duc du Maine, gouverneur de la province. Arrivé à Paris en 1740, il se présenta à l'atelier de Natoire et obtint la protection du comte de Caylus. Vien peignait le jour des tableaux pour un marchand du pont Notre-Dame, et suivait le soir les cours de l'Académie. Il gagna la première médaille en 1742, et l'année suivante remporta le grand prix, ayant envoyé au concours, qui avait pour sujet l'Ange frappant de peste le royaume de David, l'esquisse, jugée de beaucoup supérieure à toutes celles des autres élèves. Il se rendit à Marseille en 1744, et arriva à Rome le 21 décembre de la même année. Pendant les cinq ans qu'il y resta, il peignit, outre un grand nombre de copies et d'études, neuf tableaux d'église, trois de chevalet et l'Ermite endormi (n° 636). Après avoir parcouru l'Italie, il rentra en France, débarqua à Marseille le 16 mai 1750, fit des travaux dans cette ville et à Tarascon, traversa Montpellier, Lyon, et vint à Paris. Son mérite ne fut point apprécié d'abord, et l'imitation de la nature que l'on apercevait dans ses œuvres nuisit à son succès. Natoire, partageant les préjugés de son époque sur le style et la grâce, crut son élève entraîné dans une mauvaise voie. Les tableaux qu'il soumit aux jugements de l'Académie pour se faire recevoir dans ce corps parurent insuffisants : on retarda son admission. Vien ne se découragea pas, refusa la place de professeur à l'Académie romaine de Saint-Luc, qu'on lui faisait offrir, et présenta à ses juges un tableau représentant l'Embarquement de sainte Marthe. Le succès, malgré la cabale, fut complet, et Boucher déclara qu'il ne remettrait plus les pieds à l'Académie si Vien était repoussé. Son admission comme agréé eut lieu le 30 octobre 1751, et quelque temps après M. de Marigny lui accorda un logement au Louvre. Il fut reçu membre titulaire le 30 mars 1754, sur le tableau d'Icare et Dédale (n° 635), et nommé professeur adjoint le 6 juin de la même année. Bientôt il se trouva surchargé de travaux, et il fonda une école que fréquenta un nombre prodigieux d'élèves. Le roi de Danemark et l'impératrice de Russie lui firent vainement les offres les plus brillantes. En 1771, le roi lui donna la place de directeur des élèves protégés (on nommait ainsi ceux qui avaient remporté le grand prix), et en 1775 celle de directeur de l'Académie de Rome en remplacement de Natoire. Cette dernière place jusque-là avait été à vie; Vien le premier ne l'occupa que six ans. Il arriva à Rome le 4 novembre, accompagné de sa famille et de trois élèves, parmi lesquels se trouvait David. Quinze jours après son installation, un courrier lui apporta le cordon de Saint-Michel. Vien établit à Rome une exposition publique et annuelle des ouvrages des pensionnaires. Le pape Pie VI lui fit un accueil distingué, et l'Académie de Saint-Luc se l'attacha. Le temps de son directorat étant expiré, il traversa le premier les marais Pontins, nouvellement desséchés, se rendit à Naples, s'embarqua, et revint à Paris le 10 novembre 1781. Il prit place parmi les recteurs de l'Académie, au nombre desquels il avait été admis pendant son absence, reçut du roi une pension de 2,000 livres, et, après la mort de Pierre, obtint, le 17 mai 1789, le brevet de premier peintre de Sa Majesté. Il fut aussi membre honoraire de l'Académie d'architecture. La Révolution enleva à Vien ses places et sa fortune. Ce revers n'abattit pas son courage; quoique octogénaire il n'abandonna pas le pinceau. En 1796 il se présenta à un concours ouvert par le gouvernement, et remporta le prix. Il travaillait encore à 92 ans. Bonaparte le nomma membre du Sénat en 1799, puis comte de l'Empire et commandeur de la Légion-d'Honneur. Vien s'est exercé dans tous les genres, et a laissé un nombre considérable de tableaux et de dessins. Il a fondé l'école moderne classique, et parmi la foule d'élèves qu'il forma, on distingue surtout Regnault, David, Vincent, Ménageot, Suvée, Taillasson, etc. Il a exposé aux salons de **1753, 1755, 1757, 1759, 1761, 1763, 1765, 1767, 1769, 1773, 1775, 1779, 1781, 1783, 1785, 1787** et de **1789.** — Mme **Vien**, née **Marie-Thérèse Reboul** en 1728, morte à Paris le 28 décembre 1805, était élève de son mari. Elle a peint des animaux, fut reçue à l'Académie le 30 juillet 1757, sur un tableau en miniature mêlée de gouache, représentant un Coq qui met sa patte sur l'œuf que vient de pondre une poule. Mme Vien était aussi membre de l'Académie de Saint-Luc de Rome. Elle a exposé aux salons de 1757, 1759, 1763, 1765 et de 1767. — **Marie-Joseph Vien**, fils des précédents, né à Paris en 1761, exposait encore en 1831, fut élève de son père et de Vincent. Il a peint des portraits à l'huile et des miniatures. Il a exposé aux salons de 1800, 1801, 1804, 1806, 1808, 1810, 1814, 1825 et de 1831.

634. *Saint Germain, évêque d'Auxerre, et saint Vincent, diacre de l'église de Sarragosse.*

H. 2, 14. — L. 1, 64. — T. — Fig. de gr. nat.

A gauche, saint Germain agenouillé lève la tête vers le ciel; en face de lui, saint Vincent, également à genoux, la tête baissée, tient une palme d'une main et un livre de l'autre. Dans la partie supérieure, un ange, planant au-dessus des deux saints, apporte les couronnes célestes qui leur sont destinées. Derrière saint Germain, un ange avec la crosse épiscopale, et devant lui, par terre, une mitre et un livre sur un feuillet duquel on lit : *Vien*, 1755.

Musée Napoléon. — Cette peinture était anciennement une bannière de l'église Saint-Germain-l'Auxerrois.

635. *Dédale et Icare.*

H. 1, 95. — L. 1, 30. — T. — Fig. de gr. nat.

Au milieu de la composition, le jeune Icare, tenant des plumes d'une main et de l'autre montrant le ciel, est assis sur une pierre, le corps vu presque de face. Il tourne la tête à gauche vers son père, qui lui adapte des ailes aux épaules. Par terre, aux pieds de Dédale, un réchaud, un petit vase de terre et de grandes plumes.

Musée Napoléon. — Ce tableau fut peint par Vien pour sa réception à l'Académie, le 30 mars 1754.

636. *L'ermite endormi.*

H. 2, 23. — L. 1, 47. — T. — Fig. gr. nat.

L'ermite, vu presque de face, assis, endormi à l'entrée d'une grotte, tient d'une main un archet et de l'autre entr'ouverte laisse échapper un violon. Par terre, sur le premier plan, à droite, un panier renversé contenant des légumes; à gauche, un grand livre et des papiers sur l'un desquels on lit : *Vien in. et pin. Romœ* **1750**.

Landon, E. F. M., t. 2, pl. 75.

Ancienne collection. — Une aventure particulière a fourni le sujet de ce tableau. En 1750, J. Vien, alors pensionnaire du roi de France à Rome, peignait un pied d'après nature : un ermite lui servait de modèle. Tandis que le peintre travaillait, le cénobite prit son violon et bientôt s'endormit; J. Vien le dessina dans cette attitude et en fit un tableau.

637. *Amours jouant avec des fleurs, des cygnes et des colombes.*

H. 2, 60. — L. 1, 64. — T. — Fig. gr. nat.

Au premier plan, à gauche, un amour joue dans l'eau avec deux cygnes et saisit l'un d'eux par une aile. De l'autre côté, un amour, couché sur le gazon, un bras appuyé sur un panier de fleurs, tient dans la main droite deux tulipes et une branche de jacinthe. Derrière celui-ci, un de ses compagnons porte deux colombes attachées au cou par un ruban bleu. Au milieu de la composition, six amours sur des nuages jouent avec une guirlande de fleurs; le plus élevé place une couronne sur la tête de celui qui tient un arc à la main. — Signé au milieu : *Vien* **1758**.

Ancienne collection. — Ce tableau a dû être coupé; il porte sur l'inventaire les dimensions de 3,20 sur 1,80.

VILLEQUIN (ÉTIENNE), *né à Ferrière (en Brie) en* 1619, *mort le* 15 *décembre* 1688.

On n'a presque pas de renseignements biographiques sur cet artiste, reçu à l'Académie le 21 avril 1663. En 1665, il s'excusait de n'avoir pas encore envoyé son tableau de réception, et il paraît qu'il ne l'exécuta pas. Le seul ouvrage important que l'on connaisse de lui est le tableau votif offert le 1er mai 1656 à l'église de Notre-Dame par la confrérie des orfèvres; il représente saint Paul devant le roi Agrippa. Nicolas Pitau a gravé d'après lui une Sainte-Famille, et Jean Boulanger, saint Roch et son chien.

638. *Jésus guérissant les aveugles de Jéricho.*

H. 0, 33. — L. 0, 42. — C. — Fig. de 0, 11.

Au milieu de la composition, Jésus debout, vu de profil et tourné à gauche, touche les yeux d'un aveugle agenouillé devant lui. Derrière cet aveugle, un homme s'arrête, et un autre placé à la droite du Sauveur se baisse pour voir de près ce prodige. Derrière le Christ, trois disciples contemplent cette scène, et à droite deux hommes sortent d'un temple dont on aperçoit une colonne. Plus loin, de ce côté, une femme portant un vase sur la tête ; à gauche, deux femmes assises par terre, et dans le fond un paysage, une ville et de riches fabriques.

Collection de Louis XIV. — Ce tableau, porté dans les premiers livrets du Musée à Villequin, fut ensuite donné, par les inventaires de la Restauration et dans la Notice de 1841, à Poussin. Il est inscrit, dans l'inventaire de Bailly, à Villequin, avec cette note : « *Paris, cabinet des tableaux.* »

VINCENT (FRANÇOIS-ANDRÉ), *né à Paris le* 30 *décembre* 1746, *mort dans la même ville le* 3 *août* 1816.

Son père, **François-Élie Vincent**, peintre habile en miniature, né à Genève, mais fixé depuis longtemps à Paris, le plaça d'abord chez un banquier. Le jeune Vincent obtint, grâce à l'intervention de Roslin, de quitter les affaires, pour lesquelles il n'avait aucun goût, et d'entrer à l'atelier de Vien. En 1768, il remporta, quoique protestant, le grand prix, qui donnait alors droit à trois ans de la pension du roi à Paris et trois ans à Rome. Le sujet du concours était Germanicus haranguant ses troupes, et Vincent dut au talent dont il fit preuve dans cette circonstance qu'on fermât les yeux sur la religion à laquelle il appartenait. Revenu à Paris en 1776, après avoir fait son temps à Rome sous le directorat de Natoire, il fut agréé à l'Académie le 31 mai 1777, sur un tableau représentant un saint Jérôme, et reçu définitivement seulement le 27 avril 1782. Il donna pour sa réception l'Enlèvement d'Orythie par Borée, qui est au Louvre. L'Académie le nomma adjoint à professeur le 24 septembre 1785, et professeur le 31 mars 1792. Ce fut la dernière nomination de ce corps, renversé par la Révolution. Après son agrément, il peignit un Bélisaire demandant l'aumône, sujet traité plus tard par David, et un Alcibiade recevant les leçons de Socrate, dont le style et l'exécution, tranchant avec les doctrines alors en vogue, firent une vive sensation. Ce succès lui valut une commande du roi : il reçut l'ordre de peindre le président Molé saisi par les factieux (salon de 1779), et de faire pour la famille une répétition de cette peinture, reproduite ensuite en tapisserie aux Gobelins. Pendant sa longue carrière, Vincent ne cessa d'exposer. Il fut de la création de l'Institut, chevalier de la Légion-d'Honneur, et professeur de l'Ecole polytechnique. Après la Restauration, on le comprit dans la réorganisation de l'Académie des beaux-arts et on le chargea, dans la rédaction du dictionnaire que doit publier ce corps, de la partie de la peinture. Vincent eut de nombreux élèves, parmi lesquels on cite **Guyard**, **Thevenin**, Meynier, **Merimée**, Pajou, sculpteur, **Labadie**, **Ansiaux**. Il a exposé aux salons de 1777, 1779, 1781, 1783, 1785, 1787, 1789, 1791, 1795, 1798 et de 1801. — **Mme Vincent**, née en 1749 **Adélaïde Labille des Vertus**, épouse en premières noces de M. **Guyard**, morte à Paris le 4 floréal an XI (1803), fut d'abord élève de **François-Élie Vincent**, père de l'artiste précédemment cité. Elle fit de rapides progrès et fut admise à l'Académie de Saint-Luc. S'étant consacrée au genre du portrait, elle demanda des conseils à Latour. Après avoir peint la miniature, elle fit des pastels qui furent remarqués. Ces succès ne purent satisfaire son ambition ; elle désira peindre à l'huile, et se mit sous la direction du fils de son premier maître, qui revenait d'Italie et avait été son ami d'enfance. L'Académie l'agréa et la reçut dans la même séance, le 31 mai 1783, sur le portrait de Pajou modelant son maître le Moine. Les grands portraits qu'elle exposa aux salons justifièrent cette nomination. Ceux de Mesdames Adélaïde et Victoire, qui parurent en 1787 et 1789, lui méritèrent les titres de premier peintre de Mesdames et de Monsieur. Ce prince lui demanda d'exécuter une grande composition représentant la Réception d'un chevalier de l'ordre de Malte, dont il était grand-maître. Mme Guyard terminait cette tâche importante, sur laquelle elle fondait les plus grandes espérances, lorsque la Révolution éclata. Le tableau fut détruit, et sa perte causa à l'artiste un chagrin qui altéra sa santé. Les deux élèves de prédilection de Mme Guyard furent Mlles **Rosemont** et **Capet**, qu'elle représenta en pied dans un tableau où elle s'est retracée elle-même occupée à peindre. Elle a exposé aux salons de 1783, 1785, 1787, 1789, 1791, 1795, 1798 et de 1800.

639.* *Zeuxis choisissant pour modèles les plus belles filles de la ville de Crotone.*

H. 3, 25. — L. 4, 20. — T. — Fig. de gr. nat.

A gauche, Zeuxis, assis devant son chevalet, une main appuyée sur une table ronde où sont placés des vases, semble admirer une jeune fille amenée par sa mère, montée sur une estrade, et dont une autre jeune fille se baisse pour ramasser les vêtements. Au premier plan, à droite, une jeune fille se cache, confuse, dans les bras d'une de ses compagnes. A gauche, derrière le peintre, trois vieillards. — Signé : *Vincent 1789.*

<small>Collection de Louis XVI. — Ce tableau, commandé pour le roi, fut exposé au salon de 1789.</small>

640.* *Henri IV rencontre Sully blessé.*

<small>H. 2, 60. — L. 1, 91. — T. — Fig. de gr. nat.</small>

« Sully ayant reçu plusieurs blessures à la bataille d'Ivry, se retiroit le lendemain à Rosny, porté dans une espèce de litière, faite à la hâte de branches d'arbres, précédé de son écuyer et de ses pages, suivi des prisonniers qu'il avoit faits et de sa compagnie de gendarmes ; sa marche avoit l'air d'un petit triomphe. Le roi, qui étoit à la chasse, l'ayant rencontré, parut se réjouir de ce spectacle, s'approcha du brancard, lui donna tous les témoignages de sensibilité qu'un ami peut donner à son ami, et lui dit en s'éloignant : Adieu, mon ami, portez-vous bien, et soyez sûr que vous avez un bon maître. » (*Mémoires de Sully.*) — Signé : *Vincent 1786.*

<small>Landon, E. F. M., t. 2, pl. 82.</small>

<small>Ancienne collection. — Ce tableau fut exposé au salon de 1787 ; il appartenait alors à M. le comte d'Orsay.</small>

VOUET (SIMON), *peintre, graveur, né à Paris le 9 janvier 1590, mort dans la même ville le 30 juin 1649.*

<small>Son père, **Laurent Vouet**, peintre médiocre, fut son premier maître. Dès l'âge de 14 ans il peignait des portraits avec une telle habileté qu'on le choisit pour aller faire en Angleterre celui d'une dame de qualité réfugiée dans ce pays. Charles Ier chercha inutilement à le retenir ; au bout de quelques années il revint en France. En 1611 il accompagna M. Harley ;</small>

baron de Sancy, dans son ambassade à Constantinople, et peignit de m[é]-
moire le portrait du sultan Achmet I, qu'il n'avait vu qu'une fois penda[nt]
l'audience donnée à l'ambassadeur. Au mois de novembre 1612 il qui[tta]
Constantinople, s'embarqua pour Venise, et copia les ouvrages de Titien [et]
de P. Véronèse. De Venise, il alla à Rome en 1613, prit d'abord pour modè[le]
les ouvrages du Caravage et de Valentin, et imita ensuite ceux de Gui[de.]
Après avoir exécuté avec succès plusieurs tableaux à Rome, il se rendi[t à]
Gênes, appelé, en 1620, par les princes Doria, dont il décora les palais, et y [sé]-
journa deux ans. De retour à Rome, il fut élu, en 1624, prince de l'Acadé[mie]
de Saint-Luc. Le cardinal Barberini, qui devint pape, le protégea, lui fit fa[ire]
son portrait et peindre les cardinaux ses neveux. Vouet, jouissant d'u[ne]
grande considération à Rome, s'y était établi, avait épousé **Virginie** [de]
Vezzo Vellatrano, qui cultiva la peinture, lorsque Louis XIII, don[t il]
recevait une pension, le rappela en France en 1627. Il ramena avec lui [sa]
famille et quelques-uns des élèves qu'il avait formés en Italie, tels q[ue]
Jean-Baptiste Mola, **Lhomme de Troyes** et **Aubin Vouet**, son frè[re.]
Le roi et la reine-mère lui firent l'accueil le plus honorable. Il reçut, av[ec]
le brevet de premier peintre, une pension considérable et un logement [au]
Louvre. Vouet, dès son arrivée à Paris, fut chargé de dessiner des carto[ns]
pour les tapisseries de la couronne, de décorer le Louvre, le Luxembou[rg]
et d'exécuter plusieurs ouvrages pour Saint-Germain-en-Laye. Il peig[nit]
tous les seigneurs de la cour, fit plusieurs fois le portrait de Louis XIII, à [qui]
il montra à se servir du pastel d'une manière assez habile pour saisir p[ar]-
faitement la ressemblance. Le cardinal de Richelieu l'occupa en 1632, [au]
Palais-Royal et dans son château de Rueil. Il peignit ensuite la fameu[se]
galerie de l'hôtel de Bullion en 1634, celle du maréchal d'Effiat, à Chilly, [en]
1635, celle du duc d'Aumont, la chapelle Séguier et un plafond à l'hô[tel]
Bretonvilliers. La plupart des églises de Paris furent décorées de ses o[u]-
vrages, et aucun peintre peut-être ne jouit d'une pareille vogue. Quoiqu[e il]
travaillât avec une extrême facilité et qu'il eût adopté une exécution [au]
premier coup fort expéditive, il fut bientôt forcé à ne plus faire que d[es]
dessins servant de modèles à ses élèves, dont il n'avait pas souvent mê[me]
le temps de retoucher la peinture. Le roi d'Angleterre voulut attacher Vo[uet]
à son service; mais sa position en France était trop brillante pour qu'il p[ût]
accepter les offres de ce souverain. Vouet forma tous les artistes qui se so[nt]
distingués dans le XVIIe siècle. Parmi ses nombreux élèves on cite surtou[t,]
outre J.-B. Mola, **Aubin** et **Claude Vouet**, ses frères, morts avant lu[i, et]
déjà nommés, François Perrier, Pierre Mignard, **Nicolas Chapero[n,]**
Paris Poerson, **Dorigny le père**, **Louis** et **Henri Testeli[n,]**
Alphonse du Fresnoy. Il eut un fils, peu connu, qui travailla avec Mosni[er,]
Corneille le jeune et **Bonnemer** à la décoration du plafond de la gale[rie]
des Tuileries où le roi donnait ses audiences. Ces quatre artistes étai[ent]
pensionnaires du roi à Rome sous la direction d'**Errard**, et copièren[t,]
dans cette occasion, des compositions de la galerie Farnèse d'A. Carrac[he.]
(*Mémoires inédits de l'Académie*, t. II, p. 13.) Presque tous les ouvrag[es]
de Vouet ont été gravés : Dorigny, son gendre, en a reproduit la plus gran[de]
partie; **Tortebat**, qui avait aussi épousé une de ses filles, a égaleme[nt]
beaucoup gravé d'après lui. Enfin, Michel Lasne, Mellan, Pierre de Jod[e,]
Troschel, Greuter, Boulanger, Karl Audran, Daret ont fait connaître u[ne]
foule de ses ouvrages, détruits maintenant. Vouet fut un peintre tr[ès]
habile, savant en architecture, entendant bien la décoration et l'art de fai[re]
plafonner les figures, art que l'étude des ouvrages de Paul Véronèse lui av[ait]
enseigné. Les tableaux de son bon temps sont étudiés avec soin, peints av[ec]
vigueur. Surchargé de commandes, il tomba dans la manière, prodigua l[es]
têtes de profil, donna à toutes le même caractère, supprima les détail[s,]
coucha par grandes teintes plates les ombres et les lumières, et oppo[sa]
au ton uniformément rouge de ses figures d'hommes des demi-teint[es]
grises et verdâtres. Malgré tous ses défauts, on reconnaît toujours u[ne]
fécondité d'invention, une sorte d'élégance et un effet pittoresque qu'il [a]
été donné à très peu d'artistes de posséder.

641. *La présentation de Jésus au temple.*

H. 3, 93. — L. 2, 50. — T. — Fig. de gr. nat.

A gauche, le grand prêtre, suivi de quelques lévites, reçoit sur les degrés du temple l'Enfant-Jésus que sa mère, agenouillée, lui présente. La Vierge, enveloppée d'un grand manteau bleu, est accompagnée de sainte Anne, également agenouillée derrière elle, et de saint Joseph qui apporte en offrande une colombe. A gauche, dans les airs, deux anges. Du même côté, au premier plan, un jeune homme tenant un enfant par la main, et un vieillard appuyé sur un bâton.

Gravé dans le sens opposé par Michel Dorigny. — Landon, t. 3, pl. 67. — Filhol, t. 11, pl. 13.

Musée Napoléon. — Une inscription placée au bas de l'estampe de Dorigny, ainsi conçue: *Votivam hanc occursus Domini tabulam, reverentissimi cardinalis ducis Richelici œdis P. P. jesuitarum Parisiensium principi altari dicavit anno MDCXLI*, nous apprend que le tableau de Vouet ornait le maître-autel de l'église des Jésuites à Paris, et qu'il fut donné par le cardinal de Richelieu en 1641. Il paraît qu'il appartint ensuite à M. de Julienne, qui en fit présent, le 7 avril 1764, à l'Académie. Il était placé dans la galerie d'Apollon. (D'Argenville, *Desc. de l'Acad.*, 1781.)

642. *La Vierge, l'Enfant-Jésus et saint Jean.*

H. 1, 11. — L. 0, 95. — T. — Fig. jusqu'aux genoux de gr. nat.

La Vierge vue de face, assise et le dos appuyé contre un tronc d'arbre, tient sur ses genoux l'Enfant-Jésus, qui regarde à droite le petit saint Jean, vêtu d'une peau d'agneau et portant une croix de roseau décorée d'une banderole. Celui-ci caresse le Sauveur, dont il prend le pied, et la Vierge a les yeux fixés sur son fils.

Landon, t. 3, pl. 68. — Filhol, t. 7, pl. 500.

Musée Napoléon. — Ce tableau, qui appartint autrefois au duc de Penthièvre, était placé dans la résidence de Châteauneuf.

643.* *Le Christ en croix.*

H. 1, 08. — L. 0, 78. — T. — Fig. de 0, 58.

A gauche, le Christ est attaché sur la croix, dont Marie-Madeleine tient le pied embrassé. A droite, debout, la Vierge, enveloppée dans une grande draperie bleue, contemple l'agonie de son fils et élève les mains vers lui. Derrière la Vierge, saint Jean et Joseph d'Arimathie, ce dernier à genou. Dans le fond à gauche, des soldats. Dans le ciel, des chérubins.

Musée Napoléon.

644. *Le Christ au tombeau.*

H. 0, 55. — L. 0, 43. — B. — Fig. de 0, 40.

Le corps du Christ, tourné vers la gauche, soutenu par deux anges, est assis sur le bord du tombeau où il doit être déposé. Au premier plan, à gauche, la Madeleine, à genoux, tenant les pieds du Sauveur. Derrière elle, la Vierge et saint Jean; ce dernier a les mains jointes et les yeux levés au ciel. A droite, par terre, un panier contenant un marteau, des cordes et divers objets.

Collection de Louis XVIII. — Ce tableau fut acquis en 1818 de M. Bertaut pour la somme de 1,000 fr.

645.* *La charité romaine.*

H. 1, 32. — L. 1, 23. — Forme ronde. — T. — Fig. à mi-corps de gr. nat.

Dans l'intérieur d'une prison, une jeune femme assise, la tête tournée vers la droite, les yeux levés au ciel, donne le sein à un vieillard placé à gauche et dont on n'aperçoit que le buste.

Ancienne collection.

VOUET.

646. *Portrait de Louis XIII.*

H. 1, 63. — L. 1, 54. — T. — Fig. en pied gr. nat.

Le prince est représenté assis, tourné à gauche, couronné de lauriers, un bâton de commandement à la main, couvert de son armure et portant l'ordre du Saint-Esprit. A ses pieds, deux figures de femmes symboliques, représentant, l'une à gauche la France, l'autre à droite la Navarre, se mettent sous sa protection. Derrière le roi, un rideau rouge; à gauche, dans le fond, des arbres et le ciel.

Collection de Louis XIII.

647. *Allégorie à la richesse.*

H. 1, 70. — L. 1, 24. — T. — Fig. de gr. nat.

Une femme couronnée de lauriers, ailée, enveloppée d'une draperie jaune, est assise, tenant dans ses bras un enfant qui porte un cordon bleu. Elle tourne la tête à gauche vers un enfant, également ailé, qui lui montre des bracelets, des pierreries et un collier de perles. Au premier plan, du même côté et par terre, des vases d'or et d'argent, des bijoux. A droite, un livre ouvert.

Collection de Louis XIV.

648. *La Foi.*

H. 1, 94. — L. 1, 37. — T. — Fig. de gr. nat.

Elle est assise, vêtue d'une grande draperie jaune, tenant un cœur de la main droite et une palme de la main gauche; au-dessus d'elle, un ange avec une couronne de lauriers. Fond de paysage.

Collection de Louis XIV. — Ce tableau était placé autrefois dans le château neuf de Saint-Germain.

WATTEAU (Antoine), *peintre, graveur, né à Valenciennes en 1684, mort à Nogent (au-dessus de Vincennes) le 18 juillet 1721.*

Son père, qui était maître couvreur, voyant que son fils manifestait dès son enfance de grandes dispositions pour le dessin, et mettait à profit ses moments de liberté pour aller crayonner, sur les places publiques, les scènes comiques improvisées par les charlatans, l'envoya étudier à l'atelier d'un mauvais peintre de Valenciennes, où au surplus il ne resta pas longtemps. Bientôt le père de Watteau se lassa de subvenir aux faibles dépenses de l'étudiant, et lui signifia de ne plus compter sur son secours. Watteau, décidé à suivre sa vocation, quitta Valenciennes sans argent, sans habits, et vint se réfugier à Paris. Le hasard le conduisit d'abord chez **Métayer**, peintre médiocre, qu'il abandonna promptement faute d'ouvrage, pour entrer chez un barbouilleur qui vendait par douzaines, à des marchands de province, des tableaux grossièrement exécutés. Le maître employait à ces travaux un assez grand nombre de manœuvres ayant chacun leurs fonctions : l'un faisait le ciel, l'autre les têtes, celui-ci les draperies, celui-là touchait les blancs. Le tableau se trouvait fini quand il parvenait dans les mains du dernier barbouilleur, et paraissait toujours bon s'il avait été promptement expédié. Watteau se distingua bientôt de ses condisciples par son aptitude à tout faire et par la rapidité de son exécution. Pendant longtemps il eut la tâche de peindre des saint Nicolas ; aussi le savait-il par cœur et pouvait le peindre en se passant de modèle. Il recevait pour ce travail infime 3 livres chaque semaine, et on lui accordait, à titre de charité, la soupe tous les jours. De si viles occupations n'abattirent pas son courage, et il ne cessait d'étudier et de dessiner le soir, les dimanches et les jours de fêtes. Watteau sortit enfin de cette boutique et se présenta chez **Gillot**. Ce fut de cet artiste qu'il prit le goût des scènes comiques et des sujets modernes, et ce fut aussi à partir de cette époque qu'il donna des marques certaines du beau talent qu'il devait bientôt posséder. Mais son séjour chez Gillot ne fut pas non plus de longue durée ; le maître et le disciple avaient les mêmes défauts et devaient se séparer avec une satisfaction réciproque. En partant de chez Gillot, Watteau aida **Audran** du Luxembourg, décorateur fort occupé à peindre sur les boiseries et dans les plafonds des camaïeux et des arabesques, alors fort en vogue. Audran traita bien le jeune artiste, qui fit preuve d'une grande facilité dans ce genre d'ouvrage et en conserva le goût. Cependant, las de travailler pour autrui, il peignit, à ses moments de loisir, un petit tableau représentant un Départ de troupe. Il le montra à Audran et lui en demanda son avis. Audran, surpris du talent de son élève, chercha en vain à le détourner de ces essais. Watteau ne prit point le change sur les motifs de ce conseil. Afin de conquérir sa liberté, il prétexta le désir de revoir sa famille et de faire un voyage à Valenciennes. Pour se procurer de l'argent nécessaire, il s'adressa à un peintre de son pays nommé **Sponde**, qui lui fit acheter, au prix de 60 livres, ce premier tableau, gravé depuis par Cochin père ; le marchand lui en commanda le pendant, que Watteau lui adressa de Valenciennes ; celui-ci, représentant une Halte d'armée, exécutée d'après nature, fut payé 200 livres, et a été gravé aussi par Cochin. Le caractère inconstant de Watteau ne lui permit pas de rester longtemps à Valenciennes ; il revint à Paris, où ses deux premiers tableaux l'avaient fait connaître avantageusement. A cette époque il eut le bonheur de rencontrer le célèbre amateur Crozat, qui mit à sa disposition l'inestimable collection de dessins rassemblés par lui. Ce fut à cette école que se forma véritablement le goût de Watteau. Il ne pouvait se lasser d'admirer tant de chefs-d'œuvre, de les copier avec tout le soin possible. Il n'est pas difficile de voir que Rubens et Paul Véronèse exercèrent sur son talent une influence toute particulière.

L'amour de l'indépendance le fit sortir de chez son protecteur ; il se retira dans un petit logement, où, par suite de sa mélancolie naturelle, il chercha à se soustraire aux recherches des visiteurs. Cependant la beauté des ouvrages italiens qu'il avait admirés chez Crozat préoccupait vivement son esprit. Il désirait ardemment aller étudier dans leur patrie les grands maîtres et surtout ceux de Venise. Un fait que les biographes ont ignoré et que nous apprennent les registres de l'Ecole des beaux-arts, c'est que Watteau, en 1709, concourut pour le premier prix et n'obtint que le second ; le sujet donné était David accordant le pardon qu'Abigaïl lui demandait pour Nabal son mari. N'étant point assez riche pour entreprendre ce voyage, il eut l'idée de solliciter la pension du roi, et pour appuyer sa prétention par des titres, il fit porter, sans en parler à ses amis, sans s'étayer de protection, ses deux premiers ouvrages dans une des salles de passage de l'Académie. Les académiciens admirèrent ces petites peintures ; de la Fosse s'arrêta devant elles plus longtemps que les autres, et, apprenant qu'elles étaient d'un jeune homme sollicitant des académiciens de vouloir bien intercéder en sa faveur pour obtenir la pension de Rome, il fit entrer Watteau dans la salle des séances, lui reprocha avec douceur de se méfier de son talent, et lui donna l'assurance que l'Académie s'honorerait en le recevant. En effet, Watteau fut agréé immédiatement et reçu le 28 août 1717 (voir le numéro suivant). Ce succès ne changea rien à son genre d'existence, et il continua à vivre dans la retraite. Loin de croire à son mérite, il s'appliqua encore davantage à l'étude ; mécontent de ses ouvrages, il passait un temps considérable à effacer et à recommencer les parties qui lui semblaient mauvaises, et ce n'est qu'avec peine qu'on parvenait à les lui arracher des mains. En 1720, Watteau fit un voyage en Angleterre ; mais le climat de Londres étant contraire à la délicatesse de sa poitrine, il revint à Paris en 1721. Il débuta à son retour par peindre une enseigne pour la boutique de Gersaint, son ami, marchand de tableaux. Cette composition, terminée en huit journées, et dont toutes les figures avaient été faites d'après nature, eut un succès prodigieux. Elle passa dans le cabinet de M. de Julienne, autre ami de Watteau. Maintenant un fragment se trouve dans la possession de M. le baron Schwiter ; on ignore le sort de la deuxième moitié. Au bout de six mois, Watteau voulut quitter la maison de Gersaint, et, sa maladie augmentant, il désira vivement s'établir à la campagne, où il espérait trouver un air plus favorable à sa santé. L'abbé Haranger, chanoine de Saint-Germain-l'Auxerrois, son ami, lui fit obtenir de M. le Febvre un logement dans sa maison de Nogent. C'est dans cette demeure qu'il expira peu de temps après son installation. Watteau laissa pour toute fortune 9,000 livres et une grande quantité de dessins qu'il légua à ses quatre amis, Gersaint, l'abbé Haranger, M. de Julienne et M. Henin. Watteau, de son vivant et longtemps après sa mort, eut de nombreux admirateurs. Plusieurs artistes imitèrent sa manière, et, malgré un incontestable talent, restèrent loin derrière lui. Les graveurs les plus habiles reproduisirent à l'envi jusqu'à ses moindres croquis. Ses compositions, recherchées de tous, ornèrent les cabinets des *curieux*, les palais des grands seigneurs, les chambres de la bourgeoisie. Tant d'enthousiasme disparut tout à coup pour faire place à une réprobation méprisante. L'antique, bien ou mal compris, régna seul à son tour ; des dieux et des héros de marbre chassèrent impitoyablement les bergers en habits de satin, les pierrots, les arlequins. Ceux-ci sont vainqueurs maintenant ; chaque âge a ses idoles. Pourquoi ne pas rendre justice en tout temps, quel que soit le genre, quelle que soit la forme, à l'originalité, à la force, au sentiment, en un mot au vrai génie ? Watteau est à la fois fin, spirituel, poétique. Son dessin, vif et savant, conserve toujours un sentiment naïf de la nature au milieu du monde de comédiens et de bergers de convention dont il aime à s'entourer. Paul Véronèse et Rubens lui ont révélé les secrets d'une couleur éclatante, harmonieuse. Sa touche précise et moelleuse égale en légèreté celle de Teniers et de Metzu. Aucun Flamand, aucun Hollandais n'a su mieux que lui faire étinceler une prunelle, chatoyer le satin. Ses paysages sont pleins de profondeurs et de mystère; en un mot, ses personnages vivent, et sous son pinceau magique la toile disparaît.

649. *L'embarquement pour l'île de Cythère.*

H. 1, 29. — L. 1, 92. — T. — Fig. de 0, 30.

A droite, près d'un terme de Vénus, auquel sont suspendus des fleurs, un arc et un carquois, un pèlerin, ayant à ses pieds un bourdon, est à genoux près d'une femme assise, la tête baissée, un éventail à la main. De l'autre côté, un amour assis sur son carquois, les jambes nues, les épaules couvertes d'une cape noire, la tire par le bas de sa robe. Vers le milieu de la composition, un homme debout essaie de relever, en la prenant par les deux mains, une femme vue de dos, assise par terre. Plus à gauche, un pèlerin entraîne une pèlerine, dont il tient la taille, et qui se retourne vers le groupe précédent. Un petit chien les accompagne. Au-dessous de l'éminence où sont placés ces personnages, à gauche, des hommes, des femmes, des amours voltigeant, se dirigent vers une barque dorée, ornée de fleurs, conduite par deux hommes nus appuyés sur leurs rames. Dans le fond, une rivière serpentant entre des collines boisées.

Gravé par Tardieu.

Musée Napoléon. — Ce tableau fut peint par Watteau pour sa réception à l'Académie le 28 août 1717.

INCONNUS.

XIVᵉ SIÈCLE.

650. *Le Christ descendu de la croix.*

H. 1, 00. — L. 2, 04. — B. — Fig. de 0, 80.

Au milieu de la composition, le Christ mort, couché par terre devant la Vierge agenouillée. Derrière ce groupe, à gauche, l'abbé Guillaume, avec la chape; une sainte femme en pleurs, tenant un mouchoir. A droite, debout, saint Jean, les mains jointes; saint Joseph d'Arimathie, la tête coiffée d'une espèce de turban, ayant dans les mains la couronne d'épines. Au premier plan, du même côté, la Madeleine agenouillée, tenant un vase sur lequel on lit : LV CIPIO AF. A gauche, une autre sainte femme, également agenouillée, les mains jointes. Auprès d'elle, un os et une tête de mort. Dans le fond, l'abbaye de Saint-Germain-des-Prés, la rivière, le Louvre, Montmartre. A droite, le Calvaire, avec les trois croix.

Collection de Louis-Philippe. — Ce tableau était placé à Saint-Denis avant d'entrer au Louvre en 1845. Voici ce qu'en dit le bénédictin Jacques Bouillard, dans son Histoire de l'abbaye de Saint-Germain-des-Prés (liv. IV, p. 169) : « Enfin, on voit dans la sacristie un ancien tableau qui a servi autrefois dans quelque chapelle, où l'abbé Guillaume (mort en 1418) est représenté à genoux, soutenant avec respect, par-dessous les bras, un Christ détaché de la croix, accompagné de plusieurs autres figures assez mal dessinées, selon la manière de ce temps-là, mais dont les têtes sont bonnes et le coloris d'une grande fraîcheur. Ce qui est le plus à estimer dans ce tableau, c'est le lointain où l'abbaye est représentée au milieu des prés, environnée de tours rondes, de hautes murailles et de fossés profonds, comme Richard, prédécesseur de l'abbé Guillaume, les avait fait faire. Le Louvre, avec ses grosses tours, y paraît de l'autre côté de la rivière, dans le même état qu'il avait été construit sous Philippe-Auguste. Le Petit-Bourbon, à présent le garde-meuble du roi, y est dépeint de la même manière qu'il est encore aujourd'hui, surtout du côté de la rivière. On voit encore plus loin, derrière ces édifices, la butte Montmartre, et au sommet l'ancienne église avec les monastères des religieuses, tels qu'ils étaient pour lors. » A l'époque de la Révolution, M. Alexandre Lenoir sauva le tableau et le fit porter au dépôt national des monuments français. Dans le catalogue des peintures réunies à ce dépôt, catalogue adressé au comité d'instruction publique le 11 vendémiaire an III, on voit que cet ouvrage était attribué à Van Eyck, et que M. Lenoir croyait que **Fabrino**, peintre vénitien qui vint à la cour de Charles VII, en était l'auteur. Quant à nous, nous pensons que cette peinture, exécutée à la fin du XIVe siècle ou au commencement du XVe, est d'un artiste français soumis à l'influence de l'école flamande. M. de Clarac, dans son Musée de sculpture (t. I, p. 243), par des considérations trop longues à rapporter ici, fixe la date de ce tableau entre 1370 et 1380, époque de la mort de Charles V. L'inscription placée sur le vase que tient la Madeleine n'indique pas le nom du peintre. Il aura sans doute voulu faire preuve d'érudition. Malheureusement, outre qu'il a mal écrit le nom de Scipion, aucun des deux personnages qui l'ont porté avec le surnom d'Africain n'avait le prénom de Lucius ; enfin, à la mort du Christ aucun consul ne s'appelait Scipion.

XVe SIÈCLE.

651. *Portraits de Jean Juvenal ou Juvenel des Ursins et de sa famille.*

H. 1, 63. — L. 3, 50. — B. — Fig. pet. nat.

Collection de Charles X. — Ce tableau, qui provient de l'église Notre-Dame de Paris, où la famille des Ursins possédait autrefois une chapelle (la chapelle de Saint-Remy), passa, à l'époque de la première Révolution, au Musée des Petits-Augustins, puis fut cédé à la collection du Musée du Louvre par décision du ministre de l'intérieur du 14 août 1829. M. Alex. Lenoir l'attribuait à tort, dans son catalogue, à l'un des Bellin. Cette peinture a été exécutée dans la première moitié du XVe siècle. Jean Juvenal des Ursins, président au Parlement, alors établi à Poitiers, y mourut dans un âge avancé, en 1431. La ville de Paris, en reconnaissance des services qu'il avait rendus sous le règne de Charles VII, lui avait fait présent de l'hôtel des Ursins. Montfaucon, dans les Monuments de la monarchie française (t. III, p. 353), donne la gravure de ce tableau avec la description suivante :

« Ils y sont representez le père et la mère, et onze fils ou filles rangez selon
« leur âge et leur naissance, avec des inscriptions au dessous de chacun qui
« indiquent leur nom et leur état. Le père est à genoux l'épée au côté,
« revêtu de son blason, aiant un livre ouvert devant lui d'un côté, et son
« casque de l'autre. Sa femme est aussi à genoux derrière lui, vêtue en reli-
« gieuse (cet habillement était celui de veuve). L'inscription sous les deux
« est telle : *Ce sont les representations de nobles personnes Messire*
« *Jehan Juvenel des Urssins Chevalier et Baron de Trainel, Conseiller*
« *du Roy, et de Dame Michelle de Vitri sa femme, et de leurs enfans.*
« Ursins dans ces inscriptions est toujours écrit par deux ss au milieu,
« Urssins.

« Le premier des enfans est un évêque crossé, mitré et en chappe. Son
« inscription est : *Reverend pere en Dieu Messire Jehan Juvenel des*
« *Urssins Docteur en Loys et en Decret, en son temps Evesque et Comte*
« *de Beauvais, depuis Evesque et Duc de Laon, Per de France, Conseiller*

« *du Roy.* Il fut depuis Archevêque de Rheims par la resignation de Jaques
« son frère, Archevêque de la même ville. Cette resignation fut confirmée
« à Rome. Ce Jaques, comme le plus jeune des enfans, est ici le dernier
« de la bande.

« Puis vient une dame vêtue en religieuse (habit de veuve) à peu près
« comme sa mère. On lit sous elle : *Jeanne Juvenel des Urssins, qui fut*
« *conjointe par Mariage avec noble homme Maistre Nichola Brulart*
« *Conseiller du Roy.*

« Le suivant est un homme d'épée revêtu de son blason : on lit au des-
« sous : *Messire Loys Juvenel des Urssins, Chevalier, Conseiller et*
« *Chambellan du Roy, et Bailly de Troyes.*

« Puis viennent deux dames vêtues de même ; la première a cette ins-
« cription : *Dame Jehanne Juvenel des Urssins, qui fu conjointe par*
« *mariage avecque Pierre de Chailli.* La seconde : *Damoiselle Eude*
« *Juvenel des Urssins qui fut conjointe par mariage a Denis des Mares*
« *escuyer. Seigneur de Douc.*

« Celui qui suit est *Denis Juvenel des Urssins Escuyer, Eschanson de*
« *monseigneur Loys, Delphin de Viennois et Duc de Guienne.*

« La religieuse qui suit a cette inscription : *Seur Marie Juvenel des*
« *Urssins religieuse à Poissy.*

« Après vient le chancelier ; il est revêtu de son blason, à genoux sur un
« oratoire, aiant un livre ouvert devant lui, auprès duquel est un casque.
« L'inscription est : *Messire Guillaume Juvenel des Urssins, Seigneur*
« *et Baron de Trainel, en son tems Conseiller du Roy, Bailly de Sens,*
« *depuis Chancelier de France.*

« Le suivant est *Pierre Juvenel des Urssins, Escuyer.*

« Le penultième, *Michel Juvenel des Urssins, Escuyer et Seigneur de*
« *La Chappelle en Brye.*

« Le dernier de tous étoit archevêque de Rheims, et se voit ici crossé,
« mitré et en chappe. L'inscription est telle : *Très reverend Père en Dieu*
« *Messire Jaques Juvenel des Urssins, Archevesque et Duc de Reins,*
« *premier Per de France, Conseiller du Roy, et Président en la*
« *chambre des Comptes.* »

52. *Portrait de Guillaume Juvenal ou Juvenel des Ursins, seigneur et baron de Traynel, chancelier de France sous Charles VII et Louis XI*, né à Paris le 15 mars 1400, mort le 23 juin 1472.

H. 0, 92. — L. 0, 74. — B. — Fig. en buste de gr. nat.

Il est représenté le corps tourné à droite, la tête nue, vêtu d'une robe bordée de fourrure et avec une escarcelle à la ceinture ; il joint les mains et prie devant une table où est posé un livre sur un coussin. Dans le fond, des panneaux de marbre vert, encastrés dans des boiseries sculptées et dorées ; des ours debout et muselés, dans les chapiteaux de deux pilastres, soutiennent deux écussons de la famille Juvenal des Ursins, qui portait : bandé d'argent et de gueules de six pièces au chef d'argent, chargé d'une rose de gueules, boutonnée d'or soutenu de même.

Gravé dans Montfaucon (Monuments de la Monarchie française, *t. 3, p.* 353), *qui a tiré ce portrait de la collection de Gaignières.*

Collection de Louis-Philippe. — Acquis en 1835 de M. le comte du Hamel pour la somme de 900 fr., et porté sur l'inventaire comme attribué à Wolgemuth. Cette peinture appartient à la deuxième moitié du XVe siècle.

653. *Portrait de Charles VII, roi de France, né en 1403, mort en 1461.*

H. 0, 86. — L. 0, 72. — B. — Fig. en buste de gr. nat.

Il est représenté la tête vue de trois quarts, tournée à droite, coiffée d'un chapeau dont les bords relevés sont ornés, ainsi que la forme, de dessins figurant des dents en or. Il porte une robe de velours rouge, garnie de fourrure au col et aux poignets. Ses mains sont jointes et appuyées sur un coussin de brocart placé devant lui. De chaque côté, un rideau bleu attaché par le milieu. — On lit sur le cadre, dans la partie supérieure :

LE TRES VICTORIEUX ROY DE FRANCE.
Et au bas :
✕ CHARLES ✕ SEPTIESME ✕ DE CE NOM.

Collection de Louis-Philippe. — Ce tableau, acquis en 1838 pour la somme de 450 fr., était regardé à tort par l'inventaire comme un ouvrage grec.

654. *Portrait de femme.*

H. 0, 36. — L. 0, 26. — B. — Fig. en buste pet. nat.

La tête est vue presque de profil et tournée vers la droite. Elle porte le costume des femmes du temps de

Louis XII ; son bonnet, recouvert d'une espèce de voile noir, est bordé de perles rouges, noires et blanches. Une robe de soie bleue, dont les manches sont garnies de fourrure, cache en partie une robe de dessous en velours rouge et une médaille placée sur sa poitrine. Un collier à fermoir entoure son cou, ainsi qu'une chaîne d'or à laquelle est suspendu un grand médaillon garni de pierreries, où est représenté saint Jean-Baptiste. De la main gauche elle tient une banderole sur laquelle on lit : DE QVOILQUE NON VEDE, YO MY RECORDE. Le fond d'or du tableau est semé de pensées coloriées au naturel. Des pensées et des *ne m'oubliez pas* sont également peints sur le cadre, et entre chaque fleur on remarque des S et des E placés alternativement.

Collection de Louis-Philippe. — Cette peinture, de la fin du XVe siècle, fut acquise le 30 mai 1846 de M. Raimond Pelez pour la somme de 150 fr.

XVIe SIÈCLE.

655. *Portrait de Guillaume, baron de Montmorency, chevalier d'honneur de Louise de Savoie, duchesse d'Angoulême, mère de François Ier, mort en 1531.*

H. 0, 40. — L. 0, 29. — B. — Fig. en buste demi-nat.

Il est représenté avec des cheveux blancs, la tête vue de trois quarts, tournée à droite et dégarnie au sommet. Il joint les mains et porte par-dessus un vêtement rouge un autre vêtement en velours noir garni de fourrure et ouvert sur les manches. — On lit dans la partie supérieure du tableau le mot APLANOS (pour ΑΠΛΑΝΟΣ), et sous le portrait l'inscription suivante :

> Le Baron de Montmorency ×
> Nommé Guillaume × près ainsy ×
> Qu'est cy pourtraict L'an mil en date ×
> Cinq centz vingt et cinq pour bon acte ×
> Rediffya ce temple Icy ×

Ancienne collection. — Ce portrait, qui est porté aux inconnus sur l'inventaire de l'école flamande, était placé autrefois dans l'église de Saint-Martin de Montmorency. Il nous semble français, mais exécuté sous l'influence des maitres flamands.

656. *Un bal à la cour de Henri III.*

H. 1, 20. — L. 1, 83. — T. — Fig. de 0, 70.

Dans l'intérieur d'une vaste salle, des seigneurs et des dames de la cour dansent en formant un grand cercle et en se tenant par la main. A gauche, différents personnages debout, parmi lesquels on remarque, en avant, le roi Henri III près de sa mère, Catherine de Médicis. A côté, une femme assise sur un tabouret et vue de dos. Dans le fond, des musiciens, et à droite, au premier plan, deux petits chiens. Le parquet est jonché de fleurs.

Ancienne collection. — Ce tableau, quoique porté à Clouet sur l'inventaire et dans la notice de 1841, n'est certainement pas de ce maître, mais a été exécuté, ainsi que le n° 657, par un artiste soumis à l'influence du style italien, prédominant alors à la cour de France.

657. *Bal donné à la cour de Henri III à l'occasion du mariage d'Anne, duc de Joyeuse, avec Marguerite de Lorraine, célébré dans l'église de Saint-Germain-l'Auxerrois le 24 septembre 1581.*

H. 0, 41. — L. 0, 65. — C. — Fig. de 0, 16.

Dans une salle ornée de pilastres et de niches, où sont placées des statues, on remarque à gauche, assis sous un dais, Henri III, Catherine de Médicis et Louise de Lorraine, femme du roi. Le deuxième personnage debout derrière Catherine et la reine Louise, paraît être le duc de Mayenne. Tout à fait à gauche, le duc de Guise, surnommé le balafré, la main appuyée sur le siége du roi, et Marguerite de Navarre. Au milieu de la composition, le duc de Joyeuse s'avance, conduisant sa femme Marguerite de Lorraine par la main. A droite, une femme assise vue de dos, tenant un éventail, et au deuxième plan, des musiciens jouant du luth, des seigneurs, des femmes et des hallebardiers.

Ancienne collection. — Ce tableau, porté à Clouet sur les inventaires et dans la notice de 1841, nous semble exécuté par quelque artiste italien, un des **Zucchero**, Christofano Allori, ou par un Français sous l'influence des écoles italiennes. La description du ballet donné à l'occasion de ce mariage a été gravée à l'eau-forte par Jacques Patin en 1582 (in-4° avec texte).

XVIIe SIÈCLE.

658. *Portrait de Louis XIV en costume de cent-suisses.*

H. 1, 22. — L. 0, 85. — Forme ovale. — T. — Fig. jusqu'aux genoux de gr. nat.

Il est représenté de trois quarts, tourné à droite, portant une grande perruque, une cravate de dentelle, un baudrier blanc brodé d'or, des nœuds de ruban rouge sur l'épaule droite, un habit noir galonné ; sa main droite, gantée, s'appuie sur une canne. Dans le fond, un rideau relevé laisse apercevoir à droite un palais.

Ancienne collection.

659. *Portrait de Molière (Jean-Baptiste Poquelin), né en 1622, mort en 1673.*

H. 0, 70. — L. 0, 70. — Forme ronde. — T. — Buste de gr. nat.

Le corps est tourné à droite, et la tête, vue de trois quarts, dirigée vers la gauche. Il porte une perruque, de petites moustaches, une robe de chambre brune doublée de jaune, une chemise garnie de dentelle. — On lit sur la partie supérieure du tableau : IEAN. BAPTISTE.POQVELIN.DE.MOLIÈRE.

Ancienne collection.

XVIIIe SIÈCLE.

660. *Portrait de femme.*

H. 0, 74. — L. 0, 60. — T. — Fig. à mi-corps de gr. nat.

Elle est vue de face, les deux bras posés l'un sur l'autre, et tenant un livre de la main gauche. Elle porte une robe de soie rouge bordée de martre, et sa tête est couverte d'un fichu en soie noire qui descend sous le menton.

Collection de Louis-Philippe. — Ce portrait fut donné au roi, en 1835, par M. David Sanson. Il était inscrit sur les inventaires sous le nom de Chardin, qui n'a exposé qu'un seul portrait de femme en 1743. Le livret de cette exposition le désigne ainsi : « Portrait de Mme L** tenant une brochure. » Quelque analogie qu'il puisse y avoir entre cette description sommaire et le charmant portrait inscrit sous ce numéro, nous ne pouvons attribuer ce dernier à Chardin, dont il ne nous rappelle nullement l'exécution, plus moelleuse et plus empâtée.

TABLES.

TABLE CHRONOLOGIQUE

DES

ARTISTES FRANÇAIS

DONT LES OUVRAGES SONT DÉCRITS DANS LA TROISIÈME PARTIE DE LA NOTICE DES TABLEAUX EXPOSÉS DANS LES GALERIES DU LOUVRE.

XVIᵉ SIÈCLE.

	Naissance.	Mort.
Clouet (François), *dit* Jehannet............	Vers 1500	1572
Cousin (Jean)...............................	Vers 1500	vers 1589
Gourmont (Jean de).........................	Vivait en 1557	
Dubois (Ambroise)..........................	1543	1615
Fréminet (Martin)..........................	1567	1619
Vouet (Simon)..............................	1590	1649
Perrier (François)..........................	1590	1656
Nain (Les frères Le).......................	Peignaient de 1629	à 1677
Poussin (Nicolas)...........................	1594	1665
Stella (Jacques)............................	1596	1657
Maire-Poussin (Pierre le)..................	1597	1659

XVIIᵉ SIÈCLE.

Valentin....................................	1600	1634
Blanchard (Jacques).........................	1600	1638
Mosnier (Jean)..............................	1600	1656
Gellée (Claude), *dit* Le Lorrain............	1600	1682
Hire (Laurent de la)........................	1606	1656
Mignard (Pierre)............................	1610	1695
Fresnoy (Charles-Alphonse du)...............	1611	1665

	Naissance.	Mort.
Baugin (Lubin) ....Peignait en	1645	
Bourdon (Sébastien)	1616	1671
Sueur (Eustache le)	1617	1655
Villequin (Étienne)	1619	1688
Brun (Charles le)	1619	1690
Patel le père........................Vers	1620	vers 1676
Courtois (Jacques), *dit* le Bourguignon............	1621	1676
Coypel (Noël)	1628	1707
Lambert (Martin)	1630	1699
Fèvre (Claude le)............................	1633	1675
Monnoyer (Jean-Baptiste)	1634	1699
Fosse (Charles de la)	1636	1716
Licherie (Louis).....................Vers	1642	1687
Corneille (Michel), *dit* l'Aîné	1642	1708
Jouvenet (Jean)	1644	1717
Blond (Jean le)..............................	1645	1719
Corneille (Jean-Baptiste), *dit* le Jeune..........	1646	1695
Colombel (Nicolas)	1646	1717
Parrocel (Joseph)	1648	1704
Friquet (Jacques-Claude), *dit* de Vaux-Rose......	1648	1716
Ferdinand fils (Louis-Elle)....................	1648	1717
Boulogne (Bon), *dit* l'Aîné....................	1649	1717
Santerre (Jean-Baptiste)	1650	1717
Patel le fils.........................Vers	1650	»
Puget (François)................Peignait en	1684	1707
Verdier (François)	1651	1730
Hallé (Claude-Guy)..........................	1651	1736
Allegrain (Étienne)	1653	1736
Fontenay (Jean-Baptiste-Blain de)..............	1654	1715
Largillière (Nicolas)..........................	1656	1746
Martin (Jean-Baptiste), *dit* l'Aîné..............	1659	1735
Rigaud (Hyacinthe)..........................	1659	1743
Coypel (Antoine)	1661	1722
Desportes (François).........................	1661	1743
Marot (François)	1667	1719
Verdot (Claude).............................	1667	1733
Bertin (Nicolas)	1667	1736
Tournières (Robert)	1668	1752
Dulin (Pierre)	1669	1748
Galloche (Louis)	1670	1761
Chavannes (Pierre-Domachin, sieur de)....... Vers	1672	1744
Cazes (Pierre-Jacques)	1676	1754

TABLE CHRONOLOGIQUE.

	Naissance.	Mort.
Raoux (Jean)	1677	1734
Clerc (Sébastien le)	1677	1763
Troy (Jean-François de)	1679	1752
Martin (Pierre-Denis), *dit* le Jeune........Peignait en	1722	
Grimou (Alexis)	Vers 1680	vers 1740
Watteau (Antoine)	1684	1721
Loo (Jean-Baptiste van)	1684	1745
Nattier (Jean-Marc)	1685	1766
Oudry (Jean-Baptiste)	1686	1755
Moine (François le)	1688	1737
Lancret (Nicolas)	1690	1743
Restout (Jean), deuxième du nom	1692	1768
Octavien (François)	Vers 1695	1736
Manglard (Adrien)	1695	1760
Desportes (Claude-François)	1695	1774
Pater (Jean-Baptiste-Joseph)	1696	1736
Tocqué (Louis)	1696	1772
Subleyras (Pierre)	1699	1749
Silvestre (Charles-Nicolas de)	1699	1767
Chardin (Jean-Baptiste-Siméon)	1699	1779

XVIIIe SIÈCLE.

Bar (Bonaventure de)	1700	1729
Natoire (Charles-Joseph)	1700	1777
Frontier (Jean-Charles)	1701	1763
Aved (Jacques-André-Joseph)	1702	1766
Boucher (François)	1704	1770
Loo (Charles-André), *dit* Carle van	1705	1765
Favray (le chevalier Antoine de).........Né en 1706, vivait encore en		1789
Loo (Louis-Michel van)	1707	1771
Descamps (Jean-Baptiste)	1711	1791
Pierre (Jean-Baptiste-Marie)	1713	1789
Vernet (Claude-Joseph)	1714	1789
Vien (Joseph-Marie)	1716	1809
Bertry (Nicolas-Henri-Jeaurat de)........Vivait encore en	1793	
Machy (Pierre-Antoine de)	Vers 1722	1807
Porte (Henri-Horace-Roland de la)	1724	1793
Lagrenée (Louis-Jean-François), *dit* l'Aîné	1724	1805
Bachelier (Jean-Jacques)	1724	1806
Greuze (Jean-Baptiste)	1725	1805
Doyen (Gabriel-François)	1726	1806

TABLE CHRONOLOGIQUE.

	Naissance.	Mort.
Drouais (François-Hubert)............................	1727	1775
Therbousch (Anne-Dorothée Liscewska, femme)........	1728	1782
Taraval (Hugues).......................................	1728	1785
Brenet (Nicolas-Guy)	1728	1792
Lantara (Simon-Mathurin).............................	1729	1778
Casanova (François)...................................	1730	1805
Restout (Jean-Bernard)................................	1732	1797
Fragonard (Jean-Honoré)	1732	1806
Prince (Jean-Baptiste le)..............................	1733	1781
Robert (Hubert)..	1733	1808
Boissieu (Jean-Jacques)	1736	1810
Barbier *dit* l'Aîné (Jean-Jacques-François le)............	1738	1826
Théolon (Étienne)	1739	1780
Bruandet...	»	1803
Lagrenée (Jean-Jacques), *dit* le Jeune..............Vers	1740	1821
Callet (Antoine-François).............................	1741	1823
Suvée (Joseph-Benoît).................................	1743	1807
Ménageot (François-Guillaume)......................	1744	1816
Peyron (Jean-François-Pierre)	1744	1820
Marne (Jean-Louis de)................................	1744	1829
Taillasson (Jean-Joseph)	1746	1809
Vincent (François-André).............................	1746	1816
David (Jacques-Louis)	1748	1825
Valenciennes (Pierre-Henri)	1750	1819
Saint-Ours (Jean-Pierre)..............................	1752	1809
Drolling (Martin).....................................	1752	1817
Regnault (Jean-Baptiste)..............................	1754	1829
Perrin (Jean-Charles-Nicaise).........................	1754 vers	1831
Lusurier (Catherine) .... Morte jeune en		1781
Taunay (Nicolas-Antoine)	1755	1830
Brun (Élisabeth-Louise Vigée, Mme le)................	1755	1842
Fèvre (Robert le)......................................	1756	1831
Prud'hon (Pierre).....................................	1758	1823
Vernet (Antoine-Charles-Horace, *dit* Carle)............	1758	1835
Bidauld (Jean-Joseph-Xavier)	1758	1846
Landon (Charles-Paul)	1760	1820
Lethière (Guillaume-Guillon)	1760	1832
Gauffier (Louis).......................................	1761	1801
Boilly (Louis-Léopold)................................	1761	1845
Drouais (Jean-Germain)..............................	1763	1788
Hennequin (Philippe-Auguste).......................	1763	1833
Fabre (François-Xavier)..............................	1766	1837

TABLE CHRONOLOGIQUE.

	Naissance.	Mort.
Girodet de Roucy Trioson (Anne-Louis)	1767	1824
Riésener (Henri-François)	1767	1828
Benoist (Marie-Guilhelmine), née Laville-Leroulx	1768	1826
Meynier (Charles)	1768	1832
Gérard (François, baron)	1770	1837
Gros (Antoine-Jean, baron)	1771	1835
Guérin (Pierre-Narcisse, baron)	1774	1833
Bertin (Jean-Victor)	1775	1842
Granet (François-Marius)	1775	1849
Boisselier l'aîné (Félix)	1776	1811
Bouillon (Pierre)	1776	1831
Forbin (Louis-Nicolas-Philippe-Auguste, comte de)	1777	1841
Mayer (Mlle Constance)	1778	1821
Langlois (Jérôme-Martin)	1779	1838
Sigalon (Xavier)	1788	1837
Pagnest (Amable-Louis-Claude)	1790	1819
Géricault (Jean-Louis-André-Théodore)	1791	1824
Cochereau (Mathieu)	1793	1817
Robert (Louis-Léopold)	1794	1835
Michallon (Achille-Etna)	1796	1822
Prince (A.-Xavier le)	1799	1826

XIXe SIÈCLE.

	Naissance.	Mort.
Bonnington (Richard-Parkes)	1801	1828
Berge (Auguste-Charles de la)	1807	1842

TABLE ALPHABÉTIQUE

DES ARTISTES

DONT LE MUSÉE NE POSSÈDE PAS D'OUVRAGES,

MAIS QUI SONT CITÉS DANS LES NOTICES BIOGRAPHIQUES
ET DANS LES RENSEIGNEMENTS HISTORIQUES.

	Pages.		Pages.
Allegrain (Gabriel)	1	**Boulogne** (Louis)	21
Allegrain (Gabriel-Christophe)...............	1	**Boulogne** (Louis de), dit le Jeune..................	20
Allegrini (Francesco)	136	**Boulogne** (Nicolas)	21
André-Bardon (d')..... 204,	258	**Boulogne** (Geneviève)......	21
Ansiaux (Jean-Joseph-Eléonore-Antoine)..............	408	**Boulogne** (Madeleine)	21
Apparicio	6	**Bourdichon** (Jean).........	65
Arnulft d'Aix..............	258	**Bouys** (André).............	374
Audran du Luxembourg, décorateur..................	414	**Briard** (Gabriel) 50,	213
		Brun (Gabriel le)	35
Audran (Claude)...........	380	**Brun** (Nicolas le) 35,	354
Augustin	218	**Bunel** (Jacques)............	129
		Bunel (Robin)	176
Bachiche (Jean-Baptiste)....	109	**Capet** (Mlle)................	408
Bardin (Jean)	302	**Carré**, Flamand.............	222
Barthélemy	23	**Casanova** (Jean)............	55
Baudoin (Pierre-Antoine) ...	17	**Challe** (Charles-Michel-Ange) 17,	63
Bayeul....................	308		
Beaubrun (Charles)	192	**Champmartin** (Ch.-Emile)..	149
Beaubrun (Henri)	192	**Chânes** (le chevalier de).....	304
Belle (Alexis-Simon) 48, 111,	374	**Chaperon** (Nicolas)	410
Belle (Clément-Louis-Marie-Anne)	48	**Chardin** fils	59
		Charmeton (Georges).... 24,	328
Bernard...................	197	**Chatillon** (Pauline)..........	134
Bernard (Samuel)	117	**Chelette**...................	374
Berré.....................	197	**Chevalier**..................	301
Bidauld (Jean-Pierre-Xavier).	9	**Christophe** (Joseph)..... 20,	111
Blanc (Horace le)...........	10	**Clerc** (Jacques-Sébastien le)..	63
Blanchard (Gabriel)........	10	**Clerc** (Jean le).............	64
Blanchard (Jean-Baptiste)...	10	**Clérisseau** (Charles-Louis)..	210
Boilly (Jules)...............	13	**Clouet** (Jean), 1er du nom.....	65
Boisselier (Félix)......... 8,	14	**Clouet** (Jean) 2e du nom.....	65
Bollery (Nicolas)	10	**Cochin** (Charles-Nicolas), fils.	304
Bonnemer..................	410	**Cogniet** (Léon)	149
Boucher de Bourges........	220	**Coignet** (Jules)	8
Boucher (Juste-François)...	17	**Constable** (Jean)............	15

19

TABLE ALPHABÉTIQUE.

	Pages.
Constantin (Jean-Antoine)...	157
Corneille (Michel) le père....	78
Corot (Jean-Baptiste-Camille).	8
Court (Jehan de)	64
Courtois (Guillaume)	80
Courtois (Jean)............	80
Covins	121
Coypel (Charles-Antoine)....	89
Coypel (Louis)	98
Coypel (Noël-Nicolas).......	85
Crespin	302
Delacroix (Eugène)..... 149,	151
De Launay.................	308
Dervent (Charles)..........	135
Descombes (le chevalier)...	199
Descourt...................	308
Deshays (Jean-Bapt.). 17, 218,	304
Des Lyens..................	199
Desormeaux............ 78,	79
Desportes (Nicolas)	308
Devosge (François).........	294
Dorigny (Michel)..........	410
Drouais (Hubert)...........	110
Dubois (Jean), 1er du nom..	113
Dubois (Jean), 2e du nom....	114
Dubois (Louis) 1er du nom.113,	130
Dubois (Louis), 2e du nom..	114
Dubois (Paul)	113
Dubreuil (Toussaint)	129
Duchesne (Nicolas).........	263
Duflos (Philotée)...........	373
Dumont (Jean), dit *le Romain*	2
Dunouy (Alexandre-Hyacinthe)....................	219
Enfantin...................	8
Errard (Charles).. 20, 85, 135,	410
Fabrino....................	418
Fauchier (Laurent) 222,	298
Ferdinand Elle....117, 118,	263
Ferdinand Elle (Louis).....	117
Ferdinand Elle (Pierre)....	118
Fergioni (Bernardino).......	381
Feuillet...................	189
Feuquières	264
Fielding (Copley)..........	15
Fosse (Charles de la).......	35
Fouché (Nicolas)...........	222
Fragonard (Alexandre-Evariste)...................	128
Fragonard (Théophile).....	128
Francazani (François)......	343
Fréminet (Louis), fils... 114,	130
Frontier (Jean-Charles)....	14
Gérard (Mlle Marguerite)....	128
Gheyn (Guillaume de)	12

	Pages.
Gillot (Claude)....... 79, 193,	414
Giovanni-Domenico Romano....................	136
Giral.....................	404
Godon (Geneviève Blanchot, plus connue sous le nom de).	323
Gois (Étienne-Pierre-Adrien) .	177
Goubeau (Antoine).........	198
Goussé (Thomas)... 335, 339,	343
Gromdon..................	160
Gros (Jean-Antoine)	167
Guillerot	24
Guyard	408
Hallé (Daniel).......... 175,	176
Hallé (Noël)	176
Henriet (Claude)	326
Henriet (Israël)............	326
Henriquel-Dupont (Louis-Pierre).....................	149
Herrault (Charles)..........	85
Hire (Etienne de la).........	178
Hire (Louis de la)..........	178
Hire (Philippe de la)........	178
Hoëy (Claude de)..........	113
Houasse (René-Antoine).. 34,	58
Hue (J.-F.).................	383
Huliot fils..................	372
Hungberk, Suédois.........	58
Jans	199
Jérôme....................	80
Jouvenet (François)........	184
Jouvenet (Laurent) 183,	304
Jouvenet (Noël) 183,	304
Jouvenet (Marie-Madeleine).	304
Juliard (Nicolas-Jacques)....	17
Julien (Simon).............	206
Kneller (Godefroy)	230
Labadie	408
Labille des Vertus (Adélaïde), Mme Guyard, et ensuite Mme Vincent................	408
Ladey (Jean-Marc)..........	121
Lafitte	802
Lagrenée (Anthelme-François)......................	190
Lallemant (Philippe).... 178,	263
Langlois...................	20
Lawrence (sir Thomas)	15
Le Bel (Antoine)	2
Lebrun (Mlle)...............	203
Le Doux (Mlle)............	160
Lefebvre (Valentin)........	119
Le Fèvre (Roland), dit *de Venise*........................	119
Le Grand..................	403
Le Gros	308

TABLE ALPHABÉTIQUE. 435

	Pages.
Le Lorrain	190
Lemaire (François)	323
Lepoittevin (Eugène)	298
Le Tellier de Vernon (J.)	304
Lhomme (Jacques), de Troyes	410
Liscewsky (Georges)	369
Liscewsky (Georges-Frédéric-Reinhold)	369
Liscewska (Anna-Rosine)	369
Liscewska (Friederika)	369
Liscewska (Julie)	369
Loir (Nicolas)	24, 373
Lombard	14
Loo (Catherine van)	203
Loo (Charles-Amédée-Philippe van)	204
Loo (François van)	204
Loo (François-G. van) fils	204
Loo (Jan van)	203
Loo (Jules-César-Denis van)	206
Loo (Louis van)	203
Loo (Louis-Amédée van) fils	204
Lucas de la Haye (frère)	372
Luquin	154
Massé (Jean-Baptiste)	243
Mauperché (Henri)	21
Mazeline (Pierre)	199
Menjaud (Alexandre)	302
Mérimée (Jean)	408
Métayer	414
Meusnier fils	199
Mignard (Nicolas)	221, 222
Mignard (Paul) le neveu	222
Mignard (Pierre) le neveu	222
Millet (Francisque)	1, 2, 355
Mogras, de Fontainebleau	113
Moinet	304
Mondidier	301
Monnoyer (Antoine)	230
Monsiau (Nicolas-André)	19
Mosnier (Pierre)	24, 234
Natoire (Mlle)	240
Nattier (Jean-Baptiste)	241
Nattier (Marc)	241
Ninet, Flamand	113
Nonotte (Donat)	110, 229
Olivier (Michel-Barthélemy)	206
Oudry (Jacques)	242
Oudry (Jacques-Charles)	244
Pader (Hilaire)	374
Paillet (Antoine)	24
Parrocel (Barthélemy) le père	248
Parrocel (Barthélemy) fils ainé	248
Parrocel (Charles)	58, 248

	Pages.
Parrocel (Etienne)	249
Parrocel (Ignace)	249
Parrocel (Joseph-Ignace-François)	249
Parrocel (Louis)	248, 249
Parrocel (Pierre)	249
Penal (la)	308
Pezet, de Montpellier	307
Picart (Bernard)	2
Pocrion (Charles)	85
Poërson (Charles-François)	20
Poërson (Paris)	410
Poncet	85
Prévost (Pierre)	76, 375
Prieur	308
Puget (Pierre)	298
Quillerié (Noël)	85
Ranc le père	300, 307
Ranc (Jean) le fils	209, 307, 308
Restout (Charles)	304
Restout (Eustache)	304
Restout (Jacques)	304
Restout (Jean), 1er du nom	304
Restout (Marc)	304
Restout (Marguerin)	304
Restout (Pierre)	304
Restout (Thomas)	304
Rieux (de)	23
Rigaud (Gaspard)	308
Rigaud (Mathias)	307
Rivalz (Antoine)	329
Robert le Lorrain	235
Robert (Aurèle)	319
Robert (Pierre-Antoine)	58
Romagnesi	372
Roqueplan (Camille)	8
Rose	385
Rosemont (Mlle)	408
Rouget (Georges)	196
Rousseau (Jacques)	124, 230
Saraceno (Carlo)	64
Scheffer (Ary)	149
Schuppen (Niclot van)	199
Serre (Michel)	243
Silvestre (Alexandre)	326
Silvestre (Charles-François)	326
Silvestre (Charles-François de)	326
Silvestre (Gilles)	326
Silvestre (Israël)	326
Silvestre (Jacques-Augustin)	326
Silvestre (Louis) l'ainé	326
Silvestre (Louis de), le jeune	20, 326
Simonelli, dit le Parmesan	55
Sorlay	222
Souchon (François)	324

TABLE ALPHABÉTIQUE.

	Pages.
Sponde	414
Stella (Antoine Bouzonnet, dit)	328
Stella (François) le père..	327, 328
Stella (François) le fils...	327, 328
Stella (Jean)	328
Subleyras (Mathieu)	329
Sueur (Antoine le)	335
Sueur (Philippe le)	335
Sueur (Pierre le)	335
Taraval (Jean-Gustave)..	365, 366
Taraval (Louis-Gustave)	365
Taraval (Thomas-Raphaël)...	365
Tassi (Agostino)	135
Taunay (Charles-Auguste), statuaire	366
Testelin (Henri)	410
Testelin (Louis)	410
Thévenin (Charles)..	171, 172, 408
Tibaldi (Maria-Felice)	329
Tortebat (François) le père..	410
Tournier, de Toulouse	376
Trémollière (Pierre-Charles)	329
Troy (François de)	372, 373
Troy (Jean de)	374
Troy (Nicolas de)	373, 374
Vajani (Orazio)	80

	Pages.
Valsaureaux (Mme de), née Parrocel	249
Varin (Quentin)	262
Vernansal (Guy-Louis)...	7, 34
Vernet (N.), frère de Joseph Vernet	382
Vialy (Louis-René de)	308
Vien (Marie-Joseph)	405
Vien (Marie-Thérèse Reboul, Mme)	404
Vignon (Claude)	211
Vincent (François-Elie)..	407, 408
Vincent (Adélaïde Labille des Vertus, Mme)	408
Viviani	34
Vivien (Joseph)	34
Vouet (Aubin)	410
Vouet (Claude)	410
Vouet (Laurent)	409
Vouet (Virginie de Vezzo Vellatrano, Mme)	410
Walls (Geoffroy)	135
Wamps, de Lille	804
Wleughels (Nicolas)	183, 373
Zucchero	423

PLAFONDS

ET PEINTURES DÉCORATIVES.

PLAFONDS

ET PEINTURES DÉCORATIVES.

SALLE DES BIJOUX

(ATTENANT AU GRAND SALON).

MEYNIER.

PLAFOND. — Apothéose de Poussin, de le Sueur et de le Brun.

    Clio inscrit leurs noms dans les fastes du siècle de Louis XIV.

    Le Génie repousse la faulx meurtrière du Temps.

VOUSSURES. — Attributs relatifs au sujet du plafond, et médaillons représentant les portraits des grands peintres du siècle de Louis XIV.

GALERIE D'APOLLON.

Un incendie ayant détruit en 1661 cette galerie élevée primitivement par Henri IV, Louis XIV la fit reconstruire d'après les dessins de Charles le Brun. Cet artiste s'était chargé en outre d'orner de peintures de sa main le plafond et les panneaux, mais il ne termina qu'une partie de la tâche qu'il avait entreprise. Abandonnée depuis longtemps, la galerie menaçait ruines de toutes parts, et exigeait de grandes réparations. Elles furent décidées en 1826; on étaya cette immense pièce; un échafaudage cacha la voûte; des planches dressées de chaque côté formèrent au milieu une espèce de corridor. Ces préparatifs terminés, on ne s'occupa plus de la restauration projetée. Les choses restèrent en cet état jusqu'en 1848, époque où les travaux furent repris avec vigueur par M. Duban, alors architecte du Louvre, et terminés dans l'espace d'environ trois années. Le 5 juin 1851, la galerie d'Apollon ainsi que les deux grands salons, splendidement restaurés, rouvraient leurs portes, et le Président de la république en faisait l'inauguration solennelle.

Le Brun avait divisé le berceau de la voûte en cinq cartouches principaux, dans lesquels il comptait retracer la marche du jour en empruntant à la mythologie ses allégories et ses divinités. Quatre autres cartouches accompagnant de chaque côté le sujet central et représentant les quatre saisons, enfin douze médaillons en camaïeu, rappelant les mois de l'année, complétèrent la décoration de ce plafond qui repose à chaque extrémité sur une voussure.

Lorsqu'on parcourt la galerie en allant du midi au nord, c'est-à-dire en prenant pour point de départ le balcon qui fait face à la rivière, les cartouches de la voûte se présentent dans l'ordre suivant :

PARTIE CENTRALE.

1° *L'Aurore*, tableau de forme octogone peint par M. Ch.-L. Muller, d'après la gravure de Saint-André, faite sur l'esquisse de Ch. le Brun.

2° *Castor* ou *l'Étoile du matin*, tableau de forme ovale peint par Antoine Renou pour sa réception à l'Académie, et exposé au salon de 1781.

3° *Apollon vainqueur du serpent Python*, tableau central peint par M. Eugène Delacroix. C'est dans ce grand cartouche que le Brun avait le projet de représenter Apollon, dieu du jour, au milieu de sa carrière.

4° Le *Soir* ou *Morphée* sous les traits d'un vieillard ailé, couché sur des nuages et tenant des pavots, tableau de forme ovale peint par Ch. le Brun.

5° La *Nuit* ou *Diane*, tableau de forme octogone peint par Ch. le Brun, et le dernier de l'histoire du Jour.

PARTIE LATÉRALE, A DROITE.

1º L'*Automne* ou le *triomphe de Bacchus*, tableau peint par Hugues Taraval pour sa réception à l'Académie, et exposé au salon de 1769.

2º Le *Printemps* ou *Flore et Zéphyre couronnant de fleurs Cybèle ou la Terre*, tableau peint par Callet pour sa réception à l'Académie, et exposé au salon de 1781.

PARTIE LATÉRALE, A GAUCHE.

3º L'*Été* ou *Cérès et ses compagnes implorant le Soleil*, tableau peint par Durameau pour sa réception à l'Académie, et exposé au salon de 1775.

4º L'*Hiver* ou *Éole déchaînant les vents*, tableau peint par Lagrénée le jeune pour sa réception à l'Académie, et exposé au salon de 1775.

VOUSSURES.

Au midi, au-dessus de la fenêtre qui s'ouvre sur le balcon :

Le *Triomphe des Eaux* ou *Neptune et Amphitrite*, peint par Ch. le Brun. Ce sujet est aussi appelé le *Réveil des Eaux*.

Au nord, au-dessus de la grille :

Le *Triomphe de la Terre* ou *de Cybèle*, peint par M. Joseph Guichard, d'après le dessin de Ch. le Brun, que possède le Musée du Louvre.

SALLE RONDE

OU COUPOLE DE LA GALERIE D'APOLLON.

La décoration de cette coupole est formée de cinq compartiments représentant le Soleil et les quatre Éléments, figurés par des sujets de la Fable.

BLONDEL.

La chute d'Icare.

L'Air. — Éole déchaînant les vents contre la flotte troyenne.
(Exposition de 1819.)

M. COUDER.

La Terre. — Combat d'Hercule et d'Antée.

L'Eau. — Achille près d'être englouti par le Zanthe et le Simoïs, irrités du carnage qu'il fait des Troyens.

Le Feu. — Vénus recevant de Vulcain les armes qu'il a forgées pour Énée.
(Exposition de 1819.)

MAUZAISSE.

Peintures en grisaille exécutées dans les pendentifs de la voûte.
(Exposition de 1822.)

SALLE DES BRONZES ANTIQUES.

MAUZAISSE.

PLAFOND. — Le Temps montrant et les ruines qu'il amène et les chefs-d'œuvre qu'il laisse ensuite découvrir.
(Exposition de 1822.)

VOUSSURES. — Le Feu, — L'Air, — L'Eau. — La Terre.

DESSUS D'ARMOIRES. — Les Arts, — Les Sciences. — Le Commerce. — La Guerre.
(Exposition de 1831.)

SALLES DE L'ÉCOLE FRANÇAISE.

PREMIÈRE SALLE

(EN SORTANT DU GRAND SALON DE L'ÉCOLE FRANÇAISE MODERNE).

M. ALAUX.

PLAFOND. — Le Poussin arrivant de Rome, d'où il avait été rappelé par ordre de Louis XIII, est présenté par le cardinal de Richelieu au roi, qui le nomme son premier peintre.

Parmi les personnages de la cour, on remarque de Thou, Cinq-Mars, le père Joseph, le marquis de Rivière, etc., etc.

Deux figures allégoriques, placées à droite et à gauche du plafond, représentent la Vérité et la Philosophie, *caractères qui distinguent plus particulièrement le talent de Poussin.*

VOUSSURES. — Dans les voussures sont rappelés les douze travaux d'Hercule, composition que le Poussin avait peinte dans le Louvre. Ces ouvrages n'existent plus.

DEUXIÈME SALLE.

M. STEUBEN.

PLAFOND. — Bataille d'Ivry; clémence de Henri IV après la victoire.

VOUSSURES. — Ornements relatifs au sujet du plafond, et médaillons représentant les portraits et les insignes des hommes les plus célèbres du règne de Henri IV.

TROISIÈME SALLE.

M. DEVÉRIA (E.).

PLAFOND. — Le Puget présentant le groupe de Milon de Crotone à Louis XIV, dans les jardins de Versailles, en présence de la reine et de quelques personnages les plus distingués de l'époque.

Voussures. — Suite d'ornements en rinceaux avec des cadres intercalés, représentant les sujets principaux du règne de Louis XIV :

Leibnitz soumettant au roi son projet sur l'Égypte (1699).— Première séance de l'Académie des Sciences (1666).—Le Brun présentant ses ouvrages à Louis XIV.—Louis XIV posant la première pierre des Invalides.

Entre ces cadres et dans des médaillons on a rappelé les principales fondations de Louis XIV:

La Porte Saint-Denis.—La Porte Saint-Martin.—Le Palais Mazarin.—L'Académie de France à Rome.—L'Observatoire. —Le Val-de-Grâce.—L'Hôtel des Invalides.

Aux quatre angles sont des médaillons qui rappellent les principaux ouvrages du Puget:

Hercule en repos.—Les Cariatides de Toulon.—Alexandre et Diogène.—Persée et Andromède.

QUATRIÈME SALLE.

FRAGONARD.

Plafond. — François Ier, accompagné de la reine de Navarre, sa sœur, et entouré de sa cour, reçoit les tableaux et les statues rapportés d'Italie par le Primatice.

Voussures. — Génies présidant aux arts.

CINQUIÈME SALLE.

M. HEIM.

Plafond. — La Renaissance des arts en France.

La France, accompagnée du Génie des Arts, offre ses trésors aux Arts, qui accourent au bruit de la Renommée. La Gloire leur présente des couronnes.

Voussures. — Huit tableaux dont les sujets sont tirés de l'histoire de France, à partir du règne de Charles VIII, époque à laquelle ce prince introduisit en France le goût des arts qu'il avait puisé en Italie, jusques et compris le règne de Henri II, époque de leur grande perfection.

1º Le Pérugin faisant le portrait de Charles VIII.—2º L'entrée triomphante de Charles VIII à Naples. — 3º La clémence de Louis XII.—4º François Iᵉʳ visitant l'atelier de Benvenuto Cellini, à l'hôtel de Nesle.— 5º Léonard de Vinci à son lit de mort. — 6º Le camp du Drap-d'Or. — 7º La mort de Bayard. — 8º Tournoi de 1559, dans lequel Henri II fut blessé par Montgommery.

SIXIÈME SALLE.

FRAGONARD.

Plafond. — François Iᵉʳ armé chevalier par Bayard.
(Exposition de 1819.)

Voussures. — Génies présidant à la chevalerie et à l'art militaire.

SEPTIÈME SALLE.

M. SCHNETZ.

Plafond.—Charlemagne, environné de ses principaux officiers, reçoit Alcuin qui lui présente des livres manuscrits, ouvrage de ses moines.

Un ambassadeur d'Aroun-al-Raschild assiste à cette cérémonie.

Voussures. — Quatre médaillons représentant Pierre de Pise, Roland, saint Benoît d'Aniane et Angilbert, en occupent le milieu.

Aux angles sont les Génies des sciences, de la musique ou des arts, de la guerre et de la législation civile et religieuse. Entre ces Génies et les portraits, des médailles indiquent les principales écoles monastiques épiscopales fondées par Charlemagne.

HUITIÈME SALLE.

DROLLING.

PLAFOND. — Louis XII proclamé père du peuple aux Etats-Généraux tenus à Tours, en 1506.

VOUSSURES. — Armes des différentes villes dont les députés ont assisté à la séance.

NEUVIÈME SALLE.

M. COGNIET (L.).

PLAFOND. — Expédition d'Egypte sous les ordres de Bonaparte.

TABLEAU PRINCIPAL. — *Le chef de l'expédition, entouré de savants et d'artistes, dirige leurs travaux et les mouvements des troupes qui les protègent.*

Grands et petits panneaux accessoires, monuments et fragments antiques, trophées d'armes et de drapeaux conquis, inscriptions et attributs divers.

VOUSSURES. — Frise peinte représentant en bas-relief : La bataille d'Aboukir.—La révolte du Caire.—Le pardon aux révoltés du Caire.— La peste de Jaffa.

ET PEINTURES DÉCORATIVES.   447

MUSÉE CHARLES X

(ANTIQUITÉS ÉGYPTIENNES).

PREMIÈRE SALLE

(EN SORTANT DES SALLES DE L'ÉCOLE FRANÇAISE).

GROS.

PLAFOND. — Le génie de la France anime les arts, protége l'humanité.

VOUSSURES. — Attributs relatifs au sujet du plafond.

GRISAILLES. — Six bas-reliefs peints en grisaille par M. FRAGONARD.

Les Arts rendent hommage au souverain qui réunit leurs ouvrages dans son palais.

DEUXIÈME SALLE

(ANTIQUITÉS ÉGYPTIENNES).

M. VERNET (H.).

PLAFOND. — Jules II ordonnant les travaux du Vatican et de Saint-Pierre au Bramante, à Michel-Ange et à Raphaël.

VOUSSURES. — Attributs relatifs au sujet du plafond.

GRISAILLES. — Médaillons exécutés par M. ABEL DE PUJOL, représentant plusieurs hommes célèbres de ce siècle.

(Exposition de 1827.)

TROISIÈME SALLE

(ANTIQUITÉS ÉGYPTIENNES).

M. ABEL DE PUJOL.

PLAFOND. — L'Égypte sauvée par Joseph.

Le Syrinx jette ses feux dans le Nil, le dessèche, et de ses vapeurs naissent les sept années de famine qui se précipitent sur l'Egypte pour la dévorer ; elle se réfugie dans les bras de Joseph qui la sauve.

Pharaon, sous le portique de son palais, admire dans Joseph le génie libérateur de l'Égypte.

VOUSSURES. — Quatre bas-reliefs, imitant le bronze, représentent les quatre principaux traits de la vie de Joseph.

1º Joseph gardant les troupeaux ;
2º Joseph vendu par ses frères ;
3º Joseph expliquant les songes de Pharaon ;
4º Joseph élevé au gouvernement de l'Égypte.

Les seize enfants qui tiennent des guirlandes de fruits sont l'emblème des seize coudées du Nil, d'où dépend la fertilité de l'Égypte. Ils tiennent suspendus les fruits de leur fécondité. Le nilomètre décore le milieu de chaque guirlande.

GRISAILLES. — Onze bas-reliefs rappelant des scènes de la vie civile des Egyptiens.

(Exposition de 1827.)

QUATRIÈME SALLE

(ANTIQUITÉS ÉGYPTIENNES).

M. PICOT.

PLAFOND. — L'Étude et le Génie dévoilant l'Égypte à la Grèce.

ET PEINTURES DÉCORATIVES.   449

Voussures. — Attributs relatifs au sujet du plafond.

Grisailles par MM. Vinchon et Gosse :

Sculpteur grec copiant une statue égyptienne.
Apelle peignant d'après nature.
Phidias sculptant d'après nature.
Orphée chantant.
Poëte dramatique faisant répéter un rôle à un acteur.
Origine du chapiteau corinthien.
Origine du dessin.
Décadence des arts dans la Grèce.

(Exposition de 1827.)

CINQUIÈME SALLE

(SALLE DES COLONNES).

GROS.

Plafond. *Tableau du centre.* — La véritable Gloire s'appuie sur la Vertu.

Sur la voussure qui encadre ce tableau sont inscrits les noms de la plupart des hommes qui ont illustré la France.

Côté gauche. — Mars, couronné par la Victoire, écoutant la Modération, arrête ses coursiers et baisse ses javelots. On aperçoit au loin les colonnes d'Hercule.

Côté droit. — Le Temps élève la Vérité vers les marches du trône; la Sagesse l'y reçoit sous son égide; un Génie naissant l'écoute; les armures royales sont à ses pieds.

Les six compartiments, de forme longue, de cette même salle, représentent les siècles les plus célèbres dans les arts.

(Cette salle sépare les cabinets d'antiquités égyptiennes et ceux des antiquités grecques et romaines.)

SIXIÈME SALLE

(ANTIQUITÉS GRECQUES ET ROMAINES).

M. PICOT.

PLAFOND. — Cybèle protége contre le Vésuve les villes de Stabia, Herculanum, Pompéia et Retina, que ses feux semblent condamner à une entière destruction.

GRISAILLES par FRAGONARD.

Les Sciences et les Beaux-Arts rendent hommage à leurs dieux protecteurs.

SEPTIÈME SALLE

(ANTIQUITÉS GRECQUES ET ROMAINES).

MEYNIER.

PLAFOND. — Les nymphes de Parthénope, emportant loin de leur rivage les Pénates, images de leurs dieux, sont conduites par la déesse des Beaux-Arts sur les bords de la Seine.

VOUSSURES. — Les voussures sont composées de quatre tableaux dans le genre de ceux d'Herculanum ; les deux principaux représentent :

La sirène Parthénope, fondatrice de la ville à laquelle elle a donné son nom ;

Pluton et Vulcain repoussant le sacrifice que leur offre la ville d'Herculanum.

Les deux autres, des groupes d'enfants.

GRISAILLES par MM. VINCHON et GOSSE : Pline observant le Vésuve. — Prêtres de Pompéia emportant les instruments sacrés. — Habitants fuyant de Pompéia. — Le Vésuve renversant les villes de la Campanie. — Philosophe cynique.

Anacréon composant ses odes.—Jeunes filles consultant une sorcière.—Toilette.

(Exposition de 1827.)

HUITIÈME SALLE

(ANTIQUITÉS GRECQUES ET ROMAINES).

M. HEIM.

PLAFOND. — Le Vésuve personnifié reçoit de Jupiter le feu qui doit consumer les villes d'Herculanum, de Pompéia et de Stabia. Ces villes infortunées implorent Jupiter; Minerve, protectrice des arts, intercède pour elles, tandis qu'Eole tient les vents enchaînés et attend l'ordre du souverain maître des dieux.

VOUSSURES. — Les voussures sont ornées de six tableaux, savoir : quatre représentant des scènes de désolation;— le cinquième, la mort de Pline l'Ancien; — le sixième, Pline le Jeune écrivant ses lettres.

HUIT RONDS A FOND D'OR, sur lesquels sont représentés des Génies sauvant les objets d'art.

GRISAILLES par MM. VINCHON et GOSSE, représentant, les unes, différentes scènes de la vie civile des anciens, et celles des angles, divers débris de meubles trouvés dans les fouilles de Pompéia et d'Herculanum.

NEUVIÈME SALLE

(ANTIQUITÉS GRECQUES ET ROMAINES).

M. INGRES.

PLAFOND. — Homère déifié.

Homère, couronné comme Jupiter par la Victoire, reçoit sur le seuil de son temple l'hommage des grands hommes reconnaissants.

Voussures. — Sept villes se disputent la naissance d'Homère.

Apollon admet au nombre des Muses l'Iliade et l'Odyssée.

Grisailles par MM. Vinchon et Gosse : Homère chantant. — Honneurs rendus à Homère. — Départ d'Ulysse sous la protection de Minerve (sujet tiré de l'Odyssée). — Ulysse chez Circé (sujet tiré de l'Odyssée). — Ulysse reconnu par Pénélope (sujet tiré de l'Odyssée). — Thétis consolant Achille (sujet tiré de l'Iliade). — Thétis donnant des armes à Achille (sujet tiré de l'Iliade). — Diomède, guidé par Minerve, après avoir tué Pindarus et pris ses chevaux, blesse Vénus qui était venue secourir Énée (sujet tiré de l'Iliade).
(Exposition de 1827.)

PASSAGE.

FRAGONARD.

Grisailles. — Deux bas-reliefs peints en grisailles.

Les Beaux-Arts témoignant leur reconnaissance au Génie protecteur qui les couronne.
(Exposition de 1827.)

SALLE DE HENRI II

(CABINET DES ÉMAUX ET DES FAIENCES).

BLONDEL.

Plafond. *Tableau du centre.* — Différend de Neptune et de Minerve.

Jupiter et Junon, assis sur leur trône, président l'assemblée des dieux, juges de la contestation suscitée entre la déesse des beaux-arts et le dieu des mers, au sujet d'un nom à donner à la ville de Cécrops.

Côté gauche : Mars. — *Côté droit :* La Paix.

SALLES DES DESSINS.

PREMIÈRE SALLE

(MAITRES ITALIENS ANCIENS).

BLONDEL.

PLAFOND. — La France victorieuse à Bouvines.

GASSIES.

VOUSSURES. — Douze figures imitant le marbre, soutenant des guirlandes de fruits, imitation du bronze, au-dessus desquelles sont placés quatre Génies représentant : les Sciences; — les Arts; — l'Agriculture; — le Commerce.
Au milieu de chacun des côtés de la salle, et à chaque bout, sont placées quatre figures allégoriques : la Paix; — la Justice; — la Force; — la Loi.

DEUXIÈME SALLE

(MAITRES ITALIENS).

BLONDEL.

PLAFOND. — La France, au milieu des rois législateurs et des jurisconsultes français, reçoit la Charte constitutionnelle.

Louis XVIII, assis sur le trône de saint Louis, est environné de la Prudence et de la Justice. La déesse de la Sagesse protége de son égide cette Charte qu'elle vient de dicter, et présente en même temps l'olivier de la paix. Plus loin, la Loi soutient ses tables, où sont gravés ces mots : *In legibus salus.* A ses pieds et dans l'ombre, un enfant endormi sur les Codes indique la sécurité qu'ils inspirent.

Louis XIV, Colbert, d'Aguesseau, Montesquieu et Lamoignon de Malesherbes, occupent la droite du tableau. Henri IV, saint Louis, Louis-le-Gros, Sully, l'abbé Suger, Séguier, l'Hôpital et Molé sont à gauche. Dans le fond, on aperçoit le château des Tuileries.

VOUSSURES. — Elles sont divisées suivant l'ordre d'architecture de la salle et représentent huit bas-reliefs, savoir : Louis-le-Gros donnant les premières chartres des communes. — Saint Louis donnant la pragmatique sanction. — Louis XVIII maintenant la liberté des cultes. — La création du conseil d'Etat par Louis XIV. — L'affranchissement des serfs par Louis-le-Gros. — La création des chambres par Louis XVIII. — L'installation des parlements par saint Louis. — La cour des comptes créée par Philippe-le-Bel.

Les quatre groupes séparant les bas-reliefs sont : le Génie des lois montrant la Charte à l'Espérance et à la Foi; — l'Abondance; — la Piété et la Fidélité; — la Charité.

Dans les angles sont les armes de France groupées avec huit figures allégoriques : Mars, Neptune, Vulcain, Hercule, la Constance, Mercure, Apollon et le Silence.

TROISIÈME SALLE

(MAITRES ITALIENS).

DROLLING.

PLAFOND. — La Loi descend sur la terre; elle y établit son empire et y répand ses bienfaits.

VOUSSURES. — Figures et ornements analogues au sujet du plafond.

QUATRIÈME SALLE

(MAITRES ITALIENS).

MAUZAISSE.

Plafond. — La Sagesse divine donnant des lois aux rois et aux législateurs.

Voussures. — Figures et ornements relatifs au sujet du plafond.

www.ingramcontent.com/pod-product-compliance
Lightning Source LLC
Chambersburg PA
CBHW070529230426
43665CB00014B/1627